KB210093

韓非子

난세

리더십의

보고

한비자,

21세기

스마트 시대

창조경영의

해답을

찾아라!

한비자

下

한비자 지음
신동준 옮김

난세 리더십의 보고 한비자,
21세기 스마트 시대 창조경영의 해답을 찾아라!

以	亂	攻	治	者	亡
以		邪	攻		正
者					亡
以					逆
攻		順	者		亡

인간사랑

난세

리더십의

보고

한비자,

21세기

勢重者, 人主之淵也. 臣者, 勢重之魚也. 魚失於淵而不可復得也, 人主失其勢重於臣而不可復收也.

스마트 시대

창조경영의

해답을

찾아라!

| 차례 |
한비자ⓗ

|차례|

한비자⑧

난세

리더십의

보고

한비자,

21세기

勢重者, 人主之淵也. 臣者, 勢重之魚也. 魚失於淵而不可復得也, 人主失其勢重於臣而不可復收也.

스마트 시대

창조경영의

해답을

찾아라!

🏵️ 권9
제30장 내저설(內儲說) 상

〰️30-1

主之所用也七術, 所察也六微.

군주가 신하를 다스릴 때 사용해야 할 것으로 7가지 술책이 있고, 살펴봐야 할 것으로 6가지 기미가 있다.

🐚 7술七術의 술術은 신하들을 제어하는 제신술制臣術을 말한다. 6미六微의 미微는 은밀하게 감춰져 있다는 뜻이다.

〰️30-2

七術. 一曰衆端參觀, 二曰必罰明威, 三曰信賞盡能, 四曰一聽責下, 五曰疑詔詭使, 六曰挾知而問, 七曰倒言反事. 此七者, 主之所用也.

7술은 다음과 같다. 첫째, 많은 증거를 모두 두루 대조하는 참관參觀이다. 둘째 반드시 형벌을 내려 위엄을 밝히는 필벌必罰이다. 셋째 공을 세우면 반드시 포상해 능력을 다하게 하는 상예賞譽이다. 넷째, 신하들의 말을 일일이 듣고 실적을 추궁하는 일청一聽이다. 다섯째, 군주가 명을 내렸을 때 의심하는 신하를 꾸짖는 궤사詭使이다. 여섯째, 알면서 모른 척하며 질문하는 협지挾知이다. 일곱째, 말을 일부러 뒤집어 반대로 해 보이는 도언倒言이다. 이들 7술은 군주가 신하를 다스릴 때 사용하는 것이다.

　ᠺᡈ 협지挾知의 협挾을 『국어』 「진어」의 주는 지닐 지持로 풀이해 놓았다.

ᠺᡈ30-3

經一參觀. 觀聽不參, 則誠不聞. 聽有門戶, 則臣壅塞. 其說在侏儒之夢見竈, 哀公之稱‘莫衆而迷’. 故齊人見河伯, 與惠子之言‘亡其半’也. 其患在豎牛之餓叔孫, 而江乙之說荊俗也. 嗣公欲治不知, 故使有敵. 是以明主推積鐵之類, 而察一市之患.

「경문經文 1」 참관參觀

군주가 신하들의 행동을 보고 의견을 들을 때 여러 사람의 말을 대조해 맞춰보지 않으면 진실을 듣지 못하게 된다. 한 신하의 말만 들으면 신하들이 군주의 이목을 가린다. 대표적인 사례로 위영공이 미자하彌子瑕를 총애하자 난쟁이가 꿈에서 본 부엌귀신에 관해 얘기하고, 노애공이 ‘여러 사람과 상의하면 헤매지 않는다.’는 속담을 언급한 일화를 들 수 있다. 제나라의 어떤 사람이 하백을 군주에게 보여주겠다고 속이고, 혜시가 ‘위나라 군주는 백성 중 절반을 잃었다’고 언급한 일화도 같은 맥락이다.

그 폐해와 관련한 사례로 수우豎牛가 노나라 재상 숙손표叔孫豹를 아사케 만든 일화와 유세객 강을江乙이 초나라 풍속을 언급한 일화를 들 수 있다. 위사군衛嗣君은 나라를 잘 다스리려 했지만 그 방법을 알지 못해 적을 만든 바 있다. 명군은 철판으로 방벽을 쌓아 화살을 막아낸 일화 등을 토대로 나라의 근심거리를 자세히 살펴야 한다.

◑◥ 참관參觀은 중단참관衆端參觀의 약어이다. 원문에는 대목의 맨 뒤에 '참관1參觀一'의 형식으로 나와 있다.『한비자금주금역』등은 글의 취지를 보다 명확히 드러내기 위해 앞으로 끌어내 표제어로 삼았다. 애공哀公은 노정공의 뒤를 이은 노애공을 말한다. 이름은 장蔣이다. 그의 치세 때 공자가 세상을 떠났다. 숙손叔孫은 노나라의 3환 중 하나인 숙손씨의 우두머리 숙손표叔孫豹를 말한다. 시호는 목자穆子이다. 사공嗣公은 위평후衛平侯의 아들 위사군衛嗣君을 말한다.『여씨춘추』의 주는 진秦나라가 그의 칭호를 후侯에서 군君으로 낮췄다고 기록해 놓았다.『사기』「위세가」에 따르면 그는 기원전 324년에서 기원전 283년까지 40년 동안 보위에 앉아 있었다. 당시 기준으로 볼 때 매우 긴 기간이었다.『한비자』에 그에 관한 일화가 매우 많은 것도 이와 무관하지 않을 것이다. 일시지환一市之患은 저자거리에서 많은 사람이 떠드는 말에 미혹되는 것을 말한다.

〰30-4

　經二必罰. 愛多者, 則法不立. 威寡者, 則下侵上. 是以刑罰不必, 則禁令不行. 其說在董子之行石邑, 與子產之教游吉也. 故仲尼說隕霜, 而殷法刑棄灰. 將行去樂池, 而公孫鞅重輕罪. 是以麗水之金不守, 而積澤之火不救. 成歡以太仁弱齊國, 卜皮以慈惠亡魏王. 管仲知之, 故斷死人. 嗣公知之, 故買胥靡.

「경문 2」 필벌必罰

자애롭기만 하면 법령이 서지 못하고, 위엄이 적으면 아랫사람이 윗사람을 침해하게 된다. 형벌이 확실하지 않으면 금령이 행해지지 않는다. 대표적인 사례로 동안우가 석읍石邑 땅을 순시하고, 정나라 자산子産이 유길游吉을 가르친 일화가 있다. 중니는 서리가 내려도 초목이 시들지 않는 이치에 관해 얘기한 적이 있다. 상나라 법률에 길가에 재를 버린 자를 처벌토록 한 것을 언급한 것이다. 중산中山에서 행렬을 인솔했던 자가 악지樂池 밑을 떠나고, 진나라에 중용된 상앙商鞅이 가벼운 죄도 엄하게 다스린 일화가 있다. 형벌을 제대로 실시하지 못한 탓에 초나라 여수麗水에서 생산되는 사금을 지키지 못하고, 노나라 적택積澤의 불을 끄지 못한 일화도 있다.

제나라의 성환成歡은 군주가 너무 인자해 나라가 약화된다고 간했고, 위나라의 복피卜皮는 위혜왕魏惠王이 너무 자애로워 이내 패망할 것으로 생각했다. 제환공을 도와 첫 패업을 이룬 춘추시대의 관중은 이를 알았기에 죽은 자를 다시 처형하는 제도까지 만들었다. 위사군도 필벌의 중요성을 알았기에 달아난 죄수에게 현상금을 내걸어 다시 잡아들여 처형했다.

🌀 동자지행석읍董子之行石邑의 '동자'는 춘추시대 말기 진나라 조앙의 신하로 있던 「난언」의 동안우董安于를 말한다. 「십과」에는 동알우董閼于로 나왔다. 자산子産은 정나라 재상 공손 교僑를 말한다. 그가 사는 곳이 동리東里였던 까닭에 '동리자산'으로도 불렸다. 『논어』「헌문」에 '동리자산' 표현이 나온다. 공자는 자산을 군자의 전형으로 생각했다. 공자의 사상적 스승으로 간주하는 이유다. 『논어』「공야장」편에 나오는 다음과 같은 평이 이를 뒷받침한다.

"자산에게 군자의 도가 네 가지 있었다. 몸소 행하면서 공손했고, 윗사람을 섬기면서 공경스러웠고, 백성을 양육하면서 은혜로웠고, 백성을 부리면서 의로웠다."

유사한 내용이 『춘추좌전』「노문공 2년」조에도 나온다. 공자의 사상 형성에 자산이 끼친 영향이 지대했음을 짐작케 해주는 대목이다. 자산은 공자의 나이 31세 때인 기원전 522년에 세상을 떠났다. 『논어』에는 자산에 관한 일화가 모두 4번 나온다. 모두 칭찬 일색이다. 관중의 패업을 높이 평가하면서도 그의 비례非禮에 관해서는 신랄한 비판을 가한 것과 대비된다.

그러나 맹자는 공자와 입장을 달리했다. 관중의 패업을 일언지하에 폄하한 것처럼 자산에 대해서도 혹평을 서슴지 않았다. 『맹자』「이루 하」편에 이를 뒷받침하는 일화가 나온다. 이에 따르면 하루는 자산이 공무 차 밖으로 나갔다가 진수溱水와 유수洧水가 합류하는 곳에서 자신의 수레로 강을 건너려는 사람을 건네주었다. 이를 두고 맹자가 이같이 비판했다.

"은혜롭기는 하나 자산은 정치를 잘 모른다. 11월에 도보로 건너는 다리, 12월에 수레가 통행하는 다리를 놓았다면 백성들이 물을 건너는 데 수고롭지 않았을 것이다. 군자가 정사를 공평히 하면 출행할 때 행인의 통행을 제한하여 길을 정비하는 것도 가하다. 그런데 어찌 일일이 모든 사람을 건네준단 말인가? 위정자가 사람마다 일일이 기쁘게 해주려면 날마다 그리 할지라도 또한 부족할 수밖에 없다."

자산이 수레로 사람들을 도강시켜 주었다는 얘기는 『맹자』에만 나오는 것이다. 자산이 만일 이런 행동을 했다면 맹자로부터 정치를 모른다는 뜻의 '부지위정不知爲政'의 지적을 받을 만하다. 그러나 자산보다 한 세대 뒤에 태어나 자산을 군자의 전형으로 삼은 공자는 이에 관해 아무런 언급도 하지 않았다. 자산의 행보를 탐탁하게 여기지 않은 맹자가 자산에 관한 항간의 전설을 토대로 이런 비판을 가했을 공산이 크다.

유길游吉은 자산의 뒤를 이어 정나라 재상이 된 인물이다. 장행거악지將行去樂池의 장행將行은 행렬을 지휘하는 통솔자를 말한다. 악지樂池는 『사기』「진본기」에 따르면 진혜문왕 때 진나라 대부로 있었다. 일설에는 중산국의 대부였다. 여수麗水는 초나라 남쪽에 있던 강이름이다. 지금의 운남성에 있는 금사강金沙江이라고 한다. 옛날부터 사금으로 유명하다. 적택積澤을 윤동양은 『춘추좌전』에서 말하는 대야大野인 대택大澤으로 보았다. 지금의 산동성 거야현 동쪽에 있다. 이에 대해 장각은 지금의 산동성 곡부현 북쪽에 있는 큰 못으로 추정했다. 위왕魏王은 위혜왕을 지칭한다. 서미胥靡를 『한서』「가의전」의 주는 부형腐刑으로 풀이해 놓았다. 궁형宮刑을 받은 사람이 있었음을 시사한다. 후토다는 이를 근거로 서미 가운데 궁궐로 들어가 환관이 된 사람이 있었을 것으로 보았다. 서미가 왕후의 병을 고쳤다는 일화가 뒤이어지는 점에서 나름 일리 있는 추론이다.

〰30-5

經三賞譽. 賞譽薄而謾者, 下不用也. 賞譽厚而信者, 下輕死. 其說在文子稱'若獸鹿'. 故越王焚宮室, 而吳起倚車轅, 李悝斷訟以射, 宋崇門以毀死. 句踐知之, 故式怒鼃. 昭侯知之, 故藏弊袴. 厚賞之使人爲賁·諸也, 婦人之拾蠶, 漁者之握鱔, 是以效之.

「경문 3」 상예賞譽

포상과 칭송이 인색한데다 제대로 이행되지 않으면 아랫사람은 명을 따르지 않고, 포상과 칭송이 후한데다 반드시 행해지면 아랫사람들은 죽음을 가볍게 여긴다. 대표적인 사례로 윤문자尹文子가 '신하는 마치 사슴과 같다'고 말한 일화를 들 수 있다. 월나라 왕은 궁실에 불을 지르고, 오기는 수레의 끌채를 옮기도록 했고, 위나라의 이회李悝는 활쏘기로 판결했고, 송나라 도성 동북쪽 문인 숭문崇門에 사는 사람들은 상을 치르는 중에 말라죽었다. 월나라 왕 구천은 이를 알았기에 출전 도중 권세를 부리는 두꺼비를 보고 경례했고, 한소후도 이를 알았기에 낡은 바지를 보관해 두었다가 공을 세운 자에게 상으로 주었다. 후한 상을 주면 사람들은 맹분이나 전제專諸처럼 용감해진다. 아낙네가 누에를 손으로 집고, 어부가 뱀장어를 쥐는 게 그 증거이다.

◌➤ 만자謾者는 함부로 거짓말을 하며 약속을 제대로 이행하지 않는 것을 말한다. 문자文子를 윤동양은 명가인 윤문자尹文子로 보았다. 『한서』「예문지」에 『윤문자』 1편이 실려 있다. 현존 『윤문자』는 후대인이 만든 것이다. 쯔다는 『윤문자』「대도 상」의 내용을 근거로 법가의 일원으로 보았다.

이회李悝는 위문후 때 활약한 인물로 경제 분야의 개혁을 담당해 재상으로 발탁됐다. 진효공 때 두 차례의 변법을 성공적으로 마무리해 서쪽 진나라를 부강하게 만든 상앙은 이회의 사상적 후계자에 해당한다. 『한서』「식화지」에는 이회가 시행한 '진지력지교盡地力之敎'에 관한 개괄적인 기록이 나온다. 사마천은 『사기』「화식열전」에서 이회를 이극李克으로 써 놓았으나 이는 잘못이다. 이회는 법가의 시조이고, 이극은 공자의 제자인 자하子夏의 문인이다. 당시 이회는 귀족들에게 먹으려면 일하고 녹봉을 받으려면 공을 세우라는 원칙을 내세웠다. 개혁을 알리는 신호탄이었다. 그가 추진한 개혁의 요지는 '부국강병'이었다. 당시 위문후는 이회가 추진하는 일련의 개혁조치를 적극 뒷받침하고 나섰다.

이회는 재능을 중시해 출신에 관계없이 유능한 인재를 과감히 등용하면서 신상필벌의 원칙을 확고히 마련했다. 그는 또 농민들의 평소 생산량을 계측한 뒤 마침내 곡물의 수급불균형으로 인한 곡가의 동요를 막기 위한 방안을 창안했다. 풍작이 들었을 때 평상시 가격으로 곡물을 사들였다가가 흉작이 들었을 때 그것을 평상시의 가격으로 팔아 곡가의 급작스런 등락을 방지한 것이다.

숭문崇門을 윤동양은 송나라 도성의 동북쪽 문인 몽문蒙門으로 보았다. 『춘추좌전』「노양공 27년」조에 송평공이 열국을 대표하는 대부들과 몽문 밖에서 결맹한 일화가 나온다. 식노와式怒蠅의 식式은 수레 앞턱의 가로나무인 식軾을 말한다. 경의를 표하거나 할 때 머리를 '식' 위로 숙였다. '노와'는 화난 모습의 두꺼비로 두꺼비가 벌떡 일어선 모습을 묘사한 것이다. 구천이 '노와'에게 경의를 표한 일화는 『오월춘추』에 나온다. 시이효지是以效之의 효效는 증명한다는 뜻이다.

⚜30-6

經四一聽. 一聽則愚智不分, 責下則人臣參. 其說在索鄭與吹竽. 其患在申子之以趙紹·韓沓爲嘗試. 故公子氾議割河東, 而應侯謀弛上黨.

「경문 4」 일청一聽

군주가 신하들의 의견을 일일이 듣고 판단해야만 어리석은 자와 지혜로운 자를 혼동할 일이 없고, 신하들에게 진언하도록 질책해야만 신하들의 의견을 두루 들을 수 있다. 대표적인 사례로 위나라 군주가 정나라를 합병하려 하고, 제민왕이 피리를 불게 한 일화가 있다. 그 폐해와 관련한 사례로 신불해申不害가 조소趙紹와 한답韓沓을 시켜 한나라 군주의 의향을 미리 알아보도록 한 일화를 들 수 있다. 또 서쪽 진나라의 공자 사沘가 적과 강화하기 위한 조건으로 하동의 땅을 베어주자고 건의하고, 재상 응후應侯가 상당上黨의 땅을 포기하고 군사를 이동시키는 계책을 건의한 일화가 있다.

    🌊 일청즉우지불분一聽則愚智不分의 불不을 우창于鬯은 「팔경」에 나오는 '청불일聽不一'과 '즉우지불분則愚智不分' 구절을 근거로 연자로 보았다. 일리 있는 지적이다. 도홍경은 분分을 분紛의 오자로 간주했으나 「팔경」의 내용과 어긋난다. 신자申子는 법가의 선구자로 신하들을 제압하는 소위 술치術治術을 역설한 신불해申不害를 말한다. 원래 정나라의 천민이었으나 한소후의 재상이 되었다. 저서로 남은 것은 없으나 『한비자』「내저설」과 「외저설」 등에 그의 사상을 엿볼 수 있는 대목들이 제법 많이 나온다. 조소趙紹는 한나라 공족이고, 한답韓沓은 한나라 공족이다. 응후應侯는 진소양왕 때 정승을 지낸 범수를 말한다. 응應은 봉지의 명칭이다. 이상당弛上黨의 이弛는 원래 활을 쏜다는 의미로 여기서는 옮긴다는 뜻으로 사용됐다.

🌿30-7

  經五詭使. 數見久待而不任, 姦則鹿散. 使人問他則不鬻私. 是以龐敬還公大夫, 而戴讙詔視輻車, 周主亡玉簪, 商太宰論牛矢.

「경문 5」 궤사詭使

  군주가 자주 불러보고 오랫동안 기다리게 했다가 일을 맡기지 않으면 간사한 자는 사슴처럼 산산이 흩어지고, 사람에게 일을 시키면서 탐문하면 사사로이 감췄던 것을 드러낼 것이다. 이에 방경龐敬은 공대부公大夫를 불렀다가 돌려보냈고, 대환戴讙은 이사李史의 집을 살피면서 온거轀車까지 감시하도록 명했고, 주나라 왕은 일부러 옥비녀를 잃어버렸고, 송나라 태재太宰는 쇠똥이 많다고 꾸짖었다.

육사鬻私는 사사로운 은혜를 판다는 뜻이다. 방경龐敬은 방공龐恭과 같은 인물로 위나라 신하였다. 환공대부還公大夫의 환還은 부른다는 뜻이고, '공대부'는 『한서』「백관공경표」에 따르면 관품의 20등급에 해당한다. 온거轀車를 윤동양은 『설문해자』를 근거로 누워갈 수 있는 와거臥車로 풀이했다. 상태재商太宰는 송나라 태재를 말한다. 우시牛矢는 쇠똥의 아어雅語이다.

30-8

經六挾智. 挾智而問, 則不智者至, 深智一物, 衆隱皆變. 其說在昭侯之握一爪也. 故必南門而三鄕得, 周主索曲杖而群臣懼, 卜皮事庶子, 西門豹詳遺轄.

「경문 6」 협지挾知

알고 있으면서 모르는 양 물어보면 알지 못했던 일도 이해하게 되고, 한 가지 일에 대해 깊이 탐구하면 가려져 있던 일들이 모두 그 모습을 분명히 드러낸다. 대표적인 사례로 한소후가 손톱 1개를 주먹에 쥐고 이를 찾게 한 일화가 있다. 남문南門의 일을 소상히 살펴 세 고장의 일도 알게 되었다. 주나라 왕은 굽은 지팡이를 찾아내도록 해 군신들을 두렵게 만들었고, 복피卜皮는 가신을 시켜 어사御史의 애첩을 사랑하는 척하며 접근해 비밀을 알아내게 했고, 서문표西門豹는 거짓으로 수레의 빗장을 잃어버린 척했다.

☞☜ 협지挾智의 지智를 고광기는 지知로 읽었다. 부지자지不智者至
의 지至를 도홍경은 지智로 바꾼 뒤 지知로 새겨야 한다고 했다. 진기유
와『한비자교주』등이 이를 좇았다.『여씨춘추』「당염」의 주에 따르면
득得의 의미이다. 중은개변衆隱皆變의 변變을 도홍경은 변辨으로 풀이
했다. 삼향三鄕은 3개 방향의 의미이다. 향鄕은 향嚮의 가차이다. 복피
사서자卜皮事庶子의 사事를 왕선신은 사使로 바꿔야 한다고 했다. 일화
의 내용에 비춰 타당한 지적이다. 여기의 서자庶子는 가신의 뜻이다. 적
자 이외의 자식을 지칭한 「망징」의 서자와 다르다. 양유할詳遺轄의 양詳
은 가장한다는 뜻의 양佯과 통한다.

☙ 30-9

經七倒言. 倒言反事以嘗所疑, 則姦情得. 故山陽謾樛豎, 淖齒爲
秦使, 齊人欲爲亂, 子之以白馬, 子産離訟者, 嗣公過關市. 右經.

「경문 7」 도언倒言

본래의 뜻과 상반된 일을 말하고 반대되는 일을 해 의심스러운 것을
살피면 간사한 자의 실정을 알 수 있다. 산양군山陽君은 규수樛豎를 비
방해 자신을 의심한다는 사실을 알아냈고, 초나라 장수 요치淖齒는 심
복을 서쪽 진나라의 사신으로 위장시켰고, 연나라 재상 자지子之는 거
짓으로 백마가 달려갔다고 말해 측근을 시험했고, 정나라 자산은 소송
하는 자를 따로 떼어 진상을 가려냈고, 위사군은 측근에게 관문을 염
탐토록 해 관문을 지키는 관원의 비행을 알아냈다. 이상이 「경문」이다.

☞☜ 도언반사倒言反事의 '도언'은 진실과 다른 전도된 말을 뜻하고,
'반사'는 마음에 없는 반대되는 일을 의미한다. 산양만규수山陽謾樛豎

의 산양山陽이 건도본 원문에는 양산陽山으로 되어 있다. 가마사카는 『전국책』「위책」 등을 근거로 '산양'의 잘못으로 보았다. 규수樛豎의 규樛가 건도본에는 규摎로 되어 있다. 관시關市의 시市를 후토다는 리吏로 바꿔야 한다고 했으나 그대로 두고 해석하는 게 더 자연스럽다. 우경右經의 우右는 오른쪽에서 왼쪽으로 글을 쓴 까닭에 상上의 뜻으로 사용된 것이다. 곧 상문上文을 가리킨다.

30-10

「전문傳文 1」 참관參觀의 사례.

건도본에는 일一로만 돼 있다. 『한비자금주금역』은 전일傳一로 기록해 놓았다. 전傳은 예로부터 전해 내려오는 이야기라는 뜻이다.

30-11

衛靈公之時, 彌子瑕有寵, 專於衛國. 侏儒有見公者曰, "臣之夢踐矣." 公曰, "何夢." 對曰, "夢見竈, 爲見公也." 公怒曰, "吾聞見人主者夢見日, 奚爲見寡人而夢見竈." 對曰, "夫日兼燭天下, 一物不能當也. 人君兼燭一國人, 一人不能擁也. 故將見人主者夢見日. 夫竈, 一人煬焉, 則後人無從見矣. 今或者一人有煬君者乎. 則臣雖夢見竈, 不亦可乎."

위영공 때 미자하彌子瑕가 총애만 믿고 멋대로 전횡했다. 한 난쟁이가 위영공을 만나 이같이 말했다.
"저의 꿈은 영험이 있습니다."
"무슨 꿈인가?"

"꿈에 부엌의 아궁이를 보았는데 군주를 만나게 되었습니다."

위영공이 노했다.

"내가 듣건대 군주를 만나는 자는 꿈에 태양을 본다고 했다. 어찌하여 꿈에 부엌의 아궁이를 보고 과인을 만나려 한 것인가?"

난쟁이가 대답했다.

"무릇 태양은 천하를 두루 비추는 까닭에 한 사물로는 그것을 가릴 수 없습니다. 군주도 온 나라를 두루 비추는 까닭에 한 사람만으로는 이를 가릴 수 없습니다. 그래서 군주를 알현하는 자는 꿈에서 태양을 본다고 하는 것입니다. 무릇 부엌의 아궁이는 한 사람이 불을 때면 뒷사람은 그 불빛을 볼 수 없습니다. 지금 어떤 한 사람이 군주 앞에서 불을 때고 있습니다. 그렇다면 제가 꿈에서 부엌의 아궁이를 본 게 옳지 않겠습니까?"

 ☞ 일인불능옹一人不能擁의 옹擁을 고광기는 옹壅으로 바꿔야 한다고 했다. 일인유양一人有煬의 양煬은 불을 때거나 쬐는 것을 말한다.

🕯30-12

魯哀公問孔子曰, "鄙諺曰, '莫衆而迷.' 今寡人舉事, 與群臣慮之, 而國愈亂, 其故何也." 孔子對曰, "明主之問臣, 一人知之, 一人不知也. 如是者, 明主在上, 群臣直議於下. 今群臣無不一辭同軌乎季孫者, 舉魯國盡化爲一, 君雖問境內之人, 猶之人, 不免於亂也."

노애공이 공자에게 물었다.

"속담에 이르기를, '여러 사람과 의논하면 미혹됨이 없다'고 했소. 지금 내가 일을 하면서 여러 신하들과 상의하고 있는데도 나라가 더욱 어지러우니 이는 무슨 까닭이오?"

공자가 대답했다.

"명군이 신하들에게 질문을 하면 어떤 사람은 해당 사안의 의미를 충분이 이해하지만, 어떤 사람은 제대로 이해하지 못합니다. 사정이 이러한 까닭에 명군은 위에서 듣기만 하면서 신하들로 하여금 아래에서 자신의 의견을 솔직히 개진토록 합니다. 지금 신하들은 계손씨와 말을 똑같이 하고, 행동까지 똑같이 하지 않는 자가 없습니다. 노나라가 온통 계손씨 한 사람과 같아져 버렸습니다. 군주가 아무리 나라 안의 모든 사람에게 물어볼지라도 대답은 하나일 뿐입니다. 나라가 혼란을 면치 못하는 이유입니다."

🐦 비언鄙諺은 속어와 같은 뜻이다. 일인지지一人知之의 지지知之를 대부분 안다는 뜻의 지도知道로 새기고 있으나 장각은 이해한다는 뜻의 득지得之로 풀이했다. 직의直議는 숨김없이 솔직하게 말하는 것을 뜻한다. 일사동궤一辭同軌는 한 사람의 입에서 나온 말처럼 한결같고 하나같이 행동한다는 뜻이다. 계손季孫은 계강자季康子 비肥를 말한다.

30-13

一曰. 晏嬰子聘魯, 哀公問曰, "語曰, '莫三人而迷.' 今寡人與一國慮之, 魯不免於亂, 何也." 晏子曰, "古之所謂'莫三人而迷'者, 一人失之, 二人得之, 三人足以爲衆矣, 故曰'莫三人而迷'. 今魯國之群臣以千百數, 一言於季氏之私. 人數非不衆, 所言者一人也, 安得三哉."

일설에 따르면 제나라 재상 안영晏嬰이 노나라를 방문하자 노애공이 물었다.

"속담에 이르기를, '세 사람이 모여 의논하면 미혹됨이 없다'고 했소. 지금 과인이 온 나라 사람들과 상의하고 있는데도 나라가 혼란을 면치 못하니 이는 무슨 까닭이오?"

안영이 대답했다.

"옛날 이른바 '세 사람이 모여 의논하면 미혹됨이 없다'고 한 것은 한 사람이 틀려도 나머지 두 사람이 맞으면 세 사람으로도 능히 여러 사람을 대신할 수 있다고 생각했기 때문입니다. 그래서 '세 사람이 모여 의논하면 미혹됨이 없다'고 한 것입니다. 지금 노나라의 신하들은 수천 수백 명이나 되지만 계손씨의 사적인 이익에 부응하고 있습니다. 사람의 숫자가 결코 적은 게 아닌데도 말은 한 사람이 하는 것과 똑같습니다. 그러니 어찌 세 사람과 상의했다고 말할 수 있겠습니까?"

☙ 일왈一曰은 다른 일설을 뜻한다. 이에 대해 설이 분분하다. 후토다는 『내저설』과 『외저설』에 나오는 '일왈' 이하의 글은 모두 한비가 기록한 이문異聞으로 보았다. 고광기는 유향이 「서록敍錄」을 편제할 때 끼워 넣은 것으로 추정했다. 진계천은 유향이 편제하기 전후의 후대인들이 삽입시킨 것으로 보았다. 진기유는 위진남북조 때 육기陸機와 이선李先 등이 후대인의 참고를 위해 이문을 기록해 놓은 것으로 간주했다. 『내저설』과 『외저설』에 나오는 해당 내용의 앞뒤 글이 약간 부합하지 않는 면이 없지 않으나 이는 '이문'을 기록한 데 따른 불가피한 측면으로 이해할 수 있다. 후토다의 견해를 좇는 게 무난하다.

안영자빙로晏嬰子聘魯의 안영자는 안자晏子를 말한다. 이름은 영嬰, 자는 평중平仲이다. 제영공과 제장공, 제경공 등 3대에 걸친 재상이다. 빙聘은 제후가 경상卿相을 다른 나라에 사자로 보내는 것을 말한다. 규모가 작을 때는 대부를 보낸다. 이때는 '빙' 대신 문問이라는 용어를 사용한다. 제후가 스스로 찾아가는 것은 조朝라고 한다. 어왈語曰은 예로부터 전해져 내려오는 말을 뜻한다. 속담의 의미이다.

30-14

齊人有謂齊王曰, "河伯, 大神也. 王何不試與之遇乎. 臣請使王遇之." 乃爲壇場大水之上, 而與王立之焉. 有間, 大魚動, 因曰, "此河伯."

제나라 사람이 제나라 왕에게 말했다.

"황하의 신 하백河伯은 영험한 신입니다. 대왕은 어찌하여 시험 삼아 만나보지 않는 것입니까? 신은 대왕이 그를 한번 만나 볼 수 있도록 해드리고 싶습니다."

이에 물가에 제단을 만들고 제나라 왕과 함께 섰다. 얼마 후 큰 물고기가 움직였다. 그때 그가 소리쳤다.

"저것이 바로 하백입니다!"

하백河伯은 황하의 수신水神을 말한다. 단장壇場은 신에게 제사하기 위해 땅을 청소하고 깨끗이 하여 제단을 만드는 것을 의미한다. 대수지상大水之上의 대수大水는 홍수를 뜻하기도 하나 여기서는 황하의 의미로 사용된 것이다. 상上은 강변 내지 강둑을 지칭한다.

30-15

張儀欲以秦韓與魏之勢伐齊荊, 而惠施欲以齊荊偃兵. 二人爭之. 群臣左右皆爲張子言, 而以攻齊荊爲利, 而莫爲惠子言. 王果聽張子, 而以惠子言爲不可. 攻齊荊之事已定, 惠子入見. 王言曰, "先生毋言

矣. 攻齊荊之事果利矣, 一國盡以爲然."惠子因說, "不可不察也. 夫
齊荊之事也誠利, 一國盡以爲利, 是何智者之衆也. 攻齊荊之事誠不
可利, 一國盡以爲利, 何愚者之衆也. 凡謀者, 疑也. 疑也者, 誠疑,
以爲可者半, 以爲不可者半. 今一國盡以爲可, 是王亡半也. 劫主者
固亡其半者也."

유세가 장의張儀는 서쪽 진나라를 비롯해 중원의 한나라와 위나라의
세력을 이용해 제나라와 초나라를 치고자 했다. 혜시惠施는 제나라 및
초나라와 동맹을 맺어 전쟁을 그치고자 했다. 두 사람이 논쟁을 벌였다.
주변 신하들은 모두 장의의 말을 좇아 제나라와 초나라를 치는 게 유리
하다며 혜시의 말을 따르지 않았다. 제나라와 초나라를 치는 쪽으로 결
론이 났다. 혜시가 안으로 들어가 알현하자 진나라 왕이 먼저 말했다.

"선생은 아무 말도 하지 마시오. 제나라와 초나라를 치는 게 우리에
게 이롭소. 온 나라가 모두 그러하다고 생각하고 있소."

혜시가 말했다.

"어떤 주장이든 깊이 살펴보지 않을 수 없습니다. 무릇 제나라와 초
나라를 치는 일이 실로 이롭다 할지라도 온 나라 사람들이 모두 이롭다
고 여긴다면 이것이 어찌 지혜로운 자가 많아서 그렇겠습니까? 제나라
와 초나라를 치는 것이 실로 불리한 일인데도 온 나라 사람들이 모두
이롭다고 여긴다면 이것이 어찌 어리석은 자가 많아서 그렇겠습니까?
일을 다른 사람과 상의하는 것은 의심스런 점이 있기 때문입니다. 의심
스런 점이 있을 경우 실로 의심스런 것이라면 옳다고 생각하는 자가 절
반, 그르다고 생각하는 자가 절반인 게 정상입니다. 지금 한 나라가 온
통 옳다고 생각하니 이는 대왕이 나라의 절반을 잃은 것입니다. 신하에
게 위협을 받는 군주는 본래 나라의 절반을 잃은 것이나 다름없습니

다."

　　🌿 장의張儀는 연횡을 주장해 진나라에서 재상을 지낸 인물이다. 소진蘇秦과 함께 귀곡자鬼谷子 밑에서 수학했다고 한다. 혜시惠施는 송나라 출신으로 변론에 능해 위혜왕 때 재상을 지냈다. 장자와 절친했던 까닭에『장자』에 그에 관한 일화가 매우 많이 나온다. 겁주자劫主者는 신하에게 위협을 받은 군주를 말한다.

🌿30-16

　　叔孫相魯, 貴而主斷. 其所愛者曰豎牛, 亦擅用叔孫之令. 叔孫有子曰壬, 豎牛妬而欲殺之, 因與壬遊於魯君所. 魯君賜之玉杯, 壬拜受之而不敢佩, 使豎牛請之叔孫. 豎牛欺之曰, “吾已爲爾請之矣, 使爾佩之.” 壬因佩之. 豎牛因謂叔孫, “何不見壬於君乎.” 叔孫曰, “孺子何足見也.” “壬固已數見於君矣. 君賜之玉杯, 壬已佩之矣.” 叔孫召壬見之, 而果佩之, 叔孫怒而殺壬. 壬兄曰丙, 豎牛又妬而欲殺之. 叔孫爲丙鑄鍾, 鍾成, 丙不敢擊, 使豎牛請之叔孫. 豎牛不爲請, 又欺之曰, “吾已爲爾請之矣, 使爾擊之.” 丙因擊之. 叔孫聞之曰, “丙不請而擅擊鍾.” 怒而逐之. 丙出走齊. 居一年, 豎牛爲謝叔孫, 叔孫使豎牛召之, 又不召而報之曰, “吾已召之矣, 丙怒甚, 不肯來.” 叔孫大怒, 使人殺之. 2子已死, 叔孫有病, 豎牛因獨養之而去左右, 不內人, 曰, “叔孫不欲聞人聲.” 不食而餓殺. 叔孫已死, 豎牛因不發喪也, 徙其府庫重寶, 空之而奔齊. 夫聽所信之言而子父爲人僇, 此不參之患也.

　　숙손표叔孫豹는 노나라의 사마司馬로 있을 때 지극히 높은 신분을 이용해 멋대로 권력을 휘둘렀다. 이후 길에서 관계를 맺었던 여인으로부터 얻은 수우豎牛와 만나게 되자 그를 매우 총애했다. 수우는 이를 기회로 숙손표의 명을 멋대로 처리했다. 숙손표의 아들 가운데 정실인 국씨國氏로부터 얻은 중임仲壬이 있었다. 수우가 그를 질투해 죽이고자 했다.

하루는 중임과 함께 노나라 군주의 행궁으로 놀러가게 됐다. 노나라 군주가 그에게 옥환을 주었다. 중임이 받기는 했으나 감히 허리에 차지 못하고 수우를 시켜 부친의 허락을 청했다. 수우가 중임에게 거짓으로 이같이 말했다.

"내가 이미 당신을 위해 허락을 청했더니 그것을 차도 좋다는 허락을 내렸습니다."

내막을 모르는 중임이 이를 허리에 찼다. 수우가 곧 숙손표 앞에서 이같이 말했다.

"어찌해서 중임에게 군주를 알현토록 하지 않는 것입니까?"

"어린아이를 어찌 알현케 할 수 있는가!"

수우가 말했다.

"중임은 이미 여러 차례 알현했습니다. 군주가 그에게 옥환을 주었고 중임은 그것을 차고 있습니다."

숙손표가 중임을 불러 보니 과연 옥환을 차고 있었다. 숙손표가 대로해 중임을 죽였다. 중임의 형은 맹병孟丙이다. 수우가 또 그를 시기해 죽이려고 했다. 이때 숙손표는 맹병을 위해 종을 만들도록 해 이내 완성을 보았다. 맹병은 이를 감히 치지 못하고 수우를 시켜 부친의 허락을 청했다. 수우가 맹병에게 또 거짓으로 말했다.

"내가 이미 당신을 위해 허락을 청했더니 그것을 쳐도 좋다는 허락을 내렸습니다."

내막을 모르는 맹병이 종을 쳤다. 숙손표가 종소리를 듣고 말했다.

"맹병이 나의 허락을 받지도 않고 멋대로 종을 치는 구나!"

곧 크게 화를 내며 그를 내쫓았다. 맹병은 제나라로 달아났다.

1년 후 수우가 맹병의 사면을 숙손표에게 빌었다. 숙손표가 이내 수우에게 맹병을 불러 오도록 시켰다. 수우가 맹병을 부르지도 않은 채 이같이 보고했다.

"제가 이미 그를 부르러 갔습니다만 맹병은 크게 화를 내며 오지 않겠다고 했습니다."

숙손표가 대로한 나머지 사람을 시켜 맹병을 죽였다. 두 아들이 모두 죽은 후 숙손표는 이내 병이 들었다. 수우가 홀로 간병을 하며 좌우 측근들을 물리치고는 사람들을 안에 들이지 않았다. 그는 사람들에게 이같이 말했다.

"숙손표는 사람들의 말소리를 듣기 싫어한다."

그러고는 음식을 주지 않아 숙손표를 굶겨 죽였다. 숙손표가 죽자 수우는 상도 치르지 않은 채 창고 안의 귀중한 보물을 모두 털어 제나라로 달아났다. 무릇 믿는 자의 말만 듣다가 아들과 아버지가 모두 죽게 됐으니 이는 사람들의 말을 두루 살펴 맞춰보지 않은 데 따른 재앙이다.

꿔 귀이주단貴而主斷의 귀貴는 숙손표가 병권을 쥔 사마司馬의 높은 자리에 있었던 것을 말한다. 3환의 일원인 숙손씨는 노나라에서 시종 '사마'의 자리에 있었다. 이 일화는 『춘추좌전』「노소공 4년」조에 상세히 실려 있다. 이에 따르면 당초 노나라 대부 숙손표는 제나라로 가던 중 산동성 사수현 동쪽 경종庚宗에 이르렀을 때 한 여인을 만났다. 사적으로 음식을 부탁한 게 인연이 되어 사적으로 통하게 되었다. 여인이 여행하게 된 연고를 묻자 사실대로 말해주었다. 그 여인이 울면서 그를 전송했다. 이후 그는 제나라로 가 최고의 명문가인 국씨國氏 집안의 여인을 아내로 맞이하여 아들 맹병과 중임을 얻었다. 하루는 꿈을 꾸다가 가위에 눌렸다. 꿈속에서 좌우를 둘러보다가 한 사람을 발견하게 되었다. 피부가 검고 곱사등이인데다가 눈은 쑥 들어가고 입은 수퇘지처럼 삐죽 나와 있었다. 숙손표가 두려운 나머지 꿈결에 '우牛야, 나를 도와다오'라고 외쳤다. 아침이 되어 부하들을 모두 불러 비슷하게 생긴 사람을 찾아보았으나 그같이 생긴 사람은 한 사람도 없었다. 곧 좌위에 꿈이야기를 한 뒤 그같이 생긴 사람을 필히 기억해 두라고 당부했다. 이후 노나라에서 그를 부르자 곧바로 귀국해 경이 되었다. 이때 경종에서 사통했던 여인이 찾아와 꿩을 바쳤다. 그녀에게 애가 어찌 되었는지를 묻자 그 여인이 말하기를, '아들이 장성해 꿩을 잡아 드릴 수 있게 되었습니다. 그래서 지금 저를 따라왔습니다.'라고 했다. 그녀의 아들을 불러서 보니 꿈속에서 본 자와 꼭 같았다. 숙손표가 문득 '우야'라고 소리치자 그녀의 아들은 '네'라고 대답했다. 크게 기뻐하며 곧 시종으로 삼았다. 우는 생부 숙손표의 총애를 입어 점차 숙손씨 가문의 일을 도맡게 되었다.

숙손표가 귀국한 뒤에도 정실인 국씨를 맞이해 가지 않자 친하게 지내던 제나라 대부 공손명公孫明이 국씨를 아내로 맞이했다. 대로한 숙손표는 이내 국씨 소생의 아들들을 노나라로 데려왔다. 숙손표가 사냥을 나갔다가 문득 병이 들어 자리에 눕게 되자 우가 숙손씨의 가산을 모두 차지할 생각을 품게 되었다. 여기에 나오는 일화는 기원전 538년에 빚어진 숙손씨 집안의 비극적인 상황을 언급한 것이다.

30-17

江乙爲魏王使荊, 謂荊王曰, "臣入王之境內, 聞王之國俗曰, '君子

不蔽人之美, 不言人之惡.' 誠有之乎." 王曰, "有之." "然則若白公之
亂, 得庶無危乎. 誠得如此, 臣免死罪矣."

유세가 강을江乙이 위나라 왕을 위해 초나라에 사자로 갔다. 초나라
왕에게 물었다.

"신이 대왕의 영내에 들어와 나라의 풍속에 관해 듣자니 '군자는 남
의 좋은 점을 감추지 않고 남의 잘못을 말하지 않는다.'고 했습니다. 정
말 이런 풍습이 있는 것입니까?"

"있소."

"그렇다면 '백공白公의 난'과 같은 일은 거의 일어나지 않겠습니다.
실로 이와 같다면 신 역시 죽을죄를 지을지라도 이내 목숨을 구할 수
있겠습니다!"

    🐾 강을江乙은 위나라 출신의 유세가로 초나라를 섬겼다. 『한비자
금주금역』에는 강걸江乞로 되어 있다. 백공지란白公之亂은 초평왕의 태
자 건의 아들 승勝이 일으킨 반란을 말한다. 「유로」에 나온 바 있다.

🦋30-18

衛嗣君重如耳, 愛世姬, 而恐其皆因其愛重以壅己也, 乃貴薄疑以
敵如耳, 尊魏姬以耦世姬, 曰, "以是相參也." 嗣君之欲無壅, 而未得
其術也. 夫不使賤議貴·下必坐上, 而必待勢重之鈞也而後敢相議,
則是益樹壅塞之臣也. 嗣君之壅乃始.

위사군衛嗣君은 대신 여이如耳를 중시하면서 애첩 세희世姬를 총애
했다. 그러나 그는 이들이 자신의 총애를 빙자해 자신의 이목을 가릴까

두려워한 나머지 박의薄疑를 높여 여이와 맞서게 하고, 위희魏姬를 높여 세희와 견주게 하면서 이같이 말했다.

"이로써 양쪽을 대조해 참조하려는 것이다."

위사군은 신하들이 자신의 이목이 가리지 않도록 하는 것만 알았지 그 법술은 알지 못했다. 신분이 낮은 자가 높은 자를 비판하게 하고, 아랫사람이 윗사람의 자리에 앉지 못하게 하고, 권세의 균형을 맞춘 뒤 서로 국사를 상의토록 하면 이는 군주의 이목을 가로막는 신하를 늘리는 것이다. 위사군의 이목이 가려진 발단이 여기에 있다.

유사한 얘기가『전국책』「송위책」에 나온다. 위사군衛嗣君은 같은「내저설 상」에 위사공衛嗣公으로 기록돼 있기도 하다. 여이如耳는 위魏나라 출신으로 위사군을 섬겼다.『사기』「권세가」에 따르면 위사군을 만나 위나라 병사를 막는 계책을 제시하고, 위魏나라 왕을 만나서는 위衛나라의 포위를 벗어나는 계책을 세워주었다.『사기정의』는 그를 위魏나라 대부로 보았다. 세희世姬는 위사군의 애첩이다. 고광기는『순자』「왕제」의 주를 근거로 세世를 설泄로 읽었다. 두 글자는 서로 통한다. 쯔다는 설泄을 성씨로 해석했다. 박의薄疑는 처음에는 조나라에 있다가 훗날 위사군을 섬겼다. 위희魏姬는 위사군의 애첩으로『순자』는 위비魏妃로 썼다. 우세희耦世姬의 우耦는 원래 짝을 뜻하는 말로 여기서는 어깨를 나란히 하게 했다는 의미이다.

30-19

夫矢來有鄕, 則積鐵以備一鄕. 矢來無鄕, 則爲鐵室以盡備之. 備之則體不傷. 故彼以盡備之不傷, 此以盡敵之無姦也.

무릇 화살이 일정한 방향에서 날아오면 철판으로 한 쪽만 대비하면
된다. 화살이 날아오는 방향이 일정하지 않으면 철판으로 사방을 에워
싸 모든 방향을 대비해야 한다. 이같이 방비해야만 몸을 다치지 않게
된다. 모든 방향을 대비하면 다치지 않고, 모든 사람을 적으로 여겨 대
비하면 간사한 신하가 나오지 못한다.

◐ᇰᆢ 철실鐵室은 사방을 철판으로 쌓아 만든 방공호를 지칭한 것으
로 곧 온 몸을 쇠로 덮는 것을 뜻한다. 적지敵之는 군주가 신하를 적으
로 여겨 대비한다는 의미이다.

⤳30-20

龐恭與太子質於邯鄲, 謂魏王曰, "今一人言市有虎, 王信之乎." 曰,
"不信." "二人言市有虎, 王信之乎." 曰, "不信." "三人言市有虎, 王信
之乎." 王曰, "寡人信之." 龐恭曰, "夫市之無虎也明矣, 然而三人言而
成虎. 今邯鄲之去魏也遠於市, 議臣者過於三人, 願王察之." 龐恭從
邯鄲反, 竟不得見.

위나라 대부 방공龐恭이 태자를 따라 조나라 수도 한단에 인질로 가
게 됐다. 떠나기 전 위나라 왕에게 물었다.
"만일 어떤 한 사람이 시장에 범이 나타났다고 말하면 대왕을 이를
믿겠습니까?"
"믿지 않소."
"두 사람이 시장에 범이 나타났다고 말하면 대왕은 이를 믿겠습니
까?"
"믿지 않소."

"세 사람이 시장에 범이 나타났다고 말하면 대왕은 이를 믿겠습니까?"

왕이 말했다.

"과인도 믿게 될 것이오."

방공이 말했다.

"무릇 시장에 범이 나타나지 않을 것은 분명합니다. 그러나 3인이 입을 모아 얘기하면 범이 나타난 것으로 믿게 됩니다. 지금 한단은 위나라로부터 시장보다 멀리 떨어져 있습니다. 신을 두고 이런저런 얘기를 하는 자가 3인보다 훨씬 많을 것입니다. 바라건대 대왕은 이를 깊이 살펴주십시오."

이후 마침내 방공이 한단에서 귀국하기는 했지만 끝내 왕을 만날 수는 없었다.

　　삼인언시유호三人言市有虎는 세 사람이 말하면 저자에 호랑이가 등장했다는 말이 사실처럼 여겨진다는 뜻이다. 의신자議臣者의 의의議는 비방의 뜻을 내포하고 있다.

30-21

「전문 2」 필벌必罰의 사례.

30-22

董閼于爲趙上地守. 行石邑山中, 澗深, 峭如牆, 深百仞, 因問其旁鄉左右曰, "人嘗有入此者乎." 對曰, "無有." 曰, "嬰兒·痴聾·狂悖之人嘗有入此者乎." 對曰, "無有." "牛馬犬彘嘗有入此者乎." 對曰, "無有." 董閼于喟然太息曰, "吾能治矣. 使吾治之無赦, 猶入澗之必死也, 則人莫之敢犯也, 何爲不治之."

동안우가 조나라 상지上地의 태수가 되어 석읍石邑 산속을 순시하게 됐다. 산의 계곡은 깊고 절벽처럼 가팔라 깊이가 1백 인仞이나 되어보였다. 근처의 마을 사람들에게 물었다.

"사람들이 일찍이 이곳에 빠진 적이 있는가?"

"없습니다."

"어린아이나 장님, 귀머거리, 미친 사람들 가운데 이곳에 빠진 자가 있는가?"

"없습니다."

"소나 말, 개, 돼지가 일찍이 이곳에 빠진 적이 있는가?"

"없습니다."

동안우가 깊은 한숨을 쉬며 말했다.

"내가 잘 다스릴 수 있게 됐다. 내가 법을 가차 없이 적용해 마치 계곡에 빠지면 반드시 죽게 된다는 것과 같이 하면 사람들이 감히 죄를 범하지 못할 것이다. 어찌 잘 다스리지 않겠는가?"

🐚 상지수上地守의 '상지'는 지대가 높은 곳을 말하나 여기는 『순자』「의병」에서 말한 상당上黨을 지칭한다. 수守는 태수를 말한다. 인仞이 깊이를 나타낼 때는 통상 7척으로 간주한다. 1백 인이면 당시의 잣대로 대략 150미터가량이 된다. 방향좌우旁鄕左右의 '방향'은 근처 마을을 뜻하는 말로 방旁은 방傍과 통한다. 좌우左右는 수행원을 말한다.

🌿 **30-23**

子産相鄭, 病將死, 謂游吉曰, "我死後, 子必用鄭, 必以嚴莅人. 夫

火形嚴, 故人鮮灼. 水形懦, 人多溺. 子必嚴子之形, 無令溺子之懦
故." 子産死, 游吉不肯嚴形, 鄭少年相率爲盜, 處於萑澤, 將遂以爲
鄭禍. 游吉率車騎與戰, 一日一夜, 僅能克之. 游吉喟然歎曰, "吾蚤
行夫子之敎, 必不悔至於此矣."

자산子産은 정나라 재상이었다. 병들어 죽게 될 즈음 후임자인 유길
游吉에게 말했다.

"내가 죽은 뒤 그대가 반드시 정나라를 다스리게 될 것이오. 반드시
엄한 자세로 사람을 다스려야 하오. 무릇 불의 형세는 매우 엄해 타죽
는 자가 드무나, 물은 형세가 유약해 익사하는 자가 매우 많소. 그대는
반드시 모습을 엄하게 할 필요가 있소. 그대의 유약한 형세로 인해 사
람들이 물에 빠져죽는 일이 없도록 해야만 하오."

자산이 죽자 유길은 엄한 모습을 보이지 않았다. 정나라의 젊은이들
이 무리를 지어 도적질을 했다. 마침내 갈대 늪을 근거지로 삼아 장차
반란을 일으키려 했다. 유길이 전차와 기병을 이끌고 가 그들과 싸웠다.
꼬박 하루걸려 간신히 이길 수 있었다. 그가 탄식하며 말했다.

"내가 일찍부터 자산의 가르침을 행했다면 반드시 이 지경에 이르러
후회하지는 않았을 것이다."

✎ 이 일화는 『춘추좌전』「노소공 20년」조에 나온다. 엄자지형嚴子
之形의 형形은 형벌의 뜻을 내포하고 있다. 고광기는 이를 근거로 형형
으로 해석했다. 어의 그대로 풀이하는 게 더 자연스럽다. 관택萑澤의 관
萑은 물억새 풀로 환雈과 통한다. 택澤은 늪을 뜻한다. 『한비자교주』는
지금의 하남성 중모현에 있는 환부지택雈苻之澤으로 보았다. 대다수 주
석가들이 「노희공 33년」조에 나오는 원포原圃로 간주하고 있다. 양백준

은 『춘추좌전』의 주에서 갈대가 무성한 늪을 모두 '환부지택'으로 보아야 한다고 주장했다. 어느 쪽으로 해석하든 큰 차이는 없다.

30-24

魯哀公問於仲尼曰, "『春秋』之記曰, '冬十二月, 霣霜, 不殺菽.' 何爲記此." 仲尼對曰, "此言可以殺而不殺也. 夫宜殺而不殺, 桃李冬實. 天失道, 草木猶犯干之, 而況於人君乎."

노애공이 공자에게 물었다.

"『춘추』의 기록에 '겨울 12월, 서리가 내렸으나 콩잎이 시들지 않았다'고 했는데 무엇 때문에 이를 기록한 것이오?"

공자가 대답했다.

"이는 시들어야 했는데 시들지 않은 것을 지적한 것입니다. 무릇 마땅히 죽어야 하는데 죽지 않으면 복숭아와 자두가 겨울에 열매를 맺게 됩니다. 하늘이 도를 잃게 되면 초목도 거스르는 현상이 나타나는데 하물며 군주의 경우이겠습니까!"

춘추지기春秋之記의 '춘추'를 왕선겸은 공자가 편수하기 이전의 노나라 사서를 지칭한다고 해석했다. 여기의 기記는 『춘추좌전』 「노희공 30년」조의 일화를 말한다. 운상霣霜의 운霣은 내린다는 뜻이다. 불살숙不殺菽의 숙菽은 콩을 뜻한다. 『춘추좌전』 「노희공 33년」조의 경문에는 초草로 되어 있다. 범간犯干은 침범한다는 의미이다.

30-25

殷之法, 刑棄灰於街者. 子貢以爲重, 問之仲尼. 仲尼曰, "知治之道

也. 夫棄灰於街必掩人, 掩人, 人必怒, 怒則鬪, 鬪必三族相殘也,
此殘三族之道也, 雖刑之可也. 且夫重罰者, 人之所惡也. 而無棄灰,
人之所易也. 使人行之所易, 而無離所惡, 此治之道."

상나라 법률에는 길거리에 재를 버린 자를 처벌하게 되어 있다. 자공
子貢이 과중하다고 여겨 스승인 공자에게 묻자 공자가 이같이 대답
했다.

"치도治道를 알고 있는 것이다. 무릇 길거리에 재를 버리면 반드시 사
람에게 해를 끼치게 되고, 사람에게 해를 끼치면 사람들은 반드시 노여
워하게 된다. 노여워하면 싸우게 되고, 싸우면 반드시 3족이 서로 죽이
게 된다. 3족이 몰살하는 이유가 여기에 있다. 그러니 이는 형벌에 처할
지라도 가하다. 무릇 중벌은 사람들이 싫어하는 것이고 재를 버리지 못
하게 하는 것은 사람들이 쉽게 할 수 있는 일이다. 사람들이 쉽게 행하
여 싫어하는 형벌에 걸리지 않도록 하는 것이 바로 치도이다."

삼족三族을 배인은 『사기집해』에서 부계와 모계, 처계 족속으
로 풀이했다. 사인행지소이使人行之所易의 지之를 왕선신은 지시대명사
기其로 해석했다. 이소오離所惡의 이離는 걸렸다는 뜻의 이罹와 통한다.
『한비자금주금역』에는 악惡이 난難으로 되어 있다.

30-26

一曰. 殷之法, 棄灰於公道者斷其手. 子貢曰, "棄灰之罪輕, 斷手
之罰重, 古人何太毅也." 曰, "無棄灰, 所易也. 斷手, 所惡也. 行所易,
不關所惡, 古人以爲易, 故行之."

일설에 따르면 '상나라 법률에는 길거리에 재를 버린 자는 그 손을 자른다.'고 했다. 자공이 공자에게 물었다.

"재를 버린 죄는 가벼운데 손을 자르는 형벌은 무겁습니다. 옛 사람은 어찌하여 이처럼 지나치게 가혹했던 것입니까?"

공자가 대답했다.

"재를 버리지 않는 것은 쉬운 일이나 손이 잘리는 것은 사람들이 싫어하는 것이다. 쉬운 일을 행하여 싫어하는 형벌에 빠지지 않도록 하는 것을 옛 사람들도 보다 나은 것으로 생각해 그 법을 시행한 것이다."

◯◯ 태의太毅의 의毅를 건도본 주는 가혹할 혹酷으로 풀이했다. 불관소오不關所惡의 관關을 왕선신은 함몰된다는 뜻의 입入으로 해석했다.

🎵30-27

中山之相樂池以車百乘使趙, 選其客之有智能者以爲將行, 中道而亂. 樂池曰, "吾以公爲有智, 而使公爲將行, 今中道而亂, 何也." 客因辭而去, 曰, "公不知治. 有威足以服人, 而利足以勸之, 故能治之. 今臣, 君之少客也. 夫從少正長, 從賤治貴, 而不得操其利害之柄以制之, 此所以亂也. 嘗試使臣. 彼之善者我能以爲卿相, 彼不善者我得以斬其首, 何故而不治."

중산의 재상 악지樂池가 수레 1백 대를 이끌고 조나라에 사자로 갔다. 빈객들 중 지혜와 능력이 있는 자를 골라 행렬의 지휘자로 삼았다. 가는 도중 행렬이 흐트러졌다. 악지가 말했다.

"나는 그대를 지혜가 있는 사람으로 생각해 행렬을 지휘토록 했소.

지금 도중에 행렬이 이처럼 흐트러졌으니 이는 어찌된 일이오?"

빈객이 이 일로 직책을 사퇴하며 말했다.

"공은 다스리는 이치를 알지 못합니다. 형벌의 위엄이 있어야 다른 사람을 복종시킬 수 있고, 작록의 포상이 있어야 사람들에게 권할 수 있습니다. 지금 저는 공의 빈객 중 신분이 낮습니다. 낮은 지위에 있는 자가 높은 지위에 있는 자를 바로잡고, 천한 자가 귀한 자를 다스리려 한데다가 이로움과 해로움을 부여할 수 있는 권한조차 없었습니다. 행렬이 흐트러진 이유가 여기에 있습니다. 일찍이 저에게 재능 있는 자를 경상으로 삼을 수 있고 악한 자를 참수할 수 있는 권한이 있었다면 어찌다스리지 못할 리 있겠습니까?"

◕⤸ 이족이권지利足以勸之의 리利를 장각은 『국어』「진어」를 근거로 작상爵賞으로 풀이했다. 군지소객君之少客의 군君은 여기서 재상인 악지를 가리킨다. 소객少客은 말단 식객을 뜻한다. 객客은 군주나 귀족 등의 권세가에 의지해 살던 빈객賓客 내지 식객食客을 말한다.

⤸30-28

公孫鞅之法也重輕罪. 重罪者, 人之所難犯也. 而小過者, 人之所易去也. 使人去其所易, 無離其所難, 此治之道. 夫小過不生, 大罪不至, 是人無罪而亂不生也.

상앙이 제정한 법률은 경범죄를 중죄로 다뤘다. 중죄는 사람들이 범하기 어려운 것이지만, 작은 허물은 사람들이 쉽게 피해갈 수 있는 것이다. 사람이 쉽게 피해 갈 수 있는 것을 피하도록 하고, 범하기 어려운 중죄에 걸리지 않도록 하는 것이 치도이다. 무릇 작은 허물이 생기지 않게 하고, 큰 죄에 이르지 않게 하면 사람들이 죄를 짓지도 않고 혼란도 일어나지 않을 것이다.

⟳ 중죄자重罪者의 '중죄'가 건도본에는 없다. 조용현본趙用賢本을 좇아 보완했다.

⟳30-29

一曰. 公孫鞅曰, "行刑, 重其輕者. 輕者不至, 重者不來, 是謂以刑去刑也."

일설에 따르면 상앙은 이같이 말했다고 한다.

"형을 집행하면서 경범죄를 중죄로 다스리면 경범죄도 없게 되고, 중죄를 범하는 자도 나오지 않는다. 이를 일컬어 형벌로 형벌을 물리치는 '이형거형以刑去刑'이라고 한다."

⟳ 행형行刑 이하의 구절은 『상군서』「근령斬令」에서 인용한 것이다.

⟳30-30

荊南之地, 麗水之中生金, 人多竊采金. 采金之禁. 得而輒辜磔於市. 甚衆, 壅離其水也, 而人竊金不止. 大罪莫重辜磔於市, 猶不止者, 不必得也. 故今有於此曰, "予汝天下而殺汝身." 庸人不爲也. 夫有天下, 大利也, 猶不爲者, 知必死. 故不必得也, 則雖辜磔, 竊金不止. 知必死, 則雖予之天下不爲也.

초나라 남쪽 땅 여수麗水에서 금이 나오자 많은 사람들이 몰래 금을 채취했다. 이를 금하는 법에 걸려들면 곧바로 저자에서 사지를 찢는 책형磔刑에 처해졌다. 그 수가 매우 많아 시체가 냇가를 메울 정도가 되었는데도 사람들은 사금의 잠채潛採를 멈추지 않았다. 무릇 형벌 가운데 책형보다 더 무거운 형은 없다. 그런데도 오히려 잠채를 그치지 않는 것은 반드시 붙들리는 것은 아니라고 생각하기 때문이다. 지금 어떤 사람이 이같이 말한다고 하자.

"그대에게 천하를 내주는 대신 그대의 몸을 죽일 것이다."

평범한 사람조차 이를 받아들이지 않을 것이다. 무릇 천하를 갖는 것은 큰 이익이나 오히려 그것을 받아들이려 하지 않는 것은 틀림없이 죽게 된다는 것을 알기 때문이다. 죄를 지을지라도 반드시 처벌을 받는 게 아니라면 비록 책형에 처할지라도 잠채를 그치지 않을 것이다. 반드시 죽는다는 것을 알아야만 비로소 천하를 갖게 될지라도 하지 않을 것이다.

☞ 첩고책어시輒辜磔於市의 첩輒은 '곧바로'의 뜻이다. 고책辜磔은 죄인을 찢어 죽이는 형벌을 말한다. 옹리壅離에 대해 여러 해석이 있으나 문맥상 물길을 막았다는 뜻으로 사용됐다. 금유어차今有於此를 두고 우창은 유有자 뒤에 인人자가 누락돼 있다고 했다. 수여지천하불위雖予之天下不爲의 '수여지'가 건도본에는 없다. 우평본을 좇아 보완했다.

🌿**30-31**

魯人燒積澤. 天北風, 火南倚, 恐燒國. 哀公懼, 自將衆趣救火. 左右無人, 盡逐獸, 而火不救, 乃召問仲尼. 仲尼曰, "夫逐獸者樂而無罰, 救火者苦而無賞, 此火之所以無救也." 哀公曰, "善." 仲尼曰, "事急, 不及以賞. 救火者盡賞之, 則國不足以賞於人. 請徒行罰." 哀公曰, "善." 於是仲尼乃下令曰, "不救火者, 比降北之罪. 逐獸者, 比入禁之罪." 令下未遍而火已救矣.

　노나라 사람이 적택積澤에서 불을 질렀다. 북풍이 불자 불길이 남쪽으로 번져 마침내 도성을 태울 지경이 됐다. 노애공이 크게 두려워하며 몸소 사람들을 이끌고 황급히 불을 끄러 가고자 했으나 곁에는 아무도 없고, 모두들 적택에서 뛰쳐나오는 짐승을 쫓느라 정신이 없었다. 불길을 잡을 길이 없게 되자 공자를 불러 대책을 물었다. 공자가 대답했다.

　"무릇 짐승을 쫓는 일은 즐거우면서도 벌을 받지 않지만, 진화하는 일은 괴롭기도 하고 상도 받지 못합니다. 이것이 바로 불을 끄지 못하는 까닭입니다."

　"과연 그렇겠소."

　공자가 다시 말했다.

　"일이 급하니 상을 내릴 여유가 없습니다. 불길을 잡은 자에게 상을 주려고 하면 나라 형편 상 모두 포상할 수도 없습니다. 청컨대 형벌만이라도 속히 시행하십시오."

　"옳소."

　공자가 곧 명을 내렸다.

　"불길을 잡지 않는 자는 적군에게 항복하거나 도망친 죄로 다스리고, 짐승을 쫓는 자는 금지구역에 들어간 죄로 다스릴 것이다."

　명이 두루 알려지기도 전에 불길이 잡혔다.

　🍂 화남의火南倚는 불길이 남쪽으로 번진다는 뜻이다. 취구화趣救

火의 취趣는 촉促과 통한다. 비항배지죄比降北之罪는 투항하거나 패주하는 죄로 간주한다는 뜻이다. 비比는 동등同等과 같다. 입금지죄入禁之罪는 궁궐을 비롯한 금지禁地에 무단 침범한 죄를 말한다. 금禁은 군주를 상징하는 말이다.

⟨❀30-32

　成歡謂齊王曰, "王太仁, 太不忍人." 王曰, "太仁, 太不忍人, 非善名邪." 對曰, "此人臣之善也, 非人主之所行也. 夫人臣必仁, 而後可與謀. 不忍人, 而後可近也. 不仁, 則不可與謀. 忍人, 則不可近也." 王曰, "然則寡人安所太仁. 安不忍人." 對曰, "王太仁於薛公, 而太不忍於諸田. 太仁薛公, 則大臣無重. 太不忍諸田, 則父兄犯法. 大臣無重, 則兵弱於外. 父兄犯法, 則政亂於內. 兵弱於外, 政亂於內, 此亡國之本也."

　성환成歡이 제나라 왕에게 말했다.
　"대왕은 너무 인자하기만 하고 동정심이 지나칩니다."
　제나라 왕이 반문했다.
　"매우 인자하고 남을 크게 동정하면 좋은 일이 아니오?"
　성환이 대답했다.
　"이는 신하로서는 선한 일이나 군주가 행할 바는 아닙니다. 무릇 신하는 반드시 인자한 연후에 함께 일을 꾀할 수 있고, 남을 동정하는 마음이 있은 연후에 비로소 가까이 할 수 있습니다. 인자하지 못하면 함께 일을 꾀할 수 없고, 남을 동정하지 못하면 가까이 할 수 없습니다."
　"그렇다면 과인의 어떤 점이 너무 인자하고, 어떤 점이 지나치게 남을 동정한다는 것이오?"

그가 대답했다.

"대왕은 설공薛公에게 너무 인자하고, 전씨田氏 일족을 지나치게 동정합니다. 설공에게 너무 인자하면 다른 대신들의 권위가 떨어지게 되고, 전씨 일족을 지나치게 동정하면 일족의 부형들이 법을 쉽게 범하게 됩니다. 대신들의 권위가 떨어지면 군대가 약해지고, 일족의 부형들이 법을 쉽게 범하면 나라 안의 정치가 어지러워집니다. 나라가 망하는 근원원인이 여기에 있습니다."

    ◌◦ 성환成歡의 사적은 자세히 알려진 게 없다. 안불인인安不忍人의 불인인不忍人은 차마 사람에게 잔혹하게 행하지 못하는 것을 말한다. 『한비자금주금역』에는 안소불인인安所不忍人으로 되어 있다. 제전諸田은 전국시대 제나라의 왕실 일족을 말한다. 대신무중大臣無重은 설공에게 권력이 집중된 탓에 대신들의 권위가 떨어진다는 뜻이다.

◌◦**30-33**

魏惠王謂卜皮曰, "子聞寡人之聲聞亦何如焉." 對曰, "臣聞王之慈惠也." 王欣然喜曰, "然則功且安至." 對曰, "王之功至於亡." 王曰, "慈惠, 行善也. 行之而亡, 何也." 卜皮對曰, "夫慈者不忍, 而惠者好與也. 不忍, 則不誅有過. 好予, 則不待有功而賞. 有過不罪, 無功受賞, 雖亡, 不亦可乎."

위혜왕魏惠王이 대부 복피卜皮에게 말했다.
"그대가 들어보니 과인에 대한 평판이 과연 어떠했소?"
"제가 듣기로는 대왕이 인자하고 은혜롭다고 합니다."
위혜왕이 흐뭇해하며 말했다.

"그렇다면 그 성과는 장차 어느 수준에 이를 것 같소?"

"대왕의 공은 장차 패망하는 지경에 이를 것입니다!"

위혜왕이 놀라 물었다.

"인자하고 은혜로운 것은 선을 행한다는 뜻이오. 이를 행했는데도 패망하는 지경에 이른다는 것은 무슨 까닭이오?"

복피가 대답했다.

"무릇 인자한 자는 동정하는 마음이 있고, 은혜로운 자는 베풀기를 좋아합니다. 동정하는 마음이 있으면 허물이 있는 자를 처벌하지 못하고, 베풀기를 좋아하면 공을 세우기도 전에 상을 줍니다. 잘못이 있는데도 죄가 되지 않고, 공이 없는데도 상을 받으면 패망한다고 말할지라도 당연하지 않겠습니까?"

   🌿 복피卜皮는 위나라 관원으로 현령을 지냈다는 애기가 있다. 호여好予의 여予는 시은施恩의 뜻이다.

🌿30-34

齊國好厚葬, 布帛盡於衣衾, 材木盡於棺槨. 桓公患之, 以告管仲曰, "布帛盡, 則無以爲蔽. 材木盡, 則無以爲守備. 而人厚葬之不休, 禁之奈何." 管仲對曰, "凡人之有爲也, 非名之, 則利之也." 於是乃下令曰, "棺槨過度者, 戮其尸, 罪夫當喪者." 夫戮死, 無名. 罪當喪者, 無利. 人何故爲之也.

제나라는 후장厚葬을 좋아했다. 베와 비단은 모두 죽은 자의 수의壽衣를 만드는 데 사용되고, 재목은 안팎의 관곽棺槨으로 사용됐다. 제환공이 이를 우려해 관중에게 물었다.

"베와 비단을 모두 수의로 사용하면 수레덮개를 만들 길이 없고, 재목을 모두 관곽으로 사용하면 방비시설을 갖출 길이 없소. 그런데도 사람들이 후장을 그치지 않고 있소. 이를 금하려면 어찌하는 것이 좋겠소?"

관중이 대답했다.

"무릇 사람이 어떤 일을 하는 것은 명예나 이익 때문입니다."

이에 곧바로 영을 내렸다.

"관곽을 지나치게 할 경우 시신을 꺼내 형을 가하고 상주 또한 처벌할 것이다."

시신에 형을 가하는 것은 명예를 실추시키는 일이고, 상주가 벌을 받는 것은 이롭지 못한 일이다. 사람들이 무슨 까닭으로 그 짓을 다시 하겠는가!

🌿 포백布帛은 베와 비단을 말한다. 일반적으로 천을 뜻하는 말로 사용된다. 의금衣衾은 옷과 이부자리를 말하나 여기서는 사자에게 입히는 수의壽衣를 뜻한다. 무이위폐無以爲蔽의 폐蔽를 두고 모노부타는 적의 정탐을 막기 위한 차단막, 가마사카는 『관자』「승마」의 주를 근거로 병거의 방호를 위한 장비로 풀이했다. 육사戮死는 시체를 토막 내는 육시戮屍를 말한다. 사死를 후토다는 시屍의 오자로 보았으나 여기의 사死는 시체를 뜻하는 명사로 사용된 것이다.

🌿30-35

衛嗣君之時, 有胥靡逃之魏, 因爲襄王之后治病. 衛嗣君聞之, 使人請以五十金買之, 五反而魏王不予, 乃以左氏易之. 群臣左右諫曰, "夫以一都買胥靡, 可乎." 王曰, "非子之所知也. 夫治無小而亂無大.

法不立而誅不必, 雖有十左氏無益也. 法立而誅必, 雖失十左氏無害也." 魏王聞之曰, "主欲治而不聽之, 不祥." 因載而往, 徒獻之.

위사군의 치세 때 한 죄수가 위나라로 달아나 위양왕의 왕후를 위해 병을 고쳐주었다. 위사군이 이 소식을 듣고 곧 사람을 시켜 50금으로 그를 사오게 했다. 사자가 5번이나 왕복하며 그 죄수를 사고자 했으나 위양왕이 그를 내주지 않았다. 이에 좌씨左氏 땅과 바꾸고자 했다. 군신과 측근들이 이구동성으로 간했다.

"무릇 한 성읍을 떼어 바치며 죄수를 사고자 하니 이것이 과연 옳은 일입니까?"

위사군이 말했다.

"이는 그대들이 알 일이 아니오. 무릇 나라를 다스리는 데에는 작은 일이 없고, 난을 대처하는 데에는 큰일이 없소. 법률이 바로서지 못해 처벌이 제대로 행해지지 않으면 비록 좌씨 같은 성읍이 열 개 있어도 이익이 없을 것이오. 반대로 법이 바로서고 처벌이 반드시 행해지면 비록 좌씨 같은 성읍을 열 개 잃을지라도 손해가 없을 것이오."

위양왕이 이 말을 듣고 이같이 말했다.

"위사군이 나라를 제대로 다스리고자 하는데 이를 들어주지 않는 것은 상서롭지 못하다."

곧 죄수를 수레에 태우고 돌려보내면서 아무런 보상도 받지 않았다.

🐚 양왕襄王은 위혜왕의 뒤를 이은 위양왕 사嗣를 말한다. 좌씨左氏는 건도본 주석에 위衛나라 도읍都邑이라고 했다. 도都는 사람이 대거 모여 사는 도회지를 말한다. 윤동양은 지금의 산동성 조현 서북쪽 65리 지점으로 보았다.

30-36

「전문 3」상예賞譽의 사례.

30-37

齊王問於文子曰, "治國何如." 對曰, "夫賞罰之爲道, 利器也. 君固
握之, 不可以示人. 若與臣者, 猶獸鹿也, 唯薦草而就."

제나라 왕이 문자文子에게 물었다.

"나라는 어떻게 다스려야 하오?"

문자가 대답했다.

"무릇 상벌은 예리한 무기와 같습니다. 군주는 이를 굳게 장악해 남
에게 내보이면 안 됩니다. 신하들의 행동은 사슴과 같아 오직 풀이 있
는 곳으로만 나아갑니다."

제왕齊王이 구체적으로 누구인지 고증할 길이 없다. 문자文子의
사적도 자세히 알 길이 없다. 천초薦草를 쓰다는 『관자』「팔관」의 주를
근거로 무성한 풀인 무초茂草 내지 초식동물이 좋아하는 미초美草로
해석했다.

30-38

越王問於大夫文種曰, "吾欲伐吳, 可乎." 對曰, "可矣. 吾賞厚而信,
罰嚴而必. 君欲知之, 何不試焚宮室." 於是遂焚宮室, 人莫救之. 乃
下令曰, "人之救火者死, 比死敵之賞. 救火而不死者, 比勝敵之賞.
不救火者, 比降北之罪." 人塗其體被濡衣而走火者, 左三千人, 右
三千人. 此知必勝之勢也.

월나라 왕 구천이 대부 문종文種에게 물었다.

"장차 과인이 오나라를 치려고 하는데, 가능하겠소?"

문종이 대답했다.

"가능합니다. 상을 후하게 하여 틀림없이 주고, 벌을 엄히 하여 빠짐없이 반드시 행하도록 하겠습니다. 대왕이 이를 확인코자 한다면 한번 시험 삼아 궁궐에 불을 질러 보십시오."

이에 궁궐에 불을 질렀으나 이를 끄려는 사람이 아무도 없었다. 구천이 곧 명을 내렸다.

"백성들 가운데 불을 끄다가 죽은 자는 적과 싸우다가 죽은 자와 똑같은 상을 내리고, 불을 끄고도 죽지 않은 자는 적을 무찌른 자와 똑같은 상을 내리고, 불을 끄지 않은 자는 항복하거나 도주한 자와 똑같은 죄로 처벌할 것이다."

몸에 진흙을 바르고 젖은 옷을 입은 채 불길 속으로 달려가는 사람이 왼쪽 대열에 3천 명, 오른쪽 대열에 3천 명이나 되었다. 이것으로 오나라와 싸우면 반드시 이길 형세임을 알게 됐다.

🐦 군욕지지君欲知之의 지지가 건도본에 빠져 있어 도장본을 좇아 보완했다.

🐦30-39

吳起爲魏武侯西河之守. 秦有小亭臨境, 吳起欲攻之. 不去, 則甚害田者. 去之, 則不足以徵甲兵. 於是乃倚一車轅於北門之外而令之曰, "有能徙此南門之外者, 賜之上田·上宅." 人莫之徙也. 及有徙之者, 還賜之如令. 俄又置一石赤菽東門之外而令之曰, "有能徙此語西門之外者, 賜之如初." 人爭徙之. 乃下令曰, "明日且攻亭, 有能先登者, 仕之國大夫, 賜之上田宅." 人爭趨之. 於是攻亭, 一朝而拔之.

오기吳起가 위무후魏武侯 때 서하西河의 태수가 되었다. 서쪽 진나라가 서하의 국경에 인접해 있었다. 오기가 이를 치려고 했다. 제거하지 않으면 농민에게 큰 해를 입힐 공산이 컸다. 그러나 막상 적을 치자니 병력이 부족했다. 곧 수레 한 대를 북문 밖에 세운 뒤 이런 포고령을 내렸다.

"이를 남문 밖으로 옮기는 자가 있으면 좋은 땅과 택지를 주겠다."

아무도 옮기지 않았다. 후에 이를 옮긴 자가 나오자 곧바로 포고한 내용대로 상을 내렸다. 얼마 후 또 팥 한 섬을 동문 밖에 두고 이같이 포고했다.

"이를 서문 밖으로 옮기는 자가 있으면 이전과 같이 상을 주겠다."

사람들이 다투어 이를 옮겼다. 이내 이런 영을 내렸다.

"내일 진나라를 공격할 것이다. 맨 먼저 성벽을 오르는 자에게 국대부國大夫의 벼슬을 내리고 상등의 전택田宅을 내릴 것이다."

사람들이 다투어 달려 나갔다. 공격한 지 하루 만에 인근 진나라 성을 함락시켰다.

⟳『여씨춘추』「신소」에 유사한 일화가 나온다. 위무후魏武侯는 위문후의 아들로 이름은 격擊이다. 오기와 사이가 좋지 않았다. 오기가 초나라로 망명한 이유다. 소정小亭은 적의 동태를 살피기 위해 세운 망대를 말한다. 임경臨境은 국경의 뜻이다. 선사지여령還賜之如令의 선還을 장각은 『한서』「동중서전」의 주를 근거로 빠르다는 뜻의 선旋으로 새겼다. 국대부國大夫를 『사기정의』는 6등급의 작위로 기록했다. 『여씨춘추』「사순론」의 주는 '국대부'의 뜻으로 사용된 장대부長大夫를 상대부上大夫로 해석했다. 공경公卿 밑에 있는 대부의 최상급 작위이다. 『주

례」「재사」는 각 주州의 장관인 주장州長으로 풀이해 놓았다. '국대부'
는 곧 큰 고을의 장관을 뜻한다.

🎋30-40

李悝爲魏文侯上地之守, 而欲人之善射也, 乃下令曰, "人之有狐疑
之訟者, 令之射的, 中之者勝, 不中者負." 令何而人皆疾習射, 日夜
不休. 及與秦人戰, 大敗之, 以人之善戰射也.

이회李悝가 위문후 때 상지上地의 태수가 되었다. 그는 사람들이 활
쏘기를 잘하도록 유인하기 위해 이런 내용의 영을 내렸다.

"민사소송에서 판결을 내리기가 어려울 경우 활을 과녁에 쏘게 해
이를 맞춘 자가 이기고 맞추지 못한 자가 지는 것으로 하겠다."

영을 내리자 사람들이 모두 밤낮을 가리지 않고 부지런히 활쏘기를
연습했다. 마침내 서쪽 진나라와 싸워 크게 이겼다. 사람들이 모두 활
을 잘 쏘았기 때문이다.

🌰 호의지송狐疑之訟은 시비를 가리기 어려운 송사를 말한다.

🎋30-41

宋崇門之巷人服喪而毁, 甚瘠, 上以爲慈愛於親, 擧以爲官師. 明
年, 人之所以毁死者歲十餘人. 子之服親喪者, 爲愛之也, 而尙可以
賞勸也, 況君上之於民乎.

송나라 도성의 숭문崇門 인근 마을에 사는 한 사람이 부모상을 치르
느라 몸이 몹시 야위었다. 부모에게 효심이 깊다고 생각한 송나라 군주

가 그에게 벼슬을 내렸다. 이듬해부터 상을 치르다가 몸이 야위어 죽는 자가 한 해에 10여명이나 되었다. 자식이 부모상을 치르는 것은 효성에서 우러나온 것이다. 그런데도 상을 주며 이를 권장한 것이다. 하물며 군주가 통상적으로 백성을 대할 경우이겠는가?

🍀 『장자』「외물」에도 유사한 얘기가 나온다. 항인巷人은 주민을 뜻한다. 관사官師는 『예기』「제법祭法」에 대부 아래에 속하는 중간급 관원으로 나와 있다.

🌸**30-42**

越王慮伐吳, 欲人之輕死也. 出見怒蹞, 乃爲之式. 從者曰, "奚敬於此." 王曰, "爲其有氣故也." 明年之請以頭獻王者歲十餘人. 由此觀之, 譽之足以殺人矣.

월나라 왕 구천이 오나라를 치고자 했다. 사람들이 목숨을 가볍게 던지기를 원한 그는 밖에 나갈 때 허세를 부리는 개구리를 보면 경례를 올렸다. 시종이 물었다.

"무슨 이유로 개구리에게 경례를 하는 것입니까?"

구천이 대답했다.

"기개가 있기 때문이다."

이듬해부터 자신의 머리를 바치겠다고 청한 자가 한 해에 10여 명이나 되었다. 이로써 보건대 칭찬만으로도 족히 사람의 목숨을 바치게 할 수 있다.

🍀 노와怒蹞의 와蹞는 와蛙와 같다. 예지족이살인譽之足以殺人은

명예를 위해 목숨을 바치는 사람이 매우 많다는 뜻이다.

30-43

一曰, 越王句踐見怒蛙而式之. 御者曰, "何爲式." 王曰, "蛙有氣如此, 可無爲式乎." 士人聞之, 曰, "蛙有氣, 王猶爲式, 況士人有勇者乎." 是歲, 人有自剄死以其頭獻者. 故越王將復吳而試其敎. 燔臺而鼓之, 使民赴火者, 賞在火也. 臨江而鼓之, 使人赴水者, 賞在水也. 臨戰而使人絕頭刳腹而無顧心者, 賞在兵也. 又況據法而進賢, 其助甚此矣.

일설에 따르면 월나라 왕 구천이 허세를 부리는 개구리를 보고 경례를 하자 시종이 이같이 물었다.

"왜 경례를 하는 것입니까?"

구천이 대답했다.

"개구리의 기세가 이처럼 당차다. 어찌 경례하지 않을 수 있겠는가?"

무사들이 이 얘기를 듣고 서로 이같이 말했다.

"개구리조차 기세가 있어 보이면 대왕이 경례를 하는데 하물며 무사 중 용기가 있는 경우야 더 말할 게 있겠는가?"

이 해에 스스로 목을 잘라 구천에게 바치는 자가 나타났다. 이에 월나라 왕은 오나라에 보복하기 위해 자신의 가르침을 시험해 보고자 했다. 누대에 불을 지르고 북을 울리며 사람들에게 불을 끄게 한 것은 불속에 포상이 있었기 때문이다. 강가에 이르러 북을 울려 사람들에게 물속에 뛰어들게 한 것은 포상이 물속에 있었기 때문이다. 전쟁에 임해 머리가 잘리고 배가 갈라지면서도 돌아가려는 마음이 없게 한 것은 전쟁에 포상이 있었기 때문이다. 하물며 법률에 근거해 현자를 등용할 경우 그 효과는 이보다 훨씬 클 것이다.

🌿 기조심차其助甚此의 조助를 고광기는 고취한다는 뜻의 권勸으로 바꿔야 한다고 했으나 그대로 두고 해석해도 무방하다.

🌿30-44

韓昭侯使人藏蔽袴, 侍者曰, "君亦不仁矣, 弊袴不以賜左右而藏之." 昭侯曰, "非子之所知也. 吾聞明主之愛一嚬一笑, 嚬有爲嚬, 而笑有爲笑. 今夫袴, 豈特嚬笑哉. 袴之與嚬笑相去遠矣. 吾必待有功者, 故收藏之未有予也."

한소후가 사람을 시켜 다 해진 바지를 잘 간수하도록 했다. 가까이서 모시는 자가 말했다.

"군주는 어찌 그리 인색하십니까? 다 해진 바지까지 좌우 측근에게 내려주지 않고 간수하고 있으니 말입니다."

한소후가 말했다.

"이는 그대는 알 바가 아니다. 내가 듣건대 명군은 한번 찌푸리고 한번 웃는 일조차 아껴야 한다고 했다. 군주가 찌푸릴 때는 그 까닭이 있어야 하고, 웃을 때 역시 그 까닭이 있어야 한다. 지금 바지를 어찌 단순히 찌푸리거나 웃는 것에 견주겠는가? 바지를 주는 것은 찌푸리고 웃는 것과는 크게 다르다. 나는 반드시 공을 세우는 자가 나오기를 기다릴 것이다. 그래서 이를 거두어 간수하는 것이다. 주지 않으려는 게 아니다."

🌿 폐고蔽袴는 낡은 바지를 뜻한다. 불인不仁을 후토다는 재물에

인색한 것으로 풀이했다. 일빈一嚬의 빈嚬은 빈矉과 같다.

30-45

鱓似蛇, 蠶似蠋. 人見蛇則驚駭, 見蠋則毛起. 然而婦人拾蠶, 漁
者握鱓, 利之所在, 則忘其所惡, 皆爲賁諸.

뱀장어는 뱀과 닮았고, 누에는 뽕나무벌레와 닮았다. 사람들은 뱀을
보면 깜짝 놀라고, 뽕나무벌레를 보면 소름 끼쳐 한다. 그러나 아낙네가
누에를 치고, 어부가 뱀장어를 움켜쥔다. 이익이 있는 곳에서는 싫어하
는 것을 잊고, 모두 맹분이나 전제처럼 용감해진다.

◯◯ 맹분孟賁은 전설에 따르면 쇠뿔을 뽑을 정도로 힘이 절륜했다
고 한다. 『한비자금주금역』에는 '맹분'이 맹분과 전제專諸를 뜻하는 분
제賁諸로 되어 있다.

30-46

「전문 4」 일청一聽의 사례.

30-47

魏王謂鄭王曰, "始鄭·梁一國也, 已而別, 今願復得鄭而合之梁."
鄭君患之, 召群臣而與之謀所以對魏. 公子謂鄭君曰, "此甚易應也.
君對魏曰, '以鄭爲故魏而可合也, 則弊邑亦願得梁而合之鄭.'"魏王
乃止.

위나라 왕이 정나라 왕에게 말했다.

"당초 정나라와 양梁나라는 한 나라였다가 이후 갈라졌소. 이제 다시 정나라 땅을 얻어 양나라에 합치고자 하오."

정나라 왕이 이를 걱정하다가 신하들을 불러 대응 방안을 논의했다. 정의 공자가 군주에게 말했다.

"응답은 매우 쉽습니다. 군주가 위나라에 말하기를, '정나라가 예전에 위나라 땅이었다는 이유로 합병할 수 있다고 생각한다면 우리 또한 양나라를 얻어 정나라에 합치고 싶소.'라고 하십시오."

위나라 왕이 바로 합병 계획을 철회했다.

🍃 위왕魏王은 위혜왕을 말한다. 재위 9년(기원전 361)에 대량大梁으로 천도한 후 양혜왕으로 불렸다. 정왕鄭王은 정나라를 병탄한 전국시대 한나라의 왕을 말한다.

🌿**30-48**

齊宣王使人吹竽, 必三百人, 南郭處士請爲王吹竽, 宣王說之, 廩食以數百人. 宣王死, 湣王立, 好一一聽之, 處士逃.

제선왕齊宣王이 사람을 시켜 피리를 불도록 할 때는 반드시 3백 명이 일시에 불도록 했다. 도성의 성곽 남쪽에 사는 처사들이 제선왕을 위해 피리를 불겠다고 청했다. 제선왕이 기뻐하며 부양미를 이들 수백 명에게 내렸다. 마침 제선왕이 죽고 제민왕齊湣王이 뒤를 이었다. 그는 한 사람씩 연주하는 것을 좋아했다. 처사들이 모두 달아나 버렸다.

🍃 제선왕齊宣王은 제위왕의 아들로 이름은 벽강辟疆이다. 직하학사稷下學士로 참여한 맹자를 객경으로 삼아 수시로 자문을 구했으나

이견이 생긴 후 맹자가 제나라를 떠날 때 이를 만류하지 않았다. 우竽
는 생황과 비슷한 악기로 구멍이 36개로 되어 있다. 남곽처사南郭處士
는 성곽 남쪽에 사는 처사를 말한다. 처사는 벼슬에 나아가지 않은 선
비를 말한다. 늠식廩食은 관청으로부터 품삯으로 받은 양식으로 여기
의 늠廩은 곡물창고를 뜻한다. 제민왕齊湣王의 민湣은 민閔과 같다.

30-49

一曰. 韓昭侯曰, "吹竽者衆, 吾無以知其善者." 田嚴對曰, "一一而
聽之."

일설에 따르면 한소후가 이같이 말했다.
"피리 부는 자가 너무 많다. 나는 그들 가운데 뛰어난 자를 알아낼
수 없다."
전엄田嚴이 대답했다.
"한 사람씩 불러 불도록 해보십시오."

한소후韓昭侯의 원래 시호는 소희昭僖이다. 선진시대 문헌은 2
자의 시호 중 한 자만 사용해 사적을 기록했다. 간명한 표현을 중시한
탓이다. 희僖는 희釐와 같다.

30-50

趙令人因申子於韓請兵, 將以攻魏. 申子欲言之君, 而恐君之疑己
外市也. 不則恐惡於趙. 乃令趙紹·韓畓嘗試君之動貌而後言之. 內
則知昭侯之意, 外則有得趙之功.

조나라가 사람을 보내 신불해의 주선으로 한나라 군사의 지원을 얻

어 장차 위나라를 치고자 했다. 신불해는 이를 군주에게 말하고자 했으나 내심 군주가 자신을 외국과 거래하는 자로 의심할까 두려웠다. 동시에 말하지 않을 경우 조나라의 미움을 살까 걱정스러웠다. 이에 조소趙紹와 한답韓畓을 시켜 군주의 동정을 살펴보게 한 연후에 얘기했다. 덕분에 안으로는 한소후의 속마음을 읽고, 밖으로는 조나라를 기쁘게 만드는 공을 세울 수 있었다.

 ☜ 외시外市는 외국을 위해 원군을 보내는 등 사사로이 이익을 꾀하는 것을 말한다. 유득조지공有得趙之功의 득得을 장적은 『춘추좌전』「노애공 24년」조의 주를 근거로 서로 가까이하며 기쁨을 주는 상열相悅로 풀이했다.

30-51

三國兵至函, 王謂樓緩曰, "三國之兵深矣. 寡人欲割河東而講, 何如." 對曰, "夫割河東, 大費也. 免國於患, 大功也. 此父兄之任也, 王何不召公子氾而問焉." 王召公子氾而告之, 對曰, "講亦悔, 不講亦悔. 王今割河東而講, 三國歸, 王必曰, '三國固且去矣, 吾特以三城送之.' 不講, 三國也入韓, 則國必大擧矣, 王必大悔. 王曰, '不獻三城也.' 臣故曰, '王講小悔, 不講小悔.'" 王曰, "爲我悔也, 寧亡三城而悔, 無危乃悔. 寡人斷講矣."

 제·한·위 3국 군사가 서쪽 진나라를 치기 위해 함곡관까지 이르렀다. 진소양왕이 누완樓緩에게 물었다.
 "3국 연합군이 깊숙이 쳐들어왔소. 나는 하동河東을 떼어주고 강화하고자 하는데 어떻게 생각하오?"

누완이 대답했다.

"하동을 떼어주는 것은 큰 손실이나, 나라를 환란에서 벗어나게 하는 것은 큰 공입니다. 이는 부형들의 책임입니다. 대왕은 왜 공자 사池를 불러 물어보지 않는 것입니까?"

진소양왕이 공자 사池를 불러 대책을 묻자 공자 사가 이같이 대답했다.

"강화해도 후회하고 강화하지 않아도 후회할 것입니다. 대왕이 지금 하동을 떼어주고 강화하면 3국 연합군이 철군할 것이고, 대왕은 반드시 '세 나라는 처음부터 철수하려고 했는데 내가 순순히 하동의 3개 성읍을 보태준 셈이 되었다'고 후회할 것입니다. 강화하지 않으면 3국 연합군이 함곡관에 쳐들어와 도성이 함락될 것이고, 대왕은 반드시 '3개 성읍을 바치지 않아 이리 됐다'며 후회할 것입니다. 신이 '강화해도 후회하고 강화하지 않아도 후회한다'고 말한 이유입니다."

진소양왕이 말했다.

"과인이 후회할 바에야 차라리 하동의 3개 성읍을 잃고 후회하는 게 낫지, 어찌 나라를 위태롭게 만들면서까지 후회할 필요가 있겠소? 나는 강화하기로 결정했소."

 삼국병지함三國兵至函의 '3국'은 제, 위, 한 등 소위 3진三晉을 말한다. 『사기』「연표」에 따르면 이 사건은 진소양왕 9년(기원전 298)에 일어난 것이다. 함函이 건도본에 한韓으로 되어 있으나 이는 함곡관을 뜻하는 함函의 오기로 보는 게 옳다. 건도본에는 병兵 자도 빠져 있다. 『전국책』「진책」에는 삼국공진입함곡三國攻秦入函谷으로 되어 있다. 함곡관은 지금의 하남성 영보현 서남쪽에 있는 관문으로 진나라의 동쪽 관문이었다.

누완樓緩은 『사기』「양후전」에 따르면 조나라 출신으로 진소양왕 7년

(기원전 300)에 진나라로 건너와 재상이 되었다. 5년 동안 재상으로 있다가 면직되자 양후穰侯 위염魏冉이 뒤를 이었다. 부형父兄은 부모형제를 뜻하나 여기서는 군주의 일족 어른을 말한다. 위아회야爲我悔也의 위爲를 가마사카는 가정법부사 약若으로 보았다. 삼성三城은 하동에 있던 3개의 성이다. 『사기』「진본기」에 의하면 진소양왕은 재위 11년(기원전 296) 무수武遂를 한나라, 봉릉封陵을 위나라, 제성齊城을 제나라에 떼어주었다.

30-52

應侯謂秦王曰, "王得宛·葉·藍田·陽夏, 斷河內, 困梁·鄭, 所以未王者, 趙未服也. 弛上黨, 在一而已, 以臨東陽, 則邯鄲口中虱也. 王拱而朝天下, 後者以兵中之. 然上黨之安樂, 其處甚劇, 臣恐弛之而不聽, 奈何." 王曰, "必弛易之矣."

응후應侯 범수范雎가 진소양왕에게 말했다.

"대왕은 완宛과 섭葉, 남전藍田, 양하陽夏를 얻었습니다. 또 하내河內를 잘라 받았고, 위나라와 한나라를 완전히 제압했는데도 아직 천하통일의 대업을 이루지 못했습니다. 이는 조나라가 아직 복종하지 않고 있기 때문입니다. 한나라의 상당上黨에 배치된 군사를 이동시켜 조나라의 동양東陽까지 나아가게 하면 조나라 수도 한단邯鄲은 입안의 이와 같게 돼 단숨에 깨물 수 있습니다. 그러면 대왕은 팔짱을 끼고 천하 제후들의 조공을 받게 되고, 늦게 조공을 오는 자는 군사를 동원해 칠 수도 있습니다. 그러나 상당은 지극히 안정되고 풍요로운데다가 지세 또한 험합니다. 신은 군사를 이동시켜야 한다는 건의가 받아들여지지 않을까 걱정됩니다. 장차 어찌할 생각입니까?"

"반드시 군사를 이동시킬 것이오."

 『사기』「양후전」에 따르면 진소양왕 15년(기원전 292) 진나라는 지금의 하남성 남양현인 완宛과 하남성 섭현인 섭葉, 호북성 형문현 동남쪽의 남전藍田, 하남성 태강현의 양하陽夏 등지를 함락시켰다. 모두 초나라 영토이다. 단하내斷河內는 진소양왕 18년(기원전 289)에 위나라는 하동을 진나라에 바쳤으나 위나라 하내가 빠져 있다가 그 가운데 절반을 할양받은 사실을 말한다. 하내는 하북河北, 하동河東 등으로도 불렸다. 지금의 하남성 심양현 일대이다. 구중슬口中虱은 입속에 든 이를 말한다. 울타리를 벗어나 도망칠 수 없다는 뜻이다. 이병중지以兵中之의 중中은 칠 격擊의 뜻이다. 심극甚劇은 매우 험요하다는 뜻이다. 극劇을 힘을 쏟는다는 뜻의 극劇의 가차로 보는 견해도 있다.

30-53
「전문 5」 궤사詭使의 사례.

30-54
龐敬, 縣令也. 遣市者行, 而召公大夫而還之. 立以間, 無以詔之, 卒遣行. 市者以爲令與公大夫有言, 不相信, 以至無姦.

방경龐敬은 한 고을의 현령이었다. 시장을 단속할 관원을 파견한 뒤 총책임자인 공대부公大夫를 불러들였다. 잠시 세워 두었다가 어떤 명도 내리지 않은 채 순시를 나가게 했다. 시장을 단속하는 관원들은 현령이 공대부에게 어떤 말을 했다고 생각해 서로 믿지 못했다. 이들이 간사한 행동을 하지 못한 이유다.

🍃 시자市者는 시장을 관리하는 관원을 말한다. 윤동양은『주례』
「지관」에 나오는 고사賈師와 같다고 보았다. 재화의 유통을 담당한다.
공대부公大夫는 시장 관리의 총책임자를 뜻한다.『주례』「지관」에 따르
면 시장의 질서 책임자인 2명의 하대부下大夫인 사시司市와 같은 개념
이다.

🍃 30-55

戴歡, 宋太宰. 夜使人, 曰, "吾聞數夜有乘輼車至李史門者, 謹爲
我伺之." 使人報曰, "不見輼車, 見有奉笥而與李史語者, 有間, 李史
受笥."

　대환戴歡은 송나라의 재상인 태재太宰로 있을 때 밤에 사람을 심부
름시키며 이같이 당부했다.

　"내가 듣건대 며칠 밤 덮개를 덮은 수레가 옥리의 집에 드나들었다고
한다. 나를 위해 조심해 살펴보도록 해라."

　얼마 후 심부름꾼이 돌아와 보고했다.

　"덮개를 덮은 수레는 보이지 않았습니다. 다만 대나무 상자를 들고
옥리와 이야기하는 자를 보았습니다. 얼마 후 옥리가 대나무 상자를 받
았습니다."

🍃 이사李史에 대해 여러 설이 있으나 문맥상 옥리로 해석하는 게
적당하다. 사인使人의 사使는 심부름을 뜻한다. 사자로 나간다는 자동
사로 사용될 때는 '사'가 아닌 '시'로 읽는다. 진기유는 사인使人이 아닌
사자使者로 바꿔야 한다고 주장했으나 굳이 그럴 필요는 없다. 수사受
笥는 대나무 상자를 받았다는 뜻으로 곧 뇌물의 수수를 의미한다.

🐚30-56

周主亡玉簪, 令吏求之, 三日不能得也. 周主令人求, 而得之家人之屋間. 周主曰, "吾之吏之不事事也. 求簪, 三日不得之, 吾令人求之, 不移日而得之." 於是吏皆聳懼, 以爲君神明也.

주나라 군주가 옥비녀를 잃어버렸다. 관원을 시켜 찾도록 했으나 3일이 되도록 찾지 못했다. 주나라 군주가 다른 사람을 시켜 찾게 하자 민가의 건물 사이에서 이를 발견했다. 주나라 군주가 말했다.

"나는 관원들이 일을 제대로 하지 않는다는 것을 알았다. 옥비녀를 찾게 했으나 3일이 되도록 찾지 못했다. 내가 다른 사람에게 찾게 하자 하루가 가기 전에 찾아냈다."

관원들 모두 송구해하며 군주가 신명하다고 생각했다.

🐚 가인家人은 민간을 의미한다. 불사사不事事의 앞에 나오는 사事는 동사로 사용된 것이다. 불이일不移日은 해의 그림자가 이동하기 이전의 뜻으로 매우 짧은 시간을 의미한다. 이일移日은 통상 하루가 가기 전에 제법 많은 시간이 경과했음을 뜻하는 말로 사용됐다. 용구聳懼는 송구悚懼와 같은 말이다. 신명神明은 귀신이나 성인만큼 매우 총명하다는 뜻의 신통성명神通聖明의 줄임말이다.

🐚30-57

商太宰使少庶子之市, 顧反而問之曰, "何見於市." 對曰, "無見也." 太宰曰, "雖然, 何見也." 對曰, "市南門之外甚衆牛車, 僅可以行耳." 太宰因誡使者. "無敢告人吾所問於女." 因召市吏而誚之曰, "市門之外何多牛屎." 市吏甚怪太宰知之疾也, 乃悚懼其所也.

송나라 태재가 젊은 가신을 시장에 내보냈다. 그가 돌아오자 물었다.

"시장에서 무엇을 보았는가?"

"본 게 별로 없습니다."

"비록 그럴지라도 무언가는 보았을 게 아닌가?"

"시장의 남문 밖은 우마차가 대단히 많아 간신히 지나갈 수 있었을 뿐입니다."

태재가 그를 경계시키며 말했다.

"다른 사람에게는 내가 물은 사실을 말하지 말라."

이어 시장 관원들을 불러 꾸짖었다.

"시장의 남문 밖에는 어찌해서 쇠똥이 그리 많은 것인가?"

시장 관원들은 태재가 이를 빨리 안 것을 괴이하게 생각하며 두려운 나머지 직무에 힘썼다.

☞ 상태재商太宰의 상商은 송宋과 같다. 앞에 나오는 대환戴歡을 지칭한다. 고광기는 「설림 하」에 나오는 송태재宋太宰와 같은 인물로 보았다. 소서자少庶子는 젊은 가신을 말한다. 전국시대 당시 진나라와 위나라 등에서는 가신을 서자庶子라고 불렀다. 지시之市는 저자로 내보냈다는 뜻이다. 지之는 왕往과 통한다. 고반顧反은 돌아온다는 뜻의 회반回返과 같다. 송구기소悚懼其所의 소所는 직무 내지 직장의 뜻이다.

☞30-58

「전문 6」 협지挾知의 사례.

☞30-59

韓昭侯握爪, 而佯亡一爪, 求之甚急, 左右因割其爪而效之. 昭侯以此察左右之誠不.

한소후가 자른 손톱을 손 안에 움켜쥔 뒤 짐짓 손톱 한 개를 잃었다
며 급하게 찾는 시늉을 했다. 주위의 있던 신하가 자신의 손톱을 잘라
바쳤다. 한소후는 이로써 측근이 성실한지 여부를 살필 수 있었다.

◐◝ 찰좌우지성불察左右之誠不의 불不을 고광기는 여부를 뜻하는
부否와 같다고 보았다. 건도본에는 불할不割로 되어 있다. 이는 성誠에
대한 각주가 본문에 혼입됐을 가능성을 시사한다.

◝◝**30-60**
韓昭侯使騎於縣. 使者報, 昭侯問曰, "何見也." 對曰, "無所見也."
昭侯曰, "雖然, 何見." 曰, "南門之外, 有黃犢食苗道左者." 昭侯謂使
者. "毋敢泄吾所問於女." 乃下令曰, "當苗時, 禁牛馬入人田中固有
令, 而吏不以爲事, 牛馬甚多入人田中. 亟擧其數上之. 不得, 將重其
罪." 於是3鄕擧而上之. 昭侯曰, "未盡也." 復往審之, 乃得南門之外
黃犢. 吏以昭侯爲明察, 皆悚懼其所而不敢爲非.

한소후가 관원에게 말을 타고가 현을 시찰토록 파견했다. 사자가 돌
아와 보고하자 한소후가 물었다.
"무엇을 보았는가?"
"본 게 별로 없습니다."
"비록 그럴지라도 무언가는 보았을 게 아닌가?"
"남문 밖에서 누런 송아지가 길 왼쪽의 벼 모종을 먹고 있었습니다."
한소후가 사자에게 말했다.

"내가 그대에게 물은 것을 감히 발설하지 말라."

이내 영을 내렸다.

"모를 낼 시기에는 소나 말이 농민들의 밭으로 들어가는 것을 금하는 법령이 있다. 지금 관원들이 직무를 다하지 않아 소나 말이 농민들의 밭으로 들어가는 일이 매우 많다. 즉시 그 수를 조사해 보고하도록 하라. 조사하지 않을 경우 중벌을 내릴 것이다."

이에 세 마을에서 이를 조사해 보고했다. 한소후가 말했다.

"아직 전부가 아니다."

다시 나가 조사하고서야 남문 밖의 누런 송아지에 관한 보고를 했다. 관원들은 한소후가 명찰明察하다고 생각했다. 이들 모두 송구해하며 직무에 힘쓰고 감히 악행을 저지르지 못한 이유다.

기어현騎於縣은 관원에게 말을 타고가 현을 시찰토록 파견했다는 의미이다. 극거기수亟擧其數는 급히 그 수를 헤아린다는 뜻이다.

30-61

周主下令索曲杖, 吏求之數日不能得. 周主私使人求之, 不移日而得之. 乃謂吏曰, "吾知吏不事事也. 曲杖甚易也, 而吏不能得, 我令人求之, 不移日而得之. 豈可謂忠哉." 吏乃皆悚懼其所, 以君爲神明.

주나라 군주가 명을 내려 지팡이를 찾도록 했다. 관원들이 여러 날 찾았으나 발견하지 못했다. 주나라 군주가 몰래 측근을 시켜 찾게 했다. 하루가 가기 전에 찾아냈다. 곧 관리들에게 말했다.

"나는 관원들이 일을 제대로 하지 않는다는 것을 알았다. 지팡이를 찾는 일은 매우 간단한데도 관원들은 여러 날이 되도록 이를 찾지 못했다. 내가 사람을 시켜 이를 찾게 하자 하루가 가기 전에 찾아냈다. 그러니 관원들이 어찌 충실하다고 말할 수 있겠는가?"

관리들 모두 송구해한 나머지 직무에 힘쓰며 군주가 신명하다고 여겼다.

༄ 곡장曲杖은 손잡이 부분이 굽은 지팡이를 말한다.

30-62

卜皮爲縣令, 其御史汚穢而有愛妾, 卜皮乃使少庶子佯愛之, 以知御史陰情.

복피卜皮는 한 고을의 현령이었다. 감찰을 담당한 그곳의 어사御史가 부정한 행동을 하고 애첩까지 두었다. 복피가 곧 어린 가신을 시켜 짐짓 그 애첩을 사랑하는 척하며 접근해 어사의 비밀을 알아내게 했다.

༄ 어사御史는 감찰관을 뜻한다. 원래는 법령에 관한 문서를 관장하는 관리였다. 이후 시정의 감찰을 담당하게 됐다. 오예汚穢는 더럽다는 뜻으로 탐관오리를 의미한다. 음정陰情은 은밀한 정황의 뜻이다.

30-63

西門豹爲鄴令, 佯亡其車轄, 令吏求之不能得, 使人求之而得之家人屋間.

서문표西門豹는 위나라 업鄴 땅의 현령이었다. 짐짓 수레바퀴 굴대의 쐐기를 잃은 척하며 관원들을 시켜 이를 찾게 했으나 찾을 길이 없었다. 곧 사람을 시켜 이를 찾게 하자 민가의 지붕 위에서 이를 찾아냈다.

◌◟◞ 거할車轄은 수레바퀴가 굴대에서 벗어나지 않게 굴대머리에 끼는 빗장을 말한다.

◌◟◞ 30-64
「전문 7」도언倒言의 사례.

◌◟◞ 30-65
山陽君相衛, 聞王之疑己也, 乃僞謗樛豎以知之.

산양군陽山君은 위魏나라 재상으로 있을 때 군주가 자신을 의심한다는 말을 듣게 됐다. 곧 군주의 총신인 규수樛豎를 비방해 군주를 노하게 만드는 방법으로 그 실정을 알아냈다.

◌◟◞ 상위相衛의 위衛를 가마사카는 위魏를 지칭하는 것으로 보았다. 위衛나라가 미약해 위魏나라의 속국처럼 있었던 까닭에 이같이 표현했다는 것이다.

◌◟◞ 30-66
淖齒聞齊王之惡己也, 乃矯爲秦使以知之.

제민왕의 요청으로 군사를 이끌고 온 초나라 장수 요치淖齒는 제민왕이 자신을 미워하고 있다는 말을 전해들었다. 곧바로 사람을 서쪽 진나라의 사자로 가장시켜 이를 알아냈다.

༄෴ 교위진사嬌為秦使는 거짓으로 진나라 사자처럼 꾸민다는 뜻이다.

30-67

齊人有欲為亂者, 恐王知之, 因詐逐所愛者, 令走王知之.

제나라 사람 가운데 난을 일으키려는 자가 있었다. 제나라 왕이 이를 알아차릴까 우려했다. 거짓으로 자신이 총애하던 자를 쫓아내 제나라 왕이 있는 곳으로 달아나게 하는 수법으로 그 실정을 알아냈다.

༄෴ 사축詐逐은 사술詐術의 일환으로 쫓아냈다는 의미이다.

30-68

子之相燕, 坐而佯言曰, "走出門者何. 白馬也." 左右皆言不見. 有一人走追之, 報曰, "有." 子之以此知左右之不誠信.

자지子之는 연나라 재상으로 있었다. 그는 방안에 앉아 있을 때 짐짓 이같이 자문했다.

"문으로 달려 나간 게 무엇인가? 백마인가?"

좌우 측근이 모두 보지 못했다고 말했다. 어떤 한 사람이 쫓아나갔다가 들어와 이같이 보고했다.

"백마가 있었습니다."

자지는 이로써 주변에 있는 자들이 성신誠信한지 여부를 알아냈다.

༄෴ 자지子之는 유세객 소대蘇代와 결탁해 연소왕의 부친인 연나라 왕 쾌噲로부터 대권을 이양 받았다. 이 일로 인해 연나라는 패망 직전까

지 몰리게 됐다.

30-69

有相與訟者, 子産離之而無使得通辭, 倒其言以告而知之.

서로 쟁송하는 자가 있었다. 정나라 재상 자산子産은 이들을 따로 떼어 놓은 뒤 서로 말을 주고받을 수 없게 했다. 상대방의 말을 거꾸로 일러주는 방식으로 그 진상을 알아냈다.

🔊 통사通辭는 서로 입을 맞추는 것을 말한다.

30-70

衛嗣公使人爲客過關市, 關市苛難之, 因事關市, 以金與關吏, 乃舍之. 嗣公爲關吏曰, "某時有客過而所, 與汝金, 而汝因遣之." 關市乃大恐, 而以嗣公爲明察.

위사군衛嗣君이 사람을 시켜 상인 차림으로 관문에 설치된 시장을 지나게 했다. 관문의 시장 관리원은 상인으로 가장한 자를 이리저리 책망하다가 금품을 건네며 사정하는 말에 혹해 이내 놓아주었다. 위사군이 관문의 시장 관리원을 불러 말했다.
"어느 어느 때 관문을 지나던 상인이 그대에게 금품을 건네자 그냥 놓아준 적이 있다."
관문의 시장 관리원이 크게 두려워하며 위사군이 명찰明察하다고 생각했다.

☙ 관시關市를 왕선겸은 관문을 관할하는 관리關吏의 종자로 보았다. 이에 대해 진기유는 관리關吏를 관시關市의 속리로 간주했다. 그러나 이는 관문에서 세금 등을 징수하는 관청을 말한다. 지금의 세관과 같다. 관리關吏는 앞에 나온 공대부公大夫와 같은 뜻이다.

◉ 권10
제31장 내저설(內儲說) 하

✿ 31-1

六微. 一曰權借在下, 二曰利異外借, 三曰託於似類, 四曰利害有反, 五曰參疑內爭, 六曰敵國廢置. 此六者, 主之所察也.

신하들에게는 6가지 감춰진 기미가 있다. 첫째, 군주의 권력이 신하의 손안에 있는 권차權借이다. 둘째, 군주와 신하의 이해가 달라 신하들이 외국의 힘을 빌리는 이이利異이다. 셋째, 신하가 유사한 부류에 의탁해 속이는 사류似類이다. 넷째, 이해가 상반되는 유반有反이다. 다섯째, 신하들의 세력이 서로 비슷해 권력다툼을 벌이는 참의參疑이다. 여섯째, 적국이 대신의 폐출과 등용에 간여하는 폐치廢置이다. 이들 6가지 기미야말로 군주가 자세히 살펴보아야 할 일이다.

✿ 참의내쟁參疑內爭의 '참의'는 필적匹敵과 같다. 참參을 양계웅과 『한비자교주』는 교착交錯으로 풀이했으나 여기서는 나란히 한다는 뜻의 병並으로 사용된 것이다. 『전국책』 「위책」의 참렬參列, 『회남자』 「수무훈」의 함께 연주한다는 뜻의 참탄參彈이 그 실례이다. 의疑는 본뜨거나 견준다는 뜻의 의儗 내지 의擬와 통한다.

✑31-2

經一權借. 權勢不可以借人. 上失其一, 臣以爲百. 故臣得借, 則力
多. 力多, 則內外爲用. 內外爲用, 則人主壅. 其說在老聃之言失魚也.
是以人主久語, 而左右鬻懷刷. 其患在胥僮之諫厲公, 與州侯之一言,
而燕人浴矢也.

「**경문**經文 1」 **권차**權借

군주의 권세는 남에게 빌려 줄 수 없다. 군주가 자신이 갖고 있던 권
력 중 하나라도 잃으면 신하는 그것을 1백 배로 휘두른다. 신하가 권력
을 빌리면 그 세력이 강해지고, 세력이 강해지면 조정 안팎이 그를 위
해 일하게 되고, 안팎이 그를 위해 일하게 되면 군주의 이목이 가려지
게 된다.

대표적인 사례로 『도덕경』의 제36장에서 '물고기가 연못에서 빠져나
오도록 해서는 안 된다'고 언급한 일화를 들 수 있다. 군주가 신하와 오
래도록 이야기를 나누면 주위 사람들은 이를 핑계로 군주의 은총을 팔
게 된다. 그 폐해와 관련한 사례로 서동胥僮이 진여공晉厲公에게 간하
고, 초나라 왕이 주후州侯를 의심할 때 신하들의 평가가 하나같이 좋았
고, 연나라 사람이 똥으로 목욕한 일화 등이 있다.

✑ 내외위용內外爲用은 조정의 안팎에 있는 사람들이 그 권력 있
는 사람의 사사로운 이익을 위해 일하게 된다는 뜻이다. 노담老聃은 통
상 도가의 시조인 노자老子로 해석하고 있으나 이설이 분분하다. 통설
에 따르면 성은 이李, 이름은 이耳, 자는 담聃이다. 지금의 하남성 녹읍
현鹿邑縣인 초나라 고현苦縣 출신이다. 춘추시대 말기 주나라 장서실藏
書室을 관리하던 수장실사守藏室史를 지냈다고 한다. 공자가 젊었을 때

낙양으로 찾아가 예에 관한 가르침을 받았다는 이야기가 전해진다. 이후 주나라의 쇠퇴를 한탄하고 은둔할 것을 결심해 서쪽으로 떠나는 도중에 관문지기의 요청으로 상하 2편의 책을 써 주었다. 이를 『도덕경』 또는 『노자』라고 한다. 그러나 이 전기에는 의문이 많아 노자의 생존을 공자보다 100년 후로 보는 설이 있는가 하면 실재 자체를 부정하는 설도 있다.

최근에는 전국시대 말기인 기원전 3세기 전반 도가사상가들이 유가에 대항하기 위해 만들어낸 가공의 인물이라는 설이 설득력을 얻고 있다. 현존 『도덕경』은 제자백가가 크게 흥기한 전국시대 중엽부터 전한 초기까지 활약한 도가사상가들이 여러 차례의 수정을 거쳐 만들어낸 것이 확실하다. 『도덕경』의 핵심은 무위無爲를 통해 천하를 다스리는 무위지치無爲之治의 정치사상과 무욕無欲의 소박함을 통해 명철보신明哲保身하는 처세술에 있다. 철학적으로는 현상의 배후에 불가지不可知의 실재인 도를 상정해 우주의 운행을 설명하고 음양으로 만물을 해석하는 우주론과 자연론을 역설하고 있다는 점에서 '객관적 관념론'으로 분류되고 있다

육회쇄鬻懷刷의 육鬻은 판다는 뜻이다. 회懷를 고형은 대접할 궤饋의 가차로 보아 하사下賜로 풀이했다. 쇄刷를 고광기는 『설문해자』에 닦아낸다는 식拭으로 나오고 있는 점을 근거로 수건 등의 건세巾帨로 해석했다. 서동胥僮은 『춘추좌전』에 서동胥童으로 되어 있다. 중원의 진나라 대신인 서신胥臣의 후손으로 진여공 애첩의 오라비이다. 여동생을 배경으로 위세를 부리다가 공경의 반발을 샀다. 함께 일한 장어교長魚矯는 망명하고 그 자신은 진여공에 의해 죽임을 당했다.

주후州侯는 초경양왕 때의 대신이다. 『전국책』「초책」에 따르면 초장왕의 후예인 능양군陽陵君 장신莊辛이 초경양왕에게 간하기를, '대왕은

총신인 주후州侯와 하후夏侯로 하여금 각각 좌우에서 시봉케 하고, 언릉군鄢陵君과 수릉군壽陵君으로 하여금 어가를 뒤따르게 하고, 음란과 사치를 일삼으며 국정을 돌보지 않고 있습니다. 영도郢都가 필시 위태롭게 될 것입니다.'라고 했다. 포표는 이를 두고 '이들 4명 모두 초왕의 총행을 입은 권신이다'라고 풀이했다. '주후'의 주州를 윤동양은 지금의 호북성 감리현 동북쪽 30리 지점으로 보았다.

일언一言이 『한비자금주금역』에는 일구一口로 되어 있다. 이연인욕시而燕人浴矢의 이而를 후토라는 여與로 풀이했다. 시矢는 대변을 뜻하는 시屎의 아어雅語이다. 당시 사람들은 귀신에 홀렸을 때 남으로부터 개똥을 뒤집어쓰면 낫는다는 속설을 믿었다. 모진 병에 걸렸을 때 소나 말의 분즙糞汁을 마시는 민간요법도 있었다고 한다.

✑ 31-3

經二利異. 君臣之利異, 故人臣莫忠. 故臣利立而主利滅. 是以姦臣者, 召敵兵以內除, 擧外事以眩主. 苟成其私利, 不顧國患. 其說在衛人之妻夫禱祝也. 故戴歇議子弟, 而三桓攻昭公, 公叔內齊軍, 而翟黃召韓兵, 太宰嚭說大夫種, 大成牛敎申不害, 司馬喜告趙王, 呂倉規秦·楚, 宋石遺衛君書, 白圭敎暴譴.

「경문經文 2」 이이利異

군주와 신하의 이익은 다르다. 신하들 중 충성을 다하는 자가 없는 이유다. 신하가 이익을 얻으면 군주는 이익을 잃게 된다. 간신은 적국의 군사를 불러들여 나라 안의 경쟁자를 제거하려 하고, 나라 밖의 일을 들어 군주를 현혹한다. 실로 이들은 사적인 이익만 얻으려 할 뿐 나라의 우환은 거들떠보지도 않는다.

대표적인 사례로 위衛나라의 한 부부가 기도를 하면서 서로 다른 내용의 복을 빈 일화를 들 수 있다. 초나라의 대헐戴歇이 왕의 자제들을 사방 이웃 나라에 임명하는 것을 간하고, 노나라의 삼환三桓이 군주인 노소공을 공격하고, 한나라 공숙公叔이 제나라의 군사를 안으로 끌어들이고, 위나라의 척황翟黃이 한나라의 군사를 불러들이고, 오나라의 태재 백비白嚭가 대부 문종文種을 설득하고, 조나라 대성오大成午가 신불해에게 서로 존중하는 법을 가르치고, 중산의 재상 사마희司馬喜가 조나라 왕에게 중산의 계책을 고하고, 위나라의 여창呂倉이 서쪽 진나라와 남쪽 초나라가 공격해온 것을 틈타 자신의 지위를 튼튼히 하고, 위나라 장수 송석宋石이 위衛나라 군주에게 서신을 보내 싸움을 피하도록 하고, 위衛나라 백규白圭가 한나라 재상 포견暴譴에게 서로 돕는 방안을 제시한 일화 등이 이에 해당한다.

도축禱祝의 도禱는 마음속으로 비는 것이고, 축祝은 입으로 비는 것을 말한다. 소공昭公은 노소공 도禰를 말한다. 『사기』「노주공세가」에는 주禰로 되어 있다. 척황翟黃을 『설원』은 이름이 촉觸, 자가 황璜이라고 했다. 『여씨춘추』「하현」에 따르면 위문후 때 상경이 되었다. 태재 비太宰嚭는 오나라 부차 때 태재를 지낸 백비伯嚭를 말한다. 문헌에 따라 백희佰喜, 백희白喜 등으로 되어 있다. 자는 자여子餘이다. 원래 초나라 대부 백주리伯州犁의 손자로 오나라로 망명해 태재가 되었다. 『사기』「오자서열전」은 월왕 구천이 오나라를 멸할 때 부차를 죽이고 이어 태재 비도 주살했다고 기록해 놓았다. 그러나 『춘추좌전』에는 오나라 패망 후 다시 구천을 섬기며 월나라 태재가 된 것으로 나오고 있다. 대성오大成午의 오午가 본문에는 우牛로 되어 있다. 노문초는 『전국책』「위책」과 『사기』「조세가」, 『한서』「고금인표」를 근거로 대성오大成午가 원래 이름이라고 했다.『사기』에 따르면 그는 조성후 때 조나라 재상이 되 었다.

사마희司馬喜가 중산국의 재상으로『전국책』「중산책」에는 사마희司 馬憙로 되어 있다. 당초 전국시대에는 7웅 이외에도 중산국을 포함해 송宋, 노魯, 위衛, 월越 등이 존속했다. 7웅과 이들 5개 소국을 합쳐 '전 국12웅'으로 칭하기도 한다. 7웅의 웅雄은 기본적으로 왕호를 칭한 대 국을 뜻한다. '전국12웅' 중 중산국과 송나라처럼 왕호를 칭한 경우가 있기는 하나 송나라가 왕호를 칭했다가 이내 멸망한 데서 알 수 있듯이 이는 극히 예외적인 일이다. 다만 중산국이 이웃한 조나라 및 연나라 등과 더불어 왕호를 칭한 것은 특기할 만하다.「중산책」에는 당시의 상 황을 짐작케 해주는 일화가 나온다.

"중산국이 연나라 및 조나라 등과 함께 왕호를 칭했다. 그러자 제나 라가 관문을 닫고 중산국 사자의 통행을 저지하며 '우리는 만승지국이 고 중산국은 천승지국이다. 어찌 우리와 같은 칭호를 쓸 수 있는 것인 가'라고 말했다. 제나라는 평읍平邑 땅을 떼어 연·조 두 나라에 바친 후 이들과 합세해 중산국을 치고자 했다. 중산국의 상국 남제군藍諸君 이 이를 걱정했다."

오랫동안 많은 사람들이 남제군을 비롯해「중산책」에 거론된 여러 인물의 실존 여부에 관해『사기』에 그 이름이 나오지 않는 점 등을 이 유로 의심을 품었다. 그러나 이를 뒷받침하는 유물이 지난 1974년 11월 에 하북성 평산시 삼급현三汲縣에서 수리 공사를 하던 중 대거 출토됐 다.『전국책』의 사서로서의 가치가 입증된 셈이다. 당시 발굴에서 3기 의 왕릉을 포함해 총 30여기의 무덤에서 19,000여 점의 유물이 쏟아져 나왔다. 가장 관심을 끈 것은 사각 항아리 모양의 청동 방호方壺에 새 겨진 '14년, 왕이 재상 사마주司馬賙에게 연나라로부터 빼앗은 전리품

으로 청동제기를 만들 것을 명했다'는 명문이다. 기원전 323년에 중산
왕 조착가 왕호를 칭할 때 재상으로 있던 사마주의 봉호가 바로 '남제
군'이라는 사실이 드러난 것이다. 중산왕 조의 무덤에서 나온 쇠다리와
청동 몸통의 철족대정鐵足大鼎에는 무려 77행 469자가 새겨져 있다. 여
기에는 '연왕 쾌噲가 재상 자지子之에게 보위를 내줘 나라를 잃고 스스
로도 목숨을 잃었다. 재상 사마주가 3군을 이끌고 연나라를 토벌해 5백
리 땅과 10곳의 성을 빼앗았다'는 구절이 나온다. 이는 기원전 314년에
연왕 쾌가 재상 자지를 지나치게 신임했다가 패망할 당시의 상황을 언
급한 것이다. 『사기』「연소공세가」의 기록과 일치한다. 사마희는 사마주
의 뒤를 이어 중산국의 재상이 되었다.

🌿 31-4

經三似類. 似類之事, 人主之所以失誅, 而大臣之所以成私也. 是
以門人捐水而夷射誅, 濟陽自矯而二人罪, 司馬喜殺爰騫而季辛誅,
鄭袖言惡臭而新人劓, 費無忌敎郤宛而令尹誅, 陳需殺張壽而犀首
走. 故燒芻廥而中山罪, 殺老儒而濟陽賞也.

「경문經文 3」 사류似類

비슷하여 혼동하기 쉬운 일은 군주가 올바르게 처벌하지 못하게 만
드는 원인이 되고, 대신이 사적인 이익을 챙기는 원인이 된다. 대표적인
사례로 궁문지기가 바닥에 물을 뿌려 놓고는 이역夷射이 오줌을 쌌다
고 거짓말을 해 처형을 당하게 하고, 위나라 제양군濟陽君이 스스로 왕
명을 꾸며 반란을 일으키게 하여 두 신하를 처벌받게 하고, 중산의 재
상 사마희가 원건爰騫을 죽이고는 계신季辛의 짓이라고 하여 처벌받게
하고, 초나라 왕의 애첩인 정수鄭袖가 새로 들어온 후궁의 입에서 악취

가 난다고 꾸며 코가 잘리는 형벌을 받게 하고, 초나라의 비무기費無忌
가 장수 극완郤宛을 속여 죽음에 이르게 하고, 위나라의 진수陳需가 장
수 장수張壽를 죽이고는 서수犀首가 죽였다고 무함해 망명하게 한 일화 등
을 들 수 있다. 여물 짚을 쌓아둔 곳간이 불이 붙자 엉뚱하게 중산의 공
자公子가 죄를 뒤집어쓰고, 빈객이 늙은 유생을 죽이자 제양군이 포상
한 일화 등도 이에 속한다.

🌿 문인연수門人捐水의 문인門人은 통상 문벌의 사람을 뜻하나 여
기서는 문지기 내지 수문장의 뜻으로 쓰였다. 연수捐水는 물을 뿌린다
는 의미이다. 이역夷射을 쯔다는 『한서』 「고금인표」의 주를 근거로 이역
고夷射姑라고 했다. 안사고는 '역'의 발음을 야夜와 같다고 했다. '이야
고'로 부르기도 한다. 정수鄭袖는 초회왕의 총희寵姬였다. 『전국책』 「초
책」의 주에는 미모에 춤을 잘 춘 까닭에 무희의 옷소매를 뜻하는 수袖
라는 명칭을 얻었다고 한다. 비무기費無忌는 사서에 하나같이 초평왕을
나쁜 길로 인도한 간신으로 나온다. 이에 따르면 그는 초평왕의 즉위에
큰 공을 세운 조오朝吳를 무고하고, 태자 건을 무함해 망명케 하는 등
악행을 일삼았다. 결국 자가 자상子常인 영윤 낭와囊瓦에게 죽임을 당
했다. 『사기』 「초세가」와 「오자서열전」에는 '비무기'로 돼 있으나 『춘추
좌전』에는 비무극費無極으로 써 놓았다. 음운 상 '극'과 '기'는 같다. 극
완郤宛은 초나라의 좌윤左尹으로 있었다. 자가 자오子惡이다. 비무극의
속임으로 죽임을 당했다. 『사기』에는 극완郤宛으로 나온다. 진수陳需를
고광기는 『전국책』 「위책」에 나오는 전수田需로 보았다. 추괴芻廥의 괴廥
를 『설문해자』는 여물을 쌓아두는 창고로 풀이했다.

🦋31-5

經四有反. 事起而有所利, 其尸主之. 有所害, 必反察之. 是以明主之論也, 國害則省其利者, 臣害則察其反者. 其說在楚兵至而陳需相, 黍種貴而廩吏覆. 是以昭奚恤執販茅, 而僖侯譙其次, 文公髮燒炙, 而穰侯請立帝. 有反4.

「경문經文 4」 유반有反

어떤 일이 일어나 이익이 있을 경우 그 이익을 얻는 자는 반드시 그 일을 일으킨 자일 것이다. 그것이 해를 끼치는 경우라면 반드시 그 반사 이익을 얻는 자를 살펴야 한다. 명군이 일을 논의할 때 나라에 해로움이 생기면 그 이익을 가져간 자를 살피고, 신하에게 해로움이 생기면 그 이익을 챙긴 자를 조사하는 이유다. 대표적인 사례로 초나라 군사가 쳐들어왔을 때 위나라의 진수陳需가 재상이 되고, 기장의 씨앗이 비싸지자 창고담당 관원이 조사를 받게 된 일화를 들 수 있다. 유세가 소해휼昭奚恤이 건초가 불타자 이를 파는 자를 붙잡아 들이고, 한희후韓僖侯가 주방장의 조수를 문책하고, 진문공이 고기구이에 감긴 머리카락을 가지고 내시를 문책하고, 진나라의 승상 양후가 왕을 황제로 옹립해 자신의 지위를 더 높이려 한 일화 등도 이에 속한다.

🍥 기시주지其尸主之는 그 이익을 얻는 자가 주도했다는 뜻이다. 시尸를 왕선신은 군君으로 풀이했다. 『장자』「천하」의 주는 주主로 풀이했다. 주모자를 의미한다. 늠리복覆廩吏覆의 '늠리'는 창고를 지키는 관원을 말한다. 복覆을 『이아』「석고」는 자세히 조사한다는 뜻의 심審으로 풀이했다. 소혜휼昭奚恤을 두고 윤동양은 성이 '소', 이름이 '해휼'로 초선왕 때 영윤을 지냈다고 했다.

31-6

經五參疑. 參疑之勢, 亂之所由生也, 故明主愼之, 是以晉驪姬殺
太子申生, 而鄭夫人用毒藥, 衛州吁殺其君完, 公子根取東周. 王子
職甚有寵而商臣果作亂, 嚴遂·韓廆爭而哀侯果遇賊, 田常·闞止·
戴歡·皇喜敵而宋君·簡公殺. 其說在狐突之稱'二好', 與鄭昭之對
'未生'也.

「경문經文 5」 참의參疑

아랫사람이 위에 있는 자와 세력이 비슷해지면 난이 일어나는 원인
이 된다. 명군이 이를 세심히 경계하는 이유다. 중원 진나라의 여희驪姬
가 태자 신생申生을 죽이고, 정나라 부인이 독약으로 군주를 살해하고,
위衛나라 공자 주우州吁가 군주 완完을 시해하고, 공자 근根이 동주東
周를 세우고, 초나라 왕자 직職이 총애를 입자 태자 상신商臣이 난을 일
으키고, 한나라 대신 엄수嚴遂와 한외韓廆가 다툰 탓에 한애후韓哀侯
가 애매하게 죽게 되고, 제나라 권신 진항陳恒과 감지闞止가 대립하자
제간공이 살해되고 송나라 권신 대환戴歡과 황희皇喜가 다투자 송환후
가 살해된 것 등이 그 실례이다. 대표적인 사례로 중원의 진나라에서
호돌狐突이 '군주가 여색을 좋아하면 태자가 위태롭고, 신하를 좋아하
면 재상이 위태롭다'며 궁내의 희첩과 외국 조정의 신하를 좋아하는
군주의 이호二好를 간하고, 정소鄭昭라는 사람이 정나라 군주에게 태
자가 엄연히 있는데도 태자가 아직 태어나지 않은 것과 같다고 말한 일
화 등을 들 수 있다.

주우州吁는 위장공衛莊公 총희 소생으로 위장공 사후 태자 완
完이 위환공衛桓公으로 즉위하자 기원전 719년 그를 죽이고 스스로 보

위에 올랐다. 『춘추좌전』에 따르면 당시 대부 석작石碏은 평소 주우와 가까이 지낸 아들 석후石厚와 주우를 이웃한 진陳나라로 보내 체포케 한 뒤 관원을 보내 처형에 입회케 했다. 그는 군신간의 의리를 지키기 위해 아들까지 죽인 일로 인해 후대인들로부터 칭송을 받았다. 여기서 대의멸친大義滅親 성어가 나왔다.

공자근公子根은 전국시대 말기 주환공의 아들인 서주西周 위공威公 조竈의 아들인 동주東周 혜공惠公을 말한다. 주현왕周顯王 2년(기원전 367) 서주의 위공이 활滑 땅의 싸움에서 패한 후 정변으로 목숨을 잃자 장자인 혜공惠公 조朝가 즉위하자마자 아들을 공鞏 땅에 봉했다. 이에 반발한 동생 공자 근이 지금의 하남성 공현鞏縣 서남쪽인 공鞏 땅에 도읍을 정하고 '동주'를 세웠다. 이로써 명목뿐인 주왕실은 동주와 서주로 분열됐다. 동주는 기원전 249년 진나라에 병탄됐다. 『사기집해』에는 공자 근이 서주 위공이 아닌 혜공惠公의 아들이라고 했으나 이는 잘못이다. 『한비자』의 기록이 역사적 사실에 부합한다.

호돌狐突은 진문공의 외조부로 자는 백행伯行이다. 태자 신생의 사부로 있던 그는 진헌공이 여희를 총해하며 부인으로 삼자 병을 칭한 뒤 6년 동안 두문불출했다. 2호는 궁내의 희첩을 총애하고, 외국 조정의 신하를 총애하는 것을 말한다. 정소鄭昭는 정나라 대부로 사적은 자세히 알 길이 없다.

31-7

經六廢置. 敵之所務, 在淫察而就靡, 人主不察, 則敵廢置矣. 故文王資費仲, 而秦王患楚使, 黎且去仲尼, 而干象沮甘茂. 是以子胥宣言而子常用, 內美人而虞·虢亡, 佯遺書而萇弘死, 用雞猳而鄶傑盡.

「**경문**經文 6」 **폐치**廢置

적국이 힘쓰는 것은 상대국 군주의 명석함을 어지럽히고 사치스런 풍조를 조장하는 일이다. 군주가 이를 알아차리지 못하면 적국이 신하의 임용과 면직에 깊이 개입하게 된다. 주문왕이 아첨을 잘하는 비중費仲을 이용해 상나라 주紂를 현혹하고, 서쪽 진나라 왕이 초나라 사자의 현명함을 우려해 죽이려 하고, 제나라의 여서黎且가 중니를 떠나게 하고, 초나라 대신 간상干象이 감무甘茂를 서쪽 진나라로 돌려보내지 말 것을 간하고, 오자서가 초나라에 헛소문을 퍼뜨려 자상子常을 영윤에 임명케 하고, 진헌공이 미인을 바쳐 우虞와 곽虢나라를 차례로 멸망시키고, 중원의 진나라 재상 숙향叔向이 거짓 편지를 보내 장홍萇弘을 죽게 만들고, 정환공이 닭과 수퇘지로 회鄶나라 호걸들을 죽게 만든 일화 등이 이에 속한다.

◐◑ 음찰淫察은 밝은 것을 어지럽게 만든다는 뜻이다. 왕선신은 음淫을 난亂으로 풀이했다. 취미就麋는 비행을 행한다는 의미이다. 진계천은 취就를 성成으로 해석했다. 여서黎且는「설림 상」에 나오는 여서犁鉏로『사기』「공자세가」에는 여서黎鉏로 돼 있다. 용계가용雞猳의 가猳는 수퇘지를 뜻한다. 회걸진鄶桀盡의 회鄶는 통상 '회'로 읽으나 옛 발음은 '괴'이다. 문헌에 따라 회檜, 회會, 쾌儈 등으로 나온다. 주나라가 동쪽으로 천도한 직후 패망한 제후국으로 전설상의 축융祝融의 후손으로 알려진 운씨妘氏가 다스렸다. 위치는 지금의 하남성 밀현 동남쪽에 있었다. 기원전 769년에 정나라에 병탄됐다. 진계천은 걸桀과 걸傑이 통하는 것으로 보았다. 걸杰은 걸傑의 속자이다.

✎31-8

經七廟攻. 參疑·廢置之事, 明主絶之於內而施之於外. 資其輕者,
輔其弱者, 此謂‘廟攻’. 參伍旣用於內, 觀聽又行於外, 則敵僞得. 其
說在秦侏儒之告惠文君也. 故襄疵言襲鄴, 而嗣公賜令席. 右經.

「경문經文 7」 묘공廟攻

　명군은 다섯 번째 기미인 참의參疑와 여섯 번째 기미인 폐치廢置를
국내에서는 뿌리를 뽑되 국외에서는 오히려 이를 적극 활용한다. 적국
의 신분이 낮은 자에게는 자금 등을 보내 적극 도와주고, 세력이 약한
자를 도와 강력하게 만든다. 이를 일컬어 조정에서 책략을 세워 적을
친다는 뜻의 ‘묘공廟攻’이라고 한다. 여러 증거를 종합적으로 참작해 국
내의 정황을 판단하고, 동시에 국외의 정황을 면밀히 정탐해 판단하면
적의 속임수가 이내 드러나게 된다. 대표적인 사례로 서쪽 진나라의 난
쟁이가 진혜문왕秦惠文王에게 초나라 군주와 가까이 지내면서 초나라
의 정보를 알려준 일화를 들 수 있다. 위나라의 양자襄疵가 조나라 왕
이 업 땅을 습격한 정보를 알려주고, 위사군이 현령에게 방석을 보낸 일
화도 이에 해당한다. 이상이 「경문」이다.

　✎ 묘공廟攻은 조정에서 미리 일을 헤아려 적을 친다는 뜻으로 안
에서 계략을 세워 멀리 천리 밖의 적을 쳐부순다는 취지이다. 『손자병
법』과 『상군서』에서 싸움에 앞서 우열을 헤아리는 것을 두고 묘산廟算
이라고 언급한 것과 같은 맥락이다. 관청觀聽은 보고 듣는 것을 잘 활
용해 정탐한다는 뜻이다. 양자襄疵를 윤동양은 위나라 출신으로 보았
다. 『여씨춘추』「무의」와 『죽서기년』에는 양자穰疵로 되어 있다.
　가마사카는 육미六微가 폐치廢置에서 끝나야 하는데도 7번째로 묘

공묘攻이 나오고 있는 것에 의문을 제기했다. 진기유는 주유侏儒와 양자襄疵, 사공嗣公을 후대인이 끼워 넣은 것으로 파악했다. 일부는 후대인이 '폐치'를 멋대로 나눠 '묘공'을 만든 것으로 파악했다. '묘공'은 내용상 6미의 5번째 항목인 참의參疑와 마지막 항목인 '폐치'에서 한 발 더 나아간 것이다. 이미 오랫동안 사용된 항목인 만큼 그대로 두고 후대인이 한 단계 더 발전된 내용을 첨가한 것으로 이해하면 될 것이다.

🌱 31-9

「전문 1」 권차權借의 사례.

🌱 31-10

勢重者, 人主之淵也. 臣者, 勢重之魚也. 魚失於淵而不可復得也, 人主失其勢重於臣而不可復收也. 古之人難正言, 故託之於魚.

세력은 군주에게 연못과 같고, 신하는 그 세력 속의 물고기와 같다. 물고기가 연못을 잃으면 다시 얻을 수 없고, 군주가 그 세력을 잃으면 다시 돌려받지 못한다. 노자는 이를 직설적으로 말하기가 어려워 물고기에 비유한 것이다.

🐚 한비는 전편에 걸쳐 군주를 연淵, 권세를 어魚에 비유하고 있다. 『도덕경』은 제36장에서 어불가탈어연魚不可脫於淵으로 비유해 놓았다. 이는 곧 권세를 자신의 수중에서 놓아서는 안 된다는 뜻을 은유적으로 표현한 것이다. 『한비자금주금역』에는 신자臣者가 군자君者로 되어 있다. 고지인古之人은 노자를 지칭한다. 정언正言은 직설적인 말을 뜻한다. 탁지어어託之於魚의 탁託은 가탁할 탁托과 같다. 비유한다는 뜻이다.

31-11

賞罰者, 利器也. 君操之以制臣, 臣得之以擁主. 故君先見所賞, 則臣鬻之以爲德. 君先見所罰, 則臣鬻之以爲威. 故曰, "國之利器, 不可以示人."

상벌은 예리한 무기와 같다. 군주가 이를 손에 쥐면 신하들을 능히 제압할 수 있으나, 신하가 이를 얻으면 군주의 이목을 가린다. 군주가 상을 내릴 사람을 미리 내비치면 신하는 이를 팔아 자신의 덕으로 삼고, 군주가 벌을 내릴 사람을 미리 내비치면 신하는 이를 팔아 자신의 권세로 삼는다. 『도덕경』이 제36장에서 '나라를 다스리는 예리한 무기는 다른 사람에게 내보여서는 안 된다.'고 언급한 이유다.

꟬ꞈ 선현소상先見所賞의 현견은 드러낼 현現의 뜻이다.

31-12

靖郭君相齊, 與故人久語, 則故人富. 懷左右刷, 則左右重. 久話懷刷, 小資也, 猶以成富, 況於吏勢乎.

정곽군은 제나라 재상으로 있을 때 친구와 오랫동안 이야기를 나눈 적이 있다. 사람들은 그가 정곽군의 신임을 얻은 것으로 생각해 뇌물을 보냈다. 그 친구가 부유해진 이유다. 정곽군이 좌우의 시종에게 수건을 상으로 건네주자 그들은 이로 인해 크게 존중받았다. 오랫동안 이야기를 나누거나 수건을 내리는 것은 하찮은 일인데도 오히려 이로써 큰 부를 이루게 됐다. 하물며 관원에게 군주의 권세를 빌려준 경우이겠는가!

정곽군靖郭君은 맹상군의 부친을 말한다. 회좌우쇄懷左右刷는 좌우의 시중에게 수건을 건네주었다는 뜻이다. 회懷는 가슴에 품도록 했다는 뜻으로 곧 은혜를 베풀었다는 의미이다. 이세吏勢는 관원이 권세를 얻었다는 뜻으로 세勢가 세를 형성한다는 뜻의 동사로 사용됐다.

31-13

晉厲公之時, 六卿貴. 胥僮·長魚矯諫曰, "大臣貴重, 敵主爭事, 外市樹黨, 下亂國法, 上以劫主, 而國不危者, 未嘗有也." 公曰, "善." 乃誅三卿. 胥僮·長魚矯又諫曰, "夫同罪之人偏誅而不盡, 是懷怨而借之閒也." 公曰, "吾一朝而夷三卿, 予不忍盡也." 長魚矯對曰, "公不忍之, 彼將忍公." 公不聽. 居三月, 諸卿作難, 遂殺厲公而分其地.

진여공晉厲公 때 육경六卿의 지위가 매우 높았다. 서동胥僮과 장어교長魚矯가 간했다.

"대신들이 귀중해지면 정사를 다루면서 군주와 다투고, 외세와 결탁해 붕당을 만들고, 아래로 국법을 어지럽히고, 위로 군주를 위협하게 됩니다. 이같이 하고도 나라가 위태롭지 않은 경우는 일찍이 없었습니다."

"옳은 말이오."

이에 6경 중 3경을 죽였다. 서동과 장어교가 다시 간했다.

"무릇 똑같은 죄를 지었는데 일부만 주살하고, 나머지를 죄주지 않으면 이는 그들에게 원한을 품고 보복할 틈을 주는 것입니다."

진여공이 말했다.

"나는 하루아침에 3경을 멸했다. 차마 모두 처벌할 수는 없다."

장어교가 말했다.

"군주가 차마 모두 처벌할 수 없다고 하면 저들은 장차 군주를 시해할 것입니다."

진여공이 이를 듣지 않았다. 과연 3달 후 나머지 경들이 난을 일으켜 진여공을 죽이고, 그 땅을 나눠 가졌다.

🔊 적주쟁사敵主爭事의 '적주'를 쯔다는 군주와 상쟁하는 것으로 풀이했다. '쟁사'의 사事는 『전국책』「송책」의 주에 나오듯이 정사政事 의 의미이다. 삼경三卿을 윤동양은 『춘추좌전』을 근거로 극기郤錡와 극 주郤犨, 극지郤至 등 소위 삼극三郤으로 풀이했다. 이삼경夷三卿의 이夷 는 멸망시킨다는 뜻이다. 이족夷族은 멸족滅族과 같다. 수살여공遂殺厲 公에 대해 윤동양은 『춘추좌전』「노성공 17년」조에 근거해 기원전 574 년 12월에 빚어진 시해사건으로 풀이했다. 『춘추좌전』에 따르면 진여 공은 극기 등의 '3극'을 처형했다. 이해 윤12월, 난서欒書와 중항언中行 偃이 서동을 살해했다. 이듬해인 기원전 573년 정월, 대부들이 진여공 을 시해했다. 『국어』「진어」는 장어교가 적狄 땅으로 달아난 지 3달 뒤 인 기원전 573년 3월에 시해한 것으로 기록해 놓았다. 본문에 나오는 거삼월居三月은 『국어』의 기록과 일치한다.

🔖31-14

州侯相荊, 貴而主斷. 荊王疑之. 因問左右, 左右對曰, "無有." 如 出一口也.

주후州侯는 초나라의 재상이었다. 지위가 높아지자 멋대로 정사를 처 리했다. 초나라 왕이 그를 의심해 좌우에 물었다. 좌우가 입을 모아 대 답했다.

"그런 일은 없습니다."

이들의 말이 마치 한 입에서 나오는 것과 같았다.

๛ 주후州侯는 초장왕의 후예인 능양군陽陵君 장신莊辛을 말한다.

๛31-15

燕人無惑, 故浴狗矢. 燕人, 其妻有私通於士, 其夫早自外而來, 士適出. 夫曰, “何客也.” 其妻曰, “無客.” 問左右, 左右言'無有', 如出一口. 其妻曰, “公惑易也.” 因浴之以狗矢.

연나라 사람이 전혀 미치지도 않았는데도 오히려 개똥으로 목욕을 하게 됐다. 당초 그 연나라 사람의 처가 젊은 총각과 사통했다. 하루는 남편이 일찍 밖에서 돌아왔을 때 마침 젊은 총각이 문밖으로 나오고 있었다. 남편이 처에게 물었다.
“어떤 손님인가?”
“손님은 없습니다.”
주위에 물었으나 그들 역시 한 입에서 나온 것처럼 부인했다.
“아무도 없었습니다.”
그 처가 말했다.
“공이 이상해졌습니다.”
그러고는 개똥으로 목욕하도록 했다.

๛ 연인무혹燕人無惑의 혹惑을 진계천은 정신병인 혹질惑疾로 풀이했다. 고욕구시故浴狗矢의 고故를 진기유는 오히려의 뜻을 지닌 고顧와 통하는 것으로 보았다. 구시狗矢는 개똥을 말한다. 사통어사私通於士의 '사통'은 간통의 뜻이고, 사士를 후토라는 『순자』「비상」의 주를 인

용해 미혼의 총각으로 풀이했다. 혹양惑易의 양易을 왕념손은 양瘍과 통하는 것으로 간주해 미치광이로 해석했다. 『광아소증廣雅疏證』에 양瘍을 미치광이 치癡로 풀이해 놓았다. 치癡는 치痴의 원래 글자이다.

🌿31-16

一曰. 燕人李季好遠出, 其妻私有通於士, 季突至, 士在內中, 妻患之. 其室婦曰, "令公子裸而解髮, 直出門, 吾屬佯不見也." 於是公子從其計, 疾走出門. 季曰, "是何人也." 家室皆曰, "無有." 季曰, "吾見鬼乎." 婦人曰, "然." "爲之奈何." 曰, "取五姓之矢浴之." 季曰, "諾." 乃浴以矢. 一曰浴以蘭湯.

일설에 따르면 연나라 사람 이계李季가 멀리 나다니기를 좋아했다. 그의 처가 몰래 젊은 남자와 사통했다. 이계가 문득 일찍 돌아왔을 때 젊은 남자는 방안에 있었다. 그 처가 이를 걱정하자 우두머리 여종이 말했다.

"공자를 발가벗기고 머리를 흐트러뜨린 채 곧장 문으로 나가게 하십시오. 저희들은 못 본 것처럼 가장하겠습니다."

공자가 그 계략대로 문밖을 향해 쏜살같이 달려 나갔다. 이계가 물었다.

"이 자가 누구냐?"

집사람들이 이구동성으로 말했다.

"아무도 없습니다."

이계가 중얼거렸다.

"내가 도깨비를 본 것인가?"

부인이 말했다.

"그렇습니다."

"어찌하면 좋겠소?"

"이웃한 다섯 집의 오줌을 모아 목욕토록 하십시오."

"알았소."

이에 다섯 집의 오줌을 모아 목욕했다. 또 다른 일설에는 난초를 끓여 목욕을 했다고 한다.

　　🌰 내중內中은 침실 안을 뜻한다. 실부室婦를 쯔다는 우두머리 남자노비인 실로室老와 대비되는 우두머리 여종으로 풀이했다. 해발解髮은 귀신처럼 산발한 피발被髮과 같다. 오성지시五姓之矢의 시矢가 건도본 주에는 뇨尿로 되어 있다. 쯔다는 이웃한 다섯 집에서 수집한 분뇨인 오가지뇨五家之尿로 해석했다. 후토다는 악몽에 시달리는 염자魘者는 사람들의 오줌을 얼굴에 뿌리는 게 효과적이라는 『천금방千金方』의 본문을 인용해 이를 뒷받침했다. 『한비자금주금역』은 성姓이 가축을 총칭하는 생牲으로 되어 있다. 소와 양, 돼지, 개, 닭 등 오생五牲의 분뇨로 풀이해 놓았다. 쯔다와 후토다의 해석이 더 낫다. 난탕蘭湯은 난초를 삶은 목욕물을 말한다.

🌿31-17

「전문 2」 이이利異의 사례.

🌿31-18

衛人有夫妻禱者, 而祝曰, "使我無故, 得百束布." 其夫曰, "何少也." 對曰, "益是, 子將以買妾."

위衛나라의 한 부부가 기도를 올리며 이같이 말했다.

"저희가 공짜로 삼베 5백 필을 얻게 해 주십시오."

남편이 힐난했다.

"어찌 그리 적은가?"

부인이 대답했다.

"이보다 많으면 당신이 앞으로 첩을 사들일 것이기 때문입니다."

* 백속百束의 속束을 윤동양은 『주역』 「비괘賁卦」의 속백束帛에 대한 자하의 해석을 인용해 5필로 보았다. 이같이 해석할 경우 '백속'은 5백 필에 해당한다.

❧31-19

荊王欲宦諸公子於四隣, 戴歇曰, "不可." "宦公子於四隣, 四隣必重之." 曰, "子出者重, 重則必爲所重之國黨, 則是敎子於外市也, 不便."

초나라 왕이 왕자들을 이웃 나라로 보내 벼슬을 살게 하려고 했다. 대부 대헐戴歇이 간했다.

"안 됩니다."

"왕자들을 이웃 나라로 보내 벼슬을 살게 하면 이웃 나라에서 반드시 그들을 중용할 것이오!"

대헐이 말했다.

"왕자들이 이웃 나라로 가면 틀림없이 중용될 것이고, 중용되면 반드시 그 나라를 위해 일할 것입니다. 이는 왕자들에게 외국과 결탁하도록 가르치는 것입니다. 초나라에 불리합니다."

🍂 교자어외시敎子於外市는 직역하면 바깥 시장에서 자식을 가르친다는 뜻이다. 외국과 결탁토록 부추기는 꼴이 된다는 의미이다. 불편 不便이 여기서는 불리不利의 뜻으로 사용됐다.

🌿31-20

魯孟孫·叔孫·季孫相戮力劫昭公, 遂奪其國而擅其制. 魯三桓公逼, 昭公攻季孫氏, 而孟孫氏·叔孫氏相與謀曰, "救之乎." 叔孫氏之御者曰, "我, 家臣也, 安知公家. 凡有季孫與無季孫於我孰利." 皆曰, "無季孫必無叔孫." "然則救之." 於是撞西北隅而入. 孟孫見叔孫之旗入, 亦救之. 三桓爲一, 昭公不勝. 逐之, 死於乾侯.

노나라의 맹손孟孫과 숙손叔孫, 계손季孫 등 3환三桓이 서로 힘을 합쳐 노소공을 협박해 마침내 그 나라를 빼앗은 후 멋대로 권력을 휘둘렀다. 당초 3환이 공실을 핍박하자 노소공이 먼저 계손씨를 쳤다. 맹손씨과 숙손씨가 서로 상의했다.

"구원해야 하는가?"

숙손씨의 어자御者가 말했다.

"저는 가신입니다. 어찌 공실의 일을 알겠습니까? 그러나 계손씨가 있는 것과 없는 것 중 어느 쪽이 우리에게 유리하겠습니까?"

모두 입을 모아 말했다.

"계손씨가 없어지면 숙손씨도 망할 것이다. 그렇다면 구해주어야 한다."

이에 숙손씨는 서북쪽을 뚫고 중앙으로 쳐들어가고, 맹손씨는 숙손씨의 깃발이 들어오는 것을 보고 구원에 나섰다. 3환이 하나가 되자 노소공이 버티지 못하고 제나라로 망명했다. 그는 결국 간후乾侯 땅에서 객사했다.

❧ 상륙역겁相戮力劫의 육戮은 원래 죽인다는 뜻이나 여기서는 협력한다는 뜻의 육勠의 의미로 사용됐다. 공핍公逼을 왕선신은 핍공逼公의 오자로 보았다. 그러나 이는 목적어를 동사 앞으로 빼는 『한비자』의 특이한 도치문이다. 유사한 사례로 「외저설 좌상」의 주음酒飮과 「외저설 우상」의 혜시惠施, 「심도」의 사부종私不從을 들 수 있다. 숙손씨지어자叔孫氏之御者의 '어자'를 왕선신은 『춘추좌전』「노소공 25년」조를 근거로 숙손씨 가문에서 사마司馬의 직책을 맡은 가신家臣 종려鬷戾로 보았다. 가신은 경대부의 사적인 신하로 일종의 빈객 출신 집사에 해당한다. 간후乾侯는 지금의 하북성 성안현成安縣 동남쪽에 위치한 진晉나라 지명이다. 기원전 517년 노소공이 3환에게 쫓겨 제나라로 망명한 뒤 진나라에 구원을 청했다. 결국 그는 뜻을 이루지 못한 채 진나라의 간후에서 객사하고 말았다.

❧31-21

公叔相韓而有攻齊, 公仲甚重於王, 公叔恐王之相公仲也, 使齊・韓約而攻魏. 公叔因內齊軍於鄭, 以劫其君, 以固其位, 而信兩國之約.

공숙公叔 백영伯嬰은 한나라 재상으로 있을 때 제나라와 우호를 맺었다. 당시 공중붕公仲朋은 한선혜왕韓宣惠王으로부터 커다란 신임을 얻고 있었다. 공숙은 한선혜왕이 공중붕을 재상으로 삼을까 두려워한 나머지 제나라와 한나라가 합세해 위나라를 치는 방안을 제시했다. 그는 이를 핑계로 제나라 군사를 한나라로 불러들여 한선혜왕을 위협했다.

그가 자신의 자리를 공고히 다지면서 두 나라의 맹약을 굳건히 한 배경이다.

◉ 공숙公叔은 『사기』 「한세가」에 나오는 공숙 백영伯嬰, 공중公仲은 공중붕公仲朋을 말한다. 유공제有攻齊는 제나라에도 공적이 있었다는 뜻이다. 유월은 『이아』 「석고」를 인용해 공攻을 선善으로 풀이했다. 유有를 우又로 해석해야 한다고 했다. 공功과 통한다.

31-22

翟璜, 魏王之臣也, 而善於韓. 乃召韓兵令之攻魏, 因請爲魏王搆之以自重也.

척황翟璜은 위나라의 대신으로 한나라와도 친했다. 한나라 군사를 불러들여 위나라를 치게 했다. 위나라 군주에게 강화할 것을 청해 자신의 지위를 더욱 공고하게 만든 배경이다.

◉ 구지搆之의 구搆는 강구한다는 뜻으로 화和와 통한다.

31-23

越王攻吳王, 吳王謝而告服, 越王欲許之. 范蠡·大夫種曰, "不可. 昔天以越與吳, 吳不受, 今天反夫差, 亦天禍也. 以吳予越, 再拜受之, 不可許也." 太宰嚭遺大夫種書, 曰, "狡兔盡則良犬烹, 敵國滅則謀臣亡. 大夫何不釋吳而患越乎." 大夫種受書讀之, 太息而歎曰, "殺之, 越與吳同命."

월나라 왕 구천이 오나라 왕 부차를 공격하자 부차가 사죄하며 항복했다. 구천이 이를 허락하려고 하자 범리范蠡와 대부 문종文種이 반대했다.

"안 됩니다. 옛날 하늘이 월나라를 오나라에 주려고 했으나 오나라는 이를 받지 않았습니다. 지금 하늘은 정반대로 부차를 우리에게 넘겨주려 하고 있습니다. 이 또한 하늘의 재앙입니다. 하늘이 오나라를 우리 월나라에게 주려고 하는 것이니 재배再拜하며 이를 감사히 받아야 합니다. 저들의 항복 요청을 받아들여서는 안 됩니다."

오나라 태재 백비가 대부 문종에게 서신을 보냈다.

"날래고 약삭빠른 토끼를 다 잡고 나면 좋은 사냥개는 삶아 먹히기 마련이고, 적국이 패망하면 계책을 낸 신하는 패망하기 마련입니다. 그대는 왜 오나라를 존치시켜 월나라 왕의 근심거리로 만들려 하지 않는 것입니까?"

대부 문종이 이 서신을 받아 읽고는 크게 탄식했다.

"나는 죽겠구나! 월나라도 오나라와 같은 운명에 처할 것이다."

🖎 범리范蠡는 월왕 구천의 패업을 도운 당대의 책사이다. 자는 소백少伯이다. 구천의 패업이 완성되자마자 곧바로 그 곁을 떠나 제나라 도陶 땅으로 들어가 거만의 재산을 모았다. 사람들은 그를 도주공陶朱公으로 불렀다. 흔히 '범려'로 읽고 있으나 蠡가 사람 이름으로 쓰일 때는 '려'가 아닌 '리'로 읽어야 한다. 『국어』「월어」와 『사기』「화식열전」, 『오월춘추』 등에 그에 관한 일화가 대거 수록돼 있다. 금천반부차今天反夫差의 반反을 『춘추좌전』「노소공 20년」조의 주는 보복을 뜻하는 복復으로 풀이했다.

🦋**31-24**

大成牛從趙謂申不害於韓曰, "以韓重我於越, 請以趙重子於韓.
是子有兩韓, 我有兩趙."

조나라 재상 대성오大成午가 한나라에 사자로 가서는 한나라 재상
신불해에게 이같이 말했다.

"그대가 한나라를 배경으로 내가 조나라에서 중용되는 것을 도와주
시오. 그러면 나 또한 조나라를 배경으로 그대가 한나라에서 중용되도
록 도와주겠소. 그리되면 당신도 2개의 한나라를 갖고, 나 또한 2개의
조나라를 갖는 셈이오."

🌿 본문에 나오는 대성우大成牛의 우牛를 노문초의 주장을 좇아
오午로 바꿔 해석했다.

🦋**31-25**

司馬喜, 中山君之臣也, 而善於趙, 嘗以中山之謀微告趙王.

사마희司馬喜는 중산국의 재상으로 적국인 조나라와도 친하게 지냈
다. 그는 수시로 중산국의 계책을 조나라 왕에게 은밀히 고했다.

🌿 상이중산지모嘗以中山之謀의 상嘗은 상常과 통한다. 우평본에
는 상常으로 되어 있다. 이 구절은 『전국책』「중산책」에 나오는 사마희
의 이적행위를 지적한 것이다. 대표적인 것으로 다음 일화를 들 수 있
다. 하루는 사마희가 조나라로 하여금 자신을 중산국의 상국으로 세워
줄 것을 청하게 했다. 중산국 대신 공손홍公孫弘이 이를 은밀히 탐지해

냈다. 중산국의 군주가 출타하게 되자 사마희가 수레를 몰고, 공손홍이 같은 수레에 배승陪乘하게 됐다. 공손홍이 중산국의 군주에게 묻기를, '신하가 되어 대국의 힘을 빌려 상국의 자리를 차지하려는 자가 있다면 군주는 그를 어찌 할 것입니까?'라고 했다. 중산국 군주가 '나는 그 고기를 씹어 먹으면서 다른 사람에게 나눠주지 않을 것이오.'라고 했다. 사마희가 곧 수레 앞턱의 가로지른 나무에서 돈수頓首하며 '신은 죽음이 임박했음을 알게 되었습니다.'라고 했다. 사마희의 거듭된 요청에 아무 말도 하지 않던 중산국 군주가 이내 '어서 수레를 모시오. 나는 이미 그 일을 알고 있소.'라고 했다. 얼마 후 조나라가 사마희를 위해 상국의 자리에 그를 앉힐 것을 요청하자 중산국 군주는 공손홍이 이 사실을 어찌 알게 되었는지 의아해하며 그가 혹여 조나라와 내통했는지 크게 의심했다. 공손홍이 마침내 중산국을 빠져나갔다. 「중산책」에는 이와 유사한 일화가 여러 개 실려 있다.

꒰❀31-26

　呂倉, 魏王之臣也, 而善於秦·荊. 微諷秦·荊, 令之攻魏, 因請行和以自重也.

　여창呂倉은 위나라의 대신으로 서쪽 진나라와 남쪽 초나라와도 친하게 지냈다. 그는 은밀히 두 나라를 부추겨 위나라를 치게 만든 뒤 위나라를 대표해 강화에 나섰다. 그가 자신의 위치를 더욱 공고히 다진 배경이다.

　⟋⟍ 미풍微諷은 넌지시 사람을 부추긴다는 뜻이다. 여기의 풍諷은 권권勸의 뜻이다.

🌿31-27

宋石, 魏將也. 衛君, 荊將也. 兩國構難, 二子皆將. 宋石遺衛君書,
曰, "二軍相當, 兩旗相望, 唯毋一戰, 戰必不兩存. 此乃兩主之事也,
與子無有私怨, 善者相避也."

송석宋石은 위나라 장수이고, 위衛나라 군주는 초나라 장수로 있었
다. 양국이 전쟁할 때 두 사람 모두 군사를 이끌게 됐다. 송석이 위나라
군주에게 서신을 보냈다.

"지금 양국 군사가 서로 대치하며 상대방의 깃발을 바라보고 있소.
진정 한바탕 싸우면 틀림없이 양쪽 모두 온전치 못할 것이오. 이 싸움
은 양국 군주의 일이오. 나는 당신과 사적인 원한도 없소. 좋다고 생각
되면 서로 싸움을 피합시다."

    🌀 구난構難은 전쟁을 일으켰다는 뜻이다. 『한비자금주금역』에는
구構가 구搆로 되어 있다.

🌿31-28

白圭相魏, 暴譴相韓. 白圭謂暴譴曰, "子以韓輔我於魏, 我以魏待
子於韓. 臣長用魏, 子長用韓."

백규白圭는 위나라 재상, 포견暴譴은 한나라 재상이었다. 백규가 포견
에게 말했다.

"그대가 한나라를 배경으로 나의 위나라 내 위상 제고를 도와주시
오. 나도 위나라를 배경으로 그대가 한나라에서 권력을 잡을 수 있도
록 도와주겠소. 그러면 나는 위나라에서 오랫동안 정사를 맡고, 그대

또한 오랫동안 한나라를 다스리게 될 것이오."

☜ 대자어한待子於韓의 대待를 양계웅은 지持와 통하는 것으로 보았다. 용위用魏는 위나라를 다스린다는 뜻이다. 용用은 치治와 통한다.

31-29
「전문 3」 사류似類의 사례.

31-30
齊中大夫有夷射者, 御飮於王, 醉甚而出, 倚於郎門. 門者刖跪請曰,"足下無意賜之餘瀝乎."夷射曰,"叱. 去. 刑餘之人, 何事乃敢乞飮長者."刖跪走退. 及夷射去, 刖跪因捐水郎門霤下, 類溺者之狀. 明日, 王出而呵之, 曰,"誰溺於是."刖跪對曰,"臣不見也. 雖然, 昨日中大夫夷射立於此."王因誅夷射而殺之.

제나라 중대부中大夫 가운데 이역고夷射姑라는 자가 있었다. 왕을 모시고 술을 마시다가 크게 취해 밖으로 나가 회랑문에 기대어 쉬고 있었다. 이때 발이 잘린 절름발이 문지기가 무릎을 꿇고 청했다.
"어르신이 저에게 은혜를 베풀어 남은 술이 있으면 저에게 주실 수 없겠습니까?"
이역고가 꾸짖었다.
"무슨 소린가, 썩 물러가라! 전과자 주제에 어찌 감히 어른에게 술을 달라고 하는 것인가?"
절름발이 문지기가 재빨리 물러났다. 이역고가 나가자 절름발이 문지기가 회랑문 처마 밑 담장에 물을 뿌려 마치 오줌을 눈 것처럼 만들었다. 이튿날 제나라 왕이 나오다가 이를 보고 호통을 쳤다.

"누가 감히 궐내에 소변을 본 것인가?"

절름발이 문지기가 대답했다.

"신은 보지 못했습니다. 어젯밤 중대부 이역고가 이곳에 서 있었습니다."

제나라 왕이 이역고를 주살했다.

✺ 이 일화는 『춘추좌전』「노정공 2년」조에 나온다. 이역夷射은 『춘추좌전』의 이역고夷射姑를 말한다. 중대부中大夫는 상대부와 하대부의 사이에 있는 신분으로 주로 궐내의 일을 맡아 보았다. 후대의 궁내부대신에 해당한다. 문자월궤門者刖跪의 문자門者는 문지기, 월궤刖跪는 발꿈치를 자르는 형벌을 당한 사람을 뜻한다. 궤跪를 『순자』『권학』의 주는 족足으로 해석해 놓았다. 여력餘瀝을 진계천은 먹다 남은 술인 잉주剩酒로 풀이했다. 뇨자溺者의 뇨溺는 뇨尿와 같다.

꒰◟̆◞̶꒱31-31

魏王臣二人不善濟陽君, 濟陽君因僞令人矯王命而謀攻己. 王使人問濟陽君曰, "誰與恨." 對曰, "無敢與恨. 雖然, 嘗與二人不善, 不足以至於此." 王問左左, 左右曰, "固然." 王因誅二人者.

위나라 왕의 신하 두 사람이 제양군濟陽君과 사이가 좋지 않았다. 제양군이 짐짓 사람을 시켜 왕명을 거짓으로 꾸며 자신을 치도록 했다. 이 얘기를 전해들은 위나라 왕이 사람을 보내 제양군에게 물었다.

"그대는 누구와 원한이 있소?"

제양군이 대답했다.

"감히 누구와도 원한을 맺은 일이 없습니다. 다만 일찍이 두 사람과 사이가 좋지 않았으나 이 지경에 이를 정도는 아니었습니다."

위나라 왕이 좌우에 물어보았다. 좌우 측근이 말했다.

"실로 그렇습니다."

위나라 왕이 두 사람을 주살했다.

   🐚 제양군濟陽君은 사적이 자세하지 않다. 건도본은 왕사인문제양군왈王使人問濟陽君曰의 '제양군'이 중복돼 있다. 조용현본에 의해 중복된 부분을 삭제했다.

🐚31-32

季辛與爰騫相怨. 司馬喜新與季辛惡, 因微令人殺爰騫, 中山之君以爲季辛也, 因誅之.

중산국의 대신 계신季辛과 원건爰騫은 서로 원한을 맺고 있었다. 재상 사마희가 계신을 미워하게 됐다. 은밀히 사람을 시켜 원건을 죽였다. 중산국 군주는 계신이 한 짓으로 생각해 이내 계신을 주살했다.

   🐚 계신季辛과 원건爰騫의 사적도 자세히 알려진 바가 없다.

🐚31-33

荊王所愛妾有鄭袖者. 荊王新得美女, 鄭袖因敎之曰, "王甚喜人之掩口也, 爲近王, 必掩口." 美女入見, 近王, 因掩口. 王問其故, 鄭袖曰, "此固言惡王之臭." 及王與鄭袖·美女三人坐, 袖因先誡御者曰, "王適有言, 必亟聽從王言." 美女前, 近王甚, 數掩口. 王悖然怒曰, "劓之." 御因揄刀而劓美人.

초나라 왕이 총애하는 첩 가운데 정수鄭袖가 있었다. 정수는 새 미녀가 들어오자 그녀에게 이같이 일러주었다.

"대왕은 사람들이 입을 가리는 것을 매우 좋아하오. 만일 대왕 곁에서 시중을 들게 되면 반드시 입을 가리도록 하시오."

미녀는 궁궐 안으로 들어가 왕을 가까이 모시면서 정수가 가르쳐 준대로 입을 가렸다. 왕이 그 까닭을 정수에게 묻자 정수가 이같이 무함했다.

"대왕의 몸에서 냄새가 난다며 그 냄새가 싫다고 말했습니다."

초나라 왕과 정수, 미녀 3인이 함께 앉게 됐다. 정수가 미리 시종에게 일러두었다.

"대왕의 분부가 있으면 곧바로 집행토록 하라."

미녀가 왕 가까이 갈 때면 여러 번 심하게 입을 가렸다. 초나라 왕이 발끈 화를 냈다.

"코를 베어 버려라."

시종이 곧바로 칼을 뽑아 미인의 코를 베었다.

🐦 위근왕爲近王의 위爲를 왕념손은 여如로 해석했다. 왕적유언王適有言의 적適을 왕인지는 가정법부사 약若으로 풀이했다. 발연悖然은 갑자기 얼굴색이 변하는 것을 말한다. 발悖은 원래 어그러질 '패'의 뜻이다. 여기서는 우쩍 일어난다는 뜻의 발勃로 사용됐다. 유도揄刀의 유揄를 『설문해자』는 인引으로 풀이했다.

🌿31-34

　一曰. 魏王遺荊王美人, 荊王甚悅之. 夫人鄭袖知王悅愛之也, 亦悅愛之, 甚於王. 衣服玩好, 擇其所欲爲之. 王曰, "夫人知我愛新人也, 其悅愛之甚於寡人, 此孝子所以養親·忠臣之所以事君也." 夫人知王之不以己爲妬也, 因爲新人曰, "王甚悅愛子, 然惡子之鼻, 子見王, 常掩鼻, 則王長幸子矣." 於是新人從之, 每見王, 常掩鼻. 王謂夫人曰, "新人見寡人常掩鼻, 何也." 對曰, "不已知也." 王强問之, 對曰, "頃嘗言惡聞王臭." 王怒曰, "劓之." 夫人先誡御子曰, "王適有言, 必可從命." 御者因揄刀而劓美人.

　일설에 따르면 위나라 왕이 초나라에 미인을 보냈다고 한다. 초나라 왕은 그녀를 대단히 좋아했다. 부인 정수는 왕이 그녀를 아끼는 것을 알고는 이내 자신도 왕보다 그녀를 더 좋아하는 척하며 의복과 노리개를 마음껏 골라갖게 했다. 초나라 왕이 말했다.

　"부인은 내가 새로 온 사람을 좋아하는 것을 알고도 과인보다 더 아끼니 이는 효자가 부모를 봉양하고, 충신이 군주를 섬기는 방법이기도 하오."

　정수는 왕이 자신을 질투하지 않는 사람으로 여기자 곧 새로 온 사람에게 이같이 말했다.

　"대왕이 그대를 몹시 사랑하고 있소. 허나 그대의 코는 밉다고 하오. 대왕을 만날 때마다 코를 가리면 대왕이 오래도록 그대를 총애할 것이오."

　새로 온 사람은 정수의 말대로 왕을 만날 때마다 코를 가렸다. 왕이 정수에게 물었다.

　"새로 온 사람이 과인을 만날 때마다 코를 가리니 이는 무슨 일이오?"

"제가 어찌 알겠습니까?"

왕이 거듭 추궁하는 태도로 묻자 정수가 비로소 대답했다.

"얼마 전에 대왕의 몸에서 나는 냄새가 싫다고 말한 적이 있습니다."

왕이 대로했다.

"그 계집의 코를 당장 베어 버려라!"

이에 앞서 정수는 시종에게 이같이 당부했다.

"대왕의 분부가 있으면 반드시 명을 좇아 곧바로 거행토록 하라!"

시종이 곧바로 칼을 뽑아 미인의 코를 베었다.

　🌀 불이지不已知는 부지차不知此의 뜻이다. 이已를 『이아』「석고」는 차此로 풀이했다. 강문强問의 강强은 진지하게 애쓴다는 갈력竭力과 같다. 경상頃嘗의 경頃은 얼마 전의 뜻이다, 상嘗은 '일찍이'의 의미로 과거의 경험을 나타낸다.

🌷31-35

　費無極, 荊令尹之近者也. 郄宛新事令尹, 令尹甚愛之. 無極因謂令尹曰, "君愛宛甚, 何不一爲酒其家." 令尹曰, "善." 因令之爲具於郄宛之家. 無極教宛曰, "令尹甚傲而好兵, 子必謹敬, 先亟陳兵堂下及門庭." 宛因爲之. 令尹往而大驚, 曰, "此何也." 無極曰, "君殆, 去之. 事未可知也." 令尹大怒, 擧兵而誅郄宛, 遂殺之.

　초나라 대부 비무극費無極은 영윤과 가까웠다. 극완郄宛이 새로 영윤을 섬기게 됐다. 영윤이 그를 매우 아끼자 비무극이 영윤에게 말했다.

　"영윤은 극완을 매우 아끼면서 어찌하여 그의 집에서 주연을 열지 않는 것입니까?"

"좋은 생각이오."

영윤이 비무극을 시켜 극완의 집에 술자리를 갖추게 했다. 비무극이 극완에게 말했다.

"영윤은 매우 오만하며 병기를 좋아합니다. 그대는 반드시 삼가며 공경스럽게 대해야 합니다. 우선 속히 당 아래와 앞뜰에 병기를 늘어놓도록 하십시오."

극완이 이를 좇았다. 영윤이 극완의 집 앞에 왔다가 병기가 무수히 진열된 것을 보고는 크게 놀랐다.

"이게 무엇인가?"

비무극이 대답했다.

"이곳은 매우 위험하니 속히 이곳을 떠나십시오. 무슨 사태인지 알 수 없습니다."

영윤이 크게 노한 나머지 곧바로 군대를 보내 극완을 주살했다.

    🌱 영지위구令之爲具의 구具는 주연의 준비를 갖춘다는 뜻이다. 『예기』「내측」의 주에 음식을 차린다는 뜻의 찬饌으로 풀이돼 있다. 문정門庭을 『주례』「천관」의 주는 문 앞의 뜰로 해석해 놓았다.

🌿31-36

犀首與張壽爲怨, 陳需新入, 不善犀首, 因使人微殺張壽. 魏王以爲犀首也, 乃誅之.

서수犀首는 장수張壽와 원한을 맺고 있었다. 진수陳需가 새로 조정에 들어왔을 때 그 또한 서수와 사이가 좋지 않았다. 진수가 사람을 시켜 은밀히 장수를 죽였다. 위나라 왕은 서수가 한 짓이라고 여겨 이내 그를 주살했다.

๑✎ 서수犀首는 공손연公孫衍으로 위혜왕 때 위나라 재상이 되었다. 장수張壽는 알려진 사적이 없다. 진수陳需는 『전국책』「위책」과 『사기』「권세가」에 전수田需로 나온다. 서수의 뒤를 이어 위나라 재상이 된 인물이다.

🐚31-37

中山有賤公子, 馬甚瘦, 車甚弊. 左右有私不善者, 乃爲之請王曰, "公子甚貧, 馬甚瘦, 王何不益之馬食." 王不許. 左右因微令夜燒芻廐. 王以爲賤公子也, 乃誅之.

중산국에 어렵게 사는 공자가 있었다. 그가 타는 말은 매우 여위었고, 수레 또한 몹시 낡았다. 하루는 군주의 측근 가운데 사적으로 그와 사이가 좋지 않은 자가 그를 들먹이며 군주에게 이같이 청했다.
"공자가 대단히 가난해 그의 말이 매우 여위었습니다. 군주는 어찌해서 말먹이를 더 주지 않는 것입니까?"
군주가 허락하지 않았다. 군주의 시종이 밤중에 은밀히 사람을 시켜 여물을 쌓아둔 마구간에 불을 지르게 했다. 군주는 공자가 한 짓으로 여겨 그를 처벌했다.

๑✎ 추개芻廐는 여물을 쌓아둔 마구간으로 구廐는 구廏의 속자이다. 앞서 나온 추괴芻廥는 여물을 쌓아둔 창고로 대략 같은 뜻이다.

31-38

魏有老儒而不善濟陽君. 客有與老儒私怨者, 因攻老儒殺之, 以德
於濟陽君, 曰, "臣爲其不善君也, 故爲君殺之." 濟陽君因不察而賞
之.

위나라에 나이 든 유생이 있었다. 제양군과 사이가 좋지 않았다. 제양
군의 문객 중 늙은 유생과 사적인 원한을 맺은 자가 있었다. 그가 늙은
유생을 죽이고는 제양군에게 칭찬을 받을 요량으로 이같이 말했다.
"저는 그가 군을 좋아하지 않기에 군을 위해 죽여 버렸습니다."
제양군은 사정을 제대로 살피지도 않고 상을 주었다.

☞ 불선제양군不善濟陽君의 선善은 화호和好의 뜻이다.

31-39

一曰. 濟陽君有少庶子, 有不見知·欲入愛於君者. 齊使老儒掘藥
於馬梨之山, 濟陽少庶子欲以爲功, 入見於君, 曰, "齊使老儒掘藥於
馬梨之山, 名掘藥也, 實間君之國. 君殺之, 是將以濟陽君抵罪於齊
矣. 臣請刺之." 君曰, "可." 於是明日得之城陰而刺之, 濟陽君還益親
之.

일설에 따르면 위나라 제양군 휘하에 있는 몇몇 젊은 가신 가운데 자
신의 능력을 인정받지 못해 내심 제양군의 총애를 얻고자 한 자가 있었
다. 마침 제나라가 늙은 유생을 시켜 마리산馬梨山에서 약초를 캐오게
했다. 이를 계기로 공을 세우고자 한 제양군의 젊은 가신이 제양군에게
이같이 말했다.

"제나라에서 늙은 유생을 시켜 마리산에서 약초를 캐오게 했습니다. 명목은 약초 채취이나 실은 군의 나라를 염탐코자 한 것이니 응당 제거해야 합니다. 다만 군이 직접 나서 그를 제거하면 제나라에 문책을 당하게 됩니다. 제가 은밀히 그를 제거토록 하겠습니다."

"그리하시오."

이튿날 성의 북쪽에서 그를 찾아내 죽였다. 제양군이 태도를 바꿔 더욱 그를 가까이했다.

 소서자少庶子는 젊은 가신을 말한다. 실간實間은 실제로 간첩 역할을 했다는 뜻이다. 순살지君殺之를 두고 왕선겸은 살殺 자 위에 부不자가 있어야 한다고 했다. 진계천과 진기유, 양계웅 등이 모두 이를 좇았다. 그러나 그같이 해석할 경우 문맥과 어긋나게 된다. 그대로 두고 해석하는 게 낫다. 선익친지還益親之의 선還을 왕선신은 전환을 뜻하는 선旋으로 풀이했다.

31-40

「전문 4」 유반有反의 사례.

31-41

陳需, 魏王之臣也, 善於荊王, 而令荊攻魏. 荊攻魏, 陳需因請爲魏王行解之, 因以荊勢相魏.

진수陳需는 위나라의 신하이면서도 초나라 왕과도 가까이 지냈다. 그가 짐짓 초나라를 시켜 위나라를 치게 했다. 초나라가 쳐들어오자 진수가 위나라 왕을 대신해 강화를 맺었다. 그가 초나라의 권세를 빌려 위나라의 재상이 된 배경이다.

🍂 행해지行解之의 행行을 『한비자교주』는 포위를 푼다는 뜻의 해위解圍로 풀이했으나 왕선신은 강화한다는 뜻의 화和로 해석했다. 문맥상 이게 낫다.

🌿 31-42

韓昭侯之時, 黍種嘗貴甚. 昭侯令人覆廩, 吏果竊黍種而糶之甚多.

한소후 때 기장의 씨앗이 매우 귀해 값이 천정부지로 오른 적이 있었다. 한소후가 사람을 시켜 창고 관원을 조사하게 했다. 과연 그가 기장 씨앗을 대거 횡령한 사실이 드러났다.

🍂 복름覆廩은 창고를 조사했다는 뜻이다.

🌿 31-43

昭奚恤之用荊也, 有燒倉廥窌者, 而不知其人. 昭奚恤令吏執販茅者而問之, 果燒也.

소해휼昭奚恤이 초나라에서 등용됐을 때 곡물 및 사료 창고와 지하 움집에 불을 지른 자가 있었다. 범인을 알 수 없었다. 소해휼이 관원을 시켜 띠 풀을 파는 자를 잡아들인 뒤 직접 신문했다. 과연 그가 불을 지른 사실이 드러났다.

🍂 소해휼昭奚恤은 초선왕 때 영윤을 지냈다. 괴교廥窌의 교窌가

건도본 원문에는 천으로 되어 있다. 천을 쯔다는 교爺로 바꿔야 한다고
했다.『순자』의 주는 교爺를 지하움집을 뜻하는 교窖로 풀이했다.

31-44

　昭僖侯之時, 宰人上食而羹中有生肝焉, 昭侯召宰人之次而誚之
曰, "若何爲置生肝寡人羹中." 宰人頓首服死罪, 曰, "竊欲去尙宰人
也."

　한소희후韓昭僖侯 때 궁궐의 요리를 주관하는 재인宰人이 음식을 올
렸다. 고깃국 속에 생간이 들어 있었다. 한소후가 재인의 조수를 불러
꾸짖었다.

　"어찌하여 과인의 고깃국 속에 생간을 넣은 것인가?"

　그가 머리를 조아리며 죄를 털어놓았다.

　"은밀히 재인을 제거하고 싶었습니다."

　🍃 소희후昭僖侯는 시호가 소희昭僖 2자인 까닭에 문헌에 따라 한
소희후, 한소후, 한희후 등으로 나오고 있다. 재인宰人은 요리사로 재신
宰臣으로 쓰기도 한다. 「난언」에는 포재庖宰로 나온다. 선재膳宰 또는
선부膳夫와 같은 말이다. 단순히 재宰 또는 재부宰夫로 써 놓기도 했다.
원래 재상宰相이라는 용어 자체가 고대에 군주의 집안에서 소나 양 등
을 잡던 집사에서 나온 말이다. 상재인尙宰人은 요리를 총괄하는 주방
장을 말한다.

31-45

　一曰, 僖侯浴, 湯中有礫. 僖侯曰, "尙浴免, 則有當代者乎." 左右對

曰, "有." 僖侯曰, "召而來." 譙之曰, "何爲置礫湯中." 對曰, "尙浴免,
則臣得代之, 是以置礫湯中."

일설에 따르면 한소후가 목욕을 할 때 탕 속에 작은 조약돌이 있었
다. 한소후가 물었다.

"탕을 관리하는 자를 면직시키면 그를 대신할 자가 있는가?"

측근이 대답했다.

"있습니다."

"그렇다면 그 자를 불러오도록 하라."

그 자가 오자 한소후가 심하게 꾸짖었다.

"무엇 때문에 탕 속에 조약돌을 넣어 둔 것인가?"

"탕을 관리하는 자가 면직되면 신이 그를 대신할 수 있기에 그랬습니다."

 ᎒᎒ 소이래召而來의 이而를 진기유는 지시대명사 기其로 풀이했다.

᎒᎒31-46

文公之時, 宰臣上炙而髮繞之. 文公召宰人而譙之曰, "女欲寡人之
哽耶. 奚爲以髮繞炙." 宰人頓首再拜, 請謁, "臣有死罪三. 援礪砥刀,
利猶干將也, 切肉肉斷而髮不斷, 臣之罪一也. 援木而貫臠而不見
髮, 臣之罪二也. 奉熾爐, 炭火盡赤紅, 而炙熟而髮不燒, 臣之罪三
也. 堂下得無微有疾臣者乎." 公曰, "善." 乃召其堂下而譙之, 果然,
乃誅之.

진문공 때 공실의 주방장이 고기를 구워 올렸는데, 고기에 머리카락
이 감겨 있었다. 진문공이 주방장을 불러 꾸짖었다.

"너는 과인이 목이 막혀 죽는 것을 바란 것인가? 어찌하여 고기에 머리카락이 감겨 있는 것인가?"

주방장이 고개를 조아리고 거듭 절하며 말했다.

"저는 죽을죄를 3가지 지었습니다. 신은 숫돌에 칼을 갈아 마치 명검 간장干將처럼 날을 세우고도 고기만 자르고 머리카락을 자르지 못했습니다. 이것이 저의 첫 번째 죄입니다. 나무로 고기를 꿰면서 머리카락을 보지 못했습니다. 이것이 저의 두 번째 죄입니다. 손에 든 고기꼬치를 벌겋게 달아오른 화로 위에 올려놓고, 시뻘건 숯불 위에서 고기가 다 익도록 머리카락을 마저 태우지 못했습니다. 이것이 저의 세 번째 죄입니다. 당하에 있는 시종 가운데 저를 미워하는 자가 없을 리 있겠습니까?"

진문공이 말했다.

"과연 그렇겠다!"

곧 당 아래에 있는 자를 불러 문책하자 과연 그러했다. 곧 그 자를 처벌했다.

◦◦ 간장干將은 오나라의 전설적인 도공刀工으로 그가 만든 명검의 이름이기도 하다. 관련貫臠의 련臠은 잘게 저민 고기를 말한다. 봉치로奉熾爐의 치熾를 두고 후토다는『예문유취』와『사문유집事文類集』,『연감유함淵鑑類函』에 자炙로 나오고 있는 점을 지적했다. 장각은 봉자치로奉炙熾爐가 돼야 손에 고기를 들고 숯불 위에 굽는다는 뜻이 제대로 드러난다고 했다. 치熾가 뒤이어 나오는 탄화진적홍炭火盡赤紅과 상응하게 된다는 것이다. 일리 있는 지적이다. 무미유질신자無微有疾臣者의 미微를 후지사와는 은밀하다는 뜻의 밀密로 새겼다. 질疾은 질시하며 증오한다는 의미이다.

%31-47

一日. 晉平公觴客, 少庶子進炙而髮繞之, 平公趣殺炮人, 毋有反
令. 炮人呼天曰, "嗟乎. 臣有三罪, 死而不自知乎." 平公曰, "何謂也."
對曰, "臣刀之利, 風靡骨斷而髮不斷, 是臣之一死也. 桑炭炙之, 肉
紅白而髮不焦, 是臣之二死也. 炙熟, 又重睫而視之, 髮繞炙而目不
見, 是臣之三死也. 意者堂下其有翳憎臣者乎. 殺臣不亦蚤乎."

일설에 따르면 진평공晉平公이 손님과 술을 마신 적이 있다. 젊은 가
신이 고기를 구워 올렸는데 거기에 머리카락이 감겨 있었다. 진평공이
주방장을 주살토록 명하면서 이 명령은 돌이킬 수 없다고 선언했다. 주
방장이 하늘을 향해 외쳤다.

"아, 나는 3가지 죽을죄를 저지르면서도 이를 몰랐으니 어찌하면 좋
단 말인가?"

진평공이 물었다.

"무슨 말인가."

그가 대답했다.

"제가 쓰는 칼은 너무 날카로워 바람을 일으킬 정도인데, 뼈를 가뿐
히 자르면서도 머리카락은 자르지 못했습니다. 이것이 첫 번째 죄입니
다. 가장 좋은 뽕나무 숯으로 고기를 구우면서 고기는 붉은 색에서 흰
빛으로 될 때까지 잘 구웠으면서도 머리카락은 태우지 못했습니다. 이
것이 두 번째 죄입니다. 고기를 완전히 구운 뒤 여러 차례 주의해 살폈
지만 머리카락이 감겨 있는 것을 보지 못했습니다. 이것이 세 번째 죄입
니다. 혹여 당 아래에 내심 신을 미워하는 자가 있을 듯싶습니다. 이를
자세히 살피지 않은 채 저를 죽이는 것은 너무 성급하지 않습니까?"

상객觴客은 손님과 함께 술자리를 가졌다는 뜻이다. 상觴은 원래 술잔을 뜻하나 여기서는 주연의 의미로 사용됐다. 취살포인趣殺炮人의 취趣를 진계천은 촉促으로 해석했다. 포인炮人을 후토다는 주방장 내지 요리사를 뜻하는 포인庖人으로 풀이했다. 풍미風靡는 칼바람을 좇아 쓰러뜨린다는 뜻이다. 중첩重睫은 어떤 물건을 응시하는 모습을 눈썹이 포개진 것으로 표현한 것이다. 의자意者는 혹자或者와 같은 뜻이다. 유예有翳의 예翳는 원래 군주의 수레에 사용하는 일산日傘을 뜻하는 말이다. 윤동양은 몰래 가린다는 뜻의 은隱으로 풀이했다.

31-48

穰侯相秦而齊强. 穰侯欲立秦爲帝而齊不聽, 因請立齊爲東帝, 而不能成也.

양후가 진나라의 재상으로 있을 때 동쪽 제나라가 매우 강했다. 양후는 진나라 왕을 황제로 내세우고자 했으나 제나라가 듣지 않았다. 이에 진나라 왕을 서제西帝, 제나라 왕을 동제東帝로 내세우는 방을 제시했으나 제나라의 거부로 뜻을 이루지 못했다.

이 일화를 쓰다는 『사기』를 근거로 진소양왕이 재위 19년(기원전 288) 10월에 제민왕과 더불어 제호帝號를 칭하다가 이해 12월에 다시 왕호王號로 복귀한 일화로 보았다.

31-49

「전문 5」 참의參疑의 사례.

31-50

晉獻公之時, 驪姬貴, 擬於后妻, 而欲以其子奚齊代太子申生, 因患申生於君而殺之, 遂立奚齊爲太子.

진헌공 때 여희驪姬가 존귀해져 정부인과 비길 만했다. 그녀는 태자 신생을 끌어내린 뒤 자신의 소생 해제奚齊를 새 태자로 세우고자 했다. 진헌공에게 신생을 헐뜯어 자진케 만든 뒤 마침내 해제를 새 태자로 세웠다.

〰 의어후처擬於后妻의 의擬를『한비자교주』는 필적의 의미로 풀이했다. 후처后妻는 군주의 정부인을 뜻한다. 환신생患申生의 환患을 윤동양은『춘추좌전』「노희공 5년」조를 근거로 참소해 해친다는 뜻으로 해害로 풀이했다.

31-51

鄭君已立太子矣, 而有所愛美女欲以其子爲後, 夫人恐, 因用毒藥賊君殺之.

정나라 군주는 이미 태자를 세웠으나 총애하는 미녀가 자신의 소생을 후계자로 삼고자 했다. 군주의 부인이 두려운 나머지 독약을 타 군주를 죽여 버렸다.

〰 정군鄭君을 두고 전국시대의 한나라 군주로 해석하는 견해가 있으나 문맥상 춘추시대의 정나라 군주로 보는 게 옳다. 윤동양은 정도공鄭悼公으로 풀이했다. 적군살지賊君殺之의 적賊을 쯔다는『전국책』

「서주책」의 표표 주를 근거로 비정상적인 방법에 의한 살인으로 해석
했다.

🌿31-52

衛州吁重於衛, 擬於君, 群臣百姓盡畏其勢重. 州吁果殺其君而奪
之政.

위衛나라 공자 주우州吁는 막강한 권력을 지녀 군주와 견줄 만했다.
군신들과 백성 모두 그의 권세를 두려워했다. 주우가 끝내 군주를 죽이
고 정권을 탈취했다.

🌾 『춘추좌전』「노은공 4년」조에 이에 관한 얘기가 나온다. 탈지정
奪之政을 진계천은 탈기정奪其政으로 풀이했다.

🌿31-53

公子朝, 周太子也, 弟公子根甚有寵於君. 君死, 遂以東周叛, 分爲
兩國.

공자 조朝가 서주西周의 공자로 있었다. 아우 공자 근根이 부친인 서
주의 위공威公으로부터 더 큰 총애를 받았다. 위공이 죽자 공자 근이
동주東周를 세워 반기를 들었다. 이에 서주는 동주와 서주로 나뉘게 되
었다.

🌾 공자 조朝는 전국시대 서주의 혜공惠公을 말한다. 「난삼」에 나
오는 공자 재宰와 동일 인물이다. 주태자周太子의 주周는 전국시대의 소

국 서주西周를 지칭한다. 『사기』「주본기」에 따르면 전국시대 초기 주고 왕周考王이 동생 게揭를 지금의 하남성 낙양 서쪽에 있는 왕성王城에 봉했다. 그가 바로 서주의 시조인 환공桓公이다. 서주의 환공 사후 그의 아들 조竈가 뒤를 이었다. 그가 서주의 위공威公이다. 주현왕周顯王 2년 (기원전 367), 서주의 위공이 피살되자 장자인 공자 조가 보위에 올랐다. 그가 바로 서주의 혜공惠公이다. 서주의 혜공은 즉위 즉시 아들 반班을 지금의 하남성 공현인 공鞏 땅에 봉하면서 공 땅이 왕성의 동쪽에 위치한 이유로 '동주'를 칭하게 했다. 서주의 혜공 자신은 '서주'를 칭했다. 이에 반발한 서주 혜공의 동생인 공자 근根이 반기를 들어 혜공의 아들 반을 물리친 뒤 공현 서남쪽에 도읍을 정하고 자립했다. 그가 동주의 혜공惠公이다. 『사기』는 서주 혜공의 아들 반을 동주의 혜공이라고 기록해 놓았다. 『사기집해』는 『사기』의 기록을 좇아 서주 혜공의 아들이 동주의 혜공이라고 했으나 이는 잘못이다. 동주의 혜공은 공자 근을 말한다. 『한비자』가 역사적 사실에 부합한다.

당초 주공 단은 건국 초기 제후국들을 이용해 상나라 유민과 주변 이민족의 준동에 대비하면서 동시에 이들 제후들을 효과적으로 감시하기 위해 부도副都에 해당하는 지금의 하남성 낙양시에 낙읍雒邑을 건설했다. 황하의 중요 도하지점이었던 맹진孟津을 지근거리에 둔 낙읍은 회하 유역으로 남하할 때 분기점이 되는 군사적 요충지였다. 낙읍을 기점으로 상나라의 옛 영지가 시작되었던 까닭에 낙읍을 장악하면 곧 동쪽과 남쪽을 효과적으로 지배할 수 있었다. 당시 주공 단은 낙읍이 완성되자 직접 그곳에 머물며 동방정책에 전력을 기울였다. 도성 호경을 중심으로 한 서쪽 일대는 일족인 소공昭公 석奭이 담당했다. 자연히 무게가 동쪽 낙읍으로 쏠릴 수밖에 없었다. 낙읍이 도성으로 부상한 동주시대는 물론 서주시대의 전 기간을 통해서도 정치군사적으로 실질적인 중심지가 된 이유가 바로 여기에 있다. 주나라는 동주와 서주의 전기간에 걸쳐 통상 낙읍을 성주成周, 주왕실의 종묘가 있는 호경을 종주宗周로 구분해 불렀다.

그러던 것이 전국시대 초기에 들어와 성주에 머무는 주나라 왕 이외에도 낙양 서쪽의 왕성에 거주하는 서주군西周君과 공 땅에 자리잡은 동주군東周君이 정립鼎立하는 양상이 빚어지게 된 것이다. 당시 서주군은 지금의 하남성 낙양 서쪽 일대인 하남河南을 비롯해 하남성 부성 서북쪽 80리에 위치한 곡성穀城, 하남성 언사현 남쪽 20리에 있는 구씨緱氏 등 3개 성읍을 다스렸다. 동주군은 낙양과 하남성 맹진현 동쪽의 평음平陰, 하남성 언사鄢師, 공鞏 등 4개 성읍을 다스렸다. 주나라 왕은 오직 성주만을 차지한 채 이름뿐인 왕으로 전락하고 말았다. 주나라 왕실은 주난왕周赧王 때 서주의 무공武公에 의지해 서주의 도성이 있는 왕성으로 천도했다. 조부인 주현왕 때부터 서쪽 진나라의 세력이 급속히 확대된 탓이다.

기원전 256년, 서주의 무공이 주난왕과 의논한 뒤 여타 제후국과 합세해 진나라를 쳤다가 대패했다. 서주의 무공이 황급히 진나라로 달려가 36개 성읍을 바친 뒤 간신히 명맥을 유지할 수 있었다. 진소양왕이 곧 구정九鼎을 함양으로 옮겼다. 주난왕은 울분을 참지 못해 이내 사망했다. 이로써 주왕실은 완전히 맥이 끊겼다. 주왕실은 공식적으로 이때 끝난 셈이나 아직 동주군과 서주군은 살아 있었다. 이듬해인 기원전 255년, 진소양왕이 서주의 문공文公을 지금의 하남성 임여현 서북쪽인 탄호취憚狐聚로 이주시켰다. 이로써 서주군도 역사무대에서 완전히 사라졌다. 그러나 아직 동주군이 남아 있었다.

기원전 249년, 동주군과 제후들이 모여 진나라 공벌을 모의하자 진시황의 부친인 진장양왕이 여불위를 시켜 군사를 이끌고 가 이들을 토벌케 한 뒤 동주군을 임여현 서쪽의 양인취陽人聚로 쫓아냈다. 이어 하남과 낙양의 10만 호를 여불위에게 주고 문신후文信侯에 봉하면서 상국에 임명했다. 주나라 왕실이 있던 낙양 일대를 손에 넣은 여불위는 마치 주나라 왕처럼 권세를 부렸다. 이해에 초나라도 노나라를 멸망시키고 노경공魯頃公을 산동성 사수현 동남쪽에 있는 변卞 땅으로 옮긴 뒤 평민으로 살게 했다. 이로써 공자의 고국인 노나라도 859년 만에 패망하고 말았다.

오랫동안 많은 사람들이 성주의 주나라 왕과 공 땅의 동주군 및 왕성의 서주군을 제대로 분별하지 못해 많은 오류를 범했다. 대표적인 인물이 남송 때『전국책』에 주석을 단 포표鮑彪이다. 그는『전국책』에 주석을 달면서 서주군이 주왕실인 것으로 착각해「서주책西周策」을 멋대로 맨 앞에 배치하는 오류를 범했다. 이로 인해 후세인들로부터 커다란 비판을 받았다. 반고의『한서』「지리지」도 오류를 범하기는 마찬가지이다. 서주의 관할지는 하남·구씨·곡성인데도 불구하고 낙양과 평음, 언사, 공까지 관할했다고 기록해 놓았다. 일반 사서의 경우는 아예 동주군과 서주군이 주왕실과 별도로 존재했다는 사실조차 제대로 파악치 못했다. 이는 주왕실 자체가 이미 전국시대 중기에 들어와서는 그 존재 의미를 상실했던 사실과 무관치 않다.

31-54

楚成王以商臣爲太子, 旣而又欲置公子職. 商臣作亂, 遂攻殺成王.

초성왕이 상신商臣을 태자로 삼았다. 태자가 이미 서 있는데도 왕자 직職을 새로이 태자로 세우고자 했다. 마침내 태자 상신이 난을 일으켜 초성왕을 죽게 만들었다.

🐾 상신商臣은 부왕인 초성왕을 죽음으로 몰아넣고 보위에 오른 초목왕楚穆王을 말한다. 기원전 626년의 일이다.『춘추좌전』「노문공 원년」조에 상세한 얘기가 나온다.

🌿31-55

一曰. 楚成王商臣爲太子, 旣欲置公子職. 商臣聞之, 未察也, 乃爲其傅潘崇曰, "奈何察之也." 潘崇曰, "饗江芉而勿敬也." 太子聽之. 江芉曰, "呼, 役夫. 宜君王之欲廢女而立職也." 商臣曰, "信矣." 潘崇曰, "能事之乎." 曰, "不能." "能爲之諸侯乎." 曰, "不能." "能擧大事乎." 曰, "能." 於是乃起宿營之甲而攻成王. 成王請食熊膰而死, 不許, 遂自殺.

일설에 따르면 초성왕이 상신을 태자로 삼은 뒤 다시 아들 왕자 직을 새 태자로 세우고자 했다. 상신이 그 소문을 들었으나 진위를 확인하지 못했다. 곧 스승 반숭潘崇에게 물었다.

"어찌해야 사실 여부를 알 수 있겠습니까?"

반숭이 대답했다.

"고모인 강미江芉를 연회에 초청한 뒤 무례하게 행동해 보십시오."

상신이 이를 좇았다. 강미가 화를 참지 못했다.

"아, 이 천박한 놈아, 대왕이 너를 폐하고 왕자 직을 세우려고 하는 게 당연하다."

상신이 반숭에게 고했다.

"소문이 사실이었습니다."

반숭이 물었다.

"왕자 직을 섬길 수 있습니까?"

"없습니다."

"외국의 제후에게 달아날 수 있습니까?"

"없습니다."

"대사를 일으킬 수 있습니까."

"할 수 있습니다."

이에 곧바로 숙소에 있는 병사들을 동원해 부왕인 초성왕을 쳤다. 초성왕은 곰발바닥 요리를 먹고 죽기를 청했으나 시간을 끌려는 속셈을 알고 이를 허락하지 않았다. 마침내 초성왕이 자진했다.

🌿 내위기부乃爲其傳의 위爲를 왕선신은 위謂와 통하는 것으로 보았다. 향강미饗江芈의 향饗은 향응의 뜻이다. 초성왕 상신의 고모인 강미江芈를 두예는 『춘추좌전』을 주석하면서 강江나라로 시집을 간 초나라 왕실 여인으로 풀이했다. '강'은 지금의 하남성 정양현正陽縣 서남쪽에 위치한 나라로 성씨는 영씨嬴氏였다. 기원전 623년에 초나라에 병탄됐다. 미芈는 초나라 왕실의 성이다. 당초 초나라가 중원의 제후국들로부터 주목을 받게 된 것은 춘추시대 이후의 일이다. 『사기』「초세가」에 따르면 초나라 왕실의 계보를 확실히 할 수 있는 것은 주문왕 때 황제黃帝의 후손인 계련季連의 후예를 자처한 육웅鬻熊 때부터였다. 계련은 성을 미芈라고 했다. 이는 양羊이 우는 소리를 뜻한다. 씨로 삼은 웅熊은 계련의 손자인 혈웅穴熊부터 시작됐다. '혈웅'은 말 그대로 동굴 속의 곰을 뜻한다. 초나라가 중원의 남쪽에서 양을 치고 곰을 토템으로 하는 부족에서 발전했음을 시사한다. 웅번熊膰은 곰의 발바닥 요리를 말한다. 번膰은 번蹯과 통한다. 두예는 '곰 발바닥은 삶기가 까다롭다. 초성왕은 뜸을 들여 외부의 지원을 얻고자 한 것이다'라고 풀이했다.

31-56

韓廆相韓哀侯, 嚴遂重於君, 2人甚相害也. 嚴遂乃令人刺韓廆於朝, 韓廆走君而抱之, 遂刺韓廆而兼哀侯.

한외韓廆는 한애후 때의 재상이다. 엄수嚴遂가 중용되자 두 사람이 서로 크게 시기했다. 엄수가 자객을 시켜 조정에서 한외를 찔러 죽이게 했다. 한외가 한애후에게 달려가 껴안았다. 자객의 칼이 한외는 물론 한애후의 몸까지 깊숙이 들어갔다.

애후哀侯는 한애후를 말한다. 고광기는 『사기』「한세가」에는 열후烈侯, 『세본』에는 무후武侯, 『전국책』「한책」과 『한비자』에는 '애후'로 나오고 있는 점을 거론하며 「한세가」의 '애후'가 한 사람이 아닐 것으로 추정했다. 진기유는 이를 좇아 '애후'를 '열후'로 고쳐야 한다고 했다. 「한세가」는 한열후 3년에 자객 섭정聶政이 한나라 재상 협루俠累를 척살했고, 이어 한애후가 재위 6년에 엄수가 사주한 자객에 의해 한외와 함께 피살된 것으로 나오고 있다. 완전히 다른 사건으로 보아야 한다. 장각은 한열후 3년의 사건은 한애후 6년의 사건에 대한 이문異聞일 가능성을 제기했다. 본문에 나오는 '애후'를 '열후'로 고쳐야 한다는 주장과 정반대된다. 이게 역사적 사실에 가까울 듯싶다.

31-57

田恒相齊, 闞止重於簡公, 二人相憎而欲相賊也. 田恒因行私惠以取其國, 遂殺簡公而奪之政.

전국시대 초기 강씨의 제나라를 찬탈한 진항陳恒이 제나라 재상으로 있을 때 감지闞止가 제간공의 총애를 받았다. 두 사람은 서로 미워하며 해치려 했다. 진항이 백성들에게 사적으로 은혜를 베풀며 실권을 장악한 뒤 마침내 제간공을 죽이고 대권을 탈취했다.

◑◣ 당시의 상황을 『춘추좌전』은 「노애공 6년」조에서 「노애공 14년」조에 걸쳐 상세히 소개해 놓았다.

◝◟31-58

戴歡爲宋太宰, 皇喜重於君, 二人爭事而相害也, 皇喜遂殺宋君而奪其政.

대환戴歡은 송나라 재상이다. 황희皇喜도 군주의 신임이 두터웠다. 두 사람은 권력을 다투며 서로 해치려고 했다. 황희가 드디어 군주를 죽인 뒤 정권을 빼앗았다.

◑◣ 황희皇喜의 성은 대戴, 씨는 황皇이다. 같은 집안일 공산이 크다.

◝◟31-59

狐突曰, "國君好內, 則太子危. 好外, 則相室危."

춘추시대 중엽 중원 진나라 대부 호돌狐突이 말했다.
"군주가 여색을 좋아하면 태자가 위태롭고, 신하를 좋아하면 재상이 위태롭다."

◑◣ 상실相室을 가마사카는 상국相國의 옛날 호칭으로 보았다.

31-60

鄭君問鄭昭曰, "太子亦何如." 對曰, "太子未生也." 君曰, "太子已置, 而曰'未生', 何也." 對曰, "太子雖置, 然而君之好色不已, 所愛有子, 君必愛之, 愛之則必欲以爲後, 臣故曰'太子未生'也."

정나라 군주가 대부 정소鄭昭에게 물었다.

"태자는 어떠한가?"

"태자는 아직 태어나지 않았습니다."

"태자를 이미 세웠는데 아직 태어나지 않았다고 하는 것은 무슨 뜻인가?"

정소가 대답했다.

"비록 태자를 세웠으나 군주가 여색을 좋아하는 것이 아직 끝나지 않았습니다. 총희에게서 자식이 생기면 군주는 반드시 그 아이를 사랑할 것입니다. 그 아이를 사랑하면 반드시 후계자로 삼고자 할 것입니다. '태자가 아직 태어나지 않았다'고 말씀드린 것은 이 때문입니다."

태자미생太子未生은 후계자를 둘러싼 살벌한 경쟁을 상징한다.

31-61

「전문 6」 폐치廢置의 사례.

31-62

文王資費仲而遊於紂之旁, 令之諫紂而亂其心.

주문왕이 비중費仲에게 밑천을 대주어 상나라 주紂의 곁에서 보필하게 했다. 주의 기색을 살펴 그 마음을 어지럽히도록 한 것이다.

🌿 자비중資費仲을 왕선신은 「유로」에서 주문왕이 비중에게 옥판玉版을 준 일화와 같은 내용으로 파악했다. 『회남자』「도응훈」에 나오는 일화에 비춰 일리 있는 분석이다.

🌿 31-63

荊王使人之秦, 秦王甚禮之. 王曰, "敵國有賢者, 國之憂也. 今荊王之使者甚賢, 寡人患之." 群臣諫曰, "以王之賢聖與國之資厚, 願荊王之賢人, 王何不深知之而陰有之. 荊以爲外用也, 則必誅之."

초나라 왕이 어떤 사람을 서쪽 진나라에 사자로 보냈다. 진나라 왕이 그를 정중히 대접한 후 이같이 말했다.
"적국에 현자가 있는 것은 나라의 근심이다. 지금 초나라 왕의 사자는 뛰어난 현자다. 과인은 그것이 두렵다."
신하들이 간했다.
"대왕은 현성賢聖하고, 나라는 재부가 넘쳐나는데도 초나라 현자 한 사람으로 인해 걱정을 하고 있습니다. 대왕은 어찌하여 그와 깊이 사귀며 은밀히 뇌물 등을 주지 않는 것입니까? 초나라는 그가 외국에서 이용당하고 있다는 것을 알면 반드시 주살할 것입니다."

🌿 원형왕지현인顧荊王之賢人은 원顧을 두고 윤동양은 쾌념한다는 뜻의 념念, 진기유와 양계웅 등은 선모羨慕로 풀이했다. 문맥상 '쾌념'으로 보는 게 낫다. 심지深知를 후토다는 『춘추좌전』「노소공 4년」조의 주를 근거로 서로 가깝게 알고 지내는 것으로 풀이했다.

31-64

仲尼爲政於魯, 道不拾遺, 齊景公患之. 黎且謂景公曰, "去仲尼猶吹毛耳. 君何不迎之以重祿高位, 遺哀公女樂以驕榮其意. 哀公新樂之, 必怠於政, 仲尼必諫. 諫, 必輕絕於魯." 景公曰, "善." 乃令黎且以女樂二八遺哀公, 哀公樂之, 果怠於政. 仲尼諫, 不聽, 去而之楚.

공자가 노나라에서 정사를 맡았을 때 백성들은 길에 떨어진 물건도 줍지 않았다. 제경공齊景公 저구杵臼가 이를 걱정하자 대부 여서黎且가 말했다.

"공자를 노나라에서 쫓아내는 것은 마치 터럭을 입으로 불어 날려버리는 것처럼 쉽습니다. 군주는 어찌하여 후한 봉록과 높은 자리로 그를 초청하고, 노애공에게 여악女樂을 보내 그의 마음을 어지럽히지 않는 것입니까? 노애공이 여악을 즐기면 반드시 정사를 게을리 할 것입니다. 그러면 공자는 반드시 간할 것이고, 받아들여지지 않으면 이내 노나라를 쉽게 떠날 것입니다."

제경공이 말했다.

"옳소."

곧 여저를 시켜 노애공에게 여악 16명을 보냈다. 노애공이 여악을 즐기며 이내 정사를 게을리 했다. 공자가 간했으나 듣지 않자 이내 그곳을 떠나 초나라로 갔다.

제경공齊景公은 최저에게 시해당한 제장공의 이복동생으로 이름은 저구杵臼이다. 유애공여악遺哀公女樂의 유遺는 보낸다는 뜻의 견遣과 통한다. 교영驕榮의 영榮을 두고 진계천은 형熒의 가차로 보았다. 『사기』「공자세가」는 이를 이에 앞선 노정공魯定公 때의 일화로 보았다.

이 일화는 여러 문헌에 두루 나오고 있으나 당시의 상황을 감안할 때 제경공이 공자를 두려워해 여악을 보냈다고 보기는 어렵다. 공자가 천하유세에 나서게 된 것은 3환을 제거해 군권君權을 확립하려고 했던 일련의 개혁이 실패로 돌아간 데 따른 것이다. 공자가 천하유세를 떠나면서 처음으로 간 나라도 초나라가 아니라 위衛나라이다. 『논어』 등에 공자가 천하유세 도중 초나라로 간 것으로 기록해 놓은 것은 사실 초나라가 병탄한 채蔡 땅을 방문한 것을 확대해석해 놓은 것이다. 이에 대한 배경으로 『춘추좌전』에 따르면 제경공이 노나라에 여악을 보낸 것은 노정공 때의 일이다. 여악이팔女樂二八의 이팔二八이 건보본에는 육六으로 되어 있다. 『태평어람』을 좇아 수정했다.

🌿 31-65

楚王謂干象曰, "吾欲以楚扶甘茂而相之秦, 可乎." 干象對曰, "不可也." 王曰, "何也." 曰, "甘茂少而事史擧先生. 史擧, 上蔡之監門也, 大不事君, 小不事家, 以苛刻聞天下, 茂事之, 順焉. 惠王之明, 張儀之辨也, 茂事之, 取十官而免於罪. 是茂賢也." 王曰, "相人敵國而相賢, 其不可何也." 干象曰, "前時王使邵滑之越, 五年而能亡越. 所以然者, 越亂而楚治也. 日者知用之越, 今亡之秦, 不亦太亟亡乎." 王曰, "然則爲之奈何." 干象對曰, "不如相共立." 王曰, "共立可相, 何也." 對曰, "共立少見愛幸, 長爲貴卿, 被王衣, 含杜若, 握玉杯. 以聽於朝, 且利以亂秦矣."

초나라 왕이 대부 간상干象에게 말했다.

"내가 초나라의 힘으로 감무甘茂를 도와 서쪽 진나라의 재상을 시킬 생각이오. 가능하겠소?"

"불가능합니다."

"왜 안 된다는 것이오?"

간상이 대답했다.

"감무는 어렸을 때 사거史擧 선생을 스승으로 모셨습니다. 사거는 상채上蔡의 문지기로 있었습니다. 크게는 군주를 안중에 두지 않았고, 작게는 집안일을 돌보지 않았습니다. 엄격한 것으로 천하에 소문이 났습니다. 감무는 순종하며 그를 섬겼습니다. 진혜문왕 같은 명군과 장의張儀 같이 변설이 뛰어난 사람 밑에서 여러 관직을 두루 거치면서도 아무 허물없이 지냈습니다. 이는 감무가 현자이기 때문입니다."

초나라 왕이 말했다.

"그렇다면 사람을 동원해 진나라 재상 자리에 현명한 감무를 앉히도록 돕는 게 어째서 옳지 않다는 것이오?"

간상이 말했다.

"전에 대왕은 소활邵滑을 월나라로 보내 5년 만에 월나라를 패망하게 만들었습니다. 이는 월나라가 어지럽고 초나라가 잘 다스려졌기 때문입니다. 지난날 월나라에 사용할 때는 알고, 지금 진나라에 대해서는 이를 잊었으니 어찌 잊는 것이 그토록 빠른 것입니까?"

초나라 왕이 물었다.

"그렇다면 어찌해야 하오?"

"공립共立을 도와 재상으로 만드느니만 못합니다."

"공립을 재상으로 만드는 게 좋은 이유는 무엇이오?"

간상이 대답했다.

"공립은 어려서는 진나라 왕의 총애를 받았고, 장성해서는 경상卿相이 되어 옥으로 장식된 옷을 입고, 두약杜藥을 입에 물고는 옥가락지를 낀 채 조정에서 정사를 보고 있습니다. 장차 진나라를 어지럽히는 데는 그가 이로울 것입니다."

🌀 간상干象은 초나라 대부로 자세한 사적은 알 수 없다. 사거史擧
는 『사기』「저리자감무열전」에 따르면 감무의 스승으로 제자백가의 학
설을 가르쳤다. 상채上蔡는 지금의 하남성 상채현 서남쪽 10리 지점이
다. 감문監門은 문지기를 뜻한다. 취십관取十官은 여러 관직을 두루 거
쳤다는 의미이다. 소활邵滑은 초나라 출신 유세가이다. 『한비자금주금
역』에는 소활召滑로 되어 있다. 금망지진今亡之秦의 망亡을 쓰다는 망忘
과 통하는 것으로 보았다. 불여상공립不如相共立의 '공립'을 『한비자교
주』는 인명으로 보았다. 『전국책』「초책」에는 초나라에 인질로 보내진
진秦나라 공자인 공손학公孫郝으로 되어 있다. 「초책」에는 공손학이 어
렸을 때부터 진소양왕과 똑같은 옷을 입고, 커서는 수레를 같이 탄 것
으로 나온다. 함두약含杜若은 향초의 이름이다. 담배처럼 입에 머금고
다녔다.

🌀**31-66**
吳政荊, 子胥使人宣言於荊曰, "子期用, 將擊之. 子常用, 將去之."
荊人聞之, 因用子常而退子期也, 吳人擊之, 遂勝之.

춘추시대 말기 오나라가 초나라를 쳤다. 오자서가 사람을 시켜 초나
라에 이런 말을 퍼뜨렸다.
"자기子期가 등용되면 공격할 것이고, 자상子常이 등용되면 즉각 물
러날 것이다."
초나라 사람들은 이 말을 듣고 자상을 등용하고 자기를 물리쳤다. 오
나라가 초나라를 공격해 마침내 승리를 거뒀다.

오정형吳政荆의 정政을 진기유는 정벌의 정征과 통하는 것으로
보았다. 자기子期를『한비자교주』는 초평왕의 아들이며 초소왕의 동생
인 공자 결結로 해석했다. 자상子常은 초장왕의 아들인 자낭子囊의 손
자로 이름이 낭와囊瓦이다. 초평왕과 초소왕 때 재상을 지냈다. 퇴자기
退子期를 윤동양은『춘추좌전』「노정공 4년」조에 나오는 오초간의 백거
지전柏擧之戰으로 보았다. 당시 자상이 초나라 군사를 이끌었다.

31-67

晉獻公伐虞·虢, 乃遺之屈産之乘·垂棘之璧. 女樂二八, 以榮其
意而亂其政.

진헌공이 우나라와 괵나라를 토벌코자 했다. 굴屈 땅에서 나는 명마
와 수극垂棘에서 나는 옥, 여악 16명을 보내 정사를 혼란스럽게 만들
었다.

영기의榮其意의 영榮은 미혹케 만든다는 뜻의 형熒의 가차이다.

31-68

叔向之讒萇弘也, 爲書曰, "萇弘謂叔向曰, '子爲我謂晉君, 所與君
期者, 時可矣, 何不亟以兵來.'" 因佯遺其書周君之庭而急去行. 周以
萇弘爲賣周也, 乃誅萇弘而殺之.

중원 진나라 대부 숙향叔向이 장홍萇弘을 참소할 때 거짓 편지를 만
들었다. 편지는 장홍이 숙향에게 보낸 것으로 이런 내용이 담겨 있었다.
"그대가 나를 위해 진나라 왕에게 '군주와 약속한 시기가 다 되었는
데 어찌하여 군사를 빨리 보내지 않는 것입니까?'라고 전해주시오."

숙향이 짐짓 그 편지를 주나라 조정에 떨어뜨리고 급히 달아났다. 주나라는 장홍이 주나라를 팔아넘긴다고 여겼다. 곧바로 장홍을 주살했다.

⊙◟ 숙향叔向은 제나라의 안영, 정나라의 자산 등과 함께 춘추시대 말기에 활약한 대표적인 현상賢相이다. 『춘추좌전』에 그에 관한 일화가 대거 실려 있다.

〰31-69

鄭桓公將欲襲鄶, 先問鄶之豪傑·良臣·辯智果敢之士, 盡與姓名, 擇鄶之良田賂之, 爲官爵之名而書之. 因爲設壇場郭門之外而埋之, 釁之以雞豭, 若盟狀. 鄶君以爲內難也而盡殺其良臣. 桓公襲鄶, 遂取之.

정환공鄭桓公이 장차 회鄶나라를 치려고 했다. 먼저 회나라의 호걸, 충신, 변설가, 학자, 용사를 모두 물어 그들의 이름을 기입한 뒤 그들에게 나눠줄 회나라의 좋은 땅과 관작의 명칭을 자세히 기입한 맹서문을 만들었다. 이어 외성의 문밖에 제단을 만들고 그 밑에 맹세문을 묻은 뒤 닭과 돼지 피를 발라 진짜 맹약이 있는 것처럼 꾸몄다. 회나라 군주는 이를 내란의 조짐으로 간주해 자신의 훌륭한 신하들을 모조리 잡아 죽였다. 정환공이 회나라를 습격해 모두 차지했다.

⊙◟ 정환공鄭桓公은 주여왕의 막내아들로 주선왕의 서제庶弟이기도 하다. 이름은 우友이다. 회鄶는 주여왕 때의 소국으로 정환공에 의해 병탄됐다. 진여성명盡與姓名의 여與를 유월은 『춘추좌전』「노양공 27년」

조를 근거로 거擧로 바꿔야 한다고 했다. 진기유는 여與와 거擧는 선진 시대에 서로 통용됐다고 했다. 흔지이계가釁之以雞猳의 흔釁은 희생물의 피를 북 등에 바르는 의식을 말한다. 계가雞猳는 희생물로 바치는 수탉과 수퇘지를 말한다. 맹장盟狀은 맹서문의 뜻이다.

🦋31-70
「전문 7」 묘공廟攻의 사례.

🦋31-71
秦侏儒善於荊王, 而陰有善荊王左右而內重於惠文君. 荊適有謀, 侏儒常先聞之, 以告惠文君.

서쪽 진나라의 난쟁이 광대가 초나라 왕에게 잘 보였다. 초나라 왕의 측근들과도 은밀히 교제하는 동시에 안으로도 진혜문왕의 두터운 신임을 받았다. 초나라에서 마침 꾀하는 일이 있으면 그 난쟁이가 언제나 먼저 그것을 듣고 진혜문왕에게 알렸다.

🐚 음유陰有의 유有를 왕선신은 우又로 새겼다. 혜문군惠文君은 진효공의 아들 사駟를 말한다. 사서는 진혜문왕으로 기록해 놓았다. 재위 13년(기원전 325)에 왕을 칭했기 때문이다.

🦋31-72
鄴令襄疵, 陰善趙王左右. 趙王謀襲鄴, 襄疵常輒聞而先言之魏王. 魏王備之, 趙乃輒還.

위나라 업鄴 땅의 장관이던 양자襄疵는 조나라 왕의 측근들과 은밀히 가깝게 지냈다. 조나라 왕이 업 땅을 습격하려고 할 때마다 양자가 늘 재빨리 듣고 위나라 왕에게 먼저 알렸다. 위나라 왕이 미리 대비하자 조나라가 곧바로 철군했다.

🍃 양자襄疵는 위나라 관원으로 사적이 알려져 있지 않다. 첩문輒聞은 곧바로 듣는다는 뜻이다.

🍃31-73

衛嗣君之時, 有人於令之左右. 縣令有發蓐而席弊甚, 嗣公還令人遺之席, 曰, "吾聞汝今者發蓐而席弊甚, 賜汝席." 縣令大驚, 以君爲神也.

위사군衛嗣君 때 현령 주변에 정보원을 배치했다. 하루는 현령이 이불을 들춰보니 밑에 깐 자리가 심하게 낡아 있었다. 이를 전해들은 위사군이 곧 사람을 시켜 자리를 보내면서 이같이 말했다.

"과인이 듣건대 요즘 그대의 이불 밑에 깐 자리가 몹시 낡았다고 하여 새 자리를 보내오."

현령이 크게 놀라 위사군이 신녕하다고 여겼다.

🍃 발욕發蓐은 이불을 들춰본다는 뜻이다. 욕蓐은 요와 방석, 자리 등의 깔개를 통칭한 말이다. 사공선령嗣公還令의 선還은 '곧바로'의 뜻을 지닌 선旋의 의미이다.

🏵 권11
제32장 외저설(外儲說) 좌상

〰️32-1

經一. 明主之道, 如有若之應宓子也. 明主之聽言也, 美其辯. 其
觀行也, 賢其遠. 故群臣士民之道言者迂弘, 其行身也離世. 其說在
田鳩對荊王也. 故墨子爲木鳶, 謳癸築武宮. 夫藥酒·用言, 明君聖
主之以獨知也.

「경문經文 1」 독지獨知

명군의 치도는 유약有若이 복자宓子에게 응답한 것과 같다. 통상 군
주는 신하의 말을 들을 때는 변설의 교묘함을 칭찬하고, 행동을 볼 때
는 고원한 행보를 기특하게 여긴다. 군신들과 백성의 말이 우원하고 과
장되며, 몸가짐이 현실과 동떨어진 이유다. 대표적인 사례로 제나라 출
신 묵가인 전구田鳩가 초나라 왕에게 대답한 일화를 들 수 있다. 묵자墨
子가 나무로 된 솔개를 만들고, 가수 계癸가 무궁武宮을 축조할 때 노래
를 부른 일화 등도 여기에 속한다. 무릇 약이 되는 술과 충고의 말은 명
군이나 성군만이 홀로 알 수 있는 것이다.

〰️ 유약有若은 자가 자유子有로 노나라 출신이다. 『사기』「중니제

자열전」에 따르면 공자보다 13세 연하였다.『공자가어』에 따르면 사람이 강직한데다 아는 것이 많고 옛 도를 좋아했다고 한다. 공자가 죽은 뒤 제자들은 유약의 모습이 공자와 비슷해 제자들은 그를 선생으로 세우고 공자를 섬길 때처럼 했다. 그는『논어』에 모두 4번 나온다.「학이」편에 보이는 3개장은 모두 그를 유자有子로 칭했다. 그의 제자들이『논어』의 편제에 적극 가담한 사실을 반영한다. 밀자密子는「난언」에 나온 복자천宓子賤을 말한다. 밀密은 복宓의 오자이다.

명주明主를 도홍경은 인주人主로 바꿔야 한다고 했다. 미기변美其辯은 유창한 변설을 칭송한다는 뜻이다. 현기원賢其遠은 고원한 행보를 뛰어나다고 판단한다는 의미이다. 우홍迂弘은 세상사에 어두우면서 거창한 얘기를 한다는 뜻으로 우활迂闊과 같다. 전구田鳩는 제나라 출신 묵자의 제자로『여씨춘추』「수시」와『회남자』「도응훈」에 그에 관한 일화가 나온다. 이에 따르면 그는 서쪽 진나라에 3년 동안 있었으나 왕을 만나지 못하자 이내 초나라로 갔다. 여기서 장군의 칭호를 받은 뒤 진나라 왕을 만날 수 있었다.『한서』「예문지」에『전구자』3편이 있었다고 한다. 여기에는 구鳩가 구俅로 되어 있다.

묵자墨子는 제자백가의 하나인 묵가의 시조로 이름은 적翟이다. 일설에 의하면 묵墨은 묵형을 받은 데서 나왔다고 한다. 수형자를 의미한다. 반대파가 그를 낮춰 그같이 불렀을 공산이 크다. 사적은 확실하지 않지만 노나라에서 태어나서 송나라를 섬겼다고 한다. 공자에게 배웠다는 주장도 있다. 그의 저서『묵자』는『한서』「예문지」에 71편이라고 했으나 현존하는 것은 53편이다. 그는 천하에 이익이 되는 것을 북돋우고, 천하의 해가 되는 것을 없애는 흥리제해興利除害를 정치의 기본원칙으로 내세웠다. 유능한 농민과 수공업자도 관원으로 채용하는 상현尚賢, 백성의 이익에 배치되는 재화와 노동력의 소비를 금하는 절용節用, 지배자의 이익을 위한 부세와 전쟁을 반대하는 비공非攻, 남을 사랑하고 자신과 타인의 이익을 서로 높이는 겸애兼愛 등을 구체적인 해답으로 제시했다. 가장 대표적인 것은 겸애이다. 유가의 인仁처럼 사랑을 기본이념으로 삼으면서도 존비친소尊卑親疎의 구별을 제거한 것이 특징이다. 무차별적인 사랑이 요체로, 사랑은 남을 이롭게 하는 것이지만 동시에 그것은 자신도 이롭게 한다는 겸애교리兼愛交利에 근거를 두고 있다.

묵가는 여타 제자백가와 달리 유신론의 성격을 띠고 있다. 천지론天志論이 그것이다. 이는 절대적이며 종교적인 하늘의 의지를 전제로 한다. 천지를 좇으면 보상이 있으나 거역하면 벌이 따른다는 논리 위에 서 있다. 아랫사람은 윗사람에게 순종해야 한다는 상동론尙同論의 정치이론도 여기에 기초한다. 각자의 주장을 방치하면 사회질서를 유지할 수 없다는 게 논거이다. 상동론의 정점에는 최고의 현자로서 하늘의 뜻을 받드는 천자가 있다. 그의 이런 주장은 철기의 사용으로 생산력이 증대하고 농민과 수공업자 및 상인 등이 신흥세력으로 급성장한 데 따른 것이다. 묵가는 전국시대 말까지 유가와 사상계를 이분할 정도로 세력을 떨쳤다. 그러나 진한의 통일시대에 들어오면서 급속히 쇠퇴했다. 종교가이자 정치이론가인 묵자의 사상은 청대 말기까지 2000년 동안 완전히 단절돼 있었다. 사대부 계층의 이익과 배치되었기 때문이다.

목연木鳶의 연鳶은 솔개나 매를 뜻하는 응鷹과 같다. 구계축무궁謳癸築武宮은 가수 계癸가 무공을 기념하기 위해 무궁武宮을 축조할 때 노래를 부른 것을 말한다. '무궁'을 진계천은 강무당講武堂으로 풀이했다. 사냥 등을 포함한 일체의 군사훈련을 시행하는 곳을 말한다. 용언用言의 용用을 도홍경은 충忠과 통용되는 중中의 오자로 보았다. 명군성주지이독지明君聖主之以獨知의 이以를 진기유는 이유를 나타내는 소이所以의 소所가 탈락한 것으로 보았다. 그러나 여기의 이以는 지知의 목적어로 사용된 것으로 소所와 같다.

✣32-2

經二. 人主之聽言也, 不以功用爲的, 則說者多'棘刺'·'白馬'之說.
不以儀的爲關, 則射者皆如羿也. 人主於說也, 皆如燕王學道也. 而
長說者, 皆如鄭人爭年也. 是以言有纖察微難而非務也, 故李·惠·
宋·墨皆畫策也. 論有迂深閎大, 非用也, 故魏·長·瞻·陳·莊皆鬼
魅也. 言而拂難堅確, 非功也, 故務·卜·鮑·介·墨翟皆堅瓠也. 且
虞慶詘匠也而屋壞, 范且窮工而弓折. 是故求其誠者, 非歸餉也不
可.

「경문經文 2」 구성求誠

군주가 신하의 말을 들을 때 실제 효용을 판단의 기준으로 삼지 않으
면 말하는 자는 대부분 가시나무 끝에 원숭이를 새기고 백마는 말이
아니라는 궤변을 늘어놓게 된다. 활을 쏘면서 정해진 과녁을 쏘도록 하
지 않으면 활 쏘는 자가 모두 명궁 예羿와 같이 될 것이다. 군주가 유세
에 대한 태도에 기준이 없으면 연나라 군주가 도를 익히려다 속임수를
눈치 채지 못하고, 언설만 늘어놓는 것으로 정나라 사람이 나이를 다
투는 것과 같다.

말이 정밀하고 미묘하여 매우 심오한 학설은 현재 시급히 필요로 하
는 게 아니다. 그래서 계량季梁, 혜시惠施, 송견宋鈃, 묵적墨翟의 학설은
모두 머릿속의 계책에 지나지 않는다고 하는 것이다. 이론이 미묘하고
심원한 학설은 실용적이지 못하다. 그래서 위모魏牟, 장로자長盧子, 첨하
詹何, 진병陳駢, 장자莊子의 학설은 모두 그림 속의 귀신과 같다고 하는
것이다. 언행에서 간난을 고려하지 않고 매우 확고한 학설은 아무런 실

효를 기대할 수 없다. 그래서 무광務光, 변수卞隨, 포초鮑焦, 개자추介子
推, 백이伯夷, 전중田仲의 학설은 모두 껍질이 딱딱한 호리병박과 같다
고 하는 것이다.

우경虞慶은 목수를 설득해 자기 뜻대로 집을 지었지만 집이 이내 무
너졌고, 범수范睢는 공인工人을 설득했지만 활이 부러지고 말았다. 진실
을 구하고자 하면 개구쟁이 아이들이 때가 되면 집으로 돌아와 밥을
먹듯이 실용을 기준으로 삼지 않으면 안 된다.

위적爲的의 적的은 과녁의 한가운데로 정곡正鵠과 같다. 여기서
는 표준의 뜻으로 사용됐다. 의적儀的은 과녁을 뜻한다. 위관爲關의 관
關을 유사배는『국어』「주어」의 위소 주를 인용해 기준이 되는 저울을
뜻하는 형형衡으로 풀이했다. 섬찰미난纖察微難은 너무 정밀하고 미묘해
분간하기가 어렵다는 뜻이다. 유가를 포함해 이론을 앞세우는 학파를
지칭한 말이다.

이李·혜惠·송宋·묵墨은 계량季梁, 혜시惠施, 송견宋銒, 묵적墨翟을 말
한다. 이李를 고광기는 양주의 친구인 계량季梁의 계季로 바꿔야 한다
고 했다. 송견은 「외저설 좌상」을 포함해『순자』와『장자』「천하」에 그
같이 표현돼 있으나『맹자』는 송경宋牼,『장자』「소요유」와『한비자』「현
학」은 송영자宋榮子로 기록해 놓았다. 송견의 학설은 묵가와 도가, 명가
등의 이론을 모두 내포하고 있다.『한서』「예문지」의 소설가 항목에『송
자』18편이 기록돼 있다. 해당 주는 그의 학설을 황로학黃老學으로 분
류했다. 화책畫策은 머릿속으로 그린 상상의 계책이라는 뜻이다. 진기
유는 계책의 뜻을 지닌 책策을 책筴으로 바꿔야 한다고 했다.『사기』
「유후세가」 등은 계책을 계책計筴으로 써 놓았다. 외畏·진震·첨瞻·차
車·상狀은 위모魏牟, 장로자長盧子, 첨하詹何, 진병陳騈, 장자莊子를 말

한 것이다. 여기의 외畏는 위모의 위魏, 첨瞻은 첨하의 첨詹, 차車는 진병의 진陳, 상狀은 장자의 장莊을 잘못 쓴 것이다.

언이言而를 고광기는 행유行有로 바꿔야 한다고 했다. 불난견확拂難堅確의 '불난'은 인정에 거슬리는 간난艱難을 아랑곳하지 않는 것을 말한다. '견확'은 확고한 의지를 지닌 언행을 의미한다.『한비자금주금역』에는 확確이 척박을 뜻하는 학确으로 되어 있다. 딱딱하게 굳어 메말랐다는 뜻으로 풀이하면 대략 뜻이 같다. 무務·변卜·포鮑·개介·묵적墨翟은 무광務光, 변수卜隨, 포초鮑焦, 개자추介子推, 백이伯夷, 전중田仲을 말한 것이다. 본문의 묵적墨翟을 두고 왕선신은 전중, 진기유는 백이의 잘못으로 보았다. 장각은 절충설을 취해 백이의 백伯과 전중의 전田을 잘못 쓴 것으로 보았다. 문맥상 이게 옳다. 견호堅瓠는 딱딱한 호리병박을 뜻한다. 우경虞慶을 고광기는『사기』및『전국책』에 나오는 조효성왕 때의 대신 우경虞卿으로 보았다. 경慶과 경卿은 서로 통한다. 범저范且는 진소양왕 때 승상을 지낸 응후應侯 범수范雎를 말한다. 귀향歸餉은 집으로 돌아와 식사한다는 뜻이다.

32-3

經三. 挾夫相爲則責望, 自爲則事行. 故父子或怨譙, 取庸作者進美羹. 說在文公之先宣言, 與句踐之稱如皇也. 故桓公藏蔡怒而攻楚, 吳起懷瘳實而吮傷. 且先王之賦頌·鍾鼎之銘, 皆播吾之迹·華山之博也. 然先王所期者利也, 所用者力也. 築社之諺, 目辭說也. 請許學者而行宛曼於先王, 或者不宜今乎. 如是不能更也, 鄭縣人得車厄也, 衛人佐弋也, 卜子妻寫弊袴也, 而其少者也. 先王之言, 有其所爲小而世意之大者, 有其所爲大而世意之小者, 未可必知也. 說在宋人之解書與梁人之讀記也. 故先王有郢書, 而後世多燕說. 夫不適國事而謀先王, 皆歸取度者也.

「경문經文 3」 적사適事

　사람이란 남을 위해 일을 하면 보답을 바라는 까닭에 보답이 없으면 서로 꾸짖거나 원망하게 되나, 자신을 위해 일하면 좋은 결과를 얻기 위해 노력한다. 부자 사이에서도 혹 원망하고 꾸짖는 일이 생기고, 남을 고용해 일을 시킬 때 마음에 들도록 일을 잘하면 맛있는 음식을 내놓게 된다. 대표적인 사례로 진문공이 송나라를 토벌하면서 먼저 그 나라 군주의 허물을 퍼뜨리고, 월나라 왕 구천이 오나라를 치면서 오나라 왕의 전용선인 여황餘皇의 건조를 시비한 일화 등을 들 수 있다. 제환공이 채나라에 대한 노여움을 숨기고 초나라를 공격하고, 오기가 부하를 치료하면 승리하는 데 도움이 될 것으로 생각해 종기의 고름을 빤 것도 같은 경우에 속한다.

　선왕을 칭송하는 시부詩賦나 종 또는 솥에 새긴 잠명箴銘 등은 모두 조무령왕이 파오산播吾山에 남긴 발자취와 진소왕秦昭王이 화산華山에 만들어 놓은 장기판처럼 자신을 선전한 것이다. 선왕이 바란 것은 자신의 이익이고, 사용한 것은 백성들의 힘이었다. 토지신을 위해 사당을 세운 것과 관련한 속언은 모두 이를 통해 이런 이치를 설명코자 한 것이다. 지금 학자들에 동조해 옛 제왕을 흉내 내 아득하여 도무지 알 길이 없는 치도治道를 행하면 요즘 시대와 맞지 않을 것이다. 옛일에 매달리는 것은 시대를 좇아 변화하지 못한 탓이다. 정나라의 시골 사람이 수레멍에를 손에 들고, 위衛나라 사람이 사냥을 도우려다가 새를 달아나게 하고, 복자卜子의 처가 새 바지를 누더기로 만들고, 젊은이가 어른의 술 마시는 것을 흉내 낸 일화도 여기에 속한다.

　선왕이 한 말 중에는 대수롭지 않게 한 것도 있는데 요즘 사람들이 중시하는 경우가 있고, 매우 중시했던 것을 요즘에는 대수롭지 않게 여기는 경우도 있다. 이는 어떤 것이 옳은지 제대로 모르기 때문이다. 대표적인 사례로 송나라 사람이 글자를 오해하고, 양나라 사람이 옛날 기록의 글자를 잘못 읽은 일화를 들 수 있다. 선왕의 글에는 초나라 수도 영郢에 사는 사람의 서신과 같은 게 있으나 후대인들은 모두 연나라 사람처럼 해석한다. 나랏일에 적합한 일을 하지 않고 선왕만 모방하려 들면 이는 마치 신발을 사러 저자에 갔다가 치수를 잊었다며 전에 집에 놓아둔 발의 치수를 찾으러 다시 집으로 돌아가는 것과 같다.

   협부상위挾夫相爲의 협협挾을『이아』는 감출 장藏,『춘추공양전』 주는 품을 회懷로 풀이했다. 상위相爲를『한비자교주』는 '상호의뢰'로 풀이했다. 그러나 여기의 상相은 아래 구절 자위自爲의 자自와 호응해 다른 사람을 지칭한 것으로 지시대명사의 성격을 띤 부사이다. 원조怨譟의 조譟를 고광기는 꾸짖을 초譙로 바꿔야 한다고 했다. 취용작자取庸作者는 고용주를 뜻한다. 여기의 용庸은 삯을 받고 남의 일을 해주는 고용인, 작作은 씨를 뿌리고 경작하는 파경播耕의 뜻이다. 여황如皇을 윤동양과 장각은 오왕 부차가 세운 고소대姑蘇臺로 보았다. 그러나『오월춘추』와『자치통감』을 좇아 오나라 왕이 타던 용선龍船인 여황餘皇으로 보는 게 옳다. 선왕지부송先王之賦頌은 선왕의 사적을 노래한 시라는 뜻이다.『주례』「대사大師」와『시경』「대서大序」에 보면 시의 수사修辭와 시체詩體로 풍風, 부賦, 비比, 흥興, 아雅, 송頌이 있다. '부'는 사실을 그대로 읊은 것이고, '송'은 제례 때 사용하는 것을 말한다.

종정지명鍾鼎之銘은 종과 정에 글을 새기는 것을 뜻한다.『예기』「제통祭統」에 따르면 '선조의 미덕을 찬양하고 이를 후세에 남기기 위한 것으로 잘못은 말하지 않는다.'고 되어 있다. 절의 범종에 시주한 사람의 이름을 새기는 것도 그 흔적으로 볼 수 있다. 정鼎은 원래 음식물을 끓이던 그릇이었으나 점차 종묘제례 등의 제사에 사용되는 제기祭器의 뜻으로 굳어져 마침내는 보위 내지 왕조를 상징하는 의미로 전용됐다.

파오播吾를 윤동양은 지금의 하북성 평산현 동북쪽에 있는 산, 화산지박華山之博의 '화산'을 지금이 섬서성 화음현의 남쪽에 있는 산으로 보았다. 박博을 진계천은 『설문해자』를 근거로 놀이기구인 쌍육雙六을 뜻하는 박簙으로 해석했다. 쌍방이 각각 6개의 말을 갖고 놀았다. 포진할 때 앞에 나온 말을 효梟 또는 효기梟棋라고 했다. 상대방의 효기를 넘어뜨리는 것을 살효殺梟라고 했다. 요즘 장기의 '장군'에 해당한다. 효기 이외의 나머지 5개의 말은 산기散棋, 쌍육판은 평枰이라고 했다. 놀이를 시작할 때 먼저 두는 사람을 가리기 위해 주사위를 던졌다. 선진시대에는 대나무 제품이었으나 후대에는 주사위를 경옥瓊玉으로 만들었다. 그 모양이 기다란 젓가락 내지 화살 모양이었다. 이를 저箸 또는 전箭으로 불렀다.

목사설目辭說의 목目을 진기유는 이以의 옛 글자인 이㠯의 오자로 보았다. 사辭는 『예기』「표기」의 정현 주에 따르면 해설解說의 뜻이다. 청허학자請許學者의 청請은 성실의 뜻을 지닌 정情과 통한다. 여기서는 만일의 뜻으로 사용됐다. 완만宛曼의 완宛을 후토다는 한汙과 통하는 완洹, 만曼은 게으름 피울 만謾 내지 질펀할 만漫과 같은 것으로 보았다. 모두 아득히 멀고 넓다는 뜻이다. 『회남자』「도응훈」의 주에 한만汙漫을 불가지不可知로 풀이했다. 정현鄭縣은 전국시대 한나라 땅으로 지금의 하남성 정주시를 말한다. 거액車厄의 액厄을 왕선신은 멍에 액軛의 가차로 보았다. 좌익佐弋은 주살을 관장하는 관원을 말한다. 익弋은 오늬에 줄을 매어 쏘는 화살로 주로 날짐승을 잡을 때 사용한다.

32-4

經四. 利之所在, 民歸之. 名之所彰, 士死之. 是以功外於法而賞加焉, 則上不能得所利於下. 名外於法而譽加焉, 則士勸名而不畜之於君. 故中章·胥己仕, 而中牟之民棄田圃而隨文學者邑之牛. 平公腓痛足痺而不敢壞坐, 晉國之辭仕託者國之錘. 此三士者, 言襲法, 則官府之籍也. 行中事, 則如令之民也. 二君之禮太甚. 若言離法而行遠功, 則繩外民也, 二君又何禮之. 禮之當亡. 且居學之士, 國無事不用力, 有難不被甲. 禮之, 則惰修耕戰之功. 不禮, 則周主上之法. 國安則尊顯, 危則爲屈公之威, 人主奚得於居學之士哉. 故明王論李疵視中山也.

「경문經文 4」 존현尊顯

이익이 있는 곳에 백성이 모여들고, 명성이 빛나는 곳에 선비들이 목숨을 버린다. 세운 공이 법에 어긋나는데도 상을 주면 군주는 아랫사람에게서 이익을 거둘 수 없다. 명성이 법에 어긋나는데도 명성을 더해주면 선비는 이런 명성에 고무된 나머지 스스로를 군주에게 순복順服하는 사람으로 만들려 하지 않는다.

조나라 선비 중장中章과 서기胥己가 벼슬길에 나서자 중모中牟의 백성들 중 논밭을 버리고 학문을 따라 배우려는 자가 마을의 절반이나 되었다. 또 진평공이 숙향과 논의할 때 종아리와 발에 통증과 마비가 오는데도 감히 자리를 흐트러뜨리지 않는 것을 보고는 진나라에서 관직을 그만두고 숙향을 따르는 자가 절반이나 됐다. 중장과 서기 및 숙향 등 이들 3인의 선비가 말한 것이 법에 부합할지라도 관청에 보관돼 있는 전적典籍에 불과하고, 그 행동이 사리에 부합할지라도 법령에 순종하는 백성에 불과할 따름이다. 그럼에도 조나라와 진나라의 군주가 지나친 예우를 베풀었으니 이는 너무 심한 것이었다. 만일 그들의 말이 법에 어긋나고, 행동이 실적과 멀다면 법을 벗어난 백성이 된다. 이때 두 나라 군주는 이들을 어찌 예우할 것인가? 이런 예우는 나라를 망하게 하는 것이다.

학문하는 선비들은 나라에 일이 없을 때는 힘들여 농사를 짓지 않고, 난리가 일어나도 갑옷을 입지 않는다. 이들을 예우하면 농사와 전쟁을 게을리 하게 될 것이고, 이들을 예우하지 않으면 군주의 법을 왜곡하고 해칠 것이다. 이들은 나라가 안정될 때는 존경을 받고 이름을 빛내지만 위태로워지면 정나라의 굴공屈公처럼 소심한 모습을 드러낼 것이다. 그렇다면 군주는 학문하는 선비들로부터 무엇을 얻을 수 있겠는가? 명군은 조나라 신하 이자李疵가 중산을 치기에 앞서 미리 시찰한 일을 논할 것이다.

🐚 권명이불흑지어군勸名而不畜之於君은 명예에만 애쓰고 스스로를 군주에게 순종하며 따르는 자로 만들려 하지 않는다는 뜻이다. 흑畜을 『예기』「제통」은 도를 좇으며 윤리에 어긋나지 않는 것으로 풀이했다. 순복順服을 뜻한다. 여기서는 선비 자신을 뜻하는 지之를 목적어로 하는 사역동사로 사용됐다. 중장中章과 서기胥己는 수행과 학덕이 높아 현령인 임등任登이 천거해 중대부에 등용됐다는 설이 있다.

중모中牟는 지금의 하남성 탕음현 서쪽 50리 지점에 있다. 문학자文學者의 '문학'은 원래 고대의 문헌과 경전을 말한다. 여기서는 고전을 연구한다는 뜻의 동사로 사용된 것이다. 비통腓痛의 비腓는 종아리를 말한다. 사탁仕託은 몸을 의탁한다는 뜻이다. 유월은 『춘추좌전』「노양공 27년」조를 근거로 사仕와 탁託 모두 권귀에게 몸을 의탁해 봉사하는 의미로 풀이했다. 탁託은 탁托과 통한다. 국지수國之錘는 나라의 절반을 뜻

한다. 수추錘는 절반을 의미하는 수垂와 통한다. 일부 문헌에서는 3분의 1
로 보기도 한다. 습법襲法은 법에 어긋나지 않는다는 뜻으로 습襲은 마
땅하다는 의미이다. 주주상지법周主上之法의 주周를 노문초는 해친다
는 뜻의 해害로 바꿔야 한다고 했으나 이는 왜곡하며 해친다는 뜻의 곡
曲의 의미로 사용된 것이다. 굳이 고칠 필요가 없다.『한비자금주금역』
에는 해害로 되어 있다. 굴공지위屈公之威의 위威를 후토다는 외畏로 새
겼다.

🌱 32-5

經五.『詩』曰, "不躬不親, 庶民不信." 傳說之以'無衣紫', 緩之以
鄭簡·宋襄, 責之以尊厚耕戰. 夫不明分, 不責誠, 而以'躬親'位下, 且
爲'下走'·'睡臥', 與夫'掩弊微服'. 孔丘不知, 故稱'猶盂'. 鄒君不知,
故先自僇. 明主之道, 如叔向賦獵與昭侯之'奚聽'也.

「경문經文 5」 궁친躬親

『시』「소아·절피남산」은 이르기를, '군주가 몸소 애써 정사를 행하지
않으면 백성들은 믿지 않는다.'고 했다. 대표적인 사례로 제나라 왕의
태부太傅가 이 구절을 예로 들어 '군주는 자주색 옷을 입지 말아야 한
다.'고 권한 것을 든다. 그러나 정간공鄭簡公과 송양공宋襄公의 사례는
이 구절을 의심케 만든다. 군주가 직접 농사짓고 전쟁에 참여하는 식의
모습을 보였다가 위험에 빠진 사례는 이 구절이 오히려 잘못된 것임을
보여준다.

무릇 군주와 신하가 각자의 직분을 명확히 하지 않고, 신하들이 성과
를 내도록 독려하지 않은 채 자신이 직접 아래에 임하면 안 된다. 그리
하면 제경공이 수레에서 내려 내달리고, 위소왕魏昭王이 법전을 읽다가

잠이 들고, 남이 알아보지 못하게 군주가 천민의 옷을 입거나 하는 등의 일을 하게 된다. 공자는 그 이치를 알지 못한 까닭에 '군주는 사발과 같고 백성은 사발에 채운 물과 같다'고 했다. 추鄒나라 군주도 그 이치를 알지 못한 까닭에 먼저 자신을 욕되게 하는 일부터 했다. 명군의 치도는 숙향叔向이 봉록을 분배하는 것처럼 하고, 한소후가 어떻게 신하들의 의견을 들어야 했는지를 아는 것처럼 해야 한다.

᠁ '불궁불친不躬不親, 서민불신庶民不信'은 『시경』 「소아·절피남산節彼南山」에 나온다. 원문에는 불不이 불弗로 되어 있다. 완지緩之는 태만히 한다는 뜻이다. 고형은 완緩을 원援의 잘못으로 보았다. 진계천과 진기유 등이 모두 이를 좇아 원용援用의 뜻으로 풀이했다. 그러나 장각은 『광아』 「석고」를 근거로 완緩을 우습게 여긴다는 뜻의 해이解弛로 간주했다. 문맥상 이게 자연스럽다. 정간공鄭簡公은 이름이 가嘉로 정희공鄭釐公의 아들이다. 『춘주좌전』 「노양공 7년」조에 따르면 기원전 566년, 정희공은 유력한 신하들에게 함부로 대했다가 죽임을 당했다. 뒤를 이어 보위에 오른 정간공은 겨우 5세에 지나지 않았다. 권신들이 발호한 것은 말할 것도 없다. 한비는 바로 이를 언급한 것이다. 송양공을 예로 든 것은 홍수泓水의 싸움에서 상처를 입고 어이없이 죽게 된 것을 지적한 것이다.

불책성不責誠의 성誠을 고형은 성成의 가차로 보았다. 「외저설 우하」에서 책성責成을 신하에게 일을 시켜 그 성과를 따지는 것으로 풀이해 놓은 게 그 증거다. 위하位下의 위位를 왕선신은 다스린다는 뜻의 이莅와 통하는 것으로 보았다. 이莅는 이涖 및 이蒞와 같다. 부렵賦獵의 부賦를 후토다는 『국어』 「진어」의 주를 인용해 수授로 풀이했다. 렵獵은 록祿의 잘못이다. 「진어」에는 부록賦祿으로 나온다. 「팔간」도 '부록'으로 되어 있다.

32-6

經六. 小信成則大信立, 故明主積於信. 賞罰不信, 則禁令不行. 說在文公之攻原與箕鄭救餓也. 是以吳起須故人而食, 文侯會虞人而獵. 故明主表信, 如曾子殺彘也. 患在厲王擊警鼓與李悝謾兩和也. 右經.

「경문經文 6」 적신積信

작은 신의가 이뤄져야 큰 신의도 세워진다. 명군이 신의부터 쌓는 이유다. 상벌에 신의가 없으면 금령은 시행되지 못한다. 진문공이 원原 땅을 치고, 기정箕鄭이 굶주린 백성을 구한 일화 등이 대표적이다. 오기는 약속한 친구가 오기를 기다렸다가 식사했고, 위문후魏文侯는 약속한 바대로 사냥터의 관원과 만났다. 명군이 신의를 나타내는 일은 증자가 돼지를 잡은 것과 같다. 그 폐해와 관련한 사례로 초여왕楚厲王이 경계하는 북을 치고, 위나라의 이회가 좌우의 군문을 지키는 군사들에게 적이 쳐들어온다고 속인 일화 등이 있다. 이상이 「경문」이다.

🔊 원原은 지금의 하남성 제원현 서북쪽 15리 지점에 있다. 기성箕鄭은 지금의 산서성 대곡현 동남쪽 30리 지점의 기箕 땅을 식읍으로 한 진나라의 대부로 진영공 때 난을 일으켰다가 죽임을 당했다. 구아救餓의 아餓를 쯔다를 위시해 진계천과 진기유 모두 기근을 뜻하는 기饑로 바꿔야 한다고 했다. 그러나 기饑와 아餓는 서로 통용된 글자이다. 『춘추곡량전』「노양공 24년」조의 소는 기아로 인해 죽는 사람이 나타나면 대기大饑, 죽는 사람이 없으면 대아大餓로 구분했으나 하휴何休는 정반

대로 풀이해 놓았다. 『국어』「진어」는 이 일을 기饑 또는 아餓로 표현해 놓았다. 굳이 바꿀 필요가 없는 것이다. 수고인須故人의 수須를 양계웅은 기다릴 수鬚의 가차로 보았다. 우인虞人은 산과 못을 관리하는 관원을 말한다. 여기서는 사냥터의 관리인을 지칭한다.

❧ 32-7

「전문 1」 독지獨知의 사례.

❧ 32-8

宓子賤治單父, 有若見之, 曰, "子何臞也." 宓子曰, "君不知賤不肖, 使治單父, 官事急, 心猶之, 故臞也." 有若曰, "昔者舜鼓五弦·歌「南風」之詩而天下治. 今以單父之細也, 治之而憂, 治天下將奈何乎. 故有術而御之, 身坐於廟堂之上, 有處女子之色, 無害於治. 無術而御之, 身雖瘁臞, 猶未有益."

복자천宓子賤이 노나라 선보單父를 다스렸다. 유약有若이 그를 보고 물었다.

"그대는 어찌하여 그리 야위었는가?"

"군주는 내가 불초하다는 것을 모르고 선보를 다스리게 했다. 관청의 일이 바쁘고 마음속으로 근심이 많아 이렇게 야위었소."

유약이 말했다.

"옛날 순임금은 오현금五弦琴으로 「남풍南風」의 시를 노래하면서 천하를 다스렸다. 지금 선보처럼 작은 고을을 다스리면서 그토록 근심하니 장차 천하를 다스리면 어찌할 것인가? 법술을 익혀 다스리면 몸은 묘당廟堂 위에 앉아 여색에 둘러싸여 있을지라도 정사에 해로움이 없다. 그러나 법술을 깨닫지 못하면 몸이 야윌 정도로 노력해도 큰 이익이 없을 것이다."

    ✑✑ 복자천宓子賤은 공자의 제자로 이름이 부제不齊, 자가 '자천'이다. 선보單父는 지금의 산동성 선현單縣 인근이다. 유약有若은 복자천과 동문수학한 공자의 제자로 자는 자유子有이다. 남풍지시南風之詩의 '남풍'은 남쪽에서 불어오는 따뜻한 바람으로 개풍凱風으로도 불린다. 현존『시경』에는 「개풍」으로 나온다.『공자가어』에 나오는 「남풍」과 그 내용이 사뭇 다르다.『공자가어』「변악해」에는 '남풍지훈혜南風之熏兮, 가이해오민지온혜可以解吾民之慍兮, 남풍지시혜南風之時兮, 가이부오민지재혜可以阜吾民之財兮'로 되어 있다. 묘당廟堂은 정사를 논하는 조정을 뜻한다.

✺32-9

    楚王謂田鳩曰, "墨子者, 顯學也. 其身體則可, 其言多而不辯, 何也." 曰, "昔秦伯嫁其女於晉公子, 令晉爲之飾裝, 從衣文之媵七十人. 至晉, 晉人愛其妾而賤公女. 此可謂善嫁妾, 而未可謂善嫁女也. 楚人有賣其珠於鄭者, 爲木蘭之櫃, 薰以桂椒, 綴以珠玉, 飾以玫瑰, 輯以翡翠. 鄭人買其櫝而還其珠. 此可謂善賣櫝矣, 未可謂善鬻珠也. 今世之談也, 皆道辯說文辭之言, 人主覽其文而妄有用. 墨子之說, 傳先王之道, 論聖人之言, 以宣告人. 若辯其辭, 則恐人懷其文忘其直 · 以文害用也. 此與楚人鬻珠 · 秦伯嫁女同類, 故其言多不辯."

    초나라 왕이 제나라 출신 묵가인 전구田鳩에게 물었다.

    "묵자는 이름난 학자로 품행은 훌륭하지만 언설만큼은 말만 많을 뿐

능변이 아니오. 이는 무슨 까닭이오?"

전구가 대답했다.

"옛날 진목공秦穆公이 자신의 딸 회영懷嬴을 망명 중인 중원 진나라 공자 중이重耳에게 시집보낼 때 온갖 장식을 다하게 하고, 화려하게 수놓은 비단옷을 입은 잉첩滕妾 70명을 딸려 보냈습니다. 중이는 잉첩만을 아끼고 공녀公女는 박대했습니다. 이는 잉첩을 좋은 곳에 시집보냈다고 할 수는 있으나 딸을 잘 시집보냈다고 말할 수는 없습니다.

또 초나라 사람이 정나라로 가 진주를 팔려고 한 적이 있습니다. 목란木蘭으로 상자를 만들고, 계초桂椒의 향료를 넣고, 겉은 갖가지 구슬로 꿰고 붉은 구슬로 장식한 후 비취를 박았습니다. 그러자 정나라 사람은 상자만 사고 진주는 돌려보냈습니다. 이는 상자를 잘 팔았다고 할 수는 있으나 진주를 잘 팔았다고 말할 수는 없습니다.

요즘 세상의 담론을 보면 모두 교묘하게 꾸민 말뿐입니다. 군주는 그 미사여구에 홀려 실질을 잊고 있습니다. 묵자의 말은 선왕의 도를 전하고, 성인의 말을 논한 것으로 이를 세상 사람들에게 널리 알리려는 취지에서 나온 것입니다. 만일 말을 교묘하게 하면 사람들이 그 꾸민 말만 마음에 담고, 실질은 잊을 것입니다. 이는 꾸밈으로 실용을 해치는 것입니다. 초나라 사람이 진주를 팔고, 진나라 군주가 딸을 시집보낸 것과 같게 됩니다. 그가 말은 많이 하지만 능변이 아닌 이유가 여기에 있습니다."

❧ 이 일화에서 매독환주賣櫝還珠 성어가 나왔다. 실질을 놓치고 외양만 추구하는 것을 말한다. 진백秦伯은 진목공을 말한다. 작위가 백작인 까닭에 '진백'으로 표현한 것이다. 가기녀嫁其女의 녀女는 진목공의 딸 회영懷嬴을 말한다. 당초 진문공晉文公 중이重耳의 조카인 진회공

晉懷公 어圉가 진秦나라에 인질로 와 있을 때 그에게 시집을 간 까닭에 이런 명칭이 붙었다. 진회공이 몰래 귀국해 부친 진혜공晉惠公 이오夷吾의 뒤를 이어 보위에 오르자 대로한 진목공이 그녀를 진문공에게 다시 시집을 보낸 후 진문공의 귀국을 적극 지원하고 나섰다. 의문지잉衣文之滕의 의문衣文은 비단에 수놓은 옷을 말한다. 잉滕은 공실의 여인이 시집을 갈 때 딸려 보내는 시녀를 말한다. 목란지궤木蘭之櫃의 '목란'은 두란杜蘭 또는 임란林蘭으로 불리는 나무로 측백나무와 닮았다. 껍질이 계피처럼 매운 향이 난다. 훈이계초薰以桂椒가 건도본에는 훈계초지독薰桂椒之櫝으로 되어 있어 『예문유취』를 좇아 고쳤다. 훈薰은 서역에서 들어온 유향을 태운 냄새로 훈熏과 통한다. 계초桂椒는 향내 나는 나무를 말한다. 매괴玫瑰는 붉은 빛을 띤 구슬로 남방에서 생산된다. 해당화 내지 장미의 뜻으로 쓰이기도 한다. 『자림字林』에 따르면 구슬 중 아름답고 좋은 것을 매玫, 둥글고 좋은 것을 괴瑰라고 한다. 망기직忘其直의 직直을 실용을 뜻하는 실實과 가치를 뜻하는 치値로 해석하는 견해가 대립하나 어느 쪽이든 통한다.

32-10

　墨子爲木鳶, 三年而成, 蜚一日而敗. 弟子曰, "先生之巧, 至能使木鳶飛." 墨子曰, "吾不知爲車輗者巧也. 用咫尺之木, 不費一朝之事, 而引三十石之任, 致遠力多, 久於歲數. 今我爲鳶, 三年成, 蜚一日而敗." 惠子聞之曰, "墨子大巧, 巧爲輗, 拙爲鳶."

묵자가 나무로 솔개를 만들었다. 3년 만에 이를 완성해 하늘에 날렸으나 겨우 하루 만에 이내 부서지고 말았다. 제자가 말했다.
"선생님의 기예는 나무 솔개를 날게 하는 지경에 이르렀습니다."

묵자가 말했다.

"나는 수레 축을 만드는 자의 기예만 못하다. 수레 축을 만드는 자는 한 자밖에 안 되는 나무를 깎아 한나절도 안 돼 완성한다. 이를 장착한 수레는 30석이나 되는 무거운 짐을 싣고 먼 곳까지 운반할 정도로 힘이 세고, 오랫동안 쓸 수가 있다. 그러나 나는 나무 솔개를 만드는 데 3년이나 걸렸고, 겨우 하루 날리자 이내 부서지고 말았다."

혜시가 이 얘기를 전해 듣고 이같이 말했다.

"묵자는 뛰어난 기예를 지닌 사람이다. 실용적인 수레 축을 만드는 일은 훌륭하다고 말하고, 비실용적인 나무 솔개를 만든 자신의 솜씨는 졸렬하다고 했다."

❰❱ 비蜚는 비飛와 같다. 거예車輗는 수레 끌채 끝에 있는 쐐기로 멍에와 연결돼 있다. 큰 수레에 사용하는 것은 예輗, 작은 수레에 사용하는 것은 월軏이라고 한다. 지척지목咫尺之木의 지咫는 8촌의 길이를 말한다.

🎋 32-11

宋王與齊仇也, 築武宮. 謳癸倡, 行者止觀, 築者不倦. 王聞, 召而賜之. 對曰, "臣師射稽之謳又賢於癸." 王召射稽使之謳, 行者不止, 築者知倦. 王曰, "行者不止, 築者知倦, 其謳不勝如癸美, 何也." 對曰, "王試度其功. 癸四板, 射稽八板. 摘其堅. 癸五寸, 射稽二寸."

송언왕宋偃王이 제나라와 싸워 이기자 이를 기념하기 위해 무궁武宮을 지었다. 가수 계癸가 노래를 부르자 길을 가던 사람들이 멈추고, 일꾼들도 피곤해하지 않았다. 왕이 이 소식을 듣고 그를 불러 포상하자

,

그가 말했다.

"저의 스승 사계射稽의 노래는 저보다 더 훌륭합니다."

왕이 사계를 불러 노래를 부르게 했다. 길 가던 사람들이 멈추지도 않고, 일꾼들도 피곤해했다. 왕이 계에게 물었다.

"길 가던 사람이 멈추지 않고 일꾼도 피곤해한다. 그의 노래가 계의 노래보다 못한 듯하니 그 이유가 무엇인가?"

계가 대답했다.

"대왕은 일꾼들이 일한 실적을 조사해 보십시오. 계가 노래하는 동안 일꾼들은 담장을 4판板 쌓았으나, 사계가 노래할 때는 8판이나 쌓았을 것입니다. 대왕이 만일 담장을 두드리며 그 견고함을 살펴보면 계가 노래할 때 쌓은 담장은 5촌이나 패였지만, 사계가 노래할 때 쌓은 담장은 겨우 2촌밖에 패이지 않을 것입니다. 그래서 저의 스승의 노래가 저보다 낫다고 한 것입니다."

❧ 송왕여제구宋王與齊仇는 송왕 언偃이 제나라를 친 일을 말한다. 『사기』「송미자세가」에 따르면 그는 형인 척성군剔成君을 몰아내고 보위를 차지했다. 「송미자세가」는 전국시대 초기인 기원전 370년에 송벽공宋辟公이 재위 3년 만에 죽자 아들 척성군이 즉위했다고 기록해 놓았다. 그러나 이는 오류이다. 척성군의 원래 이름은 황희皇喜로 그의 성은 대戴, 씨는 황皇, 이름은 희喜, 자는 자한子罕이다. 씨氏는 성姓에서 갈라져 나온 것이다. 황희는 송대공宋戴公의 후예이다. 당시 송대공의 후예는 크게 화씨華氏와 악씨樂氏, 황씨皇氏 등으로 나뉘어 사실상 송나라를 좌지우지하고 있었다. 황희는 보위를 찬탈하기 전에 사성司城으로 있었다. 이는 토목건축을 관장하는 직책으로 다른 나라의 사공司空과 같다. 송무공의 이름이 '사공'인 까닭에 이같이 고친 것이다.

「송미자세가」등에 나오는 '척성剔成'과 '척성剔成 간肝'은 '사성'과 '사성 한罕'의 잘못이다. 사성으로 있던 황희는 기원전 370년에 송환후宋桓侯를 폐위한 뒤 스스로 보위에 올랐다.「송미자세가」는 송환후를 송벽공으로 기록해 놓은 것이다. 송환후는 문헌에 따라 벽병璧兵과 벽병辟兵, 벽璧 등으로 나온다. 모두「송미자세가」의 오류를 답습한 것이다. 송환후는 상나라의 후예였던 까닭에 성은 자子였고, 이름은 병兵이었다. 시호도 벽辟이 아니라 환桓이다. 척성군이 송환후의 아들이 아니라는 사실은 최근의 연구결과 새롭게 밝혀진 것이다.『사기』에 적잖은 오류가 있음을 알 수 있다.

송왕 언은 척성군 재위 41년(기원전 329)에 형을 내몰고 보위를 차지했다. 척성군 황희는 동생의 급습에 놀라 허둥지둥 제나라로 달아났다. 송왕 언은 나름 기개가 큰 인물이었다. 재위 11년(기원전 318)에 왕을 칭한 사실이 이를 뒷받침한다.『전국책』과『여씨춘추』는 그의 시호를 강왕康王으로 기록해 놓았다. 그의 죽음을 계기로 송나라가 멸망한 까닭에 시호가 있을 턱이 없다. 패망한 군주의 시호를 '강康'이라고 한 것은 풍자 차원에서 나온 것이다.

구계창謳癸倡의 창倡을 윤동양은 창唱과 통하는 것으로 보았다. 제4 판癸四板의 '4판'은 성곽을 쌓을 때 사용한 판자를 말한다. 판자와 판자 사이에 흙을 넣고 공이로 다지는 일을 판축板築이라고 한다.『춘추좌전』「노은공 원년」의 소는 허신의『오경이의五經異義』와『대대례기』등을 인용해 8척이 1판板, 5판이 1도堵에 해당한다고 했다. 판의 넓이는 2척으로 5판을 쌓으면 1장丈이 됐다. 그러나 문헌마다 구체적인 수치에 약간씩 차이가 있다. 척기견撽其堅의 척撽을『한서』「사단전」의 주는 두드릴 추搥의 뜻으로 새겼다. 화를 돋우거나 과실을 딴다는 의미로 사용될 때는 '적'으로 읽는다.

32-12

夫良藥苦於口, 而智者勸而飮之, 知其入而已己疾也. 忠言拂於耳,
而明主聽之, 知其可以致功也.

무릇 양약은 입에 쓰지만 지혜로운 자는 이를 즐겨 마신다. 양약이
몸에 들어가면 자신의 병을 고쳐준다는 사실을 알기 때문이다. 충언은
귀에 거슬리나 명군은 이를 즐겨 듣는다. 충언을 들으면 공을 이룰 수
있다는 것을 알기 때문이다.

 🔊 이기질야已己疾也의 이已를 『여씨춘추』「지충」의 주는 병을 낫
게 해준다는 뜻으로 풀이했다.

32-13

「전문 2」 구성求誠의 사례.

32-14

宋人有請爲燕王以棘刺之端爲母猴者, 必三月齋然後能觀之. 燕
王因以三乘養之. 右御冶工言王曰, "臣聞人主無十日不燕之齋. 今
知王不能久齋以觀無用之器也, 故以三月爲期. 凡刻削者, 以其所以
削必小. 今臣治人也, 無以爲之削, 此不然物也, 王必察之." 王因囚
而問之, 果妄, 乃殺之. 冶人謂王曰, "計無度量, 言談之士多'棘刺'
之說也."

송나라 사람 가운데 연나라 왕을 위해 나무의 가시 끝에 원숭이를
조각하는 일을 청한 자가 있었다. 반드시 3달 동안 재계한 연후에 비로

소 그것을 볼 수 있다고 말했다. 연나라 왕이 그에게 3승三乘의 땅에서 거두는 조세를 봉록으로 내리고 뒤를 돌보았다. 기물을 관장하는 우어右御 소속의 대장장이가 간했다.

"제가 듣건대 대왕은 10일이나 주연을 물리치고 재계한 일이 없다고 합니다. 지금 그 자는 대왕이 쓸모없는 물건을 보기 위해 오랫동안 재계할 수 없다는 것을 알고 3달을 기한으로 정한 것입니다. 대개 조각하는 칼은 조각물보다 작습니다. 제가 쇠를 다루기에 압니다만 그처럼 작은 칼은 만들 수 없습니다. 실제로 존재할 수 있는 물건이 아닙니다. 대왕은 반드시 이를 살피십시오."

그를 잡아다가 심문하자 과연 거짓임이 드러났다. 곧바로 그를 죽였다. 대장장이가 간했다.

"유세하는 자들의 계책을 면밀히 살피지 않으면 많은 자들이 가시 끝에 원숭이를 새기겠다는 식의 허황된 얘기를 할 것입니다."

극자지단위모후자棘刺之端爲母猴者의 극棘은 가시, 자刺는 조각을 말한다. 모후母猴는 원숭이의 일종으로 후지사와는 목沐과 미獼, 모母는 서로 통용된다고 했다. 『한서』「개관요전」의 주는 목후沐猴를 미후獼猴로 풀이했다. 필3월재必三月齋의 재齋는 제사를 지내기에 앞서 몸과 마음을 정결하게 한다는 뜻으로 통상 결재潔齋 또는 재계齋戒로 쓰인다. 삼승양지三乘養之의 승乘을 『관자』「승마」는 사방 6리의 토지로 해석했다. 이는 사방 6리의 땅에 병거兵車 1대의 납부를 부과한데서 나온 것이다. 보다 정확히 얘기하면 병거 1대, 말 4필, 갑사 28인, 방패수 20인, 노역부 30인을 포함한 것이다. 한비가 여기서 말한 '승'은 단지 관원의 봉록을 지급하기 위해 사방 6리의 땅에서 거두는 부세賦稅를 말한다. 양養은 봉록을 주어 잘 지내도록 대우한다는 뜻이다. 우어야공右

御冶工의 '우어'는 기물 등을 공급하는 관청, '야공'은 우어에 속해 있는 대장장이를 말한다. 불연지재不燕之齋의 연燕을 진계천은 음주를 뜻하는 연宴과 통하는 것으로 보았다.

🌱 32-15

一曰, 燕王好微巧. 衛人曰, "能以棘刺之端爲母猴." 燕王說之, 養之以五乘之奉. 王曰, "吾試觀客爲棘刺之母猴." 客曰, "人主欲觀之, 必半歲不入宮, 不飮酒食肉. 雨霽日出, 視之晏陰之間, 而棘刺之母猴乃可見也." 燕王因養衛人, 不能觀其母猴. 鄭有臺下之冶者謂燕王曰, "臣, 爲削者也. 諸微物必以削削之, 而所削必大於削. 今棘刺之端不容削鋒, 難以治棘刺之端. 王試觀客之削, 能與不能可知也." 王曰, "善." 謂衛人曰, "客爲棘, 削之." 曰, "以削." 王曰, "吾欲觀見之." 客曰, "臣請之舍取之." 因逃.

일설에 따르면 연나라 왕이 세공품을 좋아했다. 위衛나라 사람이 말했다.

"나무의 가시 끝에 능히 원숭이를 만들 수 있다."

연나라 왕이 기뻐하며 5승의 봉록을 내리고 뒤를 돌보았다. 그가 말했다.

"과인은 그대가 만든 나무 가시 끝의 원숭이 조각을 속히 보고 싶소."

객이 말했다.

"군주가 그것을 보려면 반드시 반년 동안 후궁에 들어가지 않고, 술을 마시거나 고기를 먹는 일이 없어야 합니다. 비가 개고 해가 날 때 반은 맑고 반은 흐린 날씨 속에서 보면 나무 가시 원숭이가 눈에 들어옵니다."

연나라 왕이 그를 계속 돌봐 주었으나 원숭이 조각은 볼 수 없었다. 한나라의 궁궐 밑에 살고 있던 한 대장장이가 찾아와 간했다.

"저는 조각칼을 만드는 사람입니다. 모든 세공품은 반드시 조각칼로 깎아서 만듭니다. 조각물은 반드시 조각칼보다 커야 합니다. 지금 가시 끝은 너무 작아 조각칼로 깎을 수 없습니다. 그러니 어떻게 그곳에 원숭이를 새길 수 있겠습니까? 대왕이 시험 삼아 그 사람에게 조각칼을 보여 달라고 하십시오. 그러면 조각을 할 수 있는지 여부를 알 수 있을 것입니다."

"옳소."

곧 위나라 사람을 불렀다.

"그대는 가시 끝에 원숭이를 조각할 때 조각칼을 사용하는가?"

"조각칼을 사용합니다."

"과인이 그 칼을 한번 구경하고 싶소."

객이 대답했다.

"객사에 두고 왔으니 곧 갖고 오겠습니다."

그리고는 도망쳐 버렸다.

☙ 오승지봉五乘之奉의 봉奉을 쓰다는 봉록의 봉俸과 같다고 했다. 안음晏陰은 반은 맑고 반은 흐린 날씨를 말한다. 안晏을 『설문해자』는 천청天淸으로 풀이했다. 대하지야자臺下之冶者의 대臺를 진계천과 『한비자교주』는 정나라의 지명으로 추정했으나 이는 앞서 나온 우어右御에 상응하는 관서의 명칭이다. 후한 말기 응소應劭가 지은 『한관의漢官儀』에 따르면 한제국은 진제국의 법제를 그대로 수용한 까닭에 상서尙書를 중대中臺, 알자謁者를 외대外臺, 어사를 헌대憲臺라고 했다. '객

위극客爲棘, 삭지削之' 구절을 두고 노문초와 고광기, 진기유, 양계웅 등은 일부 글자가 빠지거나 와전이 있었을 것으로 보았으나 그대로 두고 해석할지라도 의미가 순하게 통한다.

✣32-16

兒說, 宋人善辯者也, 持'白馬非馬也'服齊稷下之辯者. 乘白馬而過關, 則顧白馬之賦. 故籍之虛辭, 則能勝一國. 考實按形, 不能謾於一人.

예열兒說은 송나라 사람으로 변설에 능했다. '백마는 말이 아니다'라고 주장해 제나라 직하稷下 학당의 학자들을 설복시켰다. 그러나 그는 백마를 타고 관문을 지날 때마다 백마에 부과된 세금을 내야만 했다. 예열에게 허황된 얘기를 빙자하도록 놓아둘지라도 일시 온 나라 사람을 이길 수 있을지는 모르겠으나 사실을 고찰하고 형상에 근거해 살피면 단 한 사람도 속일 수 없다.

 이 일화는 『여씨춘추』「군사」와 『회남자』「인간훈」에도 나온다. 예열兒說을 두고 「인간훈」의 주는 송나라 대부라고 했다. 양계웅은 『전국책』「제책」의 모변貌辯과 『한서』「고금인표」의 곤변昆辯 모두 '예열'의 와전으로 보았다. 자가 설說, 이름이 변辯이고 제위왕과 제선왕 때의 사람으로 보았다.

백마비마白馬非馬는 백마는 말이 아니라고 주장한 공손룡公孫龍의 궤변을 말한다. 그의 저서로 알려진 『공손룡자』에 따르면 그는 '색깔을 나타내는 흰 것과 형체를 나타내는 말을 합쳐 백마라고 했기 때문에 순수한 말과 다르다'고 주장했다. 공손룡은 이밖에도 지물론指物論, 통

변론通變論, 견백론堅白論, 명실론名實論 등을 주장했다. 일설에는 '백마 비마론'이 공손룡에 앞서 예열이 주장했다고 한다. 직하지변자稷下之辯 者는 제위왕이 설치한 학당에서 공부한 사람들을 말한다. 제위왕의 아 들 제선왕 때 음양가의 효시인 추연鄒衍을 비롯해 전병田騈과 신도愼到 등 많은 학사들이 모여들었다. 직하稷下는 직산稷山 아래 직문을 말한 다. 그곳에 집을 짓고 선비들이 공부하도록 조치한 까닭에 '직하'로 칭 한 것이다. 고백마지부顧白馬之賦의 고顧는 납부의 뜻을 지닌 고雇와 통 한다. 자지허사籍之虛辭의 자籍는 빙자憑藉의 자藉와 같다. 양보조건을 이끄는 사역동사로 사용됐다. 지之는 예열을 가리킨다.

🐛 32-17

　夫新砥礪殺矢, 彀弩而射, 雖冥而妄發, 其端未嘗不中秋毫也, 然 而莫能復其處, 不可謂善射, 無常儀也. 設五寸之的, 引十步之遠, 非羿·逄蒙不能必全者, 有常儀也. 有度難而無度易也. 有常儀的, 則羿·蒙以五寸爲巧. 無常儀的, 則以妄發而中秋毫爲拙. 故無度而 應之, 則辯士繁說. 設度而持之, 雖知者猶畏失也不敢妄言. 今人主 聽說, 不應之以度, 而說其辯. 不度以功, 而譽其行, 而不入關. 此人 主所以長欺, 而說者所以長養也.

　무릇 새로 숫돌에 간 날카로운 수렵용 화살인 살시를 큰 활에 걸어 쏘면 비록 눈을 감고 마구 쏠지라도 터럭만한 물체까지 적중하지 않는 적이 없다. 그러나 두 번 다시 같은 곳을 맞추지 못하면 잘 쏜다고 말할 수 없다. 일정한 표적이 없기 때문이다. 너비 5촌의 과녁을 만든 후 10 보 떨어진 가까운 곳에서 활을 쏠지라도 예羿나 방몽逄蒙이 아니고는 모두 명중시킬 수 없다. 일정한 표적이 있기 때문이다. 기준이 있으면 어렵지만 기준이 없으면 쉽다. 일정한 표적이 있으면 예나 방몽이 5치의 과녁을 맞혀도 교묘하다고 하고, 일정한 표적이 없으면 마구 쏘아 설령 터럭 끝을 적중시킬지라도 졸렬하다고 한다.

법도가 없이 응대하면 변설에 능한 자가 번다하게 말을 한다. 그러나 법도를 세우고 상대하면 비록 지혜로운 자일지라도 오히려 실수할까 두려워 감히 아무렇게나 말하지 못한다. 요즘 군주들은 사람들의 얘기를 들으면서 법도로 응대하지 않은 채 변론만 좋아하고, 법도에 의거해 공을 헤아리지 않은 채 그들의 행동을 칭찬하는 까닭에 기준에 들어맞지 않게 된다. 군주가 오래도록 변설가에게 속아 넘어가고, 변설가들이 오래도록 봉록을 지원받는 이유다.

๏ 지려살시砥礪殺矢는 화살촉을 숫돌에 갈아 날카롭게 한다는 뜻이다. 살시殺矢를 후토다는 화살의 이름으로 보았다. 『주례』「고공기」의 주는 수렵용 활이라고 했다. 여기의 살殺은 뾰족하고 날카롭다는 뜻이다. 구노이사彀弩而射는 쇠뇌를 힘껏 당겨 쏜다는 뜻이다. 명이망발冥而妄發의 명冥은 눈을 감았다는 뜻의 명瞑과 같다. 유상의적有常儀的은 늘 정해진 표적이 있다는 의미이다. 의적儀的의 뜻은 표적이다. 인십보지원引十步之遠의 보步와 관련해 『사가』「진시황본기」의 『사기색은』은 '『관자』와 『사마법』 모두 6척을 1보, 『왕제』는 8척을 1보로 삼았다'고 했다. 방몽逢蒙은 전설적인 명궁 예羿의 제자이다. 『맹자』「이루 하」에 따르면 스승인 예로부터 활 쏘는 기술을 모두 배운 뒤 스승을 살해했다. 「문변」에는 방逢이 봉逢으로 나오고 있다. 『장자』「산목」은 봉몽蓬蒙, 『순자』「왕패」는 봉문蜂門으로 되어 있다. 『한서』「예문지」에 『봉문사법逢門射法』 2편이 실려 있다.

32-18

客有敎燕王爲不死之道者, 王使人學之, 所使學者未及學而客死.
王大怒, 誅之. 王不知客之欺己, 而誅學者之晚也. 夫信不然之物而
誅無罪之臣, 不察之患也. 且人所急無如其身, 不能自使其無死, 安
能使王長生哉.

빈객 중 연나라 왕에게 죽지 않는 방법을 가르쳐 주겠다고 말하는 자
가 있었다. 왕이 사람을 보내 배우게 했다. 그러나 배우러 간 자들이 다
배우기도 전에 빈객이 죽고 말았다. 대로한 왕이 그들을 모두 죽였다. 빈
객이 속인 줄도 모르고 학습이 늦은 것만 벌한 것이다. 무릇 있을 수 없
는 일을 믿고, 죄 없는 신하들을 죽이는 것은 군주가 제대로 살펴보지
못한 데 따른 재앙이다. 사람에게 귀중한 것으로 자신의 몸만 한 것이
없다. 스스로 자신의 몸을 죽지 않게 할 수도 없으면서 어찌 왕을 오래
도록 살게 할 수 있겠는가!

『열자』「설부」에도 유사한 일화가 나온다.

32-19

鄭人有相與爭年者. 一人曰, "吾與堯同年." 其一人曰, "我與黃帝之
兄同年." 訟此而不決, 以後息者爲勝耳.

정나라 사람 중 서로 나이가 많다고 다투는 자가 있었다. 한 사람이
말했다.
"나는 요임금과 동갑이다."
다른 한 사람이 말했다

"나는 황제黃帝의 형과 동갑이다."

이는 소송으로도 해결할 수 없는 것이다. 맨 마지막까지 그만 두지 않는 자가 이길 뿐이다.

◐◑ 건도본에 '일인왈오여요동년一人曰吾與堯同年' 8자가 빠져 있어 『태평어람』을 좇아 보완했다.

❧32-20

客有爲周君畵莢者, 三年而成. 君觀之, 與髹莢者同狀. 周君大怒. 畵莢者曰, "築十版之牆, 鑿八尺之牖, 而以日始出時加之其上而觀." 周君爲之, 望見其狀盡成龍蛇·禽獸·車馬, 萬物之狀備具. 周君大悅. 此莢之功非不微難也, 然其用與素髹莢同.

빈객 가운데 주나라 군주를 위해 매우 투명한 식물의 깍지를 그린 자가 있었다. 3년 걸려 그림을 완성했다. 주나라 군주가 보니 옻칠한 깍지와 똑같은 모양이었다. 그가 크게 노하자 그림을 그린 자가 말했다.

"10겹 높이의 담을 판축板築한 뒤 8척의 창문을 뚫어 해가 뜨기 시작할 때 그 위에 그것을 놓고 보십시오."

주나라 군주가 그대로 좇았다. 그 모습을 보니 용과 뱀, 새, 짐승, 수레, 말 등 만물의 형상이 모두 갖춰져 있었다. 주나라 군주가 매우 기뻐했다. 깍지에 그림을 그리는 일은 정교하면서도 어려운 일이다. 그러나 실용 면에서 보면 보통 옻칠한 깍지와 똑같을 뿐이다.

◐◑ 화협畵莢의 협莢이 건도본에는 채찍이나 지팡이를 뜻하는 책策과 동일한 뜻의 책筴으로 되어 있으나 도장본에 의해 고쳤다. 『한비자

금주금역』은 지팡이로 풀이해 놓았으나 문맥상 통하지 않는다. 협莢은 식물의 꼬투리에서 알맹이를 까낸 껍질인 두협豆莢이나 느릅나무 열매인 유협楡莢의 뜻으로 사용되는 협莢을 말한다. '협'은 사진 원판처럼 막이 매우 얇아 옛날 사람들은 유리 대신 이들 '협'을 채취해 사용했다. 휴협자髹莢者의 휴髹를 『사기』「화식열전」의 주는 옻칠과 같은 칠漆로 풀이했다. 십판十版의 판版은 판板과 같다. 팔척지유八尺之牖는 사방 8자의 늘창을 말한다.

🌿32-21

客有爲齊王畫者, 齊王問曰, "畫, 孰最難者." 曰, "犬馬難." "孰易者." 曰, "鬼魅最易." 夫犬馬, 人所知也, 旦暮罄於前, 不可類之, 故難. 鬼神, 無形者, 不罄於前, 故易之也.

빈객 중 제나라 왕을 위해 그림을 그리는 자가 있었다. 제나라 왕이 물었다.

"그림을 그릴 때 무엇을 그리는 게 가장 어려운가?"

"개와 말이 가장 어렵습니다."

"무엇이 가장 쉬운가?"

"귀신이 가장 쉽습니다. 개와 말은 사람들이 모두 알고 있고, 조석으로 눈앞에 보여 똑같게 그릴 수 없기에 가장 어렵습니다. 그러나 귀신은 형체도 없고 눈앞에 보이지도 않기에 가장 쉽습니다."

🌀 여기서 화견마난畫犬馬難 성어가 나왔다. 있는 사실대로 표현키가 어렵다는 뜻이다. 경어전罄於前의 경罄을 노문초는 『한시외전』을 근거로 『시경』「대명」 현천지매俔天之妹 구절의 현俔과 같은 뜻으로 보았

다. 명백하게 나타나는 현현顯現의 뜻이다.

32-22

齊有居士田仲者, 宋人屈穀見之, 曰, "穀聞先生之義, 不恃仰人而
食. 今穀有樹瓠之道, 堅如石, 厚而無窮, 獻之." 仲曰, "夫瓠所貴者,
謂其可以盛也. 今厚而無竅, 則不可剖以盛物. 而任重如堅石, 則不
可以剖而以斟. 吾無以瓠爲也." 曰, "然, 穀將以欲棄之." 今田仲不恃
仰人而食, 亦無益人之國, 亦堅瓠之類也.

제나라의 은둔지사 중 전중田仲이라는 자가 있었다. 송나라 사람 굴
곡屈穀이 그를 만나 이같이 말했다.

"제가 선생의 주장을 듣건대, 남의 신세를 지지 않고 스스로 의식주
를 해결한다고 했습니다. 지금 저는 박을 심는 법을 터득해 그 방법대로
했더니 돌처럼 단단한 박을 얻게 됐습니다. 껍질이 두꺼워 구멍을 뚫을
수조차 없습니다. 이것을 드리도록 하겠습니다."

전중이 말했다.

"무릇 박이 귀한 것은 물건을 담을 수 있기 때문이오. 지금 두텁지만
뚫지 못하면 물건을 담을 수 없고, 돌처럼 견고하면 갈라서 물을 뜰 수
없소. 내가 이런 박을 장차 어디에 써먹을 수 있겠소?"

굴곡이 말했다.

"옳습니다. 저 또한 그것을 버리고자 했습니다."

지금 전중은 남에게 의지해 먹지는 않으나 그렇다고 나라에 이익이
되는 사람도 아니다. 그 역시 너무 단단해 아무데도 쓸모없는 박과 같
은 존재이다.

　🌀 거사居士는 학식이나 재능이 있는데도 벼슬을 마다하고 은거한 선비를 말한다. 전중田仲은『맹자』「등문공 하」에 진중자陳仲子로 나온다. 이에 따르면 형제와 부모마저 피해 제나라 오릉於陵에 머물 때 3일 동안 먹지 못해 귀에는 들리는 게 없고, 눈에는 보이는 게 없었다. 당시 우물가에 있던 자두나무에는 벌레 먹은 열매가 반이 넘었는데 진중자는 기어가서 떨어진 열매를 주워 먹고 세 번을 삼킨 뒤에야 비로소 귀에 들리는 게 있고, 눈에 보이는 게 있었다고 한다. 선생지의先生之義의 의義는 학설 내지 주장을 뜻한다. 금곡유거호今穀有樹瓠의 곡穀은 굴곡屈穀을 말한다. 자세한 사적은 알려져 있지 않다. 호瓠는 표주박을 말한다. 부이이짐剖而以斟은 박을 쪼개 바가지를 만든 후 물이나 술을 푼다는 뜻이다. 여기의 짐斟은 바가지를 뜻한다. 무이호위야無以瓠爲也는 내용상 일종의 의문문으로 하이호위何以瓠爲 내지 이호위하以瓠爲何와 같은 뜻이다.

🌿32-23

　虞慶爲屋, 謂匠人曰, "屋太尊." 匠人對曰, "此新屋也, 塗濡而椽生. 夫濡塗重而生椽撓, 以撓椽任重塗, 此宜卑." 虞慶曰, "不然. 更日久, 則塗乾而椽燥. 塗乾則輕, 椽燥則直, 以直椽任輕塗, 此益尊." 匠人詘, 爲之, 而屋壞.

　조나라의 우경虞慶이 집을 지었다. 목수에게 일렀다.
　"지붕의 경사도가 너무 가파르다."
　목수가 대답했다.
　"이것은 새 집입니다. 벽에 바른 흙은 아직 젖어 있고 서까래 또한 생나무입니다. 젖은 흙은 무겁고 생나무 서까래는 휘게 됩니다. 휜 서까래로 무거운 흙을 떠받치고 있으니 당연히 집이 낮아질 것입니다."

우경이 반박했다.

"그렇지 않소. 오랜 시간이 지나면 흙은 마르고 서까래도 건조해지오. 흙이 마르면 가벼워지고 서까래가 건조해지면 곧아질 것이오. 곧은 서까래로 가벼운 흙을 받치면 오히려 더욱 높아질 것이오."

목수가 말이 막혀 이르는 대로 했다. 이내 집이 무너졌다.

◎◇ 우경虞慶은 유세객으로 조나라 재상을 지냈다. 옥태존屋太尊은 지붕의 경사도가 너무 가파르다는 뜻이다.

❀32-24

一曰. 虞慶將爲屋, 匠人曰, "材生而塗濡. 夫材生則撓·塗濡則重, 以撓任重, 今雖成, 久必壞." 虞慶曰, "材乾則直, 塗乾則輕. 今誠得乾, 日以輕直, 雖久, 必不壞." 匠人詘, 作之, 成, 有間, 屋果壞.

일설에 따르면 우경이 장차 집을 지으려고 했다. 목수가 말했다.

"목재는 생나무이고 흙은 젖어 있습니다. 목재가 생나무이면 휘게 되고, 흙이 젖어 있으면 무겁게 됩니다. 휜 나무로 무거운 흙을 떠받치면 지금은 비록 완성된 모습일지라도 오래 가면 반드시 부서질 것입니다."

우경이 반박했다.

"목재가 마르면 곧아지고, 흙이 마르면 가벼워지오. 지금 집을 다 지은 후 시간이 지나 흙이 마르게 되면 무게는 날로 가벼워질 것이오. 비록 오랜 시간이 지날지라도 반드시 무너지지는 않을 것이오."

목수가 말이 막혀 이르는 대로 했다. 집이 완성됐으나 얼마 안 돼 이내 무너지고 말았다.

◐➤ 유간有間은 '잠시'의 의미이다.

➤32-25

范且曰, "弓之折, 必於其盡也, 不於其始也. 夫張弓也, 伏檠三旬
而蹈弦, 一日犯機, 是節之其始而暴之其盡也, 焉得無折. 且張弓不
然, 伏檠一日而蹈弦, 三旬而犯機, 是暴之其始而節之其盡也." 工人
窮也, 爲之, 弓折.

진나라 승상 범수范睢가 말했다.

"활이 제조과정에서 부러지는 것은 반드시 마지막 과정에서 일어나
는 것이지 처음 단계에서 일어나는 게 아니다. 무릇 장인이 활을 휠 때
는 먼저 나무를 30일 동안 도지개에 끼워 둔다. 그러나 시위를 걸 때는
발로 무지막지하게 밟고, 하루가 지난 뒤 활을 쏘아본다. 이는 처음에
신중하게 하다가 나중에 거칠게 다루는 것이다. 이리하면 어찌 부러지
지 않겠는가? 그러나 나는 그리하지 않는다. 나무를 하루만 도지개에
끼워 두고 연후에 발로 밟아 시위를 걸어 두었다가 30일 후 비로소 활
을 쏘아본다. 처음에는 거칠게 다루지만 마지막에는 신중을 기하는 것
이다."

활을 만드는 공인이 반박을 못한 채 범수의 말대로 활을 만들었다.
활이 이내 부러지고 말았다.

◐➤ 『한비자금주금역』에는 맨 앞 구절의 범저范且 앞에 '공인위工
人謂' 3자가 덧붙어 있고, 차장궁且張弓이 범저왈范且曰로 되어 있다. 궁
지절弓之折에서 언득무절焉得無折까지는 활을 만드는 공인이 범수에게
한 말이 되는 셈이다. 이같이 해석하면 문맥이 잘 통하지 않는다. 일일

범기一日犯機는 시험 삼아 다음날 활을 쏘아본다는 뜻이다.

32-26

范且·虞慶之言, 皆文辯辭勝而反事之情. 人主說而不禁, 此所以敗也. 夫不謀治強之功, 而艷乎辯說文麗之聲, 是却有術之士而任'壞屋'·'折弓'也, 故人主之於國事也, 皆不達乎工匠之構屋張弓也. 然而士窮乎范且·虞慶者. 爲虛辭, 其無用而勝. 實事, 其無易而窮也. 人主多無用之辯, 而少無易之言, 此所以亂也. 今世之爲范且·虞慶者不輟, 而人主說之不止, 是貴'敗'·'折'之類而以知術之人爲工匠也. 不得施其技巧, 故屋壞弓折. 知治之人不得行其方術, 故國亂而主危.

범수나 우경의 말은 모두 화려한 변론이고, 말솜씨가 뛰어나지만 실제 상황과는 상반된다. 군주는 이런 것을 좋아하며 금지하지 않는 까닭에 실패하는 것이다. 무릇 나라를 강하게 만드는 일을 도모하지 않고 교묘하고 화려한 얘기만 좋아하는 것은 마치 법술을 익힌 사람을 물리치고 집을 무너뜨리거나 활을 부러뜨리는 사람에게 일을 맡기는 것과 같다.

군주가 나라를 다스리는 것이 마치 범수나 우경이 활을 만들고 집을 짓는 것과 같다. 법술을 익힌 사람이 범수나 우경 같은 자들을 이기지 못하는 이유다. 허황된 말은 아무 쓸모가 없는데도 받아들여지고, 실질적인 일은 전혀 변함이 없는데도 이들의 논리 앞에 무시되는 탓이다. 군주가 쓸데없는 변설을 중시하고 실질적인 말을 업신여기는 것이 바로 나라가 어지러워지는 배경이다.

요즘 세상에는 범수나 우경 같은 자가 끊이지 않고 나타나고 있다. 군주 또한 이런 자들을 좋아하는 일을 그만두지 않고 있다. 이는 집을 무너뜨리고 활을 부러뜨리는 자들을 높이고, 법술을 익힌 자들을 공장工匠 정도로 여긴 탓이다. 공장이 재주를 펼치지 못하면 이내 집이 무너지고 활이 부러진다. 나라를 다스리는 법술을 아는 사람이 법술을 행하지 못하면 이내 나라가 어지러워지고 군주 또한 위태롭게 된다.

◔◞ 염호별설문려지성艷乎辯說文麗之聲은 교묘한 변설과 밖으로만 아름답게 꾸민 평판이 칭송을 받는다는 뜻이다. 염艷은 부러움을 산다는 의미이다. 부득시기기교不得施其技巧를 두고 고광기는 부不 자 위에 공장工匠을 덧붙여야 한다고 했다. 방술方術은 방법 내지 기술을 뜻한다. 한대 이후에는 도가의 방사들이 행하는 도술을 지칭했다.

❧32-27

夫嬰兒相與戲也, 以塵爲飯, 以塗爲羹, 以木爲胾, 然至日晚必歸饋者, 塵飯塗羹可以戲而不可食也. 夫稱上古之傳頌, 辯而不慤, 道先王仁義而不能正國者, 此亦可以戲而不可以爲治也. 夫慕仁義而弱亂者, 三晉也. 不慕而治强者, 秦也, 然而未帝者, 治未畢也.

무릇 어린아이들이 소꿉장난을 할 때는 흙으로 밥을 짓고, 진흙으로 국을 만들고, 나무로 고기를 만든다. 그러나 날이 저물면 반드시 집으로 돌아가 밥을 먹는다. 이는 흙으로 만든 밥과 진흙으로 만든 국은 가지고 놀 수는 있어도 먹을 수는 없기 때문이다. 예로부터 전해오는 전설과 송가頌歌는 듣기는 좋으나 현실성이 떨어진다. 선왕이 행한 인의를 봉행하는 것으로는 나라를 바르게 할 수 없다. 이 역시 소꿉장난처럼 즐길 수는 있지만 치국에 사용할 수 있는 게 아니다.

무릇 인의를 숭상하는 바람에 나라가 약해지고 어지럽게 된 대표적인 사례로 3진三晉을 들 수 있다. 반대로 인의를 숭상하지는 않았지만 잘 다스려지고 강해진 대표적인 사례로 서쪽 진나라를 들 수 있다. 그럼에도 진나라가 아직 천하통일을 이루지 못한 것은 다스리는 법술이 완전히 갖춰지지 않았기 때문이다.

✐ 이목위자以木爲菆의 자菆는 크게 베어낸 고기조각을 말한다. 『예기』「곡례」의 소는 음식을 올릴 때 왼쪽에 뼈를 발라내지 않은 살인 효殽와 오른쪽에 크게 베어낸 고기조각을 뜻하는 자菆를 놓는다고 했다. 좌효우자左殽右菆는 먹는 사람의 편의를 위한 것이다. 왼쪽에 밥, 오른쪽에 국을 놓은 좌반우갱左飯右羹도 같은 취지이다. 도선왕인의道先王仁義의 도道를 진계천 등은 칭도稱道로 새겼다. 그러나 문맥상 봉행奉行으로 해석하는 게 자연스럽다. 『순자』「왕패」의 주에 행行으로 풀이한 사례가 나온다.

〰️ **32-28**
「전문 3」 적사適事의 사례.

〰️ **32-29**
人爲嬰兒也, 父母養之簡, 子長而怨. 子盛壯成人, 其供養薄, 父母怒而誚之. 子·父, 至親也, 而或誚或怨者, 皆挾相爲而不周於爲己也. 夫賣庸而播耕者, 主人費家而美食, 調布而求易錢者, 非愛庸客也, 曰, "如是, 耕者且深, 耨者熟耘也." 庸客致力而疾耘耕者, 盡巧而正畦陌者, 非愛主人也, 曰, "如是, 羹且美, 錢布且易云也." 此其養功力, 有父子之澤矣, 而心調於用者, 皆挾自爲心也. 故人行事施予, 以利之爲心, 則越人易和. 以害之爲心, 則父子離且怨.

　사람은 어렸을 때 부모가 소홀히 양육하면 자라서 원망하고, 자식이 성인이 돼 부모를 소홀히 봉양하면 화를 내며 꾸짖는다. 자식과 부모는 가장 가까운 사이인데도 어떤 때는 꾸짖고 어떤 때는 원망한다. 양측 모두 자신을 위해 주기를 바라는데 상대가 그 바람을 제대로 충족시켜 주지 못하기 때문이다.

　무릇 일꾼을 사서 농사를 지을 경우 주인은 가산을 축내면서 일꾼에게 좋은 음식을 먹이고, 삼베 화폐인 포폐布幣를 들고 가 질 좋은 동전 화폐인 전폐錢幣를 구해 품삯을 준다. 이는 일꾼을 사랑해서가 아니라 그같이 해야 밭을 깊이 갈고 제대로 김을 맬 수 있기 때문이다. 일꾼은 힘을 다해 밭을 갈고 김을 맨다. 이는 주인을 사랑해서가 아니라 그같이 해야 먹는 음식이 풍성하고, 손에 넣는 전폐의 질이 좋아지기 때문이다. 주인과 일꾼이 서로 상대방에게 공을 들이는 관계는 부자지간에도 그대로 적용된다. 일꾼이 하는 일에 공을 들이는 것은 모두 자신을 위하려는 마음이 자리 잡고 있기 때문이다. 사람들이 일을 하거나 베풀 때 다른 사람을 이롭게 하는 것이 자신에게도 이익이 된다는 마음가짐이 필요하다. 그러면 먼 월나라 사람일지라도 쉽게 친해진다. 정반대로 해치려는 마음을 지니면 설령 부자지간일지라도 서로 멀어지고 원망하게 된다.

　　부주어위기不周於爲己의 주周를 진계천은 합습으로 새겼다. 매용賣庸의 매賣를 쓰다는 매買의 오자로 보았다. 「오두」에는 매용買庸으로 나온다. 조포이구이전調布而求易錢의 조調를 고형과 진기유 등은 선選으로 풀이했으나 『한서』「왕망전」의 주는 취取로 해석했다. 포布를

『한서』「식화지」는 전錢으로 풀이해 놓았다. 이易를 진기유와 『한비자교주』는 환換의 뜻인 역易으로 새겼다. 그 경우 아래에 나오는 전포차이錢布且易 구절과 일치하지 않는다. 『경전석문』은 선善으로 해석해 놓았다. 이를 좇는 게 낫다. 질운경疾耘耕은 힘써 김을 매고 밭을 간다는 뜻이다. 질疾은 힘쓴다는 뜻의 력力과 통한다. 정휴맥正畦陌은 밭과 밭의 경계를 바르게 하고, 논두렁길을 반듯하게 한다는 말이다. 전포차이운야錢布且易云也의 운云을 진기유 등은 유有로 풀이했으나 이는 어조사이다.

32-30

文公伐宋, 乃先宣言曰, "吾聞宋君無道, 蔑侮長老, 分財不中, 敎令不信, 余來爲民誅之."

진문공이 송나라를 치면서 이같이 선언했다.

"내가 듣건대 송나라 군주는 크게 무도하여 장로들을 모욕하고, 재화의 분배가 공평하지 못하고, 명령이 백성들의 믿음을 얻지 못한다고 했다. 그래서 내가 송나라 백성을 위해 그를 벌하려고 온 것이다."

분공文公을 고광기는 『설원』「지무」를 근거로 주문왕으로 간주해 공公을 왕王, 송宋을 숭崇으로 바꿀 것을 주장했다. 윤동양은 제민왕과 송왕 언偃의 일화로 보았다. 고광기의 주장이 그럴 듯하다. 문왕이 문공으로 와전됐을 공산이 크다.

32-31

越伐吳, 乃先宣言曰, "我聞吳王築如皇之臺, 掘深池, 罷苦百姓,煎靡財貨, 以盡民力, 余來爲民誅之."

월나라가 오나라를 치면서 이같이 선언했다.

"내가 듣건대 오나라 왕은 여황如皇을 띄우기 위한 고소대姑蘇臺를 세우면서 깊은 연못을 파 백성들을 괴롭히고, 재화를 함부로 낭비하며 민력을 소진시켰다고 했다. 나는 오나라 백성들을 위해 그를 벌하려고 온 것이다."

🐦 여황지대如皇之臺와 관련해 가마사카는 대臺 앞에 '고소姑蘇' 2자가 빠진 것으로 보았다. 역사적 사실에 비춰 일리가 있다. 굴심지掘深池는 해자를 깊이 팠다는 뜻이다. 『태평어람』에는 심지深池가 천연지지泉淵之池로 되어 있다. 윤동양은 『춘추좌전』「노애공 9년」조에 나오는 일화를 '굴심지'의 구체적인 사례로 들었다. 이에 따르면 기원전 486년 가을, 오나라가 강소성 양주시 북쪽에 있는 한邗 땅에 성을 쌓은 뒤 성 둘레에 도랑을 파 장강과 회수가 서로 통하게 했다. 현재 한강邗江은 조하漕河로 불리고 있다. 강소성 강도현 동남쪽에서 회안현 북쪽에 이른다. 장강과 회수를 잇고 있는 운하이다. 남북으로 3백여 리에 달한다. 전미재화煎靡財貨는 재화를 모두 탕진했다는 뜻이다.

32-32

蔡女爲桓公妻, 桓公與之乘舟, 夫人蕩舟, 桓公大懼, 禁之不止, 怒而出之. 乃且復召之, 因復更嫁之. 桓公大怒, 將伐蔡. 仲父諫曰, "夫以寢席之戲, 不足以伐人之國, 功業不可冀也, 請無以此爲稽也." 桓公不聽. 仲父曰, "必不得已, 楚之菁茅不貢於天子三年矣, 君不如擧兵爲天子伐楚. 楚服, 因還襲蔡, 曰, '余爲天子伐楚, 而蔡不以兵聽

從, 遂滅之.' 此義於名而利於實, 故必有爲天子誅之名, 而有報讎之
實."

채나라 군주의 딸이 제환공의 아내가 됐다. 제환공이 그녀와 함께 배
를 탔을 때 부인이 배를 흔들었다. 제환공이 매우 두려워하며 멈추도록
했으나 그만두지 않았다. 화가 난 나머지 부인을 내쫓았다. 얼마 후 다
시 그녀를 불러오려고 했으나 이미 다른 데로 개가시킨 뒤였다. 제환공
이 크게 노해 채나라를 치려고 하자 관중이 간했다.

"무릇 부부간의 일로 남의 나라를 치는 것은 명분이 서지 못하고, 큰
성과를 기대할 수도 없습니다. 청컨대 이런 이유로 군사를 동원하지는
마십시오."

제환공이 듣지 않으려고 하자 다시 간했다.

"부득이 군사동원을 하고자 하면 초나라를 겨냥하십시오. 초나라는
주나라 천자에게 3년 동안이나 청모菁茅를 바치지 않았습니다. 그러니
천자를 위해 군사를 일으켜 초나라를 치는 게 낫습니다. 초나라가 굴복
하면 오는 길에 채나라를 치십시오. 이때 '과인이 천자를 위해 초나라
를 치는데 채나라는 병사를 보내지 않았다. 그래서 토벌한 것이다'라고
말하십시오. 이는 명분상으로도 의롭고, 실질적으로도 이익이 있습니
다. 반드시 천자를 위해 토벌에 나선다는 명분이 있어야만 복수를 하
는 실리도 챙길 수 있습니다."

탕주蕩舟는 배를 흔들었다는 의미이다. 침석지희寢席之戲는 부
부간에 일어나는 사적인 일을 말한다. 청모菁茅는 향기가 나는 부추로
일명 삼척모三脊茅라고 한다. 『관자』「경중」에 따르면 장강과 회수 사이
에서 생산되는 띠 풀로 종묘제사나 하늘에 지내는 제사 등이 있을 때

이를 사용해 술을 걸렀다. 수멸지遂滅之의 수遂는 결과를 나타내는 부사어 고故와 같다.

🌿 32-33

　吳起爲魏將而攻中山. 軍人有病疽者, 吳起跪而自吮其膿. 傷者之母立泣, 人問曰, "將軍於若子如是, 尙何爲而泣." 對曰, "吳起吮其父之創而父死, 今是子又將死也, 今吾是以泣."

　오기가 위나라 장수가 되어 중산을 공격할 때 병사들 중 종기를 심하게 앓는 자가 있었다. 오기가 무릎을 꿇어 앉아 직접 고름을 빨았다. 종기를 앓는 자의 모친이 이 얘기를 듣고 울음을 터뜨렸다. 사람들이 물었다.

　"장군이 당신 아들에게 이같이 대해 주는데, 무엇 때문에 우는 것이오?"

　그녀가 대답했다.

　"오기가 저 아이 아버지의 상처를 빨자 그 아버지는 죽기로 싸우다 죽었소. 지금 이 아이 또한 이내 죽고 말 것이오. 그래서 우는 것이오."

　🌀 약자여시若子如是의 약若은 2인칭 대명사로 사용된 것이다.

🌿 32-34

　趙主父令工施鉤梯而緣播吾, 刻疏人迹其上, 廣三尺, 長五尺, 而勒之曰, "主父常遊於此."

　조나라의 상왕인 주부主父로 있던 조무령왕이 공인에게 명해 사다리를 타고 파오播吾의 산에 오른 후 그 정상에 발자국을 새기게 했다. 폭이 3자, 길이는 5자였다. 거기에 이같이 새겼다.

"주부가 일찍이 이곳에서 노닐었다."

🔗 구제이연반오鉤梯而緣播吾의 구제鉤梯는 갈고리가 있는 사다리를 말한다. 파오播潘는 원래 전국시대 조나라의 파오番吾로 지금의 하북성 평산현이다. 이곳의 서쪽에 방산房山이 있다. 왕선신은 주부인 조무령왕이 공인을 이곳으로 보낸 것으로 파악했다. 각소인적刻疏人迹은 발자국을 새긴다는 뜻이다. 소疏를 윤동양은 각刻의 뜻인 소疎와 통하는 것으로 풀이했다. 늑지勒之의 늑勒 역시 윤동양은 각刻의 뜻으로 새겼다.

🌿 32-35

秦昭王令工施鉤梯而上華山, 以松柏之心爲博, 箭長八尺, 棋長八寸, 而勒之曰, "昭王嘗與天神博於此矣."

진소왕은 공인에게 명해 사다리를 타고 화산華山에 올라 송백松柏 나무 줄기의 한가운데 있는 심으로 쌍육雙六의 박博을 만들게 했다. 주사위에 해당하는 전箭의 길이가 8자, 말에 해당하는 기棋의 길이는 8치였다. 거기에 이같이 새겼다.

"소왕이 일찍이 천신天神과 더불어 이곳에서 박을 즐겼다."

🔗 진소왕秦昭王은 진시황의 증조부인 진소양왕秦昭襄王을 말한다. 시호가 두 글자이다. 심위박心爲博의 심心은 나무줄기의 한가운데 있는 심을 말한다. 박博은 쌍육의 의미이다. 전箭은 화살 모양의 주사

위, 기기(棋)는 쌍육에 사용되는 6개의 기물을 뜻한다.

🌿32-36

　文公反國, 至河, 令籩豆捐之, 席蓐捐之, 手足胼胝·面目黧黑者後
之. 咎犯聞之而夜哭. 公曰, "寡人出亡20年, 乃今得反國. 咎犯聞之
不喜而哭, 意不欲寡人反國耶." 犯對曰, "籩豆, 所以食也, 席蓐, 所
以臥也, 而君捐之. 手足胼胝·面目黧黑, 勞有功者也, 而君後之. 今
臣有與在後, 中不勝其哀, 故哭. 且臣爲君行詐僞以反國者衆矣, 臣
尙自惡也, 而況於君." 再拜而辭. 文公止之曰, "諺曰, '築社者, 攓撅
而置之, 端冕而祀之.' 今子與我取之, 而不與我治之. 與我置之, 而
不與我祀之. 焉可." 解左驂而盟於河.

　진문공이 망명생활을 청산하고 마침내 귀국하게 됐다. 황하 가에 이
르러 영을 내렸다.

　"지금까지 사용한 변두籩豆와 요를 버려라. 손발에 굳은살이 박이고
얼굴이 검게 된 자는 뒤에 오도록 하라."

　이 얘기를 들은 구범咎犯이 밤중에 소리 내어 울었다. 진문공이 물
었다.

　"내가 망명한 지 20년 만에 비로소 오늘 돌아오게 됐소. 그대는 이
소식을 듣고도 기뻐하기는커녕 오히려 울고 있으니 내가 귀국하는 게
못마땅한 것이오?"

　구범이 대답했다.

　"변두는 늘 밥을 먹을 때 사용했고, 요는 늘 잠을 잘 때 사용했는데
군주는 이를 버리라고 합니다. 손발에 굳은살이 박이고 얼굴이 검게 된
자는 고생하며 공을 세운 자들입니다. 군주가 그들을 뒤에 오도록 했습

니다. 이제 저도 뒤에 서게 되어 마음속의 슬픔을 이기지 못해 운 것입니다. 게다가 저는 그간 군주의 귀국을 위해 숱한 속임수를 썼습니다. 저 스스로 그런 일들을 미워하는데 하물며 군주이겠습니까?"

그가 재배하며 떠나려하자 진문공이 만류했다.

"속담에 이르기를, '사직을 세울 때는 옷매무새에 마음을 두지 않고 열심히 일하지만, 제사를 지낼 때는 의관을 단정히 차려입고 지낸다.'고 했소. 지금 그대는 나와 함께 나라를 얻었으면서 함께 다스릴 생각을 하지 않으니 이는 함께 사직을 세우고 제사는 함께 지내지 않으려는 것이나 같소. 이를 어찌 옳다고 하겠소?"

곧 수레를 끄는 4마리 말 중 왼쪽 바깥 말인 좌참左驂을 베어 황하의 신에게 희생으로 바치며 맹서했다.

☙ 변두연지邊豆捐之의 '변두'를 두고 『한서』「유흠전」의 주는 대나무로 만든 예기禮器를 변邊, 나무로 만든 예기를 두豆로 풀이했다. 여기서는 대오리를 결어 만든 제기祭器의 뜻으로 사용됐다. 연捐은 버릴 기棄의 뜻이다. 변지胼胝는 손발에 못이 박이고 부르트는 것을 말한다. 구범咎犯의 구咎를 윤동양은 구범舅犯의 구舅와 같다고 보았다. 이름은 호언狐偃이고, 자는 자범子犯이다. 진문공 중이의 외숙인 까닭에 '구범'이라는 명칭을 얻게 된 것이다. 의불욕意不欲의 의意는 의문부사로 사용된 것이다. 『광아』「석고」는 의疑로 풀이했다. 건궤攐撅는 옷소매와 바짓가랑이를 걷어붙인다는 뜻이다. 건攐은 바지 등을 걷어 올린다는 뜻의 건攓 내지 건褰과 통한다. 단면端髦을 진계천은 예복과 예관禮冠으로 풀이했다. 현면玄髦과 같다. 면髦은 통상 면류관을 뜻하나 여기서는 대부 이상의 관원이 쓰는 것을 지칭했다.

32-37

鄭縣人卜子使其妻爲袴, 其妻問曰, "今袴何如." 夫曰, "象吾故袴."
妻子因毁新, 令如故袴.

정현鄭縣에 사는 복자卜子가 아내에게 바지를 만들게 했다. 아내가 물
었다.

"이번 바지는 어떻게 만들까요?"

"내가 입던 헌 바지처럼 만드시오."

아내가 새 옷감을 찢어 헌 바지처럼 만들었다.

상오고고象吾故袴는 기왕에 입던 바지와 똑같이 만들라는 뜻
이다.

32-38

鄭縣人有得車軛者, 而不知其名, 問人曰, "此何種也." 對曰, "此車
軛也." 俄又復得一, 問人曰, "此是何種也." 對曰, "此車軛也." 問者
大怒曰, "曩者曰車軛, 今又曰車軛, 是何衆也. 此女欺我也." 遂與之
鬪.

정현鄭縣 사람 중에 소의 멍에를 주운 자가 있었다. 이름을 몰라 어떤
사람에게 물었다.

"이는 어떤 물건입니까?"

"이것은 소의 멍에요."

잠시 후 다시 한 개를 줍게 되자 다시 그에게 물었다.

"이는 어떤 물건입니까?"

"이것도 소의 멍에요."

질문을 한 자가 크게 화를 냈다.

"아까도 멍에라고 하더니 이번에도 멍에라고 하는 것이오! 어찌 같은 물건이 이처럼 많을 수 있소? 이는 당신이 나를 속이는 것이다."

드디어 그와 싸우게 됐다.

🌶 하종何種의 종種을 쯔다는 물품으로 새겼다. 낭자曩者는 방금 전 내지 지난번의 뜻이다.

🌿 32-39

衛人有佐弋者, 鳥至, 因先以其捲麾之, 鳥驚而不射也.

위衛나라 사람 중에 주살을 잘 다루는 자가 있었다. 새가 다가오자 먼저 두건을 흔들어 새를 유인코자 했다. 그러나 새가 놀라 달아나는 바람에 결국 쏘지 못했다.

🌶 이기권휘지以其捲麾之의 권捲은 버선이나 두건을 지칭하는 원帣의 의미이다. 휘麾는 휘두른다는 뜻의 휘揮와 통한다.

🌿 32-40

鄭縣人卜子妻之市, 買鼈以歸. 過潁水, 以爲渴也, 因縱而飮之, 遂亡其鼈.

정현鄭縣에 사는 복자卜子의 처가 시장에 갔다가 자라를 사가지고 돌아왔다. 영수潁水를 건너던 중 자라가 목이 마를까 우려해 물을 마시게 하려고 놓아 주었다. 자라가 도망쳐 버렸다.

◑ 영수潁水는 지금의 하남성 등봉현 북쪽에 있는 숭산嵩山 서남
쪽의 소실산少室山에서 발원해 안휘성 태화현 사하沙河와 합류한다.

32-41

夫少者侍長者飮, 長者飮, 亦者飮也.

젊은이가 어른 앞에서 술을 마셨다. 어른이 한 잔을 마시면 자신도
따라 마시면서 어른 흉내를 냈다.

32-42

一曰. 魯人有自喜者, 見長年飮酒不能釂則唾之, 亦效唾之.

일설에 따르면 노나라 사람 중에 자중자애하며 수양하는 자가 있었
다. 그는 연장자가 술좌석에서 단번에 술을 들이키지 못하고 이내 토하
는 것을 보고, 역시 이를 흉내 내 술을 토해냈다고 한다.

◑ 자희자自喜者는 스스로를 소중하게 생각하며 언행을 신중히 한
다는 뜻이다. 왕선신과 진기유는 희喜를 선善의 오자로 보았으나 그대
로 두고 풀이하는 게 낫다. 조즉타지釂則唾之의 조釂는 잔에 있는 술을
다 마신다는 뜻이다. 진계천은 『예기』「곡례」의 주에 '모두 마시다'의 뜻
으로 풀이한 것을 근거로 단번에 마시는 건배乾杯의 뜻으로 해석했다.
타唾는 통상 침을 뱉는다는 뜻으로 사용되나 여기서는 술을 토한다는
뜻으로 쓰였다.

⚘32-43

一曰. 宋人有少者亦欲效善, 見長者飮無餘, 非斟酒飮也而欲盡之.

또 다른 일설에 따르면 송나라 사람 중에 한 젊은이가 선행을 본받고
자 했다. 어른이 술을 남김없이 마시는 것을 보고 감당하지도 못하면서
술을 통째로 모두 마시려 했다고 한다.

　　⚘ 비짐주음非斟酒飮의 짐斟을 쓰다는 감戡의 오자로 보았다. 주
음酒飮의 주酒를 진기유는 연자로 보았으나 이는 목적어가 앞으로 빠져
나온 것으로 음주飮酒와 같다.

⚘32-44

書曰, "紳之束之." 宋人有治者, 因重帶自紳束也. 人曰, "是何也."
對曰, "書言之, 固然."

옛 책에 이런 말이 있다.
"스스로를 단속하고, 또 단속하라!"
송나라 사람 중에 이 글귀를 익힌 자가 있었다. 뜻을 잘못 해석해 띠
를 두 겹으로 하여 허리에 동여맸다. 어떤 사람이 물었다.
"어째서 그같이 한 것이오?"
"책에 쓰여 있어 그대로 좇았소."

　　⚘ 서왈書曰의 서書는 『서경』이 아니라 옛 책의 뜻이다. 신지속지紳
之束之의 신紳과 속束을 두고 『논어』를 주석한 형병刑昺은 큰 띠로 허
리를 매고 나머지 끈을 늘어뜨리는 것으로 풀이했다. 『광아』 「석고」는

신신紳을 속束으로 해석해 놓았다. 여기서는 수신修身의 의미로 사용된 것이다.

🌿32-45

書曰, "旣雕旣琢, 還歸其樸." 梁人有治者, 動作言學, 擧事於文, 曰, "難之. 顧失其實." 因曰, "是何也." 對曰, "書言之, 固然."

옛 책에 이런 말이 있다.

"새기고 갈고 다듬은 것보다 본래의 질박한 상태로 돌아가는 게 아름답다."

양나라 사람 중에 이 글귀를 익힌 자가 있었다. 행동하거나 학문을 말하거나 일을 할 때 매양 이 글귀를 좇아 그대로 실행했다. 그가 후회했다.

"이는 좇아 하기가 참으로 어렵구나!"

결국 그는 오히려 그 실질을 잃게 됐다. 어떤 사람이 물었다.

"어째서 그같이 한 것이오?"

"책에 쓰여 있어 그대로 좇았소."

🌊 '왈曰, 난지難之'가 『한비자금주금역』에는 날이 갈수록 어려워진다는 뜻의 '일난지日難之'로 되어 있다. 고실기실顧失其實의 고顧는 '오히려'의 뜻이고, 실기실失其實은 실질을 잃었다는 의미이다.

🌿32-46

郢人有遺燕相國書者, 夜書, 火不明, 因謂持燭者曰, "擧燭."云, 而過書'擧燭'. '擧燭', 非書意也. 燕相受書而說之曰, "擧燭者, 尙明也.

尚明也者, 擧賢而任之."燕相白王, 王大說, 國以治. 治則治矣, 非書
意也. 今世擧學者多似此類.

초나라 수도 영郢에 사는 사람 가운데 연나라 재상에게 편지를 보내
려고 한 자가 있었다. 밤에 편지를 쓰는데 불빛이 밝지 못해 등촉을 드
는 자에게 명했다.

"등촉을 좀 돋우라!"

그러고는 잘못하여 편지에 거촉擧燭이라고 썼다. 이는 원래 편지에 쓰
려고 한 말이 아니었다. 연나라 재상이 이 편지를 받고는 오히려 기뻐하
며 이같이 말했다.

"여기서 '거촉'이라고 말한 것은 밝은 것을 존중하라는 뜻이다. 이는
곧 현명한 사람을 발탁해 임용하라는 취지이다!"

연나라 재상이 이를 왕에게 말했다. 왕이 크게 기뻐하며 그대로 시행
했다. 연나라가 비록 잘 다스려지기는 했으나 이는 편지의 본뜻과는 상
관없는 일이다. 지금 세상의 학자들 중에는 옛 책을 해석하면서 이처럼
멋대로 왜곡해 해석하는 자가 매우 많다.

   여기서 영 땅의 편지를 연나라 재상처럼 해석한 영서연설郢書燕
說과 거촉擧燭 성어가 나왔다. 도리에 맞지 않는 일을 억지로 끌어대 도
리에 닿도록 하는 것을 뜻한다. 견강부회牽強附會와 같다. 상명尚明의
상尚은 숭상의 뜻으로 상上과 통한다.

32-47

鄭人有且置履者, 先自度其足而置之其坐, 至之市而忘操之. 已得
履, 乃曰, "吾忘持度. 反歸取之." 及反, 市罷, 遂不得履. 人曰, "何

不試之以足.” 曰, “寧信度, 無自信也.”

　정나라 사람 가운데 신발을 사려는 자가 있었다. 그는 먼저 자신의 발을 잰 뒤 치수를 적은 것을 그 자리에 그대로 두고 나왔다. 시장에 와서야 이를 집에 두고 온 것을 비로소 알게 됐다. 신발가게 주인에게 말했다.

　“깜박해 치수를 잰 것을 가져 오지 않았소. 집에 가서 그것을 갖고 오겠소.”

　그가 돌아왔을 때는 시장이 파해 신발을 구할 수 없었다. 어떤 사람이 물었다.

　“어째서 직접 신발을 신어보지 않은 것이오?”

　그가 대답했다.

　“치수를 잰 것은 믿을 수 있어도 내 발은 믿을 수 없기 때문이오.”

　🌫 정인치리鄭人置履 성어의 전거이다. 수주대토守株待兎처럼 어리석은 사람을 비유한 말이다. 치지기좌置之其坐의 좌坐를 진계천은 좌座로 새겼다. 영신도寧信度의 녕寧은 ‘차라리’의 뜻으로 녕寧과 통한다. 도度는 치수를 잰다는 뜻이다.

🌿32-48
「전문 4」존현尊顯의 사례.

🌿32-49
　王登爲中牟令, 上言於襄主曰, “中牟有士曰中章·胥己者, 其身甚修, 其學甚博, 君何不擧之.” 主曰, “子見之, 我將爲中大夫.” 相室諫

曰, "中大夫, 晉重列也, 今無功而受, 非晉臣之意. 君其耳而未之目
邪." 襄主曰, "我取登, 旣耳而目之矣. 登之所取, 又耳而目之. 是耳
目人絶無已也." 王登一日而見二中大夫, 予之田宅. 中牟之人棄其田
耘·賣宅圃而隨文學者, 邑之牛.

춘추시대 중원의 진나라 대부 임등王登이 중모中牟의 현령이 됐을 때
조양자趙襄子에게 진언했다.

"중모에 중장中章과 서기胥己라는 선비가 있습니다. 몸가짐이 단정하
고 학문이 매우 깊고 넓습니다. 그들을 등용하는 게 어떻겠습니까?"

조양자가 명했다.

"그들을 알현케 하라. 내가 장차 중대부로 삼을 것이다."

집사가 간했다.

"중대부는 조나라의 요직입니다. 지금 공적이 없는데 그런 벼슬을 내
리면 이는 조나라가 대신을 임명하는 일관된 의도와 어긋나게 됩니다.
주군은 소문만 들었을 뿐 아직 직접 보지는 않았습니다."

조양자가 말했다.

"내가 임등을 임용할 때 그 명성을 귀로 들은 후 눈으로 직접 확인했
다. 지금 임등이 천거한 것을 두고 다시 귀로 듣고 눈으로 확인해야 한
다면 장차 사람을 듣고 보는 일이 끊이지 않을 것이다."

임등이 하루 만에 2명의 중대부를 알현시키자 그들에게 땅과 집이
내려졌다. 중모현 사람들 중 농사를 포기하고 집을 팔아 학문을 연마하
는 자가 고을의 절반이나 되었다.

  ◌◟◞ 왕등王登을 두고 고광기는 『여씨춘추』「지도知度」에 임등任登으
로 나오고 있는 것을 근거로 '임등王登'으로 고칠 것을 주장했다. 임任

과 임壬은 서로 통한다. 중모中牟는 지금의 하북성 형대邢臺와 한단邯鄲 사이에 있는 지명이다. 지금의 하남성 중모현이 아니다. 상실相室은 재상을 뜻하기도 하나 여기서는 집사의 뜻으로 사용됐다. 진중열晉重列의 진晉은 조나라를 지칭한다. 『사기』「조세가」에 따르면 진나라가 3분된 후 진나라 공실은 단씨端氏 땅에 봉해졌다. 조숙후 원년(기원전 349) 조나라가 진나라 공실의 후예를 단씨 땅에서 둔류屯留로 몰아냈다. 이후 조나라의 후대 군주 모두 진晉을 자칭했다. '중열'의 중重은 요직, 열列은 지위를 뜻한다. 무공이수無功而受의 수受는 수授와 통한다. 진신지의 晉臣之意의 신臣은 대신을 임명한다는 뜻의 동사로 사용된 것이다.

🌿 32-50

叔向御坐, 平公請事, 公腓痛足痺轉筋而不敢壞坐. 晉國聞之, 皆曰, "叔向賢者, 平公禮之, 轉筋而不敢壞坐." 晉國之辭仕託·慕叔向者, 國之錘矣.

진나라 대부 숙향叔向이 진평공을 모시고 앉아 정사를 돌보았다. 진평공은 종아리가 쑤시고 발이 저리며 근육에 경련이 일어나도 앉은 자세를 감히 흐트러뜨리지 않았다. 진나라 백성들이 이 소식을 듣고 모두 이같이 말했다.

"숙향은 현자이다. 진평공은 그를 예우해 근육에 경련이 일어나도 앉은 자세를 감히 흐트러뜨리지 않았다."

곧 벼슬을 그만두고 숙향을 흠모하며 가르침을 받고자 모여든 자가 나라의 절반이나 되었다.

🌿 전근이불감괴좌轉筋而不敢壞坐의 전근轉筋은 종아리 근육이

경련을 일으키는 것을 말하고, 괴자壞坐는 앉은 자리를 흐트러뜨리는 것을 뜻한다.

32-51

鄭縣人有屈公者, 聞敵, 恐, 因死. 恐已, 因生.

정현 사람 가운데 굴공屈公이란 자가 있었다. 그는 적군이 몰려온다는 말을 들으면 두려운 나머지 이내 기절했다가 적군이 지나갔다고 하면 두려움에서 벗어나 깨어나곤 했다.

인사因死는 기절氣絶을 의미한다.

32-52

趙主父使李疵視中山可攻不也. 還報曰, "中山可伐也. 君不亟伐, 將後齊燕." 主父曰, "何故可攻." 李疵對曰, "其君見好巖穴之士, 所傾蓋與車以見窮閭隘巷之士以十數, 伉禮下布衣之士以百數矣." 君曰, "以子言論, 是賢君也, 安可攻." 疵曰, "不然. 夫好顯巖穴之士而朝之, 則戰士怠於行陣. 上尊學者, 下士居朝, 則農夫惰於田. 戰士怠於行陣者, 則兵弱也. 農夫惰於田者, 則國貧也. 兵弱於敵, 國貧於內, 而不亡者, 未之有也. 伐之不亦可乎." 主父曰, "善." 擧兵而伐中山, 遂滅也.

조나라의 상왕으로 있던 주부主父 조무령왕이 대부 이자李疵를 시켜 중산을 칠 만한지 여부를 살펴보게 했다. 이자가 돌아와 보고했다.

"중산은 칠 만합니다. 서둘러 치지 않으면 장차 제나라나 연나라에

뒤질 것입니다."

주부가 물었다.

"무슨 근거로 그리 말하는 것인가?"

이자가 대답했다.

"중산의 군주는 바위굴에 숨어사는 은자를 즐겨 만납니다. 그들을 만나기 위해 수레 덮개를 걷어 젖히고 수레를 나란히 한 채 초라한 좁은 길로 찾아가는 일이 수십 번이나 되고, 벼슬도 없는 포의지사布衣之士에게 동등한 예우를 베푼 일도 수백 번이나 됩니다."

주부가 반문했다.

"그대의 말대로라면 이는 명군이다. 어째서 공격해도 좋다고 말하는 것인가?"

이자가 대답했다.

"그렇지 않습니다. 무릇 바위굴에 숨어사는 은자를 조정으로 불러 세상에 드러내면 병사들은 전장에서 힘써 싸우려 하지 않고, 군주가 학자만 높이고 처사處士를 등용하면 농부들은 농사를 게을리 하게 됩니다. 병사들이 싸움터에서 나태하여 힘써 싸우지 않으면 군대가 약해지고, 농부들이 농사를 게을리 하면 곧 나라가 가난해집니다. 군대가 적과 싸울 때 약하고 나라 안이 가난하면서도 망하지 않은 적이 없습니다. 지금 치는 것이 마땅하지 않겠습니까?"

"옳은 말이오."

곧 군사를 일으켜 중산을 공격했다. 중산이 곧바로 패망했다.

꿍 가공부야可攻不의 부不는 여부를 뜻하는 부否의 뜻이다. 견호見好를 진기유와 고광기 등은 아래 구절의 호현好顯을 근거로 호견好見으로 바꿔야 한다고 했다. 그러나 견호見好의 견見은 접견의 뜻으로 '궁

려애항지사窮閻隘巷之士'를 목적어, 호好는 애호의 뜻으로 '항례하포의 지사优禮下布衣之士'를 목적어로 삼은 것이다. 경개여거傾蓋與車의 '경개'는 수레를 멈추고 덮개를 기울인다는 뜻으로 서로 친해진 것을 의미한다. 공자가 길을 가다가 당대의 현자로 자가 자화子華인 정본程本을 만나 수레의 덮개를 젖히고 정답게 이야기를 나누었다는 데서 유래한다. '여거'를 진계천은 수레를 나란히 한다는 뜻의 병거幷車로 새겼다. 항례优禮는 대등한 예우를 의미한다. 포의지사布衣之士는 벼슬하지 못한 선비를 말한다. 포의布衣는 삼베옷으로 서민들이 주로 입었다. 항진行陣은 군진軍陣 내지 군열軍列의 뜻이다. 항진行陳으로 표현키도 한다.

32-53

「전문 5」 궁친躬親의 사례.

32-54

齊桓公好服紫, 一國盡服紫. 當是時也, 五素不得一紫. 桓公患之, 謂管仲曰, "寡人好服紫, 紫貴甚, 一國百姓好服紫不已, 寡人奈何." 管仲曰, "君欲止之, 何不試勿衣紫也. 謂左右曰, '吾甚惡紫之臭.'" 公曰, "諾." 謂左右曰, "吾甚惡紫之臭." 於是左右適有衣紫而進者, 公必曰, "少却, 吾惡紫臭." 於是日, 郎中莫衣紫. 其明日, 國中莫衣紫. 三日, 境內莫衣紫也.

제환공이 자주색 옷을 즐겨 입자 온 나라 사람들이 모두 자주색 옷을 입었다. 당시 흰색 옷감 5필로도 자주색 옷감 한 필을 얻을 수 없었다. 제환공이 이를 걱정해 관중에게 물었다.

"내가 자주색 옷을 즐겨 입자 자주색 옷감이 매우 비싸졌소. 온 나라 백성들이 자주색 옷 즐겨 입기를 멈추지 않으니 이를 어찌해야 좋겠소?"

관중이 대답했다.

"군주는 이를 근절시키고자 하면서 어찌하여 자주색 옷을 벗지 않는 것입니까? 주위 사람에게 '나는 자주색 옷이 싫다'고 하십시오."

"좋은 생각이오."

곧 주위 사람에게 말했다.

"나는 자주색 옷이 싫다."

측근 중에 혹시 자주색 옷을 입고 나오는 자가 있으면 제환공은 반드시 이같이 말했다.

"좀 물러가라. 나는 자주색 옷이 싫다."

그날로 궁 안에서 자주색 옷을 입은 자가 없게 되었고, 이튿날은 도성 안에서 자주색 옷을 입은 자가 없게 되었고, 3일 후에는 나라 안에서 자주색 옷을 입은 자가 없게 되었다.

◐❥ 소각少却은 좀 물러나 달라는 뜻이다. 낭중郎中은 궁궐 안을 뜻하는 낭중廊中과 통한다. 후대에는 군주를 곁에서 호위하는 관직명으로 사용됐다.

🌸32-55

一曰. 齊王好衣紫, 齊人皆好也. 齊國五素不得一紫. 齊王患紫貴. 傅說王, 曰, "『詩』云, '不躬不親, 庶民不信.' 今王欲民無衣紫者, 王以自解紫衣而朝. 群臣有紫衣進者, 曰, '益遠. 寡人惡臭.'" 是日也, 郎中莫衣紫. 是月也, 國中莫衣紫. 是歲也, 境內莫衣紫.

일설에 따르면 제나라 왕이 자주색 옷 입기를 좋아하자 제나라 사람 모두 좇아서 좋아했다. 제나라에서는 이내 흰색 옷감 5필로도 자주색 옷감 한 필을 얻을 수 없게 되었다. 제나라 왕이 이를 걱정했다. 사부 열說이 왕에게 말했다.

"『시』에 이르기를, '군주가 몸소 정사를 행하지 않으면 백성들은 믿지 않는다.'고 했습니다. 지금 백성들이 자주색 옷을 입지 않기를 바란다면 대왕 자신부터 자주색 옷을 벗고 조정으로 나가십시오. 신하들 중 혹 자주색 옷을 입고 나오는 자가 있으면 '더 멀리 있으라. 과인은 자주색 옷이 싫다'고 하십시오."

그날로 궁 안에서 자주색 옷을 입은 자가 없게 되었고, 그달 안에 도성 안에서 자주색 옷을 입은 자가 없게 되었고, 그해 안에 나라 안에서 자주색 옷을 입은 자가 없게 되었다.

🐚 부열傳說의 부傳는 사부를 뜻한다. 태부太傅와 소부少傅 등으로 나뉜다. 익원益遠은 더욱 멀리 떨어지라는 뜻이다. 『한비자금주금역』에는 '왜 멀리 떨어지지 않는가?'라는 뜻의 합원盍遠으로 되어 있다.

🐚 32-56

鄭簡公謂子産曰, "國小, 迫於荊‧晉之間. 今城郭不完, 兵甲不備, 不可以待不虞." 子産曰, "臣閉其外也已遠矣, 而守其內也已固矣, 雖國小, 猶不危之也. 君其勿憂." 是以沒簡公身無患.

정간공鄭簡公이 자산子産에게 말했다.

"정나라는 나라가 작고, 남쪽 초나라와 중원의 진나라 사이에 끼어 있소. 지금 성곽이 완전하지 않고, 병사와 무기도 다 갖추지 못했소. 이래서는 뜻하지 않은 일에 대비할 수 없을 것이오."

자산이 말했다.

"신이 나라 밖 먼 곳까지 방어하고 있고, 나라 안은 이미 견고하게 지키고 있습니다. 비록 나라는 작지만 위태롭지는 않을 것입니다. 군주는 심려치 마십시오."

정간공은 죽을 때까지 걱정할 일이 없었다.

🖎 대불우待不虞는 예기치 못한 재난인 불우不虞를 대비한다는 뜻이다. 대待를 『국어』「진어」의 주는 비비備로 풀이했다. 폐기외야이원閉其外也已遠의 폐기외閉其外는 외국이 침공하거나 내정에 간섭하는 것을 막는다는 의미이다. 이원已遠은 멀리 물러나게 했다는 뜻이다. 몰沒은 몰歿 및 몰殁과 같다.

🕊️32-57

子産相鄭, 簡公謂子産曰, "飮酒不樂也. 俎豆不大, 鍾·鼓·竽·瑟不鳴, 寡人之事也. 國家不定, 百姓不治, 耕戰不輯睦, 亦子之罪. 子有職, 寡人亦有職, 各守其職." 子産退而爲政, 五年, 國無盜賊, 道無拾遺, 桃棗蔭於街者莫有援也, 錐刀遺道三日可反. 三年不變, 民無飢也.

자산이 정나라 재상이 됐다. 정간공이 자산에게 말했다.

"과인은 술을 마셔도 즐겁지 않소. 제사에 올리는 물품이 빈약해 제기祭器를 채우지 못하고, 예악이 흥하지 못해 종·북·피리·거문고 소리가 제대로 울리지 않고 있으니 이는 과인의 잘못이오. 그러나 나라가 안정되지 않고, 백성이 다스려지지 않고, 경전耕戰에 마음을 합치지 못하면 이는 그대의 잘못이오. 그대가 맡은 직분이 있고 과인이 맡은 직분이 있소. 각기 그 직분을 잘 지켜나가야 할 것이오."

자산이 물러나와 정사를 맡은 지 5년이 되자 나라 안에 도적이 없어지고, 길에 흘린 것을 줍는 자가 없고, 복숭아나 대추 등 과실이 거리에 주렁주렁 열려 있어도 따가는 자가 없고, 송곳을 길에 떨어뜨릴지라도 3일 안에 돌아오고, 3년 동안 흉년이 들어도 백성이 굶주리는 일이 없었다.

⟿ 왕선신은 이 일화가 앞서 나온 일화의 또 다른 일설로 간주해 첫 머리에 '일왈一曰'이 들어가야 한다고 했다. 진계천과 진기유 등이 이를 좇았다. 그러나 앞에 나온 일화는 경전耕戰 가운데 전戰을 풀이한 것이고, 여기의 일화는 경耕을 언급한 것이다. 유사한 일화로 간주해서는 안 된다. 음주불락飮酒不樂은 여러 설이 있으나 술을 마셔도 즐겁지 않다는 뜻으로 새기는 게 낫다. 조두부대俎豆不大의 '조두'는 제사를 지낼 때 쓰는 제기로 조俎는 고기를 얹는 쟁반, 두豆는 음식물을 담는 그릇을 말한다. 여기의 대大는 풍성하다는 뜻의 성盛과 통한다.

과인지사야寡人之事也의 야也가 원본에는 불일不一로 되어 있다. '불일'을 모노부타는 군주의 직무가 번다한 것으로 풀이했다. 문맥상 과인지죄寡人之罪로 풀이하는 게 옳다. 추도錐刀는 송곳을 말한다. 여기서는 하찮은 물건의 뜻으로 사용됐다.

꽃**32-58**

宋襄公與楚人戰於涿谷上. 宋人既成列矣, 楚人未及濟. 右司馬購強趨而諫曰, "楚人眾而宋人寡, 請使楚人半涉未成列而擊之, 必敗." 襄公曰, "寡人聞君子曰, '不重傷, 不擒二毛, 不推人於險, 不迫人於

阨, 不鼓不成列.' 今楚未濟而擊之, 害義. 請使楚人畢涉成陣而後鼓
士進之."右司馬曰, "君不愛宋民腹心不完, 特爲義耳."公曰, "不反
列, 且行法."右司馬反列, 楚人已成列撰陣矣, 公乃鼓之. 宋人大敗,
公傷股, 三日而死. 此乃慕自親仁義之禍. 夫必恃人主之自躬親而後
民聽從, 是則將令人主耕以爲上·服戰雁行也民乃肯耕戰, 則人主不
泰危乎. 而人臣不泰安乎.

송양공이 초나라 군사와 탁곡涿谷 강가에서 전쟁을 벌였다. 송나라
군사는 이미 전열을 갖췄지만 초나라 군사는 아직 다 물을 건너오지 못
했다. 우사마 구강購强이 종종걸음으로 나와 간했다.

"초나라 군사는 많고, 송나라 군사는 적습니다. 적이 아직 강의 절반
도 건너지 못해 전열을 갖추지 못했을 때 공격하면 반드시 무찌를 수
있습니다."

송양공이 반대했다.

"내가 들기로 군자는 '부상자를 살상하지 않고, 머리가 희끗한 자를
포로로 잡지 않고, 상대방을 위험한 곳까지 밀어붙이거나 곤궁한 곳에
서 추격하지 않고, 전열을 갖추지 못했을 때 공격하지 않는다.'고 말했
소. 지금 초나라가 아직 강을 건너오지 않았는데 이를 공격하면 의를
해치게 되오. 초나라 군사가 모두 강을 건너와 전열을 갖춘 후 북을 울
려 진격토록 하시오."

우사마가 말했다.

"군주는 송나라 백성의 가슴이 쪼개지고 배가 찢어지는 고통을 가련
하게 생각지 않고 오직 의만 이루려고 합니다."

송양공이 화를 냈다.

"대오로 돌아가지 않으면 군법으로 다스릴 것이다."

우사마가 대오로 되돌아왔다. 초나라 군사가 대오를 갖추고 전열을 가다듬자 비로소 공격에 나섰다. 송나라 군사가 대패하고 송양공도 허벅지에 큰 부상을 입고 3일 만에 죽었다. 이는 스스로 인의도덕의 실천을 흠모한 데서 나온 것이다. 무릇 군주 자신이 직접 행한 뒤 백성이 듣고 따르게 될 것으로 기대한다면 장차 군주가 스스로 밭을 갈아 먹을 것을 얻고 전쟁터로 나가 싸워야만 백성들도 따라서 농사짓고 싸우는 게 된다. 그리되면 군주는 너무 위험하고, 신하는 너무 편하지 않겠는가?

◑◐ 이 일화는 송양공과 초성왕이 기원전 638년에 벌인 홍수泓水의 싸움을 언급한 것이다. 탁곡涿谷은 홍수 인근의 지역을 말한다. 홍수는 지금 하남성 자성현柘城縣 북쪽에 있다. 우사마右司馬는 중군中軍을 지휘하는 대사마 밑의 관직으로 우군右軍을 지휘했다. 군정軍政과 군사상의 부세賦稅를 관장했다. 구강購强은 공손 고固의 자이다. 구購는 구構와 통한다. 자인 구강構强과 이름 고固는 의미가 서로 상통한다. 불금이모不擒二毛의 이모二毛는 희고 검은 머리카락이 섞여 있는 것을 지칭한 것이다. 곧 나이 먹은 병사를 뜻한다. '군불애송민복심불완君不愛宋民腹心不完' 구절을 두고 진기유와 양계웅 등은 '군불애송민君不愛宋民, 복심불완腹心不完'으로 끊어서 해석하면서 복심腹心을 국가의 근본으로 해석했다. 이는 하나로 묶어 풀이하는 게 문맥상 자연스럽다. 3일이사三日而死는 역사적 사실과 어긋난다. 노문초는 송양공이 이듬해 5월에 병사한 것으로 되어 있는 『춘추좌전』「노희공 23년」조를 근거로 들었다. 인주경이위상人主耕以爲上의 상上을 왕선신은 식食으로 바꿔야 한다고 했다.

🐚32-59

齊景公游少海, 傳騎從中來謁曰, "嬰疾甚, 且死, 恐公後之." 景公
遽起, 傳騎又至. 景公曰, "趨駕煩且之乘, 使騶子韓樞御之." 行數百
步, 以騶爲不疾, 奪轡代之御. 可數百步, 以馬爲不進, 盡釋車而走.
以煩且之良而騶子韓樞之巧, 而以爲不如下走也.

제경공이 소해少海에서 노닐었다. 한 파발이 도성으로 달려와 보고
했다.

"재상 안영晏嬰의 병이 심히 위독합니다. 공이 시간에 늦게 도착할까
두렵습니다."

제경공이 급히 일어서는데 파발이 또 도착했다. 제경공이 말했다.

"서둘러 명마 번저煩且에 수레를 매고, 마부 한추韓樞에게 수레를 몰
게 하라."

수백 보를 달려가다가 제경공은 한추가 말을 빨리 몰지 못한다고 여
겨 고비를 낚아채 대신 몰았고, 다시 수백 보를 달려가다가 말이 힘껏
달리지 않는다고 여겨 수레에서 내려 달려가기 시작했다. 제경공은 번
저 같은 훌륭한 말과 한추 같은 뛰어난 마부조차 자신이 말에서 내려
달려가는 것만 못하다고 생각한 것이다.

🐚 소해少海는『산해경』「동산경」에 나오는 유해幼海를 말한다. 대
개 발해를 지칭하는 것으로 본다. 전기종중래傳騎從中來의 전기傳騎는
파발마를 의미한다. 종중래從中來는 도성 안으로 들어왔다는 뜻이다.
번저지승煩且之乘의 번저煩且를 쓰다는 준마의 이름으로 보았다.『안자
춘추』에는 흰 색의 명마인 번저繁且로 되어 있다. 승乘은 말 4필이 이끄
는 수레를 의미한다. 추자한추騶子韓樞의 '추자'는 마부를 뜻하고, '한

추'는 당대의 유명한 수레몰이꾼의 이름이다.

❧32-60

魏昭王欲與官事, 謂孟嘗君曰, "寡人欲與官事." 君曰, "王欲與官事, 則何不試習讀法." 昭王讀法十餘簡而睡臥矣. 王曰, "寡人不能讀此法." 夫不躬親其勢柄, 而欲爲人臣所宜爲者也, 睡不亦宜乎.

위소왕魏昭王은 관원이 하는 일에 간여하고 싶어 맹상군孟嘗君에게 이같이 말했다.

"과인은 관원의 일에 간여하고 싶소."

맹상군이 말했다.

"대왕이 관원의 일에 간여하고 싶으면 어찌하여 법전을 되풀이하여 읽지 않는 것입니까?"

위소왕은 법전을 10여 장 읽다가 졸음이 오자 이내 누우면서 이같이 말했다.

"과인은 이 법전을 다 읽을 수 없다."

군주가 몸소 나라의 권력을 잡지 못하고 신하들이 마땅히 해야 할 일을 하려고 하니 졸린 것이 당연하지 않겠는가?

❧ 위소왕魏昭王은 위애왕의 아들로 이름은 속遫이다. 제민왕 7년 (기원전 294) 전갑田甲의 반란으로 제민왕의 탄압을 두려워한 맹상군 전문田文이 망명해 오자 곧바로 재상으로 삼은 바 있다. 그는 곧 진나라 및 조나라와 연합하고 연나라와 합세해 제나라를 쳤다. 제민왕은 거莒 땅으로 도주했다가 초나라 장수 요치淖齒에 의해 비참한 죽임을 당했다. 뒤를 이어 보위에 오른 제양왕은 전문을 두려워한 나머지 곧 다

시 불러들여 설공薛公에 봉했다. 설薛 땅은 지금의 산동성 등현滕縣 남쪽에 있다. 전문이 죽자 시호를 맹상군孟嘗君이라고 했다. 이후 맹상군의 자식들이 후계 자리를 놓고 심하게 다투자 제나라가 위나라와 합세해 설 땅을 병탄했다. 이로써 맹상군은 후사가 끊어지고 말았다. 여관사與官事의 여與는 간여한다는 뜻이다.

32-61

孔子曰, "爲人君者, 猶盂也. 民, 猶水也. 盂方水方, 盂圜水圜."

공자가 말했다.

"군주는 사발, 백성은 물과 같다. 사발이 네모지면 물도 네모지고, 둥글면 물 또한 둥글게 된다."

환圜은 원圓과 통한다. 한비의 스승 순자는 『순자』「애곡」에서 군주를 배, 백성을 물로 비유하며 '수즉재주水則載舟, 수가복주水則覆舟'라고 했다. 배를 띄우기도 하면서 뒤집기도 한다는 뜻이다. 한비는 군주를 물그릇에 비유하며 군주의 보다 적극적인 역할을 주문하고 있는 점에서 스승과 차이를 보인다. 순자가 예치를 강조한 데 반해 한비가 법치를 역설한 것도 이런 맥락에서 이해할 수 있다.

32-62

鄒君好服長纓, 左右皆服長纓, 甚貴. 鄒君患之, 問左右, 左右曰, "君好服, 百姓亦多服, 是以貴." 君因先自斷其纓而出, 國中皆不服長纓. 君不能下令爲百姓服度以禁之長纓, 出以示先民, 是先戮以蒞民也.

추鄒나라 군주가 갓끈을 길게 매는 것을 좋아했다. 측근들도 따라서 좋아했다. 갓끈 값이 매우 비싸졌다. 추나라 군주가 이를 걱정해 측근들에게 물었다. 측근들이 말했다.

"군주가 갓끈을 길게 매는 것을 좋아하자 백성들 또한 대부분 갓끈을 길게 매는 것을 좋아하게 됐습니다. 갓끈의 값이 비싸진 이유입니다."

군주가 먼저 자신부터 갓끈을 짧게 자르고 나오자, 백성들 모두 갓끈을 길게 매는 일이 없게 됐다. 군주가 명을 내려 백성의 의복에 관한 제도를 통해 금지하지 않고, 오히려 몸소 갓끈을 짧게 자르고 조정에 나가 백성에게 시범을 보인 것이다. 이는 자신을 먼저 욕되게 하고 백성 위에 임하고자 한 것이다.

추군鄒君의 추鄒는 『춘추좌전』에 나오는 주邾로 훗날 추鄒로 이름을 바꿨다가 초나라에 병탄됐다. 장영長纓은 갓끈을 길게 매는 것을 말한다. 금지장영禁之長纓이 우평본과 조용현본에는 내단영乃斷纓으로 되어 아래 구절에 붙어 있다. 뜻은 같다. 선륙先戮의 륙戮을 진계천은 『예기』의 정현 주를 인용해 욕辱으로 풀이했다.

🌿 32-63

叔向賦獵, 功多者受多, 功少者受少.

진나라 대부 숙향은 봉록을 나눠주면서 공을 크게 세운 자에게는 많이 내리고, 공을 적게 세운 자에게는 적게 내렸다.

수다受多의 수受를 가마사카는 수授의 잘못으로 보았으나 원래 이는 수授의 옛 글자로 서로 통용됐다.

🌿32-64

韓昭侯謂申子曰, "法度甚不易行也." 申子曰, "法者, 見功而與賞, 因能而受官. 今君設法度而聽左右之請, 此所以難行也." 昭侯曰, "吾自今以來知行法矣, 寡人奚聽矣." 一日, 申子請仕其從兄官. 昭侯曰, "非所學於子也. 聽子之謁, 敗子之道乎. 亡其用子之術而廢子之謁." 申子辟舍請罪.

한소후가 재상 신불해申不害에게 말했다.

"법규가 실행하기에 매우 어렵다."

신불해가 말했다.

"법이란 공을 세우면 상을 주고, 능력에 따라 관직을 받도록 하는 것입니다. 지금 군주는 법을 제정하면서 좌우의 청탁을 들어주고 있습니다. 이것이 실행하기 어려운 이유입니다."

한소후가 말했다.

"과인은 오늘에야 비로소 법규 실행의 방법을 알게 됐소. 과인이 장차 어찌 청탁을 받아들일 리 있겠소!"

어느 날 신불해가 사촌형을 관직에 벼슬자리에 임명해 줄 것을 청했다. 한소후가 반대했다.

"이는 그대에게 배운 것과 다르다. 그대의 청을 들어주어 그대의 도를 폐해야 하는가, 아니면 그대의 도를 써서 그대의 청을 폐해야 하는가?"

신불해가 황급히 머물던 거처에서 밖으로 물러나와 죄를 청했다.

🌀 망기亡其를 진계천은 '아니면'을 뜻하는 억억抑으로 풀이했다. '술

이페자지術而廢子之' 5자가 건도본에 빠져 있어 『전국책』「한책」을 근거
로 보완했다. 피사辟舍의 피辟는 피避와 통한다. 『사기』「노중련전」에 '제
후피사諸侯辟舍' 구절이 나온다. 이를 두고 『사기색은』은 정침正寢을 피
한다는 뜻으로 풀이했다. 머물던 숙소에서 벗어나 감히 안거安居하지
못한다는 뜻이다.

✺32-65
「경문經文 6」 적신積信의 사례

✺32-66
晉文公攻原, 裹十日糧, 遂與大夫期十日. 至原十日而原不下, 擊金
而退, 罷兵而去. 士有從原中出者, 曰, "原三日卽下矣." 群臣左右諫
曰, "夫原之食竭力盡矣, 君姑待之." 公曰, "吾與士期十日, 不去, 是
亡吾信也. 得原失信, 吾不爲也." 遂罷兵而去. 原人聞曰, "有君如彼
其信也, 可無歸乎." 乃降公. 衛人聞曰, "有君如彼其信也, 可無從
乎." 乃降公. 孔子聞而記之曰, "攻原得衛者, 信也."

진문공이 원原 땅을 쳤다. 10일분의 식량을 준비케 하면서 병사들과
10일 내에 함락시키기로 기한을 정했다. 원 땅에 이른지 10일이 되었으
나 함락시키지 못하자 진문공이 징을 쳐 철군코자 했다. 이때 원 땅의
병사가 성에서 빠져나와 이같이 말했다.

"원 땅은 3일이면 함락될 것입니다."

군신들과 측근이 간했다.

"원 땅은 식량도 떨어지고 힘도 다했습니다. 군주는 잠시 기다리십시
오."

진문공이 반대했다.

"나는 병사들과 10일을 기한으로 정했다. 철수하지 않는다면 신의를 잃는 것이 된다. 원 땅을 얻기 위해 신의를 저버리는 일은 하지 않을 것이다."

마침내 병사를 거두어 철군했다. 원 땅의 사람들이 이 애기를 듣고 입을 모아 말했다.

"군주가 저와 같이 신의가 있으니 가히 항복하지 않을 수 있는가?"

그러고는 곧 진문공에게 항복했다. 위衛나라 사람들도 이 소식을 듣고 이같이 말했다.

"군주가 저와 같이 신의가 있으니 가히 따르지 않을 수 있는가?"

곧 진문공에게 항복했다. 공자가 이 애기를 듣고 말했다.

"원 땅을 공격해 위나라까지 얻은 것은 신의가 있었기 때문이다."

☙ 이 대목은 기원전 635년 진문공이 원原 땅을 승복시킨 일화를 언급한 것이다. 『춘추좌전』과 『국어』에 공히 나오는 매우 유명한 일화이다. '원' 땅은 지금의 하남성 제원현 서쪽에 있다. 격금擊金은 징 내지 종을 친다는 뜻으로 『한비자교주』는 진격할 때는 북을 치는 까닭에 격고擊鼓로 표현한다고 풀이했다. 그러나 반드시 그런 것은 아니었다. 징을 쳐 길을 연다는 뜻의 '명라개도鳴鑼開道' 성어가 이를 뒷받침한다. 전술적으로 진격할 때 오히려 징을 친 사례가 적지 않다.

🌿 32-67

文公問箕鄭曰, "救餓奈何." 對曰, "信." 公曰, "安信." 曰, "信名. 信名, 則群臣守職, 善惡不逾, 百事不怠. 信事, 則不失天時, 百姓不逾. 信義, 則近親勸勉而遠者歸之矣."

진문공이 대부 기정箕鄭에게 물었다

"백성들의 기근을 구하려면 어찌해야 하오?"

"신의를 지켜야 합니다."

"신의는 어떻게 지켜야 하오?"

기정이 대답했다.

"먼저 명분 등에 대해 신의를 지키십시오. 그리하면 신하들은 직분을 지키고, 선악의 기준을 어기지 않고, 모든 일을 게을리 하지 않게 됩니다. 일에 대해 신의를 지키면 농사짓는 시기 등 천시를 잃지 않을 것이고, 백성들도 맡은 바 일을 열심히 하게 됩니다. 도의에 대해 신의를 지키면 가까이 있는 자들은 힘써 일하고, 멀리 있는 자들은 귀의하게 됩니다."

신명信名을 두고 유월은 뒤에 신의신사信義信事 4자를 끼워 넣어야 한다고 했다. '명분 등'으로 해석하면 된다. 백성불유百姓不逾는 백성들이 다른 것을 넘보지 않고 맡은 바 일을 열심히 한다는 뜻이다. 『한비자금주금역』은 '불유'가 서로 다투지 않는다는 뜻의 불투不偸로 되어 있다.

32-68

吳起出, 遇故人而止之食. 故人曰, "諾, 今反而御." 吳子曰, "待公而食." 故人至暮不來, 起不食待之. 明日早, 令人求故人. 故人來, 方與之食.

오기가 외출했다가 옛 친구를 만나자 이내 그를 만류하며 함께 식사하고자 했다. 옛 친구가 말했다.

"좋은 생각이네, 내가 곧바로 돌아올 터이니 그때까지 기다리도록 하게."

오기가 말했다.

"자네가 돌아올 때까지 기다렸다가 함께 먹도록 하겠네."

친구는 해가 지도록 오지 않았다. 오기는 밥을 먹지 않고 기다렸다. 이튿날 아침 사람을 시켜 친구를 찾아오게 했다. 친구가 오자 비로소 함께 식사했다.

🦠 금반이어今反而御의 어御를 진계천은 대待의 뜻으로 풀이하면서도『한비자집해』에 의거해 식食으로 고쳤다. 심지어 진기유는 식사를 올린다는 뜻의 진식進食으로 풀이했다.『한비자교주』도 이를 좇았다. 이는 기본적으로 식사를 포함한 군주의 행보를 어御로 표현한 데서 유추한 것으로 본문의 취지에 어긋난다. 더구나 오기가 '대공이식待公而食'이라고 대답한 만큼 굳이 고칠 필요가 없다.

🌿 32-69

魏文侯與虞人期獵. 明日, 會天疾風, 左右止文侯, 不聽, 曰,"不可. 以風疾之故而失信, 吾不爲也."遂自驅車往, 犯風而罷虞人.

위문후가 사냥터를 관리하는 우인虞人과 함께 사냥을 하기로 약속했다. 다음날 아침 공교롭게도 거센 바람이 불었다. 측근이 만류했으나 문후가 이를 거부하며 이같이 말했다.

"그렇게 할 수는 없다. 바람이 거세다는 이유로 신의를 잃는 일을 할 수는 없다."

마침내 거센 바람을 무릅쓰고 몸소 수레를 몰고 가 우인들로 하여금 예정된 수렵을 정지케 했다.

🌱 명일明日이 『한비자금주금역』에는 그날을 뜻하는 시일是日로 되어 있다. 회천질풍會天疾風은 마침 공교롭게도 바람이 거세게 부는 날씨였다는 의미이다. 범풍犯風은 바람을 무릅쓴다는 뜻이다.

🌱**32-70**

曾子之妻之市, 其子隨之而泣. 其母曰, "女還, 顧反爲女殺彘." 適市來, 曾子欲捕彘殺之. 妻止之曰, "特與嬰兒戲耳." 曾子曰, "嬰兒非與戲也. 嬰兒非有知也, 待父母而學者也, 聽父母之敎. 今子欺之, 是敎子欺也. 母欺子, 子而不信其母, 非以成敎也." 遂烹彘也.

증자의 아내가 시장에 갈 때 아들이 따라오며 울자 이같이 말했다.
"너는 돌아가거라. 시장에서 돌아오면 너에게 돼지를 잡아주마."
증자의 아내가 시장에서 왔을 때 증자가 돼지를 잡아 죽이려고 했다. 아내가 말렸다.
"단지 아이를 달래려고 장난으로 한 말일 뿐입니다."
증자가 말했다.
"아이는 장난으로 말할 상대가 아니오. 아이는 아는 게 없어 부모가 하는 대로 배우고, 부모의 가르침을 듣소. 지금 아이를 속이면 이는 아이에게 거짓말을 가르치는 것이 되오. 어미가 자식을 속이면 자식은 그 어미를 믿지 않게 되어 이는 자식을 가르치는 방법이 아니오."
그러고는 돼지를 잡아 삶았다.

🌱 적시래適市來를 도홍경은 뜻을 분명히 하기 위해 처도시래妻道

市來로 고쳐 해석했다. 후지사와 등이 이를 좇았다. 여기의 도道는 유由
의 뜻이다. 그러나 그대로 두고 해석해도 '증자의 처가 시장에 갔다가
이내 돌아왔다'는 뜻이 된다. 고칠 필요가 없다. 모기자母欺子의 모母가
건도본에 부父로 되어 있어 『군서치요群書治要』를 좇아 고쳤다.

🌿32-71

　楚厲王有警, 爲鼓以與百姓爲戌. 飮酒醉, 過而擊之也, 民大驚. 使
人止曰, "吾醉而與左右戲, 過擊之也." 民皆罷. 居數月, 有警, 擊鼓
而民不赴. 乃更令明號而民信之.

　초여왕楚厲王은 긴급한 일이 생기면 북을 울려 백성들과 나라를 지
킬 것을 약속했다. 하루는 술을 마시고 취해 실수로 북을 쳤다. 백성들
이 크게 놀라 변경으로 달려가고자 했다. 초여왕이 급히 사람을 보내
백성들을 저지하며 이같이 전했다.
　"과인이 술에 취해 주위 사람과 장난을 하다가 북을 잘못 쳤소."
　백성들이 모두 해산했다. 몇 달 후 초여왕이 긴급한 일이 있어 북을
울렸지만 백성들은 달려 나오지 않았다. 다시 명을 내리고 호령을 분명
히 한 후에야 백성들이 비로소 믿게 됐다.

　🌀 민대경民大驚의 경驚은 통상 경警과 통한다. 『시경』「거공」의 소
는 도어불경徒御不驚의 경驚을 경계警戒로 풀이해 놓았다.

🌿32-72

　李悝警其兩和曰, "謹警. 敵人旦暮且至擊汝." 如是者再三而敵不
至. 兩和懈怠, 不信李悝. 居數月, 秦人來襲之, 至, 幾奪其軍. 此不

信患也.

이회李悝가 좌우 군문의 병사들에게 경고했다.

"엄히 경계하라. 적이 곧 너희들을 공격하러 올 것이다."

이런 말을 몇 차례 했으나 적은 오지 않았다. 좌우 군문의 병사들이 해이해졌고, 이회의 말을 믿지 않게 되었다. 몇 달 후 서쪽 진나라 군사가 습격해 오자 군대가 거의 전멸 지경에 이르렀다. 이는 불신에서 온 재앙이다.

　🍂 경기양와警其兩和의 양화兩和는 우익右翼과 좌익左翼의 군대를 말한다.

🍂32-73

一曰. 李悝與秦人戰, 謂左和曰, "速上. 右和已上矣." 又馳而至右和曰, "左和已上矣." 左右和曰, "上矣." 於是皆爭上. 其明年, 與秦人戰. 秦人襲之, 至, 幾奪其軍. 此不信之患.

일설에 따르면 이회가 진나라 군사와 싸울 때 왼쪽 군영의 병사들에게 말했다.

"속히 성벽으로 올라가라. 오른쪽 군영 병사들은 이미 다 올라갔다."

또 오른쪽 군영으로 가서는 병사들에게는 이같이 말했다.

"왼쪽 군문의 병사들은 벌써 다 올라갔다."

좌우 군문의 병사들이 입을 모아 말했다.

"속히 올라가자."

모두 다투어 올라갔다. 이듬해 진나라 군사와 싸우게 됐다. 진나라 군사가 습격하자 거의 전멸할 지경에 이르게 됐다. 이는 불신에서 온 재앙이다.

🐚 좌우화왈상의左右和曰上矣의 왈曰을 이已로 바꿔야 한다고 했다. 그러나 그대로 두고 해석해도 아무 문제가 없다.

🦋32-74

有相與訟者, 子産離之而母得使通辭, 到其言以告而知也.

서로 쟁송하는 자가 있었다. 정나라 재상 자산子産은 이들을 따로 떼어 놓은 뒤 서로 말을 주고받을 수 없게 했다. 상대방의 말을 거꾸로 일러주는 방식으로 그 진상을 알아냈다.

🐚 고광기는 이 대목과 다음 대목 모두 현존 판본에 나오지 않고, 「내저설 상」의 마지막 대목과 중복돼 있는 점에 주목해 연문衍文으로 보았다. 그가 말한 현존 판본은 조용현본을 말한다. 그러나 대다수 판본에 나오고 있는 만큼 그대로 보존하는 게 옳다. 도기언到其言의 도到를 왕선신은 도倒로 해석했다. 고이지야告而知也가 「내저설 상」에는 고이지지告而知之로 되어 있다.

🦋32-75

衛嗣公使人僞客過關市, 關市呵難之, 因事關市以金, 關市乃舍之. 嗣公謂關市曰, "某時有客過而予汝金, 因譴之." 關市大恐, 以嗣公爲明察.

위사군衛嗣君이 사람을 시켜 상인으로 가장해 관문에 설치된 시장을 지나게 했다. 관문의 시장 관리원은 상인으로 가장한 자를 이리저리 책망하다가 금품을 건네며 사정하는 말에 혹해 이내 놓아주었다. 위사군이 관문의 시장 관리원을 불러 말했다.

"어느 어느 때 관문을 지나던 상인이 그대에게 금품을 건네자 그냥 놓아준 적이 있다."

관문의 시장 관리원이 크게 두려워하며 위사군이 명찰明察하다고 생각했다.

⟳ 위객僞客의 위僞를 『광아』「석고」는 위爲로 풀이했다. 가난呵難은 어려운 일을 실행하도록 책망하고 권고한다는 뜻의 책난責難과 같다.「내저설 상」에는 가난苛難으로 나온다. 인견지因譴之의 견譴은 견遣과 통한다.「내저설 상」은 견遣으로 되어 있다.

권12
제33장 외저설(外儲說) 좌하

33-1

經一. 以罪受誅, 人不怨上, 跀危坐子皐. 以功受賞, 臣不德君, 翟
璜操右契而乘軒. 襄王不知, 故昭卯五
乘而履屫. 上不過任, 臣不誣能, 卽臣將又失少室周.

「**경문**經文 1」 **주상**誅賞

죄 때문에 벌을 받으면 사람들은 윗사람을 원망하지 않는다. 발꿈치를 잘린 자가 공자의 제자 자고子皐를 살려 주었다. 공 때문에 상을 받으면 신하는 군주를 은혜롭게 생각지 않는다. 척황翟璜은 우계右契를 쥐고 대부의 수레를 탔다. 위양왕魏襄王은 이런 이치를 몰라 소묘昭卯에게 수레 5승의 영지를 주어 행전을 매고 짚신을 신은 초라한 꼴로 만들었다. 군주가 사람을 임용하면서 착오가 없으면 신하는 자신의 능력을 꾸미거나 유능한 자를 가리거나 하지 않을 것이다. 그리되면 신하들 모두 저 소실주少室周처럼 성실한 신하가 될 것이다.

월궤좌跀危坐의 월跀은 월刖과 같다. 궤危를 왕선신은 궤跪로 읽었다. 「내저설 하」에는 월궤跀危로 나온다. 좌坐를 『한비자교주』는 편안하다는 뜻의 좌坐와 통하는 것으로 보아 보전保全의 의미로 풀이했다. 자고子皐는 『사기』「중니제자열전」에 따르면 위나라 출신 고시高柴로 자는 자고子羔이다. 『공자가어』「치사」에는 계고季羔로 나온다. 척황翟璜은 위문후 때 활약한 명신으로 오기와 서문표, 악양, 이극 등과 같은 인재를 천거했다. 우계右契는 지금의 어음과 같은 증표로 두 조각을 내 좌우 한 장씩 갖고 있다가 뒤에 맞춰 신표로 삼는 문서이다. 승헌乘軒의 헌軒은 대부 이상의 관원이 타는 수레로 앞의 막대기가 위로 굽은 수레를 말한다. 소묘昭卯는 위나라 장수로 망묘芒卯로도 불린다. 이갹履屩은 짚신을 뜻한다.

신불무능臣不誣能의 무誣와 관련해 『대대례기』「증자입사」는 언행에 능하지 못한 불능행이언不能行而言, 『설원』「지공」은 현자를 천거하지 않는 '부진현달능자不進賢達能者'로 풀이했다. 여기서는 두 가지 뜻을 모두 지니고 있다. 소실주少室周는 사람의 이름으로 '소실'이 성이다.

♥ 33-2

經二, 恃勢而不恃信, 故東郭牙議管仲. 恃術而不恃信, 故渾軒非文公. 故有術之主, 信賞以盡能, 必罰以禁邪. 雖有駁行, 必得所利, 簡主之相陽虎, 哀公問'一足'.

「경문經文 2」 시세恃勢

군주는 자신의 권세에 의지해야지 신하의 신의를 믿어서는 안 된다. 제나라의 동곽아東郭牙가 제환공이 관중에게 나라를 다스리도록 일임한 것을 비판한 이유다. 군주는 자신의 법술에 의지해야지 백성들의 신의를 믿어서는 안 된다. 정나라 대부 혼헌渾軒은 진문공이 대부 기정箕鄭에게 신뢰를 보내는 것에 반대했다. 법술을 지닌 군주는 반드시 상을

주어 신하들이 능력을 다 발휘하도록 하고, 반드시 벌을 주어 사악함을
금한다. 그리하면 비록 결백하지 않은 자일지라도 유용하게 쓸 수 있다.
조간자趙簡子 조앙趙鞅이 노나라에서 망명한 양호陽虎를 재상으로 삼
고, 노애공이 기虁의 다리가 하나인 연유를 물은 이유다.

　　🕊 동곽아東郭牙는 제환공 때의 간관이다. 제환공이 관중을 등용
해 전폭적인 신임을 보내며 중보仲父로 높일 때 슬기와 용단이 있는 사
람에게 나라의 정사를 맡겨야 한다고 간했다. 혼헌渾軒은 정나라 대부
혼한渾罕을 말한다.『춘추좌전』에는 한호罕虎, 한달罕達 등으로 기록돼
있다. 박행駁行은 결백하지 않은 행동을 말한다.『한비자금주금역』은
박駁이 얼룩덜룩한 말을 지칭하는 박駮으로 되어 있다.

🕊33-3
經三, 失臣主之理, 則文王自履而矜. 不易朝燕之處, 則季孫終身
莊而遇賊.

「경문經文 3」 신주臣主
군신 간에 예절을 잃으면 주문왕이 몸소 신발 끈을 매며 존경하는
선군의 신하임을 자처한 것과 같은 일이 생긴다. 그는 조정에 있을 때나
사저에 있을 때나 행동거지를 바꾸지 않았다. 노나라의 계손씨가 이를
흉내 내 시종 근엄한 모습을 보이다가 오히려 죽임을 당하고 말았다.

　　🕊 조연지처朝燕之處는 조정에 있거나 집에 있을 때의 행동거지를
의미한다. 계손季孫을『한비자교주』는 춘추시대 말기의 계소자季昭子
일 것으로 추정했다.

33-4

經四, 利所禁, 禁所利, 雖神不行. 譽所罪, 毁所賞, 雖堯不治. 夫
爲門而不使入, 委利而不使進, 亂之所以産也. 齊侯不聽左右, 魏主
不聽譽者, 而明察照群臣, 則鉅不費金錢, 屛不用璧. 西門豹請復治
鄴, 足以知之. 猶盜嬰兒之矜裘與跀危子榮衣. 子綽'左右畵', '去
蟻'·'驅蠅'. 安得無桓公之憂索官與宣王之患臞馬也.

「경문經文 4」 명찰明察

금지해야 할 것을 이익이 된다 하고 이익이 되는 것을 금지하면 비록
귀신같은 사람일지라도 제대로 행하지 못할 것이다. 처벌할 자를 칭찬
하고 상 받을 자를 헐뜯으면 비록 요임금일지라도 제대로 다스리지 못
할 것이다. 무릇 문을 만들어 놓고 들어가지 못하게 하고, 이익이 되는
일이 있는데도 나아가 얻지 못하게 하면 혼란의 원인이 된다.

제나라 군주가 측근의 말을 듣지 않고 위나라 군주가 칭찬하는 말을
듣지 않으면서 신하들을 분명히 살필 수 있었다면 거자鉅子가 함부로
돈을 쓰지 않고, 잔약孱弱한 자가 벽옥을 뇌물로 쓰지 않았을 것이다.
서문표西門豹가 다시 업鄴 땅을 다스리게 해달라고 청한 사례를 통해
좌우 측근이 군주를 움직인 사실을 충분히 알 수 있다.

주위의 허황된 칭찬을 듣는 것은 마치 도적의 자식이 도적아비의 갖
옷을 자랑하고, 다리를 잘리는 형을 받은 자의 자식이 죄수아비의 덧바
지를 자랑하는 것과 같다. 자작子綽이 왼손으로 네모를 그리면서 오른
손으로는 원을 그리거나, 고기로 개미를 쫓고 생선으로 파리를 쫓는 것
과 같다. 그러니 어찌 제환공이 뇌물로 벼슬을 구하는 자들이 많은 것
을 걱정하지 않을 수 있고, 한선자韓宣子가 말이 마르는 것을 걱정하지
않을 수 있었겠는가?

◐◈ 위문為門의 문門은 사물이 경유하는 것을 뜻하는 말로 곧 점검한다는 의미이다. 거鉅와 잔孱은 우화에 사용된 가공의 인물이다. '거'는 경직된 성품, '잔'은 유약한 성품을 상징한다. 모두 관원이 되기에 부적절한 사람이라는 취지를 드러낸 것이다. 거鉅는 『여씨춘추』「거사」와 「상덕」에 거자鉅子, 『장자』「천하」에 거자巨子로 나온다. 잔孱은 잔약孱弱한 사람의 의미로 관원의 자격이 없음을 상징한다. 자작子綽의 사적은 자세히 알려진 바가 없다. 좌우화左右畵는 왼손으로 네모를 그리면서 오른손으로는 원을 그리거나 하는 것을 말한다. 선왕宣王의 왕王을 왕선신은 주主로 바꿔야 한다고 했다. 윤동양는 선자宣子를 한헌자의 아들인 한선자 기起로 보았다.

🌱 33-5

經五, 臣以卑儉爲行, 則爵不足以觀賞. 寵光無節, 則臣下侵逼. 說在苗賁皇非獻伯, 孔子議晏嬰. 故仲尼論管仲與孫叔敖. 而出入之容變, 陽虎之言見其臣也, 而簡主之應人臣也失主術. 朋黨相和, 臣下得欲, 則人主孤. 群臣公擧, 下不相和, 則人主明. 陽虎將爲趙武之賢・解狐之公, 而簡主以爲枳棘, 非所以敎國也.

「경문經文 5」 주술主術

신하가 겸손과 검약을 덕행으로 삼으면 작록은 포상의 효용을 능히 드러낼 수 없게 된다. 신하가 교만하고 존귀한 지위의 장려함을 뽐내며 절도를 잃으면 군주의 이익을 침해하며 핍박하게 된다. 대표적인 예로 중원의 진나라로 망명한 초나라 대부 묘분황苗賁皇이 우헌백盂獻伯을 비난하고, 공자가 안영晏嬰을 비판한 일화를 들 수 있다. 공자는 관중과 손숙오孫叔敖를 비판하면서 관중은 너무 사치하고, 손숙오는 너무 검소

해 위협적이라고 했다. 양호陽虎가 천거한 것을 두고 조간자趙簡子 조앙
趙鞅이 직접 신하들을 응대한 것은 군주로서 법술을 잃은 것이다.

신하들이 붕당을 지어 사적인 이익을 추구하면 군주는 고립되고, 신
하가 올바르게 사람을 천거하고 아랫사람들이 붕당을 짓지 않으면 군
주는 밝아진다. 양호는 조문자趙文子 조무趙武의 현명함과 해호解狐의
공정함을 지녔는데도 조간자는 그를 탱자나무의 가시처럼 생각했다.
이는 사람들을 지도하는 방법이 아니다.

     🐚 관상觀賞은 포상의 효용을 드러내는 것을 말한다. 『후한서』『반
표전』의 주는 관觀을 시示로 풀이했다. 총광寵光의 총寵을 『문선』「동경
부」의 주는 교만으로 해석해 놓았다. 광光을 『시경』「한혁」의 전箋은 영
화로 풀이했다. 묘분황苗賁皇은 『춘추좌전』「노성공 16년」조에 따르면
초나라 대부 투월초鬪越椒의 아들로 투월초의 난이 일어났을 때 진晉
나라로 망명하여 묘苗 땅을 식읍으로 받아 진나라에 정착한 인물이다.
'묘' 땅은 지금이 하남성 제원현 서쪽 15리의 묘정苗亭 일대이다. 헌백獻
伯은 우盂 땅을 식읍으로 가진 대부를 말한다.

조무趙武는 중원 진나라의 대부로 조맹趙孟으로도 불린다. 시호는 헌
문獻文이다. 그는 집정할 때 제후들의 공납을 줄이면서 예를 중히 여겨
칭송을 받았다. 『예기』「단궁」에는 헌문자獻文子로 되어 있다. 해호解狐
는 조간자 때의 사람이다. 그에 관한 일화가 『사기』「진세가」와 『춘추좌
전』「노양공 3년」조에 나온다. 이에 따르면 기원전 570년, 중원 진나라의
중군위中軍尉를 지낸 기해祁奚가 나이가 많은 것을 이유로 치사致仕를
청했다. 진도공이 후임자를 묻자 기해는 해호解狐를 천거했다. 해호는
기해와 사적인 원한이 있었다. 진도공이 해호를 기해의 후임자로 삼으
려고 할 때 마침 해호가 죽게 되었다. 진도공이 다른 후임자를 천거토

록 하자 기해는 자신의 아들을 천거했다. 이를 두고 『춘추좌전』은 "기해는 그의 원수를 칭찬했으나 이는 아첨한 것이 아니었다. 또 자신의 아들을 내세웠으나 이는 두둔한 것이 아니었다."고 평해 놓았다.

〽33-6

　經六. 公室卑, 則忌直言. 私行勝, 則少公功. 說在文子之直言, 武子之用杖. 子産忠諫, 子國譙怒. 梁車用法而成侯收璽. 管仲以公而國人誹怨. 右經

「경문經文 **6**」 공공公功

　공실의 권위가 낮으면 신하들은 직언을 꺼리고, 사적인 행동이 기승을 부리면 공적이 적어진다. 대표적인 사례로 범문자范文子가 직언을 하다가 부친인 무자武子가 휘두르는 지팡이를 맞고, 정나라의 자산이 충성스런 간언을 하자 자국子國이 화를 내며 꾸짖은 일화를 들 수 있다. 조나라의 양거梁車가 법을 적용하자 조성후趙成侯가 관인을 회수하고, 관중이 공정한 입장을 견지하자 변방을 지키는 봉인封人들이 이를 원망한 일화 등도 이 경우에 속한다. 이상이 「경문」이다.

　 ⟡ 공실公室은 제후의 일족을 뜻하는 말로 여기서는 제후의 정권을 뜻한다. 문자지직언文子之直言의 '문자'는 진나라 대부 범문자范文子 사섭士燮을 말한다. 무자武子는 범문자의 부친인 사회士會를 지칭한다. 범씨'는 두백杜伯의 아들 습숙隰叔이 중원의 진나라로 도망친 후 그의 4대 후손인 사회가 범范 땅을 식읍으로 갖게 된 데서 비롯되었다. 양거梁車는 조나라 업鄴 땅의 현령을 말한다. 성후수새成侯收璽의 '성후'는 전국시대 초기에 활약한 조나라 군주로 조경후趙敬侯의 아들이다. 이

름은 종種이나 『죽서기년』에는 언偃으로 나온다. 새璽는 원래 관인 내지 직인을 뜻한다. 국인國人의 국國을 가마사카는 봉封으로 바꿔야 한다고 했다. 봉封이 음이 비슷한 방邦으로 잘못 전해진 후 다시 국國으로 바뀌었다는 것이다. 방원謗怨은 비방하고 원망한다는 뜻이다.

33-7

「전문 1」 주상誅賞의 사례.

33-8

孔子相衛, 弟子子皐爲獄吏, 刖人足, 所刖者守門. 人有惡孔子於衛君者曰, "尼欲作亂." 衛君欲執孔子. 孔子走, 弟子皆逃. 子皐從出門, 刖危引之而逃之門下室中, 吏追不得. 夜半, 子皐問刖危曰, "吾不能虧主之法令而親刖子之足, 是子報仇之時也, 而子何故乃肯逃我. 我何以得此語子." 刖危曰, "吾斷足也, 固吾罪當之, 不可奈何. 然方公之獄治臣也, 公傾側法令, 先後臣以言, 欲臣之免也甚, 而臣知之. 及獄決罪定, 公慼然不悅, 形於顔色, 臣見, 又知之. 非私臣而然也, 夫天性仁心固然也. 此臣之所以悅而德公也."

공자가 위衛나라에서 재상으로 있을 때 제자 자고子皐가 옥리가 되어 어떤 죄인을 월형刖刑에 처해 성문의 문지기를 시켰다. 어떤 사람이 위나라 군주에게 공자를 헐뜯었다.

"공자가 반란을 일으키려 합니다."

위나라 군주가 공자를 잡아들이려고 하자 공자와 제자들이 달아났다. 자고는 뒤늦게 성문을 나가던 중 월형을 받은 자가 그를 인도해 문 근처의 집으로 도피시켜 주었다. 포졸들이 그를 잡지 못하고 돌아갔다.

한밤중이 되자 자고가 월형을 당한 자에게 물었다.

"나는 군주의 법을 어길 수 없어 직접 그대의 발꿈치를 잘랐소. 지금 그대가 원수를 갚아야 할 때인데 무슨 까닭으로 나를 달아날 수 있게 도와준 것이오. 내가 어째서 그대에게 이런 은혜를 입게 된 것이오?"

월형을 당한 자가 말했다.

"제가 월형을 당한 것은 저의 죄에 합당한 것으로 어쩔 수 없는 일이었습니다. 당신은 나를 공당公堂에서 심리할 때 여러 차례 법령을 살피고, 앞뒤로 저를 변호해 죄를 줄여주려 했습니다. 저는 그것을 알고 있습니다. 재판이 결정되고 죄명이 확정되자 당신의 얼굴에 안타까워하는 기색이 역력했습니다. 저는 그것을 보고 거듭 당신의 마음을 알게 됐습니다. 이는 저에 대한 인정 때문이 아니라 당신의 성품이 본래 인자하기 때문입니다. 제가 기꺼이 당신에게 보답코자 한 이유입니다."

🔾 공자상위孔子相衛는 공자가 위나라 재상이 되었다는 얘기이나 이에 관한 기록은 없다. 위나라에서 내란을 일으켰다는 사실도 근거가 없는 것이다. 공자는 노애공 11년(기원전 484)에 14년간에 걸친 천하유세를 마무리 짓고 위나라를 떠나 노나라로 돌아왔다. 위나라의 난은 노애공 15년(기원전 480)에 일어났다. 이듬해에 공자가 숨을 거뒀다. 위나라 대부 공회孔悝에 관한 얘기가 잘못 전해진 것으로 보인다. 옥리獄吏는 여기서 재판관의 뜻으로 사용됐다.

옥치신獄治臣을 도홍경은 치신옥治臣獄으로 바꿔야 한다고 했다. 진기유는 옥獄을 연자로 보았고, 『한비자교주』는 '옥치'를 형법에 의거한 처벌로 해석했다. 여기의 '옥치'는 공당公堂에서 심리한다는 뜻의 정심庭審과 같다. 당시에는 뇌옥牢獄이 있는 곳에서 사안을 심리한 까닭에 '옥치'라는 용어가 나왔다. '옥치'의 옥獄은 장소를 나타내는 부사어로 사용된 것이다. 추연憮然의 추憮를 진계천은 오므린다는 뜻의 축蹙과 통하는 것으로 보았다. 『공자가어』에는 근심하는 모습의 초연愀然으로 나왔다.

33-9

孔子曰, "善爲吏者樹德, 不能爲吏者樹怨. 槪者, 平量者也. 吏者, 平法者也. 治國者, 不可失平也."

공자가 말했다.

"뛰어난 관원은 백성에게 은혜와 의리를 심지만, 무능한 관원은 백성에게 원한의 씨를 뿌린다. 말과 되에 담긴 곡식을 평평하게 미는 평미레는 양을 재는 도구이고, 관원은 법을 공평히 하는 자이다. 나라를 다스리는 자는 공평을 잃어서는 안 된다."

개자槪者는 말이나 되로 곡식을 잴 때 넘치는 곡식을 평평하게 미는 나무인 평미레를 말한다. 양개量槪라고도 한다.

33-10

田子方從齊之魏, 望翟黃乘軒, 騎駕出, 方以爲文侯也, 移車異路而避之, 則徒翟黃也. 方問曰, "子奚乘是車也." 曰, "君謀欲伐中山, 臣薦翟角而謀得果. 且伐之, 臣薦樂羊而中山拔. 得中山, 憂欲治之, 臣薦李克而中山治. 是以君賜此車." 方曰, "寵之稱功尙薄."

전자방田子方이 제나라에서 위나라로 가는 길에 척황翟黃이 대부 이상이 타는 헌軒을 탄 채 기병을 앞세워 나오는 것을 멀리서 보게 됐다.

위문후라고 생각한 그는 경의를 표하기 위해 수레를 옆길에 비켜 세웠다. 그러나 막상 보니 위문후가 아닌 척황이었다. 그가 물었다.

"그대가 어찌해서 이런 수레를 탄 것이오?"

척황이 대답했다.

"군주가 중산을 치려고 할 때 제가 척각翟角을 천거해 그 계책이 들어맞았고, 막상 칠 때는 악양樂羊을 천거해 중산을 얻게 됐고, 그곳을 다스리는 것을 걱정할 때 이극李克을 천거해 중산이 잘 다스려졌소. 그래서 군주가 이 수레를 하사한 것이오."

전자방이 말했다.

"그대가 누리는 영화를 그대가 세운 공에 비하면 아직 충분치 못하다."

🕊 전자방田子方은 제나라 출신으로 위문후의 스승이 된 인물이다. 이름은 무택武擇이다. 『여씨춘추』「당염」에 따르면 자공에게 배웠다고 한다. '승헌乘軒, 기가출騎駕出'의 기騎는 '기사의 호위 아래'의 부사어로 사용된 것이다. 장각은 훗날 제왕의 거가車駕를 헌가軒駕로 부르게 된 전거가 여기에 있다고 했다. 척각翟角은 척황의 천거로 중산 토벌에 나선 위나라 장수를 말한다. 윤동양은 척촉翟觸으로 보았으나 『설원』「신술」에 따르면 '척촉'은 곧 척황을 말한다. 이극李克은 자하의 제자로 위문후 때 재상으로 있었다. 한때 위문후의 명을 받아 중산의 재상으로 있기도 했다. 『한서』「예문지」에 『이극』 7편이 있었다고 한다. 총지칭공寵之稱功은 총애를 공에 비교한다는 뜻이다. 칭稱은 저울질한다는 뜻이다.

🌿33-11

秦韓攻魏, 昭卯西說而秦韓罷. 齊荊攻魏, 卯東說而齊荊罷. 魏襄
王養之以五乘·將軍. 卯曰, "伯夷以將軍葬於首陽山之下, 而天下曰,
'夫以伯夷之賢與其稱仁, 而以將軍葬, 是手足不掩也.' 今臣罷四國
之兵, 而王乃與臣五乘, 此其稱功, 猶贏勝而履蹻."

　　서쪽 진나라와 중원의 한나라가 위나라를 치려고 할 때 소묘昭卯가
서쪽 진나라로 가 설득하자 진나라와 한나라가 전쟁을 그만두었다. 동
쪽 제나라와 남쪽 초나라가 위나라를 치려고 할 때 소묘가 동쪽 제나
라로 가 설득하자 제나라와 초나라가 전쟁을 그만두었다. 위양왕이 크
게 기뻐하며 그를 5승의 봉지를 갖는 장군에 봉했다. 소묘가 말했다.
　　"백이伯夷가 장군의 예우로 수양산 기슭에 묻혔을 때 천하 사람들이
말하기를, '백이는 이처럼 현명하고 사람들이 입을 모아 청송할 만큼의
뛰어난 인덕仁德을 지니고 있는데도 겨우 장군의 예우로 묻혔으니 이는
손과 발을 묻지 않는 박장薄葬에 지나지 않는다.'고 했습니다. 지금 신
은 4국의 군사를 물러가게 했는데도 대왕은 5승의 봉지를 내렸습니다.
공적에 견줘볼 때 마치 행전을 차고 짚신을 신은 것처럼 초라하기 이를
데 없습니다."

　　🍂 영승贏勝을 고광기는 행전 내지 각반을 뜻하는 이등贏縢으로
바꿔야 한다고 했다. '이등'과 짚신을 뜻하는 이극履蹻 모두 천인들의
행장을 말한다. 이에 대해 건도본 주는 '영贏은 장사하는 사람이 이문
을 남긴 것을 말한다. 크게 이문을 남긴 사람에게 짚신을 신긴 것과 같
다'고 풀이했다. 큰 돈을 번 사람이 짚신을 신은 것에 비유한 셈이다. 그
대로 두고 해석해도 가하다.

🌿 33-12

少室周者, 古之貞廉潔愨者也, 爲趙襄主力士. 與中牟徐子角力,
不若也, 入言之襄主以自代也. 襄主曰, "子之處, 人之所欲也, 何爲
言徐子以自代." 曰, "臣以力事君者也. 今徐子力多臣, 臣不以自代,
恐他人言之也爲罪也."

　조나라의 소실주少室周는 옛날부터 정식하고 청렴했다. 조양자趙襄子
의 역사力士로 있을 때 한번은 중모中牟의 서자徐子와 힘겨루기를 해
패하게 됐다. 안으로 들어가 조양자에게 이를 말하고 그에게 자신의 자
리를 대신토록 해달라고 청했다. 조양자가 물었다.

　"그대의 자리는 남들이 부러워하는 자리이다. 무엇 때문에 서자에게
자신의 자리를 대신하도록 해달라고 하는 것인가?"

　소실주가 대답했다.

　"신은 힘으로써 군주를 섬기는 자입니다. 지금 서자의 힘은 신보다 강
합니다. 그에게 저를 대신하도록 해달라고 말하지 않으면 아마도 사람
들이 이를 언급하며 저에게 벌을 주려고 할 것입니다."

　🍂 역사力士는 힘이 센 사람으로 여기서는 군주나 고관과 함께 수
레에 올라타 호위하는 거우車右의 의미로 사용됐다. 요즘의 경호원에
해당한다. 서자徐子는 사적이 자세하지 않다. 각력角力은 일종의 힘겨루
기를 말한다. 각角은 다툰다는 의미이다. 자지처子之處의 처處는 지위를
뜻하는 말로 위位와 통한다.

🌿 33-13

一曰. 少室周爲襄主驂乘, 至晉陽, 有力士牛子耕, 與角力而不勝.

周言於主曰, "主之所以使臣騎乘者, 以臣多力也. 今有多力於臣者, 願進之."

일설에 따르면 소실주는 조양자의 수레에 동승하는 위사衛士로 있었다. 진양晉陽에 이르렀을 때 그곳의 역사 우자경牛子耕과 힘겨루기를 했다가 패했다. 소실주가 조양주에게 말했다.

"군주가 저에게 함께 수레에 오르도록 한 것은 신이 힘이 강했기 때문입니다. 지금 저보다 힘센 자가 있으니 그를 천거코자 합니다."

참승驂乘은 수레 오른쪽의 호위병을 말한다. 당시 수레를 타면 주인은 수레의 왼쪽, 수레를 모는 자는 가운데, 호위병은 오른쪽에 탔다. 우자경牛子耕은 『국어』에 우담牛談으로 되어 있다. 자경子耕은 자이다. 기승자騎乘者의 기騎를 고광기는 참驂으로 바꿔야 한다고 했다. 앞의 '참승'은 명사, 여기의 '참승'은 동사로 사용된 것이다.

33-14

「전문 2」 시세恃勢의 사례.

33-15

齊桓公將立管仲, 令群臣曰, "寡人將立管仲爲仲父. 善者入門而左, 不善者入門而右." 東郭牙中門而立. 公曰, "寡人立管仲爲仲父, 令曰, '善者左, 不善者右.' 今子何爲中門而立." 牙曰, "以管仲之智爲能謀天下乎." 公曰, "能." "以斷爲敢行大事乎." 公曰, "敢." 牙曰, "君之能謀天下, 斷敢行大事, 君因專屬之國柄焉. 以管仲之能, 乘公之勢以治齊國, 得無危乎." 公曰, "善." 乃令隰朋治內·管仲治外以相參.

　제환공이 관중을 재상으로 삼고자 했다. 군신들에게 말했다.

　"과인은 장차 관중을 높여 '중보仲父'로 부를 생각이오. 찬성하는 자는 문으로 들어와 왼쪽, 반대하는 자는 문으로 들어와 오른 쪽에 서도록 하시오."

　동곽아東郭牙는 문 중간에 섰다. 제환공이 물었다.

　"과인은 관중을 재상으로 삼아 '중보'로 부를 생각으로 찬성하는 자는 왼쪽, 반대하는 자는 오른 쪽에 서라는 명을 내렸소. 지금 그대는 무엇 때문에 문 가운데 서 있는 것이오?"

　동곽아가 반문했다.

　"관중의 지혜로 천하를 능히 도모할 수 있다고 보십니까?"

　"그렇소."

　"그의 과감한 결단력으로 가히 대사를 감행할 수 있다고 보십니까?"

　"그렇소."

　동곽아가 말했다.

　"만일 그의 지혜가 능히 천하를 도모할 수 있고 결단력이 대사를 감행할 수 있다면, 군주는 왜 대권을 그에게 맡기려는 것입니까? 관중이 자신의 능력을 믿고 군주의 권세에 올라타 제나라를 다스리면 군주에게 위험하지 않겠습니까?"

　제환공이 말했다.

　"과연 그렇겠소!"

　이에 습붕隰朋으로 하여금 안을 다스리고, 관중은 밖을 다스려 서로 견제케 했다.

◑◥ 장립관중將立管仲을 두고 가마사카와 진계천, 진기유 등은 '관중' 뒤에 '위중보爲仲父' 3자가 빠졌다고 했으나 문맥상 아무 문제가 없다. 중보仲父는 관중의 자가 중仲인 데 따른 미칭이다. 주문왕이 태공망 여상呂尙의 자가 상尙인 점에 주목해 상보尙父로 높인 것을 흉내낸 것이다. 이상참以相參의 참參은 참오參伍 또는 참합參合과 같은 뜻이다. 권력을 나눠 갖고 서로 견제하는 것을 의미한다.

33-16

晉文公出亡, 箕鄭挈壺餐而從, 迷而失道, 與公相失, 飢而道泣, 寢餓而不敢食. 及文公反國, 擧兵攻原, 克而拔之. 文公曰, "夫輕忍飢餒之患而必全壺餐, 是將不以原叛." 乃擧以爲原令. 大夫渾軒聞而非之曰, "以不動壺餐之故, 怙其不以原叛也, 不亦無術乎. 故明主者, 不恃其不我叛也, 恃吾不可叛也. 不恃其不我欺也, 恃吾不可欺也."

진문공이 망명할 당시 기정箕鄭이 호리병 속에 음식을 담아 갖고 따라다녔다. 한번은 길을 잃어 진문공과 헤어지게 됐다. 배가 고파 길에서 눈물을 흘릴 지경이 됐으나 그 음식을 감히 먹지 않았다. 진문공이 귀국한 후 군사를 일으켜 원原 땅을 쳐 승리했다. 이때 그가 말했다.

"기정은 굶주림의 고통을 참아내며 호리병 음식을 온전히 지켰으니 원 땅을 맡겨도 그가 배반하지 않을 것이다."

곧 기정을 원 땅의 장관으로 삼았다. 이 얘기를 전해들은 대부 혼언渾軒이 간했다.

"호리병 음식에 손을 대지 않은 것만으로 그가 장차 원 땅을 근거로 반란을 일으키지 않으리라고 믿는 것은 법술이 없는 게 아니겠습니까? 명군은 다른 사람이 자신을 배신하지 않을 것이라는 믿음에 기대지 않고, 자신이 남에게 배신당하지 않는 법술에 기댑니다. 또 다른 사람이 자신을 속이지 않을 것이라는 믿음에 기대지 않고, 자신이 남에게 속임을 당하지 않는 법술에 기댑니다."

⟋⟍ 설호손挈壺飱의 '호손'은 호손壺飧과 같다. 쯔다는『열자석문』에서 손飱을 '찬'이 아닌 '손'으로 읽으면서 물이나 국에 만 밥으로 해석했다. 침아寢餓를『한비자교주』는 시간이 갈수록 더욱 굶주린다는 뜻인 침아寢餓로 새겼다. 진계천도 병이 점차 깊어지는 침질寢疾과 유사한 뜻으로 해석했다. 쯔다는 굶주림에 지쳐 앓아눕는다는 뜻으로 풀었다. 그러나 여기의 아餓는 침寢의 보어로 사용된 것이다. 크게 굶주린 나머지 잠을 잘 수밖에 없게 되었다는 뜻으로 풀이하는 게 자연스럽다.

🌾33-17

陽虎議曰, "主賢明, 則悉心以事之. 不肖, 則飾姦而試之." 逐於魯, 疑於齊, 走而之趙, 趙簡主迎而相之. 左右曰, "虎善竊人國政, 何故相也." 簡主曰, "陽虎務取之, 我務守之." 遂執術而御之. 陽虎不敢爲非, 以善事簡主, 興主之强, 幾至於霸也.

양호가 자신의 속셈을 말했다.
"군주가 현명하면 마음을 다해 섬기지만, 불초하면 간계를 꾸며 시험해 볼 것이다."
결국 그는 노나라에서 쫓겨나 제나라로 갔다가 다시 의심을 받아 조나라로 갔다. 조간자가 그를 맞아들여 재상으로 삼고자 했다. 측근들이 간했다.
"양호는 남의 나라 정권을 잘 훔친 자인데 무슨 이유로 그를 재상으로 삼으려는 것입니까?"

조간자가 말했다.

"양호는 그것을 취하려고 애쓰지만 나는 그것을 지키려고 힘쓸 것이다."

조간자가 법술로 그를 제어했다. 양호가 감히 잘못을 저지르지 못하고 성실히 조간자를 섬겼다. 조간자가 막강한 권세를 떨치며 거의 패자의 자리까지 오르게 된 이유다.

꺅 양호陽虎는 『춘추좌전』에 따르면 노정공 8년(기원전 502)에 3환을 몰아내려던 반란이 실패하자 이듬해에 제나라로 달아났다가 다시 조나라로 도주해 조간자의 가신이 되었다. 『사기』「노세가」는 노정공 9년에 모든 일이 일거에 빚어진 것으로 기록해 놓았다. 조간주영이상지趙簡主迎而相之의 상相은 여기서 사역동사로 사용된 것으로 조나라의 재상으로 삼았다는 뜻이다.

🦋33-18

魯哀公問於孔子曰, "吾聞古者有夔一足, 其果信有一足乎." 孔子對曰, "不也, 夔非一足也. 夔者忿戾惡心, 人多不說喜也. 雖然, 其所以得免於人害者, 以其信也. 人皆曰, '獨此一, 足矣.' 夔非一足也, 一而足也." 哀公曰, "審而是, 固足矣."

노애공이 공자에게 물었다.

"내가 듣건대 옛날 요순 때 기夔라는 자는 외발이라고 했소. 과연 그는 외발이었소?"

공자가 대답했다.

"아닙니다. 그가 외발이었다는 뜻이 아닙니다. 기는 심술궂고 성격이 괴팍해 많은 사람들이 좋아하지 않았습니다. 비록 그러했지만 그가 다른 사람들로부터 해를 입지 않은 것은 신용을 지켰기 때문입니다. 사람들은 입을 모아 말하기를, '오로지 이 한가지만으로도 족하다'고 했습니다. 기가 외발이었다는 뜻이 아니라 신용 하나면 족하다는 취지입니다."

노애공이 말했다.

"그가 그처럼 신중했다면 당연히 족하다고 이를 만하오."

🌫️ 기夔는『산해경』「대황동경」에 따르면 순임금 때 음악을 관장하던 전설적인 악관樂官의 이름이다. 심이시審而是의 심審을『여씨춘추』「맹동」의 주는 신중할 신愼으로 해석했다. 이而를 후지사와는 여如와 통한다고 했다.

🌀**33-19**

一曰. 哀公問於孔子曰, "吾聞夔一足, 信乎." 曰, "夔, 人也, 何故一足. 彼其無他異, 而獨通於聲. 堯曰, '夔一而足矣.' 使爲樂正. 故君子曰, '夔有一, 足.' 非一足也."

일설에 따르면 노애공이 공자에게 물었다.

"내가 듣건대 기의 발이 하나였다고 하는데, 그게 사실이오?"

공자가 대답했다.

"기는 사람인데 어찌 발이 하나이겠습니까? 그는 다름 아니라 오로지 음악에만 통달했습니다. 요임금이 말하기를, '기는 한가지만으로도 족하다'고 하고, 그를 음악을 관장하는 악정樂正으로 삼았습니다. 그래서 군자가 '기는 한 가지면 충분하다'고 말한 것이지 발이 하나였다는 취지로 말한 게 아닙니다."

🌊 피기무타이彼其無他異는 남과 다른 특징이 없다는 의미로 진계천은 여기의 기其를 어조사로 보았다. 통어성通於聲은 음악에 통달했다는 뜻이다. 악정樂正은 악관樂官의 우두머리를 말한다. 정正은 장長과 통한다.

🌿 33-20
「전문 3」 신주臣主의 사례.

🌿 33-21
文王伐崇, 至鳳黃虛, 韤繫解, 因自結. 太公望曰, "何爲也." 王曰, "君與處, 上, 皆其師. 中, 皆其友. 下, 盡其使也. 今皆先君之臣, 故無可使也."

주문왕이 숭崇나라를 치고 봉황鳳黃의 언덕에 이르렀을 때 신발 끈이 풀려 몸소 묶었다. 태공망 여상呂尙이 물었다.

"어찌 된 일입니까?"

주문왕이 말했다.

"상등의 군주 곁에 있는 자는 모두 스승이고, 중등의 군주 곁에 있는 자는 모두 친구이고, 하등의 군주 곁에 있는 자는 모두 시종이오. 지금 이곳에 있는 신하들은 모두 선왕의 신하들이기에 이 일을 시킬 수가 없소."

◈ 봉황허봉黃虛의 허虛는 언덕을 뜻하는 허墟와 통한다. 말계韈繫는 대님을 뜻하나 여기서는 신발 끈을 뜻한다. 말韈은 말韤과 같다.

🦋33-22

一曰. 晉文公與楚戰, 至黃鳳之陵, 履繫解, 因自結之. 左右曰, "不可以使人乎." 公曰, "吾聞, 上, 君所與居, 皆其所畏也. 中, 君之所與居, 皆其所愛也. 下, 君之所與居, 皆其所侮也. 寡人雖不肖, 先君之人皆在, 是以難之也."

일설에 따르면 진문공이 초나라와 싸우던 황봉黃鳳의 언덕에 이르렀을 때 신발 끈이 풀려 직접 이를 묶었다. 측근이 물었다.

"사람을 시킬 수 없는 일입니까?"

진문공이 대답했다.

"내가 듣건대 상등의 군주와 함께 있는 자는 모두 군주가 경외하는 자들이고, 중등의 군주와 함께 있는 자는 모두 군주가 아끼는 자들이고, 하등의 군주와 함께 있는 자는 모두 군주가 경멸하는 자들이라고 들었소. 과인은 비록 불초하지만 선군 때부터 있던 사람들이 모두 여기에 있기에 이 일을 시키기가 어렵다고 생각한 것이오."

◈ 일왈一曰이 건도본에는 없어 조용현본을 좇아 보완했다.

🦋33-23

季孫好士, 終身莊, 居處衣服常如朝廷. 而季孫適懈, 有過失, 而不能長爲也. 故客以爲厭易己, 相與怨之, 遂殺季孫. 故君子去泰去甚.

노나라의 계손씨는 선비를 좋아하고, 평생 근엄하게 살았다. 집에 있을 때도 늘 조정에 나아갈 때처럼 의복을 단정하게 했다. 그러나 한번은 우연히 이를 태만히 해 실수를 저지름으로써 일관되게 단정한 모습을 보여주는 데 실패했다. 이를 본 빈객들은 그가 자신들을 싫어해 가볍게 대한다고 생각해 크게 원망했다. 결국 계손씨는 살해되고 말했다. 그래서 군자는 극단적인 이론이나 분에 넘치는 행동을 버려야 하는 것이다.

◐〜 적해適懈의 적適을 『한비자교주』는 '마침'의 뜻으로 풀이했으나 '우연'의 뜻이다. 염이厭易의 이易는 사람을 가벼이 여기는 것을 의미한다.

〜33-24

一曰. 南宮敬子問顔涿聚曰, "季孫養孔子之徒, 所朝服與坐者以十數以遇賊, 何也." 曰, "昔周成王近優侏儒以逞其意, 而與君子斷事, 是能成其欲於天下. 今季孫養孔子之徒, 所朝服而與坐者以十數, 而與優侏儒斷事, 是以遇賊. 故曰, '不在所與居, 在所與謀也.'"

일설에 따르면 남궁경자南宮敬子가 안탁취顔涿聚에게 물었다.

"계손씨는 휘하에 공자의 제자들을 많이 거느리면서 조정의 예복을 입고 공손한 태도로 많은 사람을 접대했소. 그런데도 사람들에게 살해당한 것은 무슨 까닭이오?"

안탁취가 대답했다.

"옛날 주성왕은 배우나 악사들을 가까이 두고 기분을 풀었으나 정사만은 군자들과 함께 상의해 결단했소. 그가 능히 천하를 다스린 것은

이 때문이오. 지금 계손씨는 비록 휘하에 공자의 제자들을 거느리면서
조정의 예복을 입고 공손한 태도로 많은 사람을 접대했지만 정사를 배
우나 악사들과 함께 상의해 결단했소. 그가 사람들에게 살해된 이유가
여기에 있소. 그래서 '일의 성패는 함께 있는 자에게 있지 않고, 함께 도
모하는 자에게 있다'고 말하는 것이오."

☞ 남궁경자南宮敬子는 맹희자孟僖子의 아들로 공자의 제자가 된
남궁경숙南宮敬叔을 말한다. 공자의 제자들 가운데 신분이 가장 높았
다. 안탁취顔涿聚 역시 공자의 제자로 제나라 대부가 되었다. 우주유優
侏儒의 우優는 어릿광대를 뜻한다. 주유侏儒는 재주를 부리는 난쟁이
로 여기서는 음악을 하는 악인樂人을 지칭한다.

ꕔ 33-25

孔子御坐於魯哀公, 哀公賜之桃與黍. 哀公請用. 仲尼先飯黍而後
啖桃, 左右皆掩口而笑. 哀公曰, "黍者, 非飯之也, 以雪桃也." 仲尼
對曰, "丘知之矣. 夫黍者, 五穀之長也, 祭先王爲上盛. 果蓏有六,
而桃爲下, 祭先王不得入廟. 丘之聞也, 君子以賤雪貴, 不聞以貴雪
賤. 今以五穀之長雪果蓏之下, 是從上雪下也. 丘以爲妨義, 故不敢
以先於宗廟之盛也."

공자가 노애공을 알현했을 때 노애공이 복숭아와 기장을 내려주면서
맛볼 것을 청했다. 공자가 먼저 기장을 먹은 후 복숭아를 먹었다. 주변
사람들이 모두 입을 가리고 웃었다. 노애공이 말했다.
"기장은 먹는 것이 아니라 복숭아털을 닦아내라고 준 것이오."
공자가 대답했다.

"저도 그것을 알고 있습니다. 무릇 기장은 오곡 중 으뜸으로 선왕의 제사 때 최상의 제수祭需로 사용됩니다. 중요한 과실로 6가지가 있습니다. 복숭아는 하품이므로 선왕의 제사 때 제사상 위에 올려놓지도 못합니다. 군자는 천한 것으로 귀한 것을 닦는다는 얘기는 들어보았지만, 귀한 것으로 천한 것을 닦는다는 말은 듣지 못했습니다. 지금 오곡 중 으뜸으로 과실 중 하품을 닦는 것은 위에 있는 것으로 아래에 있는 것을 닦는 셈이 됩니다. 저는 이것이 도리를 해치는 것으로 생각했기에 감히 선조의 제사상 위에 오르는 제수보다 복숭아를 먼저 먹을 수 없었습니다."

      설도雪桃의 설雪은 닦아내 깨끗하게 한다는 뜻의 식拭과 통한다. 『이아익爾雅翼』에 따르면 짚신을 만들 때 기장의 녹말인 서미黍米를 사용한다. 이를 려黎라고 했다. '설도'의 경우도 기장의 점성을 이용해 복숭아털을 닦아냈다. 과라果蓏의 과果는 나무열매, 라蓏는 풀 열매를 뜻한다. 육과六果를 두고 윤동양은 『소문素問』의 주에 나오는 복숭아 도桃, 자두 리李, 은행 행杏, 밤 률栗, 대추 조棗 등의 오과五果 위에 참외 과瓜를 하나 더한 것으로 풀이했다.

🌱 33-26

簡主謂左右. "車席泰美. 夫冠雖賤, 頭必戴之池. 履雖貴, 足必履之. 今車席如此, 太美, 吾將何屬以履之. 夫美下而耗上, 妨義之本也."

조간주가 측근에게 말했다.

"수레의 깔개가 너무 화려하다. 무릇 관冠은 비록 낡았을지라도 반드시 머리에 써야 하고, 신발은 비록 귀할지라도 반드시 발에 신어야 한다. 지금 수레의 깔개가 이처럼 화려하니 나는 장차 어떤 신발을 신고 이를 밟아야 하는가? 무릇 아래의 것을 화려하게 하여 위의 것까지 낭비케 만드는 것은 예의를 해치는 화근이 된다."

🌿 미하이모상美下而耗上은 아래의 깔개를 미화하면 그것을 밟는 신발은 더욱 미화해야 하는 까닭에 쓸모없는 소비를 부추기게 된다는 의미이다. 방의지본妨義之本을『한비자교주』는 '의의 근본을 해치는 것'으로 풀이했다. 여기의 본本은 의義가 아닌 방妨을 받는 것이다. 문맥상 '예의를 해치는 화근'으로 풀이해야 자연스럽다.

🌿 33-27

費仲說紂曰, "西伯昌賢, 百姓悅之, 諸侯附焉, 不可不誅. 不誅, 必爲殷禍." 紂曰, "子言, 義主, 何可誅." 費仲曰, "冠雖穿弊, 必戴於頭. 履雖5采, 必踐之於地. 今西伯昌, 人臣也, 修義而人向之. 卒爲天下患, 其必昌乎. 人人不以其賢爲其主, 非可不誅也. 且主而誅臣, 焉有過." 紂曰, "夫仁義者, 上所以勸下也. 今昌好仁義, 誅之不可." 三說不用, 故亡.

일설에 따르면 주무왕 창昌이 서백西伯으로 있을 때 비중費仲이 상나라 주紂에게 간했다.

"서백 창은 현인이라 백성들이 그를 좋아하고, 제후들도 그에게 복종하고 있으니 그를 주살하지 않으면 안 됩니다. 만일 그를 죽이지 않으면 반드시 상나라의 우환이 될 것입니다."

주가 물었다.

"그대의 말에 따르면 서백 창은 의로운 군주인데 어째서 죽이라는 것인가?"

비중이 말했다.

"관은 비록 찢어지고 해졌을지라도 반드시 머리에 쓰고, 신은 비록 오색의 채단으로 만들었을지라도 반드시 땅을 밟게 되어 있습니다. 지금 서백 창은 신하인데 의를 닦아 인심이 그에게 기울어지고 있습니다. 장차 천하의 우환이 될 자는 반드시 서백 창일 것입니다. 신하가 자신의 현능賢能을 군주를 위해 사용치 않고 있으니 그를 죽이지 않을 수 없습니다. 군주가 신하를 죽이는 것이 어찌 허물이 되겠습니까?"

주가 반대했다.

"무릇 인의라고 하는 것은 군주가 신하들에게 적극 권하는 것이오. 지금 서백 창이 인의를 잘 실행한다고 하니 그를 죽일 수는 없소."

비중이 3번이나 설득했으나 주가 듣지 않았다. 상나라가 이내 패망한 이유다.

☞ 인인불이기현人人不以其賢의 '인인'을 고광기는 인신人臣으로 바꿔야 한다고 했다.

🌿**33-28**

齊宣王問匡倩曰, "儒者博乎." 曰, "不也." 王曰, "何也." 匡倩對曰, "博貴梟, 勝者必殺梟. 殺梟者, 是殺所貴也. 儒者以爲害義, 故不博也." 又問曰, "儒者弋乎." 曰, "不也. 弋者, 從下害於上者也, 是從下傷君也. 儒者以爲害義, 故不弋." 又問, "儒者鼓瑟乎." 曰, "不也. 夫瑟, 以小弦爲大聲, 以大弦爲小聲, 是大小易序, 貴賤易位. 儒者以爲害義, 故不鼓也." 宣王曰, "善." 仲尼曰, "與其使民諂下也, 寧使民

詔上.″

　　제선왕齊宣王이 광천匡倩에게 물었다.

　″유자儒者는 박博을 하는가?″

　″하지 않습니다.″

　″어째서 하지 않는 것인가?″

　광천이 대답했다.

　″박을 하는 사람은 말 가운데 효기梟棋를 가장 귀하게 여깁니다. 승리하려면 반드시 효기를 잡아 ‘장군’을 불러야 합니다. 이는 가장 귀한 것을 죽이는 것입니다. 유자들은 이것이 의를 해치는 것으로 여기는 까닭에 박을 하지 않는 것입니다.″

　제선왕이 물었다.

　″유자는 주살로 새를 잡지 않는가?″

　광천이 대답했다.

　″잡지 않습니다. 주살은 아래에서 위를 해치는 것으로 이는 신하가 군주를 상하게 하는 것과 같습니다. 유자들은 이것이 의를 해치는 것으로 여기는 까닭에 주살 놀이를 하지 않습니다.″

　″유자는 거문고를 타는가?″

　″타지 않습니다. 무릇 거문고는 작은 현으로 큰 소리를 내고, 큰 현은 작은 소리를 냅니다. 이는 대소의 순서가 바뀐 것이고, 귀천의 자리가 바뀐 것입니다. 유자들은 이것이 의를 해치는 것으로 여기는 까닭에 거문고를 타지 않습니다.″

　제선왕이 말했다.

　″옳은 말이오.″

　공자가 말했다.

"백성들에게 아래에 있는 대신에게 아첨하게 하느니 차라리 군주에게 아첨하도록 하는 게 낫다."

◩ 제선왕齊宣王은 맹자를 객경으로 맞이한 제나라 군주이다. 그의 치세 때 맹자를 비롯한 수많은 사람이 직하학사로 있었다. 광천匡倩은 『태평어람』에 거천巨倩으로 되어 있다. 맹자의 제자 광장匡章으로 보기도 한다. 살효殺梟는 쌍육 놀이에서 적장을 사로잡는 것을 말한다. 장기의 '장군'에 해당한다. 첨상諂上의 첨諂이 건도본에 도諂로 되어 있어 도장본에 따라 고쳤다.

33-29
「전문 4」명찰明察의 사례.

33-30

鉅者, 齊之居士. 屏者, 魏之居士. 齊魏之君不明, 不能親照境內而聽左右之言, 故二子費金璧而求入仕也.

거鉅는 제나라 선비이고, 잔屏은 위나라 선비이다. 제나라와 위나라 군주는 현명하지 못해 직접 나라를 살피지 못하고 주위 사람들의 말만 들었다. 두 사람이 금옥을 뇌물로 써 벼슬길에 들어선 이유다.

◩ 거鉅와 잔屏은 사람의 이름을 빗대 사용한 우화이다.

33-31

西門豹爲鄴令, 清克潔愨, 秋毫之端無私利也, 而甚簡左右. 左右因相與比周而惡之. 居期年, 上計, 君收其璽. 豹自請曰, "臣昔者不知所以治鄴, 今臣得矣, 願聽璽, 復以治鄴. 不當, 請伏斧鑕之罪." 文侯不忍而復與之. 豹因重斂百姓, 急事左右. 期年, 上計, 文侯迎而拜之. 豹對曰, "往年臣爲君治鄴, 而君奪臣璽. 今臣爲左右治鄴, 而君拜臣. 臣不能治矣." 遂納璽而去. 文侯不受, 曰, "寡人曩不知子, 今知矣. 願子勉爲寡人治之." 遂不遂.

서문표가 업 땅의 장관으로 있을 때 극기봉공克己奉公하면서도 청렴정직淸廉正直하여 털끝만치도 사적인 이익을 도모하지 않았다. 군주의 측근들에게도 매우 소홀히 대했다. 측근들이 서로 결탁해 그를 증오했다. 서문표가 1년 후 회계보고를 하자 위문후가 관인을 거둬들였다. 서문표가 간청했다.

"신은 지금까지 업 땅을 다스리는 방법을 알지 못했으나 이제 비로소 그것을 터득했습니다. 관인을 돌려주어 다시 업 땅을 다스릴 수 있도록 해주십시오. 이후 잘 다스리지 못하면 참형이라고 달게 받겠습니다."

위문후가 마지못해 그의 관인을 내주었다. 서문표는 백성들로부터 무겁게 세금을 거둬들이고, 군주의 측근들을 후하게 섬겼다. 1년 후 회계보고를 하자 위문후가 직접 영접하면서 크게 예우했다. 서문표가 말했다.

"지난해에 저는 군주를 위해 업 땅을 다스렸으나 군주는 오히려 저의 관인을 회수했습니다. 올해는 군주의 측근을 위해 다스렸더니 군주는 저를 크게 예우했습니다. 저는 더 이상 업 땅을 다스릴 수 없습니다."

마침내 관인을 반납하고 떠나려고 하자 위문후가 사죄했다.

"과인이 전에는 그대를 알지 못했으나 이제 비로소 그대를 알게 됐소. 그대는 과인을 위해 업 땅을 다스려 주시오."

그러나 서문표는 끝내 관인을 받지 않았다.

〇〜 청극결각清克潔愨의 극克을 각刻과 통하는 것으로 보았다. 자기 절제를 뜻하는 극기克己의 의미이다. 각愨은 성실하고 정직한 것을 의미한다. 심간좌우甚簡左右의 간簡은 업신여기며 소홀히 대했다는 의미이다. 상계上計를 진기유는 부세賦稅의 진상으로 해석했으나 쯔다는 호구와 전곡錢穀 등에 관한 회계보고로 풀이했다. 계計는 원래 장부를 뜻한다. 전국시대 이래 진한시대에 이르기까지 매년 말 지방의 관장은 인구와 전곡 등의 세입 상황을 보고했다. 이것이 '상계'이다. 부질지죄斧鑕之罪는 사죄死罪의 의미이다. 부斧는 사람을 죽일 때 사용하는 도끼, 질鑕은 도끼날이 상하로 달린 모루를 말한다.

〜🥀33-32

齊有狗盜之子與刖危子戲而上誇. 盜子曰, "吾父之裘獨有尾." 危子曰, "吾父獨冬不失袴."

제나라에 개가죽을 쓰고 도둑질을 하는 자의 자식과 월형을 받은 자의 자식이 함께 놀다가 서로 자랑을 하게 됐다. 도둑의 자식이 말했다.
"우리 아버지의 갖옷에만 유독 꼬리가 달려 있다."
월형을 받은 자의 자식이 말했다.
"우리 아버지만 유독 겨울에 바지를 벗지 않는다."

〇〜 구도狗盜는 개가죽을 뒤집어쓰고 도둑질 하는 자를 말한다. 부실고不失袴를 두고 고袴를 바짓가랑이만 있는 덧바지로 해석한 진기유는 월형을 받은 사람은 겨울에 덧바지를 벗지만 신발만은 벗지 않는다며 불필고不必袴로 바꿔야 한다고 했다.『한비자교주』도 이를 좇았다. 그러나 월형을 받은 사람은 발꿈치를 잘린 까닭에 겨울에는 보온을 위해 더욱 더 바지를 입지 않을 수 없다. 양계웅이 '오직 겨울에만 바지를 입는다.'고 풀이한 것도 잘못이다. 노문초는 폐질에 걸린 사람을 위해 위에서 바지를 내린 점을 거론했다. 이같이 해석하는 게 옳다.

33-33

子綽曰, "人莫能左畵方而右畵圓也. 以肉去蟻, 蟻愈多. 以魚驅蠅, 蠅愈至."

자작子綽이 말했다.

"사람은 왼손으로 네모를 그리면서 오른손으로 원을 그릴 수 없다. 고기로 개미를 쫓아내려고 하면 개미가 더욱 많아지고, 물고기로 파리를 쫓으려고 하면 파리가 더욱 몰려들게 된다."

「공명」에 유사한 내용의 '우수화원右手畵圓, 좌수화방左手畵方, 불능양성不能兩成' 구절이 나온다.

33-34

桓公謂管仲曰, "官少而索者衆, 寡人憂之." 管仲曰, "君無聽左右之請, 因能而受祿, 錄功而與官, 則莫敢索官. 君何患焉."

제환공이 관중에게 말했다.

"관직은 적고 이를 구하는 자는 많으니 과인은 이것이 걱정이오."

관중이 말했다.

"군주는 주변의 청탁을 받아들이지 말고, 능력에 따라 봉록을 주고, 공적을 토대로 관직을 내리면 됩니다. 그러면 감히 관직을 구하는 자가 없을 것입니다. 군주는 어찌 이런 일로 걱정을 하는 것입니까?"

🌿 녹공이여관錄功而與官의 녹錄을 『한서』「동중서전」의 주는 '몸소 가서 안부를 묻다'의 뜻인 존시存視로 풀이했다. 여기서는 공을 직접 확인한다는 뜻으로 사용됐다.

🌿 33-35

韓宣子曰, "吾馬, 菽粟多矣, 甚臞, 何也. 寡人患之." 周市對曰, "使騶盡粟以食, 雖無肥, 不可得也. 名爲多與之, 其實少, 雖無臞, 亦不可得也. 主不審其情實, 坐而患之, 馬猶不肥也."

한선자韓宣子가 탄식했다

"나의 말은 콩과 곡물을 많이 주는데도 더욱 여위고 있다. 이는 어찌 된 일인가? 과인은 이것이 큰 걱정이다."

주불周市이 대답했다.

"말을 관리하는 관원에게 곡물을 전부 먹이도록 했다면 비록 살이 찌지 않기를 바랄지라도 그리 할 수 없을 것입니다. 겉으로는 많이 주는 것 같지만 실제로 적게 준다면 말이 여위지 않기를 바랄지라도 그리 할 수 없을 것입니다. 군주는 그 실정을 살피지도 않은 채 앉아서 걱정만 하니 말은 어차피 살찔 수가 없습니다."

🌿 숙속菽粟은 콩과 곡물을 말한다. 『한비자금주금역』에는 꼴과 곡물을 뜻하는 여속茹粟으로 되어 있다.

33-36

桓公問置吏於管仲, 管仲曰, "辯察於辭, 淸潔於貨, 習人情, 夷吾
不如弦商, 請立以爲大理. 登降肅讓, 以明禮待賓, 臣不如隰朋, 請
立以爲大行. 墾草仞邑, 辟地生粟, 臣不如寧武, 請以爲大田. 三軍旣
成陳, 使士視死如歸, 臣不如公子成父, 請以爲大司馬. 犯顔極諫,
臣不如東郭牙, 請立以爲諫臣. 治齊, 此五子足矣. 將欲霸王, 夷吾在
此."

제환공이 관중에게 관원 선발 문제를 묻자 관중이 이같이 대답했다.

"판결 사안을 잘 살피고, 재물에 청렴하고, 민심을 살피는 점에서 저
는 현상弦商만 못합니다. 청컨대 그를 형벌을 관장하는 대리大理로 삼
으십시오. 조정을 드나드는 태도가 공손하며 엄숙하고, 예의를 갖춰 빈
객을 응대하는 점에서 저는 습붕隰朋만 못합니다. 청컨대 그를 외국의
귀빈을 접대하는 장관인 대행大行으로 삼으십시오. 풀을 베어 황무지
를 일구면서 성읍을 새롭게 만들고, 벽지를 농토로 만들어 곡물을 증
산하는 점에서 저는 영척寧戚만 못합니다. 청컨대 그를 대전大田으로 삼
으십시오. 3군을 지휘해 진을 치고, 군사늘로 하여금 싸움에 임하면 나
라를 위해 목숨을 바치도록 만드는 점에서 저는 공자 성보成父만 못합
니다. 청컨대 그를 대사마大司馬로 삼으십시오. 군주의 노여움을 두려워
하지 않으면서 간하는 점에서 저는 동곽아東郭牙만 못합니다. 청컨대
그를 간관諫官으로 삼으십시오. 제나라를 다스리는 데는 이들 5명이면
충분합니다. 장차 패왕霸王이 되고자 하면 저 이오夷吾가 여기에 있습
니다."

변찰어사辯察於辭는 변설을 교묘히 해 도리를 판별하는 것을

말한다. 『순자』는 찰변察辯으로 되어 있다. 사辭는 소송이나 변명, 판결 등을 뜻한다. 이오夷吾는 관중의 이름이다. 현상弦商은 현자기弦子旗로 『안자춘추』에는 현녕弦寧으로 되어 있다. 대리大理는 형옥을 관장하는 장관을 말한다. 『예기』「월령」의 주에는 '리理는 치옥관治獄官이다. 요순 때는 사士, 하나라 때는 대리, 주나라 때는 대사구大司寇로 불렀다'고 풀이해 놓았다. 등강숙양登降肅讓의 '등강'을 『춘추좌전』「노환공 2년」의 주는 '상하존비'로 해석했다. 주인이 손님을 맞이해 계단과 당을 오르내릴 때의 예절을 말한다. 숙肅을 쓰다는 읍揖과 통하는 것으로 보았다. 『곡례』에 숙객肅客의 표현이 나온다. 대행大行은 외국에서 오는 귀빈을 접대하는 장관을 말한다. 『주례』에는 대행인大行人으로 되어 있다.

간초창읍墾草倡邑의 창倡을 『전국책』「진책」은 창刱으로 기록해 놓았다. 가의賈誼의 『신서新書』도 같다. 창倡을 '인'이 아닌 창刱의 가차로 보는 게 옳다. 창刱은 창創과 같다. 영무寧武를 윤동양은 영척寧戚으로 바꿔야 한다고 했다. 영척의 시호를 무武로 보았다. 영척은 위나라 출신으로 가난하여 소를 먹이다가 제나라와 제환공의 눈에 띄어 대부가 된 인물이다. 삼군기성진三軍旣成陳의 '3군'은 대국의 군제를 말한다. 상군과 중군, 하군이 그것이다. 중군이 사령부에 해당한다. 진陳은 진진과 통한다. 시사여귀視死如歸는 병사가 죽음을 마치 집으로 돌아가는 것처럼 여기며 싸운다는 뜻으로 『여씨춘추』에도 나온다.

33-37

「전문 5」주술主術의 사례.

33-38

孟獻伯相晉, 堂下生藿藜, 門外長荊棘, 食不二味, 坐不重席, 晉無
衣帛之妾, 居不粟馬, 出不從車. 叔向聞之, 以告苗賁皇. 賁皇非之
曰, "是出走之爵祿以附下也."

우헌백孟獻伯은 진나라의 재상이다. 청당廳堂 아래 뜰에는 식용으로
심은 콩과 명아주가 가득하고, 문밖에는 울타리로 삼은 가시덤불이 무
성했다. 그는 식사할 때 2가지 이상의 반찬을 들지 않고, 자리는 두 겹
으로 하지 않고, 첩에게는 비단옷을 입히지 않고, 집안의 말에게는 곡
식을 먹이지 않고, 외출할 때는 수레가 따르지 못하게 했다. 중원의 진
나라 대부 숙향이 이 소식을 듣고 초나라에서 망명해온 묘분황苗賁皇
에게 이야기하자 묘분황이 우헌백을 비난했다.

"이는 군주가 내린 작록을 버리고, 아랫사람들에게 아부하는 짓이
다."

우헌백상진孟獻伯相晉의 우孟가 원문에는 맹孟으로 되어 있다.
필사과정의 오사誤寫로 보인다. 고광기는 진나라의 지명인 우盂로 고쳐
야 한다고 했다. 두예杜預는『춘추좌전』을 주석하면서 지금의 산서성
태원 일대에 있는 우현盂縣으로 보았다. 지금의 산서성 양곡현陽曲縣
동북쪽에 해당한다.「난이」에 나오는 우盂 땅은 주무왕이 점령한 우邘
땅의 가차로 우헌백의 식읍과는 다른 지명이다. 진晉이 원문에는 노魯
로 되어 있다. 고광기는 우헌백이 진나라 대부인 까닭에 진晉으로 바꿔
야 한다고 했다.

곽려藿藜를『한비자교주』는 야생의 잡초로 해석했다. 그러나『사기』
「태사공자서」의 곽려지갱藿藜之羹에 대한 주석에서『사기정의』는 '명

아주 려藜는 곽藿과 닮았고 표면이 붉다. 곽藿은 콩잎을 말한다.'고 했다. 『대대례기』「증자제언」의 주도 같은 뜻으로 새겼다. 여기서는 콩과 명아주로 만든 매우 검소한 식사를 비유한 것이다. 결코 야생의 잡초가 가득 차도록 만든 게 아니다.

33-39

一日. 盂獻伯拜上卿, 叔向往賀, 門有御馬不食禾. 向曰, "子無二馬二輿, 何也." 獻伯曰, "吾觀國人尙有飢色, 是以不秣馬. 班白者多以徒行, 故不二輿." 向曰, "吾試賀子之拜卿, 今賀子之儉也." 向出, 語苗賁皇曰, "助吾賀獻伯之儉也." 苗子曰, "何賀焉. 夫爵祿旗章, 所以異功伐·別賢不肖也, 故晉國之法, 上大夫二輿2乘, 中大夫二輿一乘, 下大夫專乘, 此明等級也. 且夫卿必有軍事, 是故循車馬, 比卒乘, 以備戎事. 有難則以備不虞, 平夷則以給朝事. 今亂晉國之政, 乏不虞之備, 以成節, 以絜私名, 獻伯之儉也可與. 又何賀."

일설에 따르면 우헌백盂獻伯이 상경上卿에 임명됐을 때 숙향이 축하하러 갔다. 그의 집 문 앞에서 어떤 사람이 말에게 먹이를 주면서 곡물을 먹이지 않는 것을 보게 됐다. 숙향이 물었다.

"그대는 상경의 신분인데 부속 수레인 부거副車와 부속 말인 부마副馬가 없으니 어찌된 일이오?"

우헌백이 대답했다.

"내가 보니 도성 안의 사람들이 아직도 굶주린 기색이 역력해 말에게 곡물을 먹이지 않은 것이고, 머리가 희끗한 반백班白의 노인들 대부분이 걸어 다니고 있기에 부속 수레를 사용하지 않는 것이오."

숙향이 말했다.

"나는 당초 그대가 상경이 된 것을 축하하러 왔는데, 이제는 당신의 검소함을 축하해야 할 듯하오."

숙향이 밖으로 나와 묘분황에게 이 얘기를 하며 이같이 제안했다.

"나와 함께 헌백의 검소함을 축하해 줍시다."

묘분황이 말했다.

"무엇을 축하한다는 것이오? 무릇 작록爵祿과 기장旗章은 공적의 대소를 구분하고 현賢·불초不肖를 구별하기 위한 것이오. 진나라 법에 따르면 상대부는 부속 수레 2대, 중대부는 부속 수레 1대, 하대부는 기본 수레 1대만을 갖게 되어 있소. 이는 등급을 분명히 하기 위한 것이오. 무릇 경은 반드시 군사업무를 맡게 되어 있소. 늘 군마와 병사들을 정비하고, 보졸과 병거를 조직해 유사시에 대비해야만 하오. 난이 일어났을 때는 불측의 사태에 대비하고, 평시에는 조정의 업무를 위해 사용코자 하는 것이오. 지금 그는 진나라 정치를 어지럽게 하고 불측의 사태에 대한 준비를 소홀히 하면서 이런 방식으로 자신의 절조節操를 완전히 하고, 스스로를 청렴결백하다는 사적인 명성의 주인공으로 만들고 있소. 그의 이런 검약한 행동이 과연 가한 것이오? 그러니 또 무슨 축하할 일이 있단 말이오?"

어마불식화御馬不食禾의 어마御馬를 두고 고광기는 마馬 자 위에 거車가 빠졌다고 보았다. 『한비자교주』는 어御를 거마로 풀이했고, 윤동양은 거마에서 짐을 부린다는 뜻의 사마卸馬로 해석했다. 『춘추좌전』「노소공 29년」조의 주소注疏는 곡식으로 가축을 기르는 것을 환豢, 말을 양육하는 어圉라 하고, 어御는 어圉와 같다고 했다. '어마'는 곧 양마養馬를 의미한다. 화禾는 껍질을 벗겨 도정한 곡물을 말한다.

이마이여二馬二輿의 이二는 두 번째를 뜻하는 이貳와 같다. 『설문해자』는 이貳를 부익副益으로 풀이했다. 곧 예비용 수레인 부거副車와 부마副馬를 뜻한다. 기장旗章을 『한비자교주』는 기치旗幟로 해석했으나 이는 정기旌旗와 복식服飾을 언급한 것이다. 당시에는 관원의 행차와 복식 등에 상이한 문양을 사용케 해 해당 관원의 등급을 분명히 드러냈다. 『예기』「월령」은 '제사 등에 사용되는 복색과 기장은 귀천의 등급을 구별키 위한 것이다'라고 했다. '기장'은 직무의 상호 관계와 책임소재 등을 엄격히 하려는 취지에서 나온 것이다.

이여이승二輿二乘을 두고 우창于鬯은 앞에 나온 '이'는 부副의 뜻인 이貳, 두 번째 '이'는 말 그대로 숫자상의 '2'로 새겼다. 윤동양은 여輿를 병거兵車, 승乘을 늘 타고 다니는 수레로 해석했다. 그러나 선진시대 문헌은 '여'와 '승'을 구분하지 않았고, 오히려 통상 '승'을 병거의 의미로 사용하고 있다. '승'을 수량사로 간주해 '부거 2대'로 해석하는 게 자연스럽다. 순거마循車馬의 순循을 장각은 정비할 수脩의 잘못으로 보았다. 쯔다는 조용현본이 수脩로 되어 있다고 했으나 조용현본 역시 순循으로 되어 있다. 진계천과 진기유 등이 쯔다의 설을 논거로 내세웠으나 이는 잘못이다.

비졸승比卒乘은 보졸과 병거를 의미한다. 후토다는 『주례』「사마사우」의 주를 인용해 합合, 비比, 속屬으로 이어지는 군사편제의 단위로 보았다. 그러나 『춘추좌전』「노은공 원년」조의 주는 보步를 졸卒, 거車를 승乘으로 풀이해 놓았다. 이를 좇는 게 더 낫다. 결사명絜私名의 결絜은 결潔의 뜻이다. 사역동사로 사용됐다.

33-40

管仲相齊, 曰, "臣貴矣, 然而臣貧." 桓公曰, "使子有三歸之家." 曰, "臣富矣, 然而臣卑." 桓公使立於高·國之上. 曰, "臣尊矣, 然而臣疏." 乃立爲'仲父'. 孔子聞而非之曰, "泰侈逼上."

관중이 제나라 재상이 되었을 때 제환공에게 말했다.

"신은 귀하게 됐습니다만 가난합니다."

"그렇다면 봉록과 통상 백성들이 생산하는 산물의 3할을 상세商稅로 거둬들이는 만큼의 식읍을 내리도록 하겠소."

관중이 다시 말했다.

"신은 부유합니다만 지위가 낮습니다."

제환공이 그를 상경인 고씨高氏와 국씨國氏보다 윗자리에 임명했다. 관중이 또 말했다.

"신은 귀해졌습니다만 군주와 소원합니다."

제환공이 그를 높여 중보仲父로 불렀다. 공자가 이 말을 듣고 비판했다.

"사치가 지나쳐 군주를 위협했다."

꿍 삼귀지가三歸之家를 두고 예로부터 설이 분분하다. 삼귀三歸를 두고 곽숭도郭嵩燾는 『관자』에서 그 해답을 찾아야 한다고 주장하며 「산지수」와 「경중 을」 등을 근거로 백성이 10, 군주가 3의 비율로 거둬들이는 상세商稅로 풀이했다. 삼국시대 위나라의 하안은 『논어집해』에서 포함包咸의 설을 인용해 3개 성씨의 여인을 맞아들이는 것으로 풀이했다. 1명의 처와 2명의 첩으로 해석하는 것도 같은 맥락이다. 주희는 『논어집주』에서 누대의 명칭으로 풀이했다. 유월은 『군경평의群經平議』에서 3곳에 살림을 꾸린 것으로 보았다. 양옥승은 관중의 식읍 명칭으로 간주했고, 후토다는 3백 승의 수레를 부세로 낼 수 있는 크기의 식읍으로 풀이했다. 이밖에도 『설원』「존현」에서 제나라 시장에서 거둬들이는 1년 치 수입에 주목해 3곳의 시장에서 거둬들이는 수입으로 해석하는 견해가 있다. 역사적 사실에 비춰『관자』의 기록을 토대로 한 곽숭도의 해석이 가장 그럴 듯하다.

고국高國은 대대로 제나라의 상경 자리를 맡아온 고씨와 국씨를 말한다.『사기』「제세가」에 따르면 모두 태공망 여상의 후예이다. 관중은 제환공의 파격적인 처우로 문득 이들과 같은 반열에 이르게 된 것이다. 태치泰侈는 사치방종의 뜻으로 문헌에 따라 치태侈泰, 치태侈汰 등으로 되어 있기도 하다. 핍상逼上의 핍逼을 진기유는 필匹의 가차로 보았으나 이는 가까이 다가와 핍박을 가한다는 뜻으로 사용된 것이다. 핍偪과 통한다.

33-41

一曰. 管仲父出, 朱蓋靑衣, 置鼓而歸, 庭有陳鼎, 家有三歸. 孔子曰, "良大夫也, 其侈逼上."

일설에 따르면 관중은 외출할 때 수레에 붉은색 덮개에 푸른색 가리개를 둘러치고, 식사할 때는 북을 울리며 정원에 커다란 솥을 늘어놓았고, 집에는 백성들의 생산물에 물리는 3할의 상세商稅에 해당하는 만큼의 수입이 있었다. 훗날 공자는 이같이 말했다.

"훌륭한 대부이지만 그 사치가 군주를 위협할 정도이다."

주개청의朱蓋靑衣의 '주개'는 붉은 색 덮개로 치장된 제왕 전용의 의전용 수레를 말한다.『예기』「월령」에 따르면 초여름에 천자는 털이 붉고 갈기가 검은 적류赤駵가 이끄는 주로朱路를 타고 다닌다. '청의'를 윤동양은 수레의 둘레에 둘러 늘어뜨린 장막인 만幔, 양계웅은 수레를 탈 때 입는 옷 등으로 풀이했다. '청의'는 제왕이 입는 푸른색 예복을 말한다. 「월령」에 따르면 천자는 초봄에 이를 입는다.

진정陳鼎을 진기유는 정鼎의 고유 명칭으로 추정했으나 여기의 진陳은 뒤에 나오는 명사를 꾸미는 동사로 사용된 것이다. '늘어놓은 솥'의 뜻을 지닌 소진지정所陳之鼎과 같다. 『한비자』에는 이런 용례가 매우 많다. 일례로 「외저설 좌하」의 앞 대목에 나온 백이지현여기칭인伯夷之賢與其稱仁의 칭인稱仁은 소칭지인所稱之仁의 뜻이고, 「외저설 우상」의 치부인置夫人은 소치지부인所置之夫人의 뜻이다. 모두 동사 자체가 뒤에 오는 명사를 꾸미는 수식어가 된 경우다.

🌿 **33-42**

孫叔敖相楚, 棧車牝馬, 糲餠菜羹枯魚之膳, 冬羔裘, 夏葛衣, 面有飢色. "則良大夫也, 其儉逼下."

손숙오가 초나라 재상이 됐다. 암말이 끄는 초라한 시렁 모양의 대나무 수레를 타고, 거친 쌀로 만든 떡과 야채국, 말라빠진 생선을 먹었다. 겨울에는 양가죽 옷을 입고 여름에는 갈의葛衣를 입고, 얼굴은 굶주린 기색이 역력했다. 이를 두고 공자가 말했다.

"손숙오는 비록 훌륭한 대부이기는 하나 검소함은 아랫사람을 위협할 정도였다."

🌿 잔거빈마棧車牝馬의 '잔거'는 통대나무를 가죽 끈으로 엮어 만든 수레를 말한다. 잔棧을 『설문해자』는 대나무로 만든 수레로 풀이하면서 붕棚과 같다고 했다. 『주례』「건거」의 주는 가죽이나 칠을 사용하지 않은 수레로 해석했다. 가난한 선비들이 타던 시렁 모양의 붕거棚車

Page 256 한비자韓非子

를 말한다. 여병채갱糲餠菜羹의 '여병'을 왕념손과 진기유 등은 현미 등으로 지은 거친 밥을 뜻하는 여반糲飯으로 해석했으나 이는 조악한 떡을 지칭한 것이다. 즉양대부야則良大夫也 구절 이하를 두고 진계천은 공자의 말로 보았다. 문맥상 공자왈孔子曰 3자가 생략된 것이다.

33-43

陽虎去齊走趙, 簡主問曰, "吾聞子善樹人." 虎曰, "臣居魯, 樹三人, 皆爲令尹. 及虎抵罪於魯, 皆搜索於虎也. 臣居齊, 薦三人, 一人得近王, 一人爲縣令, 一人爲候吏. 及臣得罪, 近王者不見臣, 縣令者迎臣執縛, 候吏者追臣至境上, 不及而止. 虎不善樹人." 主俯而笑曰, "樹橘柚者, 食之則甘, 嗅之則香. 樹枳棘者, 成而刺人. 故君子愼所樹."

양호가 제나라를 떠나 조나라로 달아났다. 조간자가 물었다.
"나는 그대가 사람을 천거하는 데 뛰어나다고 들었소."
양호가 대답했다.
"제가 노나라에 있을 때 세 사람을 천거해 모두 지방의 장관이 되게 했습니다. 제가 노나라에서 죄를 짓자 그들 모두 저를 체포하려고 했습니다. 저는 제나라에 있을 때도 세 사람을 천거해 한 사람은 군주 가까이 있게 됐고, 한 사람은 현령이 됐고, 한 사람은 국경을 감시하는 관원이 됐습니다. 제가 죄를 짓자 군주 가까이 있던 자는 저를 만나려 하지도 않았고, 현령을 저를 맞아 잡으려 했고, 국경을 감시하는 자는 저를 추격해 국경까지 왔지만 미치지 못하자 이내 그만두었습니다. 저는 사람을 잘 천거하지 못합니다."
조간자가 고개를 숙여 웃으며 말했다.

"무릇 귤나무를 심은 자는 나중에 맛있는 열매를 먹을 수 있고 향기
로운 냄새도 맡을 수 있다. 그러나 가시나무를 심은 자는 나중에 그 나
무가 자라면 가시에 찔리기 마련이다. 군자가 사람을 천거하는 일에 신
중을 기하는 이유다."

🐚 자선수인子善樹人의 선善은 뛰어나다는 의미이다. 수인樹人은
사람을 천거한다는 뜻이다. 개위영윤皆爲令尹의 '영윤'은 원래 초나라
의 재상을 말한다. 모노부타는 현령縣令의 뜻으로 사용됐다고 해석했
다. 선진시대에는 영슈과 윤尹, 재宰, 공公 등이 모두 지방장관의 호칭으
로 사용됐다. 후리候吏는 『국어』「주어」에 따르면 국경을 드나드는 빈객
을 송영하는 관원을 말한다. 척후를 맡은 관원의 의미이다.

🦃33-44

中牟無令. 晉平公問趙武曰, "中牟, 吾國之股肱, 邯鄲之肩髀. 寡
人欲得其良令也, 誰使而可." 武曰, "邢伯子可." 公曰, "非子之讎也."
曰, "私讎不入公門." 公又問曰, "中府之令, 誰使而可." 曰, "臣子可."
故曰, "外擧不避讎, 內擧不避子." 趙武所薦四十六人, 及武死, 各就
賓位, 其無私德若此也.

중모中牟에 현령이 없었다. 진평공이 조문자 조무趙武에게 물었다.
"중모는 우리 진나라의 중심지이고 한단으로 가는 관문이오. 과인은
그곳에 훌륭한 현령을 두고 싶소. 누굴 시켜야 좋겠소?"
조무가 대답했다.
"형백자邢伯子가 좋겠습니다."
진평공이 반문했다.

"그는 그대의 원수가 아니오?"

"사사로운 감정을 조정의 공적인 일에 개입시켜서는 안 됩니다."

진평공이 또 물었다.

"보물을 보관하는 중부中府의 수령은 누구를 시키면 좋겠소?"

"신의 자식이 좋겠습니다."

예로부터 이런 말이 있다.

"남을 천거할 때는 원수라도 피하지 않고, 가까운 사람을 천거할 때는 자식이라도 피하지 않는다."

조무가 천거한 자는 모두 46명이나 된다. 조무가 죽자 모두 빈객의 자리에 앉아 조문했다. 그가 사적인 은정을 베풀지 않은 것이 이와 같았다.

　　見비肩髀는 어깨뼈인 견갑골肩胛骨과 장딴지 뼈인 대퇴골大腿骨을 말한다. 『예기』「제통」에 따르면 은나라 때는 대퇴골, 주나라 때는 견갑골을 중시했다고 한다. 『설문해자』는 견갑을 박髆으로 풀이했다. 고굉견비股肱肩髀는 요지의 비유어로 사용된다. 형백자刑伯子의 형刑을 모노부타는 형邢으로 파악했다. 대개 이를 좇아 진나라 대부 형백邢伯의 아들로 본다. 성이 형邢, 이름이 백자伯子인 사람으로 보는 견해도 있다. 『한비자교주』는 상당上黨을 지키던 형백류邢伯柳로 보았다.

🌿33-45

平公問叔向曰, "群臣孰賢." 曰, "趙武." 公曰, "子黨於師人." "武立如不勝衣, 言如不出口, 然所擧士也數十人, 皆得其意, 而公家甚賴之. 及武子之生也不利於家, 死不託於孤, 臣敢以爲賢也."

진평공이 숙향에게 물었다

"여러 신하들 가운데 누가 현명하오?"

"조무입니다."

진평공이 물었다.

"그대는 자신이 섬기는 사람이라서 그를 지지하는 것이오?"

숙향이 대답했다.

"조무는 서 있을 때 마치 입은 옷을 감당하지 못하는 것처럼 공손했고, 말을 할 때는 마치 입을 벌릴 줄도 모르는 사람처럼 삼갔습니다. 그러나 그가 천거한 인사 수십 명 모두 그가 뜻한 바대로 충성을 다해 조정에서도 그들을 매우 신뢰하고 있습니다. 그는 살아 있을 때는 일족의 이익을 꾀하지 않았고, 죽음에 이르러서도 자식의 앞날을 군주나 조정에 부탁하지도 않았습니다. 신은 감히 그를 현자라고 생각합니다."

☙ 자당어사인子黨於師人의 당黨을 『한비자교주』는 결당結黨으로 풀이했다. 그러나 여기에서는 한쪽 편을 지지한다는 뜻의 편단偏袒의 의미로 사용된 것이다. 사인師人의 사師는 스승으로 삼는다는 동사로 뒤에 나오는 인人을 수식하고 있다. 모시는 상사의 의미로 소사지인所師之人과 같다. 입여불승의立如不勝衣는 서 있는데 옷을 이기지 못하듯이 한다는 뜻으로 매우 겸손한 모습을 표현한 것이다. 사불탁어고死不託於孤의 '탁어고'는 어린 자식을 부탁한다는 뜻의 탁고託孤와 같은 의미이다. 『예기』「단궁」에 나오는 '사불촉기자언死不屬其子焉' 구절과 취지를 같이한다. 죽을 때 자식의 앞날을 군주나 조정에 부탁하지 않는다는 의미이다.

33-46

解狐薦其讎於簡主以爲相. 其讎以爲且幸釋己也, 乃因往拜謝. 狐乃引弓送而射之, 曰, "夫薦汝, 公也, 以汝能當之也. 夫讎汝, 吾私怨也. 不以私怨汝之故擁汝於吾君. 故私怨不入公門."

조나라의 해호解狐는 자신의 원수를 조간자에게 천거해 재상으로 삼게 했다. 해호와 원수진 자는 해호가 나쁜 인연을 좋은 인연으로 바꾸기 위해 자신을 용서한 것으로 생각해 이내 해호를 찾아가 인사하려고 했다. 해호가 활시위를 당겨 그가 다가오는 것을 막기 위해 화살을 쏘며 이같이 말했다.

"내가 그대를 천거한 것은 공적인 일이다. 이는 그대가 그 자리에 알맞다고 생각했기 때문이다. 내가 그대를 원수로 생각하는 것은 사사로운 일이다. 사사로운 원한 때문에 군주에게 그대를 가로막아서는 안 된다. 사사로운 원한을 공적인 일에 개입시킬 수는 없는 일이다."

차행석기且幸釋己의 행幸을 『설문해자』는 길이면흉吉而免凶으로 풀이했다. 전화위복轉禍爲福 내지 화흉위길化凶爲吉의 뜻이다. 옹여어오군擁汝於吾君의 옹擁을 노문초는 막힐 옹壅으로 바꿔야 한다고 했다. 옹擁과 옹壅은 서로 통한다.

33-47

一曰, 解狐擧邢伯柳爲上黨守, 柳往謝之, 曰, "子釋罪, 敢不再拜." 曰, "擧子, 公也. 怨子, 私也. 子往矣, 怨子如初也."

일설에 따르면 해호가 형백류邢伯柳를 천거해 상당上黨의 군수가 되게 했다. 형백류가 찾아가 인사를 했다.

"당신이 저의 죄를 용서해 주니 감히 두 번 절하며 인사하지 않을 수 있겠습니까!"

해호가 말했다.

"그대를 천거한 것은 공적인 일이고, 그대에 대한 원한은 사적인 일이다. 그대는 돌아가라, 그대를 원망하는 마음은 처음 그대로이다."

🝰 상당上黨은 지금의 산서성 동남쪽 장치현 일대의 고지를 말한다. 춘추시대 당시 중원의 진나라에 속해 있다가 전국시대에 들어와 한나라 땅이 되었다. 서쪽 진나라가 한나라를 공격하자 상당을 지키던 풍정馮亭이 17개 성읍을 들어 조나라에 투항했다. 훗날 진나라가 상당을 치면서 조나라 군사 40여만 명을 생매장하게 된 배경이다.

🝰 33-48

鄭縣人賣豚 人問其價. 曰, "道遠日暮, 安暇語汝."

정현 사람이 돼지를 팔고 있었다. 어떤 사람이 그 값을 묻자 이같이 대답했다.

"길은 멀고 날은 저물었다. 어찌 그대의 묻는 말에 대답할 겨를이 있겠는가?"

🝰 도원일모道遠日暮의 원遠이 건도본에 빠져 있어 조용현본을 좇아 보충했다. 『사기』「오자서열전」에 따르면 춘추시대 말기 오자서는 초평왕의 시신에 채찍질을 한 처사를 비난하는 친구 신포서申包胥의 힐난에 할 일은 많고 시간은 없다는 취지로 '일모도원日莫途遠'을 언급한 바

있다. 모막은 모暮, 도途는 도道와 같다.

ꆌ33-49
「전문 6」 공공公功의 사례.

ꆌ33-50
范文子喜直言, 武子擊之以杖. "夫直議者不爲人所容, 無所容則危
身. 非徒危身, 又將危父."

범문자范文子 사섭士燮은 직언을 좋아했다. 부친인 범무자范武子 사
회士會가 지팡이로 그를 때리며 말했다.

"무릇 바른 말을 하는 자는 남에게 받아들여지지 않는다. 받아들여
지지 않으면 자신의 몸을 위태롭게 만든다. 비단 자신만 그럴 뿐 아니라
그 아비까지 위태롭게 만든다."

ꆌ 범문자范文子는 진나라 대부 사섭士燮을 말한다. 사문자士文子
로도 불렸다. 범무자范武子는 사섭의 부친 사회士會를 말한다.

ꆌ33-51
子産者, 子國之子也. 子産忠於鄭君, 子國譙怒之曰, "夫介異於人
臣, 而獨忠於主. 主賢明, 能聽汝. 不明, 將不汝聽. 聽與不聽, 未可
必知, 而汝已離於群臣. 離於群臣, 則必危汝身矣. 非徒危己也, 又
且危父矣."

정나라 대부 자산子産은 자국子國의 아들이다. 자산이 정나라 군주

에게 충성하자 자국이 그를 꾸짖으며 노기 띤 모습으로 말했다.

"무릇 다른 신하들과 달리 홀로 군주에게 충성할 때 군주가 현명하면 너의 말을 받아들이나 그렇지 못하면 받아들이지 못한다. 군주가 너의 말을 받아줄 지 분명히 알 수도 없는데 너는 벌써 다른 신하들과 동떨어진 모습을 보이고 있다. 그리하면 너의 몸이 위태롭게 된다. 자신만 그럴 뿐 아니라 그 아비까지도 위태롭게 된다."

🌀➿ 자국子國은 정목공의 아들인 공자 발發로 사마를 지냈다. 자산子産은 그의 아들로 사서에는 공손公孫 교僑로 나온다. 자산은 그의 자이다. 개이介異는 남과 다르다는 뜻이다. 『광아』「석고」는 특이特異로 풀이했다.

🌿33-52

梁車新爲鄴令, 其姊往看之, 暮而後, 門閉, 因踰郭而入. 車遂刖其足. 趙成侯以爲不慈, 奪之璽而免之令.

제나라의 양거梁車가 업 땅의 현령이 됐다. 그의 누이가 그를 만나기 위해 찾아갔을 때는 날이 저물어 이미 성문이 닫힌 후였다. 누이가 성벽을 넘어 들어갔다. 양거가 누이를 월형으로 다스렸다. 조성후趙成侯가 그를 무자비한 자로 여겨 관인을 회수하고 면직시켰다.

🌀➿ 업鄴은 지금의 하남성 임장현 서쪽에 있던 도시로 삼국시대 당시 위나라의 도성이었다. 이후 남북조시대에 들어와 전진前秦과 후조後趙, 동위東魏, 북제北齊의 도성이 되었다. '모이후暮而後, 문폐門閉'가 『한비자금주금역』에는 '모이후문暮而後門'으로 되어 있다. 문門을 두고

폐문閉門 뜻의 동사로 본 탓이다. 유곽이입逾郭而入은 성곽을 넘어 들어 갔다는 뜻이다. 유逾는 유踰와 같다.

🌿33-53

管仲束縛, 自魯之齊, 道而飢渴, 過綺烏封人而乞食. 烏封人跪而食 之, 甚敬. 封人因竊謂仲曰, "適幸, 及齊不死而用齊, 將何報我." 曰, "如子之言, 我且賢之用, 能之使, 勞之論. 我何以報子." 封人怨之.

관중이 포박되어 노나라에서 제나라로 가는 중이었다. 그는 허기지 고 갈증이 나 기오綺烏의 변경을 지날 때 먹을 것을 구했다. 변경을 지 키는 봉인封人이 무릎을 꿇고 먹을 것을 주었다. 그 행동이 매우 정중했 다. 봉인이 은밀히 관중에게 물었다.

"만일 다행히도 제나라에 이르러 죽지 않고 임용되면 무엇으로 나에 게 보답하겠소?"

관중이 반문했다.

"그대의 말과 같이 되면 나는 현자를 등용하고, 능력 있는 자를 기용 하고, 공이 있는 자를 평가할 것이오. 이 3가지 중 내가 어떤 것으로 그 대에게 보답할 수 있겠소?"

봉인이 관중을 원망했다.

🍃 기오綺烏는 제나라와 노나라의 국경지대에 있던 변경이다. 적행 適幸의 적適은 '만일'의 뜻을 지닌 부사어이다.

● 권13
제34장 외저설(外儲說) 우상

〜※34-1

君所以治臣者有三.

군주가 신하를 다스리는 치신술治臣術은 모두 3가지가 있다.

〜※34-2

經一, 勢不足以化, 則除之. 師曠之對, 晏子之說, 皆舍勢之易也而道行之難, 是與獸逐走也, 未知除患. 患之可除, 在子夏之說『春秋』也. "善持勢者, 蚤絶其姦萌." 故季孫讓仲尼以遇勢, 而況錯之於君乎. 是以太公望殺狂矞, 而'臧獲不勝驥'. 嗣公知之, 故'不駕鹿'. 薛公知之, 故與二欒博. 此皆知同異之反也. 故明主之牧臣也, 說在畜鳥.

「경문經文 1」 절간絶姦

군주의 권세로도 변화시킬 수 없는 자가 있으면 제거해야만 한다. 사광師曠의 답변과 안자晏子의 설명 등은 권세로 신하들을 다스리는 쉬운 방법을 버리고, 덕행으로 신하들을 감복시키는 어려운 방법을 언급한 것이다. 이는 마차에서 내려 사냥감을 좇는 것처럼 화근을 제거하는 방법을 알지 못한 것이다. 화근을 제거하는 방법은 자하子夏가 『춘추』를 해설한 말 속에 있다.

"권세를 잘 활용하는 자는 간사한 싹을 미리 잘라내 후환을 없앤다."

노나라의 계강자季康子는 자로子路가 자신에 버금하는 권세를 사용한 것을 이유로 중니仲尼를 질책했다. 하물며 화를 미리 제거하기 위해 군주가 이런 수단을 손에 넣고 사용하는 경우이겠는가? 태공망 여상呂尙은 군주를 섬기지 않는 광흘狂矞을 살해했고, 노비도 명마인 기기驥를 타지 않았다. 위사군衛嗣君은 이를 안 까닭에 사슴으로 하여금 수레를 끌게 하지 않았고, 설공薛公도 이를 안 까닭에 두 쌍둥이 신하와 함께 박博을 했다. 이들 모두 군신의 이해가 서로 상반된다는 것을 알고 있던 것이다. 명군이 신하를 길들이는 목신牧臣의 대표적인 사례로 까마귀를 기른 일화를 들 수 있다.

◑❧ 세부족이화勢不足以化의 세勢는 군주가 장악하고 있는 상벌의 권세를 말한다. 화化는 통제하여 바꿔놓는다는 의미이다. 합세지이合勢之易의 합合을 고광기는 버릴 사舍로 바꿔야 한다고 했다. 도행지난道行之難의 도道를 왕선겸은 유由로 풀이했다. 우세遇勢의 우遇를 쯔다는 우耦와 통하는 것으로 보았다. 조지어군錯之於君의 조錯를 진계천은 시행을 뜻하는 조措로 풀이했다. 이란박二欒博의 란欒을 두고 왕선신은 쌍둥이를 뜻하는 산孿의 가차로 보았다. 동이지반同異之反의 동이同異는 이해관계를 뜻한다.

୬ℒ**34-3**

經二, 人主者, 利害之輕轂也, 射者衆, 故人主共矣. 是以好惡見,則下有因, 而人主惑矣. 辭言通, 則臣難言, 而主不神矣. 說在申子之言'六愼'與唐易之言弋也. 患在國羊之請變與宣王之太息也. 明之以靖郭氏之獻十珥也與犀首·甘茂之道穴聞也. 堂谿公知術, 故問玉巵. 昭侯能術, 故以聽獨寢. 明主之道, 在申子之勸'獨斷'也.

「경문經文 2」 독단獨斷

군주는 신하들의 이해가 집중되는 표적이다. 많은 사람이 군주의 의중에 맞추려 하기 때문에 군주는 신하들의 주목을 받는다. 군주가 호오의 심중을 겉으로 드러내면 신하들은 군주의 마음에 드는 말만 하여 군주를 홀린다. 군주에게 한 말이 누설되면 신하들은 진언하기를 꺼린다. 군주가 신통력을 발휘하지 못하는 이유다. 대표적인 사례로 신불해가 군주로서 신중해 해야 할 6가지 사항을 말하고, 당이唐易가 새를 쏘아 잡는 일에 관해 말한 일화 등이 있다.

그 폐해와 관련한 사례로 국양國羊이 잘못을 고쳐주기를 청하고, 제선왕이 진언에 크게 감탄한 일화 등이 있다. 정곽군靖郭君이 귀걸이 10개를 바치고, 감무甘茂가 벽에 구멍을 뚫고 서수犀首와 진나라 왕의 애기를 엿들은 일화도 이에 속한다. 당계공堂谿公은 법술을 안 까닭에 한소후에게 옥으로 만든 술잔에 물을 담을 수 있는지를 물었다. 한소후도 법술에 능통한 까닭에 그 말을 듣고 홀로 잠을 잤던 것이다. 명군의 치도는 신불해가 권했듯이 독단獨斷에 그 요체가 있다.

〰️ 초곡軺轂의 초軺는 가벼운 수레, 곡轂은 수레바퀴 살이 모이는 바퀴 중심의 둥근 나무를 말한다. 수레바퀴 살이 사방에서 가운데로 모여들듯이 만기萬機가 폭주輻輳한다는 의미이다. 거곡車轂과 같다. 사자射者는 바퀴살이 중심을 향해 몰려드는 바퀴살통인 거폭車輻을 뜻한

다. 신하들이 전심전력으로 군주의 의중을 알아내기 위해 심혈을 기울이며 사리를 도모한다는 취지에서 나온 말이다. 사언통辭言通의 통通은 누설의 의미이다. 당이唐易는 당이국唐易鞫 내지 당이자唐易子로 되어 있다. 『한서』「고금인표」에는 '당지자'로 되어 있다. 국양國羊의 사적은 알려진 게 없다. 청변請變의 변變은 잘못을 고쳤다는 의미이다. 태식太息은 크게 감탄했다는 뜻이다.

당계공堂谿公은 오왕 합려의 동생인 부개夫槪의 후손을 말한다. 『춘추좌전』「노정공 5년」조에 따르면 기원전 505년 가을, 부개가 귀국한 뒤 자립하여 왕을 칭했으나 이내 합려에게 패해 초나라로 달아났다. 초소왕이 그를 지금의 하남성 수평현遂平縣 서북쪽에 있는 당계堂谿에 봉했다. '당계씨'는 부개의 후손을 말한다. 「문전」에서 한비와 대화를 나누는 당계공도 같은 인물이다.

독단獨斷의 단斷은 옳고 그름을 가려 결정한다는 재결裁決의 의미이다. 어의로 볼 때 독재獨裁와 통하는 말이기는 하나 독단과 독재, 전제專制는 구분해 사용할 필요가 있다. 독재는 특정한 개인, 단체, 계급, 당파 따위가 어떤 분야에서 모든 권력을 차지하여 모든 일을 처리하는 것을 말한다. '프롤레타리아독재'가 대표적인 실례이다. 전제는 국가의 권력을 개인이 장악하고 그 개인의 의사에 따라 모든 일을 처리하는 것을 말한다. 『한비자』에는 「망징」과 「남면」에서 '대신전제大臣專制'가 모두 5차례 나온다. '군주전제君主專制'는 단 한마디도 나오지 않는다. 서양의 '전제군주' 개념과 정반대이다. 군주를 민리民利를 지키는 최후의 보루로 간주한 결과다. 독단은 자신의 주장과 견해만이 옳다고 생각하여 일을 자신의 입맛대로 처리하는 것으로 종교적인 교리에 해당한다.

🍃34-4

經三, 術之不行, 有故. 不殺其狗, 則酒酸. 夫國亦有狗, 且左右皆
社鼠也. 人主無堯之再誅與莊王之應太子, 而皆有薄媼之決蔡嫗也.
知貴不能, 以敎歌之法先揆之. 吳起之出愛妻, 文公之斬顚頡, 皆違
其情者也. 故能使人彈疽者, 必其忍痛者也. 右經.

「경문經文 3」 인통忍痛

군주가 나라를 다스리면서 법술이 행해지지 않는 데는 반드시 그 까
닭이 있다. 술집에 있는 사나운 개를 죽이지 않으면 손님이 오지 않아
이내 술이 시어버린다. 무릇 나라에도 개와 같은 존재가 있고, 군주의
주위에 있는 자들 모두 사당의 쥐인 사서社鼠와 같은 존재이다. 요즘 군
주는 요임금이 순임금에게 천하를 물려주는 것을 반대한 곤鯀과 공공
共工 두 사람을 함께 죽이고, 초장왕처럼 태자를 엄히 꾸짖는 결단을
행하지 못하면 하나같이 박온薄媼이 무당 채구蔡嫗에게 집안의 대소사
에 관한 결정을 일임하는 것과 유사한 짓을 하게 될 것이다. 군주가 실
로 지력智力이 부족해 스스로 결단하지 못하면 먼저 노래를 가르치는
것과 유사한 방법을 동원해 먼저 당사자의 능력을 헤아려 볼 필요가 있
다. 오기가 사랑하는 아내를 내쫓고, 진문공이 전힐顚頡을 죽인 것은
모두 인정에 어긋나지만 나라를 다스리기 위한 법술에 따른 것이다. 다
른 사람으로 하여금 자신의 종기를 터뜨릴 수 있게 하는 자는 반드시
고통을 잘 참는 자이다. 이상이 「경문」이다.

🌰 사서社鼠의 사社를 양계웅은 사당의 제단인 사단社壇, 『한비자
교주』도 토지신을 제사지내는 제단으로 풀이했다. 그러나 이를 설명한
아래 대목에서 '나무를 세워 모형을 만들고 그 위에 진흙을 바른다.'는

표현이 나온다. 이는 '사서'가 사당 안에 사는 쥐가 아니라 진흙으로 빚어 사당에 안치한 소조塑造 신상神像 속에 들어가 사는 쥐를 시사한다. 사실 그같이 해석해야만 군주에 기대어 호가호위狐假虎威하며 위세를 부리는 간신을 정확히 비유케 된다. 박온薄媼의 온媼은 나이 많은 여인에 대한 경칭敬稱이다. 여기서는 박의薄疑의 모친에 대한 경칭으로 사용된 것이다.

지귀불능知貴不能의 '지귀'에 대한 해석이 분분하다. 후토다는 지시知是, 왕선신은 욕지欲知, 도홍경은 지실知實, 유사배는 지유知遺로 바꿔야 한다고 했다. 진기유는 부不를 연자衍字로 보았다. 여기의 지知는 지혜를 뜻하는 지智로 사용된 것이고, 귀貴는 결핍했다는 뜻의 궤匱와 통한다. 군주가 지력이 부족해 결단하지 못하면 노래를 가르칠 때 재능이 있는 자를 미리 가리는 방법을 이용할 필요가 있다고 지적한 것이다. 전힐顚頡은 『춘추좌전』「노희공 28년」조에 따르면 진문공 중이와 함께 19년간에 걸쳐 함께 망명생활을 한 공신으로 훗날 진문공이 조曹나라를 칠 때 진문공의 명을 어기고 희부기의 집에 불을 지른 탓에 요참腰斬을 당했다. 탄저자彈疽者는 악성 종기를 침이나 칼로 째 치료하는 것을 말한다. 동양 전래의 외과수술에 해당한다.

34-5
「전문 1」 절간絶姦의 사례.

34-6
賞之譽之, 不勸. 罰之毁之, 不畏. 四者加焉不變, 則其除之.

군주가 포상을 하고, 칭찬을 해도 신하를 권장하지 못하는 경우가 있다. 징벌을 가하고, 견책을 해도 신하가 두려워하지 않는 경우가 있다.
포상, 칭찬, 징벌, 견책 등 4가지 방법을 동원해도 바뀌지 않는 신하라
면 응당 제거해야 한다.

🌀 기제지其除之의 기其는 당연을 뜻하는 부사어 당當과 같다.

🌸34-7

齊景公之晉, 從平公飮, 師曠侍坐. 景公問政於師曠, 曰, “太師將
奚以敎寡人.” 師曠曰, “君必惠民而已.” 中坐, 酒酣. 將出, 又復問政
於師曠, 曰, “太師奚以敎寡人.” 曰, “君必惠民而已矣.” 景公出之舍,
師曠送之, 又問政於師曠. 師曠曰, “君必惠民而已矣.” 景公歸, 思,
未醒, 而得師曠之所謂‘公子尾·公子夏者’, 景公之二弟也, 甚得齊
民, 家富貴而未說之, 擬於公室, 此危吾位者也. 今謂我惠民者, 使
我與二弟爭民耶. 於是反國, 發廩粟以賦衆貧, 散府餘財以賜孤寡,
倉無陳粟, 府無餘財, 宮婦不御者出嫁之, 七十受祿米. 鬻德惠施於
民也, 已與二弟爭. 居二年, 二弟出走, 公子夏逃楚, 公子尾走晉.

제경공이 중원의 진나라로 갔을 때 진평공과 함께 술을 마셨다. 이때
사광師曠이 곁에서 진평공을 모시고 앉았다. 연회가 시작되자 제경공
이 정치에 관해 사광에게 물었다.
“태사太師는 장차 무엇을 과인에게 가르칠 생각이오?”
“군주는 반드시 백성에게 은혜를 베풀어야만 합니다.”
연회가 한창 무르익어 자리를 뜨려고 하다가 제경공이 다시 사광에
게 정치에 관해 물었다.
“태사는 과인에게 무엇을 가르칠 생각이오?”

"군주는 반드시 백성에게 은혜를 베풀어야만 합니다."

제경공이 연회장을 나와 숙소로 갈 때 사광이 그를 전송했다. 이때 다시 정치에 관해 묻자 사광이 똑같이 대답했다.

"군주는 반드시 백성에게 은혜를 베풀어야만 합니다."

제경공이 돌아와 거듭 생각하던 중 술이 깨기 전에 사광이 말한 것을 이내 깨달았다.

"공자 미尾와 하夏는 나의 두 동생이다. 제나라 백성에게 은혜를 베풀어 민심을 얻고 있다. 집은 부귀해 백성들이 모두 그를 따르고 있어 그 세력이 왕실에 버금할 정도에 이르렀다. 이는 나의 자리를 위태롭게 만드는 것이다. 오늘 사광이 나에게 거듭 백성들에게 은혜를 베풀라고 한 것은 민심을 얻는 일을 두고 두 동생과 적극 경쟁하라고 한 것이 아닌가?"

이에 귀국하자마자 창고의 곡식을 풀어 가난한 자들에게 나눠주고, 국고의 재물을 풀어 고아와 과부에게 나눠주었다. 창고에는 쌓아놓은 곡식이 없고, 국고에는 남은 재화가 없게 됐다. 궁 안의 여인 가운데 군주의 총애를 받지 못하는 자는 출가시켰고, 70세가 된 자는 녹미祿米를 받게 했다. 이같이 백성들에게 덕과 은혜를 베풀어 두 동생과의 경쟁했다. 이같이 한 지 2년이 지나자 두 동생이 망명했다. 공자 하는 초나라, 공자 미는 중원의 진나라로 달아났다.

⌇⌇ 태사太師는 악장樂長을 뜻한다. 중좌中坐는 술자리가 한창 무르익었을 무렵을 뜻한다. 공자 미尾와 공자 하夏가 제경공의 두 아우라는 기록에 대해 여러 설이 있다. 『춘추좌전』에 따르면 제혜공의 공자 고高의 아들이 공손 채蠆로 자는 자미子尾이고, 공자 난欒의 아들이 공손 조竈로 자는 자아子雅 내지 자하子夏였다. 아우가 아니라 세대가 하나

위인 공족으로 보인다. 진속陳粟은 묵은 곡식을 의미한다. 궁부불어자 宮婦不御者의 어御를 양계웅은 옷을 입거나, 음식을 먹거나, 비첩과 잠을 자는 등 제왕이 하는 모든 행위를 일컫는다고 풀이했다.

34-8

景公與晏子遊於少海, 登柏寢之臺而還望其國, 曰, "美哉, 泱泱乎, 堂堂乎. 後世將孰有此." 晏子對曰, "其田成氏乎." 景公曰, "寡人有此國也, 而曰田成氏有之, 何也." 晏子對曰, "夫田成氏甚得齊民. 其於民也, 上之請爵祿行諸大臣, 下之私大斗·斛·區·釜以出貨, 小斗·斛·區·釜以收之. 殺一牛, 取一豆肉, 餘以食士. 終歲, 布帛取二制焉, 餘以衣士. 故市木之價, 不加貴於山. 澤之魚·鹽·龜·鼈·蠃·蚌, 不貴於海. 君重斂, 而田成氏厚施. 齊嘗大飢, 道旁餓死者不可勝數也, 父子相牽而趨田成氏者不聞不生. 故周秦之民相與歌之曰, '謳乎, 其已乎. 苞乎, 其往歸田成子乎.' 『詩』曰, '雖無德與女, 式歌且舞.' 今田成氏之德而民之歌舞, 民德歸之矣. 故曰, 其田成氏乎." 公泫然出涕, 曰, "不亦悲乎. 寡人有國而田成氏有之. 今爲之奈何." 晏子對曰, "君何患焉. 若君欲奪之, 則近賢而遠不肖, 治其煩亂, 緩其刑罰, 振貧窮而恤孤寡, 行恩惠而給不足, 民將歸君, 則雖有十田成氏, 其如君何."

제경공이 안자와 함께 소해少海로 놀라 나갔다가 백침대柏寢臺에 올라 멀리 제나라를 바라보며 이같이 말했다.

"참으로 아름답구나! 넓은 들판과 유유히 흐르는 강물, 당당하게 솟은 산이여! 장차 후대에 누가 이 나라를 차지하게 될까?"

안자가 대답했다.

"아마 전씨田氏일 것입니다."

제경공이 물었다.

"과인이 이 나라를 소유하고 있는데, 장차 전씨의 소유가 된다는 말은 무슨 뜻이오?"

안자가 대답했다.

"무릇 전씨는 제나라 백성들의 마음을 크게 얻고 있습니다. 그는 위로는 작록을 청해 대신들에게 나눠주고, 아래로는 두斗·곡斛·구區·부釜 등의 도량형 용기를 사사로이 크게 만들어 곡식을 빌려주면서 거둬들일 때는 통상적인 도량형 용기를 사용합니다. 소 한 마리를 잡으면 자신은 쟁반 하나 정도의 고기만 취하고, 나머지는 사람들이 나눠 먹도록 합니다. 연말에 공납 받은 비단과 피륙도 자신은 3장丈 6척만 갖고, 나머지는 사람들에게 나눠 줍니다. 시장에서 판매되는 목재 값도 산에서 사들이는 값보다 비싸지 않고, 못에서 잡는 물고기를 비롯해 소금과 자라, 거북이, 홍합, 조개 등의 가격도 바닷가보다 더 비싸지 않습니다.

군주가 세금을 무겁게 걷고 있지만 전씨는 은혜를 두텁게 베풀고 있습니다. 일찍이 큰 흉년이 들어 길가에서 굶어죽은 자가 그 수를 헤아릴 수 없이 많았을 때 부자가 손을 맞잡고 전씨를 찾아가 도움을 받지 않았다는 말을 듣지 못했습니다. 제나라 도성 임치성의 성문인 진주문秦周門 밖의 백성들이 노래하기를, '찬미하세, 오래전에 이곳에 살았어야 했네! 배불리 먹으려면 우리 모두 전씨에게 달려가야 한다네!'라고 한 이유입니다. 『시』에 이르기를, '비록 덕은 그대보다 못하나 노래하고 또 춤추리라'고 했습니다. 지금 전씨의 하찮은 덕으로 인해 백성들이 노래하고 춤추는 것은 백성들이 전씨의 은덕에 감격해 그에게 모여든다는 증거입니다. 신이 장차 전씨의 소유가 되리라고 언급한 이유입니다."

제경공이 괴로운 듯 눈물을 흘리며 탄식했다.

"슬프지 않은가? 과인이 소유한 나라를 전씨가 갖다니! 지금 이 일을
어찌해야 좋겠소?"

안자가 대답했다.

"군주는 무엇을 근심하십니까? 군주가 민심의 회귀를 원한다면 먼저
현자를 가까이 하며 불초한 자를 멀리하고, 번잡하고 혼란스런 일을 다
스리고, 형벌을 가볍게 늦추고, 가난한 자를 구제하며 고아와 과부를
가엾게 여겨 부족한 것을 채워주는 은덕을 베풀면 됩니다. 그러면 민심
이 장차 군주에게 돌아갈 것입니다. 설령 전씨 같은 자가 10명이 있을지
라도 군주를 어찌하겠습니까?"

◡❥ 백침지대柏寢之臺는 산동성 청주 청승현 동북방에 있는 누대를
말한다. 앙앙호泱泱乎는 강물이 깊고 넓은 모습, 당당호堂堂乎는 산천의
당당한 모습을 묘사한 것이다. 전성씨호田成氏乎는 제간공을 시해하고
제평공을 옹립한 제나라 권신 진항陳恒을 말한다. 「난언」과 「이병」은
전상田常, 「십과」은 전성자로 기록돼 있다. 일두육一豆肉은 아주 적은
분량의 고기를 말한다. 두豆는 고기를 담는 작은 쟁반을 뜻한다. 이제언
二制焉의 제제制는 피륙을 재는 길이의 단위로 8척이다. 주진지민周秦之民
의 '주진'을 『여씨춘추』「권훈」을 근거로 윤동양은 제나라 도성의 성문
이름인 진주문秦周門으로 풀이했다.

구호謳乎를 후토다가 애탄哀歎의 소리를 뜻하는 명호鳴乎로 해석한
후 『한비자교주』 등이 이를 좇았다. 여기에 나온 노래가사는 진항의 덕
을 노래한 것이다. 민지가무民之歌舞의 구謳는 찬가를 뜻하는 가歌의
뜻이다. 기이호其已乎는 오래전에 이곳에 살아야 했다는 뜻이다. 포호苞
乎의 포苞를 윤동양은 배부를 포飽의 가차로 풀이했다. 민덕귀지民德歸
之의 덕德을 『춘추좌전』「노희공 24년」조의 소는 은덕을 입은 자로 풀

이했다. 여기서는 진항의 은덕에 백성들이 감격했다는 의미로 사용됐다. 현연泫然은 눈물이 뚝뚝 떨어지는 모양을 묘사한 것이다.

34-9

或曰. 景公不知用勢, 而師曠·晏子不知除患. 夫獵者, 託車輿之安, 用六馬之足, 使王良佐驂, 則身不勞而易及輕獸矣. 今釋車輿之利, 捐六馬之足與王良之御, 而下走逐獸, 則雖樓季之足無時及獸矣. 託良馬固車, 則臧獲有餘. 國者, 君之車也. 勢者, 君之馬也. 夫不處勢以禁誅擅愛之臣, 而必德厚以與天下齊行以爭民, 是皆不乘君之車·不因馬之利·舍車而下走者也. 故曰, '景公, 不知用勢之主也. 而師曠·晏子, 不知除患之臣也.'

한비는 말한다.

"제경공은 권세를 부릴 줄 모르고, 사광과 안자는 재앙을 물리칠 줄 모른다. 무릇 사냥하는 자는 수레의 안전에 기대고 6마리 말의 발을 이용한다. 왕량王良처럼 뛰어난 마부가 고삐를 잡도록 하면 몸은 피로하지 않고, 빠른 짐승을 쉽게 잡을 수 있다. 만일 수레의 이로움과 6마리 말의 힘, 왕량의 뛰어난 기술을 버리고 수레에서 내려 짐승을 쫓는다면 비록 누계樓季처럼 빠른 발을 자랑할지라도 짐승을 따라잡을 길이 없다. 훌륭한 말과 견고한 수레에 의지하면 노비일지라도 능히 빠른 짐승을 따라잡을 수 있다. 나라는 군주의 수레이고, 권세는 군주의 말이다. 지금 군주는 권세를 이용해 멋대로 은덕을 베푸는 신하를 처벌하지 못하고, 두터운 덕을 베풀어 신하와 경쟁까지 하며 민심을 얻고자 한다. 이는 군주가 수레를 타지 않고, 말의 이로움을 따르지 않으면서 수레에서 내려 짐승을 쫓는 것과 같다. 제경공은 권세를 사용할 줄 모르는 군주이고, 사광과 안자는 재앙을 물리칠 줄 모르는 신하라고 말한 이유다."

    🔗 혹왈或曰은 한비가 자신의 견해를 밝힐 때 사용한 어구이다. 『사기』에서 사마천이 자신의 견해를 피력할 때 '태사공왈太史公曰'을 언급한 것과 같다. 좌비佐轡는 고삐를 잡고 수레를 몬다는 뜻이다. 누계지족樓季之足은 잘 달리는 사람을 말한다. '누계'는 『사기』「이사열전」에 대한 주석에서 배인의 『사기집해』는 위문후의 동생으로 보았다. 통상 발이 빠른 사람을 뜻하는 준족駿足의 의미로 사용된다. 천애지신擅愛之臣은 군주의 총애를 믿고 멋대로 백성에게 덕을 베푸는 자를 말한다.

🌿 34-10

子夏曰, "『春秋』之記臣殺君·子殺父者, 以十數矣. 皆非一日之積也, 有漸而以至矣." 凡姦者, 行久而成積, 積成而力多, 力多而能殺, 故明主蚤絶之. 今田常之爲亂, 有漸見矣, 而君不誅. 晏子不使其君禁侵陵之臣, 而使其主行惠, 故簡公受其禍. 故子夏曰, "善持勢者, 蚤絶姦之萌."

자하가 말했다.

"「춘추」의 기록에는 신하가 군주를 살해하고, 자식이 부친을 죽인 일들이 십여 차례나 된다고 했다. 모두 하루에 쌓인 게 아니라 사물의 단초가 점차 진행하는 과정에서 이런 지경에 이르게 된 것이다."

무릇 간사한 행동이 오랫동안 행해지면 세력이 쌓이고, 세력이 쌓이면 힘이 커지고, 힘이 커지면 군주나 부친을 죽이게 된다. 명군이 이를 조기에 끊어버리는 이유다. 지금 진항陳恒이 반란을 일으킨 것은 조짐

278 한비자韓非子

이 서서히 나타난 일이지만 제나라 군주는 벌을 내리지 않았다. 안자는 군주에게 권력을 침해하는 신하를 금지하도록 권하지 않고, 은혜를 베풀도록 했다. 제간공이 화를 입은 이유다. 그래서 자하는 이같이 말했다.

"권세를 잘 유지하는 자는 간사한 싹을 일찍 잘라 버린다."

유점有漸의 점漸을『춘추공양전』「노은공 원년」조의 주는 사물의 단초로 풀이했다. 침릉지신侵陵之臣은 군주의 권세를 침범하는 신하를 말한다. 릉陵은 능멸한다는 뜻의 능凌과 통한다.

34-11

季孫相魯, 子路爲郈令. 魯以五月起衆爲長溝, 當此之爲, 子路以其私秩粟爲漿飯, 要作溝者於五父之衢而餐之. 孔子聞之, 使子貢往覆其飯, 擊毀其器, 曰, "魯君有民, 子奚爲乃餐之." 子路怫然怒, 攘肱而入, 請曰, "夫子疾由之爲仁義乎. 所學於夫子者, 仁義也. 仁義者, 與天下共其所有而同其利者也. 今以由之秩粟而餐民, 不可何也." 孔子曰, "由之野也. 吾以女知之, 女徒未及也. 女故如是之不知禮也. 女之餐之, 爲愛之也. 夫禮, 天子愛天下, 諸侯愛境內, 大夫愛官職, 士愛其家, 過其所愛曰侵. 今魯君有民而子擅愛之, 是子侵也, 不亦誣乎." 言未卒, 而季孫使者至, 讓曰, "肥也起民而使之, 先生使弟子令徒役而餐之, 將奪肥之民耶." 孔子駕而去魯. 以孔子之賢, 而季孫非魯君也, 以人臣之資, 假人主之術, 蚤禁於未形, 而子路不得行其私惠, 而害不得生, 況人主乎. 以景公之勢而禁田常之侵也, 則必無劫弑之患矣.

계손씨가 노나라 재상으로 있을 때 자로子路가 후邱 땅의 장관이 됐다. 노나라에서는 5월이면 사람들을 징집해 긴 수로를 만들었다. 당시 자로는 자신의 봉록으로 받은 곡물로 죽을 쑤어 도성인 곡부의 동남쪽에 있는 오보五父 거리에서 수로를 만드는 자들에게 먹였다. 공자가 이 소식을 듣고 곧 자공을 시켜 속히 달려가 죽을 뒤엎고 그릇을 깬 뒤 이같이 말하게 했다.

"노나라 군주의 백성인데 네가 어째서 밥을 주는 것인가?"

자로가 불끈 화를 내며 소매를 걷어붙이고는 공자의 처소로 들어와 물었다.

"선생님은 제가 인의를 행하는 것을 미워하는 것입니까? 선생님께 배운 것은 인의입니다. 인의는 천하와 더불어 소유한 것을 함께 나누는 것이고, 이로움을 함께 갖는 것입니다. 지금 제가 봉록으로 받은 곡물로 백성들에게 먹인 것이 어째서 옳지 않다는 것입니까?"

공자가 대답했다.

"유由야, 너는 여전히 거칠구나! 나는 네가 도리를 안다고 생각했으나 너는 여기에 미치지 못하는구나. 너는 여전히 예를 모르는 듯하구나. 네가 그들에게 먹을 것을 준 것은 그들을 아끼기 때문이다. 무릇 예란 천자는 천하 사람을 사랑하고, 제후는 국경 안의 사람을 사랑하고, 대부는 관속을 사랑하고, 선비는 집안 식구를 사랑하는 것이다. 사랑하는 바를 넘는 것을 두고 권한을 침해했다고 하는 것이다. 지금 노나라 군주가 백성을 돌보고 있는데 네 마음대로 그들을 사랑했으니 이는 네가 군주의 권한을 침해한 것이다. 이 또한 잘못된 행동이 아니냐?"

말이 끝나기도 전에 계손의 사자가 도착해 꾸짖었다.

"내가 백성을 징집해 노역을 시켰을 때 선생은 제자에게 명해 사람들을 불러 먹을 것을 주도록 했소. 장차 나의 백성들을 빼앗으려는 것이오?"

공자가 수레를 타고 노나라를 떠났다. 공자의 현명함으로도 막지 못한 일을 계손씨는 노나라 군주가 아닌 재상의 신분으로 군주의 통치술을 빌려 재앙이 빚어지기 전에 미리 금했다. 자로가 더 이상 사사로이 은혜를 베풀지 못하고, 재앙이 빚어지지 않게 한 배경이다. 하물며 군주의 경우이겠는가? 제경공의 권세를 이용해 진항의 권한침해 행위를 막았다면 틀림없이 제간공이 시해당하는 일은 없었을 것이다.

    ◐↝ 자로子路는 『사기』 「중니열전」에 따르면 본명이 중유仲由이고 자가 자로이다. 계로季路로 나오는 경우도 있다. 지금의 산동성 사수현인 노나라의 변卞 땅 출신으로 공자보다 9세 연하였다. 제자들 중 나이가 가장 많았다. 그는 공자에게 일종의 반면교사의 역할을 수행함으로써 공자사상의 정립에 지대한 공헌을 한 인물이었다. 그는 공자의 제자가 된 후 공자의 가장 친한 친구인 동시에 가장 엄격한 비판자로서의 역할을 수행했다. 그는 자신이 확신하는 원칙에 대해 스스로 엄격했을 뿐만 아니라 스승인 공자에게도 거리낌 없이 엄하게 추궁하는 모습을 보였다. 공자의 제자 가운데 의義의 덕목을 가장 많이 지닌 사람을 들라면 단연 자로를 꼽을 수 있다. 묵가처럼 공자의 인仁에 의義를 덧붙여 유가의 최고 덕목으로 인의仁義를 내세운 후대의 맹자는 여러 면에서 자로와 가장 닮았다. 후郈 땅은 숙손씨의 봉읍으로 지금의 산동성 동평현東平縣 동남쪽 40리 지점에 있다.

사질속私秩粟은 자신의 몫으로 주어진 봉록의 곡물을 말한다. 장반漿飯은 쌀로 끓인 죽을 뜻한다. 오보지구五父之衢는 '오보'로 불린 노나라의 저잣거리를 말한다. 찬지餐之는 먹인다는 뜻으로 『한비자금주금역』에는 찬餐이 저녁밥 손飧으로 되어 있다. 원래 찬餐은 간식 내지 반

찬을 뜻할 때는 '찬', 밥이나 물만 밥을 뜻할 때는 '손'으로 읽는다. 찬湌
과 같은 글자이다. 이것이 저녁밥이나 물만 밥을 뜻하는 손飧의 속자인
손湌과 같은 글자로 간주된 결과로 보인다. 손湌과 손飱 모두 손飧의 속
자이다.

불연怫然은 발끈한다는 뜻이다. 양굉攘肱은 팔뚝을 걷어붙인다는 의
미이다. 불역무호不亦誣乎는 '그르쳐 어지럽히지 않겠는가'의 뜻이다.
영도역令徒役의 영令은 그만둔다는 의미이다. 도역徒役은 인부를 말한
다. 비지민야肥之民耶의 비肥는 계강자季康子의 이름이다. 야耶는 의문
조사 야邪와 같다.

🦋34-12

太公望東封於齊, 齊東海上有居士曰狂矞·華士昆弟二人者立議
曰, "吾不臣天子, 不友諸侯, 耕作而食之, 掘井而飮之, 吾無求於人
也. 無上之名, 無君之祿, 不事仕而事力." 太公望至於營丘, 使吏執
殺之, 以爲首誅. 周公旦從魯聞之, 發急傳而問之曰, "夫二子, 賢者
也. 今日饗國而殺賢者, 何也." 太公望曰, "是昆弟二人立議曰, '吾不
臣天子, 不友諸侯, 耕作而食之, 掘井而飮之, 吾無求於人也. 無上之
名, 無君之祿, 不事仕而事力.' 彼不臣天子者, 是望不得而臣也. 不
友諸侯者, 是望不得而使也. 耕作而食之, 掘井而飮之, 無求於人者,
是望不得以賞罰勸禁也. 且無上名, 雖知, 不爲望用. 不仰君祿, 雖
賢, 不爲望功. 不仕, 則不治. 不任, 則不忠. 且先王之所以使其臣民
者, 非爵祿, 則刑罰也. 今四者不足以使之, 則望當誰爲君乎. 不服兵
革而顯, 不親耕耨而名, 又非所以敎於國也. 今有馬於此, 如驥之狀
者, 天下之至良也. 然而驅之不前, 却之不止, 左之不左, 右之不右,
則臧獲雖賤, 不託其足. 臧獲之所願託其足於驥者, 以驥之可以追利

辟害也. 今不爲人用, 臧獲雖賤, 不託其足焉. 己自謂以爲世之賢士
而不爲主用. 行極賢而不用於君, 此非明主之所臣也, 亦驥之不可左
右矣, 是以誅之."

태공망太公望 여상呂尙이 주무왕을 도와 주나라 창건을 도운 뒤 동
쪽 제나라에 봉해졌다. 제나라 동쪽 바닷가에 은자 형제가 살고 있었
다. 광휼狂矞과 화사華士였다. 두 형제가 이같이 주장했다.

"우리는 천자의 신하도 아니고, 제후의 친구도 아니다. 밭을 갈아 음
식을 먹고, 우물을 파서 물을 마시고, 다른 사람에게 바라는 것도 없다.
군주에게 벼슬을 구할 일도 없고, 군주가 주는 봉록을 받을 일도 없고,
아무도 섬길 뜻도 없고, 오직 우리 힘만으로 살아간다."

여상은 영구營丘에 이르자 곧 관원을 보내 이들을 잡아 죽여 최초의
처벌로 삼았다. 주공 단이 노나라에서 이 소식을 듣고는 곧 사람을 보
내 물었다.

"그 두 사람은 현자이오. 이제 막 나라를 다스리도록 맡겼는데 현자
를 죽인 것은 어찌된 일이오?"

여상이 대답했다.

"이 두 형제가 주장하기를, '우리는 천자의 신하도 아니고, 제후의 친
구도 아니다. 밭을 갈아 음식을 먹고, 우물을 파서 물을 마시고, 다른
사람에게 바라는 것도 없다. 군주에게 벼슬을 구할 일도 없고, 군주가
주는 봉록을 받을 일도 없고, 아무도 섬길 뜻도 없고, 오직 우리 힘만으
로 살아간다.'고 했소. 그들이 천자의 신하가 아니라고 했으니 나 여망呂
望은 그들을 신하로 임용할 수 없고, 제후의 친구가 아니라고 했으니 나
여망은 그들을 부릴 수가 없소. 밭을 갈아 음식을 먹고 우물을 파서 물
을 마시며 다른 사람에게 바라는 것이 없다고 했으니 나 여망은 그들

을 상벌로 격려하거나 금할 수 없소. 하물며 그들은 군주가 내리는 명예를 원하지 않는다고 했으니 설령 아무리 지혜로울지라도 나 여망을 위해 지혜를 사용하지 않을 것이고, 군주가 내리는 봉록에 의지하지 않겠다고 했으니 비록 설령 아무리 현명할지라도 나 여망을 위해 공을 세우려 하지 않을 것이오. 벼슬을 하지 않으려는 것은 군주의 다스림을 받지 않겠다는 것이고, 임용되는 것을 원치 않는다는 것은 군주에게 충성하지 않겠다는 뜻이오.

선왕이 신하를 다스린 것은 작위와 봉록이 아니면 상벌이 있었기 때문이오. 지금 이 4가지로 그들을 부릴 수가 없는데 나 여망이 장차 누구의 군주 노릇을 할 수 있겠소? 전쟁에 나가 공을 세우는 일도 하지 않은 채 현자로 이름만 드러내고, 몸소 나라에 도움이 되지도 않는 농사를 지으면서 명성을 떨치는 것은 백성을 가르치는 방도가 아니오.

지금 여기에 말이 있어 천리마의 모습을 하고 있다면 천하에 가장 뛰어난 말일 것이오. 그러나 채찍질을 해도 앞으로 나아가지 않고, 멈추게 하려 해도 서지 않고, 왼쪽으로 몰려 해도 왼쪽으로 가지 않고, 오른쪽으로 몰려 해도 오른쪽으로 가지 않는다면 아무리 천한 신분의 노비일지라도 이런 말은 타지 않으려 할 것이오. 비록 천한 노비일지라도 천리마를 타려고 하는 것은 그것으로 이로움을 얻고 해를 피하려 하기 때문이오. 지금 사람에게 쓸모가 없다면 노비가 아무리 천하다 할지라도 그 말을 타지 않으려 할 것이오. 이들 두 사람은 스스로 세상의 뛰어난 현자를 자처하지만 군주에게 아무 소용이 없고, 설령 행실이 아무리 뛰어나도 군주에게 쓸모가 없으니 명군이라면 이런 자들을 신하로 삼지 않을 것이오. 천리마일지라도 좌우로 마음껏 부릴 수 없다면 죽일 수밖에 없소. 그들을 주살한 것은 바로 이 때문이오."

◌◞◟ 곤제昆弟는 형제와 같은 말이다. 입의立議의 의議를 진계천은 의義와 통한다고 했다. 영구營丘는 제나라 도성인 임치臨淄 안에 있는 지명이다. 『사기』『제세가』에 따르면 태공망 여상이 처음으로 도읍을 정한 곳이다. 지금의 산동성 임치현성의 북쪽에 있다. 불앙군록不仰君祿의 앙仰을 『광아』「석고」는 믿을 시恃로 풀이했다. 망당수위군호望當誰爲君乎의 당當을 왕인지는 장將으로 해석했다. 추리피해追利辟害의 피辟은 피避의 가차이다. 이자위이위세지현사已自謂以爲世之賢士의 이已를 『이아』「석고」는 지시대명사 차此로 풀이했다. 이위以爲를 장각은 주석이 본문에 혼입된 결과로 보았다.

🎗34-13

一曰. 太公望東封於齊. 海上有賢者狂矞, 太公望聞之往請焉, 三却馬於門, 而狂矞不報見也, 太公望誅之. 當是時也, 周公旦在魯, 馳往止之, 比至, 已誅之矣. 周公旦曰, "狂矞, 天下賢者也, 夫子何爲誅之." 太公望曰, "狂矞也議不臣天子, 不友諸侯, 吾恐其亂法易敎也, 故以爲首誅. 今有馬於此, 形容似驥也, 然驅之不往, 引之不前, 雖臧獲不託足以旋其軫也."

일설에 따르면 태공망 여상이 동쪽 제나라에 봉해졌을 때 바닷가에 광휼이라는 현자가 있었다. 여상이 그 소식을 듣고는 이내 그곳으로 가 만나기를 청했다. 3번이나 문 앞에서 말을 내렸지만 광휼은 만나주지 않았다. 이에 여상이 그를 죽였다. 마침 주공 단이 노나라에 있다가 긴급히 말을 달려 이를 막고자 했다. 그러나 도착했을 때는 이미 처형이 끝난 뒤였다. 주공이 물었다.

"광휼은 천하의 현자요. 그대는 어째서 그를 죽인 것이오?"

여상이 대답했다.

"광휼은 천자를 섬기지도 않고, 제후들과 사귀지도 않는다고 했소. 나는 그가 제나라의 법을 어지럽히고, 나의 교령敎令을 위반할까 우려해 최초의 처벌 대상으로 삼은 것이오. 지금 여기에 말이 있는데 그 모습이 천리마를 닮았을지라도 채찍질을 해도 가지 않고, 잡아끌어도 앞으로 나아가지 않는다면 비록 비천한 노비일지라도 그 말을 이용해 수레를 끌려 하지는 않을 것이오."

🐦 난법역교亂法易敎의 역易을 『가자賈子』「도술」은 법리를 좇는 궤軌와 반대되는 개념으로 풀이했다. 『여씨춘추』「금색」의 주는 어길 위違로 해석했다. 교敎를 『순자』『대략』의 주는 경계하는 명령인 계령戒令으로 보았다. 채옹蔡邕은 『독단獨斷』에서 제후의 명령으로 풀이했다. 여기서는 두 가지 뜻을 모두 지니고 있다. 불탁족어기진不託足於其軫을 장각은 '그 말이 끄는 수레로 하여금 자신의 발을 대신토록 하지는 않을 것이다'라고 해석했다. 진軫의 원래 뜻은 수레의 뒤턱나무로, 여기서는 수레의 의미로 사용됐다. 『한비자금주금역』에는 불탁족이선기진不託足以旋其軫으로 되어 있다. 선旋은 시施의 뜻이다. '그 말로 하여금 수레를 이끌도록 하지는 않을 것이다'라는 의미이다. 어느 쪽으로 해석해도 가하다.

🐦**34-14**

如耳說衛嗣公, 衛嗣公說而太息. 左右曰, "公何爲不相也." 公曰, "夫馬似鹿者而題之千金, 然而有百金之馬而無一金之鹿者, 馬爲人用而鹿不爲人用也. 今如耳, 萬乘之相也, 外有大國之意, 其心不在衛, 雖辨智, 亦不爲寡人用, 吾是以不相也."

여이如耳가 위사군에게 유세했다. 위사군이 기뻐하면서도 길게 탄식했다. 측근들이 물었다.

"공은 어째서 여이를 재상으로 삼지 않는 것입니까?"

위사군이 대답했다.

"무릇 사슴을 닮은 말이 있다면 1천 금의 가치가 있을 것이다. 그러나 1백 금의 가치가 있는 말은 있어도 사슴은 그런 경우가 전혀 없다. 말은 사람을 위해 쓰이지만 사슴은 그런 일이 없기 때문이다. 지금 여이는 만승 대국의 재상감이다. 태도를 봐도 대국에 등용돼 그 뜻을 펴려고 할 뿐 위나라 같이 작은 나라에는 전혀 마음을 두지 않고 있다. 비록 언변이 뛰어나고 지혜로울지라도 과인에게는 소용이 없는 까닭에 그를 재상으로 임명하지 않은 것이다."

유백금지마이무일금지록자有百金之馬而無一金之鹿者의 '백금'과 '일금'을 도홍경은 『논형』「비한非韓」을 근거로 각각 천금千金과 백금百金으로 바꿔야 한다고 했다. 그러나 원문 그대로 해석해도 무리가 없다. 변지辨智의 변辨은 구변을 뜻하는 변辯과 통한다.

34-15

薛公之相魏昭侯也. 左右有欒子者曰陽胡·潘, 其於王甚重, 而不爲薛公. 薛公患之, 於是乃召與之博. 予之人百金, 令之昆弟博. 俄又益之人二百金. 方博有間, 謁者言客張季之子在門, 公怫然怒, 撫兵而授謁者曰, "殺之. 吾聞季之不爲文也." 立有間, 時季羽在側, 曰, "不然. 竊聞季爲公甚, 顧其人陰未聞耳." 乃輟, 不殺客, 大禮之, 曰, "曩者聞季之不爲文也, 故欲殺之. 今誠爲文也, 豈忘季哉." 告廩獻千石之粟, 告府獻五百金, 告騶私廐獻良馬固車二乘, 因令奄將宮人

之美妾二十人, 竝遺季也. 欒子因相謂曰, "爲公者必利, 不爲公者必
害, 吾曹何愛不爲公." 因斯競勸而遂爲之. 薛公以人臣之勢, 假人主
之術也, 而害不得生, 況錯之人主乎.

  설공薛公이 위소왕魏昭王의 재상으로 있었다. 측근에 양호陽胡, 양반
陽潘이라는 쌍둥이가 있었다. 위소왕의 총애를 받고 있었으나 설공을
위해 일하지 않았다. 이를 우려한 설공이 곧 이들을 불러 박博을 했다.
그들에게 각각 1백 금을 나눠주고 함께 박을 하다가 도중에 다시 2백
금을 주었다. 박을 하는 사이 알자謁者가 말했다.

  "빈객 가운데 장계張季란 사람이 문밖에 와 있습니다."

  설공이 불끈 화를 내며 칼을 꺼내 알자에게 건네주며 말했다.

  "죽여 버려라. 그가 평소 나를 비방하며 내 일을 방해하고 다녔다고
한다."

  알자가 잠시 멍하니 서 있자 곁에 있던 장계의 벗이 말했다.

  "그렇지 않습니다. 저는 장계가 공을 크게 위한다고 들었습니다. 단지
그가 은밀히 행동해서 공이 그 사실을 듣지 못했을 뿐입니다."

  이에 죽이라는 명을 취소하고 그를 빈객으로 크게 예우하며 말했다.

  "전에는 그대가 나를 위해 일하지 않는다는 말을 들었기에 죽이려
한 것이오. 지금은 실로 나를 위한다고 하니 어찌 그대를 잊겠소!"

  그러고는 창고지기에게 일러 곡식 1천 섬을 주고, 금고지기에게 명해
5백 금을 주고, 마구간지기에게 말해 좋은 말과 튼튼한 수레 2대를 주
게 했다. 또 환관에게 명해 후궁의 미녀 20명을 보내게 했다. 이를 본 쌍
둥이가 서로 말했다.

  "설공을 위하는 자는 반드시 이롭고, 위하지 않는 자는 반드시 해를
입는다. 우리가 어째서 그를 위해 일하지 않았던가?"

이들은 이 사건을 본 이후 다퉈 설공을 위해 일하게 됐다. 설공은 신하의 권세로써 군주의 법술을 빌려 해를 입지 않을 수 있었다. 하물며 군주의 자리에 있으면서 법술을 사용하는 경우이겠는가!

📖 계우季羽는 장계의 벗이라는 뜻이다. 당우黨羽라는 말에서 유추해 우友를 우羽로 쓴 것이다. 고거이승固車二乘의 승乘은 수량사로 구체적으로는 수레 1대와 말 4필을 뜻한다. 인령엄장궁인因令奄將宮人의 엄奄은 환관을 뜻하는 엄閹의 가차이다. 장將을 가마사카와 진기유, 양계웅 등은 송送으로 풀이했다. 이는 앞 구절의 헌獻과 상응하지 않고, 뒤 구절의 유遺와 중복된다. 있는 그대로 이끈다는 뜻의 대령帶領으로 풀이하는 게 낫다. 인사경권因斯競勸의 사斯를 왕선신과 진기유 등은 사적으로 은밀히 움직인다는 뜻의 사私로 풀이했으나 앞에 나온 사건을 지칭한 것으로 보는 게 자연스럽다.

🌿34-16

夫馴烏者斷其下翎焉. 斷其下翎, 則必恃人而食, 焉得不馴乎. 夫明主畜臣亦然, 今臣不得不利君之祿, 不得無服上之名. 夫利君之祿, 服上之名, 焉得不服.

무릇 까마귀를 길들이려면 날개 끝을 잘라 주어야 한다. 그러면 반드시 사람에게 의지해 먹게 된다. 그러니 어찌 사람에게 길들여지지 않을 수 있겠는가? 무릇 명군이 신하를 기르는 것 또한 이러하다. 신하로 하여금 군주가 내리는 봉록을 탐하지 않을 수 없게 만들고, 군주가 내린 작위 위에서 일하지 않을 수 없게 만들어야 한다. 군주가 주는 봉록을 이롭다고 생각하고, 군주가 내린 작위에 따라 일한다면 어찌 복종하지 않을 수 있겠는가?

🌱 이군지록利君之祿의 리利를 『광아』「석고」는 탐貪으로 풀이했다. 부득무복상지명不得無服上之名의 '부득무'는 부득불不得不과 같은 뜻이다. 명名을 『여씨춘추』「무본」은 작위로 풀이했다.

🌱**34-17**
「전문 2」독단獨斷의 사례.

🌱**34-18**
申子曰, "上明見, 人備之. 其不明見, 人惑之. 其知見, 人飾之. 不知見, 人匿之. 其無欲見, 人司之. 其有欲見, 人餌之. 故曰, '吾無從知之, 惟無爲可以規之.'"

신불해가 말했다.
"군주가 총명함을 드러내면 신하들은 군주를 방비하려 하고, 총명치 못함을 드러내면 신하들은 군주를 미혹하려 한다. 군주가 지혜를 드러내면 신하들은 교언巧言으로 영합하려 하고, 우매함을 드러내면 신하들은 진상을 숨기려 한다. 군주가 하고자 하는 바가 없음을 드러내면 신하들은 그 속마음을 엿보려 하고, 하고자 하는 바를 드러내면 신하들은 그것으로 군주를 유인하려 한다. 그래서 말하기를, '군주가 신하의 실정을 제대로 파악할 수 있는 비책은 없다. 오직 무위의 방법으로 신하의 실정을 헤아릴 수 있다'고 한 것이다."

🌱 인사지人司之의 사司를 진계천은 엿볼 사伺의 옛 글자로 보았

다. 무위無爲는 군주의 재능과 호오를 드러내지 않는 것을 말한다. 신불해의 '무위' 개념은 한비에게 그대로 전수됐다. 한비의 '무위' 개념이 훨씬 풍부한 것은 말할 것도 없다. 가이규지可以規之의 규규規는 엿볼 규窺와 통한다.

᠗ᢅ34-19

一曰. 申子曰, "愼而言也, 人且知女. 愼而行也, 人且隨女. 而有知見也, 人且匿女. 而無知見也, 人且意女. 女有知也, 人且臧女. 女無知也, 人且行女. 故曰, '惟無爲可以規之.'"

일설에 따르면 신불해가 군주에게 이같이 경계했다.

"신중하게 말할 필요가 있습니다. 그래야 신하들이 군주의 말을 제대로 이해할 수 있게 됩니다. 또한 신중하게 행동할 필요가 있습니다. 그래야 신하들이 군주를 좇으려 할 것입니다. 넘치는 지혜를 그대로 드러내면 신하들은 실정을 숨기며 군주를 속이려 들고, 무지를 드러내면 신하들은 군주를 은밀히 모해하려 들 것입니다. 군주가 지혜로우면 신하들은 군주를 피해 숨으려 들고, 지혜가 없으면 신하들은 군주에게 수작을 부리려 듭니다. 그래서 말하기를, '오직 무위의 방법으로 신하의 실정을 헤아릴 수 있다'고 한 것입니다."

᠗ᢅ 신이언愼而言의 이而와 지녀知女의 녀女 모두 2인칭 대명사이다. 여女는 녀汝의 가차이다. 『한비자금주금역』에는 '지녀'가 군주에게 부화附和한다는 뜻의 화녀和女로 되어 있다. 인차의녀人且意女의 의意는 수작을 부리려 든다는 뜻이다.

✿34-20

田子方問唐易鞠曰, "弋者何愼." 對曰, "鳥以數百目視子, 子以二目
御之, 子謹周子廩." 田子方曰, "善. 子加之弋, 我加之國." 鄭長者聞
之曰, "田子方知欲爲廩, 而未得所以爲廩. 夫虛無無見者, 廩也."

위나라의 전자방田子方이 당이국唐易鞠에게 물었다.

"주살로 새를 잡을 때 어떤 일에 주의해야만 하오?"

당이국이 대답했다.

"새는 무리를 지어 다니는 까닭에 수백 개의 눈으로 당신을 보지만
당신은 두 개의 눈으로 이에 대비할 뿐입니다. 당신은 삼가 곡식창고 곁
에 마련한 은신처에 몸을 잘 숨기도록 주의해야 합니다."

전자방이 말했다.

"옳은 말이오. 당신은 그 방법을 새를 잡는 데 사용했지만 나는 장차
나라를 다스리는 데 쓸 생각이오."

정나라 출신의 도인이 이 말을 듣고 이같이 말했다.

"전자방은 은신처를 만들어야 한다는 사실만 알았지 어떻게 만들어
야 하는지는 몰랐다. 허정무위虛靜無爲한 자세로 자신을 드러내지 않아
야만 비로소 완벽하게 감출 수 있다. 그게 바로 진정한 은신처를 만드
는 방법이다."

◟◞ 주자름周子廩의 주周를 모노부타는 주밀周密의 뜻으로 풀었다.
름廩을 가마사카는 『관자』「계」의 주를 인용해 새들이 몰려드는 곡식창
고로 풀이했으나 후지사와는 몸을 숨기기 위한 모사茅舍로 해석했다.
곡식창고 곁에 마련한 초가집으로 보는 게 자연스럽다. 정장자鄭長者를
왕선신은 『한서』「예문지」를 근거로 도가서인 『정장자』 1편을 지은 정

나라 출신 도인으로 보았다. 허무무현虛無無見은 허심한 자세로 몸을 드러내지 않는다는 뜻이다. 「난이」에 나오는 '체도무위무현體道無爲無見'과 취지를 같이한다. 늠야廩也는 새를 잡을 때 곡식창고 곁에 은신처인 초가집을 만드는 식의 수법으로는 이내 새에 비유된 간신들에게 그 수법이 들통날 수밖에 없다는 뜻을 내포하고 있다.

❦34-21

一曰. 齊宣王問弋於唐易子, 曰, "弋者奚貴." 唐易子曰, "在於謹廩." 王曰, "何謂謹廩." 對曰, "鳥以數十目視人, 人以二目視鳥, 奈何不謹廩也. 故曰'在於謹廩'也." 王曰, "然則爲天下何以爲此廩. 今人主以二目視一國, 一國以萬目視人主, 將何以自爲廩乎." 對曰, "鄭長者有言曰, '夫虛靜無爲而無見也.' 其可以爲此廩乎."

일설에 따르면 제선왕齊宣王이 당이자唐易子에게 주살로 새를 잡는 일에 관해 물었다.

"주살로 새를 잡을 때 어떤 일에 주의해야만 하오?"

당이자가 대답했다.

"관건은 신중한 자세로 몸을 완벽하게 숨길 수 있는 은신처에 있습니다."

"어찌하여 그렇다는 것이오?"

"새는 수십 개의 눈으로 군주를 보지만 군주는 단지 두 개의 눈으로 새를 볼 뿐입니다. 그러니 어찌 은신처에 주의하지 않을 수 있겠습니까? 그래서 '관건은 신중한 자세로 몸을 완벽하게 숨길 수 있는 은신처에 있다'고 한 것입니다."

제선왕이 다시 물었다.

"그렇다면 천하를 다스릴 때는 어떻게 몸을 숨겨야 하오? 지금 나는 두 눈으로 온 나라를 보지만, 온 나라는 수만 개의 눈으로 나를 보고 있소. 내가 장차 어찌해야 스스로 몸을 잘 숨길 수 있겠소?"

당이자가 대답했다.

"정나라의 어떤 장로가 말하기를, '무릇 허정무위虛靜無爲의 자세로 스스로를 드러내지 않아야 한다'고 했습니다. 이같이 하면 가히 몸을 완벽하게 숨길 수 있는 은신처가 되지 않겠습니까?"

🌀 하위근름何謂謹廩의 위謂는 위爲와 같다.

🌿34-22

國羊重於鄭君, 聞君之惡己也, 侍飮, 因先謂君曰, "臣適不幸而有過, 願君幸而告之. 臣請變更, 則臣免死罪矣."

국양國羊이 정나라 군주에게 중용됐다. 그러나 이내 군주가 자신을 미워한다는 말을 듣게 되었다. 그는 연회석에서 군주를 모시게 됐을 때 먼저 이같이 말했다.

"제가 만일 실수로 착오를 일으켜 잘못을 범하면 군주가 은총을 베풀어 이를 일러주시기 바랍니다. 그러면 신은 잘못을 고칠 것이고, 죽을 죄를 면하게 될 것입니다."

🌀 신적불행臣適不幸의 적適은 가정을 나타내는 부사어 약若과 같다. 행幸을 『주례』「태재」의 주는 언행이 우연히 좋은 일에 부합하는 것으로 풀이했다. 불행不幸은 곧 언행이 우연히 좋지 않은 일에 부합하는 경우를 의미한다. 실수로 착오를 범하는 경우 등이 이에 해당한다. 군행

君幸의 행幸은 은총을 베푼다는 뜻의 동사로 사용된 것이다.

🎋 34-23

客有說韓宣王, 宣王說而太息. 左右引王之說之以先告客以爲德.

어떤 유세객이 한선왕韓宣王에게 유세하자 한선왕은 크게 기뻐하며 감탄했다. 측근들이 앞 다퉈 유세객을 찾아가 한선왕이 기뻐한 사실을 알려주며 마치 은덕을 베푼 것처럼 생색을 냈다.

🐚 인왕지열지引王之說之의 인引을 『국어』「진어」의 주는 어떤 사물을 수단으로 이용한다는 뜻의 취取로 풀이했다.

🎋 34-24

靖郭君之相齊也, 王后死, 未知所置, 乃獻玉珥以知之.

정곽군靖郭君 설공薛公 전영田嬰이 제나라 재상으로 있을 때 왕후가 죽자 그 뒤를 이을 사람을 정하지 못했다. 이에 옥 귀고리를 왕에게 바쳐 그 의중을 알아냈다.

🐚 정곽군靖郭君은 맹상군의 부친 설공薛公 전영田嬰을 말한다. 미지소치未知所置의 '소치'는 왕후의 자리에 앉힐 사람이라는 뜻의 소치지인所置之人과 같다. 치인置人으로 표현해도 된다.

🎋 34-25

一曰. 薛公相齊, 齊威王夫人死, 中有十孺子皆貴於王, 薛公欲知

王所欲立而請置一人以爲夫人. 王聽之, 則是說行於王, 而重於置夫
人也. 王不聽, 是說不行, 而輕於置夫人也. 欲先知王之所欲置以勸
王置之. 於是爲十玉珥而美其一而獻之. 王以賦十孺子. 明日坐, 視
美珥之所在而勸王以爲夫人.

　일설에 따르면 설공薛公이 제나라 재상으로 있을 때 제선왕齊宣王의
부인이 죽었다. 궁 안에는 10명의 후궁이 있었다. 모두 제선왕의 총애를
입었다. 설공은 제선왕이 새 왕후로 삼고자 하는 후궁을 미리 알아내
그녀를 부인으로 삼을 것을 권하고자 했다. 제선왕이 들어준다면 자신
의 건의가 관철되고 새 왕후로부터 중시될 것이나, 들어주지 않으면 자
신의 건의가 거부되고 새 왕후로부터 경시될 수밖에 없었다. 그는 먼저
제선왕이 새 왕후로 삼고자 하는 후궁을 알아낸 후 그녀를 적극 천거
코자 했다. 이에 옥 귀걸이 10개를 만들면서 그 중 하나를 특히 아름답
게 해서 바쳤다. 제선왕이 10명의 후궁에게 이를 나눠주었다. 다음날 아
침 설공은 아름다운 귀걸이를 하고 있는 자를 살펴본 뒤 곧 그녀를 새
왕후로 삼을 것을 적극 권했다.

　🐌 제위왕齊威王을 장각은 제선왕齊宣王의 잘못으로 보았다. 이에
대해 진기유 등은 제위왕으로 보는 게 옳다고 했다. 원래 제위왕은 기원
전 333년에 병사했다. 재위기간은 총 37년에 달한다. 그는 재위 기간 중
서쪽 진나라의 진효공秦孝公 및 중원 위나라의 위혜왕魏惠王과 더불어
전국시대 중기를 호령했다. 『사기』「진경중완세가」는 기원전 341년의 마
릉전투馬陵戰鬪가 벌어지기 2년 전인 기원전 343년에 제위왕이 죽고 그
의 아들 벽강辟彊이 제선왕으로 즉위했다고 기록해 놓았다. 이는 오류
다. 『자치통감』에 따르면 제위왕은 기원전 333년까지 보위에 앉아 있었

다. 사마광이 기원전 353년의 계릉전투桂陵戰鬪 때 상국 추기鄒忌와 대
장 전기田忌가 설전을 벌인 것으로 기록해 놓은 「진경중완세가」의 기록
을 수정해 마릉전투 직전의 일화로 바꿔 놓은 이유가 여기에 있다. 이
일화는 『전국책』 「제책」에도 나온다. 고유高誘는 제선왕 때의 일로 해석
해 놓았다. 『사기』 「맹상군열전」에 따르면 정곽군 전영은 제위왕 때 재
상의 자리에 오르지 못했다. 제선왕으로 보는 게 타당하다. 치부인置夫
人은 왕후의 자리에 앉힐 부인이라는 의미로 소치지부인所置之夫人과
같다.

🌿34-26

甘茂相秦惠王, 惠王愛公孫衍, 與之間有所言, 曰, "寡人將相子."
甘茂之吏道穴聞之, 以告甘茂. 甘茂入見王, 曰, "王得賢相, 臣敢再
拜賀." 王曰, "寡人託國於子, 安更得賢相." 對曰, "將相犀首." 王曰,
"子安聞之." 對曰, "犀首告臣." 王怒犀首之泄, 乃逐之.

감무甘茂는 진무왕秦武王 때 재상을 지냈다. 진무왕은 서수犀首로 불
린 공손연公孫衍을 총애한 나머지 한가한 틈만 나면 그와 더불어 얘기
를 나눴다. 하루는 이같이 말했다.

"과인은 장차 그대를 재상으로 삼을 생각이오."

감무의 아랫사람이 벽의 구멍을 통해 이 말을 듣고 감무에게 일렀다.
감무가 궁궐로 들어와 진무왕을 알현하면서 이같이 말했다.

"대왕이 현상賢相을 얻었다기에 신은 감히 재배하며 하례 드립니다."

진무왕이 시치미를 뗐다.

"과인은 그대에게 나라를 맡겼소. 어찌 다시 또 현상을 구할 리 있겠
소?"

감무가 말했다.

"서수犀首를 재상으로 삼으려 한다고 들었습니다."

"그대는 어디서 그것을 들었소?"

"서수가 신에게 일러주었습니다."

대로한 진무왕은 서수가 기밀을 누설했다고 여겨 곧 그를 내쫓아 버렸다.

🐌 똑같은 일화가 『전국책』「진책」에 나온다. 감무상진혜왕甘茂相秦惠王의 '진혜왕'은 진혜문왕秦惠文王을 말한다. 우창은 진혜문왕의 뒤를 이은 '진무왕'으로 바꿔야 한다고 했다. 역사적 사실에 부합한다. 공손연公孫衍은 서수犀首로도 불렸다.

🎯34-27

一曰. 犀首, 天下之善將也, 梁王之臣也. 秦王欲得之與治天下, 犀首曰, "衍, 其人臣者也, 不敢離主之國." 居期年, 犀首抵罪於梁王, 逃而入秦, 秦王甚善之. 樗里疾, 秦之將也, 恐犀首之代之將也, 鑿穴於王之所常隱語者. 俄而王果與犀首計, 曰, "吾欲攻韓, 奚如." 犀首曰, "秋可矣." 王曰, "吾欲以國累子, 子必勿泄也." 犀首反走, 再拜, 曰, "受命." 於是樗里疾也道穴聽之矣. 郎中皆曰, "兵秋起攻韓, 犀首爲將." 於是日也, 郎中盡知之. 於是日也, 境內盡知之. 王召樗里疾, 曰, "是何匈匈也. 何道出." 樗里疾曰, "似犀首也." 王曰, "吾無與犀首言也, 其犀首何哉." 樗里疾曰, "犀首也羈旅, 新抵罪, 其心孤, 是言自嫁於衆." 王曰, "然." 使人召犀首, 已逃諸侯矣.

일설에 따르면 서수犀首는 천하에 뛰어난 명장으로 위나라 왕의 신하였다. 진무왕이 그를 얻어 함께 천하를 다스리고자 했다. 서수가 말했다.

"저는 위나라 신하라서 감히 위나라를 떠나지 못합니다."

1년 후 서수가 위나라 왕에게 죄를 짓고 진나라로 들어왔다. 진무왕이 그를 후대했다. 저리질樗里疾은 진나라 장수로 진무왕의 숙부였다. 그는 서수가 자신을 대신해 장수가 될까 우려했다. 곧 진무왕이 늘 은밀한 말을 나누는 곳에 구멍을 뚫어 놓았다. 얼마 후 진무왕이 과연 서수와 밀담을 나누며 이같이 말했다.

"나는 한나라를 공격코자 하는데 어떻겠소?"

"가을이 좋을 듯합니다."

"나는 나라의 일을 그대에게 맡겨 누를 끼치려 하오. 그대는 반드시 누설치 마시오."

서수가 뒤로 물러나 재배하며 말했다.

"명을 받들겠습니다."

이때 저리질이 구멍을 통해 이를 엿들었다. 조정 사람들이 말했다.

"가을이 되면 군사를 일으켜 한나라를 치고, 서수는 장수가 될 것이다."

이날로 소문이 궐 안에 퍼졌고, 1달 뒤 나라 안의 모든 사람이 알게 됐다. 진무왕이 저리질을 불러 물었다.

"어째서 이토록 시끄러운 것이오? 이 말은 어디서 나온 것이오?"

"서수인 듯합니다."

"과인은 서수와 더불어 그런 말을 한 적이 없소. 어째서 서수가 누설했다고 하는 것이오?"

저리질이 말했다.

"서수는 다른 곳에서 온 이른바 기려지신羈旅之臣입니다. 최근 죄를 짓고 도망해 온 탓에 외로운 마음이 든 나머지 이런 소문을 퍼뜨려 사람들의 환심을 사려 한 듯합니다."

"과연 그렇겠소."

사람을 시켜 서수를 불렀으나 이미 다른 제후국으로 달아난 뒤였다.

🌱 저리질樗里疾은 진혜문왕의 이복동생이다. 이름이 질疾이고 저리樗里에 산 까닭에 '저리질'이라는 명칭을 얻게 됐다. 처음에는 서장庶長에 임명됐다가 진무왕의 치세에 들어와 감무가 좌승상이 될 때 우승상에 임명되었다. 지혜와 재치가 뛰어나 당시 사람들이 그를 지낭智囊이라고 불렀다. 어시일야於是日也의 일日을 고광기는 월月로 바꿔야 한다고 했다. 저죄抵罪의 저抵는 해당한다는 뜻의 당當과 통한다. 자가어중自嫁於衆의 가嫁를 『전국책』「서주책」의 주는 매賣로 풀이했다.

🌿 34-28

堂谿公謂昭侯曰, "今有千金之玉卮, 通而無當, 可以盛水乎." 昭侯曰, "不可." "有瓦器而不漏, 可以盛酒乎." 昭侯曰, "可." 對曰, "夫瓦器, 至賤也, 不漏, 可以盛酒. 雖有乎千金之玉卮, 至貴而無當, 漏, 不可盛水, 則人孰注漿哉. 今爲人之主而漏其群臣之語, 是猶無當之玉卮也. 雖有聖智, 莫盡其術, 爲其漏也." 昭侯曰, "然." 昭侯聞堂谿公之言, 自此之後, 欲發天下之大事, 未嘗不獨寢, 恐夢言而使人知其謀也.

당계공堂谿公이 한소후에게 물었다.

"지금 1천 금의 가치가 있는 옥 술잔이 있는데 밑이 뚫려 있다면 물을 담을 수 있겠습니까?"

"담을 수 없소."

"흙 술잔이 있는데 밑이 새지 않는다면 술을 담을 수 있겠습니까?"

"담을 수 있소."

당계공이 말했다.

"무릇 흙 술잔은 지극히 보잘것없는 것이지만 새지 않으니 술을 담을 수 있습니다. 그러나 1천 금의 옥 술잔은 지극히 밑이 없어 물을 담을 수 없으니 누가 마실 물을 담으려 하겠습니까? 지금 군주로서 신하들의 말을 누설하면 이는 밑이 없는 옥 술잔과 같습니다. 비록 훌륭한 지혜가 있을지라도 그런 군주 밑에서는 능력을 충분히 발휘할 수 없습니다. 군주가 신하의 말을 누설하기 때문입니다."

"과연 그렇겠소."

이후 천하대사를 실행할 때는 늘 혼자 자곤 했다. 혹시 잠꼬대로 인해 남들이 그 계책을 알게 될까 두려워했기 때문이다.

🕊️ 통이무당通而無當의 통通은 막히는 곳이 없다는 뜻이고, 당當은 밑바닥을 의미한다. 욕발천하지대사欲發天下之大事의 발發을 『광아』「석고」는 거擧로 풀이했다.

🕊️34-29

一曰. 堂谿公見昭侯, 曰, "今有白玉之卮而無當, 有瓦卮而有當. 君渴, 將何以飲." 君曰, "以瓦卮." 堂谿公曰, "白玉之卮美而君不以飲者, 以其無當耶." 君曰, "然." 堂谿公曰, "爲人主而漏泄其群臣之語, 譬猶玉卮之無當." 堂谿公每見而出, 昭侯必獨臥, 惟恐夢言泄於妻妾.

일설에 따르면 당계공이 한소후를 알현하며 이같이 말했다.

"지금 백옥 술잔이 있는데 밑이 없고, 흙 술잔은 밑이 있습니다. 군주는 갈증이 나면 어느 잔으로 물을 마시겠습니까?"

"흙 술잔을 사용할 것이오."

당계공이 말했다.

"백옥 술잔은 비록 아름답기는 하나 군주가 이것으로 물을 마시지 않는 것은 그 밑이 없기 때문입니다."

"옳소."

당계공이 말했다.

"군주가 신하의 말을 누설하는 것은 비유하자면 옥 술잔에 밑이 없는 것과 같습니다."

당계공이 매번 알현하고 나갈 때마다 한소후는 반드시 혼자 자곤 했다. 잠꼬대로 인해 논의한 얘기들이 처첩에게 누설될까 두려워했기 때문이다.

옥치지무당玉卮之無當의 무無가 건도본에는 없으나 왕선신이 『예문유취』와 『태평어람』을 근거로 보완했다.

34-30

申子曰, "獨視者謂明, 獨聽者謂聰. 能獨斷者, 故可以爲天下主."

신불해가 말했다.

"일을 처리할 때 남의 눈치를 보지 않고 홀로 진상을 파악하는 것을 명明, 어떤 일이 일어나도 남의 말에만 귀를 기울이지 않고 홀로 판단하는 것을 총聰이라고 한다. 이처럼 남의 말과 뜻에 흔들리지 않고 '총'과

'명'에 따라 홀로 결단하는 사람은 가히 천하의 제왕이 될 수 있다."

🐚 고가이위천하주故可以爲天下主의 고故를 진계천은 즉則으로 풀이했다. 주主를 고광기는 왕王으로 바꿔야 한다고 했다.

🌀 34-31
「전문 3」 인통忍痛의 사례.

🌀 34-32
宋人有酤酒者, 升概甚平, 遇客甚謹, 爲酒甚美, 縣幟甚高著, 然不售, 酒酸. 怪其故, 問其所知. 問長者楊倩, 倩曰, "汝狗猛耶." "狗猛, 則酒何故而不售." 曰, "人畏焉. 或令孺子懷錢挈壺甕而往酤, 而狗迓而齕之, 此酒所以酸而不售也." 夫國亦有狗, 有道之士懷其術而欲以明萬乘之主, 大臣爲猛狗迎而齕之, 此人主之所以蔽脅, 而有道之士所以不用也. 故桓公問管仲, "治國最奚患." 對曰, "最患社鼠矣." 公曰, "何患社鼠哉." 對曰, "君亦見夫爲社者乎. 樹木而塗之, 鼠穿其間, 掘穴託其中. 熏之, 則恐焚木. 灌之, 則恐塗阤. 此社鼠之所以不得也. 今人君之左右, 出則爲勢重而收利於民, 入則比周而蔽惡於君. 內間主之情以告外, 外內爲重, 諸臣百吏以爲富. 吏不誅, 則亂法. 誅之, 則君不安. 據而有之, 此亦國之社鼠也. 故人臣執柄而擅禁, 明爲己者必利, 而不爲己者必害, 此亦猛狗也. 夫大臣爲猛狗而齕有道之士矣, 左右又爲社鼠而間主之情, 人主不覺. 如此, 主焉得無壅, 國焉得無亡乎."

송나라 사람으로 술을 파는 자가 있었다. 되를 속이지 않아 매우 공정했고, 손님을 대할 때 매우 공손했다. 술을 빚는 솜씨 또한 매우 훌륭했다. 술집을 알리는 깃발도 매우 높이 세워 두었다. 그러나 술이 팔리지 않아 이내 쉬어버리고 말았다. 이를 이상히 여겨 마을 장로 양천楊倩에게 그 까닭을 묻자 양천이 되물었다.

"그대의 집에 있는 개가 사납지 않은가?"

"개가 사납기는 합니다. 그렇다고 그게 술이 왜 팔리지 않는 것과 무슨 상관이 있습니까?"

양천이 대답했다.

"사람들이 두려워하기 때문이오. 어떤 사람이 어린 자식을 시켜 돈을 주고 호리병에 술을 받아오게 하면 개가 달려드는 경우가 있을 것이오. 술이 쉬고 팔리지 않는 이유가 여기에 있소."

무릇 나라에도 이처럼 사나운 개와 같은 존재가 있다. 도를 아는 선비가 치평治平의 법술을 가슴에 품고 만승 대국의 군주에게 이를 밝히고자 해도 대신들이 사나운 개처럼 달려들어 물어뜯는다. 이것이 바로 군주의 이목이 가려져 협박을 당하고, 치평의 법술을 지닌 선비가 등용되지 못하는 이유이다.

제환공이 관중에게 이같이 물은 적이 있다.

"나라를 다스릴 때 가장 큰 걱정거리는 무엇이오?"

"토지신을 모신 사당의 신상神像에 구멍을 파고 들어간 쥐입니다."

"왜 그런 것이오?"

관중이 대답했다.

"군주도 사당에 흙으로 빚어 만든 신상을 모시는 과정을 보았을 것입니다. 흙을 빚어 신상을 만들 때 나무를 세워 모형을 만들고 그 위에 진흙을 바릅니다. 이후 사당에 소조塑造된 신상을 안치하면 쥐가 신상의 틈을 찾아내 그 사이에 구멍을 뚫고 들어가 살게 됩니다. 연기를 피워 쫓으려니 신상의 나무에 불이 옮겨 붙을까 우려되고, 물을 붓자니 신상의 표면에 칠한 흙이 떨어져 내릴까 우려됩니다. 사당의 신상 안에 들어가 사는 쥐를 잡지 못하는 이유가 바로 여기에 있습니다.

지금 군주의 좌우에 있는 자들은 나가서는 권세를 부려 백성들로부터 이익을 거둬들이고, 들어와서는 붕당을 만들어 악행을 숨깁니다. 궐 안에서 군주의 사정을 엿보아 궐 밖으로 이를 알리고, 안팎으로 권세를 키우며 일을 멋대로 조정하는 까닭에 여러 신하와 관원들이 날로 부유해지고 있습니다. 해당 관원이 이들을 주살하지 않으면 법이 어지러워지고, 주살하면 군주가 불안해집니다. 그런 까닭에 이들을 그대로 두고 있으니 이들이 바로 사당의 쥐입니다. 신하가 권력을 쥐고 멋대로 금령을 휘두르며 자신을 위하는 자는 반드시 이롭게 하면서 그렇지 않은 자는 반드시 해롭게 하니 이들이 사나운 개입니다. 무릇 대신들이 사나운 개가 되어 도를 터득한 선비를 물어뜯고, 군주의 좌우가 사당의 쥐가 되어 군주의 실정을 엿보는데도 군주는 이를 깨닫지 못하고 있습니다. 이런 상황에서 군주의 이목이 어찌 가려지지 않겠으며, 나라 또한 어찌 망하지 않겠습니까?"

◐❧ 고주酤酒는 술을 팔거나 산다는 뜻이다. 승개심평升槪甚平의 개槪는 동사로 사용된 것으로 여기서는 술의 양을 측정하는 것을 의미한다. 유자孺子는 통상 어린아이를 뜻하나 여기서는 심부름하는 아이를 지칭한다. 설호옹挈壺罋의 설挈은 통상 '이끌다'의 뜻이나 여기서는 '들다'의 뜻으로 사용됐다. 호옹壺罋은 술이나 물을 담는 작은 호로병을 말한다. 왕고往酤는 물건을 사러간다는 뜻이다. 아이흘지迓而齕之의 아迓는 원래 마중을 나온다는 뜻이나 여기서는 뛰쳐나온다는 뜻으로 사용됐고, 흘齕은 물어뜯는다는 의미이다. 도치塗阤의 치阤는 작은 산사

태를 말한다.『국어』「주어」의 취불치붕聚不阤崩에 대한 주는 '크게 무너지는 것은 붕崩, 작게 무너지는 것은 치阤이다'라고 했다.

34-33

一曰. 宋之酤酒者有莊氏者, 其酒常美. 或使僕往酤莊氏之酒, 其狗齕人, 使者不敢往, 乃酤佗家之酒. 問曰, "何爲不酤莊氏之酒." 對曰, "今日莊氏之酒酸." 故曰, "不殺其狗則酒酸." 一曰. 桓公問管仲曰, "治國何患." 對曰, "最苦社鼠. 夫社, 木而塗之, 鼠因自託也. 熏之則木焚, 灌之則塗阤, 此所以苦於社鼠也. 今人君左右, 出則爲勢重以收利於民, 入則比周謾侮蔽惡以欺於君. 不誅, 則亂法. 誅之, 則人主危. 據而有之, 此亦社鼠也. 故人臣執柄擅禁, 明爲己者必利, 不爲己者必害, 亦猛狗也. 故左右爲社鼠, 用事者爲猛狗, 則術不行矣."

일설에 따르면 송나라에 장씨莊氏라는 술장수가 있었다. 그 집 술맛은 늘 훌륭했다. 어떤 사람이 시종을 시켜 술을 받아오게 했다. 장씨의 개가 그를 물려고 했다. 시종은 감히 장씨의 집으로 가지 못하고 다른 집으로 가 술을 샀다. 주인이 그에게 물었다.

"어째서 장씨 집 술을 사오지 않았는가?"

"오늘 장씨 집 술이 쉬었습니다."

그래서 '사나운 개를 죽이지 않으면 술이 쉬게 된다.'고 말하는 것이다.

또 다른 일설에 따르면 제환공이 관중에게 물었다.

"나라를 다스릴 때 가장 큰 걱정거리는 무엇이오?"

관중이 대답했다.

"사당의 쥐입니다. 사당은 나무를 세우고 벽에 진흙을 발라 완성합니다. 이때 쥐가 그 사이에 구멍을 뚫고 들어가 삽니다. 연기를 피워 좇으려니 나무에 불이 옮겨 붙을까 우려되고, 물을 붓자니 벽에 칠한 흙이 무너질까 우려됩니다. 사당의 쥐를 잡지 못하는 이유입니다. 지금 군주의 좌우에 있는 자들은 나가서는 권세를 부려 백성들로부터 이익을 거둬들이고, 들어와서는 붕당을 만들어 악행을 숨기며 군주를 속입니다. 이들을 주살하지 않으면 법이 어지러워지고, 주살하면 군주가 불안해집니다. 그런 까닭에 이들을 그대로 두고 있으니 이들이 바로 사당의 쥐입니다. 신하가 권력을 쥐고 멋대로 금령을 휘두르며 자신을 위하는 자는 반드시 이롭게 하면서 그렇지 않은 자는 반드시 해롭게 하니 이들이 사나운 개입니다. 무릇 좌우가 사당의 쥐가 되고, 일을 시행하는 자가 사나운 개가 되면 치평의 법술은 시행되지 못할 것입니다."

⟡ 타가佗家의 타佗는 3인칭 타他와 통한다. 도치塗阤의 치阤는 치阤와 같다. 고좌우위사서故左右爲社鼠의 고故는 '무릇'을 뜻하는 부夫의 의미이다.

34-34

堯欲傳天下於舜. 鯀諫曰, "不祥哉. 孰以天下而傳之於匹夫乎." 堯不聽, 擧兵而誅殺鯀於羽山之郊. 共工又諫曰, "孰以天下而傳之於匹夫乎." 堯不聽, 又擧兵而誅共工於幽州之都. 於是天下莫敢言無傳天下於舜. 仲尼聞之曰, "堯之知舜之賢, 非其難者也. 夫至乎誅諫者必傳之舜, 乃其難也." 一曰, "不以其所疑敗其所察, 則難也."

요임금이 천하를 순임금에게 전하려고 하자 우禹의 부친인 곤鯀이 간했다.

"상서롭지 못합니다. 어찌하여 천하를 필부에게 전하려는 것입니까?"

요임금이 듣지 않고 군사를 시켜 곤을 우산羽山 근교에서 죽였다. 공공共工이 또 간했다.

"어찌하여 천하를 필부에게 전하려는 것입니까?"

요임금이 듣지 않고 군사를 시켜 공공을 유주幽州의 도성에서 죽였다. 이후 세상에는 천하를 순에게 전해서는 안 된다고 감히 말하는 자가 없게 되었다. 공자가 이를 두고 이같이 말했다.

"요임금이 순임금의 현명함을 아는 것은 어려운 일이 아니다. 간언하는 자를 살해하면서까지 천하를 양위하는 것이야말로 매우 어려운 일이다."

일설에는 공자가 말하기를, '다른 사람이 의문을 제기하는데도 결심한 일을 그대로 실천하는 것은 매우 어려운 일이다'라고 했다고 한다.

　　곤鯀은 하나라의 전설적인 창업주인 우禹의 부친이다. 치수를 제대로 하지 못해 요임금에 의해 우산羽山에서 죽임을 당했다. '우산'을 윤동양은 지금의 산동성 담성현郯城縣 동북쪽 70리 지점으로 보았다. 공공共工을 『서경』「요전」의 정현 주는 치수治水를 담당하는 관직의 명칭으로 보았다. 대대로 치수를 담당한 부락의 명칭일 공산이 크다. 그러나 『회남자』「천문훈」을 포함한 선진시대 문헌은 전설적인 삼황오제의 일원인 전욱顓頊 등과 싸운 인물로 간주했다. 「요전」은 환두讙兜, 삼묘三苗, 곤鯀 등과 함께 4흉四凶으로 기록해 놓았다. 유주지도幽州之都를 윤동양은 지금의 하북성 밀운현 동북쪽 50리 지점으로 추정했다. '유주'는 원래 중원을 뜻하는 구주九州의 하나로 지금의 하북성 북부와 요녕성 동부 지역에 해당한다.

🌾34-35

荊莊王有茅門之法曰, "群臣大夫諸公子入朝, 馬蹄踐霤者, 廷理斬
其輈, 戮其御." 於是太子入朝, 馬蹄踐霤, 廷理斬其輈, 戮其御. 太子
怒, 入, 爲王泣曰, "爲我誅戮廷理." 王曰, "法者, 所以敬宗廟·尊社
稷. 故能立法從令尊敬社稷者, 社稷之臣也, 焉可誅也. 夫犯法廢令
不尊敬社稷者, 是臣乘君而下尚校也. 臣乘君, 則主失威. 下尚校,
則上位危. 威失位危, 社稷不守, 吾將何以遺子孫." 於是太子乃還
走, 避舍露宿三日, 北面再拜請死罪.

초장왕 때 궁궐 남쪽의 모문茅門에 관한 법이 있었다. 그 법에 이런
규정이 나온다.

'군신들과 대부, 공자 등이 모문을 지나 궁으로 들어올 때 말발굽이
처마의 빗물받이를 밟으면 법을 집행하는 정리廷理는 수레 축을 끊고,
마부를 죽인다.'

하루는 태자가 입조하다가 말발굽이 빗물받이를 밟게 됐다. 정리가
수레 축을 끊고 마부의 목을 베었다. 대로한 태자가 궐 안으로 들어가
울면서 말했다.

"저를 위해 정리를 죽여주십시오."

초장왕이 반대했다.

"법은 종묘를 받들고 사직을 높이기 위해 만든 것이다. 법을 바로세우
고 명을 좇아 사직을 높이는 자를 사직지신社稷之臣이라고 한다. 그러
니 어찌 주살할 수 있는가? 무릇 법을 거스르며 명을 어기고 사직을 높
이지 않는 자는 신하로서 군주를 능멸하며 군주에 대항하는 자이다.
신하가 군주를 능멸하면 군주의 권위가 위태로워지고, 군주에 대항하
면 군주의 자리가 위태롭게 된다. 권위를 잃고 자리가 위태로워지면 사

직을 지킬 수 없다. 내가 장차 무엇을 자손에게 남길 수 있겠는가?"

태자가 곧바로 돌아 나온 뒤 숙소로 가지 않은 채 3일 동안 노숙하며 북쪽을 향해 재배하고는 죽을죄를 청했다

🌱 모문지법茅門之法은 신하들이 수레를 타고 '모문'을 통과하지 못하도록 한 법을 말한다. 『주례』「고공기考工記」에 따르면 천자와 제후의 궁은 이른바 오문삼조五門三朝로 구성돼 있다. '3조'는 관청이 모여 있는 외조外朝, 조례를 거행하고 법령을 반포하는 정전正殿과 군신이 정사를 논하는 편전便殿이 있는 치조治朝, 군주와 후비들이 거처하는 연조燕朝를 말한다. '5문'은 궐내 각 구역에 들어갈 때 통과하는 문으로 남쪽의 밖에서부터 북쪽의 안쪽으로 들어가면서 고문皐門, 고문庫門, 치문雉門, 응문應門, 노문路門이 차례로 배치돼 있다. '5문' 중 핵심적인 것을 '3문'이라고 한다. 외조의 정문인 고문庫門 즉 외문外門, 치조의 정문인 치문 즉 중문中門, 연조의 정문인 노문 즉 내문內門이 그것이다. '3문3조'로 구성된 조선조 궁궐의 경우 경복궁을 예로 들면 광화문光化門이 외문, 근정문勤政門이 중문, 향오문嚮五門이 내문에 해당한다. '모문'을 손이양孫詒讓은 초나라 도성의 '치문'으로 해석했다. 묘문苗門으로 나오기도 한다. 『주례』「추관」에 따르면 외조의 법은 조사朝士가 관장했다.

천류踐霤의 류霤는 처마의 빗물받이를 말한다. 정리참기주廷理斬其輈의 정리廷理는 법정의 질서를 맡은 관원, 주輈는 수레 위에 설치하는 구부러진 모양의 수레 끌채를 뜻한다. 신승군臣乘君은 신하가 군주를 넘본다는 의미이다. 하상교下尙校의 상尙을 가마사카는 능멸한다는 뜻의 상上으로 풀이했다. 교校를 왕선신은 『전국책』「진책」의 고유 주를 인용해 맞설 항亢으로 해석했다.

34-36

一曰. 楚王急召太子. 楚國之法., 車不得至於茆門. 天雨, 廷中有
潦, 太子遂驅車至於茆門. 廷理曰, "車不得至茆門. 非法也." 太子
曰, "王召急, 不得須無潦, 遂驅之." 廷理舉殳而擊其馬, 敗其駕. 太
子入, 爲王泣曰, "廷中多潦, 驅車至茆門, 廷理曰'非法也', 舉殳擊臣
馬, 敗臣駕. 王必誅之." 王曰, "前有老主而不逾, 後有儲主而不屬,
矜矣. 是眞吾守法之臣也." 乃益爵二級, 而開後門出太子. "勿復過."

일설에 따르면 초나라 왕이 급히 태자를 불렀다. 초나라 법에는 수레
를 묘문茆門에 이르게 할 수 없었다. 그날 마침 비가 내려 궐 안에 물이
고여 있었다. 태자가 그대로 수레를 몰아 묘문에 이르렀다. 정리가 말
했다.

"수레를 묘문에 이르게 해서는 안 됩니다. 불법입니다."

"대왕이 급히 부른 까닭에 고인 물이 마를 때까지 기다릴 수 없었소."

그러고는 그대로 수레를 몰고 들어갔다. 정리廷理가 들고 있던 창을
휘둘러 말을 찌르면서 수레를 부숴버렸다. 태자가 안으로 들어가 울며
말했다.

"궐 안에 물이 많이 고여 있어 부득불 수레를 몰아 묘문을 지나가려
했더니 일개 정리가 불법이라며 말을 찌르고 수레를 부쉈습니다. 대왕
이 반드시 그를 처벌해 주십시오."

초나라 왕이 말했다.

"먼저 정리는 늙은 군주를 위해 법을 위반하는 일을 하지 않았고, 이
어 대를 이을 태자를 위해서도 결코 아첨하지 않았다. 참으로 당당한
모습이다. 그는 진정 법을 지키는 과인의 신하이다."

그러고는 그의 작위를 두 등급 높여주었다. 이어 후문으로 태자를 내

보내며 다시는 잘못을 저지르지 못하게 했다.

🐚 묘문苗門은 앞에 나온 모문茅門과 같다. 거수擧殳의 수殳는 대나무를 뾰족하게 깎아 만든 긴 창을 말한다. 패기가敗其駕의 가駕는 말을 수레에 매는 것을 말한다. 패가敗駕는 곧 말과 수레를 분리하는 것을 뜻한다. 긍의矜矣의 긍矜을 왕선신은 현賢과 통하는 것으로 보았다.

🐚**34-37**

衛嗣君謂薄疑曰, "子小寡人之國以爲不足仕, 則寡人力能仕子, 請進爵, 以子爲上卿." 乃進田萬頃. 薄子曰, "疑之母親疑, 以疑爲能相萬乘所不窕也. 然疑家巫有蔡嫗者, 疑母甚愛信之, 屬之家事焉. 疑智足以信, 言家事, 疑母盡以聽疑也, 然已與疑言者, 亦必復決之於蔡嫗也. 故論疑之智能, 以疑爲能相萬乘而不窕也. 論其親, 則子母之間也. 然猶不免議之於蔡嫗也. 今疑之於人主也, 非子母之親也, 而人主皆有蔡嫗. 人主之蔡嫗, 必其重人也. 重人者, 能行私者也. 夫行私者, 繩之外也. 而疑之所言, 法之內也. 繩之外與法之內, 讎也, 不相受也."

위사군이 박의薄疑에게 말했다.

"그대는 우리 위나라가 작아 벼슬하기에 부족하다고 생각하겠지만 과인이 그대에게 벼슬을 내릴 만한 힘이 있소. 청컨대 그대는 벼슬길에 오르도록 하시오. 과인이 상경으로 삼을 것이오."

그러고는 이내 전답 1만 경頃을 주었다. 박의가 말했다.

"저의 모친은 저의 능력을 높이 평가한 나머지 제가 만승 대국의 재상이 되어도 직무를 충실히 이행할 것으로 생각합니다. 저의 집에 채구

蔡嫗라는 무당이 있습니다. 모친은 그녀를 매우 아끼고 신임하면서 집안일을 모두 맡기고 있습니다. 저의 지혜는 능히 모친의 신뢰를 얻을 만합니다. 집안일을 상의할 때 모친은 저의 의견을 잘 따릅니다. 다만 저와 상의가 끝난 일일지라도 반드시 채구와 상의해 결정합니다. 저의 지혜와 재능으로 말하면 만승 대국의 재상이 될지라도 능히 그 직무를 감당할 수 있습니다. 또 친밀한 관계로 말하면 모친과 저는 골육지친입니다. 그럼에도 채구와 상의하는 것을 벗어나지 못하고 있습니다. 지금 저와 군주는 모자 사이의 친분이 없고, 또 군주에게는 주변에 채구와 같은 자가 매우 많습니다. 군주 주변의 채구는 반드시 세도를 지닌 중신일 것입니다. 중신은 사사로이 이익을 꾀하는 자들입니다. 무릇 사사로이 이익을 꾀하는 자는 결국 법을 어기는 자들인데, 제가 하는 말은 법을 지켜야 한다는 것입니다. 법을 어기는 자와 법을 지키는 자는 원수와 같으니 서로 받아들일 수 없습니다."

　　◦◦◦ 상만승相萬乘은 대국의 재상이 되는 것을 말한다. 소부조所不窕의 소所를 후토다는 이而로 바꿔야 한다고 했다. 조窕는 세細와 통한다. '부조'는 모자라지 않고 충분하다는 뜻이다. 가무家巫는 무당을 말한다. 『국어』「초어」에서는 여자는 무巫, 남자는 격覡으로 구분했다. 채구蔡嫗는 채씨 성의 여자 무당을 뜻한다. 의지족이신疑智足以信의 신信을 고광기와 진계천 등은 연자로 보면서 뒤에 나오는 언가사言家事 구절과 하나로 묶어 해석했다. 그러나 이는 족히 모친의 신뢰를 얻을 만하다는 뜻으로 사용된 것이다.

❧34-38

一曰. 衛君之晉, 謂薄疑曰, "吾欲與子皆行." 薄疑曰, "媼也在中,

請歸與媼計之." 衛君自請薄媼. 薄媼曰, "疑, 君之臣也, 君有意從
之, 甚善." 衛君曰, "吾以請之媼, 媼許我矣." 薄疑歸, 言之媼也, 曰,
"衛君之愛疑奚與媼." 媼曰, "不如吾愛子也." "衛君之賢疑奚與媼
也." 曰, "不如吾賢子也." "媼與疑計家事, 已決矣, 乃請決之於卜者
蔡嫗. 令衛君從疑而行, 雖與疑決計, 必與他蔡嫗敗之. 如是, 則疑
不得長爲臣矣."

일설에 따르면 위사군이 중원의 조趙나라로 갈 때 박의에게 청했다.

"과인은 그대와 함께 가고 싶소."

"노모가 집에 있으니 돌아가서 노모와 함께 상의해 보도록 하겠습니
다."

위사군이 직접 박의의 노모에게 부탁하자 노모가 말했다.

"박의는 군주의 신하입니다. 군주의 뜻이 그렇다면 진정 고맙게 따를
뿐입니다."

위사군이 박의에게 말했다.

"과인이 그대의 노모에게 부탁하자 흔쾌히 승낙했소."

박의가 집에 돌아가 노모에게 물었다.

"군주가 저를 아끼는 것을 어머니와 비교하면 어떻습니까?"

"내가 너를 아끼는 것만 못하다."

"군주가 저를 인정해 주는 것을 어머니와 비교하면 어떻습니까?"

"내가 너를 인정하는 것만 못하다."

박의가 말했다.

"어머니는 저와 집안일을 상의해 이미 결정하고도 다시 채구에게 물
어 최종적으로 결정합니다. 지금 위나라 군주는 저와 함께 가겠다고 말
하지만 저와 상의해 결정하고도 채구와 같은 신하와 다시 상의해 이미

결정된 일을 무산시킬 수도 있습니다. 제가 오래도록 위나라 군주를 섬길 수 없는 이유입니다."

🐌 위군지진衛君之晉의 진晉을 진기유는 위魏나라로 보아야 한다고 했다. 진정공晉靜公 2년(기원전 376)에 한, 위, 조 3진三晉이 진정공을 서인으로 만들고 그 땅을 나눠가졌다는 게 논거이다. 그러나 「조세가」에는 조숙후 원년(기원전 347) 진군晉君의 영지인 단씨端氏 땅을 빼앗고 둔류屯留로 쫓아냈다는 기록이 나온다. 「육국연표」에는 위사군이 주현왕 45년(기원전 324)에 보위에 올랐다고 되어 있다. 이를 근거로 여기의 진晉은 둔류에 잔존한 진나라로 보아야 한다는 주장이 있다. 장각은 박의가 조나라 사람이고, 당시 조나라 도성 한단에 머물러 있었다는 점 등을 들어 위나라 또는 둔류에 잔존한 진나라가 아닌 조나라로 보아야 한다고 했다. 문맥상 이게 자연스럽다.

🎵 34-39

夫敎歌者, 使先呼而詘之, 其聲反淸徵者乃敎之.

무릇 노래를 가르치는 자는 학생에게 먼저 큰 소리로 발성케 한 뒤 높낮이와 강약 등을 조절해 선율을 만들게 한다. 그러고도 맑은 청치淸徵의 음을 낼 수 있을 때 비로소 가르친다.

🐌 굴지詘之를 후토다는 굴리는 소리를 내는 것으로 보았으나 장각은 선율을 만들어내는 것으로 풀이했다. 청치淸徵는 맑은 소리를 지칭한다. 「십과」에서는 슬픈 소리로 보았다.

🌱34-40

一曰. 敎歌者, 先揆以法. 疾呼中宮, 徐呼中徵. 疾不中宮, 徐不中徵, 不可謂敎.

일설에 따르면 노래를 가르치는 자는 먼저 5음에 적합한지 여부를 시험한 뒤 가르친다. 빠르게 소리를 내게 해 묵직하고 낮은 궁宮 음에 합치하는지 보고, 느리게 소리를 내 맑고 높은 치徵 음에 합치하는지 본다. 빠르게 소리를 내 궁에 합치하지 못하고, 느리게 소리를 내 치에 합치하지 않으면 가르치지 않았다.

🌀 선규이법先揆以法은 선발시험을 의미한다. 규揆는 고찰하거나 헤아린다는 뜻이다.

🌱34-41

吳起, 衛左氏中人也, 使其妻織組而幅狹於度. 吳子使更之, 其妻曰, "諾." 及成, 復度之, 果不中度, 吳子大怒. 其妻對曰, "吾始經之而不可更也." 吳子出之. 其妻請其兄而索入. 其兄曰, "吳子, 爲法者也. 其爲法也, 且欲以與萬乘致功, 必先踐之妻妾然後行之, 子母幾索入矣." 其妻之弟又重於衛君, 乃因以衛君之重請吳子. 吳子不聽, 遂去衛而入荊也.

오기는 위衛나라 좌씨성左氏城의 국인國人 출신이다. 아내에게 실로 허리띠를 짜게 했다. 폭이 정해준 것보다 좁아 다시 짜게 했다. 처가 말했다.

"알았습니다."

다시 짜왔는데도 여전히 치수에 맞지 않았다. 오기가 크게 화를 냈다. 아내가 대답했다.

"처음에 잘못된 치수의 날줄로 짠 까닭에 폭을 고칠 수가 없습니다."

오기가 아내를 내쫓았다. 아내가 오라비에게 부탁해 다시 돌아갈 수 있도록 도와달라고 청했다. 그의 오라비가 말했다.

"오기는 법을 행하는 자이다. 법을 행하는 것은 만승의 나라를 위해 공을 세우려 하기 때문이다. 반드시 먼저 처첩에게 실행하려는 취지이다. 다시 돌아가겠다는 생각은 단념토록 해라."

아내의 동생이 위나라 군주에게 중용돼 있었다. 이내 위나라 군주를 동원해 다시 돌아가고자 했으나 오자가 듣지 않고 마침내 위나라를 떠나 초나라로 가버렸다.

◑❧ 위좌씨중인衛左氏中人의 중中을 진기유와 『한비자교주』는 지명으로 보았으나 성중城中을 뜻하는 말이다. 성안에 사는 사람을 국인國人이라고 했다. 무사를 포함한 사인士人을 뜻한다. 직조織組의 조組는 띠에 쓰이는 끈을 말한다. 시경지始經之의 경經은 옷감을 짤 때의 날실을 말한다. 씨줄인 위緯와 합친 경위經緯는 일이 진행되어 온 과정을 의미한다. 무기색입毋幾索入의 기幾를 왕선신은 바랄 망望으로 새겼다.

🦢34-52

一曰. 吳起示其妻以組, 曰, "子爲我織組, 令之如是." 組已就而效之, 其組異善. 起曰, "使子爲組, 令之如是, 而今也異善, 何也." 其妻曰, "用財若一也, 加務善之." 吳起曰, "非語也." 使之衣歸. 其父往請之, 吳起曰, "起家無虛言."

일설에 따르면 오기가 그 처에게 허리띠를 보여주면서 이같이 말했다.

"당신은 나를 위해 이것과 똑같은 것을 만들어 주시오."

오기의 아내가 허리띠를 다 짠 후 갖고 왔다. 살펴보니 견본으로 준 것보다 훨씬 좋았다. 오기가 말했다.

"당신에게 이것과 똑같이 만들어 달라고 부탁했는데 이것이 훨씬 좋으니 어찌된 까닭이오?"

"재료는 똑같은 것이지만 공을 더 들여 만들었습니다."

"내가 말한 것과 다르오."

그러고는 아내를 친정으로 돌아가게 했다. 부친이 가서 딸을 받아주기를 청하자 오기가 거절했다.

"저의 집안은 빈말을 못합니다."

☜ 용재약일用財若一의 재財를 진계천은 재材와 통한다고 했다. 의귀衣歸의 의衣는 옷가지를 챙긴다는 뜻의 동사로 사용됐다.

34-53

晉文公問於狐偃曰, "寡人甘肥周於堂, 巵酒豆肉集於宮, 壺酒不淸, 生肉不布, 殺一牛遍於國中, 一歲之功盡以衣士卒, 其足以戰民乎." 狐子曰, "不足." 文公曰, "吾弛關市之征而緩刑罰, 其足以戰民乎." 狐子曰, "不足." 文公曰, "吾民之有喪資者, 寡人親使郎中視事. 有罪者赦之, 貧窮不足者與之. 其足以戰民乎." 狐子對曰, "不足. 此皆所以愼産也. 而戰之者, 殺之也. 民之從公也, 爲愼産也, 公因而迎殺之, 失所以爲從公矣." 曰, "然則何如足以戰民乎." 狐子對曰, "令無得不戰." 公曰, "無得不戰奈何." 狐子對曰, "信賞必罰, 其足以戰."公曰, "刑罰之極安至." 對曰, "不辟親貴, 法行所愛." 文公曰, "善." 明日, 令田於圃陸, 期以日中爲期, 後期者行軍法焉. 於是公有所愛者曰顚頡後期, 吏請其罪, 文公隕涕而憂. 吏曰, "請用事焉." 遂斬顚頡之脊, 以徇百姓, 以明法之信也. 而後百姓皆懼, 曰, "君於顚頡之貴重如彼甚也, 而君猶行法焉, 況於我, 則何有矣." 文公見民之可戰也, 於是遂興兵伐原, 克之. 伐衛, 東其畝, 取五鹿. 攻陽, 勝虢. 伐曹. 南圍鄭, 反之陴. 罷宋圍. 還與荊人戰城濮, 大敗荊人. 返爲踐土之盟, 遂城衡雍之義. 一擧而八有功. 所以然者, 無他故異物, 從狐偃之謀・假顚頡之脊也.

진문공이 호언狐偃에게 물었다.

"과인은 맛있고 살진 고기를 관원들에게 두루 내려주고, 술과 안주용 고기를 민가에 골고루 나눠주었소. 또 점점 줄어드는 단지 안의 술이 맑아질 틈이 없도록 하고, 날고기를 말릴 여유도 없이 소 한 마리를 잡으면 도성 사람들에게 고루 나눠주고 있소. 한 해 동안 길쌈한 옷감은 모두 옷을 만들어 병사들에게 입히고 있소. 이만하면 백성을 군사로 동원할 수 있겠소?"

"부족합니다."

"과인은 관청이나 시장의 세금을 가볍게 하고 형벌을 너그럽게 했소. 이만하면 백성을 군사로 동원할 수 있겠소?"

"부족합니다."

"과인은 백성들 가운데 상을 당한 자가 있으면 직접 낭중郎中을 시켜 조문토록 하고, 죄가 있는 자는 사면해주고, 빈궁하고 부족한 자를 구제했소. 이만하면 백성을 군사로 동원할 수 있겠소?"

호언이 말했다.

"부족합니다. 이는 모두 잘 살 수 있도록 보살피는 것에 지나지 않습 니다. 백성들을 동원하는 것은 백성을 죽이는 것입니다. 백성이 군주를 따르는 것은 잘 살 수 있도록 보살펴 주기 때문입니다. 지금 군주가 그 들을 죽게 만들면 군주를 따르는 까닭을 잃는 것입니다."

"그렇다면 어찌해야 백성을 군사로 동원할 수 있겠소?"

"백성들이 전쟁을 하지 않을 수 없도록 만들어야 합니다."

"그리하려면 어찌해야 하오?"

호언이 대답했다.

"공이 있으면 반드시 상을 주고, 죄가 있으면 반드시 벌하면 됩니다. 그것으로 충분합니다."

"형벌의 한도는 어떻게 정하는 게 좋겠소?"

"친한 자와 귀한 자를 가리지 않고, 아끼는 자에게도 가차 없이 집행 하면 됩니다."

"옳소."

이튿날 포륙圃陸에서 사냥할 것을 명했다. 정오를 집합시간으로 정하 면서 늦게 오는 자는 군법에 따라 처벌하겠다고 선포했다. 진문공이 총 애하는 전힐顚頡이 약속시간을 어겼다. 법리가 처벌을 요구했다. 진문 공이 눈물을 흘리며 걱정하자 법리가 말했다.

"일을 집행할 수 있게 해주십시오."

드디어 전힐의 등을 베어 본보기로 삼았다. 군법이 가차 없이 집행되 는 것을 보인 것이다. 이후 백성들이 모두 두려워하며 말했다.

"군주가 전힐을 매우 소중히 여겼는데도 오히려 법을 집행했다. 하물 며 우리들이겠는가!"

진문공은 백성을 동원할 수 있다고 판단했다. 마침내 군사를 일으켜 원原을 쳐 승리하고, 위衛나라를 친 뒤 동서로 길을 내 오록五鹿을 취하

고, 양陽을 공격하고, 괵虢을 이기고, 조曹나라를 정벌하고, 남쪽으로
정나라 도성을 포위해 항복을 받았다. 또 초나라의 송나라에 대한 포위
를 풀고 철군하던 중 성복城濮에서 초나라 군사를 대파했다. 개선하는
길에 천토踐土에서 천자와 제후들을 불러 모아 회맹會盟을 가진 후 형
옹衡雍에서 의를 드높이며 패자의 자리에 올랐다. 진문공은 단 한 번의
군사동원으로 8가지 공적을 세웠다. 이는 다른 게 아니라 바로 호언의
건의를 좇아 전힐의 등을 베었기 때문이다.

集於宮을 진기유와 『한비자교주』 등은 왕궁으로 풀이했
다. 틀린 것은 아니나 문맥상 백성들을 지칭한 것으로 보는 게 자연스럽
다. 선진시대에 궁宮은 원래 통상적인 방옥房屋을 뜻했다. 신산愼産은
생업을 지켜 세운다는 뜻이다. 신愼은 따를 순順과 통한다. 전어포륙田
於圃陸의 전田은 사냥한다는 뜻의 전畋과 통한다. '포륙'은 『춘추좌전』
「노정공 9년」조에 나오는 대륙大陸이다. 지금의 하남성 수무현 북쪽 10
리 지점이다. 용사언用事焉은 정사를 펼치는 것을 말한다. 좁게는 맡은
바 직책을 충실히 수행하는 것을 의미한다. 순백성徇百姓은 두루 백성
들에게 죄를 범한 사람을 말하여 경계시킨다는 의미이다.

오록五鹿은 지금의 하북성 복양현 북쪽에 해당한다. 공양攻陽의 양陽
을 윤동양은 지금의 하남성 제원현 동남쪽 30리 지점의 옛 양성陽城으
로 보았다. 남위정南圍鄭을 진기유는 『춘추좌전』「노희공 30년」조에 나
오는 일화로 보았다. 반지비反之陣의 지之를 가마사카는 기其로 풀이했
다. 비陣를 『설문해자』의 단옥재 주는 성 위에 설치한 작은 담장으로
풀이했다. 커다란 구멍을 만들어 밖을 관찰했다. 통상 비예睥睨 또는 비
예俾倪로 표현한다. 성복城濮은 지금의 산동성 복현濮縣 남쪽 70리 지
점에 위치해 있다. 대패형인大敗荊人은 『춘추좌전』「노희공 28년」조에

나오는 '성복'의 싸움에서 중원의 진나라가 초나라를 대파한 것을 말한
다. 진문공은 이 싸움을 계기로 명실상부한 중원의 패자가 되었다. 천
토지맹踐土之盟의 '천토'는 진문공이 제후들과 회맹會盟한 곳으로 지금
의 하남성 무척현 동남쪽에 있다. 성형옹지의城衡雍之義의 성城을 고광
기는 성成으로 바꿔야 한다고 했다.

ༀ34-54

夫痤疽之痛也, 非刺骨髓, 則煩心不可支也. 非如是, 不能使人以
半寸砥石彈之. 今人主之於治亦然. 非不知有苦則安, 欲治其國. 非
如是, 不能聽聖知而誅亂臣. 亂臣者, 必重人. 重人者, 必人主所甚
親愛也. 人主所甚親愛也者, 是同堅白也. 夫以布衣之資, 欲以離人
主之堅白·所愛, 是以解左髀說右髀者, 是身必死而說不行者也.

무릇 악성 종기나 등창 등의 좌저痤疽를 앓을 때의 고통은 침을 골수
까지 깊숙이 찌를 때의 고통만큼 심하지는 않으나 통상 마음이 어지러
워 몸을 지탱하기가 쉽지 않다. 환자가 이런 고통을 참아내야 한다는
사실을 알지 못하면 2분의 1촌 크기의 크고 작은 석침釋針으로 화농化
膿을 터뜨려 고름을 빼내는 것조차 불가능하게 된다.

지금 군주가 다스리는 것 또한 이러하다. 고통을 참아야만 이내 편안
해진다는 것을 모르면 안 된다. 나라를 다스리면서 이런 이치를 모르면
뛰어나게 지혜로운 얘기를 듣고도 나라를 어지럽게 만드는 난신亂臣을
제거하지 못하게 된다. 난신은 예외 없이 높은 자리에 있는 중신重臣이
고, 중신은 반드시 군주가 극히 아끼는 총신寵臣이다. 군주가 극히 총애
하는 신하는 단단하고 흰 물체가 서로 결합된 것처럼 군주와 떨어질 수
없다. 일개 선비가 이들 사이를 떼어놓으려 하는 것은 마치 왼쪽 넓적다

리를 잘라 오른쪽 넓적다리를 대신토록 권하는 것만큼이나 무모한 짓이다. 이같이 하고자 하면 자신은 반드시 죽임을 당하고 건의 또한 행해지지 못할 것이다.

    ◐❧ 척골수刺骨髓를 양계웅과『한비자교주』는 침을 깊숙이 골수까지 집어넣는 것으로 풀이했다. 그러나 이는 동통疼痛의 정도를 형용한 것이다. 지석탄지砥石彈之의 '지석'은 돌을 갈아 만든 침을 말한다. 탄彈은 침으로 잘라냈다는 뜻이다. 견백야堅白也는 명가인 공손룡公孫龍이 주장한 견백론을 말한다. 공손룡은 견석堅石과 백석白石만 있을 뿐 실제로 견백석堅白石은 존재할 수 없다고 주장했다. 이에 반해 묵가는 '견석'과 '백석'이 따로 존재할 수 없다고 반박했다.『묵자』「경설 상」 등에 '견백론'에 대한 반박이 상세히 소개돼 있다.

● 권14
제35장 외저설(外儲說) 우하

〰️35-1

經一, 賞罰共則禁令不行. 何以明之. 明之以造父·於期. 子罕爲出彘. 田恒爲圃池, 故宋君·簡公弑. 患在王良·造父之共車, 田連·成竅之共琴也.

「**경문**經文 **1**」 공령共令

상벌의 권한을 군신이 함께 장악하고 있으면 금령이 제대로 행해지지 않는다. 무엇으로 이를 증명할 수 있는가? 조보造父나 왕량王良의 예로써 증명할 수 있다. 송나라 사성司城 자한子罕은 형벌의 권한을 행사해 위세를 형성한 것이 마치 조보가 마차경기를 할 때 갑자기 뛰쳐나온 멧돼지와 같았고, 진항陳恒은 포상의 권한을 행사해 은덕을 베푼 것이 마치 왕량이 갈증을 견디도록 훈련시킨 말을 유혹한 원림園林의 연못과 같았다. 송환후와 제간공이 시해를 당한 이유가 여기에 있다. 재난은 왕량과 조보가 수레를 함께 몰고, 전련田連과 성규成竅가 함께 거문고를 탄 데서 비롯됐다.

〰️ 조보造父는 주목왕의 말을 몰던 인물이고, 어기於期는 조간자

의 말을 몰던 왕량王良을 말한다. 시기적으로 5백년 가량 떨어져 있다. 『전국책』「진책」에 조보와 왕량의 제자가 서로 만나 대화하는 내용이 나온다. "왕량의 제자가 말을 몰며 1천 리를 갈 수 있다고 장담하다가 조보의 제자와 만나게 되었다. 조보의 제자가 '이 말은 1천 리를 갈 수 없다'고 하자 왕량의 제자가 묻기를, '이 말은 틀림없는 천리마이다. 수레를 비롯한 모든 물건도 천리마용으로 준비된 것이다. 그런데도 1천 리를 가지 못한다고 하니 그게 무슨 말인가?'라고 했다. 조보의 제자가 대답키를, '그 말고삐가 길기 때문이다'라고 했다." 「우저설 우하」의 아래 글에서는 '조보가 제나라 왕을 위해 수레를 몰게 되었다'는 구절이 나온다. 이를 두고 가마사카는 춘추시대 말기에 주목왕의 말을 몰던 조보와는 다른 별개의 조보가 존재했을 가능성을 제기했다. 나름 일리 있는 추론이기는 하나 '조보' 역시 왕량 및 백락伯樂과 마찬가지로 말을 잘 모는 사람의 대명사로 사용된 것으로 보는 게 나을 것이다.

포지圃池의 포圃를 『설문해자』는 채원菜園, 『춘추좌전』「노장공 19년」조의 주는 원園, 『주례』「태재」의 주는 과수와 채소를 심은 곳으로 풀이해 놓았다. 그러나 『한비자』에 나오는 '포'는 그 안에서 말도 몰고, 호랑이를 키우기도 한 군주 소유의 원림園林에 가깝다. 전련田連과 성규成竅는 춘추시대에 활약한 전설적인 거문고의 명수를 말한다.

🌿35-2

經二, 治强生於法, 弱亂生於阿, 君明於此, 則正賞罰而非仁下也. 爵祿生於功, 誅伐生於罪, 臣明於此, 則盡死力而非忠君也. 君通於不仁, 臣通於不忠, 則可以王矣. 昭襄知主情而不發五苑, 田鮪知臣情, 故教田章, 而公儀辭魚.

「**경문**經文 **2」 치강**治强

잘 다스려지고 강성해지는 것은 법이 제대로 행해지는 데서 비롯되고, 나라가 약해지고 어지러워지는 것은 법을 사사로이 행한 데서 비롯된다. 군주가 이를 명확히 알면 상벌을 바르게 시행하고, 아랫사람에게 함부로 인애仁愛의 마음을 갖지 않을 것이다. 작위와 봉록은 공에 따라 얻고, 형벌은 죄에 따라 받는다. 신하가 이를 분명히 알면 반드시 온 힘을 다해 공을 세우고, 군주에게 사사로운 충성을 하지 않을 것이다. 군주가 평소 무자비할 정도로 법의 집행에 철저하고, 신하가 평소 불충할 정도로 공을 세우는 데 철저하면 군주는 가히 천하통일의 대업을 이룰 수 있다. 진소양왕은 군주의 도리를 안 까닭에 5곳의 어원御苑에 심은 채소와 과실을 백성에게 나눠주지 않았다. 전유田鮪도 신하의 도리를 안 까닭에 전장田章을 가르쳤고, 노목공 때의 재상 공의公儀도 선물로 주는 생선을 사양했다.

약락생어아弱亂生於阿는 사사로운 생각으로 법을 왜곡하는 것을 말한다. 여기의 아阿는 법에 아첨한다는 뜻도 된다. 오원五苑의 원苑은 화초와 수목을 심고 금수를 키우며 사냥도 한 군주 소유의 원림園林을 말한다. 전유田鮪와 그의 아들 전장田章의 사적은 잘 알려져 있지 않다. 공의公儀를 윤동양은 『사기』 「순리열전」을 근거로 전국시대 초기 노목공 때 박사로 있다가 재상을 지낸 공의휴公儀休로 보았다.

35-3

經三, 人主鑑於外也, 而外事不得不成, 故蘇代非齊王. 人主鑑於上也, 而居者不適不顯, 故潘壽言禹情. 人主無所覺悟, 方吾知之, 故恐同衣於族, 而況借於權乎. 吳章知之, 故說以佯, 而況借於誠乎.

趙王惡虎目而蓥. 明主之道, 如周行人之却衛侯也.

「경문經文 3」 주감主鑑

군주가 외국의 사례를 거울로 삼고자 할 때 외국의 사자가 자국의 권귀에게 아부하지 못하면 일이 성사되지 못한다. 소대蘇代가 연왕 쾌噲를 미혹케 만들 속셈으로 제선왕이 대신들을 믿지 못한다고 비난한 이유다. 이로써 외국의 사례는 가히 믿을 수 없음을 알 수 있다. 군주가 상고시대의 사례를 거울로 삼고자 할 때 상고시대에 사례에 밝은 은자隱者가 권귀에 영합하지 않으면 자신의 명성을 드러낼 길이 없다. 은자 반수潘壽가 자신의 명성을 드높일 속셈으로 우왕이 익益에게 보위를 물려준 사례를 언급한 이유다. 이로써 상고시대의 사례는 가히 믿을 수 없음을 알 수 있다. 방오方吾는 이 이치를 깨달은 까닭에 군주는 신하와 같은 옷을 입거나 종친과 함께 거주해서는 안 된다고 했다. 하물며 군주의 권세를 신하에게 빌려준 경우이겠는가? 오장吳章은 이 이치를 깨달은 까닭에 거짓으로 행동하는 것도 경계했다. 하물며 진실을 말하는 경우이겠는가? 조효성왕趙孝成王은 범의 눈이 보기 싫다고 하여 눈이 가려졌다. 명군의 도는 주나라의 외교관이 위문공衛文公의 칭호를 보고 천자와 같다는 이유로 입궐을 거부한 것과 같다.

◐◑ 감어외鑑於外의 감鑑은 거울로 삼는다는 의미로 외外는 외국을 말한다. 외사부득불성外事不得不成의 외사外事를 양계웅은 '국외의 사정'으로 풀이했으나 진계천은 '외국 사절'로 풀이했다. 사사事는 사使와 서로 통한다. 득得을 양계웅과 『한비자교주』는 적당適當으로 보았으나 진계천은 아래 구절의 적適과 호응하는 것으로 간주해 외국의 사자가 간신에게 아첨하는 것으로 풀이했다. 『춘추좌전』『노애공 24년」조의 주

는 서로 가까이 지내는 것으로 해석했다.

소대蘇代는 소진蘇秦의 동생으로 동주의 낙양 출신이었다. 제선왕과 제민왕 때 제나라와 연나라 사이를 오가며 유세했다. 인주감어상人主鑑於上의 상上이 『한비자금주금역』에는 선비의 말을 뜻하는 사士로 되어 있다. 왕선신은 상上을 상고上古로 해석하면 별 문제가 없다고 했다. 거자불적불현居者不適不顯의 '거자'는 은자隱者를 뜻한다. 적適은 은자가 권귀에 영합하는 것을 의미한다. 방오方吾의 사적은 알려진 게 없다. 행인行人은 외빈을 접대하는 외교관 등의 관원을 말한다. 위후衛侯는 위문후衛文公 훼燬를 말한다. 기원전 660년에 친형인 위대공衛戴公의 뒤를 이어 보위에 올랐다. 당시 위나라는 적적赤狄의 침공으로 도성이 함락되는 등 심각한 피해를 입었다. 위문공은 거친 베옷과 거친 명주로 만든 모자를 쓴 채 백성들과 함께 일하며 조세를 줄이고 증산과 학문 진흥, 인재임용 등에 애썼다. 재위 2년(기원전 658)에 제환공이 제후들을 이끌고 와 위나라를 위해 초구楚丘 땅에 성을 쌓아주었다. 재위 25년(기원전 635) 정월 형邢나라를 쳐 멸했으나 이해 가을에 병사했다.

❧ 35-4

經四, 人主者, 守法責成而立功者也. 聞有吏雖亂而有獨善之民, 不聞有亂民而有獨治之吏, 故明主治吏不治民. 說在搖木之本與引網之綱. 故失火之嗇夫, 不可不論也. 救火者, 吏操壺走火, 則一人之用也. 操鞭使人, 則役萬夫. 故所遇術者, 如造父之遇驚馬, 牽馬推車則不能進, 代御, 執轡持筴則馬咸騖矣. 是以說在椎鍛平夷, 榜檠矯直. 不然, 敗在淖齒用齊戮閔王, 李兌用趙餓主父也.

「경문經文 4」 치리治吏

군주는 법을 지키고 성과를 내도록 권해 공적을 쌓도록 해야 한다. 관원이 나라를 어지럽게 할지라도 홀로 자신의 몸을 깨끗하게 지키는 선민善民이 있다는 얘기는 들었지만, 난민亂民이 횡행하는데도 홀로 나라를 잘 다스리는 관원이 있다는 얘기는 듣지 못했다. 명군은 관원을 다스리는 데 애쓸 뿐 백성을 직접 다스리지 않는다. 나무 밑동을 흔들어 나무 전체의 잎을 흔들고, 그물의 벼리를 당겨 그물 전체를 펴는 게 그 실례이다. 불이 났을 때 불을 끄기 위해 소방관원이 홀로 달려가는 식의 행보는 논의 대상이 될 수 없다. 소방관원이 홀로 물동이를 들고 화재 현장으로 달려가는 것은 한 사람을 동원하는 것이고, 채찍을 쥐고 여러 사람을 재촉하는 것은 1만 명을 동원한 것이다. 치국의 법술을 조보가 놀란 말을 다루듯이 해야 하는 이유다. 다른 사람이 말을 잡아 끌고 수레를 밀지라도 수레는 앞으로 나아갈 수 없다. 그러나 조보가 이들을 대신해 고삐를 잡고 채찍을 들면 말들 모두 재빨리 내달리기 시작한다.

"명군은 법률을 제정해 고르지 못한 것을 평평하게 하고, 바르지 못한 것을 교정한다." 이에 관한 사례는 몽치와 모탕을 사용해 굽은 것을 평평하게 하고, 도지개을 이용해 활을 바르게 교정한 비유 사례 속에 있다. 이같이 하지 않아 초래된 폐해 사례로 구원병을 이끌고 온 초나라 장수 요치淖齒가 제민왕齊閔王을 대들보에 매달아 죽이고, 조나라의 권신 이태李兌가 상왕인 주부主父 조무령왕을 아사케 만든 일화를 들 수 있다.

🍃 실화지색부失火之嗇夫의 '실화'는 아래 글을 좇아 주화走火로 고치는 게 옳다. '색부'를 진기유는 잡역부, 『한비자교주』는 폐백幣帛 등

의 예물을 관장하는 관원으로 풀이했다. 그러나『관자』「군신 상」은 '이색부吏嗇夫는 업무처리를 감독하는 직무를 맡고, 민색부民嗇夫는 백성을 교화하는 직무를 맡는다.'고 했다. 대략 향관鄕官의 뜻에 가깝다. 고광기는 구화자救火者에서 즉역만부則役萬夫까지 22자를 주석이 본문에 혼입된 것으로 보았다. 고광기와 가마사카 모두 견마추거牽馬推車에서 마함목의馬咸鶩矣까지 19자 역시 본문에 혼입된 주석으로 간주했다. 시이실재추단평이是以說在椎鍛平夷 구절을 두고 진기유는 시이是以로 유도되는 구절 뒤에 대부분 기설재其說在 등의 구절이 뒤따르고 있는『한비자』의 문체에 주목해 '시이' 뒤에 탈문脫文이 있는 것으로 보았다. 장각은 '명주지법야明主之法也, 소이평불이교부직야所以平不夷矯不直也' 등 14자가 빠진 것으로 간주했다. 추단椎鍛의 추椎는 때리는 도구, 단鍛은 쇠를 단련할 때 사용하는 모탕 즉 침석砧石을 말한다. 방경榜檠은 활을 교정하는 도지개의 뜻이다.

35-5

經五, 因事之理, 則不勞而成. 故茲鄭之踞轅而歌以上高梁也. 其患在趙簡主稅吏請輕重, 薄疑之言'國中飽', 簡主喜而府庫虛, 百姓餓而姦吏富也. 故桓公巡民而管仲省腐財怨女. 不然, 則在延陵乘馬不得進, 造父過之而爲之泣也. 右經.

「경문經文 5」 사리事理

모든 일을 사리에 따라 행하면 수고롭지 않아도 쉽게 성과를 거둘 수 있다. 자정茲鄭이 수레에 걸터앉아 노래를 부르자 사람들은 힘들이지 않고 수레를 높은 다리 위로 올려놓았다. 대표적인 사례로 조간자의 세리稅吏가 세금의 경중에 관해 묻고, 박의薄疑가 중간 계층 백성들이 모두 배불리 먹는다고 말한 일화를 들 수 있다. 당시 조간자는 크게 기뻐했으나 사실 국고는 텅 비고 백성들은 굶주리고 있는데 간사한 관원만 부유하다는 취지로 말한 것이었다. 제환공이 민정을 시찰한 뒤 국사를 상의하자 관중은 관고 안에 썩어나는 재물이 쌓여 있거나·원망하는 여인이 없도록 해야 한다고 간했다. 이같이 하지 않으면 그에 따른 폐해가 연릉탁자延陵卓子가 말을 타고 앞으로 나아갈 수 없을 때 조보가 그곳을 지나며 눈물을 흘린 일화와 유사한 모습으로 나타난다. 이상이 「경문」이다.

꺽 자정지거원妏鄭之踞轅의 자정妏鄭에 관한 사적은 자세치 않다. 거원踞轅은 수레의 골채 즉 멍에를 매는 굽은 나무에 걸터앉았다는 뜻이다. 원녀怨女는 총애를 입지 못한 독수공방의 여인을 말한다. 즉재연릉승마則在延陵乘馬의 즉則을 쓰다는 패敗로 바꿔야 한다고 했다.

꺽 **35-6**
「전문 1」 공령共令의 사례.

꺽 **35-7**
造父御四馬, 馳驟周旋而恣欲於馬. 恣欲於馬者, 擅轡筴之制也. 然馬驚於出彘而造父不能禁制者, 非轡筴之嚴不足也, 威分於出彘也. 王子於期爲駙駕, 轡筴不用而擇欲於馬, 擅芻水之利也. 然馬過於圃池而駙馬敗者, 非芻水之利不足也, 德分於圃池也. 故王良·造父, 天下之善御者也, 然而使王良操左革而叱咤之, 使造父操右革而鞭笞之, 馬不能行十里, 共故也. 田連·成竅, 天下善鼓琴者也, 然而田連鼓上·成竅攦下而不能成曲, 亦共故也. 夫以王良·造父之巧,共轡而御, 不能使馬, 人主安能與其臣共權以爲治. 以田連·成竅之巧, 共琴而不能成曲, 人主又安能與其臣共勢以成功乎.

조보는 4마리 말이 끄는 수레를 모는 데 능숙했다. 빨리 달리게 하거나 빙글빙글 돌려 달리거나 자신이 생각하는 바대로 말을 부릴 수 있었다. 고삐와 채찍을 자유롭게 구사한 덕분이다. 그러나 갑자기 뛰쳐나온 돼지를 보고 말이 놀라자 조보도 통제할 수 없었다. 고삐와 채찍의 위력이 부족해서가 아니라 그 위력이 갑자기 뛰쳐나온 돼지 때문에 분산됐기 때문이다. 왕량은 수레를 몰면서 고삐와 채찍을 사용하지 않고도 마음대로 말을 부릴 수 있었다. 이는 때에 맞춰 말에게 풀과 물을 잘 먹였기 때문이다. 그러나 원림의 연못을 지날 때 수레가 부서지는 등 수습할 길이 없게 되었다. 풀과 물의 이로움이 부족해서가 아니라 그 이로움이 원림의 연못 때문에 분산됐기 때문이다.

왕량과 조보는 천하의 뛰어난 마부이다. 그러나 왕량에게 왼쪽 고삐를 쥐고 말을 몰게 하고, 조보에게는 오른쪽 고삐를 쥐고 말을 몰게 하면 말은 10리도 나아갈 수 없다. 두 사람이 함께 수레를 몰기 때문이다. 전련田連과 성규成竅는 천하의 뛰어난 거문고 연주자이다. 그러나 전련에게 위쪽을 연주하게 하고, 성규에게 아래쪽을 연주하게 하면 곡을 이룰 수 없다. 두 사람이 함께 연주하기 때문이다.

왕량과 조보가 아무리 뛰어난 솜씨를 자랑할지라도 함께 고삐를 쥐게 하면 말을 전혀 몰 수 없다. 군주가 신하와 함께 권세를 함께 하고서야 어찌 나라를 제대로 다스릴 수 있겠는가? 전련과 성규가 아무리 뛰어난 거문고 연주 솜씨를 자랑할지라도 함께 연주하면 곡을 이룰 수 없다. 군주가 신하와 함께 권세를 함께 하고서야 어찌 공을 이룰 수 있겠는가?

◑◐ 부마패자駙馬敗者의 마馬를 고광기는 가駕로 바꿔야 한다고 했다. 좌혁左革의 혁革은 재갈을 뜻하는 륵勒과 통한다.『한비자교주』는 재갈의 왼쪽으로 풀이했다. 고대에는 통상 4필의 말이 수레를 이끈 까닭에 좌우를 명확히 구분했다. 왼쪽 말에 채운 재갈로 보는 게 옳다. 전련田連과 성규成竅를 두고『진기유』는『금조琴操』「수선조水仙操」를 근거로 거문고의 명수인 백아伯牙가 이들에게서 배웠다고 했다. 엽하擪下의 엽擪은 한 손가락을 누른다는 뜻으로 여기서는 연주한다는 의미로 사용됐다. 고광기는 원문의 즙檝을『문선』「금부」의 주를 좇아 엽擪으로 바꿔야 한다고 했다.

⌇⌇35-8

一曰. 造父爲齊王駙駕, 渴馬服成, 效駕圃中. 渴馬見圃池, 去車走池, 駕敗. 王子於期爲趙簡主取道爭千里之表, 其始發也, 彘伏溝中, 王子於期齊轡筴而進之, 彘突出於溝中, 馬驚, 駕敗.

일설에 따르면 조보는 제나라 왕을 위해 수레를 몰게 되자 말에게 물을 마시지 못하도록 훈련을 시켰다. 한번은 원림 안에서 시험 삼아 수레를 끌게 했다. 목이 말랐던 말이 원림 안의 연못을 보자 곧 수레를 팽개치고 연못으로 달려가는 바람에 수레가 망가지고 말았다. 왕량은 조간자를 위해 1천 리 밖에 꽂아둔 비단 깃발을 쟁탈키 위한 마차경주에 나선 적이 있다. 막 출발하려고 할 즈음 도랑에 멧돼지 한 마리가 엎드려 있었다. 왕량이 고삐를 틀어쥔 채 채찍을 휘두르며 단숨에 앞으로 내달릴 때 멧돼지가 갑자기 뛰쳐나왔다. 말이 크게 놀라는 바람에 수레가 망가지고 말았다.

갈마복성渴馬服成의 복服을 『한서』「조조전」의 주는 익힐 습習으로 풀이했다. 효가效駕를 진계천은 시험 삼아 수레를 몬다는 뜻의 시거試車로 해석했다. 『설문해자』는 가駕를 말에게 수레의 멍에를 올리는 것으로 풀이해 놓았다. 시험 삼아 말에게 수레를 끌도록 한다는 뜻이 보다 자연스럽다. 가패駕敗를 『한비자교주』는 시험 삼아 수레를 모는 데 실패했다고 해석했으나 장각은 수레가 망가졌다는 뜻으로 풀이했다. 취도取道의 취取를 『한비자교주』는 내달릴 추趨와 통하는 것으로 보았다. 천리지표千里之表의 표表를 양계웅은 마차경기에서 먼저 달려가 차지하는 비단깃발 표幖로 해석했다.

35-9

司城子罕謂宋君曰, "慶賞賜予, 民之所喜也, 君自行之. 殺戮誅罰, 民之所惡也, 臣請當之." 宋君曰, "諾." 於是出威令, 誅大臣, 君曰 '問子罕'也. 於是大臣畏之, 細民歸之. 處期年, 子罕殺宋君而奪鄭. 故子罕爲出彘以奪其君國.

송나라의 사성司城 자한子罕이 송환후에게 말했다.

"칭찬을 받고 상을 수여받는 일은 백성들이 좋아하는 것이니 이는 군주가 직접 행하십시오. 사형에 처해지거나 처벌을 받는 것은 백성들이 싫어하는 것이니 이는 제가 담당토록 하겠습니다."

"그리하시오."

이에 송환후는 위엄 있는 명을 내리거나 대신들을 처형할 때 이같이 말했다.

"자한에게 물어보라."

대신들은 자한을 두려워하고, 백성들은 자한을 따르게 됐다. 1년 후

자한이 군주를 시해하고 정권을 탈취했다. 자한은 마치 갑자기 뛰쳐나온 멧돼지처럼 위협적인 수단을 동원해 자신의 군주로부터 나라를 빼앗은 셈이다.

  🐚 사성司城은『춘추좌전』「노환공 6년」조에 따르면 우사右師와 좌사左師, 사마司馬, 사도司徒, 사성司城, 사구司寇 등으로 구성된 송나라 6경의 일원으로 토목과 건축을 담당했다. 다른 나라의 사공司空과 같이다. 송무공의 이름이 사공이었던 까닭에 명칭을 '사성'으로 바꾼 것이다. 세민細民은 서민을 말한다. 탈기군국奪其君國의 '군국'을 두고 진기유는 군지국君之國으로 바꿔야 한다고 했다. 그러나 여기의 탈奪은 군君을 간접목적어, 국國을 직접목적어로 가진 쌍빈동사雙賓動詞로 사용된 것이다.

🌿 **35-10**

簡公在上位, 罰重而誅嚴, 厚賦斂而殺戮民. 田成恒設慈愛, 明寬厚. 簡公以齊民爲渴馬, 不以恩加民, 而田成恒以仁厚爲圃池也.

제간공은 보위에 앉아 있을 때 형벌을 무겁게 하고 처형도 준엄하게 했다. 세금도 지나치게 무거운 데다 백성들을 무차별로 살해했다. 진항陳恒은 백성들에게 덕을 베풀며 자애로운 모습을 보였다. 제간공은 백성들을 갈증 나는 말처럼 다루며 은혜를 베풀지 않고, 진항은 인자함과 너그러움으로 원림의 연못 구실을 한 셈이다.

  🐚 건도본과 조용현본 등은 전성항田成恒으로 되어 있으나 우평본은 전성田成으로 되어 있다. 진항陳恒을 말한다.

35-11

一日. 造父爲齊王駙駕, 以渴服馬, 百日而服成. 服成, 請效駕齊王, 王曰, "效駕於圃中." 造父驅車入圃, 馬見圃池而走, 造父不能禁. 造父以渴服馬久矣, 今馬見池, 駻而走, 雖造父不能治. 今簡公之以法禁其衆久矣, 而田成恒利之, 是田成恒傾圃池而示渴民也.

일설에 따르면 조보는 제나라 왕을 위해 수레를 몰게 되자 말에게 물을 마시지 않도록 훈련을 시켜 백 일 만에 길들이는 데 성공했다. 조보가 훈련이 끝난 뒤 제나라 왕에게 수레를 몰아보겠다고 청했다. 왕이 허락하며 말했다.

"한번 원림에서 몰아보도록 하시오."

조보가 수레를 몰고 원림으로 들어갔다. 말은 원림의 연못을 보자 곧 수레를 팽개치고 연못으로 달려갔다. 조보는 이를 제어하지 못했다. 조보가 말에게 갈증을 인내하는 훈련을 시킨 지 매우 오래되었으나 말이 연못을 보고 미친 듯이 달려 나가자 귀신같은 말몰이꾼 조보조차도 어찌할 도리가 없었다. 지금 제간공이 엄한 법으로 백성들을 억압한지 오래되었다. 정반대로 진항은 백성들을 이롭게 했다. 이는 진항이 원림의 연못을 기울여 갈증이 난 백성들에게 덕을 베푼 것이나 다름없다.

❧ 한이주駻而走의 한駻은 사나운 말을 뜻하나 여기서는 말이 물을 보고 날뛰는 것을 지칭한다.

35-12

一日. 王子於期爲宋君爲千里之逐. 已駕, 察手吻文. 且發矣, 驅而前之, 輪中繩. 引而却之, 馬掩迹. 拊而發之, 彘逸出於竇中. 馬退而却, 筴不能進前也. 馬驔而走, 轡不能正也.

일설에 따르면 왕량이 송나라 군주를 위해 1천 리 밖의 지점까지 경주를 하게 됐다. 수레에 말을 맨 뒤 손을 비비고 손바닥에 입김을 불어넣으며 득의에 찬 모습을 보였다. 출발 직전 수레를 앞으로 약간 몰자 수레바퀴가 바퀴자국과 완전히 일치했고, 고삐를 당겨 뒤로 약간 물러나자 말발굽이 이전의 말굽 자국을 그대로 밟았다. 마침내 채찍질을 하여 출발할 때 문득 멧돼지가 도랑 속에서 뛰쳐나오자 말이 크게 놀라 뒷걸음질 쳤다. 왕량이 채찍을 휘둘렀으나 전혀 앞으로 나아갈 수 없었다. 말이 미친 듯이 날뛰며 달아나는 상황에서는 왕량조차 고삐로는 도무지 제지할 길이 없었다.

🐎 찰수문문察手吻文의 찰察과 문文을 진기유는 문지를 찰찰擦과 무늬 문紋과 통하는 것으로 보았다. 윤중승輪中繩은 수레바퀴가 바퀴자국과 마치 먹줄처럼 틀림없었다는 뜻이다. 마엄적馬掩迹을 진기유와 『한비자교주』는 '말이 나아가면서 앞발굽의 자국과 뒷발굽의 자국이 일치했다'고 풀이했다. 말의 앞뒤 발자국은 겹칠 수가 없다. 수레를 후퇴시킬 때 말이 원래의 발자국을 밟았다는 식으로 풀이하는 게 옳다. 부이발지拊而發之의 부拊는 원래 어루만진다는 뜻이나 여기서는 채찍을 친다는 뜻으로 사용됐다. 두중竇中의 두竇를 『한비자교주』는 구멍 동洞으로 해석했으나 두竇와 도랑을 뜻하는 독瀆과 통용됐다. 『설문해자』는 구溝로 풀이해 놓았다.

🐎 **35-13**

一曰. 司城子罕謂宋君曰, "慶賞賜予者, 民之所好也, 君自行之.

誅罰殺戮者, 民之所惡也, 臣請當之." 於是戮細民而誅大臣, 君曰, "與子罕議之." 居期年, 民知殺生之命制於子罕也, 故一國歸焉. 故子罕劫宋君而奪其政, 法不能禁也. 故曰, "子罕爲出彘, 而田成常爲圃池也." 令王良·造父共車, 人操一邊轡而入門閭, 駕必敗而道不至也. 令田連·成竅共琴, 人撫一弦而揮, 則音必敗, 曲不遂矣.

일설에 따르면 송나라의 사성 자한이 송환후에게 이같이 말했다.

"칭찬을 받고 상을 수여받는 일은 백성들이 좋아하는 것이니 이는 군주가 직접 행하십시오. 사형에 처해지거나 처벌을 받는 것은 백성들이 싫어하는 것이니 이는 제가 담당토록 하겠습니다."

이에 백성들을 처형하고 대신들을 주살할 때면 송환후는 이같이 말했다.

"자한과 상의하라."

1년이 지나자 백성들은 자신들의 생사를 결정짓는 명이 자한에게서 나오는 것을 알게 됐다. 온 나라가 그에게 돌아가게 됐다. 마침내 자한이 송환후를 위협해 대권을 탈취했지만 법으로 막을 수가 없었다. 그래서 이런 말이 나오게 됐다.

"자한은 갑자기 뛰쳐나온 멧돼지, 진항은 원림의 연못 역할을 했다."

지금 왕량과 조보로 하여금 함께 수레를 몰도록 하면서 각기 한 쪽 고삐를 잡고 마을 안으로 들어가게 하면 반드시 수레가 흐트러져 길을 잃고 말 것이다. 또 전련과 성규로 하여금 함께 거문고를 타게 하면서 각기 한 줄씩 맡아 연주하도록 하면 반드시 음이 흐트러져 곡을 이루지 못할 것이다.

입문려入門閭의 입入을 왕선신은 출出로 바꿔야 한다고 했다.

대다수 주석가가 이를 좇았다. 그러나 마을 안에도 길이 있다. 그대로 두고 해석하는 게 자연스럽다.

🌿 35-14
「전문 2」 치강治強의 사례.

🌿 35-15

秦昭王有病, 百姓里買牛而家爲王禱. 公孫述出見之. 入賀王曰, "百姓乃皆里買牛爲王禱." 王使人問之, 果有之. 王曰, "訾之人二甲. 夫非令而擅禱, 是愛寡人也. 夫愛寡人, 寡人亦且改法而心與之相循者, 是法不立. 法不立, 亂亡之道也. 不如人罰二甲而復與爲治."

진소양왕이 병들자 백성들이 50가호로 구성된 동네마다 소를 잡아 희생물로 바치고, 집집마다 진소양왕의 쾌유를 빌었다. 공손술公孫述이 밖에 나갔다가 이를 보고는 이내 입궐해 왕에게 축하의 말을 올렸다.

"백성들이 동네마다 소를 잡아 대왕의 쾌유를 빌고 있습니다."

진소양왕이 사람을 시켜 조사토록 해보니 과연 그러했다. 왕이 명했다.

"벌금으로 사람마다 갑옷 2벌을 바치게 하라. 과인이 명하지도 않았는데 임의로 기도하는 것은 과인을 사랑하고 공경하기 때문일 것이다. 그러나 백성이 과인을 사랑한다고 해서 과인 또한 법을 어겨가며 민심을 좇아 그에 보답하려 들면 법이 바로서지 못하게 된다. 법이 바로서지 못하면 나라가 어지러워져 이내 패망하게 된다. 사람마다 벌로 갑옷 2벌을 바치게 하여 치국의 도리를 바로 세우느니만 못하다."

🌂 백성리매우왕도百姓里買牛而家爲王禱의 리里는 백성들의 거주

구역을 말한다. 리里는 시기별로 가호의 숫자가 달랐다.『주례』「지관」에
는 5가를 1린隣, 5린을 1리라고 했다.『갈관자』「왕부王鈇」에는 5가를 1
오伍, 1백 호를 1리라고 했다. 아래 글의 이정里正 및 오로둔伍老屯에 비
춰 여기의 '리'는『갈관자』가 말하는 경우이다. 50가로 보는 게 타당하
다. 매우買牛를『한비자교주』는 '소를 산 뒤 집사가 이를 잡아 신에게 제
사지냈다'고 풀이했다. 그러나 아래 대목에서 '백성위지도百姓爲之禱.
병유病愈, 살우새도殺牛塞禱' 구절에 비춰 백성들이 왕의 쾌유를 비는
기도를 올릴 때 소를 잡지 않은 게 확실하다. 신이 자신들의 기도를 들
어주면 그때 소를 죽여 보답하겠다고 기도한 것이다.

공손술公孫述에 대해서는 몇 가지 설이 있다. 다음에 나오는 공손연
公孫衍과 다른 사람이라는 주장이 있다. 공손연은 진무왕 때의 사람으
로 진소양왕보다 앞선 시기의 사람이다. 자지인2갑訾之人二甲의 자訾는
벌을 내린다는 뜻으로 여기서는 벌금의 의미로 사용됐다. 후토다는 대
속代贖한다는 뜻의 자貲와 통하는 것으로 보았다. 갑甲은 갑옷을 의미
한다.

35-16

一曰. 秦襄王病, 百姓爲之禱. 病愈, 殺牛塞禱. 郎中閻遏‧公孫衍
出見之, 曰, "非社臘之時也, 奚自殺牛而祠社." 怪而問之. 百姓曰,
"人主病, 爲之禱. 今病愈, 殺牛塞禱." 閻遏‧公孫衍說, 見王, 拜賀
曰, "過堯舜矣." 王驚曰, "何謂也." 對曰, "堯舜, 其民未至爲之禱也.
今王病, 而民以牛禱. 病愈, 殺牛塞禱. 故臣竊以王爲過堯舜也." 王
因使人問之, 何里爲之, 訾其里正與伍老屯二甲. 閻遏‧公孫衍愧不
敢言. 居數月, 王飮酒酣樂, 閻遏‧公孫衍謂王曰, "前時臣竊以王爲
過堯舜, 非直敢諛也. 堯舜病, 且其民未至爲之禱也. 今王病, 而民

以牛禱. 病愈, 殺牛塞禱. 今乃訾其里正與伍老屯二甲, 臣竊怪之."
王曰, "子何故不知於此. 彼民之所以爲我用者, 非以吾愛之爲我用
者也, 以吾勢之爲我用者也. 吾釋勢與民相收, 若是, 吾適不愛, 而
民因不爲我用也, 故遂絶愛道也."

일설에 따르면 진소양왕이 병들자 백성들이 왕의 쾌유를 빌었다. 진
소양왕의 병이 낫자 백성들이 소를 죽여 효험을 보인 신에게 보답했다.
낭중郎中 염알閻遏과 공손술이 밖에 나갔다가 이를 보고는 백성들에게
물었다.

"사제社祭나 납제臘祭의 시기가 아닌데 어째서 소를 잡아 사당에 제
사를 지내는 것인가?"

이들이 이상하게 여기며 이같이 묻자 백성들이 입을 모아 대답했다.

"군주가 병이나 쾌유를 빌었더니 덕분에 지금 병환이 나았습니다. 그
래서 소를 잡아 감사의 제사를 지내는 것입니다."

염알과 공손술이 기뻐하며 왕을 알현하는 자리에서 축하의 말을 했다.

"대왕은 요순보다 더 뛰어나십니다."

왕이 놀라 물었다.

"그게 무슨 말인가?"

두 사람이 대답했다.

"요순 때도 백성들이 쾌유를 위해 제사를 올린 적이 없습니다. 지금
대왕이 병환으로 자리에 눕자 백성들이 소를 잡아 쾌유를 빌었고, 병
환이 낫자 다시 소를 잡아 감사의 제사를 지내고 있습니다. 그래서 요
순보다 더 뛰어나다고 말한 것입니다."

진소양왕이 사람을 시켜 어느 마을에서 그런 일이 있었는지 알아보
게 했다. 이후 그 마을의 이정里正과 장로에게 갑옷 2벌씩을 벌로 내게

했다. 염알과 공손연이 부끄러워하며 감히 말을 하지 못했다. 몇 달 뒤, 진소양왕이 신하들과 주연을 가졌다. 주흥이 무르익을 무렵 염알과 공손연이 틈을 보아 말했다.

"전에 신들이 외람되게 대왕에게 요순보다 더 뛰어나다고 말한 것은 결코 어떤 의도를 갖고 아첨하기 위해 그런 게 아닙니다. 요순이 병에 걸렸을 때도 백성들이 쾌유를 위해 제사를 올린 적이 없습니다. 지금 대왕이 병이 나 자리에 눕자 백성들은 소를 잡아 쾌유를 빌었고, 병환이 낫자 다시 소를 잡아 감사의 제사를 지냈습니다. 지금 대왕은 이정과 장로에게 갑옷 2벌씩 바치도록 벌을 내렸는데 신들은 내심 이를 이상하게 생각하고 있습니다."

진소양왕이 힐난했다.

"그대들은 어째서 그 이치를 모르는 것이오? 백성들이 과인을 위해 그리 한 것은 진심으로 과인을 아끼고 사랑해서 그런 게 아니라 과인의 권세 때문에 그런 것이오. 과인이 권세를 버리고 백성에 영합해 나라를 다스리면 백성은 과인을 위해 일하지 않고 이내 배반할 것이오. 과인이 인애로 다스리는 길을 끊은 이유가 여기에 있소."

☙ 새도塞禱의 새塞는 신에게 제사를 올리며 감사한다는 뜻이다. 『한서』「교사지郊祀志」의 주에 기도의 효험에 보답하는 것으로 풀이돼 있다. 사납社臘의 사社는 원래 토지신을 가리킨다. 풍년을 기원하는 제사를 말한다. 납臘은 동짓달을 뜻한다. 동짓달 세 번째 술일戌日에 모든 신에게 지내는 제사를 의미한다. 해자살우奚自殺牛의 해자奚自를 진계천은 하위何爲로 새겼다.

이정오로둔이갑里正伍老屯二甲의 '이정'은 마을의 이장, '오로'는 다섯 집을 하나로 묶은 단위의 우두머리를 말한다. 둔屯을 왕선신과 진기유 등은 둔邨으로 풀이했으나 선진시대 문헌에 이를 뒷받침할 만한 근거가 없다. 고형은 출出의 오자로 보았으나 이미 자辈 자가 나온 만큼 중복해 언급할 이유가 없다. 이는 '오로'와 합쳐 오장伍長의 별칭인 오로둔伍老屯으로 읽는 게 옳다. 『상군서』「경내」에 '5인을 오伍로 편제하고 1명의 둔장屯長을 둔다.'는 구절이 나온다. 군사편제상의 '둔장'이 행정단위의 '오장'에 해당한다. 감락酣樂은 주흥이 한창 무르익었다는 뜻이다. 비직감유非直敢諛의 직直은 고의를 뜻하는 고故와 같다.

35-17

秦大飢, 應侯請曰, "五苑之草著·蔬菜·橡果·棗栗 足以活民, 請發之." 昭襄王曰, "吾秦法, 使民有功而受賞, 有罪而受誅. 今發五苑之蔬草者, 使民有功與無功俱賞也. 夫使民有功與無功俱賞者, 此亂之道也. 夫發五苑而亂, 不如棄棗蔬而治." 一曰, "令發五苑之蓏·蔬·棗·栗足以活民, 是用民有功與無功爭取也. 夫生而亂, 不如死而治. 大夫其釋之."

진秦나라에 큰 기근이 들었다. 응후應侯 범수范雎가 진소양왕에게 이같이 청했다.

"왕실 정원인 오원五苑의 참마, 소채, 상수리, 대추와 밤으로 많은 백성을 살릴 수 있었습니다. 청컨대 이를 개방하십시오."

진소양왕이 반대했다.

"진나라 법은 백성들 가운데 공이 있으면 상을 주고, 죄가 있으면 벌을 내리도록 하고 있소. 지금 5원의 채소와 과실 등을 개방하는 것은 백성들 가운데 공이 있는 자와 없는 자에게 모두 상을 주는 것이나 다름없소. 백성들이 공이 있든 없든 모두 상을 받도록 하는 것은 나라를 혼란스럽게 만드는 것이오. 5원을 개방해 혼란스럽게 만드느니 차라리 채소와 과실을 썩히고 나라를 잘 다스리는 게 낫소."

일설에 따르면 진소양왕이 이같이 말했다고 한다.

"만일 5원에서 나는 과일과 채소, 상수리, 대추, 밤으로 굶주린 백성을 살릴 수 있다고 하면 공이 있는 자와 없는 자 할 것 없이 모두 달려들어 서로 차지하려 들 것이오. 백성을 살리면서 나라를 어지럽게 만드느니 차라리 버릴지라도 나라를 잘 다스리는 게 낫소. 그대는 이를 더이상 거론치 마시오."

ꙿ⃝ 5원지초저五苑之草著의 저著를 유월은 연자로 보았다. 진기유는 콩과의 다년생 풀인 비수리를 뜻하는 시蓍의 오자, 후지사와는 참마를 뜻하는 서薯의 오자로 해석했다. 오원지소초五苑之蔬草의 소초蔬草를 왕선신과 진기유 등은 소과蔬果로 바꿀 것을 주장했으나 굳이 그럴 필요는 없다. 영발令發의 령令을 진기유는 금令으로 바꿔야 한다고 했고, 『한비자교주』는 명령으로 해석했다. 이는 가령假令의 뜻을 지닌 약若과 같은 뜻이다.

ꙿ⃝ **35-18**

田鮪敎其子田章曰, "欲利而身, 先利而君. 欲富而家, 先富而國."

전유田鮪가 아들 전장田章에게 이같이 가르쳤다.

"너 자신을 이롭게 하려면 먼저 너의 군주를 이롭게 하고, 집안을 부유하게 하려면 먼저 너의 나라를 부유하게 만들어라."

ꙿ⃝ 이신而身과 이군而君, 이가而家, 이국而國의 이而는 2인칭 대명

사이다.

35-19

一曰. 田鮪教其子田章曰, “主賣官爵, 臣賣智力, 故自恃無恃人.”

일설에는 전유가 아들 전장에게 이같이 가르쳤다고 한다.

“군주는 관작을 팔고 신하는 지혜와 능력을 판다. 그러니 스스로를 믿고 다른 사람을 믿지 말라.”

고자시故自恃의 고故를 왕선신은 『태평어람』을 인용해 고왈故曰로 해석했다.

35-20

公儀休相魯而嗜魚, 一國盡爭買魚而獻之, 公儀子不受. 其弟子諫, 曰, “夫子嗜魚而不受者, 何也.” 對曰, “夫唯嗜魚, 故不受也. 夫卽受魚, 必有下人之色. 有下人之色, 將枉於法. 枉於法, 則免於相. 雖嗜魚, 此不必能致我魚, 我又不能自給魚. 卽無受魚而不免於相, 雖嗜魚, 我能長自給魚.” 此明夫恃人不如自恃也, 明於人之爲己者不如己之自爲也.

공의휴公儀休는 노나라 재상으로 생선을 좋아했다. 온 나라 사람들이 다퉈 생선을 사서 바쳤다. 공의휴가 이를 받지 않았다. 동생이 간했다.

“선생은 생선을 좋아하면서 받지 않으니 이는 무슨 까닭입니까.”

그가 말했다.

“생선을 좋아하기에 받지 않는 것이다. 생선을 받으면 반드시 지나치게 공손한 태도로 사람을 대하는 모습을 드러내게 된다. 지나치게 공손한 모습을 드러내게 되면 장차 법령을 어기며 그들을 비호하게 되고, 법령을 어기면 재상의 자리를 잃게 된다. 자리를 잃으면 아무리 생선을 좋아할지라도 아무도 생선을 갖다 주지 않을 것이고, 내 또한 스스로 생선을 사먹지도 못할 것이다. 지금 내가 생선을 받지 않으면 재상의 자리에서 파직될 일도 없다. 내가 비록 생선을 좋아하기는 하나 내 녹봉으로 능히 장기적인 생선 조달이 가능하다."

남을 믿는 것이 자신을 믿는 것만 못하고, 남이 자신을 위하는 것이 자신이 스스로를 위하는 것만 못하다는 것을 분명히 보여주는 사례이다.

☙ 공의휴公儀休는 건도본과 도장본, 원본 등에는 공손의公孫儀로 되어 있고, 「경문」에는 공의公儀로만 되어 있다. 아래 글에는 공의자公儀子로 되어 있다. 기제자간其弟子諫의 자子가 건도본에는 없어 『회남자』「도응훈」을 참조해 보완했다. 부즉夫卽의 부夫와 즉卽 모두 '만약'의 뜻을 지닌 가정법 부사어이다. 하인지색下人之色의 하下를 『순자』「요문」의 주는 겸하謙下로 풀이했다.

35-21
「전문 3」 주감朱鑑의 사례.

35-22
子之相燕, 貴而主斷. 蘇代爲齊使燕, 王問之曰, "齊王亦何如主也." 對曰, "必不霸矣." 燕王曰, "何也." 對曰, "昔桓公之霸也, 內事屬鮑叔, 外事屬管仲, 桓公被髮而御婦人, 日遊於市. 今齊王不信其大臣." 於是燕王因益大信子之. 子之聞之, 使人遺蘇代金百鎰, 而聽其所使之.

　자지子之가 연나라 재상으로서 높은 자리에서 국정을 독단했다. 소대蘇代가 제나라를 위해 연나라에 사자로 왔다. 연나라 왕 쾌噲가 물었다.
"제나라 왕은 어떤 군주인가?"
"반드시 패자가 되지 못할 것입니다."
"왜 그런가?"
소대가 대답했다.
"옛날 제환공은 패업을 이뤘을 때 국내의 일은 포숙아, 국외의 일은 관중에게 맡겼습니다. 그 자신은 산발을 한 채 부인을 가마에 태우고 매일 궁 안에 개설한 시장에서 노닐었습니다. 그러나 지금 제나라 왕은 대신들을 믿지 않고 있습니다."
　이로 인해 연나라 왕 쾌는 자지를 더욱 신뢰하게 됐다. 자지는 이 소식을 듣고는 곧 사람을 시켜 소대에게 금 1백 일鎰을 보내며 임의로 쓰게 했다.

　　소대위제사연蘇代爲齊使燕을 두고 진기유는 『사기』「연세가」를 근거로 연왕 쾌噲 3년의 일로 보았다. 피발이어부인被髮而御婦人의 피발被髮은 산발을 한 채 의관을 갖추지 않은 것을 말한다. 어부인御婦人은 부인의 수레를 직접 몬다는 의미이다. 일유어시日遊於市의 시市를 진기유는 궁중에 마련된 시장으로 풀이했다.

35-23
一曰. 蘇代爲秦使燕, 見無益子之, 則必不得事而還, 貢賜又不出,於是見燕王, 乃譽齊王. 燕王曰, "齊王何若是之賢也. 則將必王乎." 蘇代曰, "救亡不暇, 安得王哉." 燕王曰, "何也." 曰, "其任所愛不均." 燕王曰, "其亡何也." 曰, "昔者齊桓公愛管仲, 置以爲仲父, 內事理焉, 外事斷焉, 擧國而歸之, 故一匡天下, 九合諸侯. 今齊任所愛不均, 是以知其亡也." 燕王曰, "今吾任子之, 天下未之聞也." 於是明日張朝而聽子之.

일설에 따르면 소대가 제나라를 위해 연나라에 사자로 갔다. 자지를 이롭게 하지 못하면 반드시 일을 이루지 못한 채 돌아오고, 나아가 포상 또한 받지 못할 것을 알고 있었다. 그는 연나라 왕 쾌噲를 알현하는 자리에서 제나라 왕을 칭송했다. 연나라 왕이 물었다.

"제나라 왕은 어찌하여 그리도 현명한가! 장차 틀림없이 천하의 패왕이 되지 않겠소?"

소대가 대답했다.

"패망하는 것을 구하느라 겨를이 없을 터인데 무슨 수로 패왕이 되겠습니까?"

"이유가 무엇이오?"

"총애하는 자를 임용하면서 군주와 같은 수준의 권세를 허락하지 않기 때문입니다."

"그처럼 임용하면 패망한다고 말하는 근거는 무엇이오?"

소대가 대답했다.

"옛날 제환공은 관중을 총애해 중보仲父로 부르며 내정을 주관하게 하고 외교를 단독으로 결정하게 하여 나라 전체를 맡겼습니다. 일거에 천하를 바로잡는 일광천하一匡天下와 아홉 번이나 제후들과 회맹해 질서를 바로잡는 구합제후九合諸侯의 공업을 이룬 배경입니다. 지금 제나라 왕은 총애하는 신하를 임용하면서 자신과 같은 수준의 권세를 허락하지 않고 있습니다. 이로써 이내 패망하리라는 것을 알 수 있습니다."

연나라 왕이 말했다.

"지금 과인은 자지를 전폭 신임하고 있소. 천하 사람들이 아직도 이런 사실을 제대로 알지 못하고 있다는 것인가?"

이튿날 조회를 열고 자지에게 전적으로 정사를 맡겼다.

🌿 위진사연爲秦使燕의 진秦을 진기유는 제齊로 바꿔야 한다고 했다. 기임소애불균其任所愛不均은 총애하는 자를 임용하면서 군주가 누리는 수준의 권세를 허락하지 않는다는 뜻이다. 여기의 균均을 두고 해석이 분분하다. 윤동양과 진기유 등은 무거울 균鈞, 양계웅은 완전할 순純, 『한비자교주』는 협조의 뜻으로 풀이했다. 『설문해자』는 두루 고른 평편平遍으로 풀이했다. 천하미지문야天下未之聞也의 야也를 윤동양은 의문조사 야邪로 보았다.

🌿35-24

潘壽謂燕王曰, "王不如以國讓子之. 人所以謂堯賢者, 以其讓天下於許由, 許由必不受也, 則是堯有讓許由之名而實不失天下也. 今王以國讓子之, 子之必不受也, 則是王有讓子之之名而與堯同行也." 於是燕王因擧國而屬之, 子之大重.

반수潘壽가 연나라 왕에게 말했다.

"대왕은 나라를 자지에게 물려주느니만 못합니다. 사람들이 요임금을 현자라고 말하는 것은 천하를 허유許由에게 물려주려 했기 때문입니다. 허유는 이를 받지 않은 까닭에 요임금은 천하를 허유에게 물려주려

했다는 칭송을 받고, 실제로는 천하를 잃지 않았습니다. 지금 대왕이 자지에게 나라를 양보한다고 하면 자지는 반드시 받지 않을 것입니다. 그러면 대왕은 자지에게 천하를 양보하려 했다는 명성을 얻고, 요임금처럼 나라를 잃지도 않을 것입니다."

연나라 왕이 국정을 자지에게 일임했다. 자지의 세도가 더욱 커졌다.

　　여요동행與堯同行의 행行은 덕을 베푸는 행덕行德의 뜻이다.

35-25

一曰. 潘壽, 隱者. 燕使人聘之. 潘壽見燕王曰, "臣恐子之之如益也." 王曰, "何益哉." 對曰, "古者禹死, 將傳天下於益, 啓之人因相與攻益而立啓. 今王信愛子之, 將傳國子之, 太子之人盡懷印, 爲子之之人無一人在朝廷者. 王不幸棄群臣, 則子之亦益也." 王因收吏璽, 自三百石以上皆效之子之, 子之大重.

일설에 따르면 반수는 은자이다. 연나라에서 사람을 시켜 그를 초빙했다. 그가 연나라 왕을 만나는 자리에서 이같이 말했다.

"신은 자지가 장차 우왕 때 산과 연못을 관장하던 백익伯益과 같은 처지가 되지 않을까 걱정입니다."

"어째서 백익과 같은 처지가 된다는 것이오?"

반수가 대답했다

"옛날 우왕은 죽기 전에 천하를 백익에게 전하려고 했습니다. 우왕의 아들 계啓의 사람들이 서로 결탁해 백익을 치고 계를 세웠습니다. 지금 대왕은 자지를 신임하고 아껴 장차 그에게 나라를 전하려고 합니다. 그러나 태자의 사람들은 모두 조정의 관원으로 있지만 자지의 사람은 조정에 단 한 명도 없습니다. 대왕이 불행하게도 신하들을 저버리면 자지 또한 백익과 같은 처지가 될 것입니다."

연나라 왕이 3백 석 이상의 봉록을 받는 관원의 관인을 모두 회수해 자지에게 주었다. 자지의 권세가 더욱 커졌다.

🌊 여익如益의 익益은 하나라 우왕을 도와 황하의 치수에 도움을 준 백익伯益을 말한다. 영씨嬴氏의 조상이다. 전설에 따르면 우왕이 죽기 전에 백익에게 보위를 물려주려고 하자 제후들이 이에 반대하며 우왕의 아들 계啓를 지지했고, 결국 후계 다툼에서 백익은 계에게 피살됐다고 한다. 백익의 양보로 계가 보위에 올랐다는 설도 있다. 우왕의 뒤를 이은 계의 성씨는 사씨似氏이다. 보위의 부자상속이 이때 확립됐다고 한다. 회인懷印은 인수印綬를 품게 되었다는 뜻으로 관원이 되었다는 의미이다.

🌀 35-26

夫人主之所以鏡照者, 諸侯之士徒也, 今諸侯之士徒皆私門之黨也. 人主之所以自淺媥者, 巖穴之士徒也, 今巖穴之士徒皆私門之舍人也. 是何也. 奪祿之資在子之也. 故吳章曰, "人主不佯憎愛人. 佯愛人, 不得復憎也. 佯憎人, 不得復愛也."

무릇 군주가 세상물정을 이해하는 거울의 역할을 하는 자들은 다른 나라 제후를 섬기는 선비들뿐이다. 지금 다른 나라 제후를 섬기는 선비들 모두 사문私門의 도당이 되고 말았다. 또 군주가 스스로를 낮추며 존중코자 하는 자들은 모두 세상을 등지고 암굴에 사는 은자들뿐이다. 지금 암굴에 사는 은자들 모두 사문의 사인舍人이 되고 말았다. 무엇 때문에 그리되었는가? 이익을 빼앗거나 복을 내리는 권세가 자지 같은 신하의 수중에 있기 때문이다. 그래서 오장吳章은 이같이 말했다.

"군주는 거짓으로라도 다른 사람을 미워하거나 사랑하는 모습을 보이면 안 된다. 거짓으로라도 사랑하는 모습을 보이면 이후 다시 미워할수 없게 되고, 거짓으로라도 미워하는 모습을 보이면 이후 다시 사랑할수 없게 되기 때문이다."

　　경조鏡照는 거울로 비춰본다는 뜻으로 곧 물정을 이해한다는의미이다. 천초淺婨의 천淺은 천賤과 통한다. 가격이 낮은 것을 천賤, 낮은 가치의 화폐를 전錢이라고 한다. 물이 얕은 것을 천淺이라고 하는데서 알 수 있듯이 원래 전戔은 작다는 뜻이다. 초婨를『한비자교주』는소소침小小侵으로 풀이한『설문해자』를 근거로 피침被侵으로 보았다.그러나 여기의 침侵은 침략이 아닌 '점차'의 뜻이다.『설문해자』에 대한단옥재의 주석과 왕념손의『광아소증』에 따르면 천婨은 조금씩의 뜻이다. 원래 초肖 역시 작다는 뜻이다. 수목의 끝이 작고 가는 것을 초梢,벼의 줄기의 끝을 초稍, 글자를 새기는 작은 칼을 삭削, 물이 줄어드는것을 소消라고 표현한 것과 같다. 천초淺婨는 몸을 낮추는 비소卑小의뜻이다.

탈사지자奪祳之資의 '탈사'는 이익을 빼앗거나 복을 내리는 권세라는뜻이다. 사祳를『설문해자』는 복福으로 풀이했다. 건도본은 호號로 되어 있다. 이를 조용현본을 좇아 바꾸는 과정에서 고광기는 사祳가 아닌옷을 벗긴다는 뜻의 치褫로 잘못 옮겼다. 이후 왕선신과 진계천, 진기유,『한비자교주』모두 이를 답습하며 관직을 빼앗는 탈치奪褫 즉 치탈褫奪로 풀이했다. 뜻이 통하지 않는 것은 아니지만 한비가 말하고자 한것과 약간 동떨어져 있다. 자資는 의거한다는 뜻으로 여기서는 권세를 의미한다. 오장吳章에 대한 사적은 알 길이 없다.

❧ 35-27

一曰. 燕王欲傳國於子之也, 問之潘壽, 對曰, "禹愛益而任天下於益, 已而以啓人爲吏. 及老, 而以啓爲不足任天下, 故傳天下於益, 而勢重盡在啓也. 已而啓與友黨攻益而奪之天下, 是禹名傳天下於益, 而實令啓自取之也. 此禹之不及堯舜明矣. 今王欲傳之子之, 而吏無非太子之人者也, 是名傳之而實令太子自取之也." 燕王乃收璽, 自三百石以上皆效之子之, 子之遂重.

일설에 따르면 연나라 왕이 나라를 자지에게 맡기고자 했다. 반수에게 이를 묻자 반수가 이같이 대답했다.

"우왕은 익을 사랑해 천하의 일을 맡기고는 다시 아들 계啓의 사람들을 관원으로 삼았습니다. 우왕이 늙은 후 천하를 계에게 맡기기에는 부족하다고 생각해 익에게 전하고자 했습니다. 그러나 권세는 모두 계에게 있었습니다. 이에 계가 무리와 함께 익을 쳐 천하를 빼앗았습니다. 이는 우왕이 명목상으로만 익에게 천하를 전해준 것이고 실상은 계로 하여금 임의로 빼앗도록 한 것입니다. 우왕이 요순의 현명함에 미치지 못하는 이유가 여기에 있습니다. 지금 대왕은 천하를 자지에게 전하려고 하면서 관원들 가운데 태자의 사람이 아닌 자가 없도록 했습니다. 이는 명목상으로만 자지에게 천하를 전하려는 것으로 실상은 태자로 하여금 임의로 빼앗도록 조치한 것이나 다름없습니다."

연나라 왕이 3백 석 이상의 봉록을 받는 관원의 관인을 모두 회수해 자지에게 주었다. 마침내 자지의 세력이 막강해졌다.

🐚 자지수중子之遂重의 '자지'가 건도본과 조용현본에는 빠져 있으나 도장본과 우평본 등에는 들어 있다.

🐚35-28

方吾子曰, "吾聞之古禮, '行不與同服者同車, 不與同族者共家.' 而況君人者乃借其權而外其勢乎."

방오자方吾子가 말했다.

"내가 듣건대 옛날 예절에 의하면 '예의에 맞는 행위는 같은 옷을 입은 자와 같은 수레를 타지 않고, 일족과 함께 같은 집에 살지 않는 데 있다.'고 했다. 하물며 군주가 권력을 남에게 빌려 주고, 스스로 그 권세를 버리는 경우이겠는가?"

🐚 행불여동복자동거行不與同服者同車의 행行은『대대례기』「증자제언」의 행례行禮와 같은 뜻이다. '불여동복자동거不與同服者同車'와 '불여동족자공거不與同族者共家'에 모두 걸린다. 고광기와 진기유는 '불여동족' 위에 거居가 생략된 것으로 보았으나 이는 행行을 외출로 간주한 결과다. 외기세外其勢의 외外를『장자』「대종사」의 주는 잃을 유遺,『여씨춘추』「유도」의 주는 버릴 기棄로 풀이했다.

🐚35-29

吳章謂韓宣王曰, "人主不可佯愛人, 一日不可復憎. 不可以佯憎人, 一日不可復愛也. 故佯憎佯愛之徵見, 則諛者因資而毀譽之, 雖有明主, 不能復收, 而況於以誠借人也."

오장이 한선왕에게 말했다.

"군주는 거짓으로라도 남을 사랑하는 모습을 보이면 안 됩니다. 누군가에게 애정을 표시하면 이후 그를 미워해야 될 경우 다시는 미워할 수 없기 때문입니다. 또한 거짓으로라도 남을 미워하는 모습을 보이면 안 됩니다. 누군가에게 미움을 표시하면 이후 그를 사랑해야 할 경우 다시는 사랑할 수 없기 때문입니다. 거짓으로라도 미워하거나 사랑하는 기미가 드러나면 아첨하는 자들이 이를 기화로 그를 의도적으로 칭찬하거나 헐뜯게 됩니다. 그리되면 설령 영명한 군주일지라도 다시는 수습할 길이 없게 됩니다. 하물며 속마음을 드러낸 경우이겠습니까?"

🌀 일일一日은 가정을 나타내는 어구이다. 수유명주雖有明主의 유有는 위爲와 같은 뜻이다.

🌿 35-30

趙王遊於圃中, 左右以兎與虎而輟, 眄然環其眼. 王曰, "可惡哉, 虎目也." 左右曰, "平陽君之目可惡過此. 見此未有害也, 見平陽君之目如此者, 則必死矣." 其明日, 平陽君聞之, 使人殺言者, 而王不誅也.

조효성왕趙孝成王이 궐 안의 동물원을 거닐 때 한 측근이 토끼를 범에게 주는 시늉을 하다가 이내 멈추자 범이 눈을 부라리며 노려보았다. 조효성왕이 말했다.

"매섭구나, 범의 눈매가!"

측근이 말했다.

"평양군平陽君의 눈초리는 이 범보다 더 매섭습니다. 범의 눈은 바라볼지라도 아무 해가 없으나 평양군의 매서운 눈초리를 본 사람은 반드시 죽고 맙니다."

이튿날 평양군은 이 말을 듣고는 곧 사람을 보내 말한 자를 죽였다. 조효성왕은 숙부인 평양군의 세력이 두려운 나머지 아무 조치도 취하지 못했다.

◐❧ 혜연환기안眣然環其眼의 혜연眣眊를 『설문해자』는 눈을 흘기며 노려보는 한시恨視로 풀이했다. 환環은 눈을 부라린다는 뜻의 환圜과 통한다. 노려보는 모습을 말한다. 평양군平陽君을 후토다는 『사기』 「조세가」를 인용해 조혜문왕 27년에 평양군에 봉해진 조혜문왕의 동생 조표趙豹로 보았다. 조효성왕의 숙부이다.

◗❧35-31

衛君入朝於周, 周行人問其號, 對曰, "諸侯辟疆." 周行人却之曰, "諸侯不得與天子同號." 衛君乃自更曰, "諸侯燬." 而後內之. 仲尼聞之, 曰, "遠哉, 禁逼. 虛名不以借人, 況實事乎."

위衛나라 군주가 주나라 조정에 입조했다. 주나라의 접대 담당관이 이름을 묻자 이같이 대답했다.

"제후 벽강辟疆입니다."

주나라 담당관이 이를 접수하지 않고 물리치며 이같이 말했다.

"제후는 천자와 같은 명호名號를 쓸 수 없습니다."

위나라 군주가 바로 명호를 바꿔 말했다.

"제후 훼燬입니다."

이같이 한 연후에 비로소 안으로 들어갈 수 있었다. 공자가 이 얘기를 듣고 칭송했다.

"천자의 자리를 넘보는 일을 막았으니 그 뜻이 참으로 심원하구나! 실효도 없는 명호조차 다른 사람에게 빌려주지 않거늘 하물며 실효가 있는 권력의 경우이겠는가!"

～～ 이 일화는 천자만이 강토를 넓히는 권한을 지니고 있다는 취지에서 제후들이 벽강辟疆이라는 용어를 사용치 못하게 한 것이다. '벽강'은 개벽강토開闢疆土의 줄임말로 당시 주나라 천자의 이름이 '벽강'이었던 것은 아니다. 건도본은 강疆이 강彊으로 되어 있으나 도장본을 좇아 강疆으로 바꿨다. 건도본 주석은 강토를 넓힌다는 뜻의 '벽강'은 천자의 호라고 풀이했다. 춘추전국시대 이래 '벽강'이라는 이름은 널리 사용됐다. 제선왕의 이름이 '벽강'이다. 『사기』「여태후본기」에 따르면 전한제국의 개국공신인 유후留侯 장량張良의 아들 이름도 '벽강'이다.

～～**35-32**
「전문 4」 치리治吏의 사례.

～～**35-33**

搖木者一一攝其葉, 則勞而不遍. 左右拊其本, 而葉遍搖矣. 臨淵而搖木, 鳥驚而高, 魚恐而下. 善張網者引其綱, 若一一攝萬目而後得, 則是勞而難. 引其綱, 而魚已囊矣. 故吏者, 民之‘本’·‘綱’者也, 故聖人治吏不治民.

나무를 흔드는 자가 그 잎을 일일이 잡아당겨 흔들고자 하면 힘만 들 뿐 그 효과가 전체에 미치지 못한다. 좌우에서 그 밑동을 치면 나무 전체의 잎이 모두 흔들려 떨어진다. 연못가에서 나무를 흔들면 새들이 놀라 높이 날아갈 것이고, 물고기는 두려워 물속으로 숨을 것이다. 그물을 잘 치는 자는 그 벼리를 끌어당겨 물고기를 잡는다. 그물의 많은 눈을 일일이 끌어당기려 하면 힘만 들고 물고기도 잡기 어렵다. 그러나 벼리를 잡아당기면 물고기가 이미 그물 안으로 들어와 있을 것이다. 관원은 백성들의 나무 밑동이고 벼리이다. 성인은 관원을 다스릴 뿐 백성을 다스리지 않는다.

🌀 섭기엽攝其葉의 섭攝을 『설문해자』는 잡아당긴다는 뜻의 인지引持로 풀이했다.

🌀 35-34

救火者, 令吏挈壺甕而走火, 則一人之用也, 操鞭箠指麾而趣使人, 則制萬夫. 是以聖人不親細民, 明主不躬小事.

불을 끌 때 소방관인 색부嗇夫에게 물을 담은 항아리를 들고 불난 곳으로 달려가게 하면 한 사람의 몫밖에 해낼 수 없다. 그러나 채찍으로 지휘하며 많은 사람을 독려해 불을 끄면 만인을 동원한 셈이 된다. 성인이 백성을 직접 다스리지 않고, 명군이 작은 일을 직접 지휘하지 않는 이유다.

🌀 영리설호옹이주화令吏挈壺甕而走火의 령令을 진기유는 현령縣令, 『한비자교주』는 사역동사 사使의 뜻으로 해석했다. 가정을 나타내는 허사虛詞로 보는 게 옳다. 앞의 글에서 '령'을 생략한 이조호주화吏操壺走火 구절이 나온 게 그 증거다. 편추鞭箠는 채찍의 총칭이다. 여기

의 편편鞭을 『설문해자』의 단옥재 주는 가죽으로 만든 채찍으로 풀이했다. 『한비자교주』는 추筭를 죄인의 볼기를 칠 때 사용하는 짧은 곤봉으로 풀이했으나 춘추전국시대만 해도 편鞭은 추筭 및 책策과 혼용됐다. 추筭가 형구刑具의 일종인 짧은 곤봉을 뜻하는 추초筭楚의 의미로 사용된 것은 한대 이후의 일이다. 불궁소사不躬小事의 궁躬은 몸소 행한다는 뜻의 동사이다.

🐟 35-35

造父方耨, 得有子父乘車過者, 馬驚而不行, 其子下車牽馬, 父子推車, 請造父, "助我推車." 造父因收器, 輟而寄載之, 援其子之乘, 乃始檢轡持筴, 未之用也, 而馬咸驚矣. 使造父而不能御, 受盡力勞身助之推車, 馬猶不肯行也. 今身使佚, 且寄載, 有德於人者, 有術而御之也. 故國者, 君之車也. 勢者, 君之馬也. 無術以御之, 身雖勞, 猶不免亂. 有術以御之, 身處佚樂之地, 又致帝王之功也.

조보造父가 밭을 매고 있을 때 우연히 어떤 부자父子가 수레를 타고 지나가는 모습을 보게 됐다. 말이 무엇에 놀랐는지 가지 않으려고 하자 아들이 수레에서 내려 말을 끌고, 아버지도 내려 뒤에서 수레를 밀었으나 수레는 꼼작도 하지 않았다. 아버지가 조보를 보더니 도움을 청했다.

"이리 와서 내가 수레 미는 것을 도와주시오."

조보가 농기구를 잘 묶어 챙긴 뒤 수레 위로 올렸다. 이어 그 아들이 힘들여 끌던 말을 잡아끌면서 고삐를 점검한 뒤 채찍을 잡았다. 아직 고삐와 채찍을 본격적으로 사용하지도 않았는데 4마리의 말들이 일제히 달리기 시작했다. 조보에게 말을 다루는 기술이 없었다면 비록 있는 힘을 다해 몸이 지치도록 그들을 도와 수레를 밀었을지라도 말을 가게 할 수는 없었을 것이다. 지금 조보가 몸을 수고롭게 하지 않고도, 농기구를 수레에 싣고 사람들에게 덕을 베풀 수 있었던 것은 말을 다루는 기술을 터득했기 때문이다.

나라는 군주의 수레이고, 권세는 군주의 말이다. 법술도 없이 수레를 끌고자 하면 아무리 애를 쓸지라도 몸만 피곤하고 나라는 혼란을 면치 못할 것이다. 법술을 얻어 나라를 다스리면 몸은 편안한 곳에 있으면서 제왕의 대공을 이룰 수 있다.

🌱 조보방누造父方耨의 '조보'는 주목왕 때 활약한 원래의 '조보'와는 다른 인물로 그 역시 춘추시대 말기에 활약하며 말을 모는 데 뛰어난 재주를 지니고 있었다. 득유자부승거과자得有子父乘車過者의 득得을 유월은 나타날 현見으로 바꿔야 한다고 했다. 진기유와 『한비자교주』는 조용현본을 근거로 시時로 해석했다. 그러나 여기의 '득'은 우연을 뜻하는 치值의 뜻으로 사용된 것이다. 철이기재지輟而寄載之의 철輟을 두고 도홍경은 『설문해자』를 근거로 묶는다는 뜻의 철裰로 바꿀 것을 주장했다. 원기자지승援其子之乘의 승乘을 『한비자교주』는 수레로 풀이하면서 여기서는 수레를 끄는 말의 의미로 사용됐다고 했다. 『춘추공양전』 「노희공2년」의 굴산지승屈産之乘의 주는 '승'을 수레를 끄는 4필의 말로 해석했다. 여기서도 같은 의미로 사용된 것이다. 함무咸騖는 일제히 내달리기 시작했다는 뜻이다. 건도본에 비무轡騖로 되어 있는 것을 경문을 좇아 고쳤다.

🌿 35-36

椎鍛者, 所以平不夷也. 榜檠者, 所以矯不直也. 聖人之爲法也, 所以平不夷·矯不直也.

몽치는 고르지 않은 것을 평평하게 만드는 도구이고, 도지개는 굽은
활을 바로잡는 도구이다. 성인이 법을 만든 것은 고르지 않은 것을 평
평하게 하고, 곧지 않은 것을 바로잡고자 한 것이다.

35-37

淖齒之用齊也, 擢閔王之筋. 李兌之用趙也, 餓殺主父. 此二君者,
皆不用其'椎鍛'·'榜檠', 故身死爲戮而爲天下笑.

초나라 장수 요치淖齒는 구원 차 왔다가 제민왕에 의해 중용되자 곧
제민왕의 다리 힘줄을 뽑은 뒤 대들보에 매달아 죽였다. 조나라의 권신
이태李兌는 조나라에 중용되자 곧 상왕인 주부主父 조무령왕을 유폐시
켜 아사케 만들었다. 제민왕과 조무령왕 모두 쇠망치와 도지개를 사용
할 줄 몰랐다. 비참한 죽임을 당하고, 천하의 웃음거리가 된 이유다.

신사위륙身死爲戮의 륙戮은 욕보인다는 뜻의 륙僇과 통한다.

35-38

一曰. 入齊, 則獨聞淖齒而不聞齊王. 入趙, 則獨聞李兌而不聞趙
王. 故曰, "人主者不操術, 則威勢輕而臣擅名."

일설에 따르면 당시 제나라에 들어가면 오직 요치의 평판만 들릴 뿐
제민왕에 관한 말은 들을 수 없었고, 조나라에 들어가면 오직 이태의
평판만 들릴 뿐 조무령왕에 관한 말은 들을 수 없었다고 한다. 그래서
이런 말이 나왔다.

"군주가 법술을 발휘할 줄 모르면 위세가 땅에 떨어지고, 신하가 멋

대로 명성을 떨치게 된다."

🍃 천명擅名은 멋대로 권력을 휘둘러 이름을 떨친다는 뜻이다.

🌿35-39

一曰. 田嬰相齊, 人有說王者曰, "終歲之計, 王不一以數日之間自聽
之, 則無以知吏之姦邪得失也." 王曰, "善." 田嬰聞之, 則遽請於王
而聽其計. 王將聽之矣, 田嬰令官具押券·斗石參升之計. 王自聽計,
計不勝聽, 罷食後, 復坐, 不復暮食矣. 田嬰復謂曰, "群臣所終歲日
夜不敢偸怠之事也, 王以一夕聽之, 則群臣有爲勸勉矣." 王曰, "諾."
俄而王已睡矣, 吏盡揄刀削其押券·升石之計. 王自聽之, 亂乃始生.

일설에 따르면 전영田嬰이 제나라 재상으로 있을 때 어떤 자가 왕에
게 이같이 진언했다.

"한 해의 회계보고를 대왕이 며칠간의 짬을 내어 직접 자세히 심사
하지 않으면 관원들의 간사함과 재정의 득실을 알 수 없습니다."

"옳은 말이오."

전영이 이 소식을 듣고는 곧바로 왕에게 청해 자신의 회계장부를 직
접 정리하겠다고 나섰다. 왕이 허락하자 전영이 담당 관원을 시켜 왕이
서명할 문서와 석石, 두斗, 승升 등 3단계의 곡물수량 단위가 자세히 적
힌 회계장부를 갖추게 했다. 왕이 친히 심사에 나섰으나 회계장부를 단
번에 모두 심사할 수는 없었다. 식사를 마친 후 다시 앉아 계속 심사했
다. 저녁을 먹을 짬도 없었다. 전영이 말했다.

"신하들은 1년 내내 아침저녁으로 감히 게으름을 피울 수가 없습니
다. 대왕이 단 하루저녁 만이라도 짬을 내 회계장부의 심사를 마칠 수

만 있다면 신하들은 더욱 부지런히 일하게 될 것입니다."

"알았소."

그러나 잠시 후 왕은 이내 잠이 들고 말았다. 관원들이 곧바로 조각 칼을 들고 왕이 서명한 문서와 곡식 수량의 기록을 깎아 버렸다. 왕이 직접 회계장부 심사를 시작하면서 화란禍亂이 빚어지기 시작했다.

🌿 자청지自聽之의 청청聽을 『한비자교주』는 청취聽取로 풀이했으나 『주례』「소재」의 주는 자세히 심사해 깨끗이 정리한다는 뜻의 평치平治 로 해석했다. 압권押券의 압押은 문서나 계약서 등에 기호나 글자 등을 그려 넣는 화압畵押을 말한다. 일종의 서명 내지 사인에 해당한다. 두석 참승지계斗石參升之計는 석두승삼지계石斗升參之計로 바꿔야 한다. 삼 參을 가마사카와 『한비자교주』는 중량단위인 루累의 옛 글자로 보았 다. 후토다와 진기유는 제나라의 옛 측량단위인 구區의 잘못으로 보았 다. 그러나 『한서』「율력지」의 주는 중량 및 용량을 뜻하는 저울과 잣대 의 등급으로 풀이했다. 석石, 두斗, 승升이 그것이다. 계計는 여기서 곡물 의 수량을 재는 단위별로 기재된 장부의 의미로 사용됐다. 당시 관원의 녹봉은 모두 석石으로 표시했다. 전영이 승升 단위까지 기입한 회계장 부를 만들도록 한 것은 제대로 심사치 못하게 하려는 의도에서 나온 것 이다. 계불승청計不勝聽의 승勝은 모두 다 한다는 뜻의 진盡과 통한다. 유도삭揄刀削의 도刀를 두고 윤동양은 당시는 목간이나 죽간에 칼로 글을 새긴 까닭에 이를 깎아낼 때도 작은 각자용刻字用 칼을 사용한 것 으로 풀이했다.

🌿 **35-40**

一曰. 武靈王使惠文王莅鄭, 李兌爲相, 武靈王不以身躬親殺生之柄, 故劫於李兌.

일설에 따르면 조무령왕이 조혜문왕에게 보위를 양보한 뒤 이태를 재상으로 삼았다. 조무령왕은 직접 살리고 죽이는 권한을 행사하지 않은 까닭에 이태에 의해 위협을 받게 됐다.

    🐚 불이신궁친不以身躬親의 이以를 『전국책』「진책」의 주는 사역동사 사使로 풀이했다.

35-41
「전문 5」사리事理의 사례.

🌸35-42

玆鄭子引輦上高梁而不能支, 玆鄭踞轅而歌, 前者止, 後者趨, 輦乃上. 使玆鄭無術以致人, 則身雖絶力至死, 輦猶不上也. 今身不至勞苦而輦以上者, 有術以致人之故也.

자정자玆鄭子가 수레를 끌고 높은 다리 위로 오르고자 했으나 경사가 심해 혼자서는 도저히 오를 수가 없었다. 그가 노래를 부르기 시작했다. 앞에 가던 자가 멈춰서고 뒤에 오던 자가 달려온 덕분에 수레가 곧바로 다리 위로 올라가게 됐다. 자정자가 사람을 끌어 모으는 수단이 없었다면 온 힘을 다 기울여 몸이 죽을 지경이 될지라도 결코 수레를 다리 위에 올려놓지 못했을 것이다. 지금 그가 몸을 수고롭게 하지 않고도 수레를 이미 다리 위까지 올려놓은 것은 사람들을 끌어 모으는 수단이 있었기 때문이다.

◑◐ 연輦은 인력으로 끄는 수레를 말한다. 절력絶力은 힘을 다한다는 의미로 극력極力과 같다. 연이상자輦以上者의 이以는 이已와 통한다.

🌿 35-43

趙簡主出稅者, 吏請輕重. 簡主曰, "勿輕勿重. 重, 則利入於上. 若輕, 則利歸於民. 吏無私利而正矣." 薄疑謂趙簡主曰, "君之國中飽." 簡主欣然而喜, 曰, "何如焉." 對曰, "府庫空虛於上, 百姓貧餓於下, 然而姦吏富矣."

조간자趙簡子가 세금을 거두기 위해 세리稅吏를 파견하려 하자 세리가 세금을 가볍게 거둘 것인지 아니면 무겁게 거둘 것인지 여부를 물었다. 조간자가 대답했다.

"가볍게도, 무겁게도 하지 말라. 무거우면 군주에게 이익이 돌아가고, 가벼우면 백성에게 이익이 돌아간다. 관원이 사리를 꾀하지 않으면 그것이 바로 공정하게 일을 처리하는 것이다."

박의薄疑가 조간자에게 빗대어 말했다.

"군주의 나라에서는 중간 계층의 사람이 풍족한 생활을 하고 있습니다."

조간자가 나라의 중간 계층을 뜻하는 국중國中을 국내國內로 잘못 알고 크게 흐뭇해하며 물었다.

"어느 정도로 잘 살던가?"

박의가 대답했다.

"위로는 국고가 텅 비어 있고 아래로는 백성들이 굶주리고 있는데 간사한 관원들만 부유하기 때문입니다."

◔◠ 군지국중포君之國中飽는 위에 있는 군주와 아래에 있는 백성의 중간에 있는 관원들만 배불리 먹고 산다는 뜻이다. 간주흔연이희簡主欣然而喜의 희喜의 배경을 두고 후토다는 조간자가 중中을 중간 계층의 관원을 지적한 사실을 알지 못하고 중외中外의 '중' 즉 국내로 해석해 흐뭇해 한 것으로 풀이했다.

⌇35-44

齊桓公微服以巡民家, 人有年老而自養者, 桓公問其故. 對曰, "臣有子三人, 家貧無以妻之, 傭未反." 桓公歸, 以告管仲. 管仲曰, "畜積有腐棄之財, 則人飢餓. 宮中有怨女, 則民無妻." 桓公曰, "善." 乃論宮中有婦人而嫁之. 下令於民曰, "丈夫二十而室, 婦人十五而嫁."

제환공이 미복微服 차림으로 민정 시찰에 나섰다. 노인이 자식도 없이 홀로 어렵게 사는 것을 보고 그 까닭을 물었다. 노인이 대답했다.

"저에게 자식이 3명 있으나 집안이 가난해 아내를 얻지 못하고 고용살이를 하는 까닭에 아직 돌아오지 못하고 있습니다."

제환공이 돌아와 관중에게 말하자 관중이 이같이 간했다.

"국고의 재화가 썩어 나가면 백성은 굶주리게 되고, 궁 안의 여인이 시집을 못가 원망하면 백성은 아내를 얻지 못하게 됩니다."

"옳은 말이오."

이에 궁 안의 여인을 자세히 조사해 선별한 뒤 출가시키면서 이같이 하명했다.

"남자는 20세면 장가를 들고, 여자는 15세면 시집을 가게 하라."

◔◠ '이고관중以告管仲. 관중왈管仲曰'의 '관중'이 건도본에는 중복

돼 있지 않아 조용현본을 좇아 보완했다. 내론乃論의 론論을 『예기』「왕
제」의 주는 덕행 및 도예道藝에 관한 논의로 풀이했다. 여기서는 궁중여
인의 구체적인 정황을 조사한다는 뜻이다.

35-45

一曰. 桓公微服而行於民間, 有鹿門稷者, 行年七十而無妻. 桓公
問管仲曰, "有民老而無妻者乎." 管仲曰, "有鹿門稷者, 行年七十矣
而無妻." 桓公曰, "何以令之有妻." 管仲曰, "臣聞之. '上有積財, 則民
臣必匱乏於下. 宮中有怨女, 則有老而無妻者.'" 桓公曰, "善." 令於宮
中, "女子未嘗御, 出嫁之." 乃令男子年二十而室, 女年十五而嫁. 則
內無怨女, 外無曠夫.

일설에 따르면 제환공이 미복 차림으로 민정 시찰에 나섰다가 녹문
직鹿門稷이라는 노인을 만났다. 나이가 70세나 되도록 아내가 없었다.
제환공이 관중에게 물었다.

"백성들 가운데 늙었는데도 아내가 없는 자가 있소?"

관중이 대답했다.

"녹문직이라나는 노인이 나이가 70세가 되었으나 아직 아내가 없습
니다."

"그가 아내를 얻게 하려면 어찌해야 하오?"

"신이 듣건대는 '군주가 재물을 쌓아두면 백성들은 반드시 궁핍하고,
궁 안에 시집을 못가 원망하는 여인이 있으면 백성들은 늙어도 아내가
없게 된다.'고 했습니다."

"과연 그렇겠소."

곧 궁 안에 명하여 군주를 모셔보지 못한 여인을 출가시켰다. 이어 남

자는 20세면 아내를 얻고, 여인은 15세면 시집을 가도록 명했다. 이에 궁내에는 시집을 못가 원망하는 여인이 없게 되고, 민간에는 아내를 얻지 못한 광부曠夫가 없게 됐다.

◐◑ 행어민간行於民間의 행行을 『순자』 「왕제」의 주는 순행巡行, 『여씨춘추』 「계하」의 주는 시찰할 찰察로 풀이했다. 미상어未嘗御는 아직 성은을 입지 못했다는 뜻이다. 어御는 시어侍御를 의미한다. 광부曠夫는 홀아비의 의미로, 광曠은 비어 있다는 뜻이다.

35-46

延陵卓子乘蒼龍·挑文之乘, 鉤飾在前, 錯錣在後. 馬欲進則鉤飾禁之, 欲退則錯錣貫之, 馬因旁出. 造父過而爲之泣涕, 曰, "古之治人亦然矣. 夫賞所以勸之, 而毀存焉. 懲所以禁之, 而譽加焉. 民中立而不知所由, 此亦聖人之所爲泣也."

연릉탁자延陵卓子가 창룡蒼龍이라는 푸른색 말과 도문挑文이라는 주황색 말이 이끄는 수레를 탔다. 앞에는 재갈이 있고, 뒤에는 바늘이 달린 채찍이 있었다. 말이 앞으로 나아가려고 하면 고삐를 지나치게 당겨 재갈이 제어하고, 뒤로 물러나려고 하면 바늘이 달린 채찍을 휘둘러 제어했다. 결국 말이 옆으로 뛰쳐나갔다. 조보가 마침 지나가다가 이를 보고는 눈물을 흘리며 말했다.

"옛날 백성을 다스리는 방식 또한 이러했다. 무릇 상은 사람들을 권장하기 위한 것인데도 비방을 받는 사람이 받고, 벌은 사람들을 금지시키기 위한 것인데도 칭송을 받는 사람이 받으면 백성들은 상벌 사이에서 어찌할 바를 모르게 된다. 이 또한 성인이 눈물을 흘리는 이유이리

한비자韓非子

라!"

⟋⟍ 연릉탁자延陵卓子의 연릉延陵은 지금의 강소성 상주시常州市에 해당하는 오나라의 지명이다. '연릉탁자'는 이 지역을 토대로 한 성씨를 말한다. 창룡蒼龍은 검푸른 털을 가진 명마의 이름이다.『예기』「월령」의 가창룡駕蒼龍 구절에 대한 주에 따르면 말의 키가 8척을 넘으면 용마龍馬로 불렀다. 도문挑文의 도挑를 두고 유월은 꿩을 뜻하는 적翟으로 읽어야 한다고 했다. 진기유도 꽁지가 긴 꿩을 적翟이라고 한 점을 근거로 유사한 주장을 폈다.『이아』에 나오는 금지도화마今之桃華馬를 근거로 도桃의 잘못으로 보는 견해도 있다. 구식재전鉤飾在前의 구鉤를 『주례』「건거」의 소는 말이나 소의 목에 갈고리 모양의 쇠붙이를 걸어 가슴에 드리우는 장식으로 풀이했다. 착철錯錣을 윤동양은 채찍 끝에 쇠붙이를 박아 장식한 것으로 보았다. 방출旁出은 옆으로 뛰쳐나간다는 의미이다.

一曰. 延陵卓子乘蒼龍與翟文之乘, 前則有錯飾, 後則有利錣筴, 進則引之, 退則筴之. 馬前不得進, 後不得退, 遂避而逸, 因下抽刀而刜其腳. 造父見之, 泣, 終日不食, 因仰天而嘆曰, "筴, 所以進之也, 錯飾在前. 引, 所以退之也, 利錣在後. 今人主以其淸潔也進之, 以其不適左右也退之. 以其公正也譽之, 以其不聽從也廢之. 民懼, 中立而不知所由, 此聖人之所爲泣也."

일설에 따르면 연릉탁자가 창룡이라는 푸른색 말과 적문翟文이라는 꿩의 깃털 무늬의 말이 이끄는 수레를 탔다. 앞에는 재갈이 있고, 뒤에는 끝이 날카로운 채찍이 있었다. 말이 앞으로 나아가려고 하면 고삐를 당기고, 뒤로 물러나려고 하면 채찍을 휘둘렀다. 말이 앞으로도 나아갈 수 없고, 뒤로 물러날 수도 없게 되자 결국 재갈과 채찍을 피해 옆으로 달아났다. 화가 난 연릉탁자가 수레에서 내린 후 칼을 뽑아 말의 다리를 잘라 버렸다. 조보가 길을 가다 이를 보고는 눈물을 흘리며 종일토록 먹지도 않은 채 하늘을 우러러보며 탄식했다.

"채찍은 앞으로 나아가게 하는 도구인데 앞에서 재갈로 제지하고, 고삐는 뒤로 물러서게 하는 도구인데 뒤에는 날카로운 채찍이 있다. 지금 군주는 청렴하다고 여겨 등용하면서도 좌우 측근과 맞지 않는다고 하여 물러나게 하고, 공정하다고 여겨 칭찬하면서도 자신의 말을 따르지 않는다고 하여 쫓아낸다. 백성들은 두려워하며 그 사이에서 어찌할 바를 모른다. 이것이 바로 성인이 눈물을 흘리는 이유다."

  ❧ 추도이문기각抽刀而刎其脚은 칼을 뽑아 그 다리를 베어버렸다는 의미로 문刎은 원래 목을 자른다는 뜻이다. 문경刎頸이 그 실례이다. 청종聽從은 군주의 말을 순순히 따른다는 의미이다.

● 권15
제36장 난일(難一)

36-1

晉文公將與楚人戰, 召舅犯問之, 曰, "吾將與楚人戰, 彼衆我寡, 爲之奈何." 舅犯曰, "臣聞之, '繁禮君子, 不厭忠信. 戰陣之間, 不厭詐僞.' 君其詐之而已矣." 文公辭舅犯, 因召雍季而問之, 曰, "我將與楚人戰, 彼衆我寡, 爲之在下." 雍季對曰, "焚林而田, 偸取多獸, 後必無獸. 以詐遇民, 偸取一時, 後必無復." 文公曰, "善." 辭雍季, 以舅犯之謀與楚人戰以敗之. 歸而行爵, 先雍季而後舅犯. 群臣曰, "城濮之事, 舅犯謀也. 夫用其言而後其身, 可乎." 文公曰, "此非君所知也. 夫舅犯言, 一時之權也. 雍季言, 萬世之利也." 仲尼聞之, 曰, "文公之霸也, 宜哉. 旣知一時之權, 又知萬世之利."

진문공이 장차 초나라와 결전을 벌일 생각으로 구범舅犯을 불러 물었다.

"과인은 장차 초나라 군사와 결전을 벌일 생각이오. 초나라 군사는 숫자가 많고 우리는 숫자가 적소. 이를 어찌하면 좋겠소?"

구범이 대답했다.

"신이 듣건대 '상황에 따라 예가 달리 적용되는 것을 터득한 군자는 평시에는 충신忠信을 마다하지 않고, 전시에는 궤사詭詐를 마다하지 않는다.'고 했습니다. 오직 적을 속이는 술책을 써야만 합니다."

진문공이 구범을 내보낸 뒤 옹계雍季를 불러 물었다.

"과인이 장차 초의 군사와 결전을 벌일 생각이오. 초나라 군사는 숫자가 많고 우리는 숫자가 적소. 이를 어찌하면 좋겠소?"

옹계가 대답했다.

"사냥을 하면서 숲에 불을 지르면 당장에는 많은 짐승을 잡을 수 있겠지만 후에는 반드시 짐승이 사라지게 될 것입니다. 속임수로 백성을 대하면 한때는 눈앞의 이익을 취할 수 있으나 후에는 반드시 백성들의 신망을 얻을 길이 없을 것입니다."

"옳은 말이오."

그러나 막상 성복城濮의 싸움에서는 구범의 계책을 좇아 초나라 군사와 싸워 격파했다. 개선 후 논공행상을 하면서 옹계를 먼저하고 구범을 뒤로 했다. 군신들이 물었다.

"성복의 승리는 구범의 계책에 따른 것입니다. 무릇 그의 계책을 좇아 승리를 거두고도 논공행상에서 뒤로 돌려는 것이 과연 가한 것입니까?"

진문공이 대답했다.

"이는 그대들이 알 바가 아니오. 무릇 구범의 계책은 일시적인 권도權道이나, 옹계의 건의는 만대에 걸쳐 이익이 되는 정도正道에 해당하오."

공자가 이 얘기를 듣고 칭송했다.

"진문공의 패업은 당연하다. 그는 이미 일시적인 권도를 터득했을 뿐만 아니라 만대에 걸쳐 이익이 되는 정도까지 터득했기 때문이다."

◠◡ 옹계雍季를 진기유는 『춘추좌전』「노문공 6년」조에 나오는 공자 공옹으로 보았다. 공자 옹을 두예는 진문공의 아들로 진양공의 이복 동생이며 두杜나라 기씨祁氏 여인을 뜻하는 두기杜祁의 소생이라고 했다. 행작行爵의 행行을 『예기』「월령」의 주는 하사下賜로 풀이했다. 성복 城濮은 진문공이 초성왕의 군사를 대파한 전투를 지칭한다. 지금의 하 남성 복현濮縣이다. 비군소지非君所知의 군君을 고광기는 통상적인 2인 칭인 약若으로 바꿔야 한다고 했다. 일시지권一時之權은 한때의 임기응 변을 말한다. 권權은 원래 평형을 헤아리는 저울추의 의미이다.

◠◡ 36-2

或曰, "雍季之對, 不當文公之問. 凡對問者, 有因問小大緩急而對也. 所問高大, 而對以卑狹, 則明主弗受也. 今文公問'以少遇衆', 而對曰, '後必無復', 此非所以應也. 且文公不知一時之權, 又不知萬世之利. 戰而勝, 則國安而身定, 兵强而威立, 雖有後復, 莫大於此, 萬世之利奚患不至. 戰而不勝, 則國亡兵弱, 身死名息, 拔拂今日之死不及, 安暇待萬世之利. 待萬世之利, 在今日之勝. 今日之勝, 在詐於敵. 詐敵, 萬世之利而已. 故曰, '雍季之對, 不當文公之問.' 且文公又不知舅犯之言. 舅犯所謂'不厭詐僞'者, 不謂詐其民, 請詐其敵也. 敵者, 所伐之國也, 後雖無復, 何傷哉. 文公之所以先雍季者, 以其功耶. 則所以勝楚破軍者, 舅犯之謀也. 以其善言耶. 則雍季乃道其'後之無復'也, 此未有善言也. 舅犯則以兼之矣. 舅犯曰'繁禮君子, 不厭忠信'者. 忠, 所以愛其下也. 信, 所以不欺其民也. 夫旣以愛而不欺矣, 言孰善於此. 然必曰'出於詐僞'者, 軍旅之計也. 舅犯前有善言, 後有戰勝, 故舅犯有二功而後論, 雍季無一焉而先賞. '文公之霸, 不亦宜乎.' 仲尼不知善賞也."

어떤 사람이 말했다.

"옹계의 대답은 진문공의 질문에 부합하지 않는다. 무릇 질문에 대한 대답의 관건은 질문의 대소완급大小緩急에 따라 대답하는 데 있다. 질문의 내용이 높거나 큰데도 대답을 낮거나 좁은 것으로 하면 명군은 받아들이지 않는다. 지금 진문공은 적은 수의 군사로 많은 수의 적군을 상대하는 법을 물었는데 그는 대답하기를, '후에는 반드시 백성들의 신망을 얻을 길이 없다'고 했다. 이는 질문에 부응한 대답이 아니다.

진문공은 일시적인 권도가 무엇인지 알지 못했고, 만대에 걸쳐 이익 또한 알지 못했다. 싸워서 이기면 나라가 편안해지고, 몸도 안정되고, 병력도 강해지고, 나라의 위엄도 서게 된다. 설령 이후 유사한 방법으로 큰 이익을 얻을지라도 이런 전승戰勝의 이익보다 더 클 수는 없다. 어찌 쓸데없이 만대에 걸친 이익이 오지 않을까 우려할 이유가 있겠는가?

싸워서 이기지 못하면 나라가 망하고, 병력도 약해지고, 몸도 죽고 명성도 사라지게 된다. 그리되면 당장 눈앞의 죽음에서 벗어나려 해도 능력이 미치지 못할 것이다. 어느 여가에 만대에 걸친 이익을 기대할 수 있겠는가? 만대에 걸친 이익을 기대할 수 있는 계기는 당장 눈앞에 전개되는 오늘의 싸움에 있다. 오늘의 싸움에서 승리하기 위해서는 반드시 적을 속여야만 한다. 적을 속여야만 만대에 걸칠 이익을 기대할 수 있다. '옹계의 대답은 진문공의 질문에 부합하지 않는다.'고 한 이유다.

게다가 진문공은 구범의 말도 제대로 알아듣지 못했다. 구범이 속임수를 마다해서는 안 된다고 한 것은 백성을 속이라고 권한 게 아니고, 적을 속이라고 요구한 것이다. 적은 정벌해야만 할 나라이다. 설령 이후 두 번 다시 이와 유사한 방법으로 이익을 얻지 못한다고 할지라도 무슨 손해가 있겠는가?

진문공이 논공행상에서 옹계를 앞세운 것은 그가 공을 세웠기 때문인가? 초나라 군사를 격파할 수 있었던 것은 구범의 계책 덕분이다. 이게 어찌 옹계로 인한 것이겠는가? 옹계는 단지 '후에는 반드시 백성들의 신망을 얻을 길이 없을 것이다'라고 얘기한 것밖에 없다. 이는 뛰어난 진언이랄 것도 없다.

구범이야말로 오히려 이미 큰 공을 세웠을 뿐만 아니라 뛰어난 진언을 했다. 당시 그는 말하기를, '군자가 예절을 강구하는 것은 충신忠信을 다하려는 것이다'라고 했다. 그가 말한 충忠은 부하에 대한 사랑을 뜻하고, 신信은 백성을 속이지 않는 것을 말한다. 무릇 부하를 사랑하고 백성을 속이지 않아야 한다고 했으니 선언善言 중에 이보다 더 훌륭한 게 있을 수 있겠는가? 그가 '전시에는 궤사詭詐를 마다하지 않는다.'고 말한 것은 승리를 거두기 위한 병법의 계책이 그러했기 때문이다. 구범은 처음에 뛰어난 '선언'을 했고, 나중에 뛰어난 '전략'을 언급했다. 2가지 대공을 세운 셈이다. 그런데도 논공행상에서 뒤로 돌려지고 단 하나의 공도 세우지 못한 옹계가 앞서 상을 받게 됐다. 공자가 '진문공의 패업은 당연하다'고 언급한 것은 참으로 포상의 이치를 몰랐기 때문이다.

◯◠ 문소대완급問小大緩急의 문問을 왕선신과 진기유 등은 인因으로 바꿔야 한다고 주장했으나 이는 '소대완급'을 꾸미는 말로 소문지所問之와 같은 뜻이다. 혜환부지奚患不至의 지至를 『여씨춘추』「당염」의 주는 득得으로 풀이했다. 불불발拂은 면제한다는 뜻으로 연자衍字로 보는 견해도 있다. 『한비자금주금역』에는 불발이 푸닥거리를 뜻하는 불祓로 되어 있다.

재사어적在詐於敵을 두고 왕선신과 진기유 등은 재어사적在於詐敵으로 바꿔야 한다고 했다. 사어적詐於敵은 적을 속이는 사적詐敵과 같은 뜻이다. 어於는 동사와 목적어를 연결시키는 조사에 지나지 않는다. 바꿀 필요가 전혀 없는 것이다.『한비자』에는 이런 용법이 적지 않다.「간겁시신」의 행어좌우幸於左右,「설림 상」의 입어천자立於天子,「안위」의 상어무공賞於無功,「외저설 좌하」의 불리어가不利於家,「외저설 우하」의 부지어차不知於此,「팔설」의 중어총인重於寵人 등이 그 실례이다. 장각은 '고왈故曰, 옹계지대雍季之對, 부당문공지문不當文公之問'의 12자를 차비소이응야此非所以應也 앞에 두는 게 옳다고 했다. 그대로 두고 해석해도 큰 무리는 없다.

36-3

歷山之農者侵畔, 舜往耕焉, 期年, 畎畝正. 河濱之漁者爭坻, 舜往漁焉, 期年而讓長. 東夷之陶者器苦窳, 舜往陶焉, 期年而器牢. 仲尼嘆曰, "耕·漁與陶, 非舜官也, 而舜往爲之者, 所以救敗也. 舜其信仁乎. 乃躬藉處苦而民從之. 故曰, '聖人之德化乎.'"

역산歷山의 농부들이 밭의 경계를 놓고 서로 다퉜다. 순임금이 가서 농사를 지은 지 1년 되어 경계가 바로 잡혔다. 황하의 어부들이 그물을 치는 어장을 놓고 서로 다퉜다. 순임금이 가서 고기잡이를 한 지 1년 만에 나이 많은 어른에게 양보하는 풍습이 생겼다. 동이족의 도공들이 만든 질그릇은 거칠고 약해 깨지기 쉬웠다. 순임금이 가서 그릇을 굽는 일을 한 지 1년 만에 그릇이 단단하게 구워졌다. 공자가 이 얘기를 듣고 칭송했다.

"농사나 고기잡이나 그릇을 굽는 일은 순임금의 직책이 아니다. 그런데도 순임금이 가서 한 것은 백성들의 폐습을 바로잡고자 한 것이다. 순임금은 실로 어진 사람이구나! 몸소 이토록 고생스럽게 여러 지역을 돌아다니며 감화시키자 백성들 모두 그를 좇아 덕을 행했다. 그래서 '성인은 덕으로 사람을 감화시킨다.'고 말하는 것이다!"

    ◐◑ 역산지농자침반歷山之農者侵畔의 '역산'은 지금의 산동성 역성현歷城縣 남쪽으로 천불산이 위치한 곳이다. 농자農者를 두고 『맹자』는 동이인東夷人, 『사기』 「오제본기」는 기주인冀州人이라고 했다. 반畔은 밭의 경계를 이루는 밭두둑을 말한다. 기년期年은 만 1년을 말한다. 기期가 『한비자금주금역』에는 기朞로 되어 있다. 견무정畎正의 견畎은 밭 사이의 수로인 밭도랑을 말한다. 『한비자금주금역』에는 고어古語인 견甽으로 되어 있다. 무畝는 밭두둑으로 반畔과 같다. 하빈河濱은 황하를 지칭한다. 『묵자』와 『여씨춘추』, 『사기』 등의 주는 강가의 고기 잡는 모래톱으로 해석했다. 쟁지爭坻는 어장을 두고 다퉜다는 뜻이다.

  동이지도자東夷之陶者의 '동이'는 동쪽에 살던 이민족을 통칭한 말이다. 『사기』 등은 만주와 한반도, 일본 등 북동쪽의 이민족을 지칭하는 말로 사용했다. 『맹자』는 순舜을 '동이'라고 했다. 고유苦窳는 그릇이 거칠고 흠이 있어 약하다는 뜻이다. 궁자처고躬藉處苦의 자藉를 『순자』 「정명」의 주는 밟는다는 뜻의 천답踐踏으로 풀이했다. 여기서는 순이 역산과 하빈, 동이 등지를 두루 돌아다닌 것을 뜻한다. 성인지덕화聖人之德化乎 구절을 『한비자교주』는 '성인의 도덕은 능히 사람들을 감화시킬 수 있다'고 풀이했다. 그러나 여기의 지之는 주어를 표시하는 조사이고, 덕德은 수단을 나타내는 부사어로 사용된 것이다.

≈ **36-4**

或問儒者曰, "方此時也, 堯安在." 其人曰, "堯爲天子." "然則仲尼之聖堯奈何. 聖人明察在上位, 將使天下無姦也. 今耕漁不爭, 陶器

不竄, 舜又何德而化. 舜之救敗也, 則是堯有失也. 賢舜, 則去堯之明
察. 聖堯, 則去舜之德化. 不可兩得也. 楚人有鬻楯與矛者, 譽之曰,
‘吾楯之堅, 莫能陷也.’ 又譽其矛曰, ‘吾矛之利, 於物無不陷也.’ 或
曰, ‘以子之矛陷子之楯, 何如.’ 其人弗能應也. 夫不可陷之楯與無不
陷之矛, 不可同世而立. 今堯舜之不可兩譽, 矛楯之說也. 且舜救敗,
期年已一過, 三年已三過. 舜有盡, 壽有盡, 天下過無已者. 以有盡
逐無已, 所止者寡矣. 賞罰, 使天下必行之. 令曰, ‘中程者賞, 弗中程
者誅.’ 令朝至暮變, 暮至朝變, 十日而海內畢矣, 奚待期年. 舜猶不
以此說堯令從己, 乃躬親, 不亦無術乎. 且夫以身爲苦而後化民者,
堯舜之所難也. 處勢而驕下者, 庸主之所易也. 將治天下, 釋庸主之
所易, 道堯舜之所難, 未可與爲政也.”

어떤 사람이 유자儒者에게 물었다.

“순임금이 덕을 베풀 당시 요임금은 어디에 있었소?”

“당시 요임금은 천자였소.”

“그렇다면 공자가 요임금을 성인이라고 한 것은 어찌 된 일이오? 성인
은 사리를 밝게 살피며 천자의 자리에 있는 것은 세상에 간사한 일이
없도록 하려는 것이오. 만일 요임금이 성군이라면 그의 치세 때 농사짓
고 고기 잡는 데 다툼이 없고, 질그릇도 쉽게 깨지지 않았을 것이오. 그
렇다면 순임금이 새삼스레 또 무슨 덕을 베풀어 백성들을 감화시킬 필
요가 있었겠소? 순임금이 현인이라면 요임금의 명찰明察이 있을 수 없
고, 요임금이 성인이라면 순임금의 덕화德化는 있을 수 없는 것이오. 같
은 시기에 2가지가 동시에 이뤄질 수는 없기 때문이오.

옛날 초나라 사람으로 방패와 창을 파는 자가 있었소. 그는 자신의
방패를 자랑하며 말하기를, ‘내 방패는 매우 단단해 그 무엇으로도 뚫

을 수 없다'고 했소. 이어 그는 자신의 창을 자랑하며 말하기를, '내 창은 매우 날카로워 그 어떤 것도 뚫리지 않는 게 없다.'고 했소. 어떤 이가 묻기를, '그대의 창으로 그대의 방패를 찌르면 어찌 되는가?'라고 했소. 그 사람은 아무 대답도 하지 못했소. 그 어떤 것으로도 뚫을 수 없는 방패와 그 어떤 것도 뚫지 못하는 창은 동시에 존재할 수 없소. 지금 요순 두 사람을 동시에 칭찬할 수 없는 것도 모순矛盾의 이 얘기와 똑같소.

순임금이 백성의 폐습을 바로잡았다는 이야기도 허망하기 짝이 없소. 1년 걸려 한 가지 잘못을 고쳤으니 3년에 걸쳐 3가지 잘못을 고친 셈이오. 순임금도 수명에 한계가 있는 이상 이런 식으로 폐습을 고치고자 하면 폐습은 그칠 길이 없게 되오. 한계가 있는 수명으로 끝이 없는 폐습을 고치고자 하면 그 성과가 극히 미미할 것이오. 그러나 천하에 반드시 상벌이 통용되도록 하면 이를 단번에 해결할 수 있소. 천하에 영을 내려 말하기를, '법도에 부합하는 자는 상을 주고, 그렇지 못한 자는 벌한다.'고 하면 되오. 아침에 영이 내려지면 저녁에 폐습이 고쳐지고, 저녁에 내려지면 아침에 고쳐질 것이오. 이런 식으로 하면 10일 만에 천하의 모든 폐습을 일거에 척결할 수 있소. 어찌 1년을 기다릴 필요가 있겠소? 그런데도 순임금은 이런 도리로 요임금을 설득해 천하의 인민들로 하여금 법도를 준수토록 하지 않고, 이내 몸소 이를 실천하는 방법을 택했으니 이 또한 법술을 터득하지 못한 탓이 아니겠소?

무릇 몸소 고생을 하며 백성을 감화시키는 방안은 요순 같은 성인도 하기 힘든 것이오. 그러나 권세를 이용해 백성의 폐습을 바로잡는 것은 평범한 군주라도 능히 할 수 있소. 천하를 다스리고자 하면서 평범한 군주조차 능히 할 수 있는 이런 쉬운 방안을 버리고 굳이 요순이 행한 어려운 방안을 말하는 자는 함께 정사를 논할 수 없소."

중정中程의 정程은 원래 곡물을 헤아리는 단위이나 쯔다는 법도를 뜻하는 법식法式으로 해석했다. 설요령종이說堯令從己의 이己를 진계천과 진기유 및 『한비자교주』 등은 기己로 바꿔 해석했다. 『이아』「석고」는 차此로 풀이해 놓았다. 여기서는 법령의 뜻으로 사용된 것이다. 처세이교하자處勢而驕下者의 교驕를 고광기는 교矯로 바꿔야 한다고 했다. 용주庸主는 평범한 군주의 의미이다.

36-5

管仲有病, 桓公往問之, 曰, "仲父病, 不幸卒於大命, 將奚以告寡人." 管仲曰, "微君言, 臣故將謁之. 願君去豎刁, 除易牙, 遠衛公子開方. 易牙爲君主味, 君惟人肉未嘗, 易牙烝其子首而進之. 夫人情莫不愛其子, 今弗愛其子, 安能愛君. 君妬而好內, 豎刁自宮以治內. 人情莫不愛其身, 身且不愛, 安能愛君. 開方事君十五年, 齊·衛之間不容數日行, 棄其母, 久宦不歸. 其母不愛, 安能愛君. 臣聞之, '矜僞不長, 蓋虛不久.' 願君去此三子者也." 管仲卒死, 桓公弗行. 及桓公死, 蟲出尸不葬.

관중이 병이 들어 자리에 눕자 제환공이 가서 물었다.

"중보仲父가 자리에 누웠으니 불행히도 수명을 다하게 되면 장차 무슨 말을 과인에게 남길 생각이오?"

관중이 대답했다.

"군주의 언급이 없었을지도 신이 말씀드리려고 했습니다. 바라건대 군주는 수조豎刁를 버리고, 역아易牙를 제거하고, 위衛나라 공자 개방開方을 멀리 하십시오. 역아는 군주를 위해 요리를 하면서 군주가 사람 고기만 맛보지 못했다고 말하자 자식의 머리를 삶아 바쳤습니다. 인정상 자식을 사랑하지 않는 부모는 없습니다. 그는 자식마저 사랑하지 않았는데 어찌 군주를 사랑할 리 있겠습니까? 군주는 여색을 좋아하고 질투심이 많습니다. 수조는 스스로 거세한 뒤 후궁 단속을 자원했습니다. 인정상 자신의 몸을 사랑하지 않는 사람은 없습니다. 그는 자기 몸도 사랑하지 않았는데 어찌 군주를 사랑할 리 있겠습니까? 공자 개방은 군주를 15년 동안 모셨습니다. 제나라와 위나라는 불과 며칠이면 오갈 수 있는 거리입니다. 그는 모친을 버린 채 군주를 모시면서 벼슬살이를 구실로 오래도록 모친을 찾아보지 않았습니다. 모친조차 사랑하지 않는데 어찌 군주를 사랑할 리 있겠습니까? 신이 듣건대 '일을 하면서 궤사詭詐를 구사하면 오래가지 못하고, 가식을 덮으려 해도 오래가지 못한다.'고 했습니다. 바라건대 군주는 이 세 사람을 물리치도록 하십시오."

관중이 죽은 후 제환공은 이를 실행하지 않았다. 결국 그는 역아와 수조 등이 공자들과 결탁해 후계 싸움을 벌이는 바람에 아사했고, 죽은 뒤에도 시체에서 나온 구더기가 문 밖으로 나올 정도로 오랫동안 방치돼 장례조차 치르지 못했다.

༄ 중보仲父는 자가 중仲인 관이오管夷吾를 높여 부른 말이다. 진시황이 여불위를 '작은 아버지'에 해당하는 중부仲父로 부른 것과는 차원이 다른 칭호다. 미군언微君言의 미微는 없다는 뜻이다. 개방開方은 『관자』「계」에 따르면 위衛나라 공자로 제나라를 섬겼고, 「소칭」에는 제환공이 죽자 토지문서인 서사書社 7백을 갖고 다시 위나라로 돌아갔다고 되어 있다. '긍위부장矜僞不長, 개허불구蓋虛不久' 구절의 긍矜을 진기유와 『한비자교주』는 스스로 자랑하는 자과自誇로 해석했다. 이 경우 허위와 궤사詭詐를 자랑한다는 뜻이 된다. 문맥과 동떨어져 있다. 유

월은 무무務의 오자로 보았다.『관자』「소칭」에 '무위불구務僞不久, 개허부장蓋虛不長' 구절이 나온다. 무위務僞는 남을 속이는 거짓된 짓을 일삼는다는 의미이다. 고광기는 충출시蟲出尸의 시尸를 지게문을 뜻하는 호戶로 바꿔야 한다고 했다.

36-6

或曰, "管仲所以見告桓公者, 非有度者之言也. 所以去豎刁·易牙者, 以不愛其身·適君之欲也. 曰, '不愛其身, 安能愛君.' 然則臣有盡死力以爲其主者, 管仲將弗用也. 曰, '不愛其死力, 安能愛君.' 是欲君去忠信也. 且以不愛其身度其不愛其君, 是將以管仲之不能死公子糾度其不死桓公也, 是管仲亦在所去之域矣. 明主之道不然, 設民所欲以求其功, 故爲爵祿以勸之. 設民所惡以禁其姦, 故爲刑罰以威之. 慶賞信而刑罰必, 故君擧功於臣, 而姦不用於上, 雖有豎刁, 其奈君何. 且臣盡死力以與君市, 君垂爵祿以與臣市. 君臣之際, 非父子之親也, 計數之所出也. 君有道, 則臣盡力而姦不生. 無道, 則臣上塞主明而下成私. 管仲非明此度數於桓公也, 使去豎刁, 一豎刁又至, 非絶姦之道也. 且桓公所以身死蟲流出尸不葬者, 是臣重也. 臣重之實, 擅主也. 有擅主之臣, 則君令不下究 臣情不上通. 一人之力能隔君臣之間, 使善敗不聞, 禍福不通, 故有不葬之患也. 明主之道. 一人不兼官, 一官不兼事. 卑賤不待尊貴而進, 大臣不因左右而見. 百官修通, 群臣輻湊. 有賞者君見其功, 有罰者君知其罪. 見知不悖於前, 賞罰不弊於後, 安有不葬之患. 管仲非明此言於桓公也, 使去三子, 故曰, '管仲無度矣.'"

어떤 사람이 말했다.

"관중이 제환공에게 한 말은 법도를 깨달은 사람의 말이 아니다. 수조와 역아를 물리치라고 한 이유는 자신들의 몸을 사랑하지 않고 군주의 욕망을 채워주려 했기 때문이다. 관중은 제환공에게 말하기를, '자기 몸도 사랑하지 않았는데 어찌 군주를 사랑할 리 있겠습니까?'라고 했다. 그렇다면 사력을 다해 군주에게 충성하는 신하가 있을지라도 관중은 등용하지 않았을 것이다. 그는 '사력을 다해 충성하는 것을 신중하게 생각지 않는 자가 어찌 군주를 사랑할 리 있겠습니까?'라고 얘기한 셈이다. 제환공에게 신하들의 충신忠信을 멀리하라고 권한 꼴이다. 자기 몸을 사랑하지 않는 사람은 군주 또한 사랑하지 않으리라고 추정하면 관중은 전에 공자 규糾를 위해 자진하지 않은 것을 예로 들어 제환공을 위해서도 목숨을 바치지 않겠다는 뜻을 밝힌 것이나 다름없다. 이런 논리라면 관중 또한 제거돼야 할 범위에 들어가게 된다.

명군의 치도는 그렇지 않다. 백성이 바라는 것을 앞세워 공을 세우도록 독려하고, 작록을 내세워 백성들을 적극 권장한다. 정반대로 백성이 싫어하는 것을 열거해 간사한 짓을 못하도록 금지하고, 엄한 형벌을 내세워 백성들을 적극 위압한다. 상을 어김없이 주고 형벌을 반드시 가한다. 그래서 군주는 공 있는 신하를 윗자리에 발탁하고, 간사한 자를 쓰지 않는 것이다. 비록 수조와 같은 자가 있다 한들 군주를 어찌할 수 있겠는가? 또 신하는 사력을 다해 군주를 섬기면서 관계를 돈독히 할 것이고, 군주는 작록을 주면서 신하와 불가분의 관계를 맺을 것이다.

군신 관계는 부자지간처럼 혈육으로 맺어진 관계가 아니라 이해타산을 기초로 맺어진 관계이다. 군주가 도를 행하면 신하는 힘을 다해 섬기는 까닭에 간사한 일이 일어나지 않는다. 그러나 도를 행하지 못하면 신하는 위로 군주의 총명을 막고 아래로 사욕을 꾀한다. 관중은 이런 이치를 제환공에게 말하지 않았다. 수조를 제거하면 또 다른 수조가 나타난다는 사실을 간과한 것이다. 이는 간사함을 근절하는 방법이 아니다.

제환공이 죽었을 때 구더기가 창문 밖으로 기어 나올 때까지 장사를 지내지 못한 것은 신하의 세도가 너무 컸기 때문이다. 신하의 세도가 지나치게 커지면 군주를 멋대로 조종하게 된다. 군주를 멋대로 조종하는 신하가 있으면 군주의 명은 아래에 이르지 못하고, 신하의 실정이 위로 전달되지 않는다. 한 명의 권신이 휘두르는 권력이 군신 사이를 가로막는 탓이다. 그러면 좋은 일이든 나쁜 일이든 듣지 못하고, 군주가 행사하는 화복禍福의 권한이 통하지 않게 된다. 제환공이 사후에 장사를 치르지 못하는 재앙이 나타난 이유다.

명군의 치도는 한 사람에게 여러 관직을 겸하게 하지 않고, 하나의 관직에 여러 일을 겸하게 하지 않는다. 신분의 존비귀천을 가리지 않고 공적이 있으나 누구나 발탁하고, 대신들은 측근을 통하지 않고도 군주를 만나 진언할 수 있어야 한다. 모든 관원이 자신이 맡은 바 일을 열심히 하면서 군주와 소통하면 군신들은 자연스럽게 수레바퀴 살처럼 군주 곁에 모인다. 상을 줄 사람에 대해 군주는 그의 공적을 훤히 파악해야 하고, 형벌을 내릴 사람에 대해 군주는 그의 죄를 명확히 알고 있어야 한다. 사전에 군주가 그들의 공과功過에 대해 정확히 알고 오류가 없으면, 상벌의 시행 후에도 그들의 공과가 감춰지는 일이 없게 된다. 어찌 제환공처럼 죽은 뒤에 장사를 치르지 못하는 재앙이 있을 수 있겠는가? 관중은 이런 이치를 제환공에게 분명히 설명치 않고 단지 역아와 수조 및 개방 등의 3인만을 제거하라고 말했을 뿐이다. '관중은 법도를 깨닫지 못했다'고 말한 것은 이 때문이다."

🍃 군신폭주群臣輻湊의 '폭주'는 수레바퀴 살이 축에 모이듯 군주

곁에 모였다는 의미로 사용된 것이다. 폭주輻輳와 같다. 상벌불폐어후賞
罰不弊於後는 상벌을 공평히 행한다는 뜻으로 여기의 폐弊를 고광기는
감출 폐蔽로 새겼다.

36-7

襄子圍於晉陽中, 出圍, 賞有功者五人, 高赫爲賞首. 張孟談曰,
"晉陽之事, 赫無大功, 今爲賞雖, 何也." 襄子曰, "晉陽之事, 寡人國
家危, 社稷殆矣. 吾群臣無有不驕侮之意者, 惟赫子不失君臣之禮,
是以先之." 仲尼聞之曰, "善賞哉. 襄子賞一人而天下爲人臣者莫敢
失禮矣."

조양자가 진양에서 지백의 군사에게 포위당했다가 풀려난 후 논공행
상을 하면서 공로가 있는 5명에게 상을 내렸다. 고혁高赫이 으뜸가는
상을 받았다. 대공을 세운 장맹담張孟談이 반발했다

"진양의 싸움에서 고혁은 별다른 공을 세우지도 못했는데 지금 으뜸
가는 상을 받게 된 것은 무슨 까닭입니까?"

조양자가 대답했다.

"진양의 싸움 당시 과인과 나라 모두 극히 위태로웠고, 사직 또한 무
너지기 직전이었소. 군신들 가운데 교만한 모습을 지으며 나를 업신여
기지 않는 자가 없었는데 오직 고혁만이 군신의 예를 잃지 않았소. 그
래서 그에게 으뜸가는 상을 준 것이오."

공자가 이 얘기를 듣고 칭송했다.

"참으로 훌륭한 상이다! 조양자는 한 사람에게 상을 주어 천하의 신
하된 자들에게 감히 예를 잃지 못하게 했다."

🌒 진양晉陽은 조나라의 도성이 있던 곳으로 지금의 산서성 태원
이다. 고혁高赫은 조씨의 가신으로 『여씨춘추』에는 고사高赦, 『사기』에
는 고공高共으로 되어 있다. 장맹담張孟談은 조양자의 재상으로 『국어』
「진어」에는 장담張談으로 나온다. 중니문지仲尼聞之를 두고 전한 초기
공자의 9대손인 공부孔鮒는 저서 『공총자孔叢子』「답문」에서 여기에 인
용된 공자의 말이 역사적 사실과 다르다고 주장했다. 공자는 노애공 16
년(기원전 479) 4월 11일에 세상을 떠났다. 『춘추좌전』「노애공 27년」조
에 따르면 공자 사후 11년 뒤인 기원전 468년에 지백 순요荀瑤가 한, 조,
위 등의 군사를 이끌고 정나라로 쳐들어갔다가 제나라의 개입으로 철
군한 기록이 나온다. 지백이 조양자를 쳤다가 패한 것은 이로부터 한참
뒤인 기원전 453년의 일이다. 공자가 이런 사실을 들었을 리 만무하다.
역사에 해박했던 한비가 이런 사실을 몰랐을 리 없다. 여기에 나오는 공
자의 언급은 공부의 주장처럼 후대인의 가필로 보는 게 옳다.

36-8

或曰, "仲尼不知善賞矣. 夫善賞罰者, 百官不敢侵職, 群臣不敢失
禮. 上設其法, 而下無姦邪之心. 如此, 則可謂善賞罰矣. 使襄子於
晉陽也, 令不行, 禁不止, 是襄子無國·晉陽無君也, 尚誰與守哉. 今
襄子於晉陽也, 知氏灌之, 臼竈生鼃, 而民無反心, 是君臣親也. 襄
子有君臣親之澤, 操令行禁止之法, 而猶有驕侮之臣, 是襄子失罰
也. 爲人臣者, 乘事而有功則賞. 今赫僅不驕侮, 而襄子賞之, 是失
賞也. 明主賞不加於無功, 罰不加於無罪. 今襄子不誅驕侮之臣, 以
賞無功之赫, 安在襄子之善賞也. 故曰, '仲尼不知善賞.'"

어떤 사람이 말했다.

"공자는 훌륭한 상을 내리는 방법을 모른다. 무릇 상벌을 잘 내리면 백관들 모두 감히 남의 직무를 넘보지 않고, 군신들 모두 감히 예를 잃지 않는다. 위에서 공평한 법을 만들면, 아래는 간사한 마음을 품지 못한다. 이런 것이 훌륭한 상벌이라고 할 만하다.

만일 조양자가 진양성에 포위돼 있을 때 명을 내려도 행해지지 않고, 금해도 그쳐지지 않았다면 이는 조양자에게 나라가 없고, 진양에 군주가 없는 셈이 된다. 그렇다면 누구와 함께 진양을 지켰단 말인가? 조양자가 진양성에 갇혀 있을 때 지백이 수공을 가했다. 부엌 아궁이에서 개구리가 살 지경이 되었지만 백성들이 배반할 생각을 하지 않은 것은 군신이 서로 친밀했기 때문이다. 조양자는 평소 군신이 서로 친밀해질 수 있도록 은혜를 베풀었고, 명하고 금하는 법령을 손에 쥐고 있었다. 그런데도 군주를 업신여기는 신하가 있었다면 조양자는 제대로 된 벌을 내리지 못한 셈이다.

신하를 대할 때 군주는 그가 한 일을 면밀히 심사해 만일 공을 세웠으면 반드시 상을 줘야 한다. 지금 고혁은 단지 교만하지 않았고, 군주를 업신여기지 않았다는 이유만으로 으뜸가는 상을 받았다. 이는 상을 주는 방법이 잘못된 것이다. 명군은 공이 없는 자에게 상을 주지 않고, 죄 없는 자에게 벌을 가하지 않는다. 지금 조양자는 교만하게 군주를 업신여긴 신하를 벌하지 않고 공이 없는 고혁에게 상을 주었다. 이를 두고 어찌 조양자가 훌륭하게 상을 내렸다고 말할 수 있겠는가? 그래서 '공자는 훌륭한 상을 내리는 방법을 모른다.'고 말한 것이다."

☜ 지씨知氏는 지씨의 우두머리를 뜻하는 지백知伯 순요荀瑤를 말한다. 『국어』「진어」는 지양자知襄子로 기록해 놓았다. 구조생구臼竈生龜는 절구통처럼 움푹 파인 부엌에서 거북이가 나왔다는 뜻이다. 『한비

자금주금역』에는 구龜가 개구리 와䵷로 되어 있다. 승사乘事의 승乘을
『한비자교주』는 일을 꾀한다는 뜻의 주획籌劃 내지 참의參議로 해석했
으나 『주례』「고인」의 정사농鄭司農 주에는 일의 성공을 헤아린다는 뜻
으로 풀이돼 있다. 여기서는 면밀히 조사해 밝힌다는 뜻의 고핵考覈으
로 풀이하는 게 옳다.

36-9

晉平公與群臣飲, 飲酣, 乃喟然歎曰, "莫樂爲人君, 惟其言而莫之
違." 師曠侍坐於前, 援琴撞之. 公披衽而避, 琴壞於壁. 公曰, "太師
誰撞." 師曠曰, "今者有小人言於側者, 故撞之." 公曰, "寡人也." 師
曠曰, "啞, 是非君人者之言也." 左右請除之, 公曰, "釋之, 以爲寡人
戒."

진평공이 군신들과 함께 술자리를 하다가 크게 취해 이같이 말했다
"이 세상에 군주가 된 것보다 더한 즐거움이 없다. 어떤 말을 할지라
도 이를 거역한 사람이 없었다."
사광師曠이 앞에 앉아 있다가 거문고를 들어 진평공을 쳤다. 진평공
이 급히 피하면서 거문고가 벽에 부딪쳐 부서졌다. 진평공이 물었다.
"태사는 누구를 쳤는가?"
"지금 소인이 무엇인가 지껄여 그를 쳤습니다."
"과인이었다."
사광이 말했다.
"아, 그것은 군주가 할 말이 아닙니다."
측근들이 사광을 조정에서 내쫓을 것을 청했다. 진평공이 말했다.
"놓아 두어라, 과인의 경계로 삼겠다."

○⌇ 진평공晉平公은 춘추시대 중기의 인물로 이름은 표彪이다.「십과」에 사광이 진평공에게 간하는 얘기가 나온다. 피임披衽은 옷깃이 열린다는 뜻이나 여기서는 회피한다는 의미이다. 태사太師는 악관의 장을 말한다. 삼공의 하나를 지칭키도 한다. 좌우청제지左右請除之의 제除를 노문초와 고광기 등은 벽에 흙을 바른다는 뜻의 도涂로 바꿔야 한다고 했다. 진기유는 치治로 보았고,『한비자교주』는 진기유의 설을 이어받아 처벌로 해석했다. 이에 대해 우창은 글자 그대로 제거除去의 의미로 풀이했다.

⌇⌇**36-10**

或曰, "平公失君道, 師曠失臣禮. 夫非其行而誅其身, 君之於臣也. 非其行則陳其言, 善諫不聽則遠其身者, 臣至於君也. 今師曠非平公之行, 不陳人臣之諫, 而行人主之誅, 擧琴而親其體, 是逆上下之位, 而失人臣之禮也. 夫爲人臣者, 君有過則諫, 諫不聽則輕爵祿以待之, 此人臣之禮義也. 今師曠非平公之過, 擧琴而親其體, 雖嚴父不加於子, 而師曠行之於君, 此大逆之術也. 臣行大逆, 平公喜而聽之, 是失君道也. 故平公之迹不可明也, 使人主過於聽而不悟其失. 師曠之行亦不可明也, 使姦臣襲極諫而飾弑君之道. 不可謂兩明, 此爲兩過. 故曰, '平公失君道, 師曠亦失臣禮矣.'"

어떤 사람이 말했다.

"진평공은 군주의 도를 잃었고, 사광은 신하의 예를 잃었다. 무릇 신하의 행동에 잘못이 있으면 그를 벌하는 것이 군주가 신하를 대하는 자세이다. 군주의 행위가 도에 어긋났으면 말로 간해야 하고, 훌륭한 말로 간했는데도 듣지 않으면 물러나는 것이 신하가 군주를 대하는 자세이다. 지금 사광은 진평공의 행위를 간하면서 신하가 취해야 할 예를 갖추지 않고, 오히려 군주가 벌을 내리는 것처럼 거문고를 번쩍 들어 군주를 치려고 했다. 이는 상하의 위계를 거슬리고, 신하의 예를 잃은 것이다. 무릇 신하는 군주의 허물이 있으면 즉시 이를 간해야 하고, 간해도 듣지 않으면 관작을 가볍게 여겨 이내 물러날 각오로 군주가 깨닫기를 기다려야 한다. 이것이 신하된 자의 예의이다.

지금 사광은 진평공의 허물을 책망하며 거문고를 번쩍 들어 진평공을 치려고 했다. 그는 엄한 아비조차 자식에게 할 수 없는 막된 행동을 군주에게 한 것이다. 이는 대역大逆에 해당한다. 신하가 대역을 행했는데도 진평공은 기꺼이 이를 받아들였으니 이는 군주의 기본 도리를 잃은 것이다. 진평공의 행적을 밝게 드러내서는 안 된다. 군주로 하여금 신하의 말을 청취하면서 실수를 범했는데도 이를 깨닫지 못하게 만드는 배경이 될 소지가 크기 때문이다. 사광의 행적 역시 밝게 드러내서는 안 된다. 간신들로 하여금 무례한 행동으로 군주를 시해해도 좋다는 나쁜 선례로 작용할 소지가 크기 때문이다. 두 사람의 행적 모두 밝게 드러내서는 안 되는 이유다. 그래서 말하기를, '진평공은 군도君道를 잃었고, 사광은 신례臣禮를 잃었다'고 한 것이다."

🌫️ 거금이친기체擧琴而親其體의 친친을 모노부타는 범범犯의 뜻으로 풀이했다. 불가위양명不可謂兩明의 위謂는 피동의 의미인 위爲의 뜻으로 사용됐다.

🌿36-11

齊桓公時, 有處士曰小臣稷, 桓公三往而弗得見. 桓公曰, "吾聞布衣之士不輕爵祿, 無以易萬乘之主. 萬乘之主不好仁義, 亦無以下布衣之士." 於是五往乃得見之.

제환공 때 소신직小臣稷이라는 한 처사가 있었다. 제환공이 3번이나 찾아갔으나 만나주지 않았다. 제환공이 말했다.

"내가 듣건대 벼슬을 하지 않고 초야에 묻혀 사는 포의지사布衣之士는 작록도 가볍게 여기는 까닭에 만승 대국의 군주도 그를 쉽게 만나지 못하고, 만승 대국의 군주일지라도 인의를 숭상하지 않고는 포의지사를 신하로 삼을 수 없다고 했다."

이에 5번 찾아가 겨우 만날 수 있었다.

🍂 처사處士는 벼슬을 거부하고 은거한 선비를 말한다. 거사居士로 쓰기도 한다. 소신직小臣稷의 '소신'이 『주례』에 관직으로 나온다. 후토다는 '소신'을 성, '직'을 이름으로 보았다. 원래 관명이었던 사마司馬와 사구司寇 등이 훗날 성씨가 된 것처럼 '소신'도 성씨가 됐다는 해석이다.

🌿36-12

或曰, "桓公不知仁義. 夫仁義者, 憂天下之害, 趨一國之患, 不避卑辱, 謂之仁義. 故伊尹以中國爲亂, 道爲宰于湯. 百里奚以秦爲亂, 道爲虜于穆公. 皆憂天下之害, 趨一國之患, 不辭卑辱, 故謂之仁義. 今桓公以萬乘之勢, 下匹夫之士, 將與憂齊國, 而小臣不行, 見小臣之忘民也. 忘民不可謂仁義. 仁義者, 不失人臣之禮, 不敗君臣之位者也. 是故四封之內, 執會而朝名曰'臣', 臣吏分職受事名曰'萌'. 今小臣在民萌之衆, 而逆君上之欲, 故不可謂仁義矣. 仁義不在焉, 桓公又從而禮之. 使小臣有智能而遁桓公, 是隱也, 宜刑. 若無智能而

虛驕矜桓公, 是誣也, 宜戮. 小臣之行, 非刑則戮. 桓公不能領臣主
之理而禮刑戮之人, 是桓公以輕上侮君之俗敎於齊國也, 非所以爲
治也. 故曰, '桓公不知仁義.'"

어떤 사람이 말했다.

"제환공은 인의가 무엇인지 알지 못한다. 무릇 인의란 천하의 재해를
근심하고, 나라에 우환이 있을 때 이를 해결하기 위해 한 몸의 치욕을
피하지 않는 것을 말한다. 그래야 가히 인의라고 할 수 있다. 이윤伊尹
은 중원의 정치가 어지러워지자 스스로 탕왕의 요리사가 되어 천하를
평정했고, 백리해百里奚는 서쪽 진나라 정치가 어지러워지자 스스로 노
비가 되어 진목공의 패업을 도왔다. 두 사람 모두 천하의 재해를 근심하
고, 나라의 우환을 구하기 위해 치욕을 피하지 않았다. 이들의 행보를
인의로 평하는 이유다.

지금 제환공은 만승 대국의 권세를 지니고도 한낱 초야에 묻혀 있는
필부나 다름없는 선비에게 머리를 숙였다. 이는 원래 제나라의 우환을
구하기 위한 것이다. 소신직은 군주가 여러 번 찾아갔는데도 만나주지
않았으니 이는 백성을 잊은 것이다. 백성을 잊은 것을 두고 인의로 평할
수는 없는 일이다. 무릇 인의란 신하의 예를 벗어나지 않고, 군신의 지
위를 손상시키지 않아야 한다.

사방 영토 안에서 사냥해 잡은 짐승이나 토산품을 들고 군주를 배알
하는 사람을 신臣이라고 하고, '신'의 휘하 관원을 통해 다양한 직업에
배속돼 일하는 사람을 통상 백성을 뜻하는 맹萌이라고 한다. 지금 소신
직은 민맹民萌의 무리에 속해 있으면서도 오히려 군주의 소망을 거역했
으니 이를 결코 인의라고 할 수 없다. 이처럼 인의가 없는데도 제환공은
거듭 찾아가 예우한 것이다.

만일 소신직이 재능을 갖추고도 일부러 제환공을 피해 달아난 것이라면 이는 군주의 명을 거부하고 숨는 것이니 마땅히 벌을 받아야 한다. 재능도 없으면서 오만하게 제환공을 피한 것이라면 이는 군주를 속인 것이니 마땅히 주류誅戮해야 한다. 소신직의 행동은 처벌을 받거나 주류을 당해야 했는데도 그리하지 않았다. 제환공은 능히 군신의 도리를 다스리지 못하고, 오히려 응당 주류을 받아야 할 자를 예우했다. 이는 윗사람을 가볍게 보고 군주를 모독하는 습속을 제나라 사람에게 가르친 것이나 다름없다. '제환공은 인의가 무엇인지 알지 못한다.'고 말한 이유다."

  도위재우탕道爲宰于湯의 도道는 말미암을 유由와 같다. 고광기는 우于를 쓰인다는 뜻의 간干으로 바꿔야 한다고 주장했으나 그대로 두고 해석하는 게 더 낫다. 도위로우목공道爲虜于穆公의 경우도 같다. 집회이조執會而朝의 회會를 쓰다는 금禽으로 바꿔야 한다고 했다. 「현학」에는 금禽으로 되어 있다. 주나라의 예제에 따르면 신하들이 군주를 조현할 때 반드시 순복順服의 표시로 새를 예물로 들고 가 바쳤다.『순자』의 주는 '금'을 '궤헌지물饋獻之物'로 해석했다.

신리분직수사臣吏分職受事의 수受는 수授의 뜻이다. 명왈맹名曰萌의 맹萌을 두고 진기유는 한비가 직책이 있는 사람을 '맹', 없는 사람을 민民으로 보았다고 주장했다.『한비자』에 나오는 맹萌은 예외 없이 일반 백성을 통칭하는 맹氓의 뜻으로 민民과 같다. 「팔간」의 민인民人, 「화씨」의 부맹浮萌이 모두 같은 뜻으로 사용된 것이다. 「난일」에 등장한 '소신직'은 직책이 없는 처사處士이다. 포의지사布衣之士 내지 필부지사匹夫之士에 해당한다. 한비는 이들을 모두 민맹民萌의 무리로 보았다. 「문전」에서 '민맹'이 중서衆庶와 동일한 의미로 뒤섞여 사용된 게 그 중

거다. 허교긍지虛驕矜之은 겉으로만 긍지를 갖고 으스댄다는 뜻이다. 알맹이
는 없고 남을 속여 뽐내는 것이다. 영신주지리領臣主之理가 『예기』「악
기」에는 영부자군신지절領父子君臣之節로 나온다. 여기의 영領을 「악기」
의 주는 다스린다는 뜻의 이치理治로 풀이했다.

🦋 36-13

靡笄之役, 韓獻子將斬人. 郤獻子聞之, 駕往救之. 比至, 則已斬之
矣. 郤子因曰, "胡不以徇." 其僕曰, "曩不將救之乎." 郤子曰, "吾敢不
分謗乎."

미계靡笄의 싸움 당시 중원 진나라의 대부 한헌자韓獻子 한궐韓厥이
잘못 판단해 병사의 목을 치게 되었다. 소식을 들은 극헌자郤獻子 극극
郤克이 급히 수레를 몰고 가 구하려 했다. 그가 도착했을 때는 이미 참
한 뒤였다. 극극이 한궐에게 말했다.
　"왜 그의 시체를 전군에 돌리며 보여주는 전시傳尸를 행하지 않은 것
이오?"
　극극이 물러나오자 그의 노복이 의아해하며 물었다.
　"방금 전에는 그를 구하려고 하지 않았습니까?"
　극극이 대답했다.
　"내가 어찌 한궐과 함께 그 비방을 나눠 받지 않을 수 있겠는가!"

　🐚 『춘추좌전』「노성공 2년」조에 이 일화가 나온다. 미계지역靡笄之
役의 '미계'는 제나라 땅으로 지금의 산동성 역성현歷城縣 남쪽 10리
지점에 있는 산의 명칭이다. 역役은 전투를 뜻한다. 한헌자韓獻子는 전
국시대 한나라의 조상인 한궐韓厥을 말한다. 당시 사마 벼슬에 있었다.

극헌자郤獻子는 극극郤克을 말한다. 극결郤缺의 아들로 미계의 당시 총
사령관의 자리에 있었다. 『한비자금주금역』은 극郤이 극郤으로 되어
있다. 같은 뜻이다. 호불이순胡不以徇의 순徇은 빠짐없이 골고루 여러
사람에게 알린다는 뜻이다.

36-14

或曰, "郤子言, 不可不察也, 非分謗也. 韓子之所斬也, 若罪人, 則
不可救, 救罪人, 法之所以敗也, 法敗, 則國亂. 若非罪人, 則勸之以
徇, 勸之以徇, 是重不辜也, 重不辜, 民所以起怨者也, 民怨, 則國
危. 郤子之言, 非危則亂, 不可不察也. 且韓子之所斬若罪人, 郤子奚
分焉. 斬若非罪人, 則已斬之矣, 而郤子乃至, 是韓子之謗已成而郤
子且後至也. 夫郤子曰'以徇', 不足以分斬人之謗, 而又生徇之謗, 是
子言分謗也. 昔者紂爲炮烙, 崇侯·惡來又曰斬涉者之脛也, 奚分於
紂之謗. 且民之望於上也甚矣, 韓子弗得, 且望郤子之得之也. 今郤
子俱弗得, 則民絶望於上矣. 故曰, '郤子之言非分謗也, 益謗也.' 且
郤子之王救罪也, 以韓子爲非也. 不道其所以爲非, 而勸之'以徇', 是
使韓子不知其過也. 夫下使民望絶於上, 又使韓子不知其失, 吾未得
郤子之所以分謗者也."

어떤 사람이 말했다.

"극헌자의 말은 잘 살피지 않을 수 없다. 그의 행동은 비방을 나눠 갖
는 게 되지 못한다. 한헌자가 참형에 처한 자가 죄인이었다면 응당 구할
수 없다. 죄인을 구하는 것은 법이 무너지는 원인이 된다. 법이 무너지
면 나라가 어지러워진다. 만일 죄인이 아니라면 한헌자에게 전시傳尸를
권해서는 안 된다. 이를 권하는 것은 죄 없는 자에게 거듭 중벌을 내리

는 것이다. 죄 없는 자에게 거듭 중벌을 내리면 백성의 원망을 사게 된다. 백성의 원망을 사면 나라가 위태로워진다. 극헌자의 말은 나라를 위태롭게 하거나 어지럽게 하는 셈이 되므로 잘 살펴보지 않을 수 없다.

한헌자가 참형에 처한 자가 죄인이었다면 그를 참형에 처한 것은 마땅한 것으로 세상의 비방을 받을 이유가 하등 없다. 그런데도 어찌하여 극헌자는 비방을 나눠 갖기 위해 달려온 것일까? 설령 죄인이 아니었다고 해도 이미 참형이 끝나 한헌자에 대한 비방이 벌써 이뤄진 뒤이다. 그런 상황에서 이 사실을 전군에 널리 알려야 한다고 권한 것은 비방을 나눠가질 수도 없을 뿐더러 오히려 잘못 처형한 사실을 널리 알려 새로운 비난만 살 뿐이다. 이것이 어찌 비방을 나눠 갖는 게 되겠는가?

옛날 상나라 주紂는 잔혹한 포락지형炮烙之刑을 만들었다. 숭후崇侯와 악래惡來가 이에 동조해 '강을 건너는 자의 정강이가 어떻게 생겨 그 차가움을 견딜 수 있는지 알아보자'며 사람의 정강이를 자르게 했다. 이들이 그런 잘못을 저질렀다고 해서 어찌 주에 대한 비난을 나눠가질 수 있겠는가?

당시 백성들이 윗사람에게 거는 기대가 컸는데도 한헌자가 이에 부응하지 못했다면 상대적으로 극헌자의 올바른 조치에 대한 기대가 컸을 것이다. 그런데도 극헌자 역시 그 기대를 저버린 셈이다. 백성들이 윗사람에 대한 기대를 잃게 된 배경이다. '극헌자의 말은 비방을 나눠 갖는 게 아니라 오히려 비방을 더하게 하는 짓이다'라고 말하는 이유다.

원래 극헌자가 달려가 죄인을 구하고자 한 것은 한헌자가 잘못을 저질렀다고 생각했기 때문이다. 그런데도 한헌자의 잘못은 깨우쳐주지 않고 이를 권해 전군에 널리 알리게 했다. 이는 한헌자로 하여금 스스로 그 잘못을 깨닫지 못하도록 만든 것이나 다름없다. 무릇 아래로는 백성들의 윗사람에 대한 기대를 잃게 했고, 위로는 한헌자에게 스스로 깨달을 수 있는 기회를 잃게 했다. 나는 극헌자가 한헌자와 비방을 나눠 갖겠다고 말한 까닭을 도무지 알 길이 없다."

🐚 즉불가구則不可救 구절의 즉則이 건도본에 없어 도장본을 근거로 보완했다. 즉권지이순則勸之以徇을 두고 왕선신은 즉則 밑에 불가不可 2자가 빠져 있다고 했다. 중불고重不辜의 '불고'를 두고 건도본 주는 억울한 누명을 써 억울하다는 뜻의 원왕冤枉으로 해석했다. 대부분 이를 좇고 있다. 『한비자교주』는 거듭 누명을 쓰는 것으로 풀이했다. 그러나 불고不辜는 죄가 없다는 뜻의 무죄無罪와 같은 의미이고, 중重은 중벌을 내린다는 뜻이다. 죄가 없는 사람을 무겁게 처벌한다는 의미로 풀이하는 게 옳다. 참섭자지경斬涉者之脛을 두고 『서경』「태서 하」의 주는 겨울에 물을 건너는 자의 정강이를 자른 뒤 추위를 얼마나 잘 견디는지를 살폈다고 해석했다.

🌿 36-15

桓公解管仲之束縛而相之. 管仲曰, "臣有寵矣, 然而臣卑." 公曰, "使子立高·國之上." 管仲曰, "臣貴矣, 然而臣貧." 公曰, "使子有三歸之家." 管仲曰, "臣富矣, 然而臣疏." 於是立以爲'仲父'. 霄略曰, "管仲以賤爲不可以治國, 故請高·國之上. 以貧爲不可以治富, 故請三歸. 以疏爲不可以治親, 故處'仲父'. 管仲非貪, 以便治也."

제환공이 관중의 포박을 풀어준 뒤 재상으로 삼았다. 관중이 말했다.
"신은 총애를 입었습니다만 신분이 낮습니다."
"그대를 고씨高氏와 국씨國氏 위에 서도록 하겠소."
관중이 말했다.

"신의 신분이 귀해졌습니다만 아직 가난합니다."

"봉록과 함께 통상 백성들의 생산물 가운데 3할을 거두는 상세商稅 상당의 식읍을 내리도록 하겠소."

관중이 말했다.

"신은 이제 부자가 되었습니다만 공실과의 인연이 소원합니다."

이에 그를 중보仲父라 불렀다. 소략霄略이라는 사람이 이 얘기를 듣고 이같이 칭송했다.

"관중은 신분이 낮으면 고귀한 자들을 다스릴 수 없다고 생각해 고씨와 국씨의 윗자리에 서고자 했다. 가난하면 부자들을 다스릴 수 없다고 생각해 상세에 준하는 수입을 봉록으로 받고자 했다. 공실과 인연이 멀면 군주의 친인척을 다스릴 수 없다고 생각해 '중보'의 칭호를 바랐다. 이는 관중이 탐욕스러웠기 때문이 아니라 나라를 잘 다스리고자 했기 때문이다."

  고국高國은 곧 고씨와 국씨로 제나라의 양대 귀족 성씨이다. 모두 태공망 여상의 후예들이다. 소략霄略의 사적은 자세히 알려진 게 없다. 불가이치국不可以治國의 국國을 장각은 귀貴의 잘못으로 보았다.

36-16

或曰, "今使臧獲奉君令詔卿相, 莫敢不聽, 非卿相卑而臧獲尊也, 主令所加, 莫敢不從也. 今使管仲之治不緣桓公, 是無君也, 國無君不可以爲治. 若負桓公之威, 下桓公之令, 是臧獲之所以信也, 奚待高·國·'仲父'之尊而後行哉. 當世之行事·都丞之下徵令者, 不辟尊貴, 不就卑賤. 故行之而法者, 雖巷伯信乎卿相. 行之而非法者, 雖大吏詘乎民萌. 今管仲不務尊主明法, 而事增寵益爵. 是非管仲貪欲富貴, 必暗而不知術也. 故曰, '管仲有失行, 霄略有過譽.'"

어떤 사람이 말했다.

"지금 노비로 하여금 군주의 명을 받들어 경상卿相에게 지시할지라도 감히 듣지 않는 자가 없을 것이다. 이는 경상이 미천하고 노비가 존귀하기 때문이 아니다. 군주의 명을 감히 따르지 않을 수 없기 때문이다. 지금 관중으로 하여금 나라를 다스리면서 제환공의 명에 의거하지 않도록 하면 이는 나라에 군주가 없는 것이나 다름없다. 나라에 군주가 없으면 다스려질 수 없다. 제환공의 권세를 등에 업기만 하면 그 누구라도 제환공의 명을 능히 하달할 수 있다. 이는 노복이 경상卿相을 복종시키는 방법이기도 하다. 어찌 고씨와 국씨 내지 '중보' 같은 존귀한 신분이 된 뒤에라야 명을 내릴 수 있단 말인가?

요즘 세상에서는 군명을 전달하는 행사行事와 환관 도승都丞처럼 군주의 징소徵召 명령을 하달하는 자들은 비록 신분이 비천할지라도 존귀한 자를 피하지도 않고, 비천한 자만 상대하지도 않는다. 일을 집행할 때 법령에 의거하면 비록 환관이 행할지라도 존귀한 경상까지 굴복시킬 수 있지만, 법령에 의거하지 않으면 비록 대관大官일지라도 서민에게 제압을 당하게 된다.

지금 관중은 군주를 높이고 법을 밝히는 데 힘쓰지 않고, 군주의 총애를 더 받고 작록을 더 높이는 일에만 애썼다. 만일 관중이 부귀를 탐하는 것이 아니라면 반드시 어리석은 나머지 나라를 다스리는 법술을 알지 못했기 때문일 것이다. '관중은 행동이 잘못됐고, 소략은 칭찬이 잘못됐다'고 말하는 이유다."

장획臧獲은 노비를 의미한다. 불연환공不緣桓公의 연緣을 진기

유는 순순,『한비자교주』는 준순遵循으로 풀이했다.『순자』「정명」의 주
는 의거한다는 뜻의 인인으로 해석했다. 장획지소이신臧獲之所以信의
신信을 쓰다는 자신의 의지를 드러내는 신伸과 통하는 것으로 보았다.
『춘추좌전』「노선공 15년」조와『여씨춘추』「권학」의 주는 따르게 만든
다는 뜻의 종從으로 해석했다. 행사도승지하징령行事都丞之下徵令의 행
사行事와 도승都丞 모두 군명을 전달하는 신분이 낮은 소관小官을 말한
다. '도승'을 건도본 주는 환관으로 풀이했다. 징徵을 진기유는 징벌懲罰
로 보았으나『주례』「현정」의 주는 징소徵召로 해석했다.

'불피존귀不辟尊貴, 불취비천不就卑賤'의 피辟는 피避와 통한다. 취就
를 양계웅은 짓밟는다는 뜻의 축蹴으로 바꿔야 한다고 했다.『한비자
교주』등이 이를 좇았다. 이같이 해석할 경우 불취비천不就卑賤은 합법
자合法者가 되고, 바로 뒤에 나오는 수대리굴호민맹雖大吏詘乎民萌의 취
지와 충돌하게 된다. 여기의 취就는 피辟와 대립된 개념으로 접근을 뜻
한다고 풀이하는 게 문맥에 부합한다. 항백신호경상巷伯信乎卿相의 항
백巷伯을『시경』「항백」의 정현 주는 환관인 엄관閹官으로 풀이했다. 대
리굴호민맹大吏詘乎民萌의 대리大吏는 대관大官, 굴詘은 몸을 굽힌다는
뜻의 굴屈과 같다.

36-17

韓宣王問於樛留. "吾欲兩用公仲·公叔, 其可乎." 樛留對曰, "昔魏
兩用樓·翟而亡西河, 楚兩用昭·景而亡鄢·郢. 今君兩用公仲·公叔,
此必將爭事而外市, 則國必憂矣."

한선혜왕韓宣惠王이 대부 규류樛留에게 물었다.
"내가 공중公仲과 공숙公叔 두 사람을 함께 중용하고 싶은데 그게

가능하겠소?"

규류가 대답했다.

"옛날 위나라는 누비樓鼻와 척강翟强을 함께 중용했다가 서하西河를 잃었고, 초나라는 소해휼昭奚恤과 경사景舍를 함께 중용했다가 언鄢과 영郢 땅을 잃었습니다. 지금 군주가 공중과 공숙을 함께 중용하면 반드시 그들 두 사람은 권력다툼을 벌이며 외국과 내통해 자신의 세력을 넓히려 할 것입니다. 그리되면 나라는 반드시 위태로워집니다."

🐚 한선왕韓宣王은 처음으로 왕호를 칭한 한선혜왕韓宣惠王, 공중公仲은 「십과」에 나오는 공중붕公仲朋을 말한다. 공숙公叔은 『사기』「한세가」에 나오는 공숙 백영伯嬰이다. 공중붕의 뒤를 이어 한선혜왕 때 재상을 지냈다. 「설림 상」에도 나온다. 누척樓翟의 누樓는 누비樓鼻를 말한다. 『전국책』「위책」에는 누완樓緩으로 되어 있다. 척翟은 척강翟强을 말한다. 자세한 사적은 알려져 있지 않다. 『회남자』「범론훈」은 누완과 척강을 한 사람으로 보았다. 서하西河는 지금의 산서성 서쪽의 황하 일대를 뜻한다.

소경昭景을 『한비자교주』는 초나라 왕족의 양대 성씨인 소씨昭氏와 경씨景氏로 보았다. 여기서는 초나라 대부 소해휼昭奚恤과 경사景舍를 지칭한다. 언鄢과 영郢은 초나라 도성이 있던 양대 도시를 말한다. '언'은 지금의 호북성 의성현宜城縣 남쪽에 위치한 지명으로 이곳을 흐르는 한수의 지류 언수鄢水에서 명칭이 나왔다. '영'은 호북성 강릉시 북쪽에 위치해 있던 도성을 말한다. 『사기』「육국연표」에 따르면 진소양왕 28년(기원전 279) 언성鄢城, 이듬해에 영도郢都가 차례로 함락됐다. 외시外市를 윤동양은 외국과 결탁해 자신의 지위를 공고히 하는 것으로 풀이했다.

36-18

或曰, "昔者齊桓公兩用管仲·鮑叔, 成湯兩用伊尹·仲虺. 夫兩用臣者國之憂, 則是桓公不霸·成湯不王也. 湣王一用淖齒, 而身死乎東廟. 主父一用李兌, 減食而死. 主有術, 兩用不爲患. 無術, 兩用則爭事而外市, 一則專制而劫弑. 今留無術以規上, 使其主去兩用一, 是不有西河·鄢·郢之憂, 則必有身死·減食之患. 是繆留未有善以知言也."

어떤 사람이 말했다.

"옛날 제환공은 관중과 포숙아 두 사람을 함께 중용했고, 상나라 탕왕은 이윤伊尹과 중훼仲虺를 함께 중용했다. 2명의 신하를 함께 중용하는 것이 나라의 근심이 된다면 제환공은 패업을 이룰 수 없었고, 탕왕도 왕업을 이룰 수 없었을 것이다. 제민왕齊湣王은 요치 한 사람만 중용했으나 거莒 땅에 위치한 제나라 종묘인 동묘東廟에서 대들보에 거꾸로 매달려 죽임을 당했고, 조무령왕은 이태 한 사람만 중용했으나 사구沙丘의 이궁에 유폐돼 아사했다. 군주가 법술을 터득하면 2명의 신하를 함께 쓸지라도 아무 걱정이 없다. 그러나 법술을 터득하지 못한 채 2명의 신하를 함께 쓰면 그들은 서로 권력다툼을 벌이고 외국과 내통하게 된다. 한 사람만 중용할 경우는 해당 권신이 전제專制하다가 마침내 군주를 위협하거나 시해하게 된다.

지금 규류는 법술을 근거로 군주를 바로 섬길 생각은 하지 않고 오직 2명의 신하를 함께 쓰지 말고 한 사람만 쓰라고 권하고 있다. 한나라에 서하와 언鄢, 영郢 땅을 잃는 것과 같은 우환이 생기지 않으면 반드시 군주가 죽임을 당하거나 아사하는 우환이 생길 것이다. 규류는 군주에게 훌륭한 진언을 했다고 말할 수 없다.

　　🌀 민왕湣王은 기원전 284년에 구원 차 온 초나라 장수 요치淖齒에 의해 죽임을 당한 제민왕을 말한다. 시호에서 민湣은 민閔과 같다. 재위 중 변란을 당한 군주에게 올리는 시호이다. 신사호동묘身死乎東廟의 '동묘'는 제나라의 종묘로 지금의 산동성 거현莒縣에 위치해 있다. 악의가 이끄는 연나라 군사가 쳐들어 왔을 때 제민왕은 거현으로 도주했다가 요치에 의해 동묘에서 피살됐다.

제37장 난이(難二)

37-1

景公過晏子, 曰, "子宮小, 近市, 請徙子家豫章之圃." 晏子再拜而
辭曰, "且嬰家貧, 待市食, 而朝暮趨之, 不可以遠." 景公笑曰, "子家
習市, 識貴賤乎." 是時景公繁於刑, 晏子對曰, "踊貴而屨賤." 景公
曰, "何故." 對曰, "刑多也." 景公造然變色, 曰, "寡人其暴乎." 於是
損刑五.

제경공齊景公이 재상 안영晏嬰의 집에 들러 말했다.

"그대의 집은 너무 작고 시장에 가깝소. 그대의 집을 녹나무 숲으로
꾸며진 과인의 원림인 예장豫章으로 옮겨주겠소."

안영이 재배하며 사양했다.

"저의 집은 가난하여 시장에 기대 살아갑니다. 아침저녁으로 시장에
다녀야 하므로 멀어서는 안 됩니다."

제경공이 웃으며 물었다.

"그대의 집이 시장과 가깝다고 하니 어느 것이 비싸고 싼지를 알 수
있겠소?"

당시 제경공은 처형을 빈번히 했다. 안영이 대답했다.

"월형刖刑을 당한 사람이 신는 신발은 비싸고, 일반 사람이 신는 신발은 쌉니다."

제경공이 물었다.

"어째서 그런 것이오?"

"형벌이 너무 많기 때문입니다."

경공이 크게 놀라 안색을 바꾸며 말했다.

"과인이 그처럼 난폭했다는 것인가!"

이에 형벌을 5가지로 줄였다.

🙈 경공景公 대신 최저에 의해 죽임을 당한 제장공의 뒤를 이어 보위에 오른 제경공을 말한다. 이름은 저구杵臼이다. 안자晏子는 제영공과 제장공, 제경공 등 3대에 재상의 자리에 있었던 안영晏嬰을 말한다. 시호는 평중平仲이다. 저서 『안자춘추』가 있다. 사자가예장지포徙子家豫章之圃의 사徙가 『한비자금주금역』에는 이移로 되어 있다. 자가子家는 상대방의 집을 높인 말이다. 포圃는 나무를 가득 심어 놓은 원림園林을 뜻한다. 예장豫章은 원래 녹나무를 뜻하는 나무 이름이나 여기서는 제경공의 원림 이름으로 사용된 것이다. 『문선』「서경부」의 주는 녹나무로 만든 누대로 풀이해 놓았다. 예장지포豫章之圃는 곧 녹나무가 가득 찬 원림을 말한다.

습시習市의 습習은 가깝다는 뜻이다. 여기서는 잘 통한다는 의미로 사용됐다. 용귀踊貴의 용踊을 『춘추좌전』「노소공 3년」조의 두예 주는 발뒤꿈치를 자르는 월형刖刑을 받은 사람의 신발로 풀이했다. 절름거린다는 뜻도 있다. 양백준은 의족의 일종인 가족假足으로 해석했다. 조연造然은 크게 놀라 침착하지 못한 모습을 말한다. 고광기는 조造를 밟을 축蹴으로 풀이했다.

37-2

或曰, "晏子之貴踊, 非其誠也, 欲便辭以止多刑也. 此不察治之患也. 夫刑當無多, 不當無少. 無以不當聞, 而以太多說, 無術之患也. 敗軍之誅以千百數, 猶北不止. 卽治亂之刑如恐不勝, 而姦尙不盡. 今晏子不察其當否, 而以太多爲說, 不亦妄乎. 夫惜草茅者耗禾穗, 惠盜賊者傷良民. 今緩刑罰, 行寬惠, 是利姦邪而害善人也, 此非所以爲治也."

어떤 사람이 말했다.

"안영이 월형을 당한 사람의 신발이 비싸다고 한 것은 사실이 아니다. 교묘한 언변으로 번다한 형벌을 그치게 하려는 것이었다. 그러나 이는 정치를 제대로 살피지 못한 데 따른 것이다. 무릇 형벌이 정당하다면 아무리 많아도 많다고 할 수 없고, 부당하다면 아무리 적어도 적다고 할 수 없다. 안영은 형벌의 부당함을 간하지 않고, 그저 많다고만 했다. 이는 법술을 터득하지 못한 탓이다.

싸움에 패해 도주하는 군사는 1백 명이나 1천 명을 처벌해도 그것으로 도주하는 것을 막을 수 없다. 마찬가지로 난세를 다스리고자 할 경우 형벌이 두려워할 만큼 무거워도 그것으로 간사한 행위가 없어지는 게 아니다. 그런데도 안영은 지금 형벌의 집행이 정당한지 여부도 살피지 않고 오직 지나치게 많다고만 얘기했다. 이는 핵심을 벗어난 허망한 얘기가 아닌가? 무릇 논밭의 잡초를 뽑는 것을 아까워하면 애써 가꾼 벼는 수확이 줄어들고, 도적에게 은혜를 베풀면 선량한 백성이 해를 입는다. 지금 형벌을 관대하게 하면 이는 간사한 자에게 득이 되고, 선량한 자에게 해를 입히는 것이다. 이는 나라를 다스리는 도리가 아니다.

귀용貴踊을 두고 진계천과 진기유 등은 귀貴 위에 언글 자가 빠졌다고 주장했다. 편사便辭를 진계천과 진기유는 핑계로 꾸며대는 말인 탁사託辭로 풀이했다. 『논어』「계씨」의 편녕便佞에 대한 정현의 주는 변辯으로 풀이했다. 곧 교묘한 언변인 교언巧言의 뜻이다. 즉치란지형卽治亂之刑의 즉卽을 윤동양은 즉則으로 해석했다. 불승不勝의 승勝은 다할 진盡의 뜻이다. 초모草茅는 논밭에 나는 잡초를 말한다. 모화수耗禾穗의 모耗는 소출이 줄어든다는 의미이고, 화수禾穗는 벼이삭을 뜻한다.

37-3

齊桓公飮酒醉, 遺其冠, 恥之, 三日不朝. 管仲曰, "此非有國之恥也. 公胡其不雪之以政." 公曰, "胡其善." 因發倉囷賜貧窮, 論囹圄出薄罪. 處三日而民歌之曰, "公胡不復遺冠乎."

제환공이 술에 취해 관을 잃어버렸다. 이를 부끄럽게 생각해 3일 동안 조정에 나가지 않았다. 관중이 위로했다.

"이는 나라를 다스리는 군주의 수치가 아닙니다. 군주는 어찌하여 바른 정사로 수치를 씻으려 하지 않는 것입니까?"

제환공이 말했다.

"참으로 좋은 말이오."

곧 나라의 곡식창고를 열어 가난한 자에게 베풀고, 감옥을 살펴 가벼운 죄를 지은 자는 모두 풀어주었다. 3일 뒤 백성들이 입을 모아 노래했다.

"군주는 어째서 다시 관을 잃어버리지 않는 것입니까?"

　🪶 부조不朝는 조회에 나가지 않는다는 뜻이다. 호기부설胡其不雪의 호기胡其는 '어찌하여'의 의미이다.『한비자금주금역』에는 기其가 없다. 뜻은 같다. 설雪은 설치雪恥의 의미이다. 처삼일處三日의 처處는 경과를 뜻한다.

🪶37-4

　或曰, "管仲雪桓公之恥於小人, 而生桓公之恥於君子矣. 使桓公發倉囷而賜貧窮・論囹圄而出薄罪非義也, 不可以雪恥. 使之而義也, 桓公宿義, 須遺冠而後行之, 則是桓公行義非爲遺冠也. 是雖雪遺冠之恥於小人, 而亦遺義之恥於君子矣. 且夫發困倉而賜貧窮者, 是賞無功也. 論囹圄而出薄罪者, 是不誅過也. 夫賞無功, 則民偸幸而望於上. 不誅過, 則民不懲而易爲非. 此亂之本也, 安可以雪恥哉."

　어떤 사람이 말했다.

　"관중은 소인 차원에서는 제환공의 수치를 씻게 해주었지만, 군자 차원에서는 오히려 또 다른 수치를 안겨 주었다. 만일 제환공이 곡식창고를 열어 가난한 사람들에게 베풀고, 감옥을 살펴 가벼운 죄를 지은 자를 풀어준 것이 정의로운 일이 아니라면 이것으로 부끄러움을 씻었다고 할 수는 없다. 또 제환공의 행동이 정의로운 일이라면 그는 곧바로 정의로운 일을 행하지 않다가 관을 잃어버린 뒤 비로소 행한 셈이다. 그렇다면 제환공은 비록 정의로운 행위를 했지만 그것으로 관을 잃은 수치를 씻지는 못한 게 된다. 비록 소인 차원에서는 관을 잃은 수치를 씻었다고 할지라도 군자 차원에서 보면 당연히 해야 할 일을 미룬 까닭에 또 하나의 수치를 드러낸 것이나 다름없다.

　나아가 나라의 곡식창고를 열어 가난한 자에게 베푼 것은 공로가 없는 자에게 상을 준 셈이고, 감옥을 살펴 가벼운 죄를 범한 자를 풀어준 것은 잘못을 벌하지 않은 셈이다. 무릇 공로가 없는 자에게 상을 주면 백성들이 요행을 기대하며 군주에게 요구하는 게 많아지고, 죄를 범한 자를 벌하지 않으면 백성들은 징벌을 통한 교훈을 얻을 길이 없어 함부로 비행을 저지르게 된다. 이는 나라를 어지럽게 하는 근원이 된다. 어찌 부끄러움을 씻었다고 말할 수 있겠는가?"

환공숙의桓公宿義의 숙숙宿을 『광아』「석언」은 보류할 류留, 쯔다는 멈출 지止로 풀이했다. 역유의지치어군자亦遺義之恥於君子를 두고 고광기는 역亦 아래에 생생이 있어야 한다고 했다. 민부징民不懲의 징懲을 『한비자교주』는 징벌로 풀이했다. 『설문해자』는 경계한다는 의미로 풀이했다. 징벌을 받고 다시는 과거의 잘못을 저지르지 않는다는 뜻이다.

37-5

昔者文王侵盂·克莒·擧酆, 三擧事而紂惡之. 文王乃懼, 請入洛西之地. 赤壤之國方千里, 以請解炮烙之刑. 天下皆說. 仲尼聞之, 曰, "仁哉, 文王. 輕千里之國而請解炮烙之刑. 智哉, 文王, 出千里之地而得天下之心."

옛날 주문왕이 우盂 땅을 공략하고, 거莒나라와 싸워 이기고, 풍酆 땅을 함락시켰다. 3번에 걸쳐 군사를 일으킨 까닭에 상나라 주紂가 이를 미워했다. 주문왕이 두려운 나머지 낙수洛水 서쪽에 있는 사방 1천리의 비옥한 봉지를 바칠 터이니 혹형인 포락지형炮烙之刑을 없애달라고 청했다. 천하 사람들이 모두 좋아했다. 공자가 이 말을 듣고 칭송했다.

"어질구나, 주문왕이여, 사방 1천 리나 되는 땅을 아끼지 않고 포락지형을 없애 달라고 청했으니! 지혜롭구나, 주문왕이여, 사방 1천 리나 되는 땅을 주고 천하 사람들의 마음을 얻었으니!"

🔖 문왕침우文王侵盂의 우盂가 원문에는 맹孟으로 되어 있다. 왕인지는 우盂로 고쳐야 한다고 했다. 『죽서기년』에 따르면 상나라 주紂 34년에 주나라 군사가 기耆와 우邘를 취한 것으로 되어 있다. 『서경』「대전大傳」도 주문왕이 천명을 받은 지 2년이 되자 우邘를 쳤다고 기록해 놓았다. 우盂는 우邘의 가차이다. 주무왕의 아들 우숙邘叔의 봉지가 된 곳으로 지금의 하남성 심양현 서북쪽에 있는 우대진邘臺鎭이 이에 해당한다. 필사과정에서 맹孟으로 오사誤寫된 여기의 우邘 땅은 「외저설 좌하」에 나오는 우헌백盂獻伯의 식읍 우盂 땅과는 전혀 다른 지명이다.

거莒는 산서성 기현祁縣 동남쪽에 있던 지명이다. 지금의 산동성 거현莒縣으로 보는 견해가 있으나 이는 후대에 동일한 지명을 사용한 사실을 간과한 오류이다. 『사기』「주본기」에는 기국耆國으로 되어 있다. 풍酆은 지금의 섬서성 호현鄠縣 동북쪽에 있다. 『한비자금주금역』도 풍豊으로 써 놓았다. 적양지국赤壤之國의 '적양'을 비옥한 토지를 뜻하는 미토美土로 풀이하는 견해가 있다. 국國을 진기유는 지地로 해석했으나 여기서는 봉지封地를 뜻한다.

🔖 37-6

或曰, "仲尼以文王爲智也, 不亦過乎. 夫智者, 知禍難之地而辟之者也, 是以身不及於患也. 使文王所以見惡於紂者, 以其不得人心耶, 則雖索人心以解惡可也. 紂以其大得人心而惡之, 己又輕地以收人心, 是重見疑也, 固其所以桎梏囚於羑里也. 鄭長者有言, '體道,

無爲, 無見也.' 此最宜於文王矣. 不使人疑之也. 仲尼以文王爲智,
未及此論也."

어떤 사람이 말했다.

"공자가 주문왕을 지혜롭다고 칭송한 것은 잘못이 아니겠는가? 무릇
지혜로운 자는 화난이 닥칠 것을 미리 알아 피한다. 주문왕이 상나라
주紂의 미움을 받게 된 원인이 민심을 얻지 못한 데 있다는 말인가? 그
렇다면 민심을 얻어 주의 미움을 풀어주면 되었을 것이다. 원래 주가 주
문왕을 미워한 것은 주문왕이 민심을 크게 얻었기 때문이다. 그 위에
또 땅까지 아낌없이 바쳐 민심을 얻었으니 더욱 큰 의심을 받을 수밖에
없었다. 그가 이내 손발이 묶이는 형을 받아 유리羑里에 갇힌 이유다.
정장자鄭長者는 말했다.

"도를 체득한 사람은 무위를 행하기에 자신의 생각이나 감정을 밖으
로 드러내지 않는다."

당시 '무위'가 주문왕에게 가장 바람직했다. 그랬으면 남의 의심을 받
지 않았을 것이다. 공자가 주문왕을 지혜롭다고 여긴 것은 정장자의 이
런 이론에 미치지 못한다."

✿ 고기소이질곡수어유리固其所以桎梏囚於羑里의 고固를 진계천
은 내乃로 풀이했다. 질곡桎梏의 질桎은 발에 차는 차꼬 즉 족가足枷를
뜻하고, 곡梏은 손에 채우는 수갑을 말한다. 유리羑里는 지금의 하남성
탕음현湯陰縣 북쪽에 있다. 정장자鄭長者는 전국시대 한나라의 도가이
다. 『한서』「예문지」에 그의 저서 「정장자」가 나온다. 장로長老로 해석
하는 견해도 있다. 무현無見의 현見은 자신의 생각 등을 드러내는 것을
말한다.

37-7

晉平公問叔向曰, "昔者齊桓公九合諸侯, 一匡天下, 不識臣之力
也, 君之力也." 叔向對曰, "管仲善制割, 賓胥無善削縫, 隰朋善純
緣, 衣成, 君擧而服之. 亦臣之力也, 君何力之有." 師曠伏琴而笑之.
公曰, "太師奚笑也." 師曠對曰, "臣笑叔向之對君也. 凡爲人臣者,
猶炮宰和五味而進之君. 君弗食, 孰敢强之也. 臣請譬之. 君者, 壤
地也. 臣者, 草木也. 必壤地美, 然後草木碩大. 亦君之力, 臣何力之
有."

진평공이 숙향에게 물었다.

"옛날 제환공은 제후들을 9번이나 규합하고, 천하를 일거에 바로잡
았소. 이는 신하들의 힘 때문이오, 아니면 군주의 힘 때문이오?"

숙향이 대답했다.

"비유를 들면 당시 관중은 옷감의 재단에 뛰어났고, 빈서무賓胥無는
옷감을 모양에 맞춰 잘라내고 꿰매는 데 뛰어났고, 습붕隰朋은 만들어
진 옷에 여러 장식을 다는 데 뛰어났습니다. 군주는 단지 이같이 해서
만든 옷을 입기만 하면 됩니다. 이는 신하의 힘입니다. 군주가 무슨 힘
이 있겠습니까?"

이를 듣고 있던 사광이 거문고에 엎드려 웃었다. 진평공이 물었다.

"태사는 어째서 웃는 것이오?"

사광이 대답했다.

"신은 숙향의 대답을 듣고 웃었습니다. 무릇 신하는 요리사가 5가지
맛을 고루 조화시킨 음식을 만들어 올리는 것과 같습니다. 만일 군주가
그 음식을 먹지 않는다면 누가 감히 이를 억지로 권할 수 있겠습니까?
비유하면 군주는 땅이고, 신하는 초목입니다. 반드시 땅이 기름져야만

초목이 잘 자라게 됩니다. 이는 군주의 힘 덕분입니다. 신하들이 무슨 힘이 있겠습니까?"

⊙∽ 숙향叔向은 중원 진나라의 현대부 양설힐羊舌肹을 말한다. 제할制割의 제제를 윤동양은 재裁로 풀이했다. 옷감을 치수에 맞춰 재거나 자르는 마름질을 뜻한다. 빈서무賓胥無는 관중과 함께 제환공을 섬긴 인물이다. 강경한 기백으로 제나라 서쪽을 잘 다스렸다는 기록이 있다. 삭봉削縫의 삭削을 왕인지는 꿰맬 봉縫으로 풀이했다. 고형 등이 이를 좇았다. 『한서』「사마상여전」의 주에서는 옷감을 잘라내는 것을 뜻한다. 순연純緣은 의복을 꾸미는 여러 장식을 말한다. 포재炮宰의 포炮를 쯔다는 주방 포庖로 풀이했다. 오미五味를 『주례』「천관·질의疾醫」의 주는 시큼한 맛의 식초인 혜醯, 쓴 맛의 술인 주酒, 달콤한 맛의 엿이나 꿀인 이밀飴密, 매운 맛의 생강인 강薑, 짠 맛의 소금인 염鹽 등 5가지 부류로 해석했다.

⌇〰37-8

或曰, "叔向·師曠之對, 皆偏辭也. 夫一匡天下, 九合諸侯, 美之大者也, 非專君之力也, 又非專臣之力也. 昔者宮之奇在虞, 僖負羈在曹, 二臣之智, 言中事, 發中功, 虞·曹俱亡者, 何也. 此有其臣而無其君者也. 且蹇叔處於而于亡, 處秦而秦霸, 非蹇叔愚於于而智於秦也, 此有君與無臣也. 向曰'臣之力也', 不然矣. 昔者桓公宮中二市, 婦閭二百, 被髮而御婦人. 得管仲, 爲五伯長. 失管仲·得豎刁而身死蟲流出尸不葬. 以爲非臣之力也, 且不以管仲爲霸. 以爲君之力也, 且不以豎刁爲亂. 昔者晉文公慕於齊女而亡歸, 咎犯極諫, 故使反晉國. 故桓公以管仲合, 文公以舅犯霸, 而師曠曰'君之力也', 又不然矣.

凡五覇所以能成功名於天下者, 必君臣俱有力焉. 故曰, ‘叔向·師曠
之對, 皆偏辭也.’”

어떤 사람이 말했다.

“숙향과 사광의 대답은 모두 한쪽에 치우쳤다. 무릇 천하를 하나로
바로잡고 여러 제후들을 모은 것은 아주 장한 일이다. 이는 군주의 힘만
도 아니고, 신하의 힘만도 아니다. 옛날 궁지기宮之奇는 우虞나라, 희부
기僖負羈는 조나라를 섬기고 있었다. 두 사람은 매우 지혜로워 그들이
말한 것은 일에 알맞았고, 행하면 공을 이뤘다. 그런데도 우나라와 조나
라가 모두 망한 것은 무슨 까닭인가? 유능한 신하는 있었지만 현명한
군주가 없었기 때문이다. 또 백리해百里奚가 우나라를 섬길 때 우나라
는 망했지만, 진나라를 섬길 때 진나라는 패자가 되었다. 이는 건숙이
우나라에서는 어리석었고, 진나라에서는 지혜로웠기 때문이 아니다. 현
명한 군주가 있었는지 여부에 따른 것이다.

숙향은 ‘신하의 힘이다’라고 말했다. 이는 옳지 않다. 옛날 제환공은
궁 안에 저자거리를 두 곳이나 만들고, 부인들이 사는 거처를 2백 곳이
나 두었다. 의관도 갖추지 않고 산발한 채 부인들의 수레를 몰며 즐겼지
만 관중을 등용한 덕분에 춘추5패의 으뜸이 되었다. 관중 사후 수조를
신하로 등용한 탓에 제환공 자신은 죽임을 당하고, 시체에서 구더기가
창밖으로 기어 나올 때까지 장례도 치르지 못했다.

만일 제환공이 신하들의 힘에 의지하지 않았으면 관중을 신하로 등
용했을지라도 패업을 이루지 못했을 것이다. 또한 군주의 힘에 의지했
다면 관중 사후 수조를 중용했을지라도 내란이 일어나지는 않았을 것이
다. 옛날 진문공은 제나라 공녀公女에 빠진 나머지 귀국할 생각조차
잊었다. 구범이 강하게 간했기에 진나라로 귀국해 패자가 될 수 있었다.

　　이로 미뤄 보면 제환공은 관중 덕분에 제후들을 규합했고, 진문공은 구범 덕분에 패자가 될 수 있었다. 그런데도 사광은 '군주의 힘이다'라고 말했다. 이 또한 잘못이다. 무릇 제환공과 진문공을 비롯한 춘추5패가 천하에 대공을 세운 것은 군주와 신하의 힘이 함께 갖춰졌기 때문이다. '숙향과 사광의 대답은 모두 한쪽에 치우쳤다'고 말한 이유다."

　　✑ 희부기僖負羈는 조공공曹共公의 현신으로 「십과」에는 희僖가 희釐로 되어 있다. 같은 뜻이다. 조나라는 지금의 산동성 정도현定陶縣 서쪽에 있었다. 주무왕의 아우 진탁振鐸의 봉지였다. 건숙처우蹇叔處于의 '건숙'은 진목공 때의 현신인 백리해의 친구이다. 『사기』「진본기」에 따르면 백리해는 진목공에게 자신은 건숙만큼 현명하지 못하다며 그를 적극 천거했다. 이를 두고 후토다는 '백리해'의 잘못으로 보았다. 사서의 기록에 비춰 이게 맞다. 여기의 우于는 우虞의 가차이다. 원문에는 우于가 간干으로 되어 있다. 이는 필사과정의 오사로 보인다.

　　차유군여무신此有君與無臣의 신臣을 고광기는 군君으로 바꿔야 한다고 했다. 부려이백婦閭二百의 려閭는 원려 25호를 한 묶음으로 한 행정단위를 지칭하나 여기서는 거실의 의미로 사용됐다. 어부인御婦人은 부인의 수레몰이 노릇을 했다는 의미이다. 구범咎犯은 진문공의 패업에 큰 공을 세운 구범舅犯을 말한다. 편사偏辭는 한쪽에 치우친 말이라는 뜻이다.

⚘37-9

　　齊桓公之時, 晉客至, 有司請禮. 桓公曰, '固仲父'者三, 而優笑曰, "易哉, 爲君. 一曰仲父, 二曰仲父." 桓公曰, "吾聞君人者勞於索人, 佚於使人. 吾得仲父已難矣, 得仲父之後, 何爲不易乎哉."

제환공 때 중원의 진나라로부터 귀한 손님이 왔다. 접대를 맡은 관원이 예우를 어찌할 것인지 물었다. 제환공이 3번에 걸쳐 말했다.

"중보에게 고하여 의논하라."

이를 보고 있던 광대가 웃으며 말했다.

"참으로 쉽구나, 군주 노릇하는 것이! 하나도 중보, 둘도 중보라고 하니."

제환공이 말했다.

"내가 듣건대 '군주는 사람을 찾는 데 어려움을 겪지만, 그를 부릴 때는 편안하다'고 했다. 나는 중보를 얻기까지 많은 어려움이 있었다. 그러나 중보를 얻고 난 후에는 어찌 편안하지 않을 수 있겠는가!"

* 유사有司는 어떤 일을 맡은 해당 관원을 뜻한다. 자삼者三은 거듭 3번 말했다는 뜻이다. 우소왈優笑曰의 '우소'를『한비자금주금역』은 하나로 묶어 '광대'로 해석했다. 따로 떼어 '배우가 웃으며 말했다'의 의미로 풀이하는 게 문맥에 부합한다.

37-10

或曰, "桓公之所應優, 非君人者之言也. 桓公以君人爲勞於索人, 何索人爲勞哉. 伊尹自以爲宰干湯, 百里奚自以爲虜干穆公. 虜, 所辱也. 宰, 所羞也. 蒙羞辱而接君上, 賢者之憂世急也. 然則君人者無逆賢而已矣, 索賢不爲人主難. 且官職, 所以任賢也. 爵祿, 所以賞功也. 設官職, 陳爵祿, 而士自至, 君人者奚其勞哉. 使人又非所佚也. 人主雖使人, 必以度量準之, 以刑名參之. 以事, 遇於法則行, 不遇於法則止. 功當其言則賞, 不當則誅. 以刑名收臣, 以度量準下, 此不可釋也, 君人者焉佚哉. 索人不勞, 使人不佚, 而桓公曰'勞於索人,

佚於使人'者, 不然. 且桓公得管仲又不難. 管仲不死其君而歸桓公,
鮑叔輕官讓能而任之, 桓公得管仲又不難, 明矣. 已得管仲之後, 奚
遽易哉. 管仲非周公旦. 周公旦假爲天子七年, 成王壯, 授之以政, 非
爲天下計也, 爲其職也. 夫不奪子而行天下者, 必不背死君而事其
讎. 背死君而事其讎者, 必不難奪子而行天下. 不難奪子而行天下者,
必不難奪其君國矣. 管仲, 公子糾之臣也, 謀殺桓公而不能, 其君死
而臣桓公, 管仲之取舍非周公旦未可知也. 若使管仲大賢也, 且爲湯
武. 湯武, 桀紂之臣也. 桀紂作亂, 湯武奪之. 今桓公以易居其上, 是
以桀紂之行居湯武之上, 桓公危矣. 若使管仲不肖人也, 且爲田常.
田常, 簡公之臣也, 而弑其君. 今桓公以易居其上, 是以簡公之易居田
常之上也, 桓公又危矣. 管仲非周公旦以明矣, 然爲湯武與田常, 未
可知也. 爲湯武, 有桀紂之危. 爲田常, 有簡公之亂也. 已得仲父之
後, 桓公奚遽易哉. 若使桓公之任管仲, 必知不欺己也, 是知不欺主
之臣也. 然雖知不欺主之臣, 今桓公以任管桓之專借豎刁·易牙, 蟲
流出尸而不葬, 桓公不知臣欺主與不欺主已明矣, 而任臣如彼其專
也, 故曰, '桓公暗主.'"

어떤 사람이 말했다.

"제환공이 광대에게 한 대답은 군주가 할 말이 아니다. 제환공은 군
주가 되어 사람을 찾는 것이 어려운 일이라고 했지만, 어찌하여 사람을
찾는 일이 어렵다는 것인가? 이윤은 스스로 요리사가 되어 상나라 탕
왕의 신하가 되고자 했고, 백리해는 스스로 노비가 되어 진목공에게 중
용되기를 바랐다. 노비가 되는 것은 치욕이고, 요리사가 되는 것은 부끄
러운 일이다. 두 사람이 욕되고 부끄러운 것을 무릅쓰고 군주를 섬기고
자 한 것은 현자로서 세상이 어지러운 것을 걱정했기 때문이다. 군주는

현자를 물리치지만 않으면 된다. 현자를 찾는 일이 군주의 어려움이 될 수는 없다. 무릇 관직은 현자를 등용하기 위한 방편이고, 작록은 공로에 대해 상을 주기 위한 수단이다. 관직을 만들고, 작록을 벌려 놓으면 인재들은 저절로 모여든다. 사람을 찾는 일이 어찌 고생스러울 리 있겠는가?

사람을 부리는 일 또한 그리 편안하지 않다. 군주가 비록 사람을 부릴 때는 반드시 일정한 법도를 기준으로 삼아야 하고, 진언과 실적을 참조해 이를 확인해야 한다. 일을 시킬 때 일이 법도에 맞으면 실행하도록 하고, 그렇지 않으면 제지한다. 결과가 진언한 내용과 맞으면 상을 주고, 그렇지 못하면 벌을 내린다. 이처럼 실적과 진언을 바탕으로 신하를 장악하고, 법도로 아랫사람을 단속하는 것은 소홀히 할 수 없는 일이다. 사람을 부리는 일이 어찌 편안할 리 있겠는가?

사람을 찾는 일이 어렵지 않고, 사람을 부리는 일이 쉽지 않은데도 제환공은 말하기를, '군주는 사람을 찾는 데 어려움을 겪지만, 그를 부릴 때는 편안하다'고 했다. 이는 잘못이다. 제환공이 관중을 신하로 얻은 것은 그리 어려운 일이 아니었다. 관중은 자신이 모시던 공자 규를 위해 죽지 않고, 자신의 적이었던 제환공에게 귀의했다. 포숙아는 관직을 가볍게 여기고 능력 있는 관중에게 재상의 자리를 물려줬다. 이로써 제환공이 관중을 얻은 것이 어렵지 않았음을 분명히 알 수 있다.

이미 관중을 얻은 후 어찌 편안할 수 있었겠는가? 관중은 비범한 인재였지만 옛날 주나라의 건국공신인 주공 단旦과 다르다. 주공 단은 7년 동안 섭정으로 있다가 어린 주성왕이 장성하자 정권을 물려줬다. 천하를 차지하려는 욕심 없이 맡은 바 직무를 다한 셈이다. 무릇 나이 어린 군주의 보위를 빼앗아 천하를 차지하려들지 않는 자는 반드시 죽은 군주를 배신하고 그 적을 섬기는 일은 하지 않을 것이다. 그러나 만일 죽은 군주를 배신하고 그 원수를 섬기는 자라면 반드시 어린 군주의 보위를 빼앗아 천하를 차지하는 것쯤은 그리 어려워하지 않을 것이다. 어린 군주의 보위를 빼앗아 천하를 차지하는 것을 어려워하지 않는 자라면 반드시 군주의 나라를 빼앗는 것도 어려워하지 않을 것이다.

관중은 본래 공자 규의 신하였다. 그는 공자 규를 위해 제환공을 죽이려다가 뜻을 이루지 못했고, 이후 공자 규가 죽자 제환공에게 귀의해 그의 신하가 됐다. 관중의 품행과 행동이 주공 단과 같지 않다는 것은 분명했다. 관중이 현명한지 여부도 알 수 없었다.

만일 관중이 뛰어난 현자였다면 상나라 탕왕이나 주무왕 같은 큰일을 해냈을 것이다. 탕왕과 주무왕은 하나라 걸桀과 상나라 주紂의 신하였다. 이들은 걸과 주가 난폭한 모습을 보이자 마침내 보위를 빼앗았다. 지금 제환공이 관중의 윗자리에서 편히 군주 노릇을 하고 있지만 이는 걸과 주가 난폭한 모습을 보이며 탕왕과 주무왕의 윗자리에 앉아 있는 것과 같다. 제환공은 매우 위태로웠다.

정반대로 관중이 불초한 사람이었다면 강씨의 제나라를 탈취한 진항과 같았을 것이다. 진항은 제간공의 신하로 있다가 군주를 죽이고 보위를 찬탈했다. 지금 제환공이 관중의 윗자리에서 편히 군주 노릇을 하고 있지만 이는 제간공이 진항의 윗자리에 앉아 있는 것과 같다. 제환공은 이 경우에도 매우 위태로웠다.

관중이 주공 단과 같지 않은 것은 분명했다. 다만 그가 장차 탕무湯武의 길을 걸을지, 아니면 진항의 길을 걸을지 여부만 알 수 없었다. 그가 탕무의 길을 걸었다면 제환공은 걸이나 주와 같은 위태로움이 있었을 것이고, 진항의 길을 걸었다면 제간공과 같은 화를 입었을 것이다. 그러니 제환공이 관중을 얻은 후 어찌 편히 부리게 됐다고 말할 수 있겠는가?

만일 제환공이 관중을 등용하면서 반드시 자신을 속이지 않으리라고 믿었다면 이는 제환공이 군주를 속이지 않는 신하를 능히 분별할 수 있었음을 뜻한다. 그러나 설령 그랬다 할지라도 제환공은 이후 관중에게 맡겼던 정무를 수조와 역아에게 넘겼다가 유폐된 후 아사하고, 시체에서 구더기가 창문 밖으로 기어 나올 때까지 장례를 치르지도 못했다. 이로써 보면 제환공은 신하가 자신을 속일 것인지 여부를 분별하지 못한 게 확실하다. 그럼에도 그는 신하인 관중에게 정사를 전적으로 맡겼던 것이다. '제환공은 암군이다'라고 말하는 이유다.

✍ 이사以事의 이以를 고광기는 연자로 보았고, 진기유는 사事 아래 험지驗之가 생략된 것으로 간주했다. 『전국책』「진책」의 주는 사역동사 사使로 풀이했다. 수신收臣은 신하들을 잘 장악했다는 의미이다. 해거이재奚遽易哉의 거遽는 '마침내'의 뜻을 지닌 수遂와 통한다. 모살환공이불능謀殺桓公而不能은 관중이 화살을 날려 제환공의 허리띠를 맞춘 것을 언급한 것이다. 『사기』「제세가」에 자세한 내용이 실려 있다.

37-11

李克治中山, 苦陘令上計而入多. 李克曰, "語言辨, 聽之說, 不度於義, 謂之窕言. 無山林澤谷之利而入多者, 謂之窕貨. 君子不聽窕言, 不受窕貨. 子姑免矣."

이극李克이 중산을 다스릴 때 고형苦陘 땅의 현령이 회계 보고서를 제출했는데 장부의 수입이 많았다. 이극이 말했다.

"말이 유창하면 듣는 이가 기뻐하지만 도의에 입각해 판단하지 않은 것을 두고 음탕한 언론인 조언窕言이라고 한다. 산림이 우거지고 연못과 계곡이 윤택한 데 따른 이익도 없는데 수입이 많은 것을 일컬어 부정한 재화인 조화窕貨라고 한다. 군자는 '조언'을 듣지 않고 '조화'를 받지 않는다. 그대는 잠시 자리를 그만두라."

◐◑ 이극李克은 위문후 때 활약한 인물이다.『한서』「예문지」의 유가 저록儒家著錄에 그가 쓴 것으로 알려진『이극』 7편이 나온다. 여기의 일화는『이극』 7편에 수록된 내용으로 짐작된다. 건도본 등이 춘추시대 말기 조무령왕을 아사케 만든 권신 이태李兌로 기록해 놓았다. 필사 과정의 오사이다. 중산中山은 춘추시대 당시 선우국鮮虞國으로 불렸다. 북방민족이 세운 나라이다. 지금의 하북성 정현 일대에 있었다. 고형苦陘은 하북성 무극현 동북쪽에 위치해 있다. 상계上計는 각 고을이 매년 중앙에 올리는 1년 동안의 회계보고서를 말한다.

어언변語言辨의 변辨은 변辯과 통한다.『한비자금주금역』은 언어변言 語辯으로 되어 있다. 불탁어의不度於義의 탁度을『열자』「설부」의 주는 헤아릴 량量으로 풀이했다. 度度의 대상을 일컬어 양계웅과『한비자교주』는 말하는 사람의 말이 도의에서 벗어난 것으로 새겼다. 그러나 문맥상 이는 듣는 사람의 판단으로 해석하는 게 옳다. 조언窕言은 겉만 그럴 듯하고 속이 비어 있는 말을 뜻한다. 조窕를 진기유는『방언』에서 상강湘江 유역인 지금의 호남성 일대에서 음탕할 음淫을 조窕로 사용한 점을 들었다. 조화窕貨는 곧 음화淫貨로 부정한 재화를 뜻한다.

37-12

或曰, "李子設辭曰, '夫言語辨, 聽之說, 不度於義者, 謂之窕言.' 辯在言者, 說在聽者, 言非聽者也, 則辯非說者也. 所謂'不度於義', 非謂聽者, 必謂所聽也. 聽者, 非小人, 則君子也. 小人無義, 必不能度之義也. 君子度之義, 必不肯說也. 夫曰‘言語辯, 聽之說, 不度於義’者, 必不誠之言也. 入多之爲竊貨也, 未可遠行也. 李子之姦弗蚤禁, 使至於計, 是遂過也. 無術以知而入多, 入多者穰也, 雖倍入, 將奈何. 擧事愼陰陽之和, 種樹節四時之適, 無早晚失實·寒溫之災, 則入多. 不以小功妨大務, 不以私欲害人事, 丈夫盡於耕農, 婦人力於織紝, 則入多. 務於畜養之理, 察於土地之宜, 六畜遂, 五穀殖, 則入多. 明於權計, 審於地形·舟車·機械之利, 用力少, 致功大, 則入多. 利商市關梁之行, 能以所有致所無, 客商歸之, 外貨留之, 儉於財用, 節於衣食, 宮室器械周於資用, 不事玩好, 則入多. 入多, 皆人爲也. 若天事, 風雨時, 寒溫適, 土地不加大, 而有豐年之功, 則入多. 人事·天功2物者皆入多, 非山林澤谷之利也. 夫無山林澤谷之利入多, 因謂之竊貨者, 無術之言也.”

어떤 사람이 말했다.

“이극은 논리로 내세우기를, ‘무릇 말이 유창하면 듣는 이가 기뻐하지만 도의에 입각해 판단하지 않은 것을 두고 음탕한 언론인 조언窕言이라고 한다.’고 했다. 말이 유창하다는 것은 말하는 사람의 일이고, 기뻐하는 것은 듣는 사람의 일이다. 말하는 사람은 듣는 사람이 아니다. 유창한 말과 기뻐하는 것은 별개의 문제이다. ‘도의에 입각해 판단하지 않은 것’은 듣는 사람을 가리키는 게 아니라 들리는 말의 내용을 가리키는 것이다. 듣는 쪽은 언제나 소인이 아니면 군자이다. 듣는 사람이 소인이라면 도의에 대한 분별이 없으므로 말의 내용이 도의에 부합하는지 여부를 알 수 없다. 듣는 사람이 군자라면 말의 내용을 도의에 맞춰보는 까닭에 아무리 유창한 말일지라도 그것을 받아들이지 않고 버린다. 그래서 ‘말이 유창하면 듣는 이가 기뻐하지만 도의에 입각해 판단하지 않은 것'이라는 논리가 반드시 사실에 부합하는 것은 아니다.

이극은 수입이 많은 것을 일컬어 부정한 재화라고 했다. 이런 부정한 수입이 오랫동안 지속될 리 없다. 이극이 간사한 일을 일찍 금하지 못하고, 고형 현령이 1년간의 회계 보고서를 제출할 때까지 기다렸다는 것은 현령의 허물을 조장한 셈이 된다. 수입이 많아지는 까닭을 알아내는 법술을 터득하지 못한 채 수입이 많아졌을 경우 어찌 대처할 것인가? 장부의 수입이 많은 이유가 본래 풍년이 들어 평년의 배를 수확한 데 있다면 조금도 이상할 게 없다. 농사를 지을 때 천지자연의 현상에 신중히 대응하고, 씨를 뿌리고 나무를 심을 때 계절에 맞게 하고, 늦거나 빠름 없이 때를 잃지 않고, 춥고 더운 데 따른 자연재해가 없으면 세수가 늘어 장부의 수입은 많아지기 마련이다.

작은 이익으로 큰일을 그르치지 않고, 사사로운 욕심으로 사람의 본분을 해치지 않고, 남자는 농사에 힘을 다하고, 부녀는 길쌈에 애쓰면 세수는 늘어난다. 또 가축 기르는 법을 연구하고, 토질의 적합성을 살피고, 6축을 번식시키고, 5곡을 증산하면 세수는 늘어난다. 물건을 정확히 계측하고, 지세를 상세히 살펴 배나 수레 등의 기계를 만들어 편리를 도모하고, 적은 힘을 들여 큰 성과를 얻도록 하면 세수는 늘어난다. 시장이나 관문, 교량 등의 통행을 편리하게 하고, 남는 재화를 모자라는 곳으로 보내고, 먼 곳의 상인이 와서 머물고, 외국의 재화가 모여들게 하고, 재정을 검소하게 하고, 의식衣食을 절약하고, 궁실의 기구를 생활에 필요한 만큼만 갖춰 쓰고, 오락 등에 빠지지 않으면 세수는 늘어난다.

이런 식으로 세수가 늘어나는 것은 모두 사람의 힘으로 되는 것이다. 자연의 역할도 있다. 비바람이 때맞게 오고, 한서寒暑가 계절에 따라 알맞으면 땅이 넓지 않아도 풍년이 들어 세수가 느는 까닭에 세입 또한 많아진다. 이처럼 사람의 힘이나 자연의 도움으로 세수는 늘어난다. 반드시 산림이 우거지고 강과 계곡이 윤택해야만 이로운 게 아니다. 무릇 '산림이 우거지고 연못과 계곡이 윤택한 데 따른 이익도 없는데 수입이 많은 것을 일컬어 허황된 재화라고 한다.'고 말한 것은 법술을 터득하지 못한 말이다."

　　◐◣ 부왈夫曰의 부夫는 고故와 같다. 이자지간불조금李子之姦弗蚤禁의 지之를 진계천은 어於로 풀이했다. 조蚤는 조무와 같다. 시수과야是遂過也의 수遂를 『여씨춘추』「진란」의 주는 조장한다는 뜻의 장長으로 풀이했다. 음양지화陰陽之和의 화和를 진기유는 '조화'로 해석했다. 이는 자연계에서 빚어지는 냉열음청冷熱陰晴 등의 현상을 지칭한 것이다. 유종원柳宗元은 「천설天說」에서 '한서寒暑의 변화를 세상에서는 음양이라 한다'고 했다. 종수절사시지적種樹節四時之適의 절節을 진기유 등은 '조절'로 풀이했다. 『고공기』「공인」의 주는 때에 맞출 적適으로 해석해 놓았다. 육축수六畜遂의 수遂는 기른다는 뜻이다. 6축은 말, 소, 돼지, 양, 개, 닭을 말한다. 오곡식五穀殖의 식殖은 생산의 의미이다. 5곡은 벼, 기장, 조, 보리, 콩을 지칭한다. 주어자용周於資用의 주周는 두루 갖춘다는 의미이다. 자용資用은 공급하여 쓴다는 뜻이다. 약천사若天事의 '천사'는 풍우 등의 천기天氣를 말한다.

37-13

趙簡子圍衛之郛郭, 犀楯·犀櫓, 立於矢石之所及, 鼓之而士不起. 簡子投枹曰, "烏乎, 吾之士數弊也." 行人燭過免冑而對曰, "臣聞之, '亦有君之不能耳, 士無弊者.' 昔者吾先君獻公幷國十七, 服國三十八, 戰十有二勝, 是民之用也. 獻公沒, 惠公卽位, 淫衍暴亂, 身好玉女, 秦人恣侵, 去絳十七里, 亦是人之用也. 惠公沒, 文公授之.
圍衛, 取鄴. 城濮之戰, 五敗荊人, 取尊名於天下. 亦此人之用也. 亦
有君不能耳, 士無弊也." 簡子乃去楯·櫓, 立矢石之所及, 鼓之而士乘
之, 戰大勝. 簡子曰, "與吾得革車千乘, 不如聞行人燭過之一言也."

　조간자가 위衛나라 도성의 외곽을 포위했을 때 소가죽으로 만든 크
고 작은 방패를 세우고, 화살이나 돌이 미치지 않는 곳에서 북을 쳤다.
병사들이 떨쳐 일어나지 않았다. 조간자가 북채를 내던지며 탄식했다.

　"아, 나의 군사들이 지치고 말았구나!"

　행인行人으로 있던 촉과燭過가 투구를 벗고 간했다.

　"신이 듣건대 '군주가 능력이 없어 그럴 뿐 병사들은 하나도 지치지
않았다'고 했습니다. 옛날 선군 진헌공은 17개국을 병합하고, 38개국을
정복하고, 12번 싸워 모두 이겼습니다. 이는 백성의 힘을 이용한 것입니
다. 진헌공이 돌아가시고 진혜공이 즉위했으나 사람이 음란하고 난폭
한 데다 여색을 탐했습니다. 서쪽 진나라 군사가 도읍인 강絳에서 17리
떨어진 곳까지 쳐들어왔습니다. 이 또한 백성의 힘을 이용한 것입니다.
진혜공 사후 진문공은 보위에 오르자마자 위나라를 포위해 업鄴 땅을
빼앗고, 성복城濮의 싸움에서 초나라 군사를 5번이나 격파해 천하에
명성을 떨쳤습니다. 이 역시 백성의 힘을 이용한 것입니다. 이로 미뤄 보
면 군주에게 능력이 없는 것이지 결코 군사들이 지친 게 아닙니다."

　조간자가 이 말을 듣고 작고 큰 방패를 거둔 뒤 화살과 돌멩이가 닿
는 곳으로 나아가 꼿꼿이 섰다. 이어 힘을 다해 북을 치자 군사들이 사
기가 올라 이내 대승을 거두게 됐다. 조간자가 말했다.

　"혁거革車 1천 승을 얻는 것보다 촉과의 한 마디 말이 더 낫다."

🍃 『사기』「십이제후연표」에 따르면 진정공 22년(기원전 490)에 조간자 조앙趙鞅이 군사를 이끌고 가 위衛나라를 쳤다. 부곽郛郭은 성곽을 말한다. 『설문해자』에 따르면 부郛는 곽郭보다 큰 것을 말한다. 같은 일화가 나오는 『여씨춘추』「귀직론貴直論」에는 부곽附郭으로 되어 있다. 서순犀楯과 서로犀櫓 모두 외뿔소 가죽으로 만든 방패를 말한다. 순楯이 로櫓보다 크다. 삭폐數弊는 속히 피곤해졌다는 의미이다. 후지사와는 『여씨춘추』에 속폐遫弊로 되어 있는 점에 주목해 삭數을 속速으로 바꿔야 한다고 했다. 행인行人은 외빈 접대 담당관을 뜻하나 여기서는 군주의 시종관을 말한다. 촉과면주燭過免冑의 '촉과'는 인명이나 사적을 알 길이 없다. '면주'는 투구를 벗는다는 뜻이다. 옥녀玉女는 미인을 의미한다. 강絳은 춘추시대 진나라의 도성으로 산서성 익성현翼城縣 동남쪽에 위치해 있다. 혁거革車는 화살 등의 공격을 막기 위해 가죽을 씌운 전투용 마차를 뜻한다.

🍃37-14

或曰, "行人未有以說也, 乃道惠公以此人是敗, 文公以此人是霸, 未見所以用人也. 簡子未可以速去楯·櫓也. 嚴親在圍, 輕犯矢石, 孝子之所愛親也. 孝子愛親, 百數之一也. 今以爲身處危而人尙可戰, 是以百族之子於上皆若孝子之愛親也, 是行人之誣也. 好利惡害, 夫人之所有也. 賞厚而信, 人輕敵矣. 刑重而必, 人不北矣. 長行徇上, 數百不一人. 喜利畏罪, 人莫不然. 將衆者不出乎莫不然之數, 而道乎百無一人之行, 行人未知用衆之道也."

어떤 사람이 말했다.

"행인 촉과의 말은 요지가 없다. 같은 백성을 이용했는데도 진혜공은 패하고, 진문공은 패자가 됐다고 말했을 뿐이다. 사람을 쓰는 법술은 언급하지 않았다. 조간자가 더 빨리 방패를 철거하지 않은 이유다. 부모가 적에게 포위당했다면 화살이나 돌멩이를 가리지 않고 뚫고 들어가 구하는 것이 효자가 부모를 사랑하는 길이다. 그러나 이런 효자는 백에 하나 정도이다. 지금 조간자는 자신을 위험한 지경에 두고 군사들을 독려하면 군사가 열심히 싸울 것으로 생각했다. 이는 수많은 백성의 자식인 군사들이 군주에 대해 마치 효자가 부모를 사랑하는 것처럼 대해주기를 바란 것이나 다름없다. 촉과는 조간자에게 무모한 계책을 무책임하게 말한 셈이다.

이로움을 좋아하고 해되는 것을 싫어하는 것은 사람의 기본성향이다. 상이 후하고 틀림없으면 군사가 적을 가볍게 여기고, 형벌이 중하고 확실하면 군사가 적을 만나도 도주하지 않는다. 고상한 품행으로 군주를 위해 몸을 내던지는 사람은 수백에 하나를 헤아릴까 말까 한다. 그러나 이로움을 좋아하고 죄를 두려워하는 것은 그러하지 않은 사람이 없다. 군사를 지휘하면서 누구나 행하는 법도를 좇지 않고, 백에 하나 있을까 하는 덕행을 기준으로 내세웠다. 행인 촉과는 아직 군사를 운용하는 방법을 모르고 있다."

   ◌◌ 엄친재위嚴親在圍의 엄嚴은 존경을 뜻한다. '엄친'을 『한비자교주』는 부친으로 해석했으나 모친을 포함한 개념이다. 『여씨춘추』 「효행」에 나오는 '엄친이 나를 낳았다'는 뜻의 엄친지유궁嚴親之遺躬 구절이 그 증거다. 엄친이 부친 개념으로 축소된 것은 후대의 일이다. 장행순상長行徇上의 '장행'을 후토다는 고상한 행동인 고행高行으로 풀이했다. 순徇은 목숨을 바친다는 뜻의 순殉과 통한다.

🏵권16
제38장 난삼(難三)

🌿**38-1**

魯穆公問於子思曰, "吾聞龐氏之子不孝, 其行奚如." 子思對曰, "君子尊賢以崇德, 舉善以觀民. 若夫過行, 是細人之所識也, 臣不知也." 子思出. 子服厲伯入見, 問龐氏子, 子服厲伯對曰, "其過三, 皆君之所未嘗聞." 自是之後, 君貴子思而賤子服厲伯也.

노목공이 자사子思에게 물었다.

"과인이 듣건대 방간씨龐氏의 자식이 불효자라고 하는데 과연 그 행동이 어떠하오?"

자사가 대답했다.

"군자는 현자를 존중해 덕을 숭상하고, 착한 점을 드러내 백성에게 권할 뿐입니다. 남의 잘못된 행동은 소인이나 알고 있는 것으로 신은 알지 못합니다."

자사가 나가자 자복려백子服厲伯이 들어왔다. 노목공이 방간의 아들에 대해 묻자 자복려백이 이같이 대답했다.

"그의 허물은 3가지입니다. 군주는 아직 들어본 적이 없는 것들입니다."

이후 노목공은 자사를 존중하고, 자복려백을 천시했다.

◐◑ 노목공魯穆公은 노원공의 아들로 이름은 현顯이다. 자사子思는 공자의 손자로 이름은 급伋이다. 전국시대 초기에 활약했다. 『사기』는 전국시대 말기에 활약한 맹자가 자사의 제자라고 했으나 시기적으로 맞지 않는다. 방간씨龐氏는 뚜렷한 사적이 없다. 『사기』「혹리열전」에 따르면 방龐은 고을 이름이고, '간씨氏'는 사람의 성씨이다. 자복려백子服厲伯은 『춘추좌전』에 따르면 노나라 대부 맹헌자 중손멸仲孫蔑의 아들 타它로 자복子服은 자이다.

⟡ 38-2

或曰, "魯之公室, 三世劫於季氏, 不亦宜乎. 明君求善而賞之, 求姦而誅之, 其得之一也. 故以善聞之者, 以說善同於上者也. 以姦聞之者, 以惡姦同於上者也. 此宜賞譽之所及也. 不以姦聞, 是異於上而下比周於姦者也, 此宜毁罰之所及也. 今子思不以過聞而穆公貴之, 厲伯以姦聞而穆公賤之. 人情皆喜貴而惡賤, 故季氏之亂成而不上聞, 此魯君之所以劫也. 且此亡王之俗, 取·魯之民所以自美, 而穆公獨貴之, 不亦倒乎."

어떤 사람이 말했다.

"노나라 공실이 3대에 걸쳐 계씨에게 겁박劫迫을 당한 게 당연하지 않은가? 명군은 선한 사람을 찾아내 포상하고, 간사한 자를 찾아내 처벌한다. 대상만 다를 뿐 찾아내는 일은 똑같다. 착한 일을 듣고 위에 보고하는 자는 착한 것을 좋아하는 점에서 군주와 같은 자이고, 간사한 일을 듣고 위에 보고하는 자는 악한 것을 미워하는 점에서 군주와 같은 자이다. 응당 포상하고 칭송해야 한다. 간사한 일을 알고 있으면서 보고하지 않는 것은 군주와 호오好惡를 달리하며 아래로 악인과 결탁하는 자이다. 응당 비난하고 처벌해야 한다.

지금 자사가 남의 허물을 알면서도 보고하지 않았는데 노목공은 오히려 이를 존중했다. 자복려백은 간사한 일을 보고했는데도 오히려 천시했다. 사람의 상정常情은 존중받기를 좋아하고, 천시당하는 것을 싫어하는 법이다. 권신인 계씨의 반란준비가 착실히 진행되고 있는데도 아무도 이를 보고하지 않았다. 노나라 군주가 겁박을 당한 이유다. 하물며 이처럼 군주를 패망케 만드는 풍속을 공자의 고향 추鄹와 노나라 도성 곡부曲阜 일대 사람들이 신봉하고, 노목공 홀로 이런 편벽된 풍속을 존숭했으니 이 어찌 본말이 뒤집혀진 일이 아니겠는가?"

삼세겁어계씨三世劫於季氏의 '3세'는 노소공과 노정공, 노애공의 3대를 말한다. '계씨'는 계무자季武子와 계평자季平子, 계강자界康子를 말한다. 노소공은 재위 25년에 계씨를 쳤다가 패해 제나라에서 객사했다. 망왕지속亡王之俗의 망亡을 진기유는 망忘과 통하는 것으로 풀이했으나 여기의 망亡은 망치게 한다는 뜻의 사역동사로 사용된 것이다. 추로지민取魯之民은 자사 등과 같은 유자의 무리를 말한다. 여기의 추取를 『한비자교주』는 추鄹로 보았다. 추陬로 표현키도 한다. 지금의 산동성 곡부현曲阜縣 동남쪽으로 공자의 고향을 뜻한다. 노魯는 노나라 도성 곡부曲阜를 상징한 말이다.

38-3

文公出亡, 獻公使寺人披攻之蒲城, 披斬其袪, 文公奔翟. 惠公卽位, 又使攻之惠竇, 不得也. 及文公反國, 披求見. 公曰, "蒲城之役,

君令一宿, 而汝卽至. 惠竇之難, 君令3宿, 而汝一宿. 何其速也.”披
對曰, “君令不二. 除君之惡, 惟恐不堪. 蒲人·翟人, 余何有焉. 今公
卽位, 其無蒲·翟乎. 且桓公置射鉤而相管仲.”君乃見之.

진문공 중이重耳가 망명길에 오를 당시 부친 진헌공이 환관 피披를
시켜 중이를 치게 했다. 피는 포성蒲城에 있던 중이를 만나자 칼을 내리
쳤다. 중이가 황급히 담을 넘어 도주하는 바람에 옷소매밖에 자르지 못
했다. 진문공은 적翟 땅으로 달아났다. 진헌공이 죽고 진혜공이 즉위했
을 때 다시 명을 받아 혜두惠竇로 가 중이를 공격했으나 뜻을 이루지
못했다. 진문공이 마침내 귀국해 보위에 오르자 피가 알현을 청했다. 진
문공이 알자를 시켜 물었다

“포성에서 나를 공격했을 때 진헌공은 하루 뒤에 치라고 명했는데 너
는 그날로 왔다. 혜독에서 나를 공격했을 때 진혜공은 사흘 뒤에 치라
고 명했는데 너는 하룻밤을 지난 뒤 쳐들어왔다. 어찌 그리 빨리 서두
를 수 있었단 말인가?”

피가 대답했다.

“군주의 명은 오직 하나입니다. 군주가 미워하는 자를 제거할 때는
오직 힘이 모자라 실패하지나 않을까 두려울 뿐입니다. 군주가 포성에
있을 때는 단지 포 땅의 사람이었을 뿐이고, 적 땅으로 망명했을 때는
단지 적 땅의 사람에 지나지 않았습니다. 포 땅과 적 땅의 사람이 저와
무슨 상관이 있었겠습니까? 지금 군주가 보위에 올랐으니 이제는 포 땅
의 사람도, 적 땅의 사람도 없는 게 아니겠습니까? 제환공은 혁대 고리
에 화살을 쏜 관중을 재상으로 삼아 패업을 이뤘습니다.”

진문공이 곧 피를 만나보았다.

◑◐ 시인寺人의 시寺를 윤동양은 시侍로 풀이했다. 군주를 곁에서 모시는 소신小臣을 뜻한다. 진계천 등은 환관으로 새겼다. 장각은 '시인'이 환관을 뜻하는 말로 굳어진 것은 전한 이후라는 점을 들어 시인 피披가 환관이 아닐 가능성을 언급했으나『춘추좌전』「노희공 24년」조에 발제 스스로 자신을 형신刑臣으로 표현한 바 있다. 궁형에 해당하는 형을 받아 내시가 됐다는 뜻이다. 진기유 등의 해석이 옳다. 시인 '피'의 원래 이름은 발제勃鞮이고 자는 백초伯楚이다. 포성蒲城은 지금의 산서성 습현隰縣 동쪽에 있다. 피참기겹披斬其袪의 겹袪은 소매를 말한다. 문공분적文公奔翟의 적翟은 적狄과 통한다. 지금의 산서성 분양현과 장치현 및 섬서성 일부 지역에 흩어져 살던 북방민족을 말한다. 이들이 살던 지역을 칭하기도 한다. 인명일 때는 '척'으로 읽는다. 혜두惠竇를 고광기는『춘추좌전』「노희공 24년」조를 좇아 위빈渭濱으로 바꿔야 한다고 했다.『국어』「진어」에도 '위빈'으로 되어 있다. 군령불이君令不二는 군주의 명은 둘이 있을 수 없다는 말로 곧 군명은 어길 수 없다는 의미이다.『춘추좌전』에는 군명무이君命無二로 되어 있다. 치사구置射鉤의 치置는 잊어버리고 용서한다는 뜻이다. 사구射鉤는 활을 쏘아 허리띠를 맞췄다는 의미이다.

🦋 38-4

或曰, "齊·晉絶祀, 不亦宜乎. 桓公能用管仲之功而忘射鉤之怨, 文公能聽寺人之言而棄斬袪之罪, 桓公·文公能容二子者也. 後世之君, 明不及二公. 後世之臣, 賢不如二子. 不忠之臣以事不明之君, 君不知, 則有燕操·子罕·田常之賊. 知之, 則以管仲·寺人自解. 君必不誅而自以爲有桓·文之德, 是臣讎而明不能燭, 多假之資, 自以爲賢而不戒, 則雖無後嗣, 不亦可乎. 且寺人之言也, 直飾君令而不貳者, 則是貞於君也. '死君後生, 臣不愧, 而復爲貞.' 今惠公朝卒而暮事文公, 寺人之不貳何如."

어떤 사람이 말했다.

"춘추시대 말기에 강씨의 동쪽 제나라와 희씨의 중원 진나라가 잇달아 패망한 게 당연하지 않은가? 제환공은 관중의 재능을 인정해 혁대 고리를 쏜 원한을 잊었고, 진문공도 환관 피의 말을 받아들여 소매를 자른 죄를 묻지 않았다. 제환공과 진문공은 능히 두 사람을 용서하고 받아들일 수 있었다.

그러나 후대의 군주는 제환공이나 진문공 만큼 총명하지 못하다. 후대의 신하 역시 관중이나 피만큼 현명하지 못하다. 불충한 신하로 총명하지 못한 군주를 섬기게 할 경우, 군주가 신하의 불충을 제대로 헤아리지 못하면 연나라 장수 공손 조操나 제나라의 자한子罕 및 진항陳恒 같은 역적이 나타나 보위를 빼앗게 된다. 군주가 신하의 불충을 미리 알고 제어하려 들면 관중이나 환관 피의 사례를 들어 자신의 불충을 변명할 것이다. 만일 군주가 이들을 반드시 처벌하지 않은 채 넘기면서 자신에게 제환공이나 진문공 같은 덕이 있다고 생각하게 되면 신하가 군주를 원수로 여기는데도 이를 제대로 살필 수 없게 된다. 신하에게 모든 것을 맡긴 채 스스로 현명하다고 여기며 조금도 경계하지 않으니 비록 후사가 끊어질지라도 당연한 일이 아니겠는가?

하물며 환관 피의 말은 단지 교묘한 언사로 군주가 어떤 명을 내릴지라도 두 마음을 품지 않고 곧이곧대로 수행했다는 취지에서 나온 것이다. 이는 군주에게 충정忠貞을 다한 경우에만 가능한 얘기다. '죽었던 군주가 다시 살아날지라도 부끄럽지 않을 정도가 돼야만 비로소 충정이라고 할 수 있다'는 얘기가 나온 이유다. 그런데 지금 환관 피는 진혜공이 아침에 죽자 저녁에 진문공을 섬기면서도 군주를 배신하지 않았다고 말했다. 그가 전혀 두 마음을 품은 적이 없다는 것은 과연 무엇을 말하는 것인가?"

✿❧ 불충지신이사불명지군不忠之臣以事不明之君의 이以를 『한비자교주』는 이而로 간주해 '불충한 신하가 총명하지 못한 군주를 섬기다'로 해석했으나 '불충지신'은 전치사 이以의 목적어로 사용된 것이다. 연조燕操를 가마사카는 연나라 장수 성안군成安君 공손조公孫操로 보았다. 『사기』「조세가」에 의하면 조혜문왕 28년(기원전 271)에 그는 군주인 연혜왕을 시해했다. 다가지자多假之資의 가假는 넘겨준다는 뜻이다. 자資는 군주가 지닌 권한을 의미한다. 직식군령直飾君令의 직直을 후지사와는 '다만'의 뜻인 도徒로 새겼다. 식飾을 『회남자』「주술훈」의 주는 미화美化의 뜻인 호好로 풀이했다. '사군후생死君後生, 신불괴臣不愧, 이복위정而復爲貞'과 관련해 고광기는 복復과 후後가 서로 뒤바뀐 것으로 보았다. 타당한 지적이다. 『국어』「진어」에 '사인복생불회死人復生不悔, 생인불괴生人不愧, 정야貞也', 『사기』「조세가」는 '사자복생死者復生, 생자불괴生者不愧'로 되어 있다.

🌱38-5

人有設桓公隱者曰, "一難, 二難, 三難, 何也." 桓公不能對, 以告管仲. 管仲對曰, "一難也, 近優而遠士. 二難也, 去其國而數之海. 三難也, 君老而晚置太子." 桓公曰, "善." 不擇日而廟禮太子.

어떤 사람이 제환공에게 수수께끼를 냈다.

"첫째 어려움, 둘째 어려움, 셋째 어려움은 무엇을 말하는 것입니까?"

제환공이 대답하지 못하고 관중에게 물었다. 관중이 대답했다.

"첫째 재난은 광대를 가까이하며 선비를 멀리하는 것이고, 둘째 재난은 도성을 떠나 자주 바닷가로 가는 것이고, 셋째 재난은 군주가 노령이 된 뒤 늦게 태자를 세우는 일입니다."

제환공이 말했다.

"옳은 말이오."

그러고는 좋은 날을 가릴 틈도 없이 서둘러 태자를 책봉하고 종묘에 고하는 의식을 거행했다.

    은자隱者는 은어隱語를 말한다. 일난一難의 난難을 『한비자교주』는 곤란困難으로 풀이했다. 난難은 평성平聲일 때는 '곤란'을 뜻하나, 거성去聲일 때는 재난災難 즉 화환禍患을 뜻한다. 여기서는 재난의 뜻으로 사용됐다.

38-6

或曰, "管仲之射隱, 不得也. 士之用不在近遠, 而俳優侏儒固人主之所與燕也, 則近優而遠士而以爲治, 非其難者也. 夫處勢而不能用其有, 而悖不去國, 是以一人之力禁一國. 以一人之力禁一國者, 少能勝之. 明能照遠姦而見隱微, 必行之令, 雖遠於海, 內必無變. 然則去國之海而不劫殺, 非其難者也. 楚成王置商臣以爲太子, 又欲置公子職, 商臣作難, 遂弑成王. 公子宰, 周太子也, 公子根有寵, 遂以東州反, 分而爲兩國. 此皆非晚置太子之患也. 夫分勢不二, 庶孼卑, 寵無藉, 雖處大臣, 晚置太子可也. 然則晚置太子, 庶孼不亂, 又非其難也. 物之所謂難者. 必借人成勢而勿使侵害己, 可謂一難也. 貴妾不使二后, 二難也. 愛孼不使危正適, 專聽一臣而不敢偶君, 此則可謂三難也."

어떤 사람이 말했다.

"관중은 수수께끼의 정답을 맞히지 못했다. 선비의 등용은 그가 군주와 가까이 있는지 여부와 상관이 없는 일이다. 원래 광대나 악사는 본래 군주 곁에서 함께 즐기는 자이다. 광대를 가까이 하고 선비를 멀리 할지라도 다스리는 데 문제가 되는 것은 아니다. 무릇 권세 있는 자리에 있으면서 그 권력을 다 쓰지 못하고 멀리 바닷가로 유람을 떠나지 못하는 것은 곧 본인 한 사람의 힘으로 나라 전체를 다스리려 했기 때문이다. 한 사람의 힘으로 나라 전체를 다스리려 하면 이는 감당하기 어려운 일이다. 만일 군주가 명석해 먼 곳의 잘못된 일까지 밝게 알 수 있다면 명령은 반드시 실행되고, 멀리 바닷가로 유람을 떠날지라도 변란 등이 일어나지 않는다. 그렇다면 군주가 도성을 떠나 멀리 바닷가로 유람을 떠날지라도 위협을 당하거나 죽임을 당하지 않도록 대비하는 것은 그리 어려운 일이 아닐 것이다.

초성왕은 상신商臣을 태자로 삼았다가 공자 직職으로 바꾸려 했다. 상신이 난을 일으켜 마침내 부왕을 시해했다. 공자 재宰는 서주西周의 태자였으나 공자 근根이 서주 군주의 총애를 받았다. 끝내 공자 근이 반기를 들어 동주東周를 세우자 서주는 둘로 쪼개지고 말았다. 이는 태자를 늦게 책봉했기 때문에 일어난 게 아니다. 군주가 권세를 자식에게 나눠줄 때 태자에게 힘을 실어주고, 서자의 지위를 낮추고, 총애를 빙자하지 못하게 하면 된다. 그러면 비록 그들이 대신의 위치에 있고 태자를 늦게 책봉할지라도 아무 문제가 없다. 그렇다면 서자가 작란을 일으키지 못하도록 조치할 수만 있다면 태자를 늦게 책봉하는 것 또한 군주의 재난이 될 수 없다.

여러 일 가운데 크게 3가지 어려운 일이 있다. 남에게 권력을 빌려주어 그가 자신을 침해하지 못하도록 하는 게 어렵다. 이게 첫째 어려움이다. 후궁을 총애해 신분을 높이면서도 왕후의 반열에 두지 않는 게 어렵다. 이게 둘째 어려움이다. 서자를 사랑할지라도 적자가 위태롭지 않게 하고, 한 신하의 의견만 들어 그 신하가 군주와 겨루는 일이 없도록 하는 게 어렵다. 이것이 셋째 어려움이다."

⟋⟍ 석은射隱은 수수께끼를 맞힌다는 뜻이다. 여기의 석射은 알아맞힌다는 의미이다. 인주지소여연人主之所與燕의 연燕을 진계천은 편안히 머문다는 뜻의 연처燕處, 『한비자교주』는 즐길 연宴과 통하는 것으로 보았다. 어느 쪽으로 해석하든 가하다. 패불거국悖不去國의 패悖는 '함부로'의 뜻이다. 『한비자금주금역』은 '한낱'의 도徒로 되어 있다. 상신商臣은 초목왕楚穆王을 말한다. 태자로 있을 때 부왕인 초성왕을 자진케 한 후 보위에 올랐다. 초성왕은 공자 직職을 새 태자로 세우려다가 비밀이 누설되는 바람에 태자 상신에게 이런 변을 당한 것이다. 동주東州의 주州를 고광기는 주周로 바꿨다. 수처대신雖處大臣은 '보위를 노리는 신하가 비록 높은 자리에 앉아 있을지라도'의 의미이다. 『한비자금주금역』에는 대신大臣이 늙어 정신이 몽롱하다는 의미의 모로耄老로 되어 있다. '군주가 비록 늙어 정신이 몽롱해졌을지라도'의 뜻이다. 문제가 없다는 취지이다. 어느 쪽으로 해석하든 큰 차이는 없다.

⟋⟍**38-7**

葉公子高問政於仲尼, 仲尼曰, "政在悅近而來遠." 哀公問政於仲尼, 仲尼曰, "政在選賢." 齊景公問政於仲尼, 仲尼曰, "政在節財." 三公出, 子貢問曰, "三公問夫子政一也, 夫子對之不同, 何也." 仲尼曰,

"葉都大而國小, 民有背心, 故曰, '政在悅近而來遠'. 魯哀公有大臣三人, 外障距諸侯四隣之士, 內比周而以愚其君, 使宗廟不掃除·社稷不血食者, 必是三臣也, 故曰'政在選賢'. 齊景公築雍門, 爲路寢, 一朝而以三百乘之家賜者三, 故曰'政在節財'."

섭공葉公 자고子高가 공자에게 정치에 관해 묻자 공자가 대답했다.

"정치는 가까이 있는 사람을 기쁘게 하고, 멀리 있는 사람을 다가오게 하는 것입니다."

노애공이 공자에게 정치에 관해 묻자 공자가 대답했다.

"정치는 현자를 가려 쓰는 것입니다."

제경공이 공자에게 정치에 관해 묻자 공자가 대답했다.

"정치는 재화를 절약하는 것입니다."

3인의 군주가 나가자 자공이 물었다.

"3인의 군주가 선생님에게 정치에 관해 묻자 선생님의 대답은 같지 않으니 이는 무슨 까닭입니까?"

공자가 대답했다.

"섭공의 봉지는 하부의 도시는 큰데 섭공이 머무는 도성은 작다. 게다가 백성에게 모반심이 있는 까닭에 '정치는 가까이 있는 사람을 기쁘게 하고, 멀리 있는 사람을 다가오게 하는 것이다'라고 한 것이다. 노애공에게는 맹손과 숙손, 계손 등 3대 권신세력이 있다. 그들은 멋대로 권력을 휘둘러 밖으로는 현자가 들어오는 것을 막고, 안으로는 서로 어울려 붕당을 만들고 군주의 총명을 가리고 있다. 그리되면 노나라는 장차 종묘의 청소도 못하고, 사직에 제사도 올리지 못하게 될 것이다. 이는 3대 권신세력 때문이다. 그래서 '정치는 현자를 가려 쓰는 것이다'라고 한 것이다. 제경공은 옹문雍門을 높이 쌓고, 화려한 고대高臺를 짓고, 하루

아침에 3백 승乘의 병거를 보유한 봉지를 잇달아 세 차례에 걸쳐 하사했다. 그래서 '치국의 방략은 재화를 절약하는 데 있다'고 말한 것이다."

⟋⟍ 섭공자고葉公子高를 두고 『순자』 「비상」의 양경楊倞 주는 지금의 하남성 섭현葉縣·남쪽에 있던 섭葉 땅을 식읍으로 갖고 있던 초나라 지방장관 심제량沈諸梁으로 보았다. 자가 자고子高, 이름이 '제량'이다. 부친은 침沈 땅의 관장인 침윤沈尹 술戌이었다. 대신삼인大臣三人은 맹손과 숙손, 계손 등 노나라의 권신인 소위 삼환三桓을 지칭한다. 『설원』 등에는 대大 자가 없고 '신삼인臣三人'으로 되어 있다. 사종묘불소제使宗廟不掃除는 쑥대밭이 되도록 종묘를 청소하지 못하게 됐다는 의미로 왕조의 패망을 상징한다. 사직불혈식社稷不血食도 같은 의미이다. 혈식血食은 토지신과 곡물신을 모시는 사직社稷에 희생을 바치는 제사를 뜻한다.

옹문雍門은 제나라 도성인 임치성의 서쪽에 축조한 성을 말한다. 노침路寢을 『춘추공양전』 「노장공 32년」조의 주는 공경의 거처인 정거正居로 풀이했다. 천자와 제후의 궁은 통상 삼침三寢이 있다. 휴식하는 공간인 고침高寢, 정전正殿이 있는 노침, 관원들이 일을 보는 소침小寢이 그것이다. 『회남자』 「요략」은 제경공이 호색한 탓에 노침의 누대에 머물렀다고 했다. 여기의 노침은 바로 제경공이 주로 머물던 정실正室의 고대高臺를 뜻한다. 삼백승지가三百乘之家의 승乘을 『한비자교주』는 병거를 납부하는 식읍의 면적으로 보았다. 『관자』 「승마」에는 사방 6리의 땅에서 병거 1승을 부세로 거뒀다. 「외저설 좌상」의 승乘은 그런 뜻으로 사용된 것이다. 그러나 여기서는 3백 승의 병거를 보유한 봉지封地로 해석하는 게 옳다.

🎋38-8

或曰, "仲尼之對, 亡國之言也. 葉民有倍心, 而說之'悅近而來遠', 則是敎民懷惠. 惠之爲政, 無功者受賞, 而有罪者免, 此法之所以敗也. 法敗而政亂, 以亂政治敗民, 未見其可也. 且民有倍心者, 君上之明有所不及也. 不昭葉公之明, 而使之悅近而來遠, 是舍吾勢之所能禁而使與不行惠以爭民, 非能持勢者也. 夫堯之賢, 六王之冠也. 舜一徙而成邑, 而堯無天下矣. 有人無術以禁下, 恃爲舜而不失其民, 不亦無術乎. 明君見小姦於微, 故民無大謀. 行小誅於細, 故民無大亂. 此謂'圖難於其所易也, 爲大者於其所細也'. 今有功者必賞, 賞者不得君, 力之所致也. 有罪者必誅, 誅者不怨上, 罪之所生也. 民知誅賞之皆起於身也, 故疾功利於業, 而不受賜於君. '太上, 下智有之.' 此言太上之下民無說也, 安取懷惠之民. 上君之民無利害, 說以'悅近來遠', 亦可舍已. 哀公有臣外障距·內比周以愚其君, 而說之以'選賢', 此非功伐之論也, 選其心之所謂賢者也. 使哀公之三子外障距·內比周也, 則三子不一日立矣. 哀公不知選賢, 選其心之所謂賢, 故三子得任事. 燕子噲賢子之而非孫卿, 故身死爲僇. 夫差智太宰嚭而愚子胥, 故滅於越. 魯君不必知賢, 而說以'選賢', 是使哀公有夫差·燕噲之患也. 明君不自擧臣, 臣相進也. 不自賢, 功自徇也. 論之於任, 試之於事, 課之於功, 故群臣公政而無私, 不隱賢, 不進不肖. 然則人主奚勞於選賢. 景公以百乘之家賜, 而說以'節財', 是使景公無術使智君之侈, 而獨儉於上, 未免於貧也. 有君以千里養其口腹, 則雖桀紂不侈焉. 齊國方三千里而桓公以其半自養, 是侈於桀紂也. 然而能爲五霸冠者, 知侈儉之地也. 爲君不能禁下而自禁者謂之劫, 不能飾下而自飾者謂之亂, 不節下而自節者謂之貧. 明君使人無私, 以詐而食者禁. 力盡於事·歸利於上者必聞, 聞者必賞. 汚穢爲私者必

知, 知者必誅. 然故忠臣盡忠於公, 民士竭力於家, 百官精克於上,
侈倍景公, 非國之患也. 然則說之以'節財', 非其急者也. 夫對三公一
言而三公可以無患, '知下'之謂也. 知下明, 則禁於微. 禁於微, 則姦
無積. 姦無積, 則無比周. 無比周, 則公私分. 公私分, 則朋黨散. 朋
黨散, 則無外障距·內比周之患. 知下明, 則見精沐. 見精沐, 則誅賞
明. 誅賞明, 則國不貧. 故曰, '一對而三公無患, 知下之謂也.'"

어떤 사람이 말했다.

"공자의 대답은 나라를 망치는 말이다. 섭 땅의 백성이 모반하는 마음을 품었다는 이유로 이를 두려워한 나머지 섭공에게 '가까이 있는 사람을 기쁘게 하고, 멀리 있는 사람을 다가오게 하라'고 말한 것은 백성에게 항상 은혜를 기대하도록 만드는 것이다. 은혜를 베풀어 정치를 하면 공로가 없는 자에게 상을 주게 되고, 죄를 범한 자에게 벌을 사면해 주게 된다. 이는 법이 무너지는 근원이 된다. 법의 기강이 무너지면 정치는 어지러워진다. 어지러운 정치로 난폭한 백성을 다스렸다는 것을 아직 본 적이 없다. 백성이 모반할 마음을 품는 것은 위로 군주가 밝지 못하기 때문이다. 섭공을 깨우쳐 주지 않고, '가까이 있는 사람을 기쁘게 하고, 멀리 있는 사람을 다가오게 하라'고 말한 것은 군주에게 금령을 발동하는 권세를 버리고, 민심을 얻기 위한 시혜施惠를 놓고 신하와 다투게 만드는 것이다. 이는 권세를 보유해 나라를 다스리는 방도가 아니다.

무릇 요임금의 현명함은 요, 순, 우왕, 탕왕, 주문왕, 주무왕 등 이른바 6왕六王 중 으뜸이다. 그러나 순임금이 거처를 옮길 때마다 주위에 백성이 모여들어 도읍을 이루게 되자 백성의 마음이 자신을 떠난 것을 알고 순임금에게 천하를 물려줬다. 지금 군주가 아무런 법술이 없어 신하를 제대로 제어하지도 못하면서 순임금을 흉내 내 백성을 잃지 않으려 하면 이 또한 법술이 없는 게 아니겠는가?

명군은 드러나지 않는 작은 잘못도 꿰뚫어 보기에 백성은 큰 모반을 꾀하지 못한다. 아무리 작은 범법이라도 이를 처벌하기에 백성은 이를 두려워하여 감히 큰 변란을 일으키지 못한다. 이를 일컬어 '어려운 일이 생기기 전에 해결하기 쉬운 일부터 대책을 세워 해결하고, 중대한 일의 처리는 작은 일부터 잘 대처해야 한다.'고 하는 것이다. 지금 공을 세운 자가 반드시 상을 받게 되면 상을 받은 자는 군주로부터 은혜를 입었기 때문이 아니라 자신의 능력 덕분이라고 생각하게 된다. 죄를 지은 자가 반드시 벌을 받게 되면 벌을 받게 된 자는 군주를 원망하지 않고 자신이 저지른 죄 때문이라고 생각하게 된다.

백성들 모두 상벌은 자신의 행실에서 비롯된다는 것을 알게 되면 자신의 노력으로 공적과 이익을 얻고자 애쓰고, 군주에게 아첨하여 분에 넘치는 은혜를 받을 생각을 하지 않게 된다. 『도덕경』 제17장에서 '가장 훌륭한 군주는 백성들로 하여금 오직 상벌을 정확히 행하는 군주가 있다는 사실만 알도록 한다.'고 언급한 이유다. 이 말은 아주 뛰어난 군주 치하의 백성은 군주로부터 분에 넘치는 은덕을 바라지 않고 그런 은덕을 기뻐하지도 않는다는 것을 뜻한다. 그러니 어떻게 은덕을 베푸는 방법으로 민심을 얻을 수 있겠는가? 뛰어난 군주 치하의 백성은 이해관계에 따라 미혹되지 않는다. 그러니 '가까이 있는 사람을 기쁘게 하고, 멀리 있는 사람을 다가오게 하라'고 말한 것은 타당하지 않다.

노애공에게는 3대 권신 세력이 있어 밖으로는 현자를 막아 군주에게 접근하지 못하도록 하고, 안으로는 서로 붕당을 만들어 군주의 총명을 가렸다. 공자가 노애공에게 현자를 뽑아 쓰라고 권한 이유다. 이는 공적에 따라 사람을 평가하라는 의미가 아니라 군주의 판단에 따라 현자를 뽑아 쓰라는 뜻이다. 만일 3대 권신 세력이 서로 결탁해 현명한 선비의 접근을 막고, 안으로 서로 붕당을 만들어 군주의 총명을 가리고 있다는 사실을 노애공이 알았다면 3대 권신 세력은 단 하루도 조정에 있지 못했을 것이다. 노애공은 현자를 뽑아 쓰는 방법을 모른 채 단지 자신이 현명하다고 생각한 자를 뽑아 썼을 뿐이다. 3대 권신 세력이 정사를 멋대로 휘두른 이유다. 연나라 왕 자쾌子噲는 재상 자지子之를 현자로 알고 손경孫卿을 배척한 까닭에 내란으로 죽임을 당했고, 사후에도 시신이 참형을 당하는 치욕을 입고, 나라를 자지에게 거의 빼앗기다시피 했다. 오나라 왕 부차도 태재太宰 백비白嚭를 현자로 알고 오자서를 배척한 까닭에 월나라에 패망하고 말았다. 노애공은 현자를 알아보지 못하는데도 공자는 단지 현자를 뽑아 쓰라고 말했을 뿐이다. 이는 마치 노애공으로 하여금 오나라 왕 부차나 연나라 왕 자쾌와 같은 환란의 전철을 밟게 하는 것이나 다름없다.

명군은 스스로의 판단에 따라 신하를 등용하지 않고, 현명한 신하들이 서로 모여들게 한다. 또 군주 스스로 공을 세우도록 장려하지 않고 신하들이 서로 격려해 자연스럽게 공을 세우도록 한다. 신하에게 임무를 맡길 때는 건의를 들은 후 이를 시험적으로 실천하게 하고, 그 공적에 따라 평가한다. 이로 인해 모든 신하는 공정해져 사사로움이 없고, 현명한 선비를 막아 숨기려 하지 않고, 무능하고 불초한 자를 천거하지 않게 된다. 그러니 군주가 어찌 현자를 뽑는 수고를 할 필요가 있겠는가?

제경공은 1백 승의 가록家祿을 3인에게 내려주었다. 공자가 '재화를 아껴야 한다.'고 말한 이유다. 이는 제경공에게 법술을 써서 부유할지라도 사치에 빠지지 않는 방법을 가르치지 않은 것이다. 단지 위에 있는 군주로서 몸소 절약을 권한 것에 지나지 않는다. 군주가 절약하는 것만으로는 가난을 벗어날 수 없다. 만일 어떤 군주가 사방 1천 리의 국토에서 생기는 수입으로 자신의 욕망을 채운다면 하나라의 걸桀이나 상나라의 주紂도 그보다 더 사치스럽지는 못할 것이다. 제나라의 국토는 사방 3천 리가 될 정도로 넓다. 거기서 나오는 수입의 절반만으로도 제환공은 호화로운 생활을 할 수 있었다. 그는 걸이나 주보다 더한 사치를 한 셈이다. 그럼에도 춘추5패의 으뜸이 되었다. 이는 제환공이 어느 대목에서 사치해도 가하고, 어느 대목에서 검약해야 하는지 알았기 때문이다.

군주가 신하를 제압하지 못하면서 스스로를 억누르는 것을 겁劫, 신하를 바로잡지 못하면서 스스로를 바로잡는 것을 난亂, 신하로 하여금 절약하게 하지 못하면서 스스로 절약하는 것을 빈貧이라고 한다. 명군은 관원을 임용할 때 사사로이 한쪽으로 치우치지 않고, 남을 속여 자리와 녹봉을 구하는 것을 엄히 금한다. 또 힘을 다해 일하면서 그 이익을 모두 군주에게 돌리려는 자가 있을 때는 반드시 위에 알리도록 해 포상하고, 부정한 짓으로 사적인 이익을 도모하는 자가 있으면 반드시 위에 알리도록 해 처벌한다. 그런 까닭에 충신은 나라를 위해 충성을 다하게 되고, 사민士民은 집안을 위해 있는 힘을 다하게 되고, 모든 관원은 군주를 위해 정성을 다하게 된다. 이때는 제경공보다 더한 사치를 할지라도 나라의 환란이 되지 않는다. 공자가 제경공에게 '재화를 아껴야 한다.'고 말한 것은 급선무를 언급한 게 못 된다.

3인의 군주가 재앙을 당하지 않는 비결을 한마디로 요약하면 '아랫사람을 잘 알아야 한다.'로 표현할 수 있다. 군주가 아랫사람을 분명히 알면 미세한 부분까지 금지할 수 있고, 미세한 부분까지 금지하면 간사한 일이 쌓일 수 없고, 간사한 일이 쌓이지 않으면 백성들은 모반할 생각을 품지 않는다. 군주가 아랫사람을 분명히 알면 공과 사가 분명해지고, 공과 사가 분명해지면 붕당이 기왓장처럼 흩어진다. 붕당이 기왓장처럼 흩어지면 밖으로 현자를 막지 못하고, 안으로 무리를 지어 사리를 도모하는 폐단이 없어진다. 군주가 아랫사람을 밝게 알게 되면 사물을 보는 눈이 세밀하고 맑아져, 그 은혜가 구석구석 스며들지 않는 곳이 없게 된다. 그리되면 상벌이 공정해지고, 상벌이 공정해지면 나라는 가난해지지 않는다. '3인의 군주가 재앙을 없애는 방법을 한마디로 요약하면 아랫사람을 잘 아는 것이다'라고 말하는 이유다.

    교민회혜教民懷惠의 회懷를 『한비자교주』는 군주의 은사恩賜를 바라는 것으로 풀이했으나 『논어』「이인」의 군자회덕君子懷德의 주는 사思, 『예기』「중용」의 주는 귀歸로 해석했다. 군주의 은덕을 가슴 깊이 기억한다는 뜻이다. 육왕지관六王之冠은 여러 설이 있으나 각 왕조의 창업주인 당요唐堯, 우순虞舜, 하우夏禹, 상탕商湯, 주문왕周文王, 주무왕周武王으로 보는 게 그럴듯하다. 관冠은 으뜸이라는 뜻으로 곧 요임금을 지칭한다.

    '태상太上, 하지유지下智有之'는 가장 훌륭한 군주는 백성들이 군주가 있다는 사실조차 모르고 지낸다는 의미이다. 『한비자금주금역』은 하지下智가 부지不知로 되어 있다. 이는 원래 『도덕경』 제17장에 나오는 말이다. 현존 판본은 '태상, 부지유지不知有之'로 되어 있다. 그러나 백서본帛書本 등은 『한비자』처럼 '태상, 하지유지'로 되어 있다. 과거 일부 학자들은 초횡본焦竑本 등을 근거로 하지下知를 부지不知의 오사로 보았다. 이후 백서본과 죽간본 등이 출토되면서 '부지'가 아닌 '하지'로 되어 있다는 사실이 밝혀졌다. '하지'로 해석할 경우 '가장 훌륭한 군주는 백성들로 하여금 오직 상벌을 정확히 행하는 군주가 있다는 사실만 알도록 한다.'는 의미가 된다. 이같이 풀이하는 게 법가의 취지에 부합한다. 그럼에도 초기부터 많은 판본들이 '부지유지'로 써 놓은 것은 유가의 해석을 좇은 결과로 볼 수 있다.

큰 틀에서 볼 때 '부지유지'로 새기는 것이 제17장의 취지에 부합한다. 노자의 통치사상에 비추어 볼 때 '백성들이 군주가 있는지조차 의식하지 않는다.'는 수준에까지 이르러야만 한다고 새기는 것이 문맥상 타당하기 때문이다. 종합적으로 말해 그간에 나온 판본이 크게 '부지유지'와 '하지유지'의 두 가지로 갈리고 있는 만큼 어느 쪽의 판본을 취하든 최상의 치도는 '부지유지'의 단계가 있고 그 바로 아래 단계에 '하지유지'가 있다고 해석하는 게 합리적이다. 이 구절은 '부지유지'와 '하지유지' 중 어느 것이 맞는가 하는 문제를 놓고 다툴 문제가 아니다. 글자 자체의 뜻도 중요하지만 문맥 전체의 맥락에서 기본취지를 포착하는 게 훨씬 바람직하다. '부지유지'와 '하지유지'의 두 단계가 모두 존재하는 만큼 두 해석 모두를 취하여 최상의 통치에는 첫째 '부지유지'의 단계가 있고 그 바로 아래 단계에 '하지유지' 단계가 있다고 새기면 될 것이다.

손경孫卿은 통상 순자荀子를 말하나 연왕 쾌噲가 횡사할 당시 순자는 아직 어렸다. 순자와 같은 대학자를 물리친 것으로 해석하는 게 옳을 듯하다. 태재비太宰嚭는 초나라에서 망명한 오나라 태재 백비伯嚭를 말한다. 정극精克을 건도본 주는 정렴극기精廉克己로 풀이했다. 군주에게 정성을 다한다는 의미이다. 정목精沐을 모노부타는 씻은 듯이 정밀하고 명확하다는 의미로 해석했다.

38-9

鄭子産晨出, 過東匠之閭, 聞婦人之哭, 撫其御之手而聽之. 有間, 遣吏執而問之, 則手絞其夫者也. 異日, 其御問曰, "夫子何以知之."

子産曰, "其聲懼. 凡人於其親愛也, 始病而憂, 臨死而懼, 已死而哀. 今哭已死, 不哀而懼, 是以知其有姦也."

정나라 자산子産이 새벽에 집을 나와 동장東匠이라는 마을을 지날 때 어떤 부인이 크게 곡하는 소리가 들렸다. 마부의 손을 눌러 수레를 멈추게 하고 가만히 들어본 자산이 이내 관원을 보내 그녀를 잡아오게 한 뒤 다그쳐 물어보았다. 그녀는 제 손으로 남편을 목 졸라 죽인 자였다. 다른 날 그 어자가 물었다.

"대인은 어떻게 그것을 알았습니까?"

자산이 대답했다.

"그 울음소리는 겁에 질려 있었다. 무릇 사람은 인정상 친애하는 사람이 병들면 걱정하고, 죽을 지경에 이르면 두려워하고, 마침내 죽으면 슬퍼하는 법이다. 그러나 그 부인의 곡소리에는 남편이 죽었는데도 슬픈 기색이 전혀 없고, 오직 두려워하는 기색뿐이었다. 그래서 그녀가 간사한 짓을 저질렀다는 것을 알게 된 것이다."

동장지려東匠之閭의 동장東匠을 두고 진기유는 정나라 재상 자산이 살던 동리東里를 지칭하는 동항東巷의 잘못으로 보았다. 그러나 '장'과 '항'은 음운이 다르다. 그대로 두고 해석하는 게 낫다.

38-10

或曰, "子産之治, 不亦多事乎. 姦必待耳目之所及而後知之, 則鄭國之得姦者寡矣. 不任典成之吏, 不察參伍之政, 不明度量, 恃盡聰明·勞智慮而以知姦, 不亦無術乎. 且夫物衆而智寡, 寡不勝衆, 智不足以遍知物, 故因物以治物. 下衆而上寡, 寡不勝衆者, 言君不足以遍知臣也, 故因人以知人. 是以形體不勞而事治, 智慮不用而姦得. 故宋人語曰, '一雀過, 羿必得之, 則羿誣矣. 以天下爲之羅, 則雀不失矣.' 夫知姦亦有大羅, 不失其一而已矣. 不修其理, 而以己之胸察爲之弓矢, 則子産誣矣. 『老子』曰, '以智治國, 國之賊也.' 其子産之謂矣."

어떤 사람이 말했다.

"자산의 다스림이 번잡하지 않은가? 간사한 일에 대해 반드시 자신의 귀로 듣고 눈으로 직접 보는 것을 기다려 비로소 알게 된다면 정나라에서 붙잡히는 간사한 자는 극히 적을 것이다. 소송을 관장하는 관원에게 맡기지 않고, 증거를 찾는 일을 살피지 않고, 법도의 테두리를 명확히 하지 않고, 자신의 총명만 믿고 지려智慮를 다해 간사함을 알아내려 하면 이 또한 법술이 없는 게 아니겠는가?

무릇 세상에는 온갖 사물로 넘쳐나는데 사람의 지려는 턱없이 적다. 적은 것으로 많은 것을 이길 수는 없는 일이다. 한계가 있는 사람의 지려만으로는 세상의 모든 사물을 파악해 다스리는 것은 불가능하다. 사물에 의거해 사물을 다스리는 이유다. 아래로 신하는 다수이고, 위로 다스리는 군주는 소수이다. 소수로 다수를 이길 수 없다. 군주가 밑에 있는 신하들을 제대로 파악하지 못하는 이유다. 군주가 사람을 통해 사람을 다스리는 것은 바로 이 때문이다. 사람을 통해 사람을 다스리면 군주는 몸소 수고롭지 않아도 잘 다스릴 수 있다. 지려를 활용하지 않아도 간사한 짓을 찾아낼 수 있다. 송나라 사람이 이같이 말한 바 있다.

"활쏘기의 명인인 예羿가 자신의 앞을 날아가는 모든 새를 반드시 맞혀 잡고자 하면 이는 망상이다. 그러나 온 세상에 그물을 친다면 예가 놓치는 새는 한마디로 없을 것이다."

무릇 세상의 간사한 짓을 찾아내는데도 이런 큰 그물이 있다면 빠져나갈 죄인은 하나도 없을 것이다. 자산은 이런 이치를 깨달아 법망을 정비하려 하지 않고, 자신의 지려에서 나온 억측을 예의 화살처럼 생각해 세상의 죄인을 모두 잡아들이고자 했다. 이는 자산의 망상이다.『도덕경』이 '지려로 나라를 다스리려는 것은 나라를 해치는 도적이다'라고 말한 이유다. 이는 자산을 두고 말한 것이다."

✎ 전성지리典成之吏는 송사를 다루는 관원을 말한다. 성성成은 옥송에 대한 판결을 뜻한다.『주례』「조인」의 정사농 주는 화和,『예기』「문왕세자」의 주는 평平으로 풀이해 놓았다. 예무의羿誣矣의 무誣를『대대례기』「증자입사」의 주는 함부로 말하는 망妄으로 풀이했다. 이천하위지라以天下爲之羅는 천하를 그물로 삼는다는 의미이다. 라羅는 날짐승을 잡는 그물을 말한다.

🌿 38-11

秦昭王問於左右曰, "今時韓魏孰與始强." 左右對曰, "弱於始也." "今之如耳·魏齊孰與曩之孟嘗·芒卯." 對曰, "不及也." 王曰, "孟嘗·芒卯率强韓魏, 猶無奈寡人何也. 今以無能之如耳·魏齊, 帥弱韓魏以攻秦, 其無奈寡人何亦明矣." 左右對曰, "甚然." 中期推琴而對曰, "王之料天下過矣. 夫六晉之時, 知氏最强, 滅范·中行而從韓魏之兵以伐趙, 灌以晉水, 城之未沈者三板. 知伯出, 魏宣子御, 韓康子爲驂乘. 知伯曰, '始吾不知水可以滅人之國, 吾乃今知之. 汾水可以灌安邑, 絳水可以灌平陽.' 魏宣子肘韓康子, 康子踐宣子之足, 肘足接乎車上, 而知氏分於晉陽之下. 今足下雖强, 未若知氏. 韓魏雖弱, 未至與其晉陽之下也. 此天下方用肘足之時, 願王勿易之也."

진소양왕秦昭襄王이 좌우 측근에게 물었다.

"요즘 한나라와 위나라는 예전에 비해 강해졌다고 보는가?"

측근들이 대답했다.

"예전보다 약해졌습니다."

"과인이 듣건대 지금 여이如耳는 위제魏齊와 함께 위나라를 섬기고 있다고 한다. 옛날 맹상군孟嘗君과 망묘芒卯에 비해 어떠한가?"

"그에 미치지 못합니다."

"맹상군과 망묘는 강력한 한나라와 위나라를 이끌고도 과인을 어찌할 수 없지 않았는가?"

"정말 그랬습니다."

이때 중기中期가 거문고를 밀치고 진소양왕에게 말했다.

"대왕이 천하정세를 그리 판단하는 것은 잘못입니다. 무릇 춘추시대 말기에 중원의 진나라가 6경에 의해 다스려지던 이른바 '6진六晉'의 시기만 해도 지씨가 가장 강했습니다. 지씨는 범씨와 중항씨를 멸망시키고, 이어 한씨와 위씨의 군사를 이끌고 가 조씨를 쳤습니다. 이때 조씨의 도성인 진양 주변을 흐르는 진수晉水의 물길을 끊어 진양성 안으로 흘려보냈습니다. 겨우 6자 정도의 성벽만 물에 잠기지 않게 되었을 때 지백이 군진 밖으로 나와 위환자魏桓子가 모는 수레에 한강자韓康子와 함께 타게 됐습니다. 이때 지백이 이같이 말했습니다.

'본래 나는 수공으로 남의 나라를 멸망시키리라고는 생각지 못했는데 지금에야 비로소 그 이치를 깨닫게 되었소. 분수汾水로 위씨의 수도인 안읍安邑을 침수시키고, 강수絳水로 한씨의 수도인 평양平陽을 침수시킬 수도 있을 것이오.'

이 말을 듣고 있던 위환자가 한강자의 팔꿈치를 쳐 조심하라는 신호를 보냈고, 한강자는 위환자의 발을 밟으며 알았다는 뜻을 전했습니다.

팔꿈치와 발이 수레 안에서 접촉하면서 지씨는 진양성 아래에서 영토가 셋으로 쪼개지는 참사를 당했습니다. 지금 군주가 강하다고는 하나 아직 지씨에 미치지 못하고, 한나라와 위나라가 약해졌다고는 하나 아직 지백에게 이끌려 진양성으로 출정했을 때의 수준은 아닙니다. 지금 천하의 제후들이 바야흐로 팔꿈치와 발을 수레 위에서 접촉하는 모습을 보이고 있습니다. 바라건대 대왕은 이를 가볍게 여기지 마십시오."

◑﹁ 진소왕秦昭王은 진소양왕秦昭襄王을 말한다. 시호가 소양昭襄 두 글자이고, 이름은 직稷이다. 이복형인 진무왕이 낙양으로 가 힘자랑을 하기 위해 정鼎을 들다가 큰 상처를 입고 횡사하자 그 뒤를 이어 보위에 올랐다. 여이如耳는 위나라 대부였으나 이때는 한나라를 섬기고 있었다. 위제魏齊는 위나라 재상이다. 훗날 진나라 승상이 된 범수를 간첩으로 오인해 초주검을 만드는 바람에 보복을 당했다. 망묘芒卯는 제나라 출신으로 위나라 장수를 지냈다. 「현학」에는 맹묘孟卯, 「외저설좌하」에서는 소묘昭卯로 나온다. 중기中期는 『전국책』「진책」에 서쪽 진나라의 악관으로 나온다. 포표鮑彪는 주석에서 진무왕 때의 인물로 보았다. 추금推琴은 거문고를 밀쳐놓는다는 뜻으로 『한비자금주금역』에는 복슬伏瑟로 되어 있다.

육진지시六晉之時는 지씨智氏, 한씨韓氏, 조씨趙氏, 위씨魏氏, 범씨范氏, 중항씨中行氏가 6경의 자격으로 진나라의 실권을 장악한 시기를 말한다. 기원전 514년에서 기원전 490년까지의 시기이다. 일부 사가는 이 시기를 '육진六晉'이라고 한다. 후토다와 왕환표 및 『한비자교주』 등은 '6진'의 6경을 지양자智襄子, 조양자趙襄子, 위양자魏襄子, 한간자韓簡子, 범소자范昭子, 순문자荀文子로 보았다. 그러나 『춘추좌전』에 따르면 당시의 6경은 지문자智文子 순력荀躒, 조간자 조앙, 위헌자魏獻子 위서魏舒

와 손자인 위양자 위치魏侈, 한선자 한기韓起와 손자인 한간자 한불신韓不信, 범헌자 사앙士鞅과 그의 아들 범소자 사길석士吉射, 중항문자 순인荀寅이 '6진'의 6경에 해당한다. 지양자 지요智瑤 즉 순요荀瑤와 조양자가 등장했을 때는 이미 범소자 사길석과 중항문자 순인이 권력 다툼에서 패해 제나라로 망명한 뒤이다. 「난삼」에서 말하는 '6진지시'는 그 시기가 매우 넓어 전국시대 직전의 한강자 한호韓虎와 위환자 위구魏駒 능이 활약하는 기원전 5세기 중엽까지 포함하고 있다.

종한위지병이벌조從韓魏之兵以伐趙의 종從은 따르게 한다는 뜻의 사역동사로 사용된 것이다. 이끈다는 뜻의 솔率과 같은 의미이다. 참승驂乘은 존귀한 사람을 모시고 수레에 탄다는 뜻이다. 당시 수레몰이가 채찍을 든 채 가운데, 가장 존귀한 사람이 왼쪽, 수행하는 사람이 오른쪽에 앉았다. 분수汾水는 태원의 북쪽에서 흘러나와 산서성 중부를 지난 뒤 황하에 합류하는 분하汾河를 말한다. 안읍安邑은 위환자魏桓子의 식읍으로 지금의 산서성 임분시臨汾市 서쪽에 위치해 있다. 대량으로 천도하기 이전의 위나라 도성이다. 족하足下는 군주에게 사용하는 존칭으로 전하殿下와 같다.

38-12

或曰, "昭王之問也有失, 左右·中期之對也有過. 凡明主之治國也, 任其勢. 勢不可害, 則雖强天下無奈何也, 而況孟嘗·芒卯·韓·魏, 能奈我何. 其勢可害也, 則不肖如如耳·魏齊及韓魏, 猶能害之. 然則害與不侵, 在自恃而已矣, 奚問乎. 自恃, 其不可侵, 則强與弱奚其擇焉. 失在不自恃, 而問其奈何也, 其不侵也幸矣. 申子曰, '失之數而求之信, 則疑矣.' 其昭王之謂也. 知伯無度, 從韓康·魏宣而圖以水灌滅其國, 此知伯之所以國亡而身死·頭爲飲杯之故也. 今昭王乃問孰

與始强, 其畏有水人之患乎. 雖有左右, 非韓魏之二子也, 安有肘足
之事. 而中期曰'勿易', 此虛言也. 且中期之所官, 琴瑟也. 弦不調, 弄
不明, 中期之任也, 此中期所以事昭王者也. 中期善承其任, 未慊昭
王也, 而爲所不知, 豈不妄哉. 左右對之曰'弱於始'與'不及', 則可矣.
其曰'甚然', 則諛也. 申子曰, '治不踰官, 雖知不言.' 今中期不知而尙
言之. 故曰, '昭王之問有失, 左右·中期之對皆有過也.'"

어떤 사람이 말했다

"진소양왕의 질문도 잘못됐고, 측근과 중기의 대답도 잘못됐다. 무릇
명군은 나라를 다스릴 때 모든 일을 권세에 맡긴다. 진소양왕의 세도가
손상을 입지 않으면 비록 천하의 제후들이 강대한 연합군을 결성할지
라도 진나라를 어찌할 수가 없다. 하물며 맹상군과 망묘, 한나라, 위나
라 등이 진나라를 어찌할 수 있겠는가? 그러나 그 세도가 손상을 입으
면 불초한 여이나 위제는 물론 지금의 한나라와 위나라 같은 나라조차
능히 진나라를 침공할 수 있을 것이다. 이로써 보면 나라가 침공을 당
하는지 여부는 자기 스스로를 신뢰하는지 여부에 달려 있을 뿐이다. 그
러니 또 무엇을 남에게 물어볼 필요가 있겠는가? 진소양왕이 자신을
믿었다면 침해를 받지 않았을 터이니 굳이 적국이 강한지 약한지 여부
를 따질 필요가 있었겠는가? 진소양왕의 잘못은 스스로를 믿지 않고,
적들이 진나라를 어떻게 생각하는지를 물으면서 침범을 당하지 않은
게 다행이라고 여긴 데 있다. 신불해申不害는 이같이 말한 바 있다.

'법술을 이용해 문제를 해결할 생각을 하지 않고 남의 말을 좇아 답
을 찾으면 이내 미혹케 된다.'

이는 진소양왕을 두고 한 말이다. 지백은 법술을 터득하지 못한 채 한
강자와 위환자를 앞에 두고 수공으로 두 나라를 멸망시키려는 속셈을

드러냈다. 지백이 나라를 잃고, 자신의 몸은 죽임을 당하고, 두개골은 술잔으로 쓰이는 참사를 당한 이유다. 그런데도 지금 진소양왕은 한나라와 위나라는 예전에 비해 얼마나 강한지를 물었다. 그는 한나라와 위나라가 지백처럼 수공을 가할 것을 우려한 것인가? 당시 진소양왕 곁에 있는 좌우 측근들이 한나라와 위나라 군주도 아닌데 어찌 팔꿈치와 발로 신호를 보내며 음모를 꾸밀 일이 있을 수 있겠는가? 그런데도 중기는 '가볍게 여기지 말라'고 얘기했다. 이는 근거가 없는 헛소리에 지나지 않는다.

게다가 중기는 거문고를 타는 악사이다. 거문고 줄의 가락이 맞지 않고, 곡조가 맑지 않으면 이는 중기의 책임이다. 중기가 진소양왕을 섬기는 것도 이 때문이다. 중기는 나름 자신의 직무를 잘 수행해 진소양왕을 흡족케 만들지 못한 적이 없다. 그런데 지금 주제넘게 잘 알지도 못하는 간언을 했으니 이 어찌 망령된 짓이 아니겠는가? 좌우 측근이 진소양왕의 질문에 '한나라와 위나라가 예전보다 약해졌'고 말하고, '여이와 위제가 맹상군과 망묘에 미치지 못하다'고 말한 것은 봐 줄 수 있다. 그러나 '정말 그렇다'고 맞장구를 친 것은 아첨에 지나지 않는다. 신불해는 이같이 말했다.

'일을 처리할 때 직분을 넘지 말고, 비록 알고 있을지라도 말하지 말아야 한다.'

지금 중기는 알지도 못하면서 되지도 않는 말을 지껄였다. '진소양왕의 질문도 잘못됐고, 측근과 중기의 대답도 잘못됐다'고 말한 이유다."

🌿 자시이이의自恃而已矣의 시恃를 『설문해자』는 마음속의 신뢰를 뜻하는 뢰賴로 풀이했다. 자신을 믿지 못하고 남에게 물으면 결단할 때 쉽게 남의 의견에 의해 영향을 받는다는 취지에서 나온 것이다. 뒤이어

해문호奚問乎 구절이 나온 게 그 증거다. 농불명弄不明의 농弄을『문서』「동소부」의 주는 곡조를 뜻하는 소곡小曲으로 풀이했다. 미겸소왕未慊昭王의 겸慊을 후토다는 족하다는 뜻으로 해석했다. 진계천과 진기유 등이 이를 좇았다. 그러나『맹자』「공손추 하」의 주는 미덥지 못하다는 뜻의 소少,『후한서』「오행지」의 주는 부족不足으로 해석했다.

◝◟38-13

管子曰, "見其可, 說之有證. 見其不可, 惡之有形. 賞罰信於所見, 雖所不見, 其敢爲之乎. 見其可, 說之無證. 見其不可, 惡之無形. 賞罰不信於所見, 而求所不見之外, 不可得也."

『관자』에서 말했다.

"실행할 만한 사안은 기뻐하는 모습으로 실제 증거에 입각해 상을 주고, 그렇지 못한 경우는 꺼리는 모습으로 구체적인 증거에 입각해 벌을 내려야 한다. 드러난 증거에 따라 상벌이 확실히 시행되면 비록 보이지 않는 곳이라 할지라도 신하들이 어찌 감히 못된 짓을 하겠는가? 마땅한 일을 보고도 기뻐하는 모습만 보인 채 상을 주지 않고, 그렇지 못한 경우 꺼리는 모습만 보인 채 벌을 내리지 않는 경우가 있다. 드러난 증거가 있는데도 상벌이 확실히 시행되지 못하면 보이지 않는 곳에서 신하들이 못된 짓을 하지 않기를 바랄지라도 아무 소용이 없다."

◝◟ 관자管子를 진기유와 양계웅 및『한비자교주』등은 인명으로 보았으나 이는 관중이 지은『관자』를 말한다.『한서』「예문지」에 따르면 원래 86편이었다고 하나 현재 76편만 전해지고 있다. 여기 인용된 구절은 「권수權修」에 나온다. 불견지외不見之外의 외外를『여씨춘추』「유도」

의 주는 악행을 저지르지 않는다는 뜻의 기기棄로 해석했다.

38-14

或曰, “廣廷嚴居, 衆人之所肅也. 宴室獨處, 曾·史之所僈也. 觀人之所肅, 非行情也. 且君上者, 臣下之所爲飾也. 好惡在所見, 臣下之飾姦物以愚君, 必也. 明不能燭遠姦·見隱微, 而待之以觀飾行, 其定賞罰, 不亦弊乎.”

어떤 사람이 말했다.

“넓은 조정의 위엄이 있는 곳에 있을 때는 아무리 많은 사람이 모일지라도 누구나 엄숙해지기 마련이고, 휴게실에 홀로 들어앉아 있을 때는 증삼曾參이나 사추史䲡 같은 사람도 해이해지기 마련이다. 겉으로 근신하는 것만 보고는 그 사람의 실정을 모른다. 무릇 신하들은 군주 앞에서 군주의 뜻에 맞춰 자신을 꾸미기 마련이다. 군주가 겉모습만 보고 호오의 감정을 드러내면 신하들은 반드시 간사한 짓을 포장해 군주를 속이게 된다. 군주가 멀리 떨어진 곳에서 벌어지는 간사한 짓과 숨은 비행을 밝게 살피지 못하고, 겉으로 드러난 것만 보고 상벌을 정하면 이 또한 눈이 가려진 것이나 다를 바가 없지 않겠는가?”

광정엄거廣廷嚴居의 ‘광정’은 넓고 큰 궁궐의 조정, ‘엄거’는 단정하고 위엄 있는 행동을 뜻한다. 안실독처宴室獨處의 ‘안실’은 휴게실로 『대대례기』「보부保傅」의 주에 따르면 침실 곁에 딸린 방으로 측실側室에 해당한다. ‘독처’는 홀로 머문다는 의미이다. 불역폐호不亦弊乎의 폐弊를 『한비자교주』는 병폐로 해석했다. 진계천은 폐蔽와 통하는 것으로 보았다. 여기서는 피동형 동사로 사용됐다. 『한비자』에 나오는 ‘불역

不亦… 호乎'의 구절은 반드시 가운데에 명사가 아닌 동태동사 내지 정태동사를 끼워 넣는다. 「난삼」의 불역도호不亦倒乎, 불역의호不亦宜乎 등이 그 실례이다.

❧ 38-15

管子曰, "言於室, 滿於室. 言於堂, 滿於堂. 是謂天下王."

『관자』「목민」에서 말했다.

"방안에서 말할 때는 방안의 모든 사람이 알아듣게 하고, 전당 안에서 말할 때는 전당 안의 모든 사람이 알아듣게 한다. 이처럼 떳떳하게 공포하는 것을 일컬어 '천하의 왕'이라고 한다."

🐾 천하왕天下王은 세상의 군주로 곧 성왕聖王과 같은 뜻이다. 『관자』「목민」에는 '언실만실言室滿室, 언당만당言堂滿堂, 시위성왕是謂聖王'으로 되어 있다.

❧ 38-16

或曰, "管仲之所謂'言室滿室·言堂滿堂'者, 非特謂遊戲飮食之言也, 必謂大物也. 人主之大物, 非法則術也. 法者, 編著之圖籍·設之於官府而布之於百姓者也. 術者, 藏之於胸中以偶衆端而潛御群臣者也. 故法莫如顯, 而術不欲見. 是以明主言法, 則境內卑賤莫不聞知也, 不獨滿於堂. 用術, 則親愛近習莫之得聞也, 不得滿室. 而管子猶曰'言於室滿室, 言於堂滿堂', 非法術之言也."

어떤 사람이 말했다.

"관중이 '방안에서 말할 때는 방안의 모든 사람이 알아듣게 하고, 전당 안에서 말할 때는 전당 안의 모든 사람이 알아듣게 한다.'고 말한 것은 놀이나 식사 때가 아니라 틀림없이 국가대사를 지칭한 것으로 보인다. 군주에게 큰일은 법法 아니면 술術이다. '법'은 먼저 문서로 엮어 관부에 비치해 두었다가 백성에게 널리 알리는 것을 말한다. '술'은 오직 군주의 마음속에 간직해 두고 여러 증거와 대조해가며 은밀히 신하들을 통제하는 것을 말한다. 법은 명확히 드러날수록 좋고, 술은 겉으로 드러나지 않을수록 좋다.

명군은 법을 포고할 때 나라 안에서 비천한 노복까지 모두 들어 모르는 자가 없게 한다. 이는 전당 안의 사람만 들을 수 있는 게 아니다. 또 술을 구사할 때는 친애하는 측근이나 가까이서 섬기는 신하조차 들을 수 없게 한다. 이는 방안의 사람조차 들을 수 없는 것이다. 관중은 말하기를, '방안에서 말할 때는 방안의 모든 사람이 알아듣게 하고, 전당 안에서 말할 때는 전당 안의 모든 사람이 알아듣게 한다.'고 했다. 이는 법술을 터득한 사람의 말이 아니다."

🍂 대물大物은 군주에게 가장 큰 일에 해당한다는 뜻으로 곧 국가대사國家大事를 말한다. 우중단우중단偶眾端의 우偶를 쯔다는 합습으로 풀이했다. 부합하는지 대조해 본다는 뜻이다.

제39장 난사(難四)

✿39-1

衛孫文子聘於魯, 公登亦登. 叔孫穆子趨進曰, "諸侯之會, 寡君未
嘗後衛君也. 今子不後寡君一等, 寡君未知所過也. 子其少安." 孫子
無辭, 亦無悛容. 穆子退而告人曰, "孫子必亡. 臣而不後君, 過而不
悛, 亡之本也."

위衛나라의 손문자孫文子가 노나라의 초청을 받아 사자로 갔다. 노나
라 군주가 한 계단 오르면 그 역시 한 계단 오르는 무례를 범했다. 숙손
목자叔孫穆子가 종종걸음으로 나아가 말했다.

"제후들의 모임에서 과군寡君은 위나라 군주보다 뒤에 배치된 적이
없소. 지금 그대는 위나라 신하의 신분으로 과군보다 한 계단 뒤에서
따라가지 않고 있소. 과군은 그대의 무례를 알지 못하오. 그대는 한 계
단 떨어져 뒤따르도록 하시오."

손문자가 대답도 하지 않은 채 뉘우치는 기색도 보이지 않았다. 숙손
목자가 뒤로 물러나 사람들에게 말했다.

"손문자는 반드시 패망하고 말 것이다. 신하이면서 군주 뒤에 서려고
하지 않고, 잘못을 저지르고도 고치려 하지 않는다. 이는 패망의 근원

이다."

   🌱 위손문자衛孫文子는 위나라의 권신 손림보孫林父를 말한다. 위정공衛定公과 위헌공衛獻公의 미움을 받아 진나라와 제나라에 망명한 적이 잇고, 마침내 영지인 척戚 땅에서 은퇴해 생을 마쳤다. 공등역등公登亦登은 무례한 행위를 표현한 것이다. 『춘추좌전』「노양공 7년」조의 두예 주에 따르면 군주와 신하가 동시에 계단을 올라갈 때 신하는 군주보다 한 계단 뒤쳐져 올라가게 되어 있다. 군주와 함께 올라가는 '공등역등'은 무례를 상징한다. 숙손목자叔孫穆子는 숙손표叔孫豹를 지칭한다. '목자'는 시호이다. 추진趨進은 종종걸음으로 나오는 것을 말한다. '추진' 역시 궁중에서 신하들이 취해야 할 예절이다.

🌿 39-2

  或曰, "天子失道, 諸侯伐之, 故有湯武. 諸侯失道, 大夫伐之, 故有齊晉. 臣而伐君者必亡, 則是湯武不王, 晉齊不立也. 孫子君於衛, 而後不臣於魯, 臣之君也. 君有失也, 故臣有得也. 不命'亡'於有失之君, 而命'亡'於有得之臣, 不察. 魯不得誅衛大夫, 而衛君之明不知不悛之臣, 孫子雖有是二也, 臣以亡. 其所以亡其失·所以得, 君也."

어떤 사람이 말했다.

"천자가 올바른 길을 걷지 않으면 제후가 그를 토벌한다. 탕왕과 주무왕이 그 실례이다. 제후가 올바른 길을 걷지 않으면 대부가 그를 토벌한다. 제齊나라와 진晉나라에서 빚어진 군주 폐립이 그 실례이다. 신하로서 군주를 토벌한 자가 반드시 망한다면 탕왕과 주무왕도 능히 왕천하王天下를 칭하지 못했을 것이고, 진나라의 조씨趙氏와 제나라의 전씨

田氏도 새 나라를 세우지 못했을 것이다. 손문자는 위衛나라에서 군주에 버금하는 실권자였기에 노나라에 사자로 와서도 노나라 군주에게 신하의 예를 지키지 않은 것이다. 이는 신하가 군주 노릇을 한 결과다. 군주가 나라를 다스리면서 권세를 잃은 탓에 신하가 권세를 장악한 것이다.

숙손목자는 '패망'을 예언하면서 권세를 잃은 위나라 군주를 언급하지 않고, 권세를 차지한 권신 손문자를 언급했다. 이는 사안을 제대로 살피지 못한 것이다. 노나라는 힘이 약해 무례를 범한 위나라 대부를 벌하지 못하고, 위나라 군주는 허물을 고치지 않는 신하를 간파할 만큼 현명하지 못했다. 손문자는 노나라 군주에게 무례를 범하고, 또 그 허물을 고치지 않는 잘못을 저질렀다. 그렇다고 손문자가 어찌 이 2가지 잘못으로 인해 패망할 리 있겠는가? 그가 사사로운 이익을 추구했음에도 이를 잃지도 않고, 나아가 대권을 손에 넣게 된 것은 모두 위나라 군주로 인한 것이다."

진제불립晉齊不立의 진晉을 진계천과 양계웅 및 『한비자교주』 등은 한, 위, 조 등 3진으로 풀이했다. 『한비자』는 3진을 나타내고자 할 경우 반드시 '삼진三晉'으로 표시했다. 중원의 진나라 또는 조나라를 제외하고는 진晉을 단독으로 표시하는 경우가 없다. 여기의 '진'은 3진이 아닌 조나라를 지칭한 것으로 보아야 한다. 신지군臣之君의 군君은 군주 노릇을 한다는 뜻의 동사로 사용된 것이다.

신이망臣以亡의 신臣을 두고 고광기는 거巨로 바꿔야 한다고 했다. 거巨는 '어찌'의 뜻인 거詎와 통한다.

'기소이무기실其所以亡其失·소이득所以得, 군야君也'의 무亡는 무無와 같다. 이 구절을 두고 대부분 무亡를 망亡으로 읽으면서 군야君也를 앞 구절에 붙여 '기소이망기실其所以亡其失, 소이득군야所以得君也'로 풀이하고 있다. 『한비자금주금역』은 망亡이 망忘으로 되어 있다. 소이무기실所以亡其失은 위衛나라 군주가 손문자를 주살하지 않아 손문자가 아무 것도 잃은 게 없고, 소이득所以得은 손문자가 군주의 권세를 손에 넣게 되었다는 취지를 나타낸 것이다. 주어인 기其는 바로 손문자를 지칭한다. 군야君也는 모든 게 위나라 군주의 손에 달려 있다는 취지를 드러낸 것이다.

ꕥ 39-3

或曰, "臣主之施, 分也. 臣能奪君者, 以得相踦也. 故非其分而取者, 衆之所奪也. 辭其分而取者, 民之所予也. 是以桀索崏山之女, 紂求比干之心, 而天下離. 湯身易名, 武身受詈, 而海內服. 趙垣走山, 田氏外僕, 而齊晉從. 則湯武之所以王, 齊晉之所以立, 非必以其君也, 彼得之而後以君處之也. 今未有其所以得, 而行其所以處, 是倒義而逆德也. 倒義, 則事之所以敗也. 逆德, 則怨之所以聚也. 敗亡之不察, 何也."

어떤 사람이 말했다.

"군주와 신하의 관계는 명분과 제도 위에 서 있는 것이다. 신하가 군주의 자리를 탈취하는 것은 그럴 만한 세력과 요인이 있기 때문이다. 아직 나설 상황이 아닌데도 섣불리 나서 보위를 탈취하면 얼마 가지 않아 세력이 강한 자에게 다시 빼앗기게 된다. 정반대로 자신이 나설 때인데도 이를 사양하는 모습을 보이다가 얻게 되면 백성이 추대한 것이나 다름없는 까닭에 백성의 지지를 받게 된다.

하나라 걸桀이 민산崏山의 미녀를 손에 넣고, 상나라 주紂가 바른말로 간하는 비간比干의 가슴을 쪼개자 천하 사람들이 이들에게 등을 돌렸다. 정반대로 상나라 탕왕이 이름을 바꿔 하나라를 섬기고, 주무왕이 상나라 주로부터 굴욕을 당했으나 천하 사람들은 오히려 이들을 칭송하며 따랐다.

조선자趙宣子 조돈趙盾은 국경의 산속으로 도주하고, 전성자田成子 진항陳恒은 타국으로 망명했지만 결국 진나라와 제나라 백성들이 그를 따랐다. 탕왕과 주무왕이 능히 왕천하를 칭하고, 제나라의 전씨와 진나라의 조씨가 능히 제후가 된 것은 원래부터 군주의 자리에 있어 그리된 게 아니고 백성들의 지지를 얻은 후 비로소 군주의 신분으로 몸을 세워 일을 처리케 된 결과이다. 지금 손문자는 기본조건에 해당하는 백성들의 지지도 얻지 못한 상황에서 마치 군주가 일을 처리하는 듯한 모습을 보였다. 이는 의를 뒤엎고 덕을 거스른 것이다. 의를 뒤엎는 것은 실패의 근원이고, 덕을 거스르는 것은 원한의 배경이 된다. 그런데도 패망의 근본배경을 살피지 않는 것은 어찌된 일인가?"

🐟 걸색민산지녀桀索岷山之女의 근거를 두고 가마사카는 『급총기년汲冢紀年』의 '걸이 민산을 정복해 완琬과 염琰이라는 두 여인을 얻었다'는 구절을 들었다. 『춘추좌전』「노소공 11년」조에 하나라 걸이 유민有緡 부락과 싸워 이기고도 나라를 잃었다는 '걸극유민이상기국桀克有緡以喪其國' 구절이 나온다. 탕신역명湯身易名을 두고 후토다는 하나라 걸의 이름은 이계履癸이고, 탕의 이름 역시 이履였던 까닭에 죄에 걸리지 않기 위해 이름을 바꿨다고 했다. 무신수리武身受詈는 주무왕이 주紂로부터 책망을 받았다는 뜻이다. 진기유는 「유로」를 근거로 당사자가 주무왕이 아닌 주문왕이었다며 무武를 문文으로 바꿔야 한다고 했다. 그러나 『전국책』「조책」에는 '옛날 주문왕은 유리羑里에 갇히고 주무왕

은 옥문玉門에 얽매였으나 결국 주紂의 목을 베어 태백기太白旗에 매달았으니 이는 주무왕의 공이다'라는 구절이 나온다.

조환주산趙圜走山의 환圜은 선宣과 통한다. 곧 조선자 조돈趙盾이 한때 망명한 듯한 모습을 보인 사건을 언급한 것이다. 『춘추좌전』「노선공 2년」조에 따르면 기원전 607년 9월 진영공晉靈公이 연회 자리에서 복병을 이용해 조돈을 죽이려고 하자 낌새를 눈치 챈 조돈이 황급히 달아났다. 이 와중에 조돈의 일족인 호위대장 조천趙穿이 진영공을 시해했다. 조돈이 산을 넘어 망명하기 직전이었다. 왕인지는 『경의술문』에서 이 산의 명칭이 온산溫山이었다고 했다. 양백준은 온산이 지금의 하남성 수무현修武縣 북쪽 50리 지점에 있다고 했다. 이군처지以君處之의 처處를 진계천과 『한비자교주』는 군주의 자리에 앉은 것으로 풀이했다. 『춘추좌전』「노문공 18년」의 주는 일을 처리하는 처사處事의 뜻인 제制로 풀이했다.

39-4

魯陽虎欲攻三桓, 不克而奔齊, 景公禮之. 鮑文子諫曰, “不可. 陽虎有寵於季氏而欲伐於季孫, 貪其富也. 今君富於季孫, 而齊大於魯, 陽虎所以盡詐也.” 景公乃囚陽虎.

노나라 계손씨의 가신 양호陽虎는 삼환三桓을 멸하기 위해 공격을 가했으나 이기지 못하고 제나라로 망명했다. 제경공이 그를 예우했다. 제나라 대부 포문자鮑文子가 간했다.

“옳지 못합니다. 양호는 본래 계손씨의 총애를 받아 등용된 자입니다. 그런데도 계손씨를 치려고 한 것은 그 부富를 탐했기 때문입니다. 지금 군주는 계손씨보다 더 부유하고, 제나라는 노나라보다 더 큽니다.

양호는 제나라를 차지하기 위해 온갖 속임수를 모두 동원할 것입니다."

제경공이 이내 양호를 잡아 가두었다.

◐◐ 양호陽虎는 계손씨의 가신으로 계평자가 죽은 후 계씨의 권력을 빼앗고 3환을 위협해 반란을 일으켰으나 실패한 뒤 제나라로 망명했다. 이후 다시 조나라로 가 조간자의 가신이 되었다. 포문자鮑文子는 포숙아의 후예인 제나라 대부 포국鮑國을 말한다. 벌어계손伐於季孫의 어於를 왕선신은 연자로 보았다. 진기유와 양계웅 등이 이를 좇았다. 여기의 어於는 동사와 목적어를 연결시키는 조사로 사용된 것이다.

◐◐39-5

或曰, "千金之家, 其子不仁, 人之急利甚也. 桓公, 五伯之上也, 爭國而殺其兄, 其利大也. 臣主之間, 非兄弟之親也. 劫殺之功, 制萬乘而享大利, 則群臣孰非陽虎也. 事以微巧成, 以疏拙敗. 群臣之未起難也, 其備未具也. 群臣皆有陽虎之心, 而君上不知, 是微而巧也. 陽虎貪於天下, 以欲攻上, 是疏而拙也. 不使景公加誅於拙虎, 是鮑文子之說反也. 臣之忠詐, 在君所行也. 君明而嚴, 則群臣忠. 君懦而暗, 則群臣詐. 知微之謂明, 無救赦之謂嚴. 不知齊之巧臣而誅魯之成亂, 不亦妄乎."

어떤 사람이 말했다.

"천금을 지닌 부잣집 자식들을 보면 인자하지 못하다. 이는 이익을 추구하는 사람들의 행보가 매우 급하기 때문이다. 제환공은 춘추5백의 으뜸인데도 나라를 차지하려고 다투다가 이복형인 공자 규糾를 죽였다. 이익이 컸기 때문이다. 군주와 신하의 관계는 형제만큼 친밀하지 못하다. 군주를 협박하고 시해한 공적으로 만승 대국을 차지해 큰 이익을 얻을 수만 있다면 군신들 가운데 그 누가 양호처럼 하지 않겠는가?

일이란 은밀하고 교묘하게 추진하면 성공하고, 엉성하고 졸렬하면 실패한다. 여러 신하가 난을 일으키지 않는 것은 아직 그 준비가 덜 돼 있기 때문이다. 군신들이 모두 양호와 같은 마음을 품고 있는데도 군주가 이를 모르고 있다면 이는 신하들이 은밀하고 교묘하게 처신하고 있기 때문이다.

양호가 천하 사람들에게 탐람貪婪한 인물로 간주되는 상황에서 모시던 계손씨를 친 것은 그가 엉성하고 졸렬하게 처신한 탓이다. 포문자는 제경공에게 제나라의 교활한 간신배를 처벌토록 권하지 않고 엉성하고 졸렬한 양호를 처벌토록 권했다. 이는 그 자신이 말한 것과 반대되는 것이다. 신하가 진심으로 충성을 다할 것인지, 아니면 거짓으로 속이려 들 것인지 여부는 전적으로 군주에게 달려 있다. 군주가 명찰明察하고 엄정하면 모든 신하는 충성하고, 나약하고 어두우면 모든 신하는 거짓으로 속이려 든다. 미세한 것까지 밝게 꿰뚫어 보는 것을 '명찰', 죄인을 구제하기 위해 사면하지 않는 것을 '엄정'이라고 한다. 제경공은 제나라에도 은밀하고 교묘하게 일을 꾸미는 자가 있다는 것을 알지 못하고, 노나라에서 망명한 양호만을 체포했다. 이 또한 황당한 일이 아닌가?

꽃꽃 '양호탐어천하陽虎貪於天下, 이욕공상以欲攻上' 구절을 두고 진기유는 탐貪 아래 지知 자가 있어야 한다고 했다. 『한비자교주』가 이를 좇았다. 『한비자금주금역』은 '양호이탐욕공상陽虎以貪欲攻上, 지어천하知於天下'로 되어 있다. 이 경우 양호가 부귀를 탐내 모시던 계손씨를 친 것을 천하 사람들이 모두 알게 됐다는 뜻이 된다. 그러나 여기의 어於는 피동사 구문을 나타낸 것이다. 곧 양호가 천하 사람들에게 탐욕스런 인물로 보였다는 의미이다.

불사경공가주어졸호不使景公加誅於拙虎 구절을 두고 고광기는 주誅 밑에 '어제지교신於齊之巧臣, 이사가주而使加誅' 9자가 생략된 것으로 보았다. 무구사지위엄無救赦之謂嚴의 구救를 노문초와 왕선지, 진기유 등은 연자로 보았다. 구사救赦는 죄인을 구제하여 사면한다는 뜻이다. 고칠 필요가 없다. 성란成亂은 화란을 일으킨다는 뜻이다.

39-6

或曰, "仁貪不同心. 故公子目夷辭宋, 而楚商臣弒父. 鄭去疾予弟, 而魯桓弒兄. 五伯兼幷, 而以桓律人, 則是皆無貞廉也. 且'君明而嚴, 則群臣忠'. 陽虎爲亂於魯, 不成而走, 入齊而不誅, 是承爲亂也. 君明, 則誅, 知陽虎之可以濟亂也, 此見微之情也. 語曰, '諸侯以國爲親.' 君嚴, 則陽虎之罪不可失, 此無救赦之實也. 則誅陽虎, 所以使群臣忠也. 未知齊之巧臣而廢明亂之罰, 責於未然而不誅昭昭之罪, 此則妄矣. 今誅魯之罪亂以威群臣之有姦心者, 而可以得季·孟·叔孫之親, 鮑文之說, 何以爲反."

어떤 사람이 말했다.

"사람의 마음은 혹은 인자하고 혹은 탐욕스러워 서로 같지 않다. 송양공의 동생인 공자 목이目夷는 보위를 사양했고, 초나라 태자 상신商臣은 부왕인 초성왕을 시해했고, 정나라 공자 거질去疾은 동생에게 보위를 물려줬고, 노환공魯桓公은 형인 노은공을 시해했고, 춘추5패는 다른 나라를 힘으로 병합했다. 제환공이 패업을 이룰 때 만들어 놓은 기준으로 사람을 평하면 천하에 바르고 깨끗한 사람은 아무도 없을 것이다.

무릇 군주가 밝고 엄정하면 모든 신하는 충성하게 된다. 양호는 노나라에서 난을 일으켰다가 실패해 제나라로 망명한 자이다. 제나라로 망명한 양호를 처벌하지 않으면 결국 난을 일으킨 자를 받아들인 꼴이 된다. 제경공이 현명했다면 양호를 처벌함으로써 제나라의 반란을 미리 다스려 막을 수 있었다. 이는 미세한 기미를 미리 꿰뚫어 보는 것을 말한다. 속언에 이르기를, '제후는 다른 나라를 친척으로 만들어야 한다.' 고 했다. 군주가 엄정하면 양호의 죄를 그대로 두지 않았을 것이다. 이것이 일체의 범죄를 용서하지 않는 '엄정'의 요체이다.

양호에 대한 처벌은 신하들로 하여금 충성을 하도록 만드는 매우 유효한 수단이었다. 그런데도 제경공은 제나라 내에서 은밀하고 교묘하게 일을 꾸미는 자를 파악하지도 못하고, 양호처럼 그 죄가 분명히 드러난 경우조차 제대로 처벌하지 못했다. 아직 드러나지 않은 죄를 찾아내려 애쓰면서 분명히 드러난 죄를 처벌하지 않는 것은 망령된 짓이다. 당시 제나라는 노나라에서 난을 일으킨 양호를 처벌함으로써 간사한 마음을 품고 있는 자들을 두렵게 만들고 계손씨를 비롯한 노나라의 3환세력과 친교를 맺을 수 있었다. 그런데도 포문자는 왜 이토록 불합리한 간언을 한 것일까?"

🐚 목이目夷는 송양공의 서형이다. 『춘추좌전』「노희공 8년」조에 따르면 기원전 652년 송환공宋桓公이 병사할 때 태자 자보玆父가 서형인 목이가 인자하다며 보위에 오를 것을 권했다. 목이가 극구 사양하자 자보가 보위에 올랐다. 그가 송양공이다. 거질去疾은 정영공의 동생이다. 『춘추좌전』「노선공 4년」조에 따르면 기원전 605년 정영공鄭靈公이 공자 귀생歸生에게 죽음을 당하자 정나라 군신들이 그 아우인 거질을 보위에 앉히고자 했다. 그러나 거질은 서형인 공자 견堅에게 보위를 양보

했다. 견이 정양공鄭襄公으로 즉위했다. 동생에게 양보했다는 본문의 내용과 다르다. 이는 바로 밑에 노환공이 서형인 노은공을 시해한 노환 시형노桓弒兄 구절과 취지가 겹치는 것을 피하기 위한 것으로 보인다. 노은공 시해 사건은 『춘추좌전』「노은공 11년」조에 상세히 실려 있다. 이환율인以桓律人은 제환공이 패업을 이룰 때 만들어 놓은 기준으로 사람을 평가한다는 뜻이다.

　제후이국위친諸侯以國爲親을 두고 양계웅은 '제후들이 서로 친인척처럼 가까워져야만 외국의 범죄자를 받아들여 우호를 손상시키는 일이 없게 된다.'는 취지로 해석했다. 명란明亂을 『한비자교주』는 공개적인 작란作亂으로 풀이했다. 모노부타는 공공연한 난신亂臣으로 해석했다. 변란을 일으킨 사실이 확연히 드러난 양호와 같은 자를 지칭한 것이다.

39-7

　鄭伯將以高渠彌爲卿, 昭公惡之, 固諫, 不聽. 及昭公卽位, 懼其殺己也, 辛卯, 弒昭公而立子亹也. 君子曰, "昭公知所惡矣." 公子圉曰, "高伯其爲戮乎, 報惡已甚矣."

　정장공鄭莊公이 장차 대부 고거미高渠彌를 경으로 임명코자 했다. 태자 홀忽이 고거미를 미워한 까닭에 굳이 말렸으나 정장공이 듣지 않았다. 이후 태자 홀이 정소공으로 즉위하자 고거미는 죽임을 당할까 두려워한 나머지 신묘일辛卯日을 택해 정소공을 시해한 뒤 공자 미亹를 세웠다. 『춘추좌전』에서 군자는 이를 두고 이같이 평했다.

　"정소공은 미워할 사람을 알았다."

　노나라 대부 공자 달達은 이같이 예언했다.

　"고거미는 주륙을 당하고 말 것이다. 자신을 싫어한 사람에 대한 보복이 너무 심했다.”

༄ 정백鄭伯은 정장공 오생寤生을 말한다. 봉작封爵이 백작인 까닭에 정공鄭公 내지 정후鄭侯라고 하지 않고 ‘정백’이라고 한 것이다. 고거미高渠彌는 주환왕이 천자의 군사를 이끌고 정장공을 칠 때 원번原繁과 더불어 중군이 되어 천자의 군사를 격파했다. 소공昭公은 정장공의 아들 정소공 홀忽을 말한다. 자미子亹를 『춘추좌전』「노환공 17년」조의 두예 주는 정소공의 동생 공자 미亹로 보았다. 미亶는 미亹의 잘못이다. 그는 보위에 올랐다가 제양공에 의해 고거미와 함께 죽임을 당했다. 공자 어圉는 노나라 대부로 『춘추좌전』에는 공자 달達로 나온다.

༄39-8

或曰, “公子圉之言也, 不亦反乎. 昭公之及於難者, 報惡晚也. 然則高伯之晚於死者, 報惡甚也. 明君不懸怒. 懸怒, 則臣懼罪輕擧以行計, 則人主危. 故靈臺之飮, 衛侯怒而不誅, 故褚師作難. 食黿之羹, 鄭君怒而不誅, 故子公殺君. 君子之擧‘知所惡’, 非甚之也, 曰, ‘知之若是其明也, 而不行誅焉, 以及於死.’ 故‘知所惡’, 以見其無權也. 人君非獨不足於見難而已, 或不足於斷制. 今昭公見惡, 稽罪而不誅, 使渠彌含憎懼死以徼幸, 故不免於殺, 是昭公之報惡不甚也.”

어떤 사람이 말했다.

“공자 달의 언급은 거꾸로 얘기한 게 아닌가? 정소공이 화를 입은 것은 자신이 미워하는 고거미에 대한 보복이 늦었기 때문이다. 고거미가 정소공보다 늦게 죽은 것은 정소공을 앞질러 제거했기 때문이다. 명군은 자신의 노여움을 밖으로 드러내지 않는다. 군주가 노여움을 밖으로 드러내면 신하들은 죄를 두려워하게 되고, 주륙을 당할까 우려한 나머지 급속히 군주를 시해할 음모를 꾸미게 된다. 그리되면 군주는 위태롭게 된다. 위출공衛出公 첩輒이 주문왕을 흉내 내 영대靈臺를 조성한 뒤 성대한 연회를 베풀었다. 그는 대부 저사비褚師比의 무례한 모습에 진노했으나 아무런 벌을 내리지 않았다. 그가 저사비의 난으로 망명케 된 이유다. 정영공鄭靈公은 초나라에서 보낸 자라로 국을 끓여 대부들과 회식하면서 공자 송宋이 먼저 손가락으로 국물을 찍어 먹는 무례를 범했다. 정영공은 진노하기만 했을 뿐 벌을 내리지 않았다. 결국 그는 공자 송에 의해 목숨을 잃고 말았다.

군자가 '정소공은 미워할 사람을 알았다'며 드러내 놓고 말한 것은 정소공이 단호히 대처하지 못한 것을 지적한 것이다. 이는 '정소공은 고거미에 대해 이미 알고 있는데도 벌을 내리지 않았다. 이로 인해 시해를 당하는 지경에 이르게 됐다'고 말한 것이나 다름없다. '정소공은 미워할 사람을 알았다'는 언급은 정소공에게 임기응변의 권술權術이 없었음을 지적한 셈이다.

군주의 재앙은 환난을 미리 알지 못한 데서 빚어지기도 하지만 이를 미리 알고도 단호히 제재하지 못한 데서도 빚어진다. 정소공은 자신의 속마음을 밖으로 드러내고도 고거미의 죄를 처벌하지 않았다. 군주에게 증오심을 품고 있던 고거미는 이내 죽음을 당할까 두려워한 나머지 앞질러 난을 일으켜 요행히 살게 됐다. 정소공이 죽음을 면치 못한 근본 이유다. 정소공은 고거미를 극도로 미워했음에도 그를 처벌하는 데 단호하지 못했던 까닭에 이런 화를 당한 것이다."

영대지음靈臺之飮의 '영대'는 위출공衛出公이 축조한 누각이다. 『시경』「영대」에 보이는 주문왕이 세웠다는 누각과 이름이 같다. 위출공이 이를 모방해 지은 것이다. 저사褚師는 원래 시장을 관할하는 관원을 말한다. 이후 성씨로 사용됐다. 이름은 비比, 자는 성자聲子이다.『춘추좌전』「노애공 25년」조에 따르면 기원전 470년 위출공이 영대에서 대부들과 주연을 즐길 때 저사비褚師比가 신발을 벗지 않고 자리에 올라왔다가 위출공의 노여움을 샀다. 이내 두려운 나머지 반란을 일으키자 위출공이 망명했다.

자공시군자公殺君의 '자공'은 성나라 공자 송宋을 말한다.『춘추좌전』「노선공 4년」조에 따르면 기원전 605년 자라고기를 맛보는 자리에 초대받지 못한 것에 앙심을 품고 주방에 들어가 미리 맛을 보았다가 정영공의 노여움을 사자 두려운 나머지 공자 귀생과 모의해 정영공을 시해했다.

🦋39-9

或曰, "報惡甚者, 大誅報小罪. 大誅報小罪也者, 獄之至也. 獄之患, 故非在所以誅也, 以讎之衆也. 是以晉厲公滅三郄而欒·中行作難, 鄭子都殺伯咺而食鼎起禍, 吳王誅子胥而越句踐成霸. 則衛侯之逐, 鄭靈之弑, 不以褚師之不死而公父之不誅也, 以未可以怒而有怒之色, 未可誅而有誅之心. 怒其當罪, 而誅不逆人心, 雖懸奚害. 夫未立有罪, 卽位之後, 宿罪而誅, 齊胡之所以滅也. 君行之臣, 猶有後患, 況爲臣而行之君乎. 誅旣不當, 而以盡爲心, 是與天下有讎也. 則雖爲戮, 不亦可乎."

또 다른 어떤 사람은 이같이 말했다.

"미워하는 자를 철저히 보복하는 것은 작은 죄를 중벌로 다스리는 것을 말한다. 작은 죄를 중벌로 다스리는 것은 극단적인 방법의 동원을 뜻한다. 죄를 다스릴 때 가장 큰 우환은 그 방법에 있는 게 아니라 원한을 품은 사람이 너무 많은 데 있다. 진여공晉厲公은 권신인 세 극씨郤氏를 멸망시킨 탓에 난씨欒氏와 중항씨中行氏의 난을 자초해 결국 죽임을 당했고, 정소공의 동생 정여공鄭厲公 돌突은 복위한 뒤 대부 원번原繁을 죽이고 이어 왕실문제에 개입해 식정食鼎의 화를 자초했고, 오나라 왕 부차는 오자서를 죽여 월나라 왕 구천의 패업을 도와준 셈이 됐다. 위출공이 쫓겨나고 정영공이 신하에게 죽임을 당한 것은 저사비褚師比를 죽이지 않아서도 아니고, 공자 송을 처벌하지 않아서도 아니다. 노여움을 드러내서는 안 되는 대상에게 노여움을 드러내고, 죽여서는 안되는 대상을 죽이려 했기 때문이다. 노여움을 드러낼 만큼 그 죄가 엄중하고, 처벌할지라도 인심에 거슬리는 게 아니라면 비록 노여움을 드러냈을지라도 무슨 해가 되겠는가?

무릇 군주로 즉위하기 전에 지은 죄를 벌하지 않고 있다가 즉위 후 옛날 죄까지 들춰내 처벌하면 제호공齊胡公이 추鄒 땅의 마수馬繻에게 죽임을 당한 것과 같은 꼴을 당한다. 군주가 신하에게 부당한 일을 할 때도 이런 후환이 있는데 하물며 신하가 군주에게 참람한 짓을 하는 경우이겠는가? 처벌이 이미 부당한데도 미워하는 마음을 다 쏟아 부어 처벌코자 하는 것은 천하 사람과 원수를 맺는 것이나 다름없다. 설령 죽임을 당한들 이 또한 당연한 일이 아니겠는가?"

❧ 고비재소이주故非在所以誅의 이以를 고광기와 도홍경, 진계천, 진기유 모두 이巳와 통하는 것으로 보았다. 이미 주살한 사람은 우환이 될 게 없다는 취지이다. 소이주所以誅는 노기를 드러내서는 안 되는 상황에서 노기를 드러내 적을 만들어내는 것처럼 징벌의 방법을 말한 것이다. 난중항欒中行은 난을 일으킨 중원 진나라의 권신 난씨와 중항씨

을 말한다.

정자도살백원鄭子都殺伯暄의 자도子都는 곧 정장공鄭莊公의 아들 정여공鄭厲公 돌突을 말한다. 정소공鄭昭公 홀忽의 동생이다. 백원伯暄은 『사기』「정세가」에 백부伯父 원原으로 나온다. 『춘추좌전』은 원번原繁으로 기록해 놓았다. 당초 정장공에게는 12명의 아들이 있었다. 장남 홀은 오랫동안 태자의 자리에 있었으나 정장공은 내심 가장 지혜가 많고 걸출한 공자 돌에게 자리를 물려주고 싶었다. 대부 제족祭足과 이를 상의했으나 제족이 불가하다고 진언하자 정장공은 공자 돌을 외가인 송나라로 보내라고 유언한 뒤 세상을 떠났다. 태자 홀이 정소공으로 즉위한 뒤 제족을 송나라에 친선사절로 보내자 송장공이 문득 제족을 감금한 뒤 공자 돌을 보위에 앉히도록 협박했다. 이는 공자 돌이 자신의 즉위에 도움을 줄 경우 3개의 성읍과 보물 등을 보낼 것을 약속한 데 따른 것이었다. 제족은 부득불 공자 돌 일행을 몰래 귀국시켜 보위에 오르게 했다. 정소공 홀은 위衛나라로 망명했다. 송장공은 곧 정여공으로 즉위한 공자 돌에게 약속의 이행을 촉구했으나 정여공 돌이 이를 거절하면서 노나라에 이 일을 원만히 해결해 줄 것을 부탁했다. 노환공의 중재가 실패로 돌아가자 정여공은 노나라에 뇌물을 주고 연합군을 결성한 뒤 송나라에 선전포고를 했다. 송나라가 대패했다. 대로한 송장공도 곧 연합군을 결성해 설욕전에 나섰다. 정여공이 맞서 싸우려고 하자 제족이 만류했다. 송나라 군사는 정나라 도성 안으로 들어와 노략한 뒤 철수했다. 피란을 갔다 환도한 정여공은 황폐한 도성을 보고 제족을 원망했다. 곧 대부 옹규雍糾를 시켜 제족을 제거하려 했다가 오히려 옹규는 목이 달아나고 정여공은 채나라의 역성櫟城으로 도주하게 됐다. 제족은 위나라로 달아났던 정소공 홀을 다시 복위시켰다. 2년 뒤 제족이 제나라와 화친을 도모하기 위해 떠난 틈을 타 평소 정소공을 미

위한 대부 고거미高渠彌가 정소공을 시해하고 공자 미亹를 옹립했다. 얼마 후 제양공齊襄公은 정나라 내란에 개입하여 공자 미와 고거미의 목을 벤 뒤 공자 의儀를 보위에 앉혔다.

『춘추좌전』「노장공 14년」조에 따르면 이로부터 13년 뒤인 기원전 680년 여름 6월, 제환공이 대부 빈수무賓須無에게 명해 병거 2백 승을 이끌고 가 정여공의 복위를 돕게 했다. 17년 동안 망명생활을 하며 복위를 위해 절치부심했던 정여공은 마침내 빈수무가 이끄는 제나라 군사의 호위 속에 정나라의 도성으로 쳐들어갔다. 지금의 하남성 임영현 북쪽인 대릉大陵에 이르러 정나라 대부 부하傅瑕를 잡았다. 부하가 말하기를, "잠시 저를 놓아주면 제가 군주를 도성으로 들어가 보위에 오르도록 하겠습니다."라고 했다. 정여공이 부하와 맹서하고 놓아주었다. 이해 6월 20일, 부하가 14년 동안 보위에 앉아 있던 공자 의儀와 그의 두 아들을 죽이고 정여공을 맞아들였다. 정여공은 입성하자 곧바로 부하를 죽였다. 그리고는 사람을 시켜 대부 원번原繁에게 전하기를, "부하는 두 마음을 가지고 있었다. 과인이 밖에 나가 있을 때 그대는 국내 상황에 대해 아무런 얘기도 전해주지 않았고, 귀국한 후에도 과인에게 따뜻하게 대하지 않았다. 과인은 이를 매우 유감스럽게 생각한다."고 했다. 원번이 이내 목을 매고 죽었다.

식정기화食鼎起禍는 정여공이 복위할 때의 일화에서 나온 것이다. 『춘추좌전』「노장공 21년」조에 따르면 기원전 673년 봄, 정여공이 왕실의 대부 괵숙虢叔과 지금의 하남성 밀현인 미弭 땅에서 신하들에게 쫓겨난 주혜왕周惠王을 다시 옹립하기로 약속했다. 이해 여름, 정여공과 괵숙이 군사를 이끌고 지금의 하남성 낙양시 서쪽에 있는 왕성王城으로 쳐들어갔다. 정여공은 주혜왕을 모시고 왕성의 남문인 어문圉門으로 쳐들어가고 괵숙은 북문으로 쳐들어가 보위에 앉아 있던 왕자 퇴頹

와 측근들을 주살했다. 이때 정여공 돌이 궁문의 서쪽 성루 위에서 향례를 베풀어 주혜왕을 대접하면서 6대에 걸쳐 내려온 황제黃帝의 운문雲門과 대권大卷, 요의 대함大咸, 순의 대소大韶, 하나라 우의 대하大夏, 상나라 탕의 대획大獲, 주무왕의 대무大武를 모두 연주케 했다. 주혜왕은 전에 정무공이 주평왕으로부터 하사받았다가 잃은 호뢰虎牢 이동의 땅을 모두 회복시켜 주었다. 이를 본 왕실 대부 원백原伯이 예언키를, "정백이 6대의 무악을 연주한다고 자신이 비난했던 왕자 퇴의 행위를 그대로 본받으니 그 또한 장차 재앙을 입을 것이다"라고 했다. 이해 5월에 과연 정여공이 세상을 떠났다. 이를 두고 '식정지화'라고 한다. 솥을 늘어놓고 태평성대에나 연주하는 6대의 무악을 연주하며 주혜왕 보위에 앉혔다가 이내 벌을 받아 목숨을 잃었다는 뜻이다.

39-10

衛靈公之時, 彌子瑕有寵於衛國. 侏儒有見公者曰, "臣之夢淺矣." 公曰, "奚夢." "夢見竈者, 爲見公也." 公怒曰, "吾聞見人主者夢見日, 奚爲見寡人而夢見竈乎." 侏儒曰, "夫日兼照天下, 一物不能當也. 人君兼照一國, 一人不能壅也. 故將見人主而夢日也. 夫竈, 一人煬焉, 則後人無從見矣. 或者一人煬君邪. 則臣雖夢竈, 不亦可乎." 公曰, "善." 遂去雍鉏, 退彌子瑕, 而用司空狗.

위영공衛靈公 때 미자하彌子瑕가 총애를 믿고 위나라 국정을 멋대로 주물렀다. 난쟁이 광대가 위영공을 알현하며 이같이 말했다.

"저의 꿈이 잘 들어맞습니다."

"무슨 꿈을 꾸었기에 그렇다는 것인가?"

"꿈에 아궁이를 보았는데 이는 군주를 알현할 조짐이었습니다."

위영공이 화를 냈다.

"내가 듣건대 군주를 알현하는 자는 꿈에 해를 본다고 했다. 어찌하여 나를 만나는데 꿈에서 아궁이를 보았다고 말하는 것인가?"

광대가 대답했다.

"무릇 해는 세상 만물을 고루 비추는 까닭에 하나의 사물만이 그 빛을 받는 일은 없습니다. 군주 역시 온 나라를 고루 비추므로 한 사람이 그 빛을 막을 수는 없습니다. 그래서 군주를 알현하는 사람은 꿈에 해를 본다고 한 것입니다. 무릇 아궁이는 한 사람이 그 앞에서 불을 쬐면 뒤에 있는 사람은 그 아궁이의 불빛을 볼 수 없습니다. 지금 한 사람의 신하가 군주 앞에서 불을 쬐고 있는 것은 아닙니까? 그렇다면 제가 꿈에서 비록 아궁이를 보았을지라도 옳지 않겠습니까?"

"옳은 말이다."

드디어 옹서雍鉏를 제거하고, 미자하를 물리치고, 사공司空 구狗를 등용했다.

몽천夢淺의 천淺을 두고 진기유는 실현을 뜻하는 천踐과 통하는 것으로 보았다. 겸조兼照는 두루 비춘다는 의미이다. 옹서雍鉏는 『사기』 「공자세가」에 따르면 위영공 때의 환관 옹거雍渠로 보인다. 『춘추좌전』 「노양공 26년」조의 주에는 손씨의 가신이라고 되어 있다. 「공자세가」의 기록에 문제가 있다. 사공구司空狗는 사공으로 있던 사구史狗를 말한다. 『춘추좌전』 「노양공 29년」조의 두예 주에 따르면 대부 사조史朝의 아들이다. 시호는 문자文子이다.

39-11

或曰, "侏儒善假於夢以見主道矣, 然靈公不知之侏儒之言也. 去雍

鉏, 退彌子瑕, 而用司空狗者, 是去所愛而用所賢也. 鄭子都賢慶建
而壅焉, 燕子噲賢子之而壅焉. 夫去所愛而用所賢, 未免使一人燭己
也. 不肖者燭主, 不足以害明. 今不加知而使賢者燭己, 則必危矣."

어떤 사람이 말했다.

"난쟁이 광대는 꿈을 빙자해 군주의 도리를 가르쳤다. 그러나 제영공
은 그 말을 제대로 이해하지 못했다. 군주가 옹서를 제거하며 미자하를
물리치고 사공 구를 등용한 것은 총애하는 사람을 버리고, 현명하다고
생각되는 사람을 등용한 것이다. 정여공은 경으로 있는 건建을 현명하
다고 생각해 등용했지만 오히려 자신의 총명이 가려졌고, 연나라 왕 쾌
는 재상 자지를 현명하다고 생각해 등용했지만 오히려 자신의 총명이
막혔다. 총애하는 사람을 버리고 현명하다고 생각되는 사람을 등용할
지라도 한 사람이 아궁이를 가로막는 일을 금할 수는 없다. 불초한 자
는 군주 앞을 가로막을지라도 군주의 총명을 해치기에는 부족하다. 지
금 군주가 자신의 앞을 가로막은 자들을 가려내려고 애쓰지 않고, 군
주 본인이 판단컨대 현명하다고 생각되는 자로 하여금 자신을 가로막
게 하면 반드시 위태로워질 것이다.

경건慶建은 『춘추좌전』 「노장공 17년」조의 두예 주에 따르면 정
나라 집정대부로 있던 건建을 말한다. 여기에 제나라가 정나라 대부 첨
詹을 잡았다는 기록이 나온다. 옹언壅焉의 옹壅은 정여공이 집정대부
'첨'의 건의를 받아들여 제나라에 인사하러 가지 않은 것을 뜻한다.

39-12

或曰, "屈到嗜芰, 文王嗜菖蒲菹, 非正味也, 而2賢尚之, 所味不必

美. 晉靈侯說參無恤, 燕噲賢子之, 非正士也, 而2君尊之, 所賢不必賢也. 非賢而賢用之, 與愛而用之同. 賢誠賢而舉之, 與用所愛異狀. 故楚莊舉叔孫而霸, 商辛用費仲而滅, 此皆用所賢, 而事相反也. 燕噲雖舉所賢, 而同於用所愛, 衛奚距然哉. 則侏儒之未可見也. 君壅而不知其壅也, 已見之後而知其壅也, 故退壅臣, 是加知之也. 曰'不加知而使賢者煬己則必危', 而今以加知矣, 則雖煬己, 必不危矣."

또 다른 어떤 사람이 이같이 말했다.

"초나라 굴도屈到는 마름 열매를 즐겨 먹었고, 주문왕은 창포 김치를 좋아했다. 두 음식 모두 일반적으로는 맛있는 음식이 아닌데도 두 현자는 이를 즐겨 먹었다. 남들이 좋아하는 음식이 다 맛있는 것은 아니다. 진영공晉靈公은 수레를 모는 범무휼范無恤을 좋아해 중용하고, 연나라 왕 쾌는 재상 자지子之를 현자로 생각했다. 그들은 올바른 신하가 아니었지만 두 군주는 이들을 존중했다. 남들이 현자라고 하는 자가 다 현자인 것은 아니다. 현자가 아닌데도 현자로 여겨 등용하는 것은 총애하는 사람을 등용하는 것과 같다.

원래 진실로 현명한 자를 현자로 여겨 등용하는 경우는 총애하는 자를 중용하는 것과 정황이 다르다. 초장왕이 손숙오孫叔敖를 등용해 패자가 된 게 그 실례이다. 그러나 상나라 주紂는 비중費仲을 등용해 나라를 망쳤다. 다 같이 현자라고 여겨 등용했지만 그 결과는 판이하게 달랐다. 연나라 왕 쾌는 재상 자지를 현자로 여겨 중용했지만 실은 총애하는 자를 중용한 것에 지나지 않는다.

위영공은 어찌해서 사공司空 구구狗를 임용하는 등 이와 다른 모습을 보이게 된 것일까? 이는 난쟁이 광대가 생각지 못한 것이다. 당초 위영공은 마자하 등에 의해 자신이 가려져 있는데도 이런 사실을 전혀 몰랐다. 난쟁이 광대를 만난 후에야 비로소 이런 사실을 알게 됐다. 이후 자신을 가린 신하들을 과감히 내쳤다. 이는 자신의 앞을 가로막은 자들을 가려내려고 나름 애쓴 경우에 해당한다. 앞서 말하기를, '군주가 자신의 앞을 가로막은 자들을 가려내려고 애쓰지 않고, 군주 본인이 판단컨대 현명하다고 생각되는 자로 하여금 자신을 가로막게 하면 반드시 위태로워질 것이다.'라고 했다. 지금 군주가 미자하 같은 자들을 물리치기 위해 애를 쓰기만 하면 설령 현명하다고 생각되는 자로 하여금 자신을 가로막게 했을지라도 반드시 위태롭다고 말할 수는 없다.

    굴도屈到는『국어』「초어」의 주에 초나라 대부 굴탕屈蕩의 아들로 나온다. 자는 자석子夕이다. 기기嗜芰의 기芰는 수초인 마름의 열매를 말한다. 능기菱芰와 같다. 창포저菖蒲葅는 창포로 만든 김치를 뜻한다. 잎을 삶은 물로 머리를 감기도 했다.『한비자금주금역』에는 저葅가 채소절임을 뜻하는 저菹로 되어 있다. 참무휼參無恤의 '무휼'은『춘추좌전』「노문공 12년」조에 나오는 범무휼范無恤을 말한다. 여기의 참參을 진기유는 범范의 고대 음운과 같다고 주장했다. 「노문공 12년」조에 따르면 범무휼은 중원 진나라와 서쪽 진나라가 싸울 때 사령관인 중군 주장 조돈의 전차를 몰던 보초步招를 대신해 전차를 몰며 나름 공을 세웠다. 보초를 대신하기 전까지만 해도 그는 참승驂乘의 자격으로 중군 주장의 전차에 올랐을 공산이 크다. 윤동양이 이를 참驂의 가차로 본 게 옳다. 상신商辛은 상나라 마지막 왕 주紂를 말한다.『사기』「은본기」는 신辛이 그의 원래 이름이었다고 했다. 해거연奚距然의 거距를『한비자교주』는『경전석사經典釋詞』의 해석을 좇아 '어찌'의 뜻을 지닌 부사어 거詎, 고광기는 거遽로 풀이했다. 「오두」에 해거奚遽의 용례가 나온다. '어찌하여 그리되다'의 뜻이다.

권17
제40장 난세(難勢)

40-1

慎子曰, "飛龍乘雲, 騰蛇遊霧, 雲罷霧霽, 而龍蛇與蚯蟻同矣, 則失其所乘也. 賢人而詘於不肖者, 則權輕位卑也. 不肖而能服於賢者, 則權重位尊也. 堯爲匹夫, 不能治三人. 而桀爲天子, 能亂天下. 吾以此知勢位之足恃而賢智之不足慕也. 夫弩弱而矢高者, 激於風也. 身不肖而令行者, 得助於衆也. 堯敎於隸屬而民不聽. 至於南面而王天下, 令則行, 禁則止. 由此觀之, 賢智未足以服衆, 而勢位足以屈賢者也."

신도慎到가 『신자慎子』에서 말했다.

"하늘을 나는 용은 구름을 타고, 하늘로 오르려는 뱀은 안개 속에 논다. 구름이 걷히고 안개가 개이면 용과 뱀은 지렁이나 개미와 다를 바 없이 땅에 떨어지고 만다. 올라타는 구름과 안개를 잃었기 때문이다. 현자가 불초한 자에게 몸을 굽히는 것은 세도가 가볍고 지위가 낮기 때문이고, 불초한 자가 현자를 굴복시키는 것은 세도가 무겁고 지위가 높기 때문이다. 요임금도 신분이 낮은 필부였다면 단 세 사람조차 능히 다스릴 수 없었을 것이다. 하나라 걸도 천자의 자리에 있었던 덕분에 능히 천하를 어지럽힐 수 있었다. 나는 이로써 권세와 지위는 믿을 수 있어도 재능과 지혜는 부러워할 게 못 된다는 것을 알았다. 무릇 활의 힘은 약한데도 화살이 높이 올라가는 것은 바람의 힘을 탔기 때문이고, 당사자는 불초한데도 그 명이 잘 시행되는 것은 많은 사람의 도움이 있기 때문이다. 요임금이 노비의 지위에 있었다면 아무리 가르치려 해도 백성들 가운데 그 누구도 그의 가르침을 듣지 않았을 것이다. 그가 보위에 올라 남면南面한 채 천하를 호령했기에 비로소 명하면 곧바로 행해지고, 금하면 곧바로 그칠 수 있었던 것이다. 이로써 보건대 재능과 지혜로는 일반 백성을 굴복시킬 수 없으나, 권세와 지위는 현자까지도 능히 굴복시킬 수 있다."

༄ 신자愼子는 군주가 권세로 신민을 제압하는 소위 세치勢治를 언급한 신도愼到를 말한다. 원래 조나라 사람으로 제나라에 유학했다. 직하학당의 일원이다. 『한서』「예문지」에 『신자』 42편가 있었다는 기록이 나온다. 현존하는 7편은 후대인이 일문逸文을 집록輯錄해 놓은 것이다. 신도의 사상은 도가와 법가사상에 속해 있다. 「난세」에 인용된 글들은 『신자』 「위덕威德」에 나온다.

등사騰蛇는 발이 없고 날아다니는 상상의 동물로 등사螣蛇로 쓰기도 한다. 『순자』「권학」에는 발 없이 날아다니는 것으로 나온다. 『이아』「석어釋魚」의 주에는 용처럼 물이나 구름, 안개 속을 날아다니는 것으로 되어 있다. 인의蚓蟻는 지렁이나 개미를 말한다. 인蚓은 인蚓, 의蟻는 의螘와 같다. 『한비자금주금역』은 인의蚓螘로 되어 있다. 복어현服於賢의 어於를 양계웅은 연자로 보았으나 이는 동사와 목적어를 연결시키는 조사이다. 『한비자교주』는 현자에게 제복당하는 것으로 풀이했으나 정반대로 해석해야 한다. 굴현자屈賢者의 굴屈이 건도본에 부缶로 되어 있어『신자』「위덕」을 좇아 고쳤다.

〰️🌿 **40-2**

應愼子曰, "飛龍乘雲, 騰蛇遊霧, 吾不以龍蛇爲不託於雲霧之勢也. 雖然, 夫釋賢而專任勢, 足以爲治乎. 則吾未得見也. 夫有雲霧之勢而能乘遊之者, 龍蛇之材美也. 今雲盛而蚓弗能乘也, 霧醲而蟻不能遊也, 夫有盛雲醲霧之勢而不能乘遊者, 蚓蟻之材薄也. 今桀紂南面而王天下, 以天子之威爲之雲霧, 而天下不免乎大亂者, 桀紂之材薄也."

어떤 사람이『신자』를 반박했다.

"신도는 말하기를, '하늘을 나는 용은 구름을 타고, 하늘로 오르려는 뱀은 안개 속에 논다'고 했다. 나도 용과 뱀이 구름과 안개의 세에 기댄다는 사실을 부인하지는 않겠다. 그러나 현자를 놓아두고 오로지 세에 기댈 경우 과연 나라를 잘 다스릴 수 있을까? 나는 아직까지 그런 예를 보지 못했다. 무릇 구름과 안개의 세를 능히 타고 노닐 수 있는 것은 용과 뱀의 재능이 뛰어나기 때문이다. 지금 구름이 아무리 무성하게 일어나도 지렁이는 그것을 탈 수 없고, 안개가 아무리 짙게 피어나도 개미는 그 속에서 노닐 수 없다. 무릇 지렁이나 개미가 무성한 구름과 짙은 안개의 세가 있을지라도 이를 타고 노닐지 못하는 것은 그 재능이 빈약하기 때문이다. 하나라 걸桀과 상나라 주紂가 남면하여 천하를 호령하면서 천자의 권세를 구름이나 안개로 삼았는데도 천하가 어지러움을 면치 못한 것도 그 재능이 빈약했기 때문이다."

🌿 응신자應愼子 구절을 두고 진계천과 양계웅 등은 유가가 반박

한 것을 한비가 인용한 것으로 보았다. 비록 한비가 쓴 것이기는 하나 그 자신의 관점이 아니라는 것이다. 장각은 세치勢治를 비판한다는 뜻을 지닌 「세난」의 제목이 나온 점에 주목해 한비가 스승인 순자 밑에서 공부할 때 『신자』를 비판한 것으로 보았다. 진기유도 한비가 법치와 술치 및 세치 등 법가사상을 집대성한 관점에서 세치를 비판한 것으로 분석했다. 『순자』 「해폐」편에도 '신도는 법에 가려져 현명賢明을 알지 못했고, 신불해申不害는 세勢에 가려져 지능知能을 알지 못했다'는 구절이 나온다.

운무지세雲霧之勢의 세勢를 『회남자』 「수무훈」의 주는 력力으로 풀이했다. 『한비자』에 나오는 '세'는 매우 다양한 뜻을 지니고 있다. 어떤 때는 매우 추상적인 '세'의 개념으로 사용되고 있으나, 어떤 때는 '힘', '위세', '추세' 등 매우 구체적인 개념으로 나타나고 있다. 문맥에 따라 해석하는 수밖에 없다. 석현釋賢의 석釋은 버린다는 뜻이다. 건도본에 택擇으로 되어 있어 장방본을 좇아 석釋으로 고쳤다.

40-3

"且其人以堯之勢以治天下也, 其勢何以異桀之勢也. 亂天下者也. 夫勢者, 非能必使賢者用已而不肖者不用已也. 賢者用之, 則天下治. 不肖者用之, 則天下亂. 人之情性, 賢者寡而不肖者衆. 而以威勢之利濟亂世之不肖人, 則是以勢亂天下者多矣, 以勢治天下者寡矣. 夫勢者, 便治而利亂者也. 故『周書』曰, '毋爲虎傅翼, 將飛入邑, 擇人而食之.' 夫乘不肖人於勢, 是爲虎傅翼也. 桀紂爲高臺深池以盡民力, 爲炮烙以傷民性. 桀紂得成肆行者, 南面之威爲之翼也. 使桀紂爲匹夫, 未始行一而身在刑戮矣. 勢者, 養虎狼之心而成暴亂之事者也, 此天下之大患也. 勢之於治亂, 本末有位也, 而語專言勢之足以治天下者, 則其智之所至者淺矣."

　"또 신도는 말하기를, '요임금이 권세에 올라타 천하를 잘 다스렸다'고 했다. 그러나 요임금의 세도가 천하를 어지럽힌 하나라 걸의 권세와 무슨 차이가 있는가? 무릇 권세란 현명한 자만 이를 이용할 수 있고, 불초한 자는 이를 이용할 수 없는 게 아니다. 현자가 사용하면 천하가 다스려지고, 불초한 자가 사용하면 천하가 어지러워질 뿐이다. 사람의 천성을 보면 세상에는 현능賢能한 자는 적고, 덕재德才를 갖추지 못한 불초한 자는 많은 법이다. 위세威勢의 편리便利를 이용해 사람을 도울 경우 위세를 빙자해 천하를 어지럽히는 자는 많고, 위세를 이용해 천하를 제대로 다스리는 자는 적은 이유가 여기에 있다.

　무릇 위세는 천하를 다스리는 데 도움이 되기도 하지만 천하를 어지럽히는 데도 사용된다. 『주서』에 이르기를, '범에게 날개를 달아줘서는 안 된다. 장차 마을로 들어와 사람을 멋대로 골라 잡아먹기 때문이다'라고 했다. 불초한 자가 위세에 기대는 것은 바로 범에게 날개를 달아주는 것과 같다.

　하나라 걸과 상나라 주는 높은 누각과 깊은 연못을 만들면서 민력을 고갈시키고, 포락지형炮烙之刑으로 백성의 생명을 손상시켰다. 두 사람이 이처럼 멋대로 일을 저지른 것은 남면한 군주의 세도가 범의 날개로 작용했기 때문이다. 이들이 한낱 필부에 지나지 않았다면 애초부터 폭정을 행하기는커녕 주륙을 당하고 말았을 것이다. 위세는 범처럼 잔인하고 탐욕스런 마음을 길러주어 난폭한 일을 멋대로 하게 만든다. 이는 천하의 큰 우환이다. 원래 위세란 치란治亂 및 흥망성쇠와 어떤 고정된 대응관계에 있는 게 아니다. 그런데도 신도는 위세로 능히 천하를 다스릴 수 있다고 주장했다. 그의 지혜가 천박한 탓이다."

◐❀ 현자용이賢者用已의 이已를 쓰다는 지之의 오자로 보았다. 진기유는 한 발 더 나아가 지之 자의 초서형태로 보았다.『이아』「석고」는 지를 시대명사 차此로 풀이했다. 제난세지불초인濟亂世之不肖人의 제濟는 돕는다는 뜻이다. 장각은 '난세지불초亂世之不肖'를 연문으로 보았다. 문맥상 타당한 지적이다.『주서周書』는『일주서』「오경寤儆」에 나오는 것이다. 본말유위本末有位의 말末을 고광기는 미末로 바꿔야 한다고 했다.

🍃**40-4**

"夫良馬固車, 使臧獲御之, 則爲人笑. 王良御之, 而日取千里. 車馬非異也, 或至乎千里, 或爲人笑, 則巧拙相去遠矣. 今以國位爲車, 以勢爲馬, 以號令爲轡, 以刑罰爲鞭筴, 使堯舜御之, 則天下治, 桀紂御之, 則天下亂, 則賢不肖相去遠矣. 夫欲追速致遠, 不知任王良. 欲進利除害, 不知任賢能. 此則不知類之患也. 夫堯舜, 亦治民之王良也."

"무릇 좋은 말이 이끄는 튼튼한 수레일지라도 노비에게 맡기면 남의 웃음거리가 되나 왕량王良에게 맡기면 하루에 천리도 갈 수 있다. 수레와 말은 다르지 않은데 혹은 천리도 가고, 혹은 남의 웃음거리가 된다. 교졸巧拙의 차이가 그만큼 크기 때문이다. 지금 보위를 수레, 권세를 말, 호령을 고삐, 형벌을 채찍으로 삼고 요순으로 하여금 이를 몰게 하면 천하가 능히 다스려질 것이다. 그러나 걸주로 하여금 이를 몰게 하면 천하가 어지러워질 것이다. 현불초賢不肖의 차이가 그만큼 크기 때문이다. 무릇 빨리 달려 멀리 가고자 하면 왕량에게 맡겨야 한다는 것을 알면서도, 이익을 늘리고 해악을 없애기 위해 현능賢能한 자에게 정사를 맡겨야 한다는 사실을 모르고 있다. 이는 미뤄 짐작하는 유추類推를 모

른 데서 오는 우환이다. 요순은 왕량의 방식대로 천하를 다스린 성군이
다."

� 교졸상거원巧拙相去遠의 교巧가 건도본에 없어 도장본을 좇아
보완했다.

🌿40-5

復應之曰, "其人以勢爲足恃以治官. 客曰, '必待賢乃治', 則不然
矣. 夫'勢'者, 名一而變無數者也. 勢必於自然, 則無爲言於勢矣. 吾
所爲言勢者, 言人之所設也. 今曰, '堯舜得勢而治, 桀紂得勢而亂.'
吾非以堯·桀爲不然也. 雖然, 非一人之所得設也. 夫堯舜生而在上
位, 雖有十桀紂不能亂者, 則勢治也. 桀紂亦生而在上位, 雖有十堯
舜而亦不能治者, 則勢亂也. 故曰, '勢治者則不可亂, 而勢亂者則不
可治也.' 此自然之勢也, 非人之所得設. 若吾所言, 謂人之所得勢
也而已矣, 賢何事焉. 何以明其然也. 客曰, 人有鬻矛與楯者, 譽其楯
之堅, '物莫能陷也.' 俄而又譽其矛曰, '吾矛之利, 物無不陷也.' 人
應之曰, '以子之矛, 陷子之楯, 何如.' 其人不能應也. 以爲不可陷之
楯與無不陷之矛爲名不可兩立也. 夫賢之爲勢不可禁, 而勢之爲道
也無不禁. 以不可禁之勢, 此矛楯之說也. 夫賢·勢之不相容亦明矣."

또 다른 어떤 사람이 논객의 반박을 재차 반박했다.

"신도가 '권세로 관원을 족히 다스릴 수 있다'고 하자 논객은 반박키
를, '반드시 현자가 있어야만 비로소 다스릴 수 있다'고 했다. 그러나 이
는 잘못이다. 무릇 '세'란 이름은 같을 뿐 그 뜻은 매우 다양하다. '세'
가 논객의 말처럼 당연한 추세趨勢를 뜻하는 자연지세自然之勢라면 더

얘기할 게 없다. 내가 말하고자 하는 것은 사람이 만들어내는 '세'인 인위지세人爲之勢이다. 앞서 논객은 '요순은 세를 얻었기에 천하를 잘 다스렸고, 걸주는 세를 얻었기에 천하를 어지럽혔다'고 했다. 나는 요순과 걸주가 그렇지 않다고 말하려는 게 아니다. 설령 그렇다 할지라도 논객의 애기는 '자연지세'를 언급한 것에 지나지 않는다.

무릇 요순과 같은 인물이 태어날 때부터 보위에 앉아 있게 되면 비록 걸주가 10명이 있을지라도 천하를 어지럽힐 수 없다. 추세 자체가 잘 다스려질 수밖에 없는 '자연지세'이기 때문이다. 또 걸주와 같은 인물이 태어날 때부터 보위에 앉아 있게 되면 비록 요순이 10명이 있을지라도 천하를 잘 다스릴 수 없다. 추세 자체가 잘 다스려질 수 없는 '자연지세'이기 때문이다. 대략 '추세가 잘 다스려지는 쪽이면 어지러워질 수 없고, 추세가 어지러워지는 쪽이면 잘 다스려질 수 없다'는 말이 나오게 된 것도 이 때문일 것이다. 그러나 이는 '자연지세'를 말한 것이지, 사람이 만들어낸 '인위지세'를 언급한 게 아니다.

내가 말하고자 하는 것은 사람이 만들어낸 '인위지세'이다. 이 경우 '자연지세'의 현자가 무슨 의미가 있겠는가? 무엇으로 이를 알 수 있는가? 논객은 비유키를, '어떤 사람이 창과 방패를 팔았다. 방패의 견고함을 자랑하기 위해 어떤 것이라도 이를 뚫을 수 없다고 했다. 얼마 후 다시 창의 예리함을 자랑하기 위해 어떤 것이라도 모두 뚫을 수 있다고 했다. 구경하던 사람이 창으로 방패를 뚫으면 어찌 되겠느냐고 묻자 그는 대답하지 못했다.'고 했다.

본래 어떤 것이라도 이를 뚫을 수 없는 방패와 어떤 것이라도 뚫을 수 있는 창은 명목상 양립이 불가능하다. 무릇 현자는 위세로 제압할 수 있는 대상이 아니다. 위세는 일종의 통치수단으로 이 세상에 이를 금지할 수 있는 게 없다. 위세로 제압할 수 없는 현자와 제압하지 못할

게 없는 위세는 양립이 불가능한 모순矛盾관계에 있다. 현자와 위세가 서로 용납할 수 없다는 것은 분명한 사실이다."

🐚 복응지復應之 이하의 반박문을 두고 진계천과 양계웅은 한비가 자신의 세치勢治 이론을 편 것으로 보았다. 내용 및 문체 등을 감안할 때 한비가 아니면 도저히 불가능하다는 게 논거이다. 진기유는 정반대로 한비의 작품이 아닌 유도劉陶의「반한비反韓非」를 옮긴 것이라고 주장했다. 이에 대해 장각은 한비가 만년에 들어와 자신이 순자 밑에서 공부할 때 쓴「난세」를 비판적으로 평한 자아비판적인 글로 보았다. 객왈客曰의 '객'을 장각은 한비가 젊었을 때의 자신을 지칭한 것으로 풀이했다.

자연지세自然之勢를 두고 진계천과 왕환표 등은 '군권君權의 세습'으로 풀이했다.『상군서』「정분」은 '명분이 정해진 것은 세치지도勢治之道이고, 그렇지 못한 것은 세란지도勢亂之道이다'라고 했다. 세치勢治와 세란勢亂의 세勢는 필연의 추세를 언급한 것이다. 한비가 말한 '자연지세'와 같은 취지이다. 객관적이면서도 필연적 추세가 그것이다. 이와 대비되는 것이 인위적인 위세를 뜻하는 인설지세人設之勢이다. 현지위세불가금賢之爲勢不可禁의 세勢를 도홍경은 도道로 바꿔야 한다고 했다. 대다수 주석가들이 이를 좇고 있으나 문맥상 자연스럽지 못하다. 그대로 두고 해석하는 게 낫다.

🦚40-6

"且夫堯舜·桀紂千世而一出, 是比肩隨踵而生也. 世之治者不絶於中, 吾所以爲言勢者, 中也. 中者, 上不及堯舜, 而下亦不爲桀紂. 抱法處勢則治. 背法去勢則亂. 今廢勢背法而待堯舜, 堯舜至乃治, 是千世亂而一治也. 抱法處勢而待桀紂, 桀紂至乃亂, 是千世治而一亂也. 且夫治千而亂一, 與治一而亂千也, 是猶乘驥·駬而分馳也, 相去亦遠矣. 夫棄隱栝之法, 去度量之數, 使奚仲爲車, 不能成一輪. 無慶賞之勸·刑罰之威, 釋勢委法, 堯舜戶說而人辨之, 不能治三家. 夫勢之足用亦明矣, 而曰'必待賢', 則亦不然矣. 且夫百日不食以待粱肉, 餓者不活. 今待堯舜之賢乃治當世之民, 是猶待粱肉而救餓之說也."

"요순 및 걸주와 같은 인물은 천 년 만에 한번 나올 뿐, 어깨를 나란히 하고 발꿈치를 좇는 것처럼 잇달아 나오는 게 아니다. 세상에는 통상 중간 수준의 군주가 연이어 나온다. 내가 말하고자 하는 권세는 바로 이런 중간 수준의 군주인 용군庸君을 위한 것이다. 중간 수준의 용군은 위로는 요순과 같은 성군에 못 미치고, 아래로는 걸주와 같은 폭군에 이르지 않은 군주를 지칭한다. 용군이 법을 쥐고 권세에 의지하는 이른바 포법처세抱法處勢를 행하면 나라가 잘 다스려진다. 그러나 법을 어기고 권세를 버리는 이른바 배법거세背法去勢를 행하면 나라가 어지러워진다. 지금 '배법거세'를 행하면서 요순과 같은 성군을 기다리면 천 년 만에 요순이 나타나 천하가 비로소 잘 다스려지게 된다. 요순을 기다리는 천 년 동안 천하는 줄곧 어지럽다가 겨우 1세대에 한해 천하가 다스려지는 셈이 된다. 반대로 '포법처세'를 행하면서 걸주와 같은 폭군을 경계하면 천 년 만에 걸주가 나타나 비로소 천하가 한 번 어지럽게 된다. 걸주가 등장하는 천 년 동안 천하는 줄곧 잘 다스려지다가 겨우 1세대에 한해 어지러워지는 셈이다. 천 년 동안 잘 다스려지다가 1세대 동안만 어지러워지는 것과 1세대만 잘 다스려지고 천 년 동안 어지러운 것은 극과 극에 해당한다. 마치 날랜 말을 타고 각기 반대 방향을 향해 달리는 것과 같다. 그 거리는 더욱 멀어질 수밖에 없다.

무릇 굽은 나무를 바로 잡는 도지개와 길이와 부피를 헤아리는 척도를 버리면 설령 해중奚仲 같은 명장에게 수레를 만들게 할지라도 바퀴 하나 만들지 못할 것이다. 상으로 장려하고 벌로 억제하지 않으면서 '포법처세' 대신 '배법거세'를 행하면 설령 요순과 같은 성군이 집집마다 찾아다니며 사람들을 설득할지라도 세 집조차 다스리지 못할 것이다. 권세만이 능히 천하를 다스릴 수 있다는 게 분명하다. 그런데도 논객은 '반드시 현자가 있어야만 비로소 다스릴 수 있다'고 했다. 이는 잘못이다. 기름진 밥과 고기를 먹기 위해 백 일을 기다리면 굶주린 사람은 이내 죽고 만다. 지금 요순의 출현을 기다리며 당대의 백성들을 다스리는 것은 마치 백 일 뒤에 나올 기름진 밥과 고기를 기다리며 굶주린 백성을 구하려는 짓이나 다름없다."

～ 시비견수종이생야是比肩隨踵而生也는 어깨를 나란히 하고, 발 뒤꿈치를 따라 차례로 이어지는 일이 생긴다는 의미이다. 진기유는 시是 뒤에 비非를 써야 한다고 주장했으나 그대로 두고 해석하는 게 낫다. 은괄隱栝의 은隱은 도지개를 뜻하는 은檃 내지 은櫽과 같다. 해중奚仲은 하나라 우임금 때 수레를 만든 전설적인 인물이다. 석세위법釋勢委法은 권세와 법을 모두 버린다는 뜻이다.

40-7

"夫曰, '良馬固車, 臧獲御之, 則爲人笑. 王良御之, 則日取乎千里.' 吾不以爲然. 夫待越人之善海遊者以救中國之溺人, 越人善遊矣, 而溺者不濟矣. 夫待古之王良以馭今之馬, 亦猶越人救溺之說也, 不可亦明矣. 夫良馬固車, 五十里而一置, 使中手御之, 追速致遠, 可以及

也, 而千里可日致也, 何必待古之王良乎. 且御, 非使王良也, 則必使
臧獲敗之. 治, 非使堯舜也, 則必使桀紂亂之. 此味, 非飴蜜也, 必苦
萊·亭歷也. 此則積辯累辭·離理失術·兩末之議也, 奚可以難夫道理
之言乎哉. 客議未及此論也."

"또한 논객은 말하기를, '좋은 말이 이끄는 튼튼한 수레일지라도 노
비에게 맡기면 남의 웃음거리가 되나 왕량에게 맡기면 하루에 천리도
갈 수 있다'고 했다. 그러나 나는 그리 생각하지 않는다. 무릇 멀리 떨어
진 월나라에서 헤엄을 잘 치는 사람을 찾아 중원의 물에 빠진 사람을
구하려 하면 월나라 사람이 아무리 헤엄을 잘 칠지라도 물에 빠진 사
람을 구할 길이 없다. 옛날의 뛰어난 마부인 왕량을 기다려 지금의 말
을 몰고자 하는 것 역시 월나라 사람을 찾아 물에 빠진 사람을 구하려
는 것과 같다. 이것이 불가한 것은 분명하다.

좋은 말과 튼튼한 수레가 있을 경우 50리마다 역을 만들면 중간 수
준의 마부를 시켜 수레를 몰지라도 능히 빨리 달려 먼 곳까지 갈 수 있
다. 하루에 1천 리도 가능하다. 어찌 굳이 옛날의 왕량만 고집할 필요
가 있겠는가? 그런데도 논객은 말하기를, '왕량이 아니면 반드시 노비
가 수레를 몰게 돼 실패하고, 요순이 아니면 반드시 걸주가 나타나 천
하를 어지럽히게 된다'고 했다. 마치 이 세상의 모든 맛은 엿이나 꿀처
럼 달거나 아니면 씀바귀나 두루미냉이처럼 쓴 것밖에 없다고 말하는
것과 같다. 이는 억지 논리로 얘기를 복잡하게 만든 적변누사積辯累辭,
사물의 이치에 어긋나고 현실적인 정책과 동떨어진 이리실술離理失術,
양극단에 치우쳐 타당성을 잃은 양말지의兩末之議에 지나지 않는다. 이
런 논리로 어찌 도리에 맞는 『신자』의 주장을 비판할 수 있겠는가? 논
객의 의론은 『신자』의 이론에 미치지 못한다."

⟪ 고래정력苦萊亭歷의 래萊는 씀바귀로 려藜와 같다. 『한비자금주금역』에는 채菜로 되어 있다. 정력亭歷은 두루미냉이를 말한다. 이시진의 『본초강목』에는 쓰거나 단 2가지 종류가 있다고 했다. 정력葶藶으로도 쓴다. 양말지의兩末之議의 '양말'은 좌우 양쪽의 끝을 지칭한 것으로 지성至聖과 지폭至暴을 뜻한다.

제41장 문변(問辯)

🦋41-1

或問曰, "辯安生乎."

어떤 사람이 물었다.
"변론은 어찌하여 생기는 것인가?"

🍃 변辯은 변론을 뜻한다.『맹자』에 호변好辯 표현이 나온다.『묵자』에 흔히 나온다. 여기서는 견백堅白과 백마비마白馬非馬와 같은 궤변을 지칭한다.

🦋41-2

對曰, "生於上之不明也."

내가 대답했다.
"군주가 명찰하지 못한 데서 생긴다."

41-3

問者曰, "上之不明因生辯也, 何哉."

어떤 사람이 물었다.

"군주가 명찰하지 못해 변론이 생기는 이유는 무엇인가?"

41-4

對曰, "明主之國, 令者, 言最貴者也. 法者, 事最適者也. 言無二貴, 法不兩適, 故言行而不軌於法令者必禁. 若其無法令而可以接詐·應變·生利·揣事者, 上必采其言而責其實. 言當, 則有大利. 不當, 則有重罪. 是以愚者畏罪而不敢言, 智者無以訟. 此所以無辯之故也. 亂世則不然. 主有令, 而民以文學非之. 官府有法, 民以私行矯之. 人主顧漸其法令而尊學者之智行, 此世之所以多文學也. 夫言行者, 以功用爲之的彀者也. 夫砥礪殺矢而以妄發, 其端未嘗不中秋毫也, 然而不可謂善射者, 無常儀的也. 設五寸之的, 引十步之遠, 非羿·逢蒙不能必中者, 有常也. 故有常, 則羿·逢蒙以五寸之爲巧. 無常, 則以妄發之中秋毫爲拙. 今聽言觀行不以功用爲之的彀, 言雖至察, 行雖至堅, 則妄發之說也. 是以亂世之聽言也, 以難知爲察, 以博文爲辯. 其觀行也, 以離群爲賢, 以犯上爲抗. 人主者說'辯'·'察'之言, 尊'賢'·'抗'之行, 故夫作法術之人, 立取舍之行, 別辭爭之論, 而莫爲之正. 是以儒服·帶劍者衆, 而耕戰之士寡. '堅白'·'無厚'之詞章, 而憲令之法息. 故曰, '上不明, 則辯生焉.'"

내가 대답했다.

"명군이 다스리는 나라에서는 군주의 명령을 언론言論 가운데 가장 귀중한 것으로 여기고, 법을 정사政事 가운데 가장 적정한 준칙으로 여긴다. 언론에서 군주의 명령을 제외하면 더 이상 귀중한 게 없고, 법은 공과 사 양쪽을 동시에 만족시키는 적이 없다. 언행이 법령에 부합하지 않으면 반드시 금해야 한다. 시행 법령이 없을지라도 간사한 음모에 대처하고, 갑작스런 변고에 대응하고, 나라의 이익을 창출하고, 앞일을 예측하는 신하의 건의를 채택할 때는 반드시 그 실적을 따져봐야 한다. 언론이 실적과 부합하면 중상을 내리고, 그렇지 않으면 중벌을 내린다. 이리하면 어리석은 자는 중벌이 두려워 감히 말하지 못하고, 지혜로운 자 또한 이를 가지고 시비하지 않는다. 명군이 다스리는 나라에서 변론이 일어나지 않는 이유다.

그러나 어지러운 세상이 되면 그렇지 않다. 군주가 명을 내리면 백성은 옛 문헌을 근거로 이를 비방하고, 관청이 법을 시행하면 백성은 다른 사람의 품행을 근거로 이를 어긴다. 군주도 법령을 거둬들이며 옛 문헌을 숭상하는 학자들의 행동과 지혜를 존중하게 된다. 세상에서 옛 문헌을 존중하는 풍조가 만연하게 된 이유다.

무릇 언행은 아무리 고상할지라도 반드시 실질적인 공적을 목표로 삼은 것이어야 한다. 화살을 날카롭게 잘 갈면 아무렇게나 쏠지라도 가을날 짐승의 잔털까지 꿰지 못하는 적이 없다. 그러나 이를 두고 명궁이라고 말할 수는 없다. 정해진 표적이 없기 때문이다. 지금 지름 5촌의 표적을 만들고 1백 보 떨어진 곳에서 활을 쏠 경우 예羿와 방몽逢蒙 같은 천하 명궁이 아니고는 이를 제대로 맞힐 수 없다. 정해진 표적이 있기 때문이다. 정해진 표적이 있으면 예나 방몽처럼 지름 5촌의 표적을 맞히는 것을 두고 교묘하다고 말하지만, 정해진 표적도 없이 화살을 아무렇게나 쏘아 가을날 짐승의 잔털을 꿸지라도 졸렬하다고 말한다.

군주가 신하의 건의를 채택코자 할 때 그 언행이 실질적인 공적을 목표로 삼은 게 아니면 그 말이 아무리 깊고 그 행동이 아무리 확고할지라도 이는 아무렇게나 쏘아댄 화살의 얘기에 지나지 않는다. 어지러운 세상에서는 남의 말을 들을 때 이해하기 어려운 말을 하면 뜻이 깊다고 여기고, 두루 인용하면 시원스런 변론이라고 여긴다. 또 행동을 살필 때 다른 사람과 다른 특이한 행동을 하면 현명하다고 여기고, 윗사람을 비평하면 고매하다고 여긴다. 군주 또한 시류에 휩쓸려 이런 자들의 변설을 좋아하고, 그 행동을 존중한다. 법술을 터득한 선비들은 아무리 해야 될 행동과 하지 말아야 할 행동의 준칙을 확립하고, 논변과 쟁론의 기준을 밝힐지라도 군주의 잘못을 바로잡을 길이 없다.

유복儒服을 걸친 유자와 칼을 허리에 찬 협객은 날로 늘어나고, 평소에 밭을 갈다가 전쟁 때 죽을 각오로 싸우는 전사는 날로 적어지는 이유다. 견백堅白과 무후無厚 등의 궤변이 난무하고, 법령의 규범이 사라지는 것도 이 때문이다. 그래서 말하기를, '군주가 명찰하지 못하면 변론이 일어난다.'고 하는 것이다.

적구的彀의 적的은 표적, 구彀는 활을 당기는 것을 뜻한다. 지려쇄시砥礪殺矢는 숫돌에 갈아 화살을 날카롭게 하는 것을 말한다. 『한비자금주금역』에는 십보지원十步之遠의 십十이 백百으로 되어 있다. 진계천은 『사기』「진시황본기」를 인용해 6척이 1보步라고 풀이했다. 이군離群은 세속적인 무리와 다른 부류라는 뜻이다. 무후無厚는 춘추시대 정나라 대부 등석鄧析이 지은 『등석자』에서 나온 궤변이다. 헌령憲令의 헌憲은 『이아』에서 법과 같은 뜻이라고 했다. '헌령'은 '법령'과 같다.

제42장 문전(問田)

✿42-1

徐渠問田鳩曰, "臣聞智士不襲下而遇君, 聖人不見功而接上. 今陽成義渠, 明將也, 而措於毛伯. 公孫亶回, 聖相也, 而關於州部. 何哉." 田鳩曰, "此無他故異物, 主有道·上有術之故也. 且足下獨不聞楚將宋觚而失其政·魏相馮離而亡其國. 二君者驅於聲詞, 眩乎辯說, 不試於毛伯, 不關乎州部, 故有失政亡國之患. 由是觀之, 夫無毛伯之試·州部之關, 豈明主之備哉."

서거徐渠가 전구田鳩에게 물었다.

"제가 듣건대 지혜 있는 사람은 낮은 자리부터 차례로 오르지 않아도 군주에게 대우를 받고, 성인은 공적을 내보이지 않아도 군주의 측근으로 대접을 받습니다. 지금 양성陽成의 의거義渠는 뛰어난 지혜를 자랑하는 장수나 당초 분대장 급의 하급직에서 출발했고, 공손단회公孫亶回는 덕성이 뛰어난 재상이나 당초 지방 관청의 말단관원에서 출발했습니다. 이는 어찌 된 것입니까?"

전구가 대답했다.

"달리 무슨 까닭이 있는 게 아니라 군주가 나라를 다스리면서 법도

를 지키고, 신하들을 다루면서 술수를 쓰기 때문이오. 그대는 초나라
가 송고宋觚라는 사람을 장군으로 등용했다가 정사에 실패하고, 위나
라가 풍리馮離를 재상으로 삼았다가 패망했다는 얘기를 듣지 못했소?
초나라와 위나라 군주는 두 사람의 명성에 휘둘리고 뛰어난 변설에 현
혹된 나머지 둔백屯伯이나 지방관아의 말단관원으로 일을 시켜보지도
않았소. 그래서 정치에 실패하고 나라가 패망하는 재앙을 입은 것이오.
이로써 보건대 먼저 둔백이나 지방관아의 말단관원에 앉혀 그 능력을
시험한 뒤 등용하지 않으면 어찌 명군의 마음가짐을 지녔다고 할 수 있
겠소?"

　　서거徐渠는 제나라 출신 묵자인 전구田鳩의 제자로 보이나 자세
한 사적은 알려져 있지 않다. 『한서』「예문지」에는 『전구자田俅子』3편
이 있다고 기록해 놓았다. 구俅는 구鳩와 발음이 같다. 양성의거陽成義
渠는 조간자의 신하로 보인다. 『여씨춘추』에 '동안우가 있었던 광문廣門
의 관리에 양성서거陽成胥渠라는 사람이 있었다.'라는 구절이 나온다.
같은 사람으로 추정된다. 『한비자금주금역』에는 명장明將이 명장名將
으로 되어 있다. 조어모백措於毛伯의 모毛를 두고 고광기는 둔屯으로 고
칠 것을 주장했다. 왕선신은 둔백屯伯은 곧 둔장屯長을 의미한다고 했
다. 최표崔豹는 『고금주古今注』「여복輿服」에서 '5인이 오伍, 오장伍長이
백伯이다'라고 했다.

　공손단회公孫亶回의 사적에 대해 자세히 알려진 게 없다. 『문심조룡
文心雕龍』에 손단회孫亶回라는 이름이 나온다. 성상聖相은 뛰어난 재상
으로 성신聖臣과 같다. 주부州部는 하급 지방관원을 말한다. 족하足下
는 통상 군주의 존칭으로 쓰이나 여기서는 대부의 존칭으로 사용됐다.
구어성사驅於聲詞의 구驅는 이리저리 흔들린다는 뜻이다. 성사聲詞는

명성과 교묘한 언설을 의미한다. 현호변설眩乎辯說의 현眩은 미혹된다는 뜻이다. 변설辯說은 궤변과 유세를 말한다.

🌿42-2

堂谿公謂韓子曰, "臣聞, 服禮辭讓, 全之術也. 修行退智, 遂之道也. 今先生立法術, 設度數, 臣竊以爲危於身而殆於軀. 何以效之. 所聞先生術曰, '楚不用吳起而削亂, 秦行商君而富強. 二子之言已當矣, 然而吳起支解而商君車裂者, 不逢世遇主之患也.' 逢遇不可必也, 患禍不可斥也. 夫舍乎全遂之道而肆乎危殆之行, 竊爲先生無取焉." 韓子曰, "臣明先生之言矣. 夫治天下之柄, 齊民萌之度, 甚未易處也. 然所以廢先王之教而行賤臣之所取者, 竊以爲立法術, 設度數, 所以利民萌·便衆庶之道也. 故不憚亂主暗上之患禍, 而必思以齊民萌之資利者, 仁智之行也. 憚亂主暗上之患禍, 而避乎死亡之害, 知明而不見民萌之資利者, 貪鄙之爲也. 臣不忍向貪鄙之爲, 不敢傷仁智之行. 先生有幸臣之意, 然有大傷臣之實."

당계공堂谿公이 한비에게 충고했다.

"제가 든건대 예를 지키고 언제나 겸손한 자세를 지닌 것이 몸을 온전히 하는 술수이고, 행동을 삼가고 지혜를 감추는 것이 삶을 지탱하는 길이라고 했습니다. 지금 선생은 법술을 내세우며 제도를 만들고 있습니다. 저는 내심 선생의 신변에 위태로운 일이 일어나 장차 선생의 몸을 해치게 되지나 않을까 우려됩니다. 어떻게 이를 증명할 수 있을까요? 들은 바에 따르면 선생은 술術을 설명하면서 말하기를, '초나라는 오기를 등용하기 않았기에 영토가 깎이고 문란해졌지만 진나라는 상앙을 등용해 나라가 부강해졌다. 두 사람의 주장은 모두 타당했지만 오기는 사지가 찢기고, 상앙 역시 수레에 온 몸이 찢기는 형벌을 당했다. 이는 제대로 된 세상을 만나지 못하고, 현명한 군주를 만나지 못한 재앙이다'라고 했소. 그러나 제대로 된 세상이나 현명한 군주를 만나는 것을 반드시 기대할 수도 없고, 재앙을 멀리 할 수도 없습니다. 선생은 일신을 온전하게 하여 살아가는 길을 버리고, 위태로운 처신을 하고 있으니 내심 선생이 그리하지 않기를 바랄 뿐입니다."

한비가 대답했다.

"선생의 말씀을 잘 알겠습니다. 무릇 천하를 다스리는 권력의 자루인 이른바 권병權柄이나 백성을 가지런히 하는 법도는 다루기가 매우 어렵습니다. 선왕의 예교禮教를 버리고 저의 주장을 좇는 것은 법술을 내세우며 제도를 만드는 것이 백성에게 이익을 주고, 백성을 편하게 만드는 길이라고 생각하기 때문입니다. 폭군과 암군으로부터 화를 당할 수 있는데도 불구하고 모든 백성의 이익을 위해 마음을 쓰는 것은 어질고 지혜로운 행동입니다. 폭군과 암군으로 인한 화를 두려워한 나머지 죽음의 재난을 피하기 위해 지혜와 총명을 지니고 있는데도 불구하고 백성의 이익을 돌보지 않는 것은 탐욕스럽고 비열한 짓입니다. 저는 탐욕스럽고 비열한 행동을 차마 할 수 없고, 어질고 지혜로운 자의 행동을 감히 손상시킬 수 없습니다. 선생이 저에게 호의를 갖고 충고해 주는 것은 고마우나 오히려 이는 저를 크게 해치는 결과가 되는 까닭에 따를 수가 없습니다."

◑◑ 당계공堂谿公은 한소후 때의 인물로 한비보다 백 년가량 앞서 있다. 이 일화를 후대인의 가필로 보는 견해가 많다. 태어구殆於軀의 태殆를 『광아』「석고」는 무너질 괴壞로 풀이했다. 몸을 죽게 만든다는 뜻이다. 원래 살을 발라낸 뼈 내지 부서진 뼈를 뜻하는 알歹은 죽음과 연

관련 글자의 부수로 되어 있다. 죽을 조殂, 사형에 처할 극殛, 이승과 단절될 수殊, 어린아이가 죽을 상殤 등이 그 실례이다. 하이효지何以效之의 효效는 원래 흉내 낸다는 뜻이다. 여기서는 증명해 보인다는 의미로 사용됐다.

제43장 정법(定法)

43-1
問者曰, "申不害·公孫鞅, 此二家之言, 孰急於國."

어떤 사람이 물었다.
"신불해와 공손앙의 두 학파 주장 가운데 어느 쪽이 나라에 더 긴요합니까?"

43-2
應之曰, "是不可程也. 人不食, 十日則死. 大寒之隆, 不衣亦死. 謂之衣食孰急於人, 則是不可一無也, 皆養生之具也. 今申不害言術而公孫鞅爲法. 術者, 因任而授官·循名而責實·操殺生之柄·課群臣之能者也. 此人主之所執也. 法者, 憲令著於官府·刑罰必於民心·賞存乎愼法·而罰加乎姦令者也. 此臣之所師也. 君無術則弊於上, 臣無法則亂於下, 此不可一無, 皆帝王之具也."

한비가 대답했다.
"이는 헤아려 견줄 수 없는 것이다. 사람이 10일 동안 먹지 않으면 곧 죽고, 큰 추위가 한창일 때 입지 않으면 곧 죽는다. 이를 두고 옷과 음식 중 어느 쪽이 더 긴요하냐고 물으면 어느 것 하나도 없어서는 안 된다고 대답할 수밖에 없다. 모두 양생養生의 도구이기 때문이다. 지금 신불해는 술術을 말했고, 공손앙은 법法을 시행했다. 술은 군주가 신하의 능력에 따라 관직을 주고, 건의를 토대로 실적을 추궁하고, 신하의 생살권을 쥔 채 그 능력을 시험하는 것이다. 이는 군주가 확고히 장악하고 있어야 한다. 법은 관청에 명시돼 있는 법령으로 상벌이 백성의 마음에 깊이 새겨져 있어 법을 잘 지켜 따르면 상을 내리고, 간사한 짓으로 이를 어기면 엄벌을 가하는 것을 말한다. 이는 신하가 확실히 익혀 두어야만 한다. 군주에게 술이 없으면 윗자리에 앉은 채 이목이 가리게 되고, 신하에게 법이 없으면 아래에서 어지러워진다. 이는 하나도 없어서는 안 되는 것으로 모두 제왕이 갖춰야 할 도구이다."

 ☞ 불가정不可程의 정程은 헤아리고 평가한다는 뜻이다. 인임이수관因任而授官은 능력에 따라 관직을 내린다는 의미이다. 순명이책실循名而責實은 내세운 명목에 의거해 그 실적을 추궁한다는 뜻이다. 저어관부著於官府의 저著를 『한비교위』는 명확히 제정한다는 뜻으로 풀이했다. 문맥상 명확히 글로 써 남긴다는 뜻으로 보는 게 낫다. 공포의 뜻으로 사용된 것이다. 간령姦令은 법령을 범하는 위령違令과 같다. 신지소사臣之所師의 사師는 잘 따르며 지킨다는 뜻으로 사법師法과 같은 의미이다.

43-3
問者曰, "徒術而無法, 徒法而無術, 其不可何哉."

어떤 사람이 물었다.

"술만 지닌 채 법이 없거나, 법만 지닌 채 술이 없거나 하면 안 된다는 이유는 무엇입니까?"

43-4

對曰, "申不害, 韓昭侯之佐也. 韓者, 晉之別國也. 晉之故法未息, 而韓之新法又生 先君之令未收, 而後君之令又下. 申不害不擅其法, 不一其憲令, 則姦多. 故利在故法前令, 則道之. 利在新法後令, 則道之. 利在故新相反·前後相勃, 則申不害雖十使昭侯用術, 而姦臣猶有所諛其辭矣. 鼓託萬乘之勁韓, 七十年而不至於霸王者, 雖用術於上·法不勤飾於官之患也."

한비가 대답했다.

"신불해는 한소후를 보필한 사람이다. 한나라는 중원의 진晉나라에서 갈라져 나온 나라이다. 옛 진나라의 법이 아직 폐지되지 않았는데 한나라의 새 법이 만들어지고, 옛 진나라 군주의 명이 아직 거둬지지 않았는데 한나라 군주의 명이 또 내려졌다. 신불해는 그 법을 장악하지 못하고, 그 명을 하나로 통합하지 못했다. 간사한 자가 많아진 이유다. 사람들은 옛 법과 이전의 명을 좇는 게 이로우면 그것을 따랐고, 새 법과 나중의 명을 좇는 게 이로우면 그것을 따랐다. 옛 법과 새 법이 서로 반대되고, 이전의 명과 나중의 명이 서로 엇갈린 탓이다. 이런 상황에서 신불해가 비록 10배의 노력을 기울여 한소후로 하여금 술치술術治術을 쓰게 했지만 간신들은 여전히 궤변을 늘어놓으며 속임수를 썼다. 한소후 사후 한나라 군주들이 1만 대의 병거를 거느린 강대한 한나라를 보유하고, 70년의 시간이 경과했음에도 패업을 이루지는 못한 이유가 여기에 있다. 군주가 위에서 술치술을 구사했음에도 아래로 강력한 법치術法治術을 이용해 관원들이 옛 법령과 새 법령을 농락하며 조성하는 위해를 제대로 다스리지 못했기 때문이다."

　　진지별국晉之別國은 중원의 진나라가 3분돼 성립된 나라라는 의미이다. 전후상패前後相勃의 패勃를 왕선신은 패悖의 가차로 보았다. 70년이부지어패왕자七十年而不至於霸王者 구절의 '칠십七十'을 두고 양계웅을 비롯한 대다수 주석가들은 '십칠十七'로 바꿔야 한다고 했다. 십十과 칠七의 옛 글자가 서로 닮은 데 따른 착오였다는 것이다. 장각은 이를 조목조목 비판했다. 그의 주장에 따르면 양계웅 등은 신불해가 한나라에 재상으로 있었던 기간을 논거로 들고 있으나 『사기』「노장신한열전」과 「한세가」는 그가 17년이 아닌 15년 동안 재상으로 있었다고 기록해 놓았다. 『한비자』가 여기서 '70'이라고 한 것은 신불해가 재상으로 있었던 기간을 지칭한 게 아니다. 신불해가 활약한 시기에서 한비가 「정법」을 편제할 때까지의 시간을 말한 것이다. 나아가 여기의 '70'은 아래 글에 나오는 '수십년이부지어제왕자數十年而不至於帝王者' 구절과 호응하고 있다. 아래 글에 나오듯이 서쪽 진나라의 승상 범수가 응후應侯에 봉해진 것은 진소양왕 41년(기원전 266년)이고, 신불해가 사망한 것은 한소후 22년(기원전 337)이다. 약 70년간의 시차가 난다. 한비가 '70'이라고 쓴 것과 부합한다. 이는 '17'을 잘못 쓴 게 아니라 오히려 역사적인 사실을 정확히 기록한 것일 뿐만 아니라 「정법」의 편제가 기원전 266년이었다는 사실을 암시하고 있다는 게 장각의 주장이다. 이를 좇는 게 옳다.

43-5

"公孫鞅之治秦也, 設告相坐而責其實, 連什伍而同其罪, 賞厚而信, 刑重而必. 是以其民用力勞而不休, 逐敵危而不却, 故其國富而兵强. 然而無術以知姦, 則以其富强也資人臣而已矣. 及孝公·商君死, 惠王即位, 秦法未敗也, 而張儀以秦殉韓魏. 惠王死, 武王即位, 甘茂以秦殉周. 武王死, 昭襄王即位, 穰侯越韓魏而東攻齊, 五年而秦不益尺土之地, 乃城其陶邑之封. 應侯攻韓八年, 城其汝南之封. 自是以來, 諸用秦者, 皆應·穰之類也. 故戰勝, 則大臣尊. 益之, 則私封立. 主無術以知姦也. 商君雖十飾其法, 人臣反用其資. 故乘强秦之資, 數十年而不至於帝王者, 法不勤飾於官·主無術於上之患也."

"상앙은 진나라를 다스리면서 고발과 연좌제를 만들어 실상을 추구했다. 10호나 5호를 하나로 묶어 그 안에서 죄를 함께 지도록 하고, 후한 상과 엄한 벌을 확실히 내렸다. 이에 백성들은 쉬지 않고 힘써 일하고, 적을 쫓을 때는 위험에 빠져도 물러나지 않았다. 나라가 부유해지고 군사가 강해진 이유다. 그러나 진나라 군주는 신하의 간사함을 알아내는 술이 없었다. 애써 이룬 부강이 신하들에게 이익으로 돌아간 이유다.

진효공과 상앙이 죽고 진혜문왕이 즉위했을 때 상앙이 마련한 진나라 법은 아직 폐지되지 않았는데도 장의張儀가 재상이 되어 진나라를 희생시키며 한나라와 위나라로부터 사익을 취했다. 진혜문왕이 죽고 진무왕이 즉위하자 이번에는 감무甘茂가 재상이 되어 진나라를 희생시키며 주나라로부터 사익을 취했다. 진무왕 사후 진소양왕이 즉위하자 섭정에 나선 태후의 동생인 양후穰侯 위염魏冉이 한나라와 위나라를 건너 뛰어 멀리 떨어진 동쪽 제나라를 공략했다. 5년 동안 진나라는 단

한 척도 영토를 넓히지 못했으나 양후는 도陶 땅의 영지를 대대적으로 확장했다. 그의 뒤를 이어 승상의 자리에 오른 응후應侯 범수范雎도 8년 동안 한나라를 공격해 여남汝南을 봉지로 받고 성을 쌓았다. 이후 진나라의 정사를 좌우한 자들 모두 양후와 응후 같은 부류였다. 진나라가 매번 싸움에 이길 때마다 오직 대신들만 존중받고, 매번 영토가 늘어나는데도 오직 대신들의 봉지만 늘어난 이유다. 진나라 군주는 신하의 간사함을 알아내는 술치술이 없었던 것이다.

상앙이 비록 10배의 노력을 기울여 법제를 바로잡고 나라를 부강하게 만들었으나 신하들은 도리어 이를 자신에게 이롭게 이용했다. 진효공 사후 진나라 군주들이 강대국의 모든 조건을 두루 갖추고도 수십 년이 지나도록 제왕의 대업을 이루지 못한 이유가 여기에 있다. 이는 법치술을 이용해 관원들을 바로잡게 하는 법제가 제대로 정비되지 못한 데다, 군주 또한 위에서 제대로 술치술을 제대로 구사하지 못한 데 따른 재앙이다.

༄ 효공孝公은 진목공의 15세 손인 진효공秦孝公을 말한다. 이름은 거량渠梁이다. 상군商君은 상앙을 말한다. 중국의 초대 사회과학원장을 지낸 곽말약은 진효공을 중국의 전 역사를 통틀어 가장 대공무사大公無私한 정사를 펼친 군주로 꼽았다. 상앙을 전폭 신뢰했기 때문이라는 게 논거다. 그는 평가하기를, "진효공이 역사상 가장 '대공무사'한 정사를 펼칠 수 있었던 것은 법가사상가인 상앙을 전폭 신임했기 때문에 가능했다. 그의 상앙에 대한 신임과 지지는 춘추시대 관중에 대한 제환공의 신임, 삼국시대 제갈량에 대한 유비의 신임, 북송대 왕안석王安石에 대한 신종神宗의 신임 등 그 어느 것과 비교할 수 없을 정도로 높았다."고 했다.

내성기도읍지봉乃城其陶邑之封의 성城을 고광기와 왕선신 등은 성成으로 바꿔야 한다고 했다. 양후 위염이 한나라와 위나라를 건너 뛰어 동쪽으로 제나라를 칠 때는 이미 도陶 땅을 봉지로 받은 뒤였다.『사기』「양후열전」과 「범수채택열전」 등에 따르면 양후 위염은 진소양왕 16년(기원전 291)에 다시 승상이 돼 양穰 땅에 봉해지면서 봉지에 도陶 땅이 더해졌다. 진기유와『한비자교주』가 축성築城으로 해석했으나 이들 뒷받침할 만한 사서의 기록이 없다. 장각은 영지의 확장을 뜻하는 성盛의 뜻으로 새겼다. 진소양왕 36년(기원전 271)에 양후가 대대적으로 봉지를 넓혔다는『사기』「양후열전」의 '광기도읍廣其陶邑' 구절이 그 증거이다.

성기여남지봉城其汝南之封은 응후 범수가 응應 땅에 봉해진 것을 언급한 것이다. 윤동양은 여수汝水의 남쪽인 여남汝南이 바로 범수가 진소양왕 41년(기원전 266)에 봉지로 얻은 '응' 땅이라고 했다.법불근칙어관法不勤飾於官의 칙飾은 삼가며 정비한다는 뜻의 칙飭과 통한다. 노문초를 비롯한 대다수 주석가들은 여기의 불不을 수雖로 바꿔야 한다고 했다. 장각에 따르면 이는 바로 앞에 나오는 '수십년이부지어제왕자數十年而不至於帝王者' 구절을 제대로 해석치 못한 탓이다. 이 구절의 주어는 진효공과 상앙이 아니라 진효공 이후의 진나라 군주이다. 상앙 사후 수십 년 동안 진나라 군주들이 관원들을 바로잡는 '근칙어관勤飾於官'을 제대로 행하지 못했다고 지적한 것이다. 불不을 수雖로 고칠 경우 역사적 사실에 부합하지도 않을 뿐만 아니라 한비가 말하고자 한 바를 정반대로 해석케 된다는 게 장각의 주장이다.

43-6

問者曰, "主用申子之術, 而官行商君之法, 可乎."

어떤 자가 물었다.

"그렇다면 군주가 신불해의 술을 쓰고, 관원이 상앙의 법을 행하면 되겠습니까?"

43-7

對曰, "申子未盡於法也. 申子言, '治不逾官, 雖知弗言.' '治不逾官', 謂之守職也, 可. '知而弗言', 是不謂過也. 人主以一國目視, 故視莫明焉. 以一國耳聽, 故聽莫聰焉. 今知而弗言, 則人主尙安假借矣. 商君之法曰, '斬一首者, 爵一級, 欲爲官者爲五十石之官. 斬二首者, 爵二級, 欲爲官者爲百石之官.' 官爵之遷與斬首之功相稱也. 今有法曰, '斬首者令爲醫·匠.' 則屋不成而病不已. 夫醫者, 手巧也. 而醫者, 齊藥也. 而以斬首之功爲之, 則不當其能. 今治官者, 智能也. 今斬首者, 勇力之所加也. 以勇力之所加而治智能之官, 是以斬首之功爲醫·匠也. 故曰, '二子之於法術, 皆未盡善也.'

한비가 대답했다.

"신불해의 술은 아직 미진하고, 상앙의 법 역시 아직 완비되지 못했다. 신불해는 말하기를, '관원은 일을 처리할 때 직분을 넘지 않아야 하고, 비록 알아도 말하지 않아야 한다.'고 했다. '직분을 넘지 않아야 한다.'는 주장은 자신이 맡은 직무에 충실해야 한다는 뜻이니 이해할 만하다. 그러나 '알아도 말하지 않아야 한다.'는 주장은 신하의 잘못을 군주에게 고하지 말아야 한다는 게 된다. 군주는 백성의 눈을 빌려 살핀다. 이보다 더 잘 볼 수가 없다. 또 군주는 백성의 귀를 통해 듣는다. 이보다 더 잘 들을 수가 없다. 그런데 신불해는 지금 '알아도 말하지 않아야 한다.'고 주장했다. 그렇다면 군주는 누구의 눈과 귀를 빌려 천하의 실정을 알 수 있겠는가?

상앙은 자신이 선포한 법령에서 이르기를, '적장의 수급首級을 하나 얻은 자에게는 벼슬을 한 등급 올려주고, 관원이 되기를 바라면 봉록 50석의 관직을 내린다. 적장의 수급을 2개 얻은 자에게는 벼슬을 2등급 올려주고, 관원이 되기를 바라면 봉록 100석의 관직을 내린다.'고 했다. 관작의 승진을 적장의 수급을 얻는 공과 연계시킨 것이다.

만일 법령에서 포고키를, '적장의 수급을 얻은 자를 의사나 목수로 삼는다.'고 하면 능력과 부합하지 않는 까닭에 집은 만들어지지 않고 병 또한 낫지 않을 것이다. 무릇 목수란 손재주가 있어야 하고, 의사는 약을 잘 제조할 줄 알아야 한다. 그런데도 적장의 수급을 얻은 공이 있다는 이유로 그들을 목수나 의사로 삼는다면 그 능력에 부합치 못하게 된다. 지금 관원이 직무를 제대로 수행키 위해서는 지능智能이 있어야 한다. 적장의 수급은 용력勇力의 결과물이다. 용력이 뛰어난 사람을 지능이 필요한 관원으로 삼으면 적장의 수급을 얻은 자를 의사나 목수로 삼는 짓이나 다름없다. '신불해와 상앙의 법술은 아직 미진해 완성되지 못했다'고 말하는 이유다.

🖎 고광기는 '신자미진어申子未盡於' 뒤에 '술상군미진어術商君未盡於'의 6자가 누락돼 있다고 주장했다. 노문초는 원문의 법法을 술術로 고친 뒤 원문 그대로 해석했다. 진기유와 진계천 등이 이를 좇았다. 고광기의 설을 좇는 게 문맥상 자연스럽다. 불위과야不謂過也의 위謂가 『한비자금주금역』에는 알謁로 되어 있다. 건도본은 '불위과야'로 되어 있으나 명대에 나온 판본들은 정반대의 의미인 '위과야謂過也'로 되어 있다. 오여륜과 유사배는 '위당위알謂當爲謁'로 풀이했다. 건도본을 좇아 원문대로 해석하는 게 낫다.

　'참일수자斬一首者, 작일급爵一給'의 수首를『한비자교주』는 갑사甲士의 머리를 뜻하는 갑수甲首로 풀이했다. 갑사는 투구와 갑옷을 입은 정예병을 말한다.『상군서』「경내境內」에 '능득작수일자能得爵首一者, 작상일급爵賞一給' 구절이 나온다. 여가의 '작수'는 작위를 받은 적국의 고위군관을 지칭한 것이다. 결코 '갑수'를 뜻하는 게 아니다.

제44장 설의(說疑)

44-1

凡治之大者, 非謂其賞罰之當也. 賞無功之人, 罰不辜之民, 非所謂明也. 賞有功, 罰有罪, 而不失其人, 方在於人者也, 非能生功止過者也. 是故禁姦之法, 太上禁其心, 其次禁其言, 其次禁其事. 今世皆曰, "尊主安國者, 必以仁義智能." 而不知卑主危國者之必以仁義智能也. 故有道之主, 遠仁義, 去智能, 服之以法. 是以譽廣而名威, 民治而國安, 知用民之法也. 凡術也者, 主之所執也. 法也者, 官之所師也. 然使郎中日聞道於郎門之外, 以至於境內日見法, 又非其難者也.

무릇 뛰어난 정치는 상벌을 시행하는 것만으로는 충분치 않다. 물론 공이 없는 자에게 상을 주거나 죄가 없는 자에게 벌을 주는 것은 밝게 살피는 게 아니다. 공이 있는 자에게 상을 주고 죄지은 자를 벌하는 것은 당사자에게 그치는 까닭에 그것으로 사람들로 하여금 능히 공을 세우게 하거나 잘못을 저지르지 않게 할 수는 없다. 간사한 짓을 못하게 하는 방안으로 간사한 마음을 없애는 것이 최상이고, 간사한 말을 못하게 하는 것이 차상이고, 간사한 짓을 금하는 것이 그 다음이다.

　지금 세인들은 말하기를, '군주를 존귀하게 하고 나라를 편하게 하는 것은 반드시 인의와 지능이다'라고 한다. 이들은 군주를 비천하게 만들고 나라를 위태롭게 만드는 것 또한 인의와 지능이라는 사실을 모르고 있다. 치도를 아는 군주는 인의를 멀리하고, 지능을 버린다. 오직 법을 사용해 백성들이 따르게 할 뿐이다. 그리하면 칭송이 자자하고 명성을 크게 떨칠 것이다. 백성이 잘 다스려지고 나라 또한 편안해진다. 군주가 신하를 제대로 다스리는 법술을 터득한 덕분이다. 무릇 '술'은 군주가 확고히 장악하고, '법'은 관원이 정확히 좋아야 하는 것이다. 군주가 근신인 낭중郎中을 날마다 궁 밖으로 내보내 법을 널리 전하면서 멀리 국경 일대까지 법의 내용을 소상히 알게 하는 일은 그리 어려운 일이 아니니다.

　🌀 낭중郎中은 궐 안에 머물며 군주 측근에서 시종하는 관원을 말한다. 낭문지외郎門之外는 궐 밖이라는 뜻이다. 랑郎은 랑廊과 통한다.

🌿44-2

　昔者有扈氏有失度, 讙兜氏有孤男, 三苗有成駒, 桀有侯侈, 紂有崇侯虎, 晉有優施, 此六人者, 亡國之臣也. 言是如非, 言非如是, 內險以賊, 其外小謹, 以徵其善. 稱道往古, 使良事沮. 善禪其主, 以集精微, 亂之以其所好. 此夫郎中左右之類者也. 往世之主, 有得人而身安國存者, 有得人而身危國亡者. 得人之名一也, 而利害相千萬也, 故人主左右不可不愼也. 爲人主者誠明於臣之所言, 則別賢不肖如黑白矣.

　옛날 하나라 때 유호씨有扈氏 나라의 실도失度, 요임금 때 환두씨讙兜

氏 나라의 고남孤男, 삼묘三苗의 나라의 성구成駒, 하나라 걸 때의 추치
推侈, 상나라 주 때의 숭후崇侯 호虎, 주나라 때 중원 진나라의 배우 시
施 등은 모두 군주의 측근들이다. 이들 6인의 측근은 모두 나라를 망친
자들이다. 이들 모두 하나같이 옳은 것을 그르다 하고, 그른 것을 옳다
고 했다. 내심 음흉한 마음을 품고도 겉으로는 작은 일조차 근신하여
충성을 다하는 모습을 보였다. 그러나 걸핏하면 옛 것을 칭송해 지금의
좋은 일을 방해하고, 교묘한 방법으로 군주를 부추겨 은밀한 내막을
캐면서 군주가 즐기는 것을 이용해 그 마음을 혼란에 빠뜨렸다. 이들은
군주를 곁에서 모시는 낭중이나 측근과 비슷한 부류들이다.

옛날 군주 가운데 인재를 얻은 덕분에 일신은 평안하고 나라는 번창
한 일이 있는가 하면, 정반대로 인재를 얻었기에 일신이 위태롭게 되고
나라가 멸망한 사례도 있다. 같은 인재인데도 그 이해관계는 하늘과 땅
만큼의 차이가 있다. 군주가 측근을 선발할 때 신중하지 않으면 안 되
는 이유다. 군주가 신하들의 말을 잘 살필 수만 있어도 그 현불초가 흑
백을 가리는 것처럼 분명히 드러날 것이다.

유호씨有扈氏는『서경』「감서」와『묵자』「명귀 하」에 따르면 하나
라가 감甘 땅에서 싸운 상대이다. 윤동양은 유호씨가 지금의 섬서성 호
현鄠縣에 봉해졌던 나라로 보았다. 실도失度는 유호씨를 섬기면서 멋대
로 정사를 펼쳐 패망했다는 뜻이다. 환두씨讙兜氏는『서경』「요전」에 환
두驩兜로 되어 있다. 요임금 때 사흉四凶 중 하나로 지목돼 남산으로 추
방됐다. 그 밑에 고남孤男이 있어 법을 지키지 않았다. 삼묘三苗는『한
비자교주』에 따르면 한족을 괴롭힌 남방민족으로 유묘有苗로도 쓴다.
윤동양은『전국책』「위책」을 근거로 지금의 호남과 호북, 강서 일대에
거주했던 민족으로 보았다. 성구成駒는 사람 이름이다.

후치侯侈를 후토다는『노사路史』를 근거로 걸왕 때 재상을 지낸 인물로 보았다. 후侯를 왕념손은 추隹로 바꿔야 한다고 했다. 글자가 유사해 와전됐다는 것이다.『묵자』의 「소염」과 「명귀」에는 추치推哆,『한서』「고금인표」에는 추치推侈로 되어 있다. 대희大犧와 함께 걸왕 때 간신 노릇을 한 인물이다. 숭후崇侯는 숭崇나라 군주 호虎를 말한다. 악래惡來와 더불어 상나라 주紂 때의 간신으로 유명하다. 선선기주善禪其主의 선禪을 두고 왕선신은 멋대로 행하는 전행專行으로 풀이하면서 천擅과 통하는 것으로 보았다.

🐌 44-3

若夫許由·續牙·晉伯陽·秦顚頡·衛僑如·狐不稽·重明·董不識·卞隨·務光·伯夷·叔齊, 此十二人者, 皆上見利不喜, 下臨難不恐. 或與之天下而不取. 有莘辱之名, 則不樂食穀之利. 夫見利不喜, 上雖厚賞, 無以勸之. 臨難不恐, 上雖嚴刑, 無以威之. 此之謂不令之民也. 此十二人者, 或伏死於窟穴, 或槁死於草木, 或飢餓於山谷, 或沈溺於水泉. 有民如此, 先古聖王皆不能臣, 當今之世, 將安用之.

무릇 허유許由, 속아續牙, 진晉나라의 백양伯陽, 진秦나라의 전힐顚頡, 위衛나라의 교여僑如, 그리고 호불계狐不稽와 중명重明, 동불식董不識, 변수卞隨, 무광務光, 백이伯夷와 숙제叔齊 등은 모두 현자이다. 이들 12인의 현자 모두 위로는 명리를 보아도 기뻐하지 않고, 아래로는 자신에게 어떤 어려움이 닥쳐도 두려워하지 않고, 심지어 천하를 물려주려 해도 받지 않았다. 치욕스런 명성이 있으면 두터운 봉록을 내릴지라도 좋아하지 않았다. 무릇 이로운 것을 보고도 좋아하지 않는다면 비록 군주가 중상을 내리며 부탁해도 듣지 않을 것이고, 아무리 어려운 일을 당해도 두려워할 줄 모르면 비록 군주가 엄벌을 내리며 금할지라도 위협이 될 수 없다. 이들을 일컬어 명령을 따르지 않는 '불령지민不令之民'이라고 한다. 이들 12인의 '불령지민'은 동굴에서 엎드려 죽기도 하고, 초목이 우거진 들판에서 말라 죽기도 하고, 산골짜기에서 아사하기도 하고, 몸을 물에 던져 스스로 빠져 죽기도 했다. 이런 '불령지민'은 옛날 성왕도 신하로 쓸 수 없었는데 요즘 세상의 군주들이 이들을 어떻게 신하로 쓸 수 있겠는가?

🕊 속아續牙와 백양伯陽은 요순 때의 인물이다. 『한서』에는 속신續身과 백양伯陽으로 되어 있다. 『여씨춘추』「본미本味」에는 속아를 속이續耳로 표현해 놓았다. 『전국책』「제책」은 요순 때의 신하 이름을 나열해 놓았다. 요임금에게는 소위 구좌九佐가 있었다. 사도司徒인 순舜, 사마司馬인 설契, 사공司空인 우禹, 전주田疇인 후직后稷, 악정樂正인 기夔, 공사工師인 수倕, 질종秩宗인 백이伯夷, 대리大理인 고요皐陶, 구금驅禽인 익益 등이 그들이다. 순임금에는 칠우七友가 있었다. 도웅雄陶, 방회方回, 속아續牙, 백양伯陽, 동부자東不訾, 진불허秦不虛, 영보靈甫 등이 그들이다. 우임금에는 오승五丞이 있었다. 화익化益, 도陶, 직성直成, 횡혁橫革, 지보支父가 그렇다. 탕임금에게는 삼보三輔가 있었다. 의백誼伯, 중백仲伯, 구선咎單 등이 그들이다. 『한서』「고금인표」 역시 이를 그대로 좇았다.

진전힐秦顚頡은 『한서』「고금인표」에 따르면 순임금 때 활약한 '7우'의 일원인 진불허秦不虛를 말한다. 허블계狐不稽는 『장자』「대종사」의 호불해狐不偕와 같은 인물이다. 『경전석문』에는 옛날의 현인으로 기록돼 있다. 중명重明은 '7우'의 일원인 영보靈甫, 동불식董不識은 동부자東不訾와 같은 인물이다. 변수卞隨와 무광務光은 각각 하나라와 상나라

때의 은자이다. 『장자』「양왕」과 『순자』「성상」에도 나온다. 식곡食穀의
곡穀은 녹祿의 뜻이다.

🐝44-4

若夫關龍逢·王子比干·隨季梁·陳泄冶·楚申胥·吳子胥, 此六人者,
皆疾爭强諫以勝其君. 言聽事行, 則如師徒之勢. 一言而不聽, 一事
而不行, 則陵其主以語, 待之以其身, 雖身死家破, 要領不屬, 手足異
處, 不難爲也. 如此臣者, 先古聖王皆不能忍也, 當今之時, 將安用
之.

무릇 하나라 때의 관용방關龍逢, 상나라 왕자 비간比干, 수隨나라의
계량季梁, 진陳나라의 설야泄冶, 초나라의 보신葆申, 오나라의 오자서吳
子胥 등은 모두 충신이다. 이들 6인의 충신은 모두 격렬한 논쟁과 강경
한 간언을 고집하며 군주를 이기려고 했다. 진언이 받아들여져 실행에
옮겨지면 마치 스승과 제자처럼 함께 일을 열심히 추진한다. 그러나 군
주가 한마디라도 듣지 않고 한 가지 일이라도 실행에 옮기지 않으면 이
내 말로 군주를 능멸하고, 권세로 군주를 위협한다. 이것도 제대로 안
되면 비록 일신이 죽임을 당하고 집안이 무너지는 것은 물론 사후에 목
과 허리가 잘리고 손발이 흩어질지라도 이를 두려워하지 않는다. 이런
충신들은 옛날 성왕도 차마 견뎌내지 못했는데 요즘 세상의 군주들이
이들을 어떻게 신하로 쓸 수 있겠는가?

🐍 계량季梁을 『춘추좌전』「노환공 6년」조는 수나라의 현신으로
기록해 놓았다. 설야泄冶는 진영공陳靈公이 신하들과 함께 하어숙의 아
내 하희夏姬와 음행을 하는 것을 간하다가 죽임을 당했다. 『춘추좌전』

「노선공 9년」조에 나온다. 신서申胥를 두고 고광기는 초문왕 때 극간을
행한 보신葆申으로 바꿔야 한다고 했다. 『여씨춘추』 「직간直諫」의 주에
서 고유高誘는 보섭를 관직인 태보太葆 즉 태보太保, 이름을 신申으로
풀이했다. 「직간」의 기록에 따르면 초문왕이 뛰어난 사냥개인 여황지구
茹黃之狗와 빼어난 화살인 완로지증宛路之矰을 얻었다. 이에 3달 동안
수렵을 하며 궁으로 돌아오지 않았다. 이후 단희丹姬를 얻자 음행을 즐
기며 1년이 되도록 정사를 돌보지 않았다. 태보 신이 나서 선왕의 명에
따르면 왕의 죄는 응당 태형笞刑에 해당한다고 말했다. 초문왕이 용서
해 줄 것을 빌자 태보 신은 "신은 비록 대왕에게 죄를 지을지언정 법을
굽혀 선왕에게 죄를 지을 수 없다"며 입장을 굽히지 않았다. 초문왕이
자리를 깔고 엎드리자 태보 신은 작은 회초리 50개를 다발로 묶은 뒤
무릎을 꿇고 앉아 초문왕의 등에 두 번 올려놓았다. 초문왕이 태형에
처한 것은 말뿐이고 하나도 아프지 않으니 충분히 때려 달라고 청했다.
태보 신은 "군자는 태형을 부끄럽게 여기고 소인은 아파한다."며 형틀
있는 곳으로 가 죽을죄를 청했다. 초문왕이 "이는 과인의 잘못이다. 그
대에게 무슨 죄가 있는가?"라며 이내 '여황지구'를 없애고, '완로지증'
을 부러뜨리고, 단희를 내쫓았다. 이후 초나라는 39개국을 병탄하게 됐
다. 이를 두고 『여씨춘추』는 '초나라가 이처럼 방대한 영토를 얻게 된
것은 태보 신이 극간을 했기에 가능했다'고 기록해 놓았다.

☙ 44-5

若夫齊田恒·宋子罕·魯季孫意如·晉僑如·衛子南勁·鄭太宰欣·楚白
公·周單荼·燕子之, 此九人者之爲其臣也, 皆朋黨比周以事其君, 隱
正道而行私曲, 上逼君, 下亂治, 援外以撓內, 親下以謀上, 不難爲
也. 如此臣者, 唯聖王智主能禁之, 若夫昏亂之君, 能見之乎.

무릇 제나라의 진항陳恒, 송나라의 자한子罕, 노나라의 계손의여季孫意如, 중원 진나라의 교여僑如, 위衛나라의 자남경子南勁, 정나라 태재太宰 흔欣, 초나라 백공白公 승勝, 주나라 권신 선도單荼, 연나라 재상 자지子之 등은 모두 권신이다. 이들 9인의 권신은 모두 붕당을 만들어 서로 긴밀히 협조하며 군주를 섬겼는데 하나같이 바른 길을 감추고 사사로운 이익을 추구했다. 위로는 군주를 위협하고, 아래로는 나라를 어지럽혔다. 밖으로 외국의 권세를 빌려 나라 안의 정사를 어지럽게 만들고, 일련의 시혜로 백성들의 인기를 모아 이내 모반을 꾀했다. 이는 이들에게 하등 어려운 일이 아니었다. 이런 권신들은 오직 성왕만이 제대로 금압할 수 있었는데 어리석고 어두운 군주들이야 어찌 그들의 시커먼 속셈을 알아챌 수 있겠는가?

🐚 계손의여季孫意如는 노나라 권신으로 노소공에게 역공을 가해 제나라로 쫓아내는 데 앞장섰다. 『춘추좌전』「노소공 25년」조에 당시 상황이 자세히 기술돼 있다. 진교여晉僑如의 진晉은 연자衍字이다. '교여'는 노나라 권신 숙손교여를 말한다. 노성공의 모후인 목강穆姜과 사통하고, 노성공과 중원 진나라 군주를 움직여 계손과 맹손을 제지하려다가 실패해 제나라로 추방됐다. 다시 제경공의 부인이자 제영공의 모친인 송나라 여인 성맹자聲孟子와 사통해 고씨와 국씨 중간 정도의 고관 자리에 있다가 위衛나라로 망명했다. 『춘추좌전』「노성공 16년」조에 자세한 내용이 나온다.

자남경子南勁을 두고 후토다는 풀이키를, "『사기』「주본기」의 주석에 나오는 『급총고문汲冢古文』에 따르면 위衛나라 장수 문자文子가 자남미모子南彌牟이다. 후손 중에 '자남경'이 나왔다. 그가 위魏나라 조정을 섬길 당시 위魏나라 혜성왕惠成王이 위衛나라로 가면서 그를 제후에 봉했

다"고 했다. 『사기』 「위세가」에 따르면 위령공衛靈公의 아들 영郢의 자가
자남子南이다. 그가 위나라 장수 위문자衛文子인 '자남미모' 즉 공손 미
모를 낳았고, 그 후예가 바로 '자남경'일 공산이 크다. 『급총고문』의 기
록처럼 위魏나라의 위세를 빌려 위衛나라의 보위에 오른 듯하다. 『사기
정의』는 안사고의 말을 인용해 자남子南은 성씨가 아닌 봉읍의 이름이
라고 주장했다. 태재흔太宰欣의 사적은 자세히 알려진 게 없다. 주선도
周單荼는 『춘추좌전』과 『국어』 등에 나오는 선양공單襄公과 선헌공單獻
公처럼 주왕실의 권신으로 보인다. 『춘추좌전』 「노소공 26년」조에 따르
면 주왕실에서 왕자의 반란이 일어났을 때 권신 선기單旗의 이름이 나
온다. 시호는 선목공單穆公이다. 그는 왕실 내분의 단초를 제공한 인물
이기도 하다.

⚸44-6

若夫后稷·皋陶·伊尹·周公旦·太公望·管仲·隰朋·百里奚·蹇叔·舅犯·
趙衰·范蠡·大夫種·逢同·華登, 此十五人者爲其臣也, 皆夙興夜寐, 卑
身賤體, 竦心白意. 明刑辟·治官職以事其君, 進善言·通道法而不敢
矜其善, 有成功立事而不敢伐其勞. 不難破家以便國, 殺身以安主.
以其主爲高天·泰山之尊, 而以其身爲壑谷·鬴洧之卑. 主有明名廣譽
於國, 而身不難受壑谷鬴洧之卑. 如此臣者, 雖當昏亂之主尚可致
功, 況於顯明之主乎. 此謂霸王之佐也.

무릇 요순 때의 후직后稷과 고요皋陶, 상나라 때의 이윤伊尹, 주나라
때의 주공周公 단旦과 태공망太公望 여상呂尙, 제나라의 관중管仲과 습
붕隰朋, 서쪽 진나라의 백리해百里奚와 건숙蹇叔, 중원 진나라의 구범舅
犯과 조최趙衰, 월나라의 범리范蠡와 대부大夫 문종文種 및 봉동逢同,

오나라의 화등華登 등은 현신이다. 이들 15인의 현신 모두 모범적인 신하들로 아침 일찍 일어나고 밤늦게 잠자리에 들었다. 스스로 몸을 낮추고 마음을 청렴결백하게 하여 형벌을 밝히고 직무를 완수하는 데 애쓰면서 성심으로 군주를 섬겼다. 좋은 정책만 진언하고, 나라를 다스리는 도를 터득했으면서도 자신의 뛰어난 면을 자랑하지 않고, 공을 세우고 일을 성취해도 그 노고를 전혀 드러내지 않았다. 집안을 희생하면서 나라의 이익을 도모하고, 몸을 희생하면서 군주의 안전을 꾀했다. 군주를 하늘이나 태산泰山처럼 받들고 자신은 깊은 골짜기나 부수釜水와 유수洧水처럼 낮췄다. 나라 안에 군주의 명성을 크게 떨칠 수만 있다면 자신의 위신은 깊은 골짜기나 부수와 유수처럼 낮은 곳에 떨어질지라도 전혀 괘념하지 않았다. 이런 현신은 비록 어리석고 어두운 군주를 만날지라도 능히 공을 이룰 수 있다. 하물며 명군을 만난 경우이겠는가? 이런 신하를 일컬어 패왕을 보좌할 만한 자질을 지닌 '패왕지좌霸王之佐'라고 한다.

꩜ 조최趙衰는 진문공의 패업에 대공을 세운 인물로 훗날 그의 후손이 조나라를 세웠다. 자는 자여子餘이고 시호는 조성자趙成子이다. 봉동逢同은 『사기』「월왕구천세가」에 따르면 백비와 공모해 오자서를 죽음으로 몰아넣은 구천의 책사이다. 화등華登은 『춘추좌전』「노소공 20년」조 등에 따르면 송나라 권신인 사마 화비수華費遂의 아들이다. 난을 일으켰다가 실패하자 오나라로 망명했다가 2년 뒤인 노소공 20년에 다시 초나라로 망명했다.

부유지비鬴洧之卑의 부유鬴洧를 두고 왕선신은 솥의 일종인 부복釜鍑의 가차로 간주해 사방이 높고 중앙은 낮아 계곡 모양을 이루는 지형으로 풀이했다. 진기유와 양계웅 및 『한비자교주』 등이 모두 이를 좇았다. 여기의 부鬴는 부수釜水를 말한다. 지금의 하북성 자현磁縣 서북쪽에 있는 부산滏山에서 발원하는 까닭에 부수滏水로도 불렸다. 지금의 부양하滏陽河로 조나라에 속해 있었다. 유洧는 지금의 하남성 등봉현 동양성산東陽城山에서 발원하는 유수洧水를 말한다. 정나라 도성을 흐르던 강으로 정나라가 패망한 후 한나라에 속하게 됐다. 한비가 '부수'와 '유수'를 예로 든 것은 깊은 산속의 계곡물을 뜻하는 학곡壑谷의 비유를 보다 구체적으로 설명하기 위한 것이다.

44-7

若夫周滑之·鄭公孫申·陳公孫寧·儀行父·荊芋尹申亥·隨少師·越種干·吳王孫頟·晉陽成泄·齊豎刁·易牙, 此十二人者之爲其臣也, 皆思小利而忘法義, 進則掩蔽賢良以陰暗其主, 退則撓亂百官而爲禍難. 皆輔其君, 共其欲, 苟得一說於主, 雖破國殺衆, 不難爲也. 有臣如此, 雖當聖王尙恐奪之, 而況昏亂之君, 其能無失乎. 有臣如此者, 皆身死國亡, 爲天下笑. 故周威公身殺, 國分爲二. 鄭子陽身殺, 國分爲三. 陳靈公身死於夏徵舒氏. 荊靈王死於乾谿之上. 隨亡於荊. 吳幷於越. 知伯滅於晉陽之下. 桓公身死七日不收. 故曰, '諂諛之臣, 唯聖王知之. 而亂主近之, 故至之身死國亡.'

무릇 주나라의 활지滑之, 정나라의 공손 신申, 진陳나라의 공손녕公孫寧과 의행보儀行父, 초나라의 우윤芋尹 신해申亥, 수隨나라의 소사少師, 월나라 대부 종간種干, 오나라의 왕손 낙頟, 중원 진나라의 양성설陽成泄, 제나라의 수조豎刁와 역아易牙는 간신이다. 이들 11인의 간신 모두 사사롭게 작은 이익에 얽매여 법도를 잊었다. 현량한 인재를 쓰이지 못하게 막으며 음모를 꾀하고, 물러나서는 신하들을 이간하며 화난을 조성했다. 보좌하는 동안 군주를 선동해 함께 악행을 저지르거나, 군주의 작은 즐거움을 위해서라면 설령 나라를 망치고 백성을 죽이는 일일지라도 이를 서슴지 않았다. 신하가 이와 같으면 비록 성왕일지라도 이들에게 나라를 빼앗길 우려가 컸는데 하물며 우매하고 어두운 군주야 어찌 나라를 빼앗기지 않을 리 있겠는가? 이런 신하가 있게 되면 군주 모두 목숨을 잃게 되고 나라 또한 패망해 천하 사람의 웃음거리가 된다.

일례로 주위공周威公은 죽임을 당하고 나라는 둘로 쪼개졌고, 정나라 자양子陽은 죽임을 당하고 나라는 셋으로 쪼개졌고, 진영공陳靈公은 하징서夏徵舒의 집에서 죽임을 당했고, 초영왕楚靈王은 간계乾谿에서 객사했고, 수나라는 초나라에 의해 멸망했고, 오나라는 월나라에 합병됐고, 지백은 진양성 아래서 죽었고, 제환공은 비록 패업을 이루기는 했으나 내란으로 아사한 뒤 오랫동안 시신이 방치됐다. '아첨하며 사리를 꾀하는 신하는 오직 성왕만이 알 수 있다. 난군亂君은 이들 간신을 가까이 하는 바람에 죽임을 당하고 나라 또한 패망케 된다.'는 얘기가 나온 이유다.

◦◦◦ 주활지周滑之에 대해 고광기는 주위왕周威王의 신하로 보았다. 『한비자금주금역』에는 활백滑伯으로 되어 있다. 정나라 공손公孫 신申은 원문에 왕손王孫으로 되어 있다. 왕선신은 정나라는 전국시대 초기에 패망한 까닭에 왕호를 칭한 적이 없다며 '공손'으로 바꿔야 한다고 했다. 자세한 사적은 알 길이 없다. 신해申亥는 초나라 대부 신무우申無宇의 아들을 말한다. 초영왕은 사냥을 나갔다가 궁정반란으로 축출된 후 우윤芋尹으로 있던 신해申亥의 집에서 자진했다. 『춘추좌전』「노소공 13년」조에 자세히 기록돼 있다.

수소사隨少師의 '소사'는 관직 명칭이다. 『춘추좌전』 「노환공 6년조」에 의하면 초나라가 수나라를 침공했다가 소사少師가 군주에게 아첨하는 것을 보고 일부러 군사를 줄이고 소사를 거만하게 굴도록 만들었다. 수나라의 현신 계량季梁이 이를 방지했다. 월나라 종간種干의 사적은 자세히 알 길이 없다. 왕손 낙額은 『국어』에 낙雒으로 나온다. 원래 발음은 '액'이나 고광기는 낙額과 낙雒은 서로 통한다고 보았다. 『국어』 「오어」에 따르면 오왕 부차가 북쪽의 황지黃池에서 여러 제후들과 회맹해 패자의 자리에 오를 때 월왕 구천이 오나라 도성을 공격했다. 이때 왕손 낙이 부차에게 먼저 중원의 진나라를 제압한 후 월나라를 격퇴할 것을 건의했다.

진양성설晉陽成泄을 두고 고광기는 지백의 신하인 것으로 보았다. 수조豎刁와 역아易牙는 제환공 사후 제나라를 혼란에 빠뜨린 인물들이다. 십이인자十二人者는 1명을 더 계산한 것이다. 11인으로 고쳐야 한다. 자양子陽은 『사기』 「정세가」에 따르면 춘추시대 말기 정나라 재상으로 정수공鄭繻公에 의해 죽임을 당했다. 자양의 무리들이 정수공을 죽이고 그 아우를 보위에 앉혔다. 진영공陳靈公은 자가 평국平國으로 하희의 아들 하징서에게 피살됐다. 『춘추좌전』 「노선공 10년」조에 자세한 내용이 나온다. 칠일불수七日不收의 '7일'을 도홍경은 『춘추좌전』을 근거로 '67일'로 바꿔야 한다고 했다.

༉44-8

聖王明君則不然, 內擧不避親, 外擧不避讎. 是在焉, 從而擧之. 非在焉, 從而罰之. 是以賢良遂進而姦邪並退, 故一擧而能服諸侯. 其在記曰, "堯有丹朱, 而舜有商均, 啓有五觀, 商有太甲, 武王有管·蔡. 五王之所誅者, 皆父兄子弟之親也, 而所殺亡其身殘破其家者何

也. 以其害國傷民敗法類也.” 觀其所擧, 或在山林藪澤巖穴之間, 或
在囹圄繼紲纆索之中, 或在割烹芻牧飯牛之事. 然明主不羞其卑賤
也, 以其能爲可以明法便國利民, 從而擧之, 身安名尊.

성왕과 명군은 이들 암군과 다르다. 안으로 가까운 일가친척일지라도
뛰어나기만 하면 피하지 않고, 밖으로 사적인 원한이 있을지라도 뛰어
나기만 하면 이를 피하지 않고 등용한다. 그 누구일지라도 언행이 실적
과 부합하면 발탁하고, 그렇지 못하면 내친다. 이로써 현량한 자는 뜻
을 이뤄 앞으로 나아가고, 간사한 자는 물러나게 된다. 단 한 번의 인재
발탁으로 능히 제후들을 순복케 만든 이유다. 옛 문헌의 기록이 이를
뒷받침한다.

“요임금에게 단주丹朱, 순임금에게 상균商均, 하나라 우왕의 아들 계
啓에게 오관五觀이라는 아들이 있었다. 또 상나라 탕왕에게 태갑太甲이
라는 손자가 있었고, 주무왕에게 관숙管叔과 채숙蔡叔이라는 동생이
있었다. 이들 군주는 자식과 동생 등을 가차 없이 주살했다. 주살당한
자 모두 군주와 부자 내지 형제지간의 사람들이었다. 군주의 친척인데
도 일신은 죽임을 당하고 집안은 완전히 무너진 까닭은 무엇인가? 모두
나라를 해치고, 백성을 상하게 하고, 국법을 어겼기 때문이다.”

이들 5명의 명군이 발탁한 인물을 보면 대개 숲이 우거진 산속이나
후미진 늪지대, 동굴 등에 은신해 살던 자였다. 감옥에 갇혀 있거나 밧
줄에 묶여 붙잡힌 자도 있었고, 요리사나 소몰이꾼 등의 비천한 일을
하던 자도 있었다. 그럼에도 이들 5명의 명군은 이들의 신분을 전혀 부
끄럽게 생각지 않고 과감히 발탁했다. 법을 밝히는 명법明法과 나라를
편하게 만드는 편국便國, 백성을 이롭게 하는 이민利民에 능하면 주저
하지 않고 등용한 것이다. 이들 5명의 명군이 죽을 때까지 몸을 평안히

하고 사후에도 오래도록 그 명성을 떨치게 된 이유가 여기에 있다."

계유오관啓有五觀의 '오관'을 두고 2가지 해석이 맞서 있다. 하나는 계의 아들 이름으로 보는 견해이다.『국어』「초어」와『죽서기년』의 주가 대표적이다. 다른 하나는 계의 다섯 아들로 보는 견해이다.『잠부론』「덕지德志」는 다섯 명의 아들 모두 혼덕昏德하여 제사帝事를 감당치 못했다고 기록해 놓았다. 계의 아들 이름으로 보는 견해가 주류이다. 패법류敗法類는 법제를 훼손한 부류라는 뜻이다.『한비자금주금역』에는 법제를 훼손하고 종족을 해친다는 뜻의 패법비류敗法圮類로 되어 있다. 설설묵색緤絏纆索의 '설설'은 감옥에 갇혀 있다는 뜻이고, '묵색'은 밧줄에 묶여 있다는 의미이다. 잡아맨다는 뜻의 설緤은 설紲 및 설緤과 통한다.『한비자금주금역』에는 설설緤絏이 포승을 뜻하는 누설縲絏로 되어 있다. 묵纆은 두 가닥의 노끈, 색索은 동아줄의 뜻이다. 할팽割烹은 요리사를 의미한다. 추목芻牧과 반우飯牛 모두 목동을 뜻한다.

44-9

亂主則不然, 不知其臣之意行, 而任之以國, 故小之名卑地削, 大之國亡身死, 不明於用臣也. 無數以度其臣者, 必以其衆人之口斷之. 衆之所譽, 從而悅之. 衆之所非, 從而憎之. 故爲人臣者, 破家殘賥, 內構黨與·外接巷族以爲譽, 從陰約結以相固也, 虛相與爵祿以相勸也, 曰, "與我者將利之, 不與我者將害之." 衆貪其利, 劫其威. "彼誠喜, 則能利己. 忌怒, 則能奚己." 衆歸而民留之, 以譽盈於國, 發聞於主. 主不能理其情, 因以爲賢. 彼又使譎詐之士, 外假爲諸侯之寵使, 假之以輿馬, 信之以瑞節, 鎭之以辭令, 資之以幣帛, 使諸侯, 淫說其主, 微挾私而公議. 所爲使者, 異國之主也. 所爲談者, 左右之人也. 主說其言而辯其辭, 以此人者天下之賢士也. 內外之於左右, 其諷一而語同. 大者不難卑身尊位以下之, 小者高爵重祿以利之. 夫姦人之爵祿重而黨與彌衆, 又有姦邪之意, 則姦臣愈反, 而說之曰, "古之所謂聖君明王, 君者, 非長幼弱也及以次序也. 以其構黨與, 聚巷族, 逼上弑君而求其利也." 彼曰, "何知其然也." 因曰, "舜逼堯, 禹逼舜, 湯放桀, 武王伐紂. 此4王者, 人臣弑其君者也, 而天下譽之. 察四王之情, 貪得人之意也. 度其行, 暴亂之兵也. 然四王, 自廣措也, 而天下稱大焉. 自顯名也, 而天下稱明焉. 則威足以臨天下, 利足以蓋世, 天下從之." 又曰, "以今時之所聞, 田成子取齊, 司城子罕取宋, 太宰欣取鄭, 單氏取周, 易牙之取衛, 韓魏趙三子分晉, 此六人, 臣之弑其君者也." 姦臣聞此, 蹶然擧耳, 以爲是也. 故內構黨與, 外攎巷族, 觀時發事, 一擧而取國家. 且夫內以黨與劫弑其君·外以諸侯之權矯易其國·隱正道·持私曲·上禁君·下撓治者, 不可勝數也. 是何也. 則不明於擇臣也. 記曰, "周宣王以來, 亡國數十, 其臣弑其君而取國者衆矣." 然則難之從內起與從外作者相半也. 能一盡其民力·破國殺身者, 尙皆賢主也. 若夫轉身法易位, 全衆傳國, 最其病也.

난군亂君은 그렇지 못하다. 신하의 속마음과 언행을 속속들이 알도 못하면서 남의 말만 믿고 나랏일을 맡겼다. 그 화가 작을 경우는 군주의 명성이 바닥으로 떨어지고 영토가 깎이는 데 그치지만 클 경우는 나라가 망하고 일족이 몰살을 당한다. 신하를 쓰는 일에 밝지 못한 탓이다. 술수術數가 없으면 주변 사람의 말에 따라 판단케 된다. 주위에서 많은 사람이 칭찬하면 덩달아 좋아하고, 헐뜯는 사람이 많으면 덩달아 증오하는 이유다. 신하가 집안을 파산시켜가면서까지 뇌물을 써 사람들을 매수해 조정 내에 붕당을 만들고, 밖으로 호족과 연결해 명성을 조작하고, 은밀히 외국과 결탁해 관계를 공고히 하는 것도 바로 이 때문이다. 이들은 벼슬이 오르고 봉록이 많아지도록 하겠다고 꾀면서 이같이 위협한다.

"내 쪽에 서면 장차 이롭지만 그렇지 못하면 크게 해로울 것이다."

본래 관원은 그 이로움을 탐하고 위력을 겁낸다. 이로 인해 이들 서로 이같이 말한다.

"저 사람이 기뻐하면 나에게도 이롭겠지만 만일 꺼리며 화를 내면 나에게 크게 해로울 것이다."

이에 관원들이 그 쪽으로 몰리면서 이내 백성들의 마음까지 그쪽으로 쏠리게 된다. 이내 명성이 나라 안에 가득하고, 마침내 군주의 귀에까지 소문이 들리게 되면 군주는 그 실정은 알지도 못한 채 덩달아 그 간신을 현신으로 여기게 된다. 간신은 이내 변설에 뛰어난 선비를 포섭해 외국의 제후가 총애하는 사자로 가장시켜 밖으로 내보낸다. 이때 수레를 빌려 주고, 부절符節로 신분을 높여주고, 외교사령外交辭令을 신중하게 구사해 위엄을 돋보이도록 가르치고, 귀중한 예물을 지원하며 경비로 사용케 한다. 이어 외국의 제후와 만나면 교묘한 말로 자국 군주를 칭송하는 가운데 은밀히 사적인 이익을 도모하면서 겉으로는 자국 군주를 위해 국사를 논의하는 것처럼 가장케 한다. 간신에게 포섭된 선비는 누구를 위해 사자로 나간 것인가? 바로 외국의 군주이다. 그는 누구를 위해 유세를 하는 것인가? 바로 군주 주변의 그 간신이다.

군주는 이런 내막도 모른 채 간신에게 포섭된 사자의 말에 크게 기뻐하며 이를 그대로 믿고 그 간신이 자신을 위해 일하는 최고의 현신이라고 여긴다. 나라 안팎의 소문과 측근 신하들의 얘기가 일치하는 까닭에 군주는 이를 전혀 의심치 않는다. 심할 경우 군주 스스로 그 간신 앞에서 몸을 낮추는 경우도 있다. 그렇게까지는 아닐지라도 통상 그 간신의 벼슬을 높여주면서 봉록까지 더해주는 등 커다란 이익을 안긴다.

간신의 벼슬이 높아지고 봉록이 많아질수록 그를 둘러싼 붕당의 세력은 더욱 커지고, 간사한 뜻 또한 한없이 커진다. 주변의 무리들은 간신에게 이같이 충동질한다.

"옛날 성군과 명군 모두 나이나 서열에 따라 부자와 형제의 차례로 보위를 물려받은 게 아닙니다. 조정 내에 붕당을 만들고 조정 밖에서 종족친척과 주변의 세력을 규합한 뒤 보위를 위협하거나 군주를 죽여 자신들의 이익을 구하고 권력을 빼앗은 것입니다."

그러면 간신은 이같이 묻는다.

"어떻게 그런 줄 아는가?"

무리들은 이같이 대답한다.

"요임금이 순임금에게 보위를 물려주었다고 하지만 사실은 순임금이 협박해 빼앗은 것이고, 하나라 우왕 역시 사실은 순임금을 협박해 보위를 빼앗은 것에 지나지 않습니다. 상나라 탕왕은 하나라 걸을 추방했고, 주나라 무왕은 상나라 주紂를 토벌하고 보위를 차지했습니다. 이들 4명의 창업 군주 모두 신하의 신분으로 군주를 죽이거나 추방한 자들인데 세상 사람들 모두 이들을 칭송하고 있습니다. 이들 군주의 속셈을 살펴보면 천하를 거머쥐려는 야심이 가득했고, 그 행동을 살펴보면 말로만 혁명일 뿐 폭력적인 반기를 든 것에 지나지 않았습니다. 그럼에도 이들이 천하를 거머쥐자 천하 사람들 모두 위대한 군주로 칭송하고, 명성이 높아지자 천하에 둘도 없는 명군으로 드높였습니다. 이에 마침내 그 권세가 천하를 진동시키고, 그 은총과 이익이 세상을 뒤덮게 되자 천하가 모두 이를 따르지 않을 수 없게 된 것입니다."

이들은 여기에 이같이 덧붙인다.

"지금까지 한 얘기는 모두 과거의 일이지만 요즘에도 그런 일이 있다고 들었습니다. 실제로 현재의 제나라의 전성자田成子는 강씨의 제나라를 탈취한 것이고, 송나라의 사성司城 자한子罕도 보위를 빼앗았습니다. 정나라의 태재 흔欣도 나라를 탈취했고, 선씨單氏도 주나라를 빼앗았습니다. 자남경子南勁은 위衛나라를 빼앗았고, 한씨와 위씨 및 조씨는 중원의 진나라를 3분해 나눠가졌습니다. 지금까지 언급한 이들 8인 모두 신하가 군주를 죽이고 나라를 빼앗은 것에 지나지 않습니다."

이 말을 들으면 간신은 문득 귀가 솔깃해져 과연 그렇다고 여긴다. 마침내 안으로 조정을 틀어쥐어 무리들로 채운 뒤 밖으로 호족들과 손을 잡고 때를 노리다가 적절한 때가 오면 군주를 위협하거나 살해하고 나라를 빼앗는다. 지금 그런 조짐이 사방으로 널려 있다. 예컨대 안으로 당파를 만들어 군주를 위협하거나 죽이는 것은 물론 밖으로 제후들의 권세를 빌려 내정을 고치거나 뒤바꾸고, 옳은 일은 덮어두며 사사로운 주장을 공공연히 펼치고, 위로 군주를 제압하고 아래로 정사를 어지럽히는 게 그것이다. 열국의 정황을 두루 살펴보면 이런 간신이 얼마나 많은지 헤아릴 수조차 없다.

어째서 이런 일이 빚어지는 것인가? 바로 군주가 제대로 된 신하를 골라 쓰는 안목이 없기 때문이다. 옛 문헌에 이런 기록이 나온다.

"주선왕周宣王 이래 패망한 나라가 수십 개에 달한다. 신하가 군주를 죽이고 나라를 빼앗은 경우가 대부분이다."

이를 통해 나라를 패망케 만드는 환란은 안에서 일어나는 것과 밖에서 일어나는 게 반반임을 알 수 있다. 군주가 외침 상황에서 백성의 힘을 하나로 모아 국난을 극복키 위해 애쓰다가 죽게 되면 오히려 현명한 군주라며 모두 동정한다. 그러나 별다른 저항도 못한 채 보위를 빼앗기고 군신의 지위가 뒤집힌 군주는 백성을 상하게 하지는 않았을지라도 강산을 송두리 채 간신에게 넘긴 점에서 가장 뼈아픈 경우에 속한다.

೯‍‍ 잔수殘眸는 재물을 탕진한다는 의미이다. 수眸는『광운』에 화貨의 뜻으로 되어 있다. 당여黨與는 뜻을 같이 하는 무리로 우익羽翼과 같다. 항족巷族은 호족豪族 내지 족당族黨을 말한다. 서절瑞節은 사자의 신분을 뒷받침하는 부절符節을 말한다. 제후는 구슬 대신 규각圭角을 썼다. 사령辭令은 외교에 사용되는 언사를 뜻한다. 비신존위卑身尊位의 존尊을 후토다는 겸양하며 억제한다는 뜻의 준撙으로 바꾸어야 한다고 했다.『한비사금주금역』에는 그같이 되어 있다. 광조廣措는 세력을 넓힌다는 의미이다. 차육인此六人 '6'은 '상팔上八'의 와전이다. 고문에 상上이 이二로 써진 경우가 많다. 이二와 팔八을 위아래로 겹쳐 쓸 경우 육六으로 오인될 소지가 크다. 궐연거이蹶然擧耳의 '궐연'은 급히 서두르는 모습, '거이'는 귀를 기울이는 것을 뜻한다.

‍‍44-10

爲人主者, 誠明於臣之所言, 則雖畢弋馳騁·撞鍾舞女, 國猶且存也. 不明臣之所言, 雖節儉勤勞·布衣惡食, 國猶自亡也. 趙之先君敬侯, 不修德行, 而好縱欲. 適身體之所安·耳目之所樂. 冬日畢弋, 夏浮淫. 爲長夜, 數日不廢御觴, 不能飮者以筒灌其口, 進退不肅, 應對不恭者斬於前. 故居處飮食如此其不節也, 制刑殺戮如此其無度也, 然敬侯享國數十年, 兵不頓於敵國, 地不虧於四隣, 內無君臣百官之亂, 外無諸侯鄰國之患, 明於所以任臣也. 燕君子噲, 邵公奭之後也. 地方數千里, 持戟數十萬. 不安子女之樂, 不聽鍾石之聲. 內不堙汚池臺榭, 外不畢弋田獵. 又親操耒耨以修畎畝. 子噲之苦身以憂民如此其甚也, 雖古之所謂聖王明君者, 其勤身而憂世不甚於此矣. 然而子噲身死國亡, 奪於子之, 而天下笑之. 此其何故也. 不明乎所以任臣也.

군주가 신하의 말을 제대로 파악할 수만 있다면 비록 그물과 주살을 사용해 사냥을 하면서 말을 달려 즐기고, 종을 울리며 무희의 춤을 감상하는 향락에 빠질지라도 그 나라는 존속할 수 있다. 그러나 신하의 말을 제대로 파악치 못하면 비록 아무리 근검절약해 남루한 옷차림과 조악한 음식을 먹으며 나랏일에 애쓸지라도 그 나라는 이내 패망하고 만다.

조나라 건국 당시 조경후趙敬侯는 덕행을 닦지 않고 멋대로 행동하기를 좋아했다. 일신의 평안과 이목의 즐거움을 추구해 겨울에는 그물과 주살로 사냥을 일삼고, 여름에는 뱃놀이를 즐겼다. 밤낮을 가리지 않고 술잔을 손에서 떼지 않고, 술을 마시지 못하는 신하에게 대롱을 입에 물고 억지로 마시게 했다. 나아가고 물러나는 모습이 정숙하지 않거나 군주를 대하는 태도가 조금만 예의에 벗어나도 곧바로 그 자리에서 목을 베어버렸다. 먹고 마시고 거처하는 것이 이처럼 절도가 없었고, 형벌과 살육이 이처럼 무자비했는데도 그는 수십 년 동안 나라를 보존했다. 군사가 적국에 패한 적도 없고, 영토도 이웃 나라의 침략으로 깎인 적도 없다. 또 나라 안으로 군신들과 백관의 반란이 일어난 적도 없고, 나라 밖으로 이웃 제후의 나라들로부터 침공을 받은 적도 없다. 신하들을 부리는 방법에 밝았기 때문이다.

이와 정반대되는 모습을 보인 사람은 연나라 왕 쾌이다. 그는 주나라 건국 당시 낙양에 머물며 동쪽을 다스리던 주공 단과 더불어 호경을 중심으로 서쪽 일대를 다스린 소공 석奭의 후손이다. 영토는 사방 수천 리에 달했고, 창을 들고 나라를 지키는 군사만 수십만 명에 달했다. 게다가 그는 여인과 더불어 노는 것을 좋아하지도 않았고, 종이나 경쇠 등의 악기 연주를 들으려 하지 않았고, 궐 안에 토산土山이나 연못 또는 누각을 만든 적도 없고, 밖으로 나가 그물이나 주살로 사냥을 즐긴

적도 없다. 오히려 몸소 괭이와 쟁기를 들고 나가 백성들과 더불어 농사를 지었다. 몸 고생을 하며 백성을 먼저 생각하는 게 이처럼 지극했다. 비록 옛날의 성왕과 명군일지라도 몸소 근면을 실천하며 백성을 걱정하는 것이 이처럼 극심하지는 않았을 것이다. 그런데도 그는 믿었던 신하에게 죽임을 당하고 보위도 빼앗겨 나라가 패망 직전까지 몰림으로써 세상 사람들의 웃음거리가 되고 말았다. 이는 무슨 까닭인가? 신하들을 부리는 방법에 밝지 못했기 때문이다.

🌑 필익치빙畢弋馳騁의 필畢은 긴 막대기를 달아 새잡기에 편리하도록 만든 그물을 뜻하고, 익弋은 작살에 끈을 매어 날짐승이나 들짐승을 잡을 수 있게 만든 창 종류를 말한다. 치빙馳騁은 말을 내달린다는 뜻이나 여기서는 사냥을 한다는 의미로 사용됐다. 당종무녀撞鍾舞女는 종을 치며 무희들로 하여금 춤을 추게 한다는 뜻으로 군주의 음사淫奢를 표현할 때 사용된다. 경후敬侯는 전국시대 초기 조열후의 아들로 이름은 장章이다. 하부음夏浮淫의 '부음'은 과도한 뱃놀이를 말한다.『한비자금주금역』에는 하夏가 하일夏日로 되어 있다.

어상御觴은 군주가 하사하는 술잔을 말한다. 소공邵公은 주무왕의 일족으로 이름은 석奭이다. 봉읍은 지금의 섬서성 기산현 서남쪽의 소邵 땅이었다.『한비자금주금역』은 소邵가 소召로 되어 있다. 상나라 토벌에 공을 세워 연나라에 봉해졌다. 내불인오지대사內不堙汚池臺榭는 궐내에 토산, 연못, 누각 등을 만들지 않았다는 뜻이다. 절강국본이 인堙을 인湮으로 잘못 찍어낸 후 많은 사람들이 이를 오역해 놓았다. 왕선신과 진기유 등은 음락에 빠진다는 뜻으로 풀이했고, 고형은 정반대로 정비한다는 뜻의 수치修治로 해석해 놓았다. 뒤따라 나오는 외불필익전렵外不畢弋田獵과 병렬구조를 이루고 있다.『춘추좌전』「노양공 6년」조에 인연埋을 토산土山으로 풀이한 주석이 나온다. 토산 내에 연못과 누각을 만들지 않는다는 뜻이다.

🌿44-11

故曰, '人臣有五姦, 而主不知也.' 爲人臣者, 有侈用財貨賂以取譽者, 有務慶賞賜予以移衆者, 有務朋黨徇智尊士以擅逞者, 有務解免赦罪獄以事威者, 有務奉下直曲·怪言·偉服·瑰稱以眩民耳目者, 此五者, 明君之所疑也, 而聖主之所禁也. 去此五者, 則操詐之人不敢北面談立. 文言多·實行寡而不當立法者, 不敢誣情以談說. 是以群臣居則修身, 動則任力, 非上之令不敢擅作疾言誣事, 此聖王之所以牧臣下也. 彼聖主明君, 不適疑物以窺其臣也. 見疑物而無反者, 天下鮮矣.

'신하에게 오간五姦이 있는데도 군주가 이를 알아차리지 못한다.'는 얘기가 나온 것은 바로 이 때문이다. 5간은 첫째 신하가 되어 재물을 마구 뿌리며 뇌물 등을 써 명예를 낚는 자, 둘째 높은 지위를 이용해 포상과 시사施舍에 힘쓰면서 민심을 얻는 자, 셋째 붕당결성에 힘쓰고 선비들을 예우하며 장차 권력을 휘두르는 자, 넷째 세금과 요역을 면제해 주고 옥에 갇힌 사람을 풀어 주어 권세를 세우는 자, 다섯째 세간의 풍습에 영합해 시비곡직을 뒤집어 해석하며 기이한 언행과 옷차림 등으로 사람들의 이목을 현혹시키는 자들을 말한다.

명군은 이들 5간을 의심하고, 성군은 아예 발을 붙이지 못하게 금지한다. 5간을 제거하면 교묘한 말로 거짓을 꾸미는 자는 감히 군주를 속이려 들지 못하고, 말만 유창하고 실적도 없이 법을 어기는 자는 감히 실정을 거짓으로 꾸며 농간하지 못한다. 이에 군신들 모두 평소 한가하게 집에 있을 때는 자신의 덕성을 닦기 위해 열심히 노력한다. 군주를 위해 일할 때는 군주의 명이 없으면 멋대로 일을 처리하거나, 남을 헐뜯거나, 사실을 날조하거나 하는 등의 일을 감히 하지 못한다. 이것이 바로 성군과 명군이 신하들을 이끄는 방법이다. 성군과 명군은 단순히 의심이 가는 이들 5가지 간사한 행동에 근거해 신하들을 관찰하지는 않는다. 그러나 천하의 명군 가운데 의심이 가는 이런 간사한 행동이 드러났는데도 이를 추궁하지 않는 군주는 거의 없다.

◔◝ 순지徇智는 지혜로운 사람을 따른다는 뜻이다. 여기의 순徇을 양계웅은 구求로 새겼으나 『춘추좌전』「노문공 11년」조의 주는 순順으로 풀이했다. 봉하직곡奉下直曲은 서민에 영합해 시비곡직을 뒤집는다는 뜻이다. 문언文言의 문文을 양계웅은 『예기』「악기」의 주를 인용해 미美로 해석했다. 질언무사疾言誣事의 '질언'을 『한비자교주』는 경솔히 말하는 것으로 풀이했다. 『예기』「치의」의 주는 질疾을 비非로 보았다. '질언'은 남을 비방하여 논하는 비의非議의 뜻이다. '무사'는 사실의 날조를 의미한다.

🌿 44-12

故曰, '孽有擬適之子, 配有擬妻之妾, 廷有擬相之臣, 臣有擬主之寵, 此四者, 國之所危也.' 故曰, "內寵竝后, 外寵貳政, 枝子配適, 大臣擬主, 亂之道也." 故『周記』曰, "無尊妾而卑妻, 無孽適子而尊小枝, 無尊嬖臣而匹上卿, 無尊大臣以擬其主也." 四擬者罷, 則上無意·下無怪也. 四擬不破, 則隕身滅國矣.

'첫째 서자 가운데 적자에 필적하는 자식, 둘째 처첩 가운데 정실에 필적하는 첩, 셋째 조정 내에서 재상에 필적하는 신하, 넷째 신하 가운데 군주에 필적하는 총신 등 이들 4자는 나라를 위태롭게 한다.'는 말이 나오게 된 이유다. 이로 인해 이런 말이 나왔다.

"내궁內宮의 총애를 입은 후궁이 왕후와 어깨를 견주고, 외조外朝의 총신이 재상에 필적하는 위세를 떨치고, 서자가 적자에 맞서고, 대신이 군주와 구별이 안 되면 이들 4가지 상호 비견되는 현상 모두 화란의 근원이 된다."

그래서 『주기周記』는 이같이 말했다.

"첫째 첩을 높이며 처를 낮춰서는 안 되고, 둘째 서자를 적자와 같은 반열에 올리면 안 되고, 셋째 총신을 재상과 같은 격으로 높여서는 안 되고, 넷째 대신을 군주와 견주게 해서는 안 된다."

이들 4가지 상호 비견되는 현상이 사라지면 군주는 신하를 크게 의심할 필요가 없게 되고, 신하 또한 반역을 꾀하는 괴이한 행동을 할 이유가 없게 된다. 그러나 이 4가지 상호 비견되는 현상을 타파하지 못하면 군주는 이내 시해를 당하고 나라 또한 패망하고 만다.

○❦ 내총병후內寵竝后는 총애를 입는 후궁이 왕후와 나란히 한다는 뜻이다. 외총이정外寵貳政의 '외총'은 군주가 총애하는 신하를 말한다. 이貳를 양계웅은 하나에 전념하지 못하고 관심이 둘로 나뉘는 것으로 풀이했다. 『문서』「서경부」의 주는 겸중兼重, 『춘추좌전』「노애공 7년」조의 주는 필적匹敵으로 풀이했다. 외조의 총신이 집정대부에 필적할 정도의 위세를 떨치는 것을 뜻한다. 지자枝子는 서자庶子와 같다. 주기周記는 주왕실의 기록이라는 뜻으로 『주서周書』와 같은 뜻이다. 『한비자금주금역』에는 주기周紀로 되어 있다. 상무의上無意의 의意를 진기유와 양계웅 등은 생각할 억臆 내지 억憶으로 풀이했다. 『한서』「조조

전」의 주는 의심할 의疑로 해석해 놓았다.

제45장 궤사(詭使)

🌿45-1

聖人之所以爲治道者三. 一曰'利', 二曰'威', 三曰'名'. 夫利者, 所以得民也. 威者, 所以行令也. 名者, 上下之所同道也. 非此三者, 雖有不急矣. 今利非無有也, 而民不化上. 威非不存也, 而下不聽從. 官非無法也, 而治不當名. 三者非不存也, 而世一治一亂者, 何也. 夫上之所貴與其所以爲治相反也.

성인이 나라를 다스리는 수단으로 크게 3가지가 있다. 첫째 이익, 둘째 위세, 셋째 명분이다. 무릇 포상을 통해 이익을 안겨주면 백성의 마음을 얻게 되고, 형벌을 통해 위세를 행사하면 법령을 차질 없이 시행하게 되고, 법률 규정을 통해 명분을 쥐면 상하 모두 이를 기준으로 삼게 된다. 이 3가지 수단이 아니면 설령 다른 수단이 있을지라도 그리 긴요한 게 아니다. 지금 이익이 없는 게 아닌데도 백성들이 군주에게 감화되지 않고, 위세가 없는 게 아닌데도 신하들이 군주의 명을 따르지 않고, 관청에 법령이 없는 게 아닌데도 실제의 적용이 명문의 규정과 부합하지 않는 경우가 있다. 이익과 위세, 명분이 없는 것도 아닌데 세상이 한 번 다스려졌다가 다시 어지러워지는 이른바 일치일란一治一亂이 반복되

는 이유는 무엇일까? 이는 군주가 소중히 여기는 것과 반드시 지켜야
하는 치국의 원칙이 상반되기 때문이다.

　　🐚 일왈리一曰利의 리利는 포상 또는 포상이 가져오는 이익을 지칭
한다. 이왈위二曰威의 위威는 형벌을 동원할 수 있는 위세를 뜻한다. 삼
왈명三曰名의 명名은 명칭 내지 명분을 의미한다.

🌿45-2

　　夫立名號, 所以爲尊也. 今有賤名輕實者, 世謂之'高'. 設爵位, 所
以爲賤貴基也. 而簡上不求見者, 世謂之'賢'. 威利, 所以行令也. 而
無利輕威者, 世謂之'重'. 法令, 所以爲治也. 而不從法令爲私善者,
世謂之'忠'. 官爵, 所以勸民也. 而好名義不進仕者, 世謂之'烈士'. 刑
罰, 所以擅威也. 而輕法不避刑戮死亡之罪者, 世謂之'勇夫'. 民之急
名也, 甚其求利也. 如此, 則士之飢餓乏絶者, 焉得無巖居苦身以爭
名於天下哉. 故世之所以不治者, 非下之罪, 上失其道也. 常貴其所
以亂, 而賤其所以治, 是故下之所欲, 常與上之所以爲治相詭也.

　　군주의 자리와 호칭인 명호名號를 만든 것은 존귀한 지위를 마련코
자 한 것이다. 지금 세인들은 군주의 자리를 업신여기며 실권을 우습게
여기는 자를 두고 고상하다고 말한다. 봉호封號를 마련한 것은 귀천의
기준을 세우기 위한 것이다. 세인들은 군주를 낮춰보고 벼슬을 마다하
는 자를 현명하다고 말한다. 권세와 이익은 명령을 차질 없이 시행하기
위한 것이다. 세인들은 이익을 무시하며 권세를 가벼이 여기는 자를 진
중하다고 말한다. 법과 명령은 나라를 잘 다스리기 위한 것이다. 세인들
은 법령을 따르지 않고 하고 싶은 바대로 행하는 자를 충실하다고 말한

다. 관직과 작위는 백성들을 독려하기 위한 것이다. 세인들은 명예를 숭상하며 관직에 나가지 않는 자를 정절貞節이 뛰어난 열사烈士라고 부른다. 형벌은 권세를 사용해 독점적으로 권력을 행사하기 위한 것이다. 세인들은 법을 가벼이 여기고 형벌이나 사형의 중벌도 피하지 않는 자를 용부勇夫라고 부른다.

지금 백성들이 명성을 추구하는 것이 실리를 추구하는 것보다 훨씬 정도가 심하다. 상황이 이럴진대 선비 가운데 먹을 것이 없어 극도의 빈궁에 빠진 자가 어찌 도인처럼 깊은 산속으로 들어가 수행하는 방식으로 명성을 다투려 들지 않겠는가? 세상이 제대로 다스려지지 않는 것은 신하들의 죄가 아니다. 이는 군주가 다스리는 도를 잃었기 때문이다. 요즘 군주들은 세상을 어지럽게 만드는 행위를 존중하고, 세상이 잘 다스려지게 하는 조치를 업신여긴다. 신하들이 바라는 바가 늘 군주의 치국 원리와 배치되는 이유가 여기에 있다.

◐◑ 명호名號를 진기유는 관직의 칭호로 해석했다. 그리되면 뒤에 나오는 '설작위設爵位' 구절과 겹치게 된다. 『상군서』에는 명호明號로 되어 있다. 윤동양은 군주의 자리 내지 칭호로 풀이했다. 간상簡上은 거만하게 윗사람을 가벼이 여기는 것을 말한다. 불구현不求見의 현견을 『논어』「태백」의 주는 출사出仕로 풀이했다. 현견은 알현謁見의 의미이다. 배견拜見의 뜻을 지닌 '견'으로 풀이해도 된다. 사선私善은 사적인 선행을 뜻한다.

〰️45-3

今下而聽其上, 上之所急也. 而惇愨純信, 用心怯言, 則謂之'窶', 守法固, 聽令審, 則謂之'愚'. 敬上畏罪, 則謂之'怯'. 言時節, 行中適,則謂之‘不肖’. 無2心私學, 聽吏從敎者, 則謂之‘陋’.

지금 신하가 군주에게 복종하는 것은 군주가 매우 소중하게 여기는 것이다. 그러나 성실하게 한 마음으로 일하고 발언을 신중히 하면 ‘꽁생원’, 법을 엄히 지키고 명령을 살펴 따르면 ‘무지렁이’, 군주를 공경하고 죄를 지을까 두려워하면 ‘겁쟁이’, 말이 때에 맞게 절도가 있고 행동이 적질하면 ‘못난이’, 두 마음을 품지 않고 사사로운 주장을 하지 않으며 관원의 가르침을 잘 좇으면 ‘벽창호’라고 말한다.

🌀 구휼는 예를 갖출 재화가 없다는 의미이다. ‘언시절言時節, 행중적행中適’의 중中을 『논어』 「자장」의 소는 중정中正, 적適을 『회남자』 『정신훈』의 주는 절節로 해석했다. 중적中適은 시절時節과 같다.

🌸 45-4

難致, 謂之‘正’. 難予, 謂之‘廉’. 難禁, 謂之‘齊’. 有令不聽從, 謂之‘勇’. 無利於上, 謂之‘愿’. 少欲·寬惠·行德, 謂之‘仁’. 重厚自尊, 謂之‘長者’. 私學成群, 謂之‘師徒’. 閑靜安居, 謂之‘有思’. 損仁逐利, 謂之‘疾’. 險躁佻反覆, 謂之‘智’. 先爲人而後自爲, 類名號, 言泛愛天下, 謂之‘聖’. 言大本, 稱而不可用, 行而乖於世者, 謂之‘大人’. 賤爵祿, 不撓上者, 謂之‘傑’. 下漸行如此, 入則亂民, 出則不便也. 上宜禁其欲, 滅其迹, 而不止也, 又從而尊之, 是敎下亂上以爲治也.

반면 군주가 불러 쓰기 어려운 자를 ‘바르다’고 하고, 군주가 상을 내려도 받지 않는 자를 ‘청렴하다’고 하고, 법령으로도 그 행동을 막기 어려운 자를 ‘공평하다’고 하고, 명이 떨어져도 따르지 않는 자를 ‘용감하다'고 하고, 군주의 포상을 바라지 않는 자를 '성실하다'고 하고, 담박한 모습으로 널리 은덕을 베푸는 자를 '어질다'고 하고, 장중한 모습으로 자고자대自高自大하는 자를 '점잖다'고 하고, 사사로운 학설로 무리를 이룬 자를 '학문적이다'라고 하고, 한가하게 아무 일도 하지 않고 살아가는 자를 '사려있다'고 하고, 다른 사람에게 손해를 끼치며 이익을 좇는 자를 '민첩하다'고 하고, 음험하고 조급하며 반복을 일삼는 자를 '지혜롭다'고 한다. 남을 앞세우며 귀천을 동일시하는 행보로 박애를 주장하는 자를 '성인'이라고 한다. 천하를 다스리는 근본원칙을 내세우면서 언필칭言必稱 들먹이는 것은 시행하기 어렵고, 실행하는 일은 현실과 동떨어져 있는데도 이런 자를 '대인'이라고 한다. 또한 작록을 천시하며 군주에게 굽히지 않는 자를 '준걸'이라고 한다.

신하들 사이에 이런 폐풍이 만연하면 안으로 백성이 혼란스러워지고, 밖으로 나라에 불리한 일이 조성된다. 군주는 응당 이런 폐풍을 금압해 그 흐름을 끊어야 한다. 그런데도 이를 막기는커녕 오히려 부화뇌동해 존중하는 모습을 보이고 있다. 이는 신하에게 난을 일으키라고 가르치며 나라를 다스리는 짓이다.

༼ 험조조반복險躁佻反覆의 험險은 음험하고, 조조躁佻는 경박하게 서두르고, 반복反覆은 변덕이 심하다는 뜻이다.『한비자금주금역』에는 조佻가 빠진 채 험조반복險躁反覆으로 되어 있다. '언대본言大本, 칭이불가용稱而不可用'의 대본大本과 관련해『순자』「왕제」는 군신君臣과 부자, 형제, 부부를 만세의 대본으로 꼽았다.『예기』「중용」은 중中을 천하의 대본,『한서』「공광전」은 백성에게 은택을 베푸는 것을 정치의 대본으로 들었다. 여기의 본本을 진기유와 양계웅 등은 부不로 바꿔야 한다고 했다.『한비자금주금역』은 이를 좇아 '언대불칭이불가용言大不

稱而不可用'으로 되어 있다. 언어가 과장되고 무리해 사용할 수 없다는 뜻이다. 이같이 해석해도 통하지 않는 것은 아니나 자연스럽지 못하다. 대인大人을『주역』「건괘」의 괘사는 천지와 덕이 합치된 자로 해석했다.

45-5

凡所治者, 刑罰也, 今有私行義者尊. 社稷之所以立者, 安靜也, 而躁險讒諛者任. 四封之內所以聽從者, 信與德也, 而陂知傾覆者使. 令之所以行, 威之所以立者, 恭儉聽上, 而嚴居非世者顯. 倉廩之所以實者, 耕農之本務也, 而綦組·錦繡·刻畫爲末作者富. 名之所以成, 城池之所以廣者, 戰士也, 今死士之孤飢餓乞於道, 而優笑酒徒之屬乘車衣絲. 賞祿, 所以盡民力易下死也, 今戰勝攻取之士勞而賞不霑, 而卜筮·視手理·'狐'蟲爲順辭於前者日賜. 上握度量, 所以擅生殺之柄也, 今守度奉量之士欲以忠嬰上而不得見, 巧言利辭行姦軌而幸偸世者數御. 據法直言, 名刑相當, 循繩墨誅姦人, 所以爲上治也, 而愈疏遠. 諂施順意從欲以危世者近習. 悉租稅, 專民力, 所以備難充倉府也. 而士卒之逃事伏匿·附託有威之門以避徭賦而上不得者萬數. 夫陳善田利宅, 所以戰士卒也. 而斷頭裂腹·播骨乎平原野者, 無宅容身, 身死田奪. 而女妹有色·大臣左右無功者, 擇宅而受, 擇田而食. 賞利一從上出, 所善制下也. 而戰介之士不得職, 而閑居之士尊顯. 上以此爲教, 名安得無卑. 位安得無危. 夫非名危位者, 必下之不從法令·有二心務私學·反逆世者也. 而不禁其行·不破其群以散其黨, 又從而尊之, 用事者過矣. 上世之所以立廉恥者, 所以屬下也. 今士大夫不羞汚泥醜辱而宦, 女妹私義之門不待次而宦. 賞賜, 所以爲重也. 而戰鬪有功之士貧賤, 而便辟優徒超級. 名號誠信, 所以通威也. 而主掩障, 近習女謁竝行百官·主爵遷人, 用事者過矣. 大臣官人,與下先謀比周, 雖不法行, 威利在下, 則主卑而大臣重矣.

무릇 나라가 잘 다스려지는 이유는 기본적으로 형벌에 의존하기 때문이다. 그런데도 지금 사사롭게 인의를 행하는 사람이 존중받고 있다. 사직이 존립하는 것은 나라가 안정돼 있기 때문이다. 그런데도 경박하고 음험하며 남을 헐뜯거나 아첨하는 자가 임용되고 있다. 나라 안의 백성이 군주에게 복종하는 것은 신의와 은덕이 베풀어지기 때문이다. 그런데도 편벽되고 간교한 지혜로 남을 거꾸러뜨리는 자가 임용되고 있다. 군주의 명이 시행되고 위엄이 서는 것은 백성들이 공손하고 겸손한 모습으로 군주를 따르기 때문이다. 그런데도 깊은 산속에 은거하며 세상을 비방하는 자가 명성을 얻고 있다. 창고가 충실한 것은 농부들이 본업인 농사를 열심히 지었기 때문이다. 그런데도 직물을 짜고 비단에 수를 넣거나 조각을 만드는 자들처럼 말업末業에 종사하는 자들이 자가 부유하다.

군주의 명성이 빛나고 성시와 도읍이 확장되는 것은 병사들이 전장에서 목숨을 내걸고 열심히 싸웠기 때문이다. 그런데도 지금 죽은 병사의 고아가 굶주린 나머지 길에서 구걸하고, 군주 주변에서 웃음을 파는 배우와 군주와 술을 함께 마시는 자들은 수레를 타고 비단옷을 입는다. 포상과 녹봉은 백성에게 있는 힘을 다하게 하고, 신하에게 목숨을 바치게 하는 근원이다. 지금 싸움에서 이기고 성을 함락시킨 전사들은 죽도록 애썼는데도 포상을 제대로 받지 못하고 있다. 그런데도 점이나 치고 손금이나 보며 터무니없는 점사占辭로 군주의 마음에 드는 말을 하는 자들은 그 덕분에 매일 커다란 포상을 받고 있다.

군주가 위에서 법도를 쥐고 있는 것은 신하의 생살권을 쥐고 있기 때문이다. 그런데도 지금 법도를 받들어 행하는 선비들은 충언을 하고자 해도 군주를 알현할 길이 없고, 교묘한 말로 간사한 짓을 일삼으며 요행을 바라는 자들만 수시로 군주를 만나 얘기한다. 법도에 근거한 직언을 꺼리지 않고, 진언을 실적과 비교해 검토하고, 법규에 따라 못된 자를 벌하는 것은 군주를 위해 나라를 다스리는 기본 원칙이다. 그런데도 이를 주장하는 사람은 점차 군주와 멀어지고, 아첨을 일삼고 교묘한 변설로 군주의 뜻에 영합하며 세상을 위태롭게 만드는 자는 더욱 친근해진다.

세금을 성실히 내게 하고 백성의 힘을 오로지 하나로 모으는 것은 국난에 대비해 나라의 재정을 튼튼히 하려는 것이다. 그런데도 병사 중에는 할 일을 피해 몸을 숨기고, 세도가에 빌붙어 부역을 면하고, 군주가 찾아내고자 해도 잡히지 않는 자가 수만 명에 달한다. 기름진 전답과 좋은 집을 포상으로 내건 것은 병사들로 하여금 열심히 싸우게 하려는 것이다. 전쟁터에서 머리가 잘리고 배가 찢기고 해골이 들판에 널린 자들은 시신을 용납할 집도 없을뿐더러 죽고 나면 호구지책으로 붙여먹던 전답마저 빼앗기고 만다. 대신과 측근은 아무 공로가 없는데도 딸과 누이가 군주의 총애를 받는 덕분에 임의로 좋은 집을 손에 넣고, 기름진 전답을 골라잡아 생활 기반으로 삼는다.

포상과 이익이 하나같이 군주로부터 나오는 것은 신하를 의도한 바대로 제어하기 위한 것이다. 그런데도 갑옷을 입고 싸운 장병은 관직을 얻지 못하고, 아무 일도 하지 않은 채 한가하게 지내는 선비는 오히려 존중을 받으며 이름이 난다. 군주가 이런 식으로 다스리면 군주의 명성이 어찌 땅에 떨어지지 않고, 보위가 위태로워지지 않겠는가? 무릇 군주의 명성이 땅에 떨어지고 보위가 위태로워지는 것은 반드시 아래에서 법령을 따르지 않고, 두 마음으로 사사로운 학설을 퍼뜨리며 현실을 부인하는 자가 있기 때문이다. 지금 군주들은 이를 엄금하지 않고, 그

무리를 쳐부수거나 붕당을 해산시키지 않고, 오히려 존중하며 따른다. 이는 위정자들의 큰 잘못이다.

군주가 염치를 내세우는 것은 신하들에게 이를 장려하기 위한 것이다. 그런데도 지금 사대부들은 후안무치하게도 더럽고 추한 욕을 먹고 있는데도 계속 관직에 앉아 있고, 딸이나 누이가 군주의 총애를 입은 덕분에 군주와 사사롭게 은의恩義를 맺은 자들은 차례를 기다릴 필요도 없이 곧바로 관직에 나아간다. 포상은 사람을 귀중하게 처우하기 위한 것이다. 그런데도 전쟁터에 나가 공을 세운 사람은 여전히 빈천하게 살고, 군주를 곁에서 모시는 내시와 광대는 등급을 뛰어넘어 승진한다.

군주의 자리와 칭호는 군주의 실권을 보장하기 위한 것으로 군주의 권세가 위아래로 통하는 수단이기도 하다. 그런데도 지금 군주의 이목이 가려진 데 이어 군주를 곁에서 모시는 신하와 여인이 백관의 관직을 임용하며 봉작封爵은 물론 승진과 진작進爵까지 관장하고 있다. 이는 집권자의 잘못이다. 대신이 사람들을 관직에 앉힐 때 먼저 아랫사람들과 은밀히 결탁해 사리를 꾀하면 법도에 어긋난 불법행위가 아무렇지도 않게 행해진다. 이처럼 권세와 이익의 권한이 대신의 손에 장악되면 군주의 지위는 비천해지고 대신만 존귀해진다.

　　◯◝ 범소치자凡所治者를 진기유는 나라가 제대로 다스려지는 이유라는 뜻에서 '범국지소이치자凡國之所以治者'로 바꿔야 한다고 했다. 『한비자금주금역』에는 군주가 나라를 다스리는 주요 방법이라는 뜻에서 '범상소이치자凡上所以治者'로 되어 있다. 그대로 두고 해석해도 아무 무리가 없다. 조험참유躁險讒諛의 '조험'은 말이 많고 음흉하다는 뜻이고, '참유'는 남을 헐뜯고 아첨한다는 의미이다. 피지경복陂知傾覆의 '피지'는 편벽되고 간교한 지혜, '경복'은 남을 거꾸러뜨리는 것을 말

한다.

호충狐蟲의 충蟲을 두고 유월은 고蠱의 잘못으로 보았다. 후토다는 호고狐蠱를 여우처럼 사람을 홀리는 것으로 해석했으나 이는 잘못이다.『춘추좌전』「노희공 15년」조에 이에 관한 일화가 나온다. 이에 따르면 진목공이 출병할 당시 복도보卜徒父가 시초점을 친 뒤 황하를 건너면 중원 진나라 군사가 패하는 것으로 나왔다고 고했다. 진목공이 괘사의 내용을 묻자 복도보가 풀이하기를, "이 점괘는 고괘蠱卦입니다. 괘사에서 말하기를, '천승의 나라가 3번 물리치니 이후 숫여우를 잡게 된다.'고 했습니다. 무릇 호狐는 고蠱로 풀이되니 이는 진나라 군주를 말하는 것입니다."라고 했다. 호狐와 고蠱는 같은 뜻으로 보아야 한다.『주역』의「고괘蠱卦」괘사에는 '숫여우'에 관한 얘기가 없다. 복도보가 임의로 해석한 점사占辭를 언급한 것이다. 군주의 마음에 드는 말을 한다는 뜻의 '위순사爲順辭' 구절이 뒤따라 나오는 이유가 여기에 있다. 본문의 '호고狐蠱'는 숫여우를 잡는다는 식의 엉터리 점사를 의미한다. 요부徭賦는 강제로 동원되는 요역徭役과 논밭 등에 세금을 부과하는 부세賦稅를 말한다.

여매유색女妹有色의 '여매'를 두고 후토다와 왕환표 및『한비자교주』등은 '소녀'로 해석했다. 우창은 딸과 자매로 풀이했다. 문맥상 이게 타당하다. 명호성신名號誠信의 '명호'를 진기유는 신하의 명호,『한비자금주금역』은 군신君臣의 명호로 해석했다. 이같이 해석할 경우 바로 뒤이어지는 소이통위所以通威 구절과 자연스럽게 연결되지 못한다. 이에 진기유는 '명호' 아래에 지천之遷 2자를 덧붙여야 한다고 했으나 이는 문맥과 동떨어진 것이다. 군주의 자리와 명호로 해석해야 뒤의 구절과 자연스럽게 연결된다. 엄장掩障은 어떤 일을 못하게 가려 막는다는 뜻이다. 엄掩은 엄揜과 통한다.『한비자금주금역』에는 그같이 되어 있다.

'근습여알병행백관·주작천인近習女謁竝行百官·主爵遷人' 구절을 두고 대부분 통으로 해석하지 않고 '근습여알병행近習女謁竝行, 백관주작천인百官主爵遷人'으로 끊어서 해석하고 있다. 주작천인主爵遷人의 인人은 백관을 가리킨 것으로 측근 신하인 근습近習과 궁녀인 여알女謁이 관직뿐만 아니라 작위를 비롯해 관직의 승진 및 승작 등에 대해서도 주도권을 행사하고 있다는 뜻이다. 이 구절은 통으로 해석해야 본래의 의미가 그대로 살아난다. 행行은 백관百官에 대한 동사, 주主는 작爵과 천인遷人을 모두 아우르는 동사로 사용된 것이다. 행行을 『춘추좌전』「노소공 10년」조의 주는 용用, 『회남자』「설산훈」의 주는 사使로 풀이했다. 행백관行百官은 백관을 임명하고 운용한다는 뜻이다. 수불법행雖不法行을 윤동양과 『한비자교주』는 법에 따르지 않고 일을 처리하는 것으로 풀이했다. 진기유는 오직 불법을 행한다는 뜻의 유행불법唯行不法으로 바꿔야 한다고 했다. 그대로 두고 해석하는 게 낫다. 이 경우 법에 어긋나는 불법행위가 그대로 행해진다는 뜻이 된다.

45-6

夫立法令者, 以廢私也. 法令行而私道廢矣. 私者, 所以亂法也. 而士有二心私學·巖居窞路·託伏深慮, 大者非世, 細者惑下. 上不禁. 又從而尊之以名, 化之以實, 是無功而顯·無勞而富也. 如此, 則士之有二心私學者, 焉得無深慮·勉知詐與誹謗法令以求索與世相反者也. 凡亂上反世者, 常士有二心私學者也. 故『本言』曰, "所以治者, 法也. 所以亂者, 私也. 法立, 則莫得爲私矣." 故曰, "道私者亂, 道法者治." 上無其道, 則智者有私詞, 賢者有私意. 上有私惠, 下有私欲, 聖智成群, 造言作辭, 以非法措於上. 上不禁塞, 又從而尊之, 是教下不聽上·不從法也. 是以賢者顯名而居, 姦人賴賞而富. 賢者顯名而居,姦人賴賞而富, 是以上不勝下也.

　무릇 법령을 마련하는 것은 사사로움을 폐하기 위한 것이다. 법령이 잘 시행되면 사사로운 방법은 이내 폐지된다. 사사로움은 법을 어지럽히는 근원이다. 선비가 두 마음을 품은 채 사사로운 학문을 익히고, 바위굴이나 움막에 살며 짐짓 파리한 모습을 드러내고, 세도가에 기대어 몸을 숨긴 채 계책을 내기에 골몰한다. 크게는 세상을 거침없이 비난하고, 작게는 아랫사람을 현혹시킨다. 그런데도 군주는 이들을 금압하기는커녕 오히려 크게 예우하고, 실질적인 도움으로 그들의 곤궁한 처지를 일변케 만든다. 공을 세우지 않고도 명성을 떨치고, 애쓰지 않고도 부유해지는 이유가 여기에 있다. 상황이 이럴진대 선비 가운데 두 마음을 품고 사사로운 학문을 닦는 자가 어찌 짐짓 세상을 근심하는 모습을 보이고 법령을 비방하며 현실과 동떨어진 방법으로 명예와 봉록을 구하려 하지 않겠는가?

　군주를 거스르며 난을 일으키고 현실을 부인하는 자들은 늘 선비들 가운데 두 마음을 품고 사사로운 학문을 익힌 자들이다. 『본언』에 이를 경계하는 구절이 나온다.

　"다스리는 근본은 법이다. 이를 어지럽히는 근원은 사사로움이다. 법이 제대로 서면 사사로운 짓을 못하게 된다."

　그래서 말하기를, '사사로운 길에 의지하면 어지러워지고, 법에 의지하면 다스려진다.'고 하는 것이다. 군주에게 올바른 길이 없으면 지자는 사사롭게 말을 하고, 현자는 사사로운 뜻을 품게 된다. 군주가 함부로 은덕을 베풀면 백성들은 사사로운 욕심을 내게 된다. 그리되면 현자와 지자는 무리를 이뤄 멋대로 말을 만들어내고 법령을 거스르는 모습으로 군주를 대하게 된다.

　　군주는 이를 금압해야 하는데도 오히려 이를 따르며 존중하고 있다. 신하에게 군주의 말을 듣지 않아도 되고, 법령을 따르지 않아도 된다고 가르치는 꼴이다. 현자가 명예를 드러내면서 관직에 나아가지 않고, 간사한 자가 아무 공도 없이 포상을 받아 잘 사는 이유다. 현자가 관직에 나아가지 않은 채 명예를 드러내고, 간사한 자가 아무 공도 없이 잘 살게 되면 군주는 결코 신하를 제압할 길이 없다.

　　⟶ 암거담로嚴居窞路의 담로窞路을 두고 진계천과 진기유 등은 구덩이를 파고 산다는 뜻으로 간주해 로路를 처處로 바꿔 해석했다. 이에 대해 왕념손은 여기의 '담로'를 피폐해져 병약하다는 뜻의 단로癉露의 가차로 보아야 한다고 했다. 문맥상 이같이 해석하는 게 낫다. 탁복심려托伏深慮의 '탁복'을 두고 진계천 등은 은거를 가탁假託한 것으로 풀이했다. 그러나 세도가에 기대어 몸을 숨긴 것으로 해석하는 게 낫다. 『한비자』에서 탁托을 '가탁'의 의미로 사용한 경우는 없다. 탁托은 탁託과 통한다. 『한비자금주금역』에는 그같이 되어 있다. 화지이실化之以實의 화化를 후토다와 양계웅 등은 재화로 포상한다는 뜻의 화貨의 가차로 보았으나 근거가 없다. 글자 그대로 변개變改의 의미로 풀이하는 게 낫다. 본언本言은 전국시대에 널리 읽힌 도가 서적을 말한다. 조언작사造言作辭는 멋대로 말을 만들어 내는 것을 말한다. 『주례』「대도사」에 이를 처벌하는 조언지형造言之刑이 나온다.

🌸 권18
제46장 육반(六反)

🌿46-1

畏死遠難, 降北之民也, 而世尊之曰'貴生之士'. 學道立方, 離法之民也, 而世尊之曰'文學之士'. 遊居厚養, 牟食之民也, 而世尊之曰'有能之士'. 語曲牟知, 僞詐之民也, 而世尊之曰'辯智之士'. 行劍攻殺, 暴憿之民也, 而世尊之曰'磏勇之士'. 活賊匿姦, 當死之民也, 而世尊之曰'任譽之士'. 此六民者, 世之所譽也. 赴險殉誠, 死節之民, 而世少之曰'失計之民'也. 寡聞從令, 全法之民也, 而世少之曰'樸陋之民'也. 力作而食, 生利之民也, 而世少之曰'寡能之民'也. 嘉厚純粹, 整穀之民也, 而世少之曰'愚戇之民'也. 重命畏事, 尊上之民也, 而世少之曰'怯懾之民'也. 挫賊遏姦, 明上之民也, 而世少之曰'讇讒之民'也. 此六民者, 世之所毀也. 姦僞無益之民六, 而世譽之如彼. 耕戰有益之民六, 而世毀之如此. 此之謂'六反'. 布衣循私利而譽之, 世主聽虛聲而禮之, 禮之所在, 利必加焉. 百姓徇私害而訾之, 世主壅於俗而賤之, 賤之所在, 害必加焉. 故名賞在乎私惡當罪之民, 而毀害在乎公善宜賞之士, 索國之富强, 不可得也.

죽음을 두려워하고 위난을 피하려는 자들은 전쟁터에서 적에게 항복하거나 도망치는 자들이다. 그런데도 세인들은 이들을 높여 '삶을 귀하게 여기는 고사高士'라고 말한다. 선왕의 도를 들먹이며 자신의 학설을 세우는 자들은 법을 어기는 자들이다. 그런데도 세인들은 이들을 높여 '학문을 연마하는 학사學士'라고 말한다. 아무 일도 하지 않은 채 놀면서 잘 먹고 사는 자는 다른 사람의 먹을 것을 빼앗는 자이다. 그런데도 세인들은 이들을 높여 '재능이 뛰어난 현사賢士'라고 말한다. 왜곡된 이론으로 큰 지식을 드러내는 자는 거짓으로 사람을 속이는 자이다. 그런데도 세인들은 이들을 높여 '말 잘 하고 재치 있는 모사謀士'라고 말한다. 허리에 칼을 차고 다니면서 사람을 치거나 죽이는 자는 흉포한 모험을 하는 자이다. 그런데도 세인들은 이들을 높여 '강직하고 용맹한 투사鬪士'라고 말한다. 도적을 살려주고 간특한 자를 숨겨주는 자는 사형에 처해야 할 자이다. 그런데도 세인들은 이들을 높여 '의거를 보호하며 변호하는 의사義士'라고 말한다. 이들 6개 부류의 선비는 세인들이 칭송하는 자들이다.

　이와 정반대로 위험한 곳으로 나아가 나라와 군주를 위해 목숨을 바치는 자는 절의를 위해 죽음을 택한 자이다. 그런데도 세인들은 이들을 낮춰 '계책이 없는 무모한 맹민盲民'이라고 말한다. 식견이 적고 명령에 잘 따르는 자는 법을 온전히 지키는 자이다. 그런데도 세인들은 이들을 낮춰 '덜 깨인 무지렁이 누민陋民'이라고 말한다. 힘써 경작해 먹고 사는 자는 재부를 창출해 내는 자이다. 그런데도 세인들은 이들을 낮춰 '능력이 부족한 과민寡民'이라고 말한다. 선량하며 온후하고 순박한 자는 성실한 자이다. 그런데도 세인들은 이들을 낮춰 '우직하고 유치한 우민愚民'이라고 말한다. 명령을 존중하고 맡은 일에 신중한 자는 군주를 존중할 줄 아는 자이다. 그런데도 세인들은 이들을 낮춰 '담이 작고 겁이 많은 겁민怯民'이라고 말한다. 도적을 꺾고 간사한 행동을 막는 자는 군주의 법령을 지키는 자이다. 그런데도 세인들은 이들을 낮춰 '군주에게 아첨하고 남을 헐뜯는 참민讒民'이라고 말한다. 이들 6개 부류의 백성은 세인들이 폄하하는 자들이다.

간사한 거짓을 일삼으며 사사로운 이익이나 챙기는 무익한 자들이 6개 부류나 있으나 세인들은 오히려 이들을 칭송한다. 정반대로 열심히 농사짓고 나라가 위기에 처했을 때 전쟁터에 나가 싸우는 유익한 자들이 6개 부류가 있으나 세인들은 오히려 이들을 폄하한다. 이것이 바로 옳고 그름이 뒤바뀐 이른바 육반六反이라고 한다.

관직에 나아가지 않고 재야에 있는 자들이 사사로운 이익을 좇는데도 세인들은 그 내막도 모른 채 이들을 칭송한다. 군주들 역시 이런 허황된 얘기에 현혹돼 이들을 예우하고 있다. 예우하는 곳에는 반드시 이익이 뒤따른다. 반면에 일반 백성들은 사적인 손해에 아랑곳하지 않은 채 목숨을 바쳐 열심히 일하고 싸우는데도 세인들은 이들을 폄하한다. 군주들 역시 이목이 가려진 까닭에 이런 얘기를 곧이곧대로 듣고 이들을 천시한다. 천시하는 곳에는 반드시 해악이 뒤따른다. 명예와 포상이 사사롭게 잘못을 범해 응당 벌을 받아야 할 자에게 내려지고, 비난과 손해는 공적으로 선행을 하여 포상을 받아도 시원치 않은 사람에게 내려진다. 이런 상황에서 나라의 부강을 바란다 해도 이뤄질 수 없는 일이다.

학도입방學道立方의 방方을 진기유는 청렴방정淸廉方正의 '방'으로 해석했으나 『여씨춘추』「순설」의 주는 도道로 풀이했다. 여기서는 자신의 학설로 풀이하는 게 낫다. 모식지민牟食之民은 다른 사람의 먹을 것을 빼앗는 자의 의미이다. 빼앗는다는 뜻의 모牟는 곡식의 뿌리를 잘라먹는 해충이라는 의미의 모蟊와 통한다. 어곡모지語曲牟知는 왜곡된 이론으로 총기를 발휘하는 자를 말한다. 여기의 모牟를 왕선신은 『회남자』「시측훈」의 고유 주를 근거로 다多로 보았으나『여씨춘추』「근청」의 주는 대大로 풀이했다. 모지牟知는 대지大智와 같다. 행검공살行劍攻殺의 행行을 진기유는 사私의 오자로 보았다.『순자』「의병」의 주는 휘두른다는 뜻의 동용動用으로 풀이했다. 폭요지민暴憿之民의 요憿는 요행僥倖을 뜻하는 요僥의 본래 글자이다. 여기서는 흉포한 모험을 한다는 의미이다. 염용지사磏勇之士의 렴磏을『설문해자』는 숫돌로 풀이했다. 여기서는 행동이 방정하다는 뜻의 렴廉과 통한다.

임예지사任譽之士의 '임예'를 진기유는 인의에 입각한 행보로 명성을 떨친 사람, 양계웅은 노고를 마다하지 않고 일을 행해 명예를 얻은 사람으로 해석했다.『설문해자』는 임任을 보保로 풀이했다. 예譽는 찬미의 뜻이다. '임예'는 의거를 보호하며 변호辯護하는 것으로 풀이하는 게 낫다. 정곡지민整穀之民의 곡穀을 왕선겸은 군주의 겸손한 자칭인 불곡不穀의 예를 들어 선善으로 풀이했다. 나름 통하기는 하나 여기의 '정곡'은 앞서 나온 위사僞詐에 대칭된 표현이다. 우창은 '곡'을 성실할 각愨으로 바꿔야 한다고 했다.『회남자』「주술」의 주는 '곡'을 성誠으로 풀이했다. 우창의 해석이 더 낫다. 우당지민愚戇之民의 당戇은 외고집의 어리석음을 뜻한다.

ꕤ46-2

古者有諺曰, "爲政猶沐也, 雖有棄髮, 必爲之." 愛棄髮之費而忘長髮之利, 不知權者也. 夫彈痤者痛, 飮藥者苦, 爲苦憊之故不彈痤飮藥, 則身不活, 病不已矣. 今上下之接, 無子父之澤, 而欲以行義禁下, 則交必有郄矣. 且父母至於子也, 産男則相賀, 産女則殺之. 此俱出父母之懷袵, 然男子受賀, 女子殺之者, 慮其後便·計之長利也. 故父

母之於子也, 猶用計算之心以相待也, 而況無父子之澤乎. 今學者之
說人主也, 皆去求利之心, 出相愛之道, 是求人主之過父母之親也,
此不熟於論恩, 詐而誣也, 故明主不受也. 聖人之治也, 審於法禁.
法禁明著, 則官法. 必於賞罰, 賞罰不阿, 則民用官. 官治則國富, 國
富則兵强, 而覇王之業成矣. 覇王者, 人主之大利也. 人主挾大利以
聽治, 故其任官者當能, 其賞罰無私, 使士民明焉. 盡力致死, 則功伐
可立而爵祿可致, 爵祿致而富貴之業成矣. 富貴者, 人臣之大利也.
人臣挾大利以從事, 故其行危至死, 其力盡而不望. 此謂'君不仁, 臣
不忠, 則不可以覇王矣.'

　예로부터 전해지는 속담에 '정치는 머리 감는 것과 같아 머리털이 빠
져도 반드시 감아야 한다.'고 했다. 머리털 몇 개가 빠지는 것만 아까워
하며 세발을 통해 머리가 자라는 이익을 잊는다면 이는 이해득실의 균
형을 모르는 자이다. 무릇 종기를 침으로 째면 아프고, 약을 마시면 쓰
다. 아프고 쓰다고 해서 종기를 째지 않고, 약을 마시지 않으면 몸도 살
리지 못하고 병도 고칠 수 없다. 지금 군신의 상하관계는 부자지간처럼
혈연의 애정이 없다. 도의를 가지고 신하들을 누르려 하면 반드시 틈이
생길 것이다. 부모가 자식을 대할 때 아들을 낳으면 서로 축하하고, 딸
을 낳으면 죽여 버린다. 다 같이 부모의 품안에서 나왔는데 아들이면
축하하고, 딸이면 죽이는 것은 훗날의 편의를 생각하고 먼 장래의 이익
을 헤아린 결과이다. 부모와 자식 사이조차 이처럼 이해타산을 계산하
는 마음이 작용한다. 하물며 군신관계처럼 혈연의 애정도 없는 경우이
겠는가?

　지금 학자들은 군주에게 유세할 때 하나같이 이익을 바라는 마음을
버리고, 서로 사랑하는 길로 나아갈 것을 권한다. 군주로 하여금 신하

에 대해 어버이보다 더 친한 마음을 갖도록 권하고 있는 셈이다. 이는 군주의 은혜를 논하는 데 어울리지 않는 무식한 애기일 뿐만 아니라 일종의 기만적인 궤변에 지나지 않는다. 명군이 이들의 이런 주장을 받아들이지 않는 이유다. 성인의 다스림은 법률과 금령을 분명히 할 뿐이다. 법률과 금령을 분명히 하면 모든 관원이 법을 엄수할 뿐만 아니라 상벌 또한 공정하게 시행된다. 상벌이 공정하게 시행돼야 백성이 군주를 위해 힘써 일하게 된다. 백성이 힘써 일하고 관기가 바로 잡히면 나라가 부유해지고, 나라가 부유해져야 군사가 강해진다. 나라가 부유하고 군사가 강해지면 패왕의 대업을 이룰 수 있다.

패왕은 군주가 얻을 수 있는 가장 큰 이익이다. 군주가 이처럼 큰 이익을 가슴에 품고 정사를 펼치면 관원은 능력을 다해 일하고, 상벌 또한 사사로움이 없고, 백성들 역시 목숨을 바쳐 일하게 된다. 죽을 각오로 온 힘을 다해 싸우고 일하면 공을 세울 수 있고, 작록도 자연스럽게 이르게 된다. 작록이 이르면 부귀영달의 목표가 마침내 이뤄지는 셈이다.

부귀는 신하가 얻을 수 있는 가장 큰 이익이다. 신하가 이처럼 큰 이익을 가슴에 품고 업무에 임하면 위험을 무릅쓰고 일하다가 죽음에 이를지라도 원망하지 않게 된다. '군주는 신하들에게 인애를 말하지 않고, 신하는 군주에게 충성을 말하지 않는다. 그러면 가히 패왕의 대업을 이룰 수 있다'는 애기가 나온 이유다.

기발棄髮은 머리카락이 빠진다는 의미이다. 탄좌彈痤는 침으로 종기를 째고 고름을 짜낸다는 뜻이다. 고비苦憊는 병으로 고생한다는 의미이다. 비憊는 병病과 통한다. 회임懷衽은 품에 안고 기른다는 의미이다. 임衽은 옷깃을 뜻하는 의금衣襟의 뜻이다. 역진이불망力盡而不望

은 힘이 다해 죽을지라도 원망하지 않는다는 의미이다. 망원은 원망怨望을 뜻한다. 불가이패왕不可以覇王의 불不을 두고 고광기는 연자로 보았다. 문맥상 나름 일리가 있다. 문제는 이 구절 앞에 나오는 '군불인君不仁, 신불충臣不忠'에 대한 해석이다. 대부분 '군주가 신민에게 어질지 않고 신하가 군주에게 충성스럽지 않을지라도 가히 패왕이 될 수 있다'는 식으로 풀이하고 있다. 한비가 유가의 덕목인 인의를 질타한 점에 주목한 해석이다. 그러나 과연 이같이 하고도 패왕의 대업을 이룰 수 있는 것일까? 있을 수 없는 일이다. 고광기가 불不 자를 빼야 한다고 주장한 이유다. 그러나 이는 해석의 문제이다. 문맥의 기본취지에 비춰 볼 때 이는 '군주는 신하들에게 인애를 말하지 않고, 신하는 군주에게 충성을 말하지 않는다.'의 의미이다. 이같이 해석하면 굳이 불不 자를 빼지 않고도 문맥이 자연스럽게 통한다.

46-3

夫姦, 必知則備, 必誅則止. 不知則肆, 不誅則行. 夫陳輕貨於幽隱, 雖曾·史可疑也. 懸百金於市, 雖大盜不取也. 不知, 則曾·史可疑於幽隱. 必知, 則大盜不取懸金於市. 故明主之治國也, 衆其守而重其罪, 使民以法禁而不以廉止. 母之愛子也倍父, 父令之行於子者十母. 吏之於民無愛, 令之行於民也萬父. 母積愛而令窮, 吏用威嚴而民聽從, 嚴愛之筴亦可決矣. 且父母之所以求於子也, 動作則欲其安利也, 行身則欲其遠罪也. 君上之於民也, 有難則用其死, 安平則盡其力. 親以厚愛關子於安利而不聽, 君以無愛利求民之死力而令行. 明主知之, 故不養恩愛之心而增威嚴之勢. 故母厚愛處, 子多敗, 推愛也. 父薄愛教笞, 子多善, 用嚴也.

　무릇 간사한 짓은 반드시 적발해 내야만 사람들을 경계시킬 수 있고, 반드시 처벌해야만 금지시킬 수 있다. 이를 적발해 내지 못하면 간사한 짓이 횡행하고, 처벌하지 않으면 원하는 바를 모두 이루려고 할 것이다. 하찮은 물건도 남이 보지 않는 은밀한 곳에 두면 비록 증삼과 사추처럼 청렴한 사람일지라도 이내 의심을 받게 되고, 1백 금의 황금도 시장에 공공연히 내놓으면 비록 도척 같은 큰 도둑일지라도 이를 가져가지 못한다. 남에게 알려지지 않으면 증삼과 사추처럼 청렴한 사람도 사람이 볼 수 없는 곳에서는 의심을 받지만, 남에게 알려지면 큰 도둑일지라도 시장에 내걸린 황금을 가져가지 못한다. 명군이 나라를 다스리면서 지키는 눈을 많이 두고, 죄를 무겁해 하는 이유다. 이는 백성들로 하여금 법률에 의거해 못하도록 하는 것이지 염치에 호소해 못하도록 하는 게 아니다.

　모친의 자식에 대한 사랑은 부친의 갑절이나 되지만 부친의 명령이 자식에게 행해지는 것은 모친의 10배나 된다. 관원은 백성에 대한 애정은 없지만 명령이 백성에게 행해지는 것은 부친의 1만 배나 된다. 모친은 자식에 대한 사랑이 지나치게 두텁게 쌓여 있는 까닭에 명령이 잘 통하지 않지만, 관원은 형벌의 위엄을 앞세워 명령을 집행하는 까닭에 백성 모두 이를 따르게 된다. 위엄과 애정 가운데 어느 쪽을 취할지는 이로써 정해진 셈이다.

　부모는 자식에게 일을 할 때는 안전하고 이롭기를 바라고, 입신하여 처신할 때는 죄를 짓지 않기를 바란다. 그러나 군주는 백성에게 나라가 어려움에 처했을 때는 목숨을 걸고 열심히 싸워주기를 바라고, 평화로울 때는 있는 힘을 다해 열심히 일해 주기를 바란다. 어버이는 두터운 애정을 갖고 자식을 안전하고 유리한 곳에 두고자 하는데도 자식은 이를 듣지 않는다. 그러나 군주는 애정과 이익에 기대지 않고도 백성들로 하여금 사력을 다해 일하도록 요구해 그 명을 관철시킬 수 있다.

명군은 이런 이치를 아는 까닭에 백성에 대한 은애恩愛의 마음을 기르려 하지 않고, 위엄 있는 권세를 보강하는 데 애쓴다. 모친이 자식에 대한 두터운 애정에도 불구하고 대개의 경우 자식을 가르치는 데 실패하는 것은 애정을 앞세우기 때문이다. 부친은 비록 애정은 박하지만 회초리로 가르치기 때문에 성공하는 경우가 많다. 엄격함으로 자식을 대한 덕분이다.

🍥 부지즉사不知則肆의 사肆는 교만하고 방자하다는 뜻의 교사驕肆와 같다. 불양은애지심不養恩愛之心을 진기유는 백성들이 은애를 바라는 마음을 기르지 않는다는 의미로 풀이했다. 그러나 이 구절은 앞에 나오는 모적애이령궁母積愛而令窮 구절의 적애積愛와 동일한 취지이다. 명군은 자신의 '은애지심'을 확장하는 데 노력하기보다는 위엄지세威嚴之勢를 확장하는 데 힘써야 한다는 취지에서 나온 것이다. 결코 백성들의 '은애지심'을 배양하지 않아야 한다는 뜻이 아니다.

🍥46-4

今家人之治産也, 相忍以飢寒, 相强以勞苦, 雖犯軍旅之難·饑饉之患, 溫衣美食者, 必是家也. 相憐以衣食, 相惠以佚樂, 天飢歲荒, 嫁妻賣子者, 必是家也. 故法之爲道, 前苦而長利. 仁之爲道, 偸樂而後窮. 聖人權其輕重, 出其大利, 故用法之相忍, 而棄仁人之相憐也. 學者之言, 皆曰'輕刑', 此亂亡之術也. 凡賞罰之必者, 勸禁也. 賞厚, 則所欲之得也疾. 罰重, 則所惡之禁也急. 夫欲利者必惡害, 害者, 利之反也. 反於所欲, 焉得無惡. 欲治者必惡亂, 亂者, 治之反也. 是故欲治甚者, 其賞必厚矣. 其惡亂甚者, 其罰必重矣. 今取於輕刑者,

한비자韓非子

其惡亂不甚也, 其欲治又不甚也. 此非特無術也, 又乃無行. 是故決
賢·不肖·愚·知之美, 在賞罰之輕重. 且夫重刑者, 非爲罪人也. 明主
之法, 揆也. 治賊, 非治所揆也. 治所揆也者, 是治死人也. 刑盜, 非
治所刑也. 治所刑也者, 是治胥靡也. 故曰, '重一姦之罪而止境內之
邪, 此所以爲治也.' 重罰者, 盜賊也. 而悼懼者, 良民也. 欲治者奚
疑於重刑. 若夫厚賞者, 非獨賞功也, 又勸一國. 受賞者甘利, 未賞者
慕業, 是報一人之功而勸境內之衆也. 欲治者何疑於厚賞. 今不知治
者皆曰, "重刑傷民, 輕刑可以止姦, 何必於重哉." 此不察於治者也.
夫以重止者, 未必以輕止也. 以輕止者, 必以重止矣. 是以上設重刑
者而姦盡止, 姦盡止, 則此奚傷於民也. 所謂重刑者, 姦之所利者細,
而上之所加焉者大也. 民不以小利加大罪, 故姦必止者也. 所謂輕刑
者, 姦之所利者大, 上之所加焉者小也. 民慕其利而傲其罪, 故姦不
止也. 故先聖有諺曰, "不蹪於山, 而蹪於垤." 山者大, 故人順之. 垤
微小, 故人易之也. 今輕刑罰, 民必易之. 犯而不誅, 是驅國而棄之
也. 犯而誅之, 是爲民設陷也. 是故輕罪者, 民之垤也. 是以輕罪之
爲民道也, 非亂國也, 則設民陷也, 此則可謂傷民矣.

지금 사람들이 가업을 꾸려 나가는 모습을 보면 어떤 가장은 굶주림
과 추위를 인내하는 자세로 가족구성원의 욕망을 억제하고, 부단히 애
쓰며 노력하는 자세로 가족구성원의 노동을 격려한다. 전쟁과 같은 화
난이 일어나고, 흉년의 재난이 닥칠지라도 능히 따뜻한 옷을 입고 맛있
는 음식을 먹는 사람들은 반드시 이런 집안이다. 이와 정반대로 일부
가장은 좋은 옷과 풍성한 음식을 아낌없이 제공하는 자세로 가족구성
원을 애틋하게 아끼고, 안일하게 향락하는 자세로 가족구성원에게 은
혜를 베푼다. 흉년이 들어 굶주리면서 끝내 아내를 남에게 시집보내고

자식을 파는 자는 반드시 이런 집안이다.

법으로 다스리는 길은 처음에는 고달프나 나중에는 크게 이롭고, 인의로 다스리는 길은 처음에는 이로우나 나중에는 크게 궁색해진다. 성인은 법과 인의의 경중을 잘 헤아려 이로움이 큰 쪽을 택한다. 법치 아래서 어려운 상황을 견디는 쪽을 택하는 까닭에 서로 깊이 동정하며 아낌없이 베푸는 인의의 길을 버린다. 이를 두고 유자들은 입을 모아 비판하기를, '형벌을 가볍게 하라'고 한다. 그러나 이는 나라를 어지럽게 하고 끝내 패망으로 이끄는 술책이다.

무릇 상벌의 확립은 선행을 권하고 악행을 금하기 위한 것이다. 상이 후하면 군주가 바라는 일을 신속히 이룰 수 있고, 벌이 무거우면 군주가 싫어하는 일을 문득 그치게 할 수 있다. 이로움을 찾는 자는 반드시 해로움을 싫어하기 마련이다. 해로움은 이로움의 반대이기 때문이다. 이로움을 바라는 마음과 반대되면 어찌 이를 싫어하지 않을 리 있겠는가? 잘 다스려지는 것을 바라는 자는 어지럽게 되는 것을 싫어하기 마련이다. 어지러움은 다스림의 반대이기 때문이다. 잘 다스려지기를 간절히 바라는 자는 반드시 포상을 후하게 하고, 어지러워지는 것을 싫어하는 사람은 반드시 처벌을 중하게 한다. 지금 처벌을 가볍게 하자고 주장하는 자는 반드시 어지러움을 미워하는 것이 그다지 크지 않고, 다스림을 바라는 것 또한 그다지 강렬하지 않은 자일 것이다. 이는 법술이 없는 것일 뿐만 아니라 덕행조차 없는 것이다. 군주가 현명하고 지혜로운지 여부가 상벌의 경중에서 판가름 나는 이유다.

원래 형벌을 무겁게 하는 것은 단순히 죄인을 처벌하려는 게 아니다. 명군의 법률은 단지 사람의 행위를 판단하는 준칙일 뿐이다. 중범죄인 난신적자亂臣賊子에 대한 처벌은 법률에 규정된 범죄를 처벌한다는 취지에 그치지 않는다. 만일 법률에 규정된 범죄를 처벌하는 것에 불과하다면 이는 이미 죽은 자를 다스리는 것에 지나지 않는다. 경범죄인 절도범을 다스리는 것 역시 단순히 법률에 규정된 범죄를 다스리려는 취지가 아니다. 만일 그런 것에 불과하다면 이는 죄수를 다스리는 것에 지나지 않는다. '간악한 죄를 범한 한 사람을 중하게 처벌해 나라 안의 모든 악을 그치게 한다. 이것이 곧 형벌을 가하는 근본목적이다'라고 말하는 이유다. 중벌을 받는 자는 도적이다. 이를 보고 두려워하는 사람들은 양민이다. 나라를 잘 다스리고자 하는 사람이 어찌 중형의 시행을 두려워하겠는가?

마찬가지로 상을 후하게 주는 것은 그 공적에 대해서만 상을 주는 게 아니다. 온 나라 사람에게 이를 권하는 것이 된다. 상을 받은 사람은 그 이로움에 기뻐하고, 아직 받지 못한 사람은 공을 세우겠다는 간절한 생각을 품게 된다. 단순히 한 사람의 공적에 보답한 게 아니라 온 나라 사람에게 이를 장려한 셈이 된다. 나라를 잘 다스리고자 하는 사람이 어찌 후한 상의 포상을 주저하겠는가?

지금 치국의 도리를 잘 모르는 자들은 모두 이같이 말한다.

"형을 무겁게 하면 백성이 상한다. 형을 가볍게 할지라도 능히 간사함을 막을 수 있다. 어찌 반드시 형을 무겁게 할 필요가 있겠는가?"

그러나 이는 치국의 도리를 잘 살피지 못한 얘기다. 무릇 무거운 형벌로 인해 간사한 짓을 못하는 자는 가벼운 형벌을 시행할 경우 반드시 간사한 짓을 하지 않으리라고 장담할 수 없다. 가벼운 형벌에도 간사한 짓을 하지 않는 자는 더 무거운 형벌이면 반드시 간사한 짓을 하지 않는다. 군주가 무거운 형벌의 법을 정하면 간사한 일이 그치고, 그리되면 어찌 양민을 해칠 수 있겠는가? 이른바 무거운 형벌은 간사한 짓으로 이익을 보는 자에게 이로움은 적고, 무거운 형벌에 따른 해로움은 크다. 백성은 작은 이로움 때문에 큰 해로움을 당하고 싶지 않기 때문에 반드시 간사한 일이 그치게 된다. 정반대로 가벼운 형벌은 간사한 짓으로 이익을 보는 자에게 이로움은 크고, 가벼운 형벌에 따른 해로움은 작다. 백성은 이로움에 마음이 끌려 죄짓는 것을 가볍게 여기게 된다. 그리되면 간사한 짓이 그치지 않게 된다. 옛 성현의 말에 이런 경구가 있다.

"사람은 산에 걸려 넘어지지 않으나, 개밋둑에 걸려 넘어진다."

산은 크기 때문에 사람들이 늘 조심하지만, 개밋둑은 너무 작아 사람들이 가볍게 본다. 지금 형벌을 가볍게 하면 백성들은 반드시 이를 가볍게 여길 것이다. 만일 백성들이 죄를 범해도 이를 처벌하지 않으면 이는 나라를 다스리면서도 동시에 버리는 꼴이 된다. 또한 백성들이 죄를 범했다고 모두 처벌하면 이는 온 나라 백성들 앞에 함정을 파놓은 것이나 다름없다. 처벌을 가볍게 하는 것은 백성에게 개밋둑이나 다름 없다. 처벌을 가볍게 하는 식의 치국 방안은 나라를 어지럽히거나 백성을 함정에 빠뜨리게 된다. 이는 가히 백성을 다치게 만드는 위험한 방안이라고 이를 만하다.

　 상인이기한相忍以飢寒 구절을 두고 『한비자교주』는 상相을 부사어인 상호相互, 인忍을 언행이 거칠고 꼬인 한심狠心으로 풀이했다. 대다수 주석가가 이런 식으로 풀이해 놓았다. 그러나 여기의 '상'은 부사어가 아닌 대명사로 앞에 나온 가족구성원을 지칭한 것이다. '인'을 『순자』「비십이자」의 주에 억제 내지 약속으로 풀이해 놓았다. 가장이 기한飢寒을 인내하는 방법으로 가족구성원의 욕망을 억제한다는 뜻이다. 뒤이어지는 상강이노고相強以勞苦와 상련이의식相憐以衣食 구절도 마찬가지다. 투락이후궁偸樂而後窮의 투偸는 원래 구차하다는 뜻으로 수시로 틈을 내 즐기는 바람에 끝내 궁해진다는 의미이다.

'부지어산不躓於山, 이지어질而躓於垤' 구절은 사람은 산에 걸려 넘어지지 않으나, 개밋둑에 걸려 넘어진다는 뜻이다. 여기서는 옛 성현의 말로 나오고 있으나 『회남자』「인간훈」에서는 요임금의 말로 나온다. '전전율율戰戰慄慄, 일신일일日愼一日, 인막퇴어산人莫蹟於山, 이궤어질而蹟於蛭'이 그것이다. 내용은 같다.' 퇴蹟는 넘어질 지蹟와 같은 뜻이다. 고인순지故人順之의 순순을 고광기는 신愼으로 풀이했다. 「인간훈」의 일신일일日愼一日 구절과 취지를 같이하는 해석이다. '구국이기지驅國而棄之' 구절을 양계웅과 『한비자교주』는 백성들을 범죄로 몰아간 뒤 포기하는 것으로 풀이했다. 구驅를 『순자』「강국」의 주는 말을 모는 것으로 해석했다. 구국驅國은 곧 치국治國을 비유한 말이다. 여기의 기지棄之는 난국亂國과 취지를 같이한다. '구국이기지'는 곧 위정자들이 나라를 다스리면서 끝내 망치게 만든다는 뜻이다.

🐾46-5

今學者皆道書筴之頌語, 不察當世之實事, 曰, "上不愛民, 賦斂常重, 則用不足而下恐上, 故天下大亂." 此以爲足其財用以加愛焉, 雖輕刑罰, 可以治也. 此言不然矣. 凡人之取重賞罰, 固已足之之後也. 雖財用足而後厚愛之, 然而輕刑, 猶之亂也. 夫當家之愛子, 財貨足用. 貨財足用, 則輕用. 輕用, 則侈泰. 親愛之, 則不忍. 不忍, 則驕恣. 侈泰, 則家貧. 驕恣, 則行暴. 此雖財用足而愛厚, 輕利之患也. 凡人之生也, 財用足則墮於用力, 上懦則肆於爲非. 財用足而力作者, 神農也. 上治懦而行修者, 曾·史也. 夫民之不及神農·曾·史亦明矣. 老聃有言曰, "知足不辱, 知止不殆." 夫以殆辱之故而不求於足之外者, 老聃也. 今以爲足民而可以治, 是以民爲皆如老聃也. 故桀貴在天子而不足於尊, 富有四海之內而不足於寶. 君人者雖足民, 不能足使爲天子, 而桀未必以爲天子爲足也, 則雖足民, 何可以爲治也. 故

明主之治國也, 適其時事以致財物, 論其稅賦以均貧富, 厚其爵祿以
盡賢能, 重其刑罰以禁姦邪, 使民以力得富, 以事致貴, 以過受罪,
以功致賞, 而不念慈惠之賜, 此帝王之政也.

요즘 학자들은 모두 옛 전적에 나오는 성왕의 사례를 칭송하며 당대
의 실제 상황을 살피지 않는다. 이들은 입을 모아 이같이 말한다.

"군주가 백성을 사랑하지 않고 세금을 무겁게 거두고 있다. 백성들이
살아가는 데 필요한 물자가 모자라 군주를 원망하게 된다. 천하에 대란
이 일어나는 이유다."

이는 재화가 넉넉하고 은혜로운 정사를 베풀면 비록 형벌을 가볍게
해도 잘 다스릴 수 있다고 보는 것이다. 그러나 현실은 이 말과 다르다.
무릇 사람이 중벌을 받게 되는 것은 본래 생활이 넉넉해진 뒤이다. 비
록 재화가 넉넉하고 두터운 사랑을 베풀지라도 형벌이 가벼우면 오히려
어지러워진다. 부잣집에서 귀여움을 받는 자식은 재화를 얼마든지 넉
넉하게 쓸 수 있고, 재화를 넉넉하게 쓰면 함부로 가볍게 쓰게 되고, 함
부로 가볍게 쓰면 사치가 심해진다. 또한 자식을 지나치게 친애하면 인
내심이 없게 되고, 인내심이 없으면 방자해진다. 사치를 하면 집안이 가
난해지고, 버릇없이 방자해지면 행동이 난폭해진다. 재화가 넉넉하고
사랑이 두터울지라도 형벌이 가벼운 데 따른 우환이다.

무릇 사람이 살아가면서 재화가 넉넉하면 노력을 게을리 하고, 군주
의 다스림이 너그러우면 멋대로 간사한 짓을 저지른다. 재화가 넉넉한
데도 힘들여 일한 자는 신농씨神農氏이고, 군주의 다스림이 너그러워도
더욱 신중히 행동한 자는 증삼과 사추이다. 무릇 백성이 신농씨나 증
삼 및 사추에 미치지 못하는 것은 분명하다.『도덕경』은 제44장에서 이
같이 말했다.

"만족할 줄 알면 욕을 당하지 않고, 멈출 줄 알면 위태롭지 않다."

무릇 위태롭고 욕을 당하는 상황을 알기에 자족하는 생활 이상의 욕심을 내지 않은 사람은 노자 한 사람 뿐이다. 지금 백성을 만족시키면 가히 다스릴 수 있다는 생각은 백성들을 모두 노자와 같은 사람으로 여긴 것이다.

하나라의 걸은 존귀한 천자의 자리에서 앉아 있었지만 그 존귀함에 만족하지 않았고, 천하의 모든 부를 소유했지만 그 부에 만족하지 않았다. 군주가 아무리 백성을 만족시킬지라도 천자의 자리에 앉힐 수는 없는 일이고, 설령 그럴지라도 하나라의 걸은 천자의 자리에 반드시 만족하지 않았다. 아무리 백성의 욕구를 충족시킬지라도 어찌 그것으로 천하를 능히 다스릴 수 있겠는가?

명군은 나라를 다스리면서 때에 맞춰 알맞은 일을 시켜 재화를 생산하고, 세금을 차등 있게 매겨 빈부를 고르게 하고, 작록을 후하게 하여 현능賢能을 다하게 하고, 형벌을 엄하게 하여 간사한 짓을 금한다. 백성들로 하여금 열심히 노력해 부를 얻고, 국사를 열심히 수행해 귀한 자리에 오르고, 잘못을 저지르면 벌을 받고, 공을 세우면 상을 받도록 한다. 군주의 은혜로운 상을 바라지 않도록 만드는 것이다. 이것이 제왕의 정사이다.

꾜뀨 서책書筴의 책筴을 양계웅은 책冊의 가차로 보았다. 용부족이공상용不足而下恐上의 용用을 『전국책』 「위책」의 주는 물자를 뜻하는 자資로 풀이했다. 공恐을 노문초는 원怨으로 해석했다. 인지취중상벌人之取重賞罰의 상賞을 장각은 형벌의 잘못으로 보았다. 진기유는 '상' 아래에 피중避重 2자가 생략됐다고 했다. 『한비자교주』는 우평본을 근거로 '상' 자를 제거해 버렸다. 모두 인人을 백성으로 해석한 결과다. 지之

는 주主의 잘못이다. 인주人主로 해석하면 문맥이 자연스럽게 된다. 유지란猶之亂의 란亂은 난이 발생한다는 뜻의 동사로 사용됐다.

46-6

人皆寐, 則盲者不知. 皆嘿, 則喑者不知. 覺而使之視, 問而使之對, 則喑盲者窮矣. 不聽其言也, 則無術者不知. 不任其身也, 則不肖者不知. 聽其言而求其當, 任其身而責其功, 則無術不肖者窮矣. 夫欲得力士而聽其自言, 雖庸人, 與烏獲不可別也. 授之以鼎俎, 則罷健效矣. 故官職者, 能士之'鼎俎'也, 任之以事, 而愚智分矣. 故無術者得於不用, 不肖者得於不任. 言不用而自文以爲辯, 身不任而自飾以爲高. 世主眩其辯·濫其高而尊貴之, 是不須視而定明也, 不待對而定辯也, 喑盲者不得矣. 明主聽其言必責其用, 觀其行必求其功, 然則虛舊之學不談·矜誣之行不飾矣.

사람이 모두 잠이 들면 누가 맹인인지 알 수 없고, 모두 입을 다물고 있으면 누가 벙어리인지 알 수 없다. 잠에서 깨어난 후 물건을 보게 하고, 질문에 대답하게 한 연후에 비로소 맹인과 벙어리인지 여부를 가려낼 수 있다. 견해를 듣지 않았을 때는 설령 학식이 없는 자일지라도 발각되지 않고, 해당자를 임용하지 않았을 때는 설령 재간이 없는 자일지라도 발각되지 않는다. 견해를 들은 후 그 타당성을 살피고, 일을 맡긴 후 실적을 추궁하면 학식과 재간이 없는 자는 달아날 길이 없게 된다.

무릇 힘센 자를 구할 때 스스로 천거하는 말만 들으면 필부를 오확烏獲 같은 역사力士와 구분할 길이 없게 된다. 무거운 정鼎을 들어보게 해야만 비로소 힘이 센지 여부를 가려낼 수 있다. 관직이 바로 재능이 많은 능사能士를 가려내는 '정'에 해당한다. 자리를 주어 일을 맡겨보면 그가 '능사'인지 여부가 바로 판명난다. 그래서 학식이 없는 자는 군주가 그의 견해를 듣지 않았을 때에 한해 득지得志하고, 재간이 없는 자는 군주가 그를 임용하지 않았을 때에 한해 득지할 수 있다. 실제로 이들은 통상 자신의 견해가 받아들여지지 않았는데도 구변이 뛰어난 척하고, 임용되지 않았는데도 스스로 청고淸高한 척한다.

요즘 어리석은 군주는 이들의 변설에 현혹되고, 청고한 척하는 모습에 속아 이들을 크게 존중하고 있다. 이는 그들에게 물건을 보게 하지도 않고 시력이 좋다고 판단하고, 질문을 하여 대답을 듣기도 전에 말을 잘한다고 판단하는 것이나 다름없다. 이같이 해서는 맹인과 벙어리를 구별할 길이 없다. 명군은 그 말을 들으면 반드시 실제로 쓰일 수 있는지 여부를 따지고, 그 행동을 보면 반드시 공적을 올릴 수 있는지 여부를 추궁한다. 이같이 하면 허황되고 낡은 학설을 늘어놓거나, 청고한 척하며 가장된 행동을 함부로 하지 못할 것이다.

개묵皆嘿의 묵嘿은 묵默과 통한다. 음자暗者의 음暗은 벙어리 아啞와 같다. 소리 없이 운다는 뜻으로 사용될 때는 '암'으로 읽는다. '무술자득어불용無術者得於不用, 불초자득어불임不肖者得於不任' 구절의 득得은 관직과 작록 및 상사賞賜 등을 얻는 득지得志를 뜻한다. 어於를 두고 양계웅은 즉則으로 풀이했다. 이같이 풀이할 경우 '학식이 없는 자에게 가장 좋은 것은 군주가 그의 건의를 들어주지 않는 것이고, 불초한 자에게 가장 좋은 것은 그를 임용하지 않는 것이다'라는 해석이 도출된다. 이는 문맥과 동떨어진 해석이다. 여기의 어於는 말미암을 유由於의 뜻으로 사용된 것이다. '학식이 없는 자는 군주가 그의 견해를 듣지 않았을 때에 한해 득지得志하고, 재간이 없는 자는 군주가 그를 임용하지 않았을 때에 한해 득지한다.'고 풀이해야 뒤따라 나오는

'언불용이자문위변言不用而自文以爲辯, 신불임이자식이고身不任而自飾以爲高' 구절의 취지가 선명히 드러난다. 예로부터 건의가 채택되지 않고 임용되지 못한 자가 더 크게 떠벌이기 마련이다. 한비가 여기서 지적코자 한 것이 바로 이것이다. 긍무지행矜誣之行은 과장되고 허망한 행동을 뜻한다.

제47장 팔설(八說)

47-1

爲故人行私謂之‘不棄’, 以公財分施謂之‘仁人’, 輕祿重身謂之‘君子’, 枉法曲親謂之‘有行’, 棄官寵交謂之‘有俠’, 離世遁上謂之‘高傲’, 交爭逆令謂之‘剛材’, 行惠取衆謂之‘得民’. ‘不棄’者, 吏有姦也. ‘仁人’者, 公財損也. ‘君子’者, 民難使也. ‘有行’者, 法制毀也. ‘有俠’者, 官職曠也. ‘高傲’者, 民不事也. ‘剛材’者, 令不行也. ‘得民’者, 君上孤也. 此八者, 匹夫之私譽, 人主之大敗也. 反此八者, 匹夫之私毁, 人主之公利也. 人主不察社稷之利害, 而用匹夫之私譽, 索國之無危亂, 不可得也.

세인들은 옛 친구를 위해 사적으로 은혜를 베푸는 자를 ‘붕우를 버리지 않는 사람’, 공공의 재물을 사적으로 나눠주는 자를 ‘어진 사람’, 봉록을 가벼이 여기고 자기 자신을 크게 아끼는 자를 ‘군자’, 법을 어기면서까지 사적으로 친족을 위해 도모하는 자를 ‘덕행이 있는 사람’, 벼슬을 버리고 사적인 교제를 존중하는 자를 ‘의협심이 있는 사람’, 속세를 떠나 살며 군주의 부름을 피하는 자를 ‘고오高傲한 사람’, 싸움을 마다하지 않고 법령을 어기는 자를 ‘강직한 사람’, 사적으로 은혜를 베풀어 여러 사람의 마음을 사는 자를 '민심을 얻은 사람'이라고 한다.

'붕우를 버리지 않는 사람'은 관리가 되면 간사한 짓을 하고, '어진 사람'은 공공의 재물을 손상시킨다. '군자'는 다루기가 힘들고, '덕행이 있는 사람'은 법령과 제도를 훼손하고, '의협심이 있는 사람'은 관직을 껍데기로 만든다. '고오한 사람'은 백성들로 하여금 군주를 받들지 않게 만들고, '강직한 사람'은 법령의 시행을 가로막고, '민심을 얻은 사람'은 군주를 고립시킨다.

유가의 도덕에서 말하는 이들 8가지 설교는 당사자인 필부에게 사적인 영예가 되겠지만 군주에게는 커다란 해악이 된다. 이들 8가지 설교와 정반대되는 것은 당사자인 필부에게는 사적인 불명예가 되겠지만 군주에게는 공적인 이익이 된다. 군주가 사직에 도움이 될 것인지를 살피지 않고 이들 필부의 8가지 설교를 좇으면, 나라의 위난이 없기를 바랄지라도 결코 이뤄지지 않을 것이다.

◯◠ 왕법곡친枉法曲親은 법을 어기면서까지 사적으로 친족을 위해 도모하는 자를 말한다. 여기의 곡曲은 곡학아세曲學阿世의 아阿와 뜻이 같다. 기관총교棄官寵交의 총寵을 진기유는 중시할 중重으로 풀이했다. 나름 통하기는 하나 『국어』「초어」의 주는 존중할 존尊으로 해석했다. 뉘앙스의 차이가 있다. 관직광官職曠의 광曠은 텅 비게 만든다는 뜻으로 공空과 통한다.

47-2

任人以事, 存亡治亂之機也. 無術而任人, 無所任而不敗. 人君之所任, 非辯智, 則修潔也. 任人者, 使有勢也. 智士者未必信也, 爲多其智, 因惑其信也. 以智士之計, 處乘勢之資而爲其私急, 則君必欺

焉. 爲智者之不可信也, 故任修士者, 使斷事也. 修士者未必智, 爲潔
其身, 因惑其智. 以愚人之所惛, 處治事之官而爲其所然, 則事必亂
矣. 故無術以用人, 任智, 則君欺. 任修, 則君事亂. 此無術之患也.
明君之道. 賤德義貴, 下必坐上, 決誠以參, 聽無門戶, 故智者不得
詐欺. 計功而行賞, 程能而授事, 察端而觀失, 有過者罪, 有能者得,
故愚者不任事. 智者不敢欺, 愚者不得斷, 則事無失矣.

정사를 누구에게 맡기는가 하는 것은 국가 존망과 치란의 관건에 해
당한다. 법술도 없이 사람을 임용하면 누구를 임용하든 실패하지 않을
수 없다. 군주가 임용하는 자는 대개 변설과 지혜가 뛰어난 지사智士가
아니면, 품성이 뛰어나고 청렴한 수사修士이다. 정사를 맡기는 것은 곧
권세를 부여하는 것이다. 그러나 지사가 반드시 성실한 것은 아니다. 그
런데도 군주는 지사의 명성에 혹해 불성실한 자를 성실한 자로 착각한
다. 불성실한 지사가 권세를 배경으로 사적인 일을 꾸밀지라도 군주는
반드시 속을 수밖에 없다. 이에 군주는 지사를 믿을 수 없다고 여겨 이
번에는 수사를 임용해 일을 처리케 한다. 수사가 반드시 지혜로운 것은
아니다. 그런데도 군주는 수사의 명성에 혹해 어리석은 자를 지혜로운
자로 착각한다. 어리석은 수사가 관직에 앉아 소신대로 일을 처리하게
되면 정사가 일시에 혼란스러워진다. 법술도 없이 사람을 임용하면 지
사는 군주를 속이고, 수사는 군주의 정사가 어지러워지게 한다. 이는
법술을 터득하지 못한 우환이다.

명군의 용인은 이와 다르다. 하위직이 고위직을 비판할 수 있고, 아랫
사람이 윗사람의 비행을 고발하지 않으면 함께 처벌되고, 검증을 통해
공적의 진상을 파악하고, 의견을 청취할 때 고정된 통로가 없고 다양한
통로로 청취한다. 불성실한 지사가 군주를 속일 길이 없는 것이다. 또

공로를 헤아려 포상하고, 능력에 따라 자리를 주고, 일의 발단을 잘 살펴 잘못을 추궁하고, 죄를 지은 자는 처벌하고, 능력이 있는 자는 과감히 발탁한다. 어리석은 수사가 임용될 길이 없는 것이다. 불성실한 지사가 군주를 감히 속일 생각을 못하고, 어리석은 수사가 감히 정사를 맡을 일이 없는 까닭에 국사의 처리에 실수가 있을 턱이 없다.

◐◑ 존망치란지기存亡治亂之機의 기機는 어떤 일의 가장 중요한 계기나 조건이 되는 기틀을 말한다. 열쇠를 뜻하는 관건關鍵과 같다. 승세지자乘勢之資는 권세에 올라타는 바탕이라는 의미이다. 천덕의귀賤德義貴의 '덕의'를 고광기는 득의得議로 바꿔야 한다고 했다. 청무문호聽無門戶는 어느 한쪽의 견해만 듣지 않는다는 의미이다. 정능程能의 정程은 헤아린다는 뜻으로 계計와 통한다.

🕸47-3

察士然後能知之, 不可以爲令, 夫民不盡察. 賢者然後能行之, 不可以爲法, 夫民不盡賢. 楊朱·墨翟, 天下之所察也, 千世亂而卒不決, 雖察而不可以爲官職之令. 鮑焦·華角, 天下之所賢也, 鮑焦木枯, 華角赴河, 雖賢不可以爲耕戰之士. 故人主之所察, 智士盡其辯焉. 人主之所尊, 能士能盡其行焉. 今世主察無用之辯, 尊遠功之行, 索國之富强, 不可得也. 博習辯智如孔·墨, 孔·墨不耕耨, 則國何得焉. 修孝寡欲如曾·史, 曾·史不戰攻, 則國何利焉. 匹夫有私便, 人主有公利. 不作而養足, 不仕而名顯, 此私便也. 息文學而明法度, 塞私便而一功勞, 此公利也. 錯法以道民也, 而又貴文學, 則民之所師法也疑. 賞功以勸民也, 而又尊行修, 則民之産利也惰. 夫貴文學以疑法, 尊行修以貳功, 索國之富强, 不可得也.

사물을 명찰하는 찰사察士만이 알 수 있는 사항을 법령으로 제정해
서는 안 된다. 백성이 모두 명찰한 것은 아니기 때문이다. 현자만이 알
수 있는 것을 법령으로 제정해서는 안 된다. 백성이 모두 현명한 것은
아니기 때문이다. 양주楊朱와 묵적墨翟은 천하 사람이 모두 인정하는
'찰사'이다. 그러나 천여 년에 달하는 난세 상황에서 결국 아무것도 해
결하지 못했다. 그들의 학설이 비록 명찰할지라도 결코 관청의 법령으
로 삼아서는 안 되는 이유다. 은자인 포초鮑焦와 화각華角은 천하 사람
이 모두 인정하는 현자이다. 그러나 포초는 나무를 껴안은 채 죽었고,
화각은 황하에 몸을 던져 죽었다. 그들이 비록 현능할지라도 나라를 위
해 싸우는 전사로 삼을 수 없는 이유다.

군주가 명찰한 것에 마음을 쓰면 '지사'는 군주 앞에서 온갖 구변을
늘어놓으려 하고, 군주가 존중하는 게 있으면 재능이 많은 능사能士는
군주 앞에서 온갖 재능을 펼치려 할 것이다. 요즘 세상의 군주는 쓸모
없는 변설을 명철하다고 하고, 실적과 거리가 먼 행동을 존중한다. 그리
되면 나라의 부강을 바랄지라도 결코 이룰 수가 없다.

공자나 묵적처럼 박학하여 뛰어난 변설과 지혜를 지니고 있을지라도
이들은 농사조차 지을 수 없었으니 장차 나라에 무슨 도움이 되겠는
가? 증삼과 사추처럼 효행을 닦고 마음을 다스려 적은 욕심을 지니고
있을지라도 이들은 전장에 나가 싸우지 않았으니 장차 나라에 무슨 도
움이 되겠는가? 필부에게도 사적인 영예가 되어야 하지만 군주에게도
공적인 이익이 되어야만 한다. 농사를 짓지 않아도 넉넉하고, 관직에 나
아가지 않아도 이름을 떨치는 것은 사적인 이익일 뿐이다. 옛 문헌을 없
애고 법도를 명확히 해 사적인 이익을 막고 공에 따라 포상하는 것이
공적인 이익에 해당한다. 군주는 법률을 제정해 백성을 이끌어야 하는
데도 오히려 옛 문헌을 숭상하고 있다. 이는 백성들이 지켜야 할 법제에

맞서게 만드는 것이다. 공에 따른 포상은 백성을 권장하기 위한 것인데도 품성의 수양을 존중하고 있다. 이는 백성들로 하여금 생산과 이익창출에 게으름을 피우도록 만드는 것이다. 옛 문헌을 숭상해 법제에 맞서게 하고, 품성이 뛰어난 자를 존중해 조정에서 공을 세운 사람과 나란히 서게 만드는 것도 같은 경우이다. 그리되면 나라의 부강을 바랄지라도 결코 이룰 수가 없다.

🐚 포초鮑焦는 주나라 때의 전설적인 은자이다. 『장자』「도척」에 나온다. 화각華角 역시 『장자』에 나오는 전설적인 은자이다. 원공지행遠功之行은 공을 세우는 현실적인 행동과는 거리가 먼 기행을 말한다. 존행수이이공尊行修以貳功은 덕성을 수양한 자를 존중해 조정에서 공을 세운 사람과 나란히 서게 만든다는 뜻이다.

🌿 47-4

揗笏干戚, 不適有方鐵銛. 登降周旋, 不逮日中奏百. 『狸首』射侯, 不當强弩趨發, 干城距衝, 不若埋穴伏櫜. 古人亟於德, 中世逐於智, 當今爭於力. 古者寡事而備簡, 樸陋而不盡, 故有挑銚而推車者. 古者人寡而相親, 物多而輕利易讓, 故有揖讓而傳天下者. 然則行揖讓, 高慈惠, 而道仁厚, 皆推政也. 處多事之時, 用寡事之器, 非智者之備也. 當大爭之世, 而循揖讓之軌, 非聖人之治也. 故智者不乘推車, 聖人不行推政也.

옛 사람들은 조례朝禮 때 홀笏을 허리띠에 꽂고 조정대사를 논의하거나, 손에 방패나 도끼 등의 무기를 들고 무무武舞를 추었다. 이는 지금 긴 창과 쇠 작살 등의 무기로 싸우는 것과 비교되지 않는다. 옛날에는 계단을 오르내리고 주위를 도는 동작 등을 보고 인재를 선발했다. 이는 지금 하루에 1백 리를 달리는 것을 보고 인재를 선발하는 것에 미치지 못한다. 옛날에는 「이수狸首」 악장이 울려 퍼지는 가운데 활을 쏘는 식의 예절을 행했다. 이는 지금 강한 쇠뇌를 쾌속으로 쏘아대는 것을 감당할 수 없다. 옛날에는 성을 굳게 지키며 성문을 부수는 충거衝車에 저항하는 식의 전술을 펼쳤다. 이는 지금 풀무를 이용해 적이 만들어 놓은 땅굴을 온통 연기로 가득 채우는 식의 전술에 당하지 못한다.

고대에는 도덕을 앞세웠고, 중세에는 지혜를 좇았고, 현세는 힘을 중시한다. 당시는 일이 적어 도구도 간단했다. 질박하고 조잡해 정교하지 않을지라도 별 문제가 없었다. 조개껍질로 된 괭이로 밭을 갈고, 통나무 바퀴를 단 수레를 힘으로 밀고 다녔다. 사람의 수도 적어 서로 친했고, 물자도 넉넉해 이익을 가볍게 생각하며 서로 즐거이 양보했다. 서로 읍양揖讓하며 천하를 다른 사람에게 물려주는 일이 가능했다. 읍양의 예를 행하고, 자혜로운 덕을 숭상하고, 두터운 인애의 도를 칭송할 수 있었던 것은 마치 통나무 수레를 힘으로 밀고 다닌 것처럼 소박한 정치가 존재한 덕분이다. 그러나 지금처럼 복잡한 시대에 살면서 고대의 기구들을 사용하는 것은 지혜로운 사람이 취할 일이 아니다. 격심한 투쟁이 전개되는 세상을 살면서 읍양의 낡은 예제를 좇는 것은 성인이 말하는 치국지도治國之道가 아니다. 지혜로운 사람은 밀고 다니는 원시시대의 낡은 수레에 올라타지 않고, 성인은 수레를 밀고 다니는 것처럼 낡은 원시시대의 정치적 조치를 취하지 않는다.

진홀搢笏의 홀笏은 신하들이 군주 앞에 조회를 설 때 조복의 띠에 꽂는 수판手板을 말한다. '수판'은 비망록을 쓰는 메모지 역할을 했다. 불적유방철섬不適有方鐵銛의 적適을 두고 고광기는 대적한다는 뜻의 적敵의 잘못으로 보았다. 손이양은 『묵자』「비수」를 근거로 유방有方을 기다란 창을 뜻하는 추모酋矛로 바꿔야 한다고 했다. 『한비자금주금역』은 그같이 되어 있다. 철섬鐵銛은 쇠 작살을 말한다. '이수狸首'는 현존하는 『시경』에 빠져 있는 일시逸詩이다. 『예기』「사의射儀」에 주무왕이 상나라를 멸한 뒤 활쏘기 예절을 베풀면서 '이수'의 노래를 불렀다는 일화가 나온다.

한성거충干城距衝의 한干을 후토다는 지킨다는 뜻의 한扞의 가차로 보았고, 진계천은 거距와 거拒는 통한다고 했다. 충衝은 성문과 성벽 등을 부술 때 사용되는 충거衝車를 뜻한다. 인혈복탁堙穴伏橐의 '인혈'은 구멍을 막는다는 뜻이고, '복탁'은 매복하여 풀무를 이용해 화공을 가한다는 의미이다. 요조이추거珧銚而推車의 요조珧銚는 큰 조개껍질을 다듬어 만든 괭이나 가래를 말한다. 조銚는 흙을 파헤치거나 떠서 던지는 가래의 의미일 때는 '조', 무쇠로 만든 작은 냄비인 쟁개비를 뜻할 때는 '요'로 읽는다. 추거推車는 통나무 바퀴의 수레로 추륜推輪으로도 쓴다. 여기서는 사람의 힘으로 추진하는 수레를 의미한다. 추정推政을 왕선신은 행정行政, 진기유는 '추거'와 같은 정치로 풀이했다. 노문초는 추推를 무지몽매함을 상징하는 몽치의 뜻인 추椎로 바꿔야 한다고 했다. 여기의 '추정'은 문맥상 '추거'와 유사한 정치적 조치를 뜻한다. 원시적인 정치 조치를 말한다.

47-5

法所以制事, 事所以名功也. 法有立而有難, 權其難而事成, 則立之. 事成而有害, 權其害而功多, 則爲之. 無難之法, 無害之功, 天下無有也. 是以拔千丈之都, 敗十萬之衆, 死傷者軍之乘, 甲兵折挫, 士卒死傷, 而賀戰勝得地者, 出其小害計其大利也. 夫沐者有棄髮, 除

者傷血肉. 爲人見其難, 因釋其業, 是無術之事也. 先聖有言曰, "規
有摩而水有波, 我欲更之, 無奈之何." 此通權之言也. 是以說有必立
而曠於實者, 言有辭拙而急於用者. 故聖人不求無害之言, 而務無易
之事. 人之不事衡石者, 非貞廉而遠利也, 石不能爲人多少, 衡不能
爲人輕重, 求索不能得, 故人不事也. 明主之國, 官不敢枉法, 吏不
敢爲私利, 貨賂不行, 是境內之事盡如衡石也. 此其臣有姦者必知,
知者必誅. 是以有道之主, 不求淸潔之利, 而務必知之術也.

법은 일을 규제하기 위한 수단이고, 일은 공적을 드러내기 위한 수단
이다. 법은 제정할 때 어려움이 뒤따르기도 하지만 일의 성과가 크면 전
체적인 이익을 헤아려 법을 제정하게 된다. 사실 어떤 일이든 성사시키
기 위해서는 폐해도 뒤따르지만 성과가 크면 전체적인 이익을 헤아려
일을 추진하기 마련이다. 아무런 폐해가 뒤따르지 않는 공적은 이 세상
에 존재한 적이 있다.

1천 길이나 되는 성벽을 쌓아올린 도읍을 함락시킬 때 1십만 명에
달하는 적군을 죽거나 다치게 만들고, 아군 측 사상자도 전군의 3분의
1에 달하고, 갑옷과 무기가 크게 훼손되고, 수많은 병사가 죽거나 다친
다. 그런데도 싸워 이겨 땅을 차지한 것을 축하하는 것은 작은 손해와
큰 이익을 고려했기 때문이다. 무릇 머리를 감으면 머리카락이 빠지고,
종기를 치료하면 피와 살이 상하기 마련이다. 그 어려움을 보고 이런 일
을 다시 하지 않으려 든다면 이는 학식이 없는 행동이다. 옛 성현은 이
같이 말했다.

"원을 그리는 그림쇠는 닳기 마련이고, 수면 위에는 파문이 일어나기
마련이다. 내가 그것을 바꾸려 한들 무엇으로 그것을 대신할 수 있겠는
가!"

이는 세상의 권변權變에 통달한 말이다. 학설에는 논리상 그럴듯하나 실제와 거리가 먼 게 있고, 반대로 좀 덜 다듬어져 있기는 하나 실제 쓰임에는 매우 긴요한 것이 있다. 성인은 폐해가 따르지 않는 공허한 말을 추구하지 않고, 바뀌는 일이 없도록 하는 데 힘쓴다. 사람들은 근량斤兩 단위의 무게를 재는 저울질이나 10말들이 석石 단위의 부피를 재는 마질에 큰 주의를 기울이지 않는다. 이는 사람들이 정직하고 청렴해 재화의 이익을 싫어하기 때문이 아니다. 본래 마질은 사람에 따라 원래의 부피를 늘리거나 줄이는 게 아니다. 저울질 역시 사람에 따라 원래의 무게를 늘리거나 줄이는 게 아니다. 사람에게 특별히 이익을 주는 일이 없는 까닭에 마질이나 저울질에 그다지 신경을 쓰지 않는 것이다.

명군이 다스리는 나라에서는 고위 관원은 감히 법률을 위반하지 않고, 하위 관속도 감히 사적인 이익을 꾀하지 않는다. 뇌물이 전혀 통하지 않는 것이다. 나라 안의 모든 일이 마질과 저울질처럼 공정하게 행해진 덕분이다. 대신이 잘못을 저지르면 반드시 군주에게 알려지고, 이내 처벌이 뒤따른다. 통치술을 아는 군주가 청렴한 관원을 구하지 않고, 신하의 간사한 방법을 짓을 알아내는 제신술制臣術을 익히는 데 힘쓰는 이유다.

🐚 사소이명공事所以名功의 명名을 양계웅과 『한비자교주』는 명明으로 새겼으나 『광아』「석고」는 성成으로 풀이해 놓았다. 군지승軍之乘의 승乘을 두고 쓰다는 3분의 1을 뜻하는 추鍾의 가차인 수垂의 잘못으로 보았다. 무술지사無術之事의 사事를 왕선신은 사士, 진기유는 재난을 뜻하는 환患으로 바꿔야 한다고 했다. 여기의 '사'는 사람이나 재난의 뜻으로 사용된 게 아니다. 바로 앞에 나오는 '그런 일을 다시 하지 않는다.'는 뜻의 석기업釋其業을 뜻한다. 『여씨춘추』「유대」의 주는 할

위爲로 풀이해 놓았다. 규유마規有摩의 마摩는 마磨와 통한다. 수유파水有波의 수水는 수경水鏡의 뜻이다.

47-6

慈母之於弱子也, 愛不可爲前. 然而弱子有僻行, 使之隨師. 有惡病, 使之事醫. 不隨師, 則陷於刑. 不事醫, 則疑於死. 慈母雖愛, 無益於振刑救死, 則存子者非愛也. 子母之性, 愛也. 臣主之權, 筴也. 母不能以愛存家, 君安能以愛持國. 明主者通於富强, 則可以得欲矣. 故謹於聽治, 富强之法也. 明其法禁, 察其謀計. 法明, 則內無變亂之患. 計得, 則外無死虜之禍. 故存國者, 非仁義也. 仁者, 慈惠而輕財者也. 暴者, 心毅而易誅者也. 慈惠, 則不忍. 輕財, 則好與. 心毅, 則憎心見於下. 易誅, 則妄殺加於人. 不忍, 則罰多宥赦. 好與, 則賞多無功. 憎心見, 則下怨其上. 妄誅, 則民將背叛. 故仁人在位, 下肆而輕犯禁法, 偸幸而望於上. 暴人在位, 則法令妄而臣主乖, 民怨而亂心生. 故曰, '仁暴者, 皆亡國者也.'

자애로운 모친은 어린 자식을 대할 때 애정을 그 무엇보다 앞세운다. 그럼에도 어린 자식이 악행을 행하면 스승을 따르게 하고, 악병惡病이 생기면 의원의 치료를 좇게 한다. 자식이 스승을 따르지 않으면 이내 형벌을 받는 신세가 되고, 의원의 치료를 좇지 않으면 이내 죽지나 않을까 두렵기 때문이다. 자애로운 모친이 아무리 어린 자식을 사랑할지라도 형벌을 면하게 하거나 죽음을 구하는 데는 아무 도움이 되지 못한다. 이로써 보면 자식을 살아가게 만드는 것은 애정이 아니다. 자식과 모친은 천성인 애정으로 맺어져 있으나, 신하와 군주는 인위적인 잣대인 계산으로 맺어져 있다. 집안의 모친도 자식에 대한 사랑만으로는 집안을 보존할 수 없는데 하물며 군주가 어찌 신하에 대한 애정만으로 나라를 유지할 수 있겠는가?

명군이 부국강병을 달성하는 방법을 알면 곧 바라는 패왕의 소망을 이룰 수 있다. 근신하는 자세로 정사를 펴는 것이 바로 부국강병의 요체이다. 법률과 금령을 명확히 하고, 정책과 계책을 잘 살피면 된다. 법령이 명확하면 안으로 사변과 반란이 일어나지 않고, 정책과 계책이 적당하면 밖으로 전사자와 포로가 발생하는 재난이 빚어지지 않을 것이다. 나라를 보존하는 것은 인의가 아니다.

어진 사람은 인자하고 관후한 까닭에 재물을 아끼지 않고 널리 베푸는 사람을 말하고, 난폭한 사람은 잔인한 까닭에 경솔하게 형벌을 시행하는 사람을 말한다. 마음이 자애롭고 동정심이 많으면 잔인한 짓을 못하고, 재물을 가벼이 여기면 남에게 주기를 좋아한다. 마음이 잔인하면 증오심이 신하에게 드러나고, 형벌을 경솔하게 시행하면 사람을 함부로 죽이게 된다. 동정심이 많아 잔인하지 못하면 처벌받을 사람이 용서받는 경우가 많고, 베풀기를 좋아하면 공이 없는 사람이 상을 받는 경우가 많고, 증오심이 쉽게 드러나면 신하가 군주를 원망하게 되고, 함부로 사람을 죽이면 백성들이 장차 군주를 배반할 것이다.

어진 사람이 보위에 앉아 있으면 신하들이 아무 거리낌 없이 금령과 법률을 쉽게 범하고, 요행을 바라며 군주로부터 과분한 포상을 바라게 된다. 난폭한 자가 보위에 앉아 있으면 법령을 아무렇게나 시행해 군주와 신하 사이가 벌어지고, 백성이 군주를 원망하며 모반할 마음을 먹게 된다. '어질거나 난폭한 자 모두 나라를 망칠 자들이다'라는 얘기가 나온 이유다.

의어사疑於死의 의疑를 후토다와 진계천, 진기유, 양계웅 등은

비근하다는 뜻의 의擬의 가차로 보아 '죽는 것이나 다름없게 된다.'고
풀이했다. 『예기』「잡기」의 주는 의疑를 공恐으로 풀이했다. 죽게 되지
나 않을까 두려워한다는 뜻으로 새기는 게 자연스럽다. 심의心毅는 화
를 발끈 내는 마음을 뜻한다.

47-7

不能具美食而勸餓人飯, 不爲能活餓者也. 不能辟草生粟而勸貸
施賞賜, 不能爲富民者也. 今學者之言也, 不務本作而好末事, 知道
虛聖以說民, 此勸飯之說. 勸飯之說, 明主不受也.

맛있는 음식을 마련할 능력도 없으면서 굶주린 사람에게 먹기를 권
하는 것은 굶주린 사람을 살리는 방법이 아니다. 초지를 개간해 곡식을
생산할 능력도 없으면서 백성에게 곡식을 꿔주거나 나눠주는 것은 백
성을 넉넉하게 만드는 방법이 아니다. 지금 학자들은 근본이 되는 일에
힘쓰지 않은 채 말단적인 일만 좋아하고, 공허한 성인의 얘기나 들려주
면서 백성을 기쁘게 만들 줄만 알고 있다. 이는 먹을 것을 마련할 능력
도 없으면서 먹기를 권하는 것과 같다. 명군은 이런 얘기를 받아들이지
않는다.

　　벽초생속辟草生粟은 황무지 풀밭을 개간해 곡식을 생산한다는
의미이다. 벽辟은 벽闢의 가차이다.

47-8

書約而弟子辯, 法省而民訟簡. 是以聖人之書必著論, 明主之法必
詳盡事. 盡思慮, 揣得失, 智者之所難也. 無思無慮, 挈前言而責後

功, 愚者之所易也. 明主慮愚者之所易, 以責智者之所難, 故智慮力勞不用而國治也.

　글이 간명하고 요점을 정확히 짚어야 학생들이 쉽게 이해할 수 있다. 법규가 간략하고 명확해야 백성들의 다툼이 간소해지고 쉽게 해결된다. 성인이 글을 쓸 때 논점을 분명히 밝히고, 명군이 법률을 제정할 때 해당 사안을 상세히 규정하는 이유다. 모든 사려를 짜내 이해득실을 상세히 헤아리는 것은 아무리 지혜로운 자일지라도 매우 어려운 일이다. 아무런 생각이나 헤아림도 없이 처음 말한 의견을 토대로 나중의 성과를 거둘 수만 있다면 어리석은 자도 일을 쉽게 이룰 수 있을 것이다. 명군은 어리석은 자도 쉽게 할 수 있는 방법을 생각할 뿐 지혜로운 자도 어렵게 생각하는 방법을 채택하지 않는다. 머리를 쥐어짜며 심각히 사려하거나, 몸을 크게 축내며 애쓰지 않고도 능히 나라가 잘 다스려지는 이유가 여기에 있다.

　🕊 서약이제자변書約而弟子辯의 약約을 후토다는 학생들이 쉽게 이해하는 이지易知의 요체로 파악했다. 변辯은 변辨과 통한다.『염철론』「논공論功」에 나오는 '법약이이변法約而易辨' 구절과 취지를 같이한다. 뒤이어지는 법생이민송간法省而民訟簡 구절이 이를 뒷받침한다. 법생法省은 「논공」에 나오는 법약法約과 똑같은 의미이다. 그럼에도 양계웅과 『한비자교주』는 이를 법이 부족한 것으로 풀이했다. 이는 한비의 취지와 완전히 동떨어진 해석이다. 설전언挈前言의 설挈은 원래 끈다는 의미이나 여기서는 논거로 끌어들인다는 의미로 사용됐다. 이책지자지소난以責智者之所難의 이以를 고광기는 불不 자로 바꿔야 한다고 했다.
　'지려력로불용智慮力勞不用' 구절을 두고 고광기는 '지불로智不勞, 역

불용力不用'으로 바꿔야 한다고 했다. 왕선신은 역로力勞 2자를 삭제했
다. 진기유는 '지려부진智慮不盡, 역로불용力勞不用'으로 고쳐 해석했다.
양계웅은 '지려와 노력 모두 사용되지 못했다'고 풀이했다. 여기의 지려
智慮와 역로力勞는 각각 '머리를 짜내며 고려하는 것'과 '힘을 모두 기
울여 애쓰는 것'을 뜻하는 말로 일종의 동명사에 해당한다. 모두 동사
불용不用의 목적어로 사용됐다. 원문 그대로 두고 해석해야 한비가 말
하고자 한 취지가 선명히 드러난다.

47-9

酸甘咸淡, 不以口斷而決於宰尹, 則廚人輕君而重於宰尹矣. 上下
清濁, 不以耳斷而決於樂正, 則瞽工輕君而重於樂正矣. 治國是非,
不以術斷而決於寵人, 則臣下輕君而重於寵人矣. 人主不親觀聽,
而制斷在下, 託食於國者也.

시고 달고 짜고 싱거운 맛을 군주 자신의 입으로 판단하지 않고, 요
리 담당관인 재윤宰尹에게 맡기면 주방의 요리사들은 군주를 가볍게
여기고 재윤을 소중히 여길 것이다. 높고 낮고 맑고 둔탁한 소리를 군
주 자신의 귀로 판단하지 않고, 음악 담당관인 악정樂正에게 맡기면 악
대의 맹인 악사들은 군주를 가볍게 여기고 악정을 소중히 여길 것이다.
치국 과정의 시비를 군주 자신의 법술로 결단하지 않고 총신寵臣에게
맡기면 조정의 다른 신하들이 군주를 가볍게 여기고 총신을 더 소중이
여길 것이다. 군주가 친히 정사를 관장하지 않고 재결의 대권을 신하들
에게 넘기면 군주는 곧 더부살이하는 꼭두각시 신세가 되고 만다.

* 재윤宰尹의 재宰를 『대대례기』「보부」의 주는 선부膳夫, 윤尹을 『광

아』「석고」는 관官으로 풀이했다. 중어재윤重於宰尹의 어於를 노문초와 양계웅은 연자, 진기유는 재在로 해석했다. 여기의 '어'는 동사와 목적어를 이어주는 조사로 사용된 것이다. 고공瞽工은 소경 악사를 말한다. 옛날에는 맹인이 악사가 됐다. 소경을 뜻하는 고瞽 자를 사용한 이유다.

47-10

使人不衣不食而不飢不寒, 又不惡死, 則無事上之意. 意欲不宰於君, 則不可使也. 今生殺之柄在大臣, 而主令得行者, 未嘗有也. 虎豹必不用其爪牙而與鼷鼠同威, 萬金之家必不用其富厚而與監門同資. 有土之君, 說人不能利, 惡人不能害, 索人欲畏重己, 不可得也.

만일 사람이 입거나 먹지 않을지라도 굶주리거나 추위에 떨 일이 없고, 죽음조차 두려워하지 않으면 군주를 섬길 생각이 없을 것이다. 군주의 지배를 받을 생각이 없으면 그런 자를 부를 수도 없는 일이다. 백성에 대한 생살권이 대신의 손에 쥐어져 있는데도 군주의 명령이 시행된 적은 일찍이 없었다. 범이나 표범처럼 사나운 짐승일지라도 발톱과 어금니를 잃어 쓰지 못하게 되면 그 위력은 작은 생쥐와 같게 된다. 억만금을 가진 부자라도 그 많은 재화를 쓰지 못하면 문지기의 재력과 다를 바가 없게 된다. 영토를 아무리 많이 가진 군주일지라도 좋아하는 자를 이롭게 하지 못하고, 싫어하는 자를 해롭게 하지 못하면 아무리 사람들로부터 두려움과 존경의 대상이 되고자 할지라도 이는 불가능한 일이다.

혜서鼷鼠는 생쥐를 말한다. 감문監門은 문지기의 뜻이다.

47-11

人臣肆意陳欲曰'俠', 人主肆意陳欲曰'亂', 人臣輕上曰'驕', 人主
輕下曰'暴'. 行理同實, 下以受譽, 上以得非. 人臣大得, 人主大亡.

세인들은 신하가 하고 싶은 바를 임의로 행하면 '의협義俠', 군주가
하고 싶은 바를 임의로 행하면 '혼란昏亂'이라고 한다. 또 신하가 군주
를 가벼이 여기면 기개가 높고 행동이 빼어난 '고오척당高傲倜儻', 군주
가 신하를 가벼이 여기면 '잔인포학殘忍暴虐'으로 표현한다. 그 행동과
도리는 같은데도 신하는 명예를 얻고, 군주는 비난을 받는다. 똑같은
행위로 인해 신하는 커다란 이익을 얻고, 군주는 커다란 손실을 입는
이유다.

상이득비上以得非의 비非는 비난을 뜻하는 비誹와 통한다.

47-12

明主之國, 有貴臣, 無重臣. 貴臣者, 爵尊而官大也. 重臣者, 言聽
而力多者也. 明主之國, 遷官襲級, 官爵受功, 故有貴臣. 言不度行而
有僞, 必誅, 故無重臣也.

명군의 나라에서는 존귀한 자리에 앉은 귀신貴臣은 있을지언정 핵심
적인 자리에 앉은 중신重臣은 없다. 귀신은 작위가 높고 관직이 높은 자
를 말하고, 중신은 건의가 그대로 채택되고 실권을 지닌 자를 말한다.
명군의 나라에서는 승진이 직급의 순위에 따라 진행되고, 관작의 수여
가 공에 따라 주어지는 까닭에 귀신이 존재한다. 반면에 신하가 실행을
염두에 두지 않고 섣불리 말했다가 이후 거짓이 드러나면 반드시 중벌

을 받는 까닭에 중신이 존재하지 않는다.

　　🌀 관작수공官爵受功의 수수受는 수授의 옛 글자이다. 탁행度行의 탁
度은 헤아릴 양量과 같은 뜻이다. 척도尺度를 뜻할 때는 '도'로 읽는다.

제48장 팔경(八經)

✿48-1

一, 凡治天下, 必因人情. 人情者, 有好惡, 故賞罰可用. 賞罰可用, 則禁令可立而治道具矣. 君執柄以處勢, 故令行禁止. 柄者, 殺生之制也. 勢者, 勝衆之資也. 廢置無度, 則權瀆. 賞罰下共, 則威分. 是以明主不懷愛而聽, 不留說而計. 故聽言不參, 則權分乎姦. 智力不用, 則君窮乎臣. 故明主之行制也天, 其用人也鬼. 天則不非, 鬼則不困. 勢行敎嚴, 逆而不違. 毁譽一行而不議. 故賞賢罰暴, 擧善之至者也. 賞暴罰賢, 擧惡之至者也. 是謂賞同罰異. 賞莫如厚, 使民利之. 譽莫如美, 使民榮之. 誅莫如重, 使民畏之. 毁莫如惡, 使民恥之. 然後一行其法, 禁誅於私家, 不害功罪. 賞罰必知之, 知之, 道盡矣. 因情.

「경문經文 1」 인정因情

무릇 천하를 잘 다스리기 위해서는 반드시 인정人情을 기본으로 삼아야 한다. 인정은 좋아하고 싫어하는 두 가지 흐름이 있다. 상과 벌을 사용하는 이유다. 상벌을 쓰면 금령을 확립할 수 있다. 그러면 나라를 다스리는 도구를 완비하는 셈이다. 군주는 권력을 행사하는 권한인 권병권柄을 손에 움켜쥐고 권세를 배경으로 삼는다. 그래야 금령을 차질 없이 집행해 신하의 사악한 짓을 제지할 수 있다.

권병은 사람의 생살을 좌우하는 직권이고, 권세는 뭇사람을 제압하는 바탕이다. 관원의 임명에 법도가 없으면 군주의 권위는 추락하고, 상벌의 권한을 신하와 함께 나눠가지면 권세가 분산돼 힘을 잃게 된다. 명군은 편애하는 마음 없이 신하들의 의견을 두루 듣고, 과거의 호감을 배경으로 정책을 결정하지 않는다. 신하의 의견을 들을 때 실제 증거와 대조하지 않으면 권력이 간사한 자에게 분산되고, 친히 지모를 발휘하지 않으면 신하로 인해 곤경에 처한다. 명군이 권력을 행사할 때는 하늘처럼 공평히 하고, 관원을 부릴 때는 귀신처럼 남이 헤아리지 못하게 하는 이유다.

권력을 하늘처럼 공평히 행사하면 비난받을 일이 없고, 관원의 운용을 귀신처럼 남이 헤아리지 못하게 하면 곤경에 처하지 않는다. 권세가 잘 행해지고 교화가 엄격하면 신하들은 감히 군주에게 등을 돌리지 못하고, 비방과 칭송인 훼예毁譽를 하나같이 법령에 좇아 하면 신하들은 감히 시비를 논하지 못한다. 현능한 자를 포상하고 난폭한 자를 처벌하는 것이 선행을 세상에 드러내는 최상의 방법이다. 난폭한 자를 포상하고 현능한 자를 처벌하면 악행을 조장하는 최악의 방법이 된다. 군주의 뜻을 좇는 자를 포상하고 그렇지 못한 자를 벌하는 것을 일컬어 이른바 상동벌이賞同罰異라고 한다.

포상은 후하게 하는 게 최상이다. 백성이 이를 큰 이익으로 여기게끔 만들기 때문이다. 칭송은 미화하는 게 최상이다. 백성이 이를 큰 영광으로 여기게끔 만들기 때문이다. 또 처벌은 엄하게 하는 게 최상이다. 백성이 이를 큰 두려움으로 여기게끔 만들기 때문이다. 비방은 추화醜化하는 게 최상이다. 백성이 이를 큰 치욕으로 여기게끔 만들기 때문이다. 연후에 일관되게 법을 시행하고, 사적인 이익을 도모한 신하를 금압하면 군주의 상벌 행사는 아무런 방해를 받지 않게 된다. 이같이 해야만 군주는 상벌을 행하면서 모든 실정을 정확히 파악할 수 있고, 치국의 방법도 완비된다. 이상이 군주가 신하를 부릴 때 반드시 알아야 하는 첫 번째 원칙인 인정因情이다.

🍂 인정因情은 민정에 의거한다는 뜻이다. 옛날에는 표제어를 해당 절의 맨 뒤에 배치했다. 편의상 『한비자금주금역』을 좇아 이를 맨 앞으로 끌어냈다. 살생지제殺生之制의 제制를 『국어』「월어」의 주는 법法, 『순자』「왕패」의 주는 직권으로 해석했다. 여기서는 군주의 직권을 뜻한다. 승중지자勝衆之資의 '승중'은 치민治民의 의미이다. 귀즉불곤鬼則不困의 곤困이 『한비자금주금역』에는 군주의 마음을 헤아려 대응한다는 뜻의 인因으로 되어 있다. 상동벌이賞同罰異는 같은 무리에게 상을 내리고 다른 무리에게 벌을 내린다는 뜻이다. 이는 일의 옳고 그름은 따지지 않고 뜻이 같은 무리끼리 서로 돕고 그렇지 않은 무리는 배척한다는 뜻의 당동벌이黨同伐異와 정반대의 의미를 지니고 있다. '당동벌이'의 전거는 『후한서』「당동전黨同傳」이다. 이에 따르면 후한 화제和帝 이후 어린 황제가 잇따라 즉위하자 외척이 실권을 장악했다. 장성한 황제가 친위세력을 키워 이들을 제거할 중심이 된 세력이 바로 환관이었다. 환관들은 신분상승을 위해 스스로 거세한 자들이 많았던 까닭에 결속력이 유달리 강하고, 자신들의 이해에 민감했다. 후한 말기 사인士人 집단과 외척 및 환관 등 3대 세력이 서로 권력다툼을 벌이는 과정에서, 시비를 떠나 다른 집단을 무조건 배척하는 일이 일상화됐다. '당동벌이'는 바로 이를 지칭한 것이다.

그러나 협의로는 '당고黨錮의 옥獄' 이후 이응李膺을 중심으로 한 당인당人들이 외척과 환관 세력을 적대시한 사실을 가리킨다. 전한은 외척이 망치고, 후한은 환관이 망쳤다는 얘기는 바로 이들 사인 세력의 관점을 반영한 것이다. 외척과 환관세력을 싸잡아 탁류濁流로 폄하하면서 스스로 청류淸流를 자처한 것이 '당고의 옥'을 초래케 됐다. 한비가 말한 '상동벌이'는 군권君權의 입장에서 나온 것으로 신권臣權의 입장에서 나온 '당동벌이'와는 그 뜻이 정반대이다. 군권의 차원에서 볼 때 '당동벌이'를 역설한 신권 세력은 벌이罰異의 대상이 되고, '당동벌이'의 타도 대상이 된 외척과 환관 세력은 군주를 곁에서 돕는 옹호세력에 해당하는 까닭에 상동賞同의 대상이 된다.

⚜ 48-2

二, 力不敵衆, 智不盡物. 與其用一人, 不如用一國. 故智力敵而群物勝, 揣中則私勞, 不中則有過. 下君盡己之能, 中君盡人之力, 上君盡人之智. 是以事至而結智, 一聽而公會. 聽不一, 則後悖於前. 後悖於前, 則愚智不分. 不公會, 則猶豫而不斷. 不斷, 則事留. 自取一, 則毋墮堅之累. 故使之諷, 諷定而怒. 是以言陳之曰, 必有筴籍. 結智者事發而驗, 結能者功見而謀成敗. 成敗有徵, 賞罰隨之. 事成, 則君收其功. 規敗, 則臣任其罪. 君人者合符猶不親, 而況於力乎. 事智猶不親, 而況於縣乎. 故非. 用人也不取同, 同則君怒. 使人相用, 則君神. 君神, 則下盡. 下盡, 則臣上不因君. 而主道畢矣. 主道.

「경문經文 2」 주도主道

한 사람의 힘으로는 여러 사람의 힘을 대적할 수 없고, 한 사람의 지혜로는 만물의 이치를 다 알 수 없다. 군주 한 사람의 힘과 지혜로 나라를 다스리는 것은 온 나라 사람의 힘과 지혜를 이용하는 것만 못하다.

군주 한 사람의 지혜와 힘으로 무리를 대적하면 늘 무리를 이룬 쪽이 이기게 된다. 설령 계략이 가끔 적중할지라도 본인 홀로 고단하고, 만일 들어맞지 않게 되면 그 허물은 온통 군주 홀로 뒤집어쓰게 된다. 하급의 군주인 하군下君은 오직 본인 한 사람의 지혜와 힘을 모두 소진하고, 중급의 군주인 중군中君은 사람들로 하여금 자신의 힘을 모두 발휘하게 하고, 상급의 군주인 상군上君은 사람들로 하여금 자신의 지혜를 모두 발휘하게 한다.

이에 명군은 일이 빚어지면 여러 사람의 지혜를 하나로 모으기 위해 먼저 개개인의 의견을 일일이 들은 뒤 곧바로 공청회를 열어 이를 공개적으로 토론케 한다. 이때 신하 개개인의 의견을 일일이 듣는 과정을 생략한 채 공개토론을 진행하면 신하들이 나중에 한 말은 대개 앞서 다른 사람이 한 말을 참조해 수정하는 까닭에 신하의 현불초가 가려내기가 쉽지 않다. 또한 신하 개개인의 의견을 들은 후 공개토론을 생략하면 머뭇거리며 결단을 내리지 못하게 된다. 결단하지 못하면 이내 일이 지체돼 위기를 키우게 된다. 군주가 이런 과정을 통해 최종적으로 여러 대안 중 하나를 독자적으로 결단하면 신하들의 파놓은 함정에 빠질 염려가 없다. 따라서 군주는 먼저 신하들로 하여금 각자 자신의 의견을 피력하게 한 뒤 논의가 끝나기를 기다렸다가 재차 엄하게 그 발언의 배경 등을 추궁하기만 하면 된다. 신하가 말로 의견을 피력했을 때는 이를 기록으로 남겨둘 필요가 있다.

여러 신하의 지혜가 수렴되면 일이 추진되기를 기다렸다가 누구의 계책이 옳았는지를 점검한다. 이어 여러 신하의 재능이 확인되면 일이 성사되기를 기다렸다가 다시 한 번 각 신하들의 성패와 득실을 점검한다. 성패의 증거가 확연히 드러나면 그들의 건의한 내용을 토대로 상벌을 시행한다. 일이 성공적으로 이뤄지면 그 성과를 군주의 몫으로 수렴하고, 계책이 실패로 끝나면 해당 신하에게 책임을 묻는다.

군주는 비록 중대한 일이기는 하나 부신符信을 확인하는 것처럼 힘이 크게 들지 않는 일조차 몸소 하지 않는다. 하물며 몸소 힘들여 하는 일이야 더 말할 게 있겠는가? 군주는 머리를 약간 쓰는 일조차 몸소 하지 않는다. 하물며 몸소 머리를 짜내며 헤아리는 일이야 더 말할 게 있겠는가? 명군이 구체적인 사안에 대해 마음과 몸을 소진시키는 짓을 하지 않는 이유다.

군주는 관원을 임용할 때 무리를 지어 서로 의견이 같은 자들은 기용하지 않는다. 만일 신하들이 한통속이 되어 서로 부화附和하면 곧바로 엄하게 책임을 묻는다. 신하들을 서로 대립케 만든 뒤 군주를 위해 일하도록 뒤에서 조정하면 군주의 제신술은 신묘한 모습을 띠고 예측이 전혀 불가능하게 된다. 신하들이 군주를 위해 몸과 마음을 다하는 배경이다. 그리되면 신하들은 감히 군주를 이용할 생각을 품지 못하게 되고, 이로써 제신술이 완성된다. 이상이 군주가 신하를 부릴 때 반드시 알아야 하는 두 번째 원칙인 주도主道이다.

　　🌀 풍정이노諷定而怒는 신하들의 논의가 끝나기를 기다렸다가 책임을 묻는다는 뜻이다. 노怒를 『광아』「석고」는 책責으로 해석했다. 언진지왈言陳之曰의 왈曰을 고광기는 일日로 바꿔야 한다고 했다. 규패規敗의 규規는 꾀하여 정한다는 뜻의 규획規劃 즉 계획을 말한다. 합부合符는 부신符信이 꼭 들어맞는지 확인하듯이 사물이나 현상이 서로 꼭 들어맞는다는 뜻의 부합符合 여부를 검토한다는 뜻이다.

🌿48-3

三, 知臣主之異利者王, 以爲同者劫, 與共事者殺. 故明主審公私之分, 審利害之地, 姦乃無所乘. 亂之所生六也. 主母, 后姬, 子姓, 弟兄, 大臣, 顯賢. 任吏責臣, 主母不放. 禮施異等, 后姬不疑. 分勢不貳, 庶適不爭. 權籍不失, 兄弟不侵. 下不一門, 大臣不擁. 禁賞必行, 顯賢不亂. 臣有二因, 謂外內也. 外曰畏, 內曰愛. 所畏之求得, 所愛之言聽, 此亂臣之所因也. 外國之置諸吏者, 結誅親昵·重帑, 則外不籍矣. 爵祿循功, 請者俱罪, 則內不因矣. 外不籍, 內不因, 則姦宄塞矣. 官襲節而進, 以至大任, 智也. 其位至而任大者, 以三節持之. 曰'質', 曰'鎭', 曰'固'. 親戚妻子, 質也. 爵祿厚而必, 鎭也. 參伍貴帑, 固也. 賢者止於'質', 貪饕化於'鎭', 姦邪窮於'固'. 忍不制, 則下上. 小不除, 則大誅. 而名實當, 則徑之. 生害事, 死傷名, 則行飮食. 不然, 而與其讎. 此謂除陰姦也. 醫曰詭, 詭曰易. 見功而賞, 見罪而罰, 而詭乃止. 是非不泄, 說諫不通, 而易乃不用. 父兄賢良播出曰'遊禍', 其患鄰敵多資. 僇辱之人近習曰'狎賊', 其患發忿疑辱之心生. 藏怒持罪而不發曰'增亂', 其患徼幸妄擧之人起. 大臣兩重提衡而不蹻曰'卷禍', 其患家隆劫殺之難作. 脫易不自神曰'彈威', 其患賊夫酖毒之亂起. 此五患者, 人主之不知, 則有劫殺之事. 廢置之事, 生於內則治, 生於外則亂. 是以明主以功論之內, 而以利資之外, 故其國治而敵亂. 卽亂之道. 臣憎, 則起外若眩. 臣愛, 則起內若藥. 起亂.

「경문經文 3」 기란起亂

군주 가운데 신하와 군주의 이해관계가 다르다는 것을 아는 자는 보위를 유지하고, 같다고 여기는 자는 겁박劫迫을 당하고, 상벌의 권한을 신하와 함께 행사한 자는 죽임을 당한다. 명군은 공과 사의 차이와 군신 간 이해관계의 소재를 분명히 아는 까닭에 간신들이 그 틈을 노릴 여지가 없다.

본래 혼란이 빚어지는 배경에는 모두 6가지 경우가 있다. 모후母后, 후비后妃, 적서嫡庶, 형제兄弟, 권신權臣, 현사賢士가 그들이다. 군주가 법령을 근거로 관원을 임명하고 신하의 책임을 추궁하면 모후도 함부로 굴지 못한다. 예제를 근거로 등급의 구분을 확실히 하면 후비가 함부로 투기하며 어지럽게 만들지 못한다. 권세를 차등 있게 나눠주면 적자와 서자가 다투지 않는다. 권력과 권세를 잃지 않으면 형제가 보위를 넘보지 못한다. 신하들이 붕당을 결성해 한통속이 되지 못하게 하면 권신이 군주의 이목을 가리지 못한다. 금령과 포상이 반드시 행해지면 명성을 떨치는 현사가 세상을 어지럽히는 일을 하지 못한다.

나라를 어지럽히는 난신亂臣이 권력을 휘두르는 데에는 2가지 배경이 있다. 하나는 국외에 있는 제후들이고, 다른 하나는 국내에 있는 군주의 시종들이다. 국외의 제후들은 군주가 두려워하는 자이고, 국내의 시종은 군주가 총애하는 자들이다. 군주가 두려워하는 제후의 요구가 받아들여지고, 군주가 총애하는 시종의 건의가 받아들여지면 난신이 발호한다. 난신이 횡행하는 2가지 배경이다. 군주가 외국의 천거로 관직에 오른 외국인 가운데 간신과 밀착해 뇌물을 받아먹으며 큰 재산을 보유한 자를 적발해내 엄벌에 처하면 간신이 밖으로 제후의 힘에 기대는 일이 없을 것이다. 또 작록을 공로에 따라 내리고, 청탁을 일삼는 자를 엄벌하면 간신이 안으로 총애 받는 시종에 기대는 일이 없을 것이다. 밖으로 외국의 힘에 기대지 못하고, 안으로 군주가 총애하는 시종에 기대지 못하면 곧 간신이 작란作亂하는 경로가 봉쇄된다.

관원을 등급에 따라 승진시켜 중임을 맡기는 것은 지혜로운 처사이다. 그러나 지위가 높고 중임을 맡은 자를 제어하기 위해서는 3가지 방법을 구사해야 한다. 인질人質과 진무鎭撫, 고정固定이 그것이다. 부모와 친척 및 처자 등을 거둬들여 양육하며 일종의 볼모로 잡는 게 인질이고, 작록을 두텁게 내리고 반드시 이익을 얻게 하는 게 진무이고, 그들의 언행을 토대로 실제의 증거와 대조해 책임을 추궁하는 것이 고정이다. 현자는 인질로 인해 함부로 행동하지 못하고, 탐욕스런 자는 진무로 인해 야심을 버리고, 간사한 자는 고정으로 인해 간교한 수단을 쓸 길이 없다.

잔인한 간신을 제재하지 못하면 군주는 이내 간신의 신하 신세가 된다. 작은 잘못을 제거하지 않으면 마침내 대대적인 살육전이 행해지게 된다. 죄목과 죄상이 일치하면 곧바로 제거해야 하는 이유다. 살려두면 일을 망치고, 죽이면 군주의 명성이 훼손될 경우라면 독살을 하거나 적에게 넘겨주어 대신 죽이게 만드는 것도 가하다. 이를 일컬어 '은밀히 숨어 있는 간신을 제거한다.'고 한다. 신하가 군주의 이목을 가리는 것을 궤사詭詐라고 한다. 궤사는 시비를 뒤집는 권신의 농단을 뜻한다. 공로에 따라 포상하고 죄상에 따라 벌을 내리면 궤사는 이내 그칠 것이다. 군주의 시비에 대한 판단이 밖으로 누설되지 않고, 신하의 건의와 간언이 밖으로 새어나가지 않으면 시비를 뒤집는 농단도 이내 구사할 길이 없게 된다.

군주의 부형과 현량한 신하가 외국으로 쫓겨나가는 것을 두고 떠도는 재앙인 유화遊禍라고 말한다. 그 우환은 이웃한 적국에게 그 나라를 넘보도록 만드는 데 있다. 형벌을 받은 신하가 군주 곁에서 섬기는 것을 두고 간사한 도적을 가까이 하는 압적狎賊이라고 말한다. 그 우환은 당사자에게 수치와 분노의 마음을 일으켜 작란을 꾀하도록 만드는 데 있다. 군주가 분노를 가슴속에 품은 채 신하의 죄상을 파악하고도 이를 드러내 처벌하지 않는 것을 두고 화란을 키우는 증란增亂이라고 말한다. 그 우환은 불만을 품은 자들로 하여금 요행을 바라며 경거망동하여 작란을 꾀하도록 만드는 데 있다. 2명의 대신이 동시에 중용돼 서로 팽팽히 맞서는 것을 두고 화난에 말려들어가는 권화卷禍라고 말한다. 그 우환은 대신의 세력이 너무 커져 마침내 군주를 겁박하거나 시해하는 재난이 빚어지는 데 있다. 군주가 경솔히 행동한 탓에 신하들이 전혀 헤아릴 수 없는 신묘한 모습을 잃는 것을 두고 권세가 사라지는 탄위彈威라고 한다. 그 우환은 군주의 부인이 남편을 죽이거나 후궁이 군주를 독주毒酒로 살해하는 재난이 일어나는 데 있다. 이들 5가지 우환을 군주가 모르고 있으면 이내 겁박을 당하거나 시해를 당하는 사단이 난다.

관원의 임면이 국내에 있는 군주의 뜻에 따라 이뤄지면 나라가 잘 다스려지나, 외국의 제후에 의해 좌우되면 나라가 이내 어지러워진다. 명군은 안으로 공적에 따라 자신의 신하들에게 상벌을 행하고, 밖으로 자국의 이해득실을 따라 적국의 간신을 도와주거나 한다. 자국은 잘 다스려지지만 적국은 더욱 어지러워지는 이유다. 간신이 난을 일으키는 경우는 크게 2가지이다. 하나는 군주의 미움을 산 경우로 이때 간신은 외국의 제후를 끌어들여 난을 일으킨다. 이 경우 군주는 마치 눈병에 걸려 사물을 제대로 분간하지 못하는 사람처럼 현혹된다. 다른 하나는 군주의 총애를 받는 경우로 이때 간신은 군주의 시종을 부추겨 궐내에서 난을 일으킨다. 이 경우 군주는 마치 독약을 삼킨 것과 같아 그 목숨이 조석지간에 달려 있게 된다. 이상이 군주가 신하를 부릴 때 반드시 알아야 하는 세 번째 원칙인 기란起亂이다.

🍃 무소승無所乘의 승乘은 올라탈 기회 내지 정세를 뜻한다. 후희后姬는 왕후와 후궁을 총칭하는 말로 후비后妃와 같은 의미이다. 자성子姓은 원래 종친의 자식을 뜻하나 여기서는 서출의 자손이라는 의미로 사용됐다. 주모불방主母不放의 '주모'는 모후母后를 말한다. 불방不放

을 왕선신과 『한비자교주』는 감히 함부로 하지 않는다는 뜻으로 풀이했다. 방放은 방탕放蕩의 뜻이다. 예시禮施를 진계천은 예우를 뜻하는 예수禮數로 풀이했다. '외국지치저리자外國之置諸吏者'의 저諸는 지어之於의 줄임말이다. 외국의 천거로 내국의 관직에 오른 외국인을 말한다. 결주친닐結誅親昵의 결結을 손이양은 힐난할 힐詰로 바꿔야 한다고 했다. 진기유는 친닐親昵을 외국인이 가까이한 간신을 지칭한 것으로 풀이했다. 그러나 문맥상 이는 국내의 대신과 돈독한 관계를 맺은 외국인을 지칭한 것이다. 중탕重帑 역시 대신들로부터 많은 뇌물을 받아 거만의 재산을 모은 외국인을 말한다.

외불자의外不籍矣의 자籍를 우창은 빙자憑藉를 뜻하는 자藉로 해석했다. 이 구절을 두고 양계웅은 외국의 제후들이 국내의 간신을 지렛대로 삼지 못하게 된다는 뜻으로 풀이했다. 문맥상 이는 국내의 난신亂臣이 밖으로 제후의 힘에 기대는 일이 없게 된다는 뜻으로 새기는 게 옳다. 간귀색姦宄塞은 간신이 작란作亂할 빌미가 사라진다는 의미이다. 관습절官襲節은 관직이 등급을 좇는다는 의미이다. 절節은 관등官等을 말한다. 의왈궤醫曰詭의 의醫를 두고 유월은 가린다는 뜻의 예瞖로 바꿔야 한다고 했다. 육욕지인僇辱之人은 형벌을 받은 전과자를 말한다. 권화卷禍를 진기유는 다른 사람의 일에 휘말려 화를 입는 것을 말한다고 풀이했다. 『한비자금주금역』은 화를 키운다는 의미의 양화養禍로 되어 있다. 탄위彈威의 탄彈을 진기유는 분할로 해석했고, 왕선겸은 다하여 없어질 탄殫의 잘못으로 보았다. 『주례』「고공기」의 정사농 주는 떨어뜨릴 도掉로 풀이했다. 짐독酖毒의 짐酖은 독주毒酒를 말한다.

인주지부지人主之不知의 지之를 왕선신과 진기유 등은 연자로 보았고, 양계웅과 『한비자교주』는 가정법 부사어 약若으로 풀이했다. 여기의 지之는 주어와 술어를 연결시키는 조사로 사용된 것이다. 부지不知

는 동사로 사용된 것이다. 한문문법을 깊이 연구한 마건충馬建忠의『마씨문통馬氏文通』에 상세한 설명이 나온다. 마건충은 청대 말기의 대표적인 양무파 관료로 1875년 이홍장李鴻章의 후원으로 프랑스로 가 공부하면서 변호사 등의 자격을 얻은 뒤 귀국했다. 인도와 조선에서 외교교섭에 종사하던 중 1882년 조선의 임오군란 때 대원군의 중국 연행에 깊숙이 관여했다. 관직은 비록 지방관인 도원道員에 그쳤으나 철도부설과 국내 관세의 일종인 이금釐金의 감면 등을 통한 상공업 발전을 주장해 큰 호응을 얻었다. 대표적인 저서로『적가재기언기행適可齋記言記行』과『마씨문통』등을 들 수 있다.

🌿48-4

四, 參伍之道. 行參以謀多, 揆伍以責失. 行參必拆, 揆伍必怒. 不拆則瀆上, 不怒則相和. 拆之徵足以知多寡, 怒之前不及其衆. 觀聽之勢, 其徵. 在比周而賞異也, 誅毋謁而罪同. 言會衆端, 必揆之以地, 謀之以天, 驗之以物, 參之以人. 四徵者符, 乃可以觀矣. 參言以知其誠, 易視以改其澤, 執見以得非常. 一用以務近習, 重言以懼遠使. 擧往以悉其前, 卽邇以知其內, 疏置以知其外. 握明以問所暗, 詭使以絕黷泄. 倒言以嘗所疑, 論反以得陰姦. 設諫以綱獨爲, 擧措以觀姦動. 明說以誘避過, 卑適以觀直諂. 宣聞以通未見, 作鬪以散朋黨. 深一以警衆心, 泄異以易其慮. 似類則合其參, 陳過則明其固. 知罪辟罪以止威, 陰使時循以省衷. 漸更以離通比. 下約以侵其上. 相室, 約其廷臣. 廷臣, 約其官屬. 兵士, 約其軍吏. 遣使, 約其行介. 縣令, 約其辟吏. 郎中, 約其左右. 后姬, 約其宮媛. 此之謂條達之道. 言通事泄, 則術不行. 立道.

「경문經文 4」 입도立道

참오參伍의 참參은 여러 방법으로 신하들의 의견을 두루 들은 뒤 이를 비교해 보다 많은 공효功效를 얻을 수 있는 방안을 찾아내고, 오伍는 여러 정황을 헤아려 잘못된 배경 등을 깊이 추궁하는 것을 뜻한다. 여러 정황을 배경으로 결과를 비교할 때는 반드시 공효가 커진 원인을 분석해야 하고, 여러 정황을 헤아려 공효를 검토할 때는 반드시 엄하게 그 잘못을 추궁해야 한다. 공효의 배경을 분석하지 않으면 신하가 군주를 업신여기고, 잘못을 엄하게 추궁하지 않으면 신하들이 서로 작당해 간사한 짓을 꾀하게 된다.

군주는 신하들 건의에 대한 정밀한 분석을 통해 신하들의 공효가 많고 적은지를 알 수 있다. 잘못을 엄하게 추궁하기 전에는 해당 신하의 하수인들과 접촉해서는 안 된다. 군주는 신하들의 언행을 보고 들을 때 신하들이 드러내 보여준 행태를 증거로 삼는다. 신하들이 서로 작당해 간사한 짓을 벌였을 때는 이에 가담하지 않은 자는 포상하고, 간사한 짓을 고발하지 않은 자는 작당하여 간사한 짓을 벌인 자와 같은 죄로 다스린다. 군주는 여러 신하들의 의견을 들을 때 반드시 지리地利에 입각해 판단하고, 천시天時에 입각해 도모하고, 물리物理에 입각해 검증하고, 인정人情에 입각해 평가한다. 이 4가지 기준에 부합하면 가히 충분히 살폈다고 말할 수 있다.

신하의 건의는 실제 증거와 맞춰봐야 그 진실을 알 수 있고, 신하에 대한 애증을 뒤바꿔봐야 신하의 위장된 모습을 찾아낼 수 있고, 평소의 태도를 잘 알고 있어야 특이한 행동을 발견할 수 있다. 곁에 있는 총신에게는 오직 한 가지 일에 전심전력하도록 만들고, 멀리 외국에 사자로 가는 신하에게는 법령을 반복해 언급함으로써 두려움을 갖도록 만든다. 과거의 일을 드러내야 신하가 이전에 한 행위를 명확히 이해할 수 있고, 곁에 두고 그 속마음을 파악하고, 소원한 자리에 앉혀 그 행동을 살핀다. 분명히 알고 있는 것을 토대로 질문해 신하가 알지 못하는 것을 찾아내고, 짐짓 일을 시킨 뒤 사람을 보내 살핌으로써 불경스런 행동을 못하게 한다. 고의로 본심과 상반된 말을 하여 회의적인 생각을 갖고 있는 신하를 밝혀내고, 일부러 반대되는 주장을 펼쳐 은밀히 감춰진 못된 짓들을 찾아낸다. 간관諫官을 두어 대신의 독단을 단속하고, 전담 관원을 파견해 간신의 간사한 움직임을 샅샅이 살핀다. 상벌의 내용을 명확히 밝힘으로써 죄가 될 일을 하지 않도록 유도하고, 군주에 영합하는 신하를 이용해 누가 아첨하고 정직한지를 살핀다. 이미 알고 있는 일을 이용해 은밀히 감춰진 일을 밝혀내고, 내부투쟁을 유발시켜 간당의 와해를 꾀한다.

군주는 해당 사안을 깊이 파악해 신하들로 하여금 두려운 마음을 품고 스스로 경계토록 만들고, 고의로 의중과 다른 얘기를 흘려 간신의 변신을 파악한다. 과거와 유사한 일이 빚어졌을 때는 이전의 일과 비교 분석한 뒤 해당 신하의 잘못을 열거하며 법령에 대한 그들의 무지와 고루함을 드러낸다. 신하의 죄를 알게 된 경우는 반드시 처벌해 함부로 권세를 부리는 일이 없도록 하고, 은밀히 사람을 내려 보내 수시로 각 지역의 신하들이 충성을 다하고 있는지 여부를 살핀다. 단계적으로 조정을 개편함으로써 긴밀하게 결속돼 있는 간당을 척결한다.

또 군주는 하급 관원들과 연계해 상관의 비리를 고발토록 조치해야만 한다. 재상은 조정 대신, 조정 대신은 휘하 관속, 장교는 병사, 사자는 수행원, 현령은 지방 관속, 낭중郎中은 좌우 측근, 후비后妃는 궁녀들로 하여금 고발케 한다. 이를 두고 위아래가 서로 통하는 조달지도條達之道라고 한다. '조달지도'는 반드시 고발 사실이 누설되거나 그 내막이 알려지는 일이 있어서는 안 된다. 이것이 전제되지 않으면 '조달지도'는 시행할 수 없다. 이상이 군주가 신하를 부릴 때 반드시 알아야 하는 네 번째 원칙인 입도立道이다.

참오參伍는 여러 증거를 모아 그 실적을 확인하며 책임을 묻는다는 뜻이다. 행참이모다行參以謀多의 행참行參은 여러 정황을 토대로 비교한다는 의미이고, 모다謀多는 공효가 늘어난 원인을 헤아린다는 뜻이다. 규오필노揆伍必怒의 규오揆는 여러 정황을 헤아린다는 뜻이고, 오伍는 증거를 모은다는 의미이다. 노怒는 책임을 추궁한다는 의미의 책責과 같다. 주무알이죄동誅毋謁而罪同의 알謁을 진계천은 간사한 행위를 고발하는 고간告姦으로 풀이했다. 죄동罪同을 진기유와 『한비자교주』는 고발하지 않은 자를 해당 범죄자와 같은 죄로 다스리는 것으로 풀이했다. 문맥상 작당하여 간사한 짓을 벌인 자와 같은 죄로 다스린다는 뜻으로 풀이하는 게 낫다. 사징자부四徵者符의 '4징'은 지리, 천시, 물리, 인정을 말한다.

역시이개기택易視以改其澤은 해석이 분분하다. 왕선신은 개改를 고考의 옛 글자인 고攷의 잘못으로 간주하면서 택澤을 택擇으로 해석했다. 『한비자교주』는 개기택改其澤을 여러 측면에 대한 이해로 풀이했다. 진기유는 '입장을 바꿔 관찰하면 겉으로 드러난 모습을 바꾸지 않을지라도 전체의 아름다움을 볼 수 있다'고 풀이했다. 여기의 시視는 통상적인 관점에서 벗어나 사안을 바라보는 것을 뜻한다. 택澤은 신하들이 겉으로 드러내는 가장된 모습을 의미한다. 이 구절은 군주가 사안을 바라보는 관점을 바꿔 신하가 겉으로 드러내는 꾸밈을 혁제革除해야 한다는 취지를 담고 있다. 절독세絶黷泄는 불경스런 행동을 못하게 한다는 의미이다. 여기의 '독세'는 예의를 지키지 않으며 삼가고 조심하는 것이 없는 '무람없다'의 뜻이다. 독설黷媟과 같다. 설간이강독위設諫以綱獨爲

의 간諫을 진기유와 양계 등은 왕위의 주장을 좇아 간첩으로 풀이했으나 후토다는 간관諫官으로 보았다. 문맥상 이게 맞다. 강綱을 양계웅은 저지할 항抗으로 해석했으나 『주례』「하관」의 주는 새끼줄을 이용해 제압하는 것으로 풀이해 놓았다. 여기서는 국가의 법기法紀를 의미한다.

선문이통미견宣聞以通未見의 선문宣聞을 양계웅과 『한비자교주』는 이미 알고 있는 사안을 선포하는 것으로 해석했다. 문맥상 자연스럽지 못하다. 선宣을 『춘추좌전』「노소공 27년」조는 용用, 통通을 『회남자』「주술훈」의 주는 지知로 풀이해 놓았다. 이미 알고 있는 일을 이용해 은밀히 감춰진 일을 밝혀낸다는 뜻이다. 음사시순이성충陰使時循以省衷은 은밀히 사람을 각지로 보내 관원들이 충성을 다하고 있는지 여부를 살핀다는 의미이다. 양계웅은 순循을 순巡의 가차로 보았다. 충衷이 건도본에 쇠衰로 되어 있어 조용현본을 좇아 고쳤다. 점갱이리통비漸更以離通比는 순차적으로 조정의 관원을 교체해 이들이 서로 결당하는 일이 없도록 한다는 뜻이다. 하약이침기상下約以侵其上의 '하약'을 두고 진기유와 양계웅은 하속下屬과 약속한다고 새겼으나 문의와 어긋난다.

48-5

五, 明主, 其務在周密. 是以喜見則德償, 怒見則威分. 故明主之言隔塞而不通, 周密而不見. 故以一得十者, 下道也. 以十得一者, 上道也. 明主兼行上下, 故姦無所失. 伍·官·連·縣而鄰, 謁過賞·失過誅. 上之於下, 下之於上, 亦然. 是故上下貴賤相畏以法, 相誨以和. 民之性, 有生之實, 有生之名. 爲君者有賢知之名, 有賞罰之實. 名實俱至, 故福善必聞矣. 參言.

「경문經文 5」 참언參言

　명군이 가장 주의해야 할 것은 신중한 언행으로 속마음을 드러내지 않는 것이다. 군주가 누군가를 좋아하는 기색을 드러내면 간신은 이를 재빨리 알리며 자신의 은덕으로 삼는다. 군주의 은덕이 손상을 입는 것이다. 또 군주가 누군가에 대해 노여워하는 기색을 드러내면 간신은 재빨리 징벌을 가하며 자신의 권세로 삼는다. 군주의 권세가 분산되는 것이다. 명군은 자신의 말이 새어나가지 않도록 철저히 단속하고, 행동을 극도로 신중히 해 동정이 밖으로 새나가는 일이 없도록 한다.

　한 사람이 여러 사람의 간사한 짓을 막는 것은 아랫사람이 사용하는 방법이고, 여러 사람을 동원해 한 사람의 간사한 짓을 막는 것은 윗사람이 사용하는 방법이다. 명군은 이 두 가지 방법을 동시에 사용하는 까닭에 간사한 짓을 놓치는 적이 없다. 5호를 오伍, 25호를 여閭, 2백 호를 연連, 연을 모아 놓은 것이 현縣이다. 이들 현을 지역 단위로 긴밀히 묶은 뒤 다른 사람의 잘못을 고하면 포상하고, 놓치면 처벌한다. 윗사람이 아랫사람을 대하는 경우와 아랫사람이 윗사람을 대하는 경우 모두 똑같이 이를 적용한다. 지위의 상하나 신분의 귀천을 떠나 모든 사람이 법 앞에서 서로 두려워하며 경계하고, 서로 가르치며 포상을 받기 위해 노력할 것을 권하는 이유다.

　백성은 삶을 영위케 하는 실리와 삶의 보람을 찾을 수 있는 명예를 바란다. 군주는 현명하고 지혜롭다는 명예와 상벌을 행사하는 실권을 바란다. 백성과 군주 모두 자신들이 바라는 명분과 실질을 갖게 되면 이내 복된 선정善政에 관한 소문이 세상에 널리 퍼질 것이다. 이상이 군주가 신하를 부릴 때 반드시 알아야 하는 다섯 번째 원칙인 참언參言이다.

⤳ 주밀周密의 주周를 『관자』「인국」의 주는 근밀謹密, '주밀'을 『한
저』「황패전」의 주는 누설하지 않는 불설루不泄漏로 해석해 놓았다. 희
현즉덕상喜見則德償의 현견은 현현과 같다. 상償을 양계웅은 회복, 진기
유는 사람들로부터 받는 보상으로 풀이했다. 이는 군주가 내리는 포상
의 은덕을 신하가 생색을 내며 자신의 공으로 삼는다는 뜻이다. 군주는
신하에게 배상賠償을 하는 셈이 된다는 취지에서 덕상德償이라는 표현
을 사용한 것이다. 오관연현伍官連縣은 가호의 군사경제 체제를 말한다.
『관자』「승마」에 따르면 5호가 오伍, 25호가 여閭, 2백 호가 연連, 연을
모아 놓은 것이 현縣이 된다. 그러나 『국어』「제어」와 『관자』「소광」에서
는 5호를 궤軌, 10궤를 1리里, 4리를 1련連, 10련을 1향鄕이라고 했다. 민
지성民之性은 백성이 공통적으로 바라는 욕구를 말한다. 명실구지名實
俱至의 지至를 『여씨춘추』「당염」의 주는 득得으로 풀이했다.

⤳**48-6**

六, 聽不參, 則無以責下. 言不督乎用, 則邪說當上. 言之爲物也,
以多信. 不然之物, 十人云'疑', 百人'然乎', 千人不可解也. 吶者言之
疑, 辯者言之信. 姦之食上也, 取資乎衆, 籍信乎辯, 而以類飾其私.
人主不餍忿而待合參, 其勢資下也. 有道之主聽言, 督其用, 課其功,
功課而賞罰生焉, 故無用之辯不留朝. 任事者知不足以治職, 則放官
收. 說大而誇則窮端, 故姦得而怒. 無故而不當爲誣, 誣而罪臣. 言
必有報, 說必責用也, 故朋黨之言不上聞. 凡聽之道. 人臣忠論以聞
姦, 博論以內一. 人主不智, 則姦得資. 明主之道. 已喜, 則求其所納.
已怒, 則察其所構. 論於已變之後, 以得毁譽公私之徵. 衆諫以效智
故, 使君自取一以避罪, 故衆之諫也敗, 君之取也. 無副言於上以設
將然, 今符言於後以知謾誠語. 明主之道. 臣不得兩諫, 必任其一語.

不得擅行, 必合其參. 故姦無道進矣. 聽法.

「경문 6」 청법聽法

　군주가 신하들의 얘기만 듣고 실적을 근거로 이를 검증하지 않으면 신하들을 추궁할 길이 없게 된다. 신하가 건의할 때 실효성을 따지지 않으면 이내 사악한 사설邪說이 되어 군주의 총명을 가리게 된다. 말이란 여러 사람이 이구동성으로 말하면 진실로 여겨진다. 진실이 아닌 것도 10명이 말하면 의심이 가지만, 100명이 말하면 그럴 수도 있다는 생각이 들고, 1,000명이 말하면 마침내 진실이 되어 사람들의 잘못된 믿음을 타파할 길이 없게 된다.

　어눌한 자의 말은 의심하지만 달변인 자의 말은 믿는다. 간사한 자는 군주의 마음을 파고들 때 무리의 힘을 빌리고, 그럴듯한 변설로 믿게 한 후 비슷한 사례를 들어 사적인 이익을 꾀한 계책을 마치 군주를 위한 계책인 양 미화한다. 군주가 끓어오르는 분노를 여과 없이 드러내지 않고, 동시에 여러 증거를 두루 맞춰보지 않으면 그의 권세는 신하에 의해 이용만 당할 뿐이다.

　치도를 아는 군주는 신하로부터 진언을 들으면 실용성을 따져 실적을 조사한 뒤 그 실적에 따라 상벌을 행한다. 쓸모없는 변설을 늘어놓는 자가 조정에 남아 있지 못하는 이유다. 일을 맡은 자의 재능이 능히 업무를 감당키 어려울 때는 이내 관직에서 쫓겨나고, 관인을 빼앗긴다. 사안을 과장되게 건의한 자는 일이 시행되기 전후로 엄밀한 추궁을 받는 까닭에 간사한 행위가 드러나는 즉시 곧바로 엄중한 문책을 당한다. 특별한 이유도 없는데 결과가 진언한 내용과 어긋나게 되면 이는 군주를 헛소리로 속인 것이다. 신하가 군주를 속이면 엄벌을 받아야 한다. 신하의 진언은 반드시 실행이 뒤따라야 하고, 변설은 반드시 실용성이 있어야 한다. 붕당 안에서 일어난 변설이 함부로 군주의 귀에 들어가지 않는 이유다. 무릇 진언을 듣는 방법은 누구나 의견을 개진케 하여 간사한 정황을 알아내는 데 있다. 잡다한 논의가 전개될 경우는 잘 듣고 그 중 하나를 택하면 된다. 군주가 치도를 제대로 알지 못하면 간신들이 이를 이용한다.

명군은 신하의 건의를 들을 때 건의 내용이 좋아 내심 기쁠 때는 그 건의가 왜 자신을 기쁘게 만드는지를 세심히 살피고, 내심 화가 날 때는 그 배경이 무엇인지를 자세히 탐색해야 한다. 감정을 가라앉힌 후 다시 면밀히 검토하면 그 건의가 과연 칭송인지 아니면 폄훼貶毁인지, 공적인 논의인지 아니면 사적인 논의인지 여부가 확연히 드러나게 된다. 신하가 진언할 때 여러 견해를 늘어놓는 것은 군주로 하여금 그 가운데 하나를 골라잡게 한 뒤 훗날 일이 실패로 끝날 경우 책임을 군주에게 돌려 죄를 모면하려는 속셈에서 나온 것이다. 군주는 신하가 부차적인 견해를 덧붙이며 장차 이렇게 될지도 모른다는 식의 가정을 하는 것을 용납해서는 안 된다. 신하가 처음 말한 내용과 나중의 결과를 대조해 군주를 기만했는지 아니면 성실히 진언했는지 여부를 확인해야 한다. 명군의 치도는 신하가 2가지의 엇갈린 내용을 동시에 진언하는 것을 허락지 않고, 반드시 그 중 하나만을 선택해 훗날 책임을 지도록 하는 데 있다. 신하가 함부로 여러 얘기를 지껄이지 못하고, 반드시 자신이 한 말에 책임을 지고 행동하도록 하는 것이다. 그리하면 간사한 자가 더 이상 앞으로 나아갈 길이 없게 된다. 이상이 군주가 신하를 부릴 때 반드시 알아야 하는 여섯 번째 원칙인 청법聽法이다.

☙ 식상食上은 군주의 마음을 파고든다는 뜻이다. 식食을 진계천은 좀먹을 식蝕으로 풀이했다. '인주불염분이대합참人主不饜忿而待合

參, 기세자하야其勢資下也'의 해석이 분분하다. 여기의 염분鬱을 진기유는 왕성하다는 뜻의 포飽로 간주하면서 '군주가 끓어오르는 분노를 드러내며 곧바로 따지지 않고, 여러 증거를 두루 맞춰 사실을 확인할 때까지 기다리고자 하면 그의 권세는 신하에 의해 이용만 당할 뿐이다.'라고 해석했다. 『한비자교주』도 이를 좇았다. 이는 참험參驗을 역설한 한비의 주장과 배치될 뿐만 아니라 군주의 속마음을 드러내서는 안 된다는 제신술制臣術과 동떨어진 해석이다. 후지사와는 가마사카의 주장을 좇아 염분鬱忿을 분노를 억누르는 것으로 간주하면서 '군주는 응당 분노를 참고 여러 증거를 두루 맞춰본 뒤 조치를 취해야 하는데, 그리하지 못하면 그의 권세는 신하에 의해 이용만 당할 뿐이다'라고 해석했다. 참험을 강조한 점에서는 일리가 있으나 분노를 참아야 한다고 해석한 것은 지나쳤다. 한비는 속마음을 드러내지 말라고 했을 뿐 분노한 모습을 보여주어야 할 때 이를 억제하라고 주장한 적이 없다. 오히려 군주의 단호한 결단을 촉구했다. 가마사카의 주장 또한 문맥과 동떨어진 것이다. 여기의 불不 자는 염분鬱忿 뿐만 아니라 대합참待合參에도 걸리는 것이다. 이는 '군주가 끓어오르는 분노를 그대로 드러내지 않고, 여러 증거를 두루 맞춰보는 참험參驗을 동시에 행하지 않으면 그의 권세는 신하에 의해 이용만 당할 뿐이다'라고 해석해야 문맥이 자연스럽게 통하게 된다.

이노已怒의 이已를 모노부타는 기己로 풀이했다. 선진시대 문헌에는 이已와 기己가 혼용돼 사용되고 있다. 대다수 주석본이 모노부타의 주장을 좇아 '이'를 임의로 '기'자로 바꿔 해석해 놓았다. 진기유가 '군주 자신이 기뻐할 때' 내지 '군주 자신이 분노할 때'로 풀이해 놓은 게 그 실례이다. 그러나 여기의 이노已怒와 앞서 나온 이희已喜는 군주가 이미 희로애락의 감정을 느낀 이후를 언급한 것이다. 한비가 말한 취지와 동떨어진 해석이다. 논어이변지후論於已變之後의 논론論論을 진계천은 결단, 진기유는 시비에 관한 논의, 『한비자교주』는 결론으로 풀이했다. 여기의 논론論論은 고찰 내지 심사의 뜻이다. 이변已變을 진계천과 진기유는 희로의 감정이 그친 후로 풀이했으나 이는 앞서 나온 이노已怒 및 이희已喜와 같은 취지로 언급한 것이다.

48-7

七, 官之重也, 毋法也. 法之息也, 上暗也. 上暗無度, 則官擅爲. 官擅爲, 故奉重無前. 奉重無前, 則徵多. 徵多, 故富. 官之富重也, 亂功之所生也. 明主之道, 取於任, 賢於官, 賞於功. 言程, 主喜, 俱必利. 不當, 主怒, 俱必害. 則人不私父兄而進其仇讎. 勢足以行法, 奉足以給事, 而私無所生, 故民勞苦而輕官. 任事者毋重, 使其寵必在爵. 處官者毋私, 使其利必在祿. 故民尊爵而重祿. 爵祿, 所以賞也. 民重所以賞也, 則國治. 刑之煩也, 名之繆也. 賞譽不當則民疑, 民之重名與其重賞也均. 賞者有誹焉, 不足以勸. 罰者有譽焉, 不足以禁. 明主之道. 賞必出乎公利, 名必在乎爲上. 賞譽同軌, 非誅俱行. 然則民無榮於賞之內. 有重罰者必有惡名, 故民畏. 罰, 所以禁也. 民畏所以禁, 則國治矣. 類柄.

「경문經文 7」 유병類柄

관원의 세도가 큰 것은 나라에 법도가 없기 때문이고, 법도가 무너지는 것은 군주가 암우暗愚하기 때문이다. 군주가 암우하고 법도가 없으면 관원이 멋대로 권력을 휘두르고, 관원이 멋대로 권력을 휘두르면 그들의 봉록이 다른 것에 비할 수 없을 정도로 많아지고, 봉록이 비할 수 없을 정도로 많아지면 백성들에 대한 징세가 많아지고, 징세가 많아지면 관원들은 부유해진다. 관원이 부유해지고 휘두르는 권력이 무거워지는 것은 혼란한 정사에서 비롯된 것이다.

명군의 치도는 재능 있는 자를 등용하고, 직무에 충실한 자를 기리고, 공이 있는 자를 포상하는 데 있다. 신하가 인재를 천거할 때 말한 바가 법도에 부합하면 군주는 기뻐하며 천거한 자와 천거 받은 자를 모두 포상한다. 그렇지 않으면 군주는 화를 내며 천거한 자와 천거 받은 자를 모두 처벌한다. 그러면 사람들은 자신의 부형父兄일지라도 사사로이 편들지 않고, 자신과 원수지간일지라도 능력만 있으면 천거하게 된다.

군주가 관원에게 허용한 권세는 법을 시행하는 데 족하면 되고, 관원에게 내리는 봉록은 직무를 수행하는 데 넉넉하면 된다. 그러면 관원은 사적인 이익을 챙기지 않게 되고, 백성 또한 열심히 일하는 와중에 관원을 대접하느라 신경 쓸 일이 없게 된다. 군주는 직무를 맡은 자의 권력이 지나치게 크지 않게 하고, 존귀와 영광은 오직 작위에 의해 나타나도록 하고, 관직에 있을 때 사적인 이익을 도모치 않게 하고, 이익은 오직 봉록을 통해 나타나도록 하면 된다. 그러면 사람들은 작위를 존중하고 봉록을 소중하게 여긴다.

작록은 선행을 권하기 위한 포상의 수단이다. 백성이 포상의 수단을 소중히 여기면 나라는 잘 다스려지게 된다. 형벌이 어지럽게 행해지는 것은 명예에 대한 칭송이 잘못됐기 때문이다. 포상과 칭송이 서로 어긋나면 백성은 머뭇거리며 행동으로 옮기지 못한다. 백성들은 명예를 포상만큼이나 중시한다. 상을 받은 사람을 백성들이 비방하는 일이 생기면 포상으로 백성들을 권장하는 것은 한계가 있다. 벌을 받은 사람을 백성들이 칭송하는 일이 생기면 처벌로 백성들을 금지하는 것은 한계가 있다.

명군의 치도는 포상의 기준을 반드시 국리國利에 두고, 칭송의 기준을 군주에 대한 충성에 두는 데 있다. 포상과 칭송을 일치시키고, 비난과 형벌을 함께 사용하는 것이 관건이다. 이리하면 백성은 포상과 칭송이 일치하지 않는 영예를 얻는 일이 없고, 처벌을 받게 되면 반드시 비난을 받게 된다. 중벌을 받는 사람이 비난을 받게 되면 백성들은 크게 두려워할 것이다. 형벌은 본래 간사한 짓을 막기 위한 것이다. 백성들이 간사한 짓을 금하는 형벌을 두려워하면 나라가 잘 다스려지게 된다. 이상이 군주가 신하를 부릴 때 반드시 알아야 하는 일곱 번째 원칙인 유병類柄이다.

　　◐ 무법毋法의 무毋를 양계웅은 무無의 가차로 보았다. 봉중무전奉重無前의 봉奉을 오여륜은 봉俸과 통한다고 했다. 전前을 진기유는 전剪, 『한비자교주』는 재단裁斷 내지 제한으로 풀이했다. 여기의 무전無前은 앞에 거칠 것이 없는 최고 수준에 올랐음을 뜻한다. 언정言程은 인재의 천거가 법도에 부합한다는 의미이다. 봉족이급사奉足以給事의 봉奉은 봉록俸祿을 뜻하고, 급사給事는 군주를 받들어 행하는 여러 일을 의미한다. 명지류야名之繆也는 실제의 공에 대한 명예가 잘못되어 있다는 뜻이다. 여기의 류繆는 실오라기를 뜻하거나 얽어맨다는 뜻의 주무綢繆로 사용될 때는 '무', 목을 매는 교絞의 뜻일 때는 '규'로 읽는다. 그르치거나 어긋났다는 의미일 때는 '류'로 읽고 뜻은 류謬와 같다. 또 나쁜 시호로 사용될 때는 '목'으로 읽고 뜻은 목穆의 뜻과 동일하다. 유병類柄은 군주와 신하가 쥐고 있는 권세의 자루가 비슷하다는 뜻이다.

48-8

八, 行義示, 則主威分. 慈仁聽, 則法制毁. 民以制畏上, 而上以勢卑下, 故下肆很觸而榮於輕君之俗, 則主威分. 民以法難犯上, 而上以法撓慈仁, 故下明愛施而務賕紋之政, 是以法令墮. 尊私行以貳主威, 行賕紋以疑法, 聽之則亂治, 不聽則謗主. 故君輕乎位而法亂乎官. 此之謂無常之國. 明主之道, 臣不得以行義成榮, 不得以家利爲功. 功名所生, 必出於官法. 法之所外, 雖有難行, 不以顯焉, 故民無以私名. 設法度以齊民, 信賞罰以盡民能, 明誹譽以勸沮. 名號·賞罰·法令三隅, 故大臣有行則尊君, 百姓有功則利上, 此之謂有道之國也. 主威.

「경문經文 8」 주위主威

사적인 덕의德義가 표창을 받으면 군주의 권위는 나뉘어져 약해진다. 인자한 설교가 믿음을 얻게 되면 법제가 무너진다. 신하는 군주의 직권으로 인해 군주를 두려워한다. 군주가 권세를 지니고도 몸을 낮춘 채 신하를 예우하면 신하들은 방자하게 법령을 위반하며 군주를 깔보는 것을 자랑으로 여기게 된다. 그리되면 군주의 권위가 나뉘어져 약해진다. 신하는 법령으로 인해 군주를 범하기 어렵다. 군주가 법령을 손에 쥐고도 인자한 설교에 굴종하면 신하들은 인자한 시혜施惠를 전면에 내세우고 뒤로 뇌물을 받는 등 부패한 정사를 펼치게 된다. 법령이 무너지는 이유다.

신하의 사리私利 행위가 존중을 받아 군주의 위세에 버금하고, 뇌물 수수의 관행이 일상화돼 법령에 맞설 경우 이를 따르게 되면 나라가 이내 어지러워지고, 이를 따르지 않으면 신하들이 군주를 비방한다. 군주의 자리가 우습게 여겨지고, 법률이 관원들 사이에서 어지러워지는 이유다. 이를 일컬어 법도가 없는 '무상지국無常之國'이라고 한다.

명군의 치도는 신하들이 사적인 덕의로 영예를 얻지 못하고, 사사롭게 가문의 이익을 꾀하는 것으로 공적을 삼지 못하게 하는 데 있다. 공로와 명예는 반드시 국가의 법도에서 나오도록 한다. 국법이 외면한 것 이면 아무리 어렵게 행한 덕행일지라도 선양되지 않는 까닭에 백성들 은 사사로운 덕행을 위해 애쓰지 않게 된다. 법도를 정해 백성을 다스리 고, 상벌을 확실히 행해 백성으로 하여금 능력을 다하게 한다. 명예와 비방을 명확히 구분해 선행을 권하고 악행을 금지시킨다. 명호와 상벌, 법령 등 3가지 요소를 섞어 사용하면 신하의 덕행은 군주를 존중한 데 서 비롯되고, 백성의 공로는 군주를 위해 일한 데서 나오게 된다. 이를 일컬어 법도가 있는 '유도지국有道之國'이라고 한다. 이상이 군주가 신 하를 부릴 때 반드시 알아야 하는 여덟 번째 원칙인 주위主威이다.

　　 행의시行義示의 '행의'는 관원이 베푸는 사사로운 은혜를 뜻한 다. 시示는 뚜렷이 나타낸다는 의미이다. 하사흔촉下肆很觸은 아랫사람 이 방자하게 행동하며 법령을 위반한다는 의미이다. 흔很을 『국어』「오 어」의 주는 위違로 풀이했다. 구문賕紋의 구賕는 뇌물을 뜻하고, 문紋은 수놓은 비단 등의 재물을 상징한다. '존사행이이주위尊私行以貳主威, 행 구문이의법行賕紋以疑法'의 이貳와 의疑를 양계웅은 각각 하나에 몰두 하지 못하는 부전일不專一과 미혹될 혹惑으로 새겼다. 진기유는 양자 모두 맞서거나 어깨를 나란히 한다는 뜻의 의擬로 해석했다. 진기유의 해석이 문맥상 자연스럽다. 명호名號는 여기서 칭예稱譽와 훼방毁謗을 말한다. 삼우三隅는 명호와 상벌, 법령 등의 3가지 수단을 합쳐 사용한 다는 뜻이다.

● 권19
제49장 오두(五蠹)

49-1

上古之世, 人民少而禽獸衆, 人民不勝禽獸蟲蛇. 有聖人作, 構木
爲巢而避群害, 而民悅之, 使王天下, 號曰有巢氏. 民食果蓏蚌蛤, 腥
臊惡臭而傷害腹胃, 民多疾病. 有聖人作, 鑽燧取火以化腥臊, 而民
說之, 使王天下, 號之曰燧人氏. 中古之世, 天下大水, 而鯀·禹決瀆.
近古之世, 桀紂暴亂, 而湯武征伐. 今有構木鑽燧於夏后氏之世者,
必爲鯀·禹笑矣. 有決瀆於殷·周之世者, 必爲湯武笑矣. 然則今有美
堯·舜·湯·武·禹之道於當今之世者, 必爲新聖笑矣. 是以聖人不期脩
古, 不法常可, 論世之事, 因爲之備. 宋人有耕田者, 田中有株, 兎走
觸株, 折頸而死, 因釋其耒而守株, 冀復得兎. 兎不可復得, 而身爲
宋國笑. 今欲以先王之政治當世之民, 皆守株之類也.

상고시대에는 사람보다 금수의 수가 많았다. 사람들은 짐승과 곤충,
뱀 등을 이기지 못했다. 이때 한 성인이 나타나 나뭇가지를 엮어 새둥
지 같은 집을 지으면서 여러 해악을 피하게 됐다. 사람들이 기뻐하며 그
를 천하를 다스리는 왕으로 삼고 유소씨有巢氏라고 불렀다. 사람들은
과실과 풀의 열매, 조개 등을 먹었다. 비린내가 나거나 악취가 심해 위

장을 상한 까닭에 많은 질병을 앓았다. 이때 한 성인이 나타나 나뭇가지를 비비거나 부싯돌을 치는 방법으로 불을 만들면서 비린내 나는 것을 구워먹게 됐다. 사람들이 기뻐하며 그를 천하를 다스리는 왕으로 삼고 수인씨燧人氏로 불렀다. 중고시대에는 천하에 큰물로 인한 재해가 잦았다. 이때 곤鯀과 우禹 부자가 둑을 터 물을 소통시켰다. 근고시대에는 폭군인 하나라의 걸桀과 상나라의 주紂가 나타나 난폭한 모습을 보이자 상나라의 탕湯과 주나라의 무武가 차례로 나타나 이들을 정벌했다.

지금 하후씨夏后氏인 우禹의 시대에 하던 것처럼 새둥지 같은 집을 짓고, 나뭇가지를 비비거나 부싯돌을 치는 방법으로 불을 지피면 곤과 우에게 비웃음을 샀을 것이다. 또 상나라와 주나라 시대에 우가 하던 것처럼 둑을 터 물을 소통시키는 자가 있다면 탕왕과 주무왕에게 비웃음을 샀을 것이다. 마찬가지로 지금 세상에 요순과 탕무, 우를 찬미하는 자기 있다면 반드시 이 시대의 성인에게 비웃음을 살 것이다. 성인은 옛날 방식을 따를 것을 바라지 않고, 일정한 규범을 고집하지 않고, 현시대의 상황을 살피고, 그에 부응하는 적절한 조치를 취한다.

송나라의 어떤 농부가 밭을 갈고 있을 때 밭 가운데 나무그루터기가 있었다. 마침 토끼 한 마리가 달아나다가 그루터기에 부딪쳐 목이 부러져 죽었다. 이를 본 농부는 이후 쟁기를 놓고 그루터기를 지키며 토끼가 재차 오기를 기다렸다. 그러나 토끼는 다시 얻을 수 없었다. 결국 그는 송나라의 웃음거리가 되고 말았다. 지금 고대 제왕의 정치를 좇아 현재의 백성을 다스리고자 하는 것은 모두 송나라 농부처럼 수주대토守株待兎의 어리석음을 범하는 것과 같다.

🍃 상고지세上古之世는 중고中古와 근고近古 및 당세當世와 대비돼

사용된 말이다. 신화 및 전설시대를 지칭한다. 구목위소構木爲巢는 나뭇가지를 얽어 새 집 모양의 둥우리를 만들었다는 뜻이다. 『한비자금주금역』에는 구構가 구搆로 되어 있다. 과라방果蓏蚌蛤의 방蚌은 방합蚌蛤의 뜻이다. 찬수취화鑽燧取火는 나무에 구멍을 뚫어 그 구멍에 나무를 넣고 비벼 마찰되는 힘으로 불씨를 얻는 것을 말한다. 곤우결독鯀禹決瀆은 요순 때 곤鯀이 황하의 치수에 실패하고 아들 우禹가 둑을 터 물길을 잡은 고사를 말한 것이다. 하후씨夏后氏는 하나라의 군주를 뜻하는 말로 곧 전설적인 창업주인 우禹를 지칭한다. 신성新聖은 유가나 묵가가 받드는 성인이 아니라 새로운 정치를 행할 법가의 성인을 뜻한다. 수고脩古는 옛 것을 좇아 행한다는 뜻으로 여기의 수脩는 수修와 같다. 『한비자금주금역』에는 수脩가 순循으로 되어 있다. 불법상가不法常可의 법法은 흉내 낼 효效의 뜻이다. 가可는 적합한 대상이라는 뜻으로 법法의 목적어로 사용됐다. 『한비자금주금역』에는 가可가 행行으로 되어 있다.

위지비爲之備의 위爲는 왕력王力의 『고대한어古代漢語』에 따르면 2개의 목적어를 보유한 쌍빈雙賓 동사이다. 지之는 앞서 나온 구절의 현재의 세상을 뜻하는 세사世事, 비備는 상응하는 조치를 지칭한다. 토주촉주兎走觸株 이하의 구절은 그 유명한 수주대토守株待兎 성어가 나오게 된 전거이다. 송나라 사람이 어리석은 인물의 주인공으로 나온 것은 송나라가 은나라 유민들로 구성된 탓이다. 『장자』와 『열자』에도 송나라 사람들의 어리석음을 지적한 일화가 대거 수록돼 있다.

〰️49-2

古者丈夫不耕, 草木之實足食也. 婦人不織, 禽獸之皮足衣也. 不事力而養足, 人民少而財有餘, 故民不爭. 是以厚賞不行, 重罰不用,而民自治. 今人有五子不爲多, 子又有五子, 大父未死而有二十五孫. 是以人民衆而貨財寡, 事力勞而供養薄, 故民爭, 雖倍賞累罰而不免於亂.

고대만 해도 남자는 경작을 하지 않아도 초목의 과실을 충분히 먹을 수 있었고, 부녀자들 역시 길쌈을 하지 않아도 금수의 가죽을 충분히 입을 수 있었다. 당시 사람들은 힘껏 일하지 않아도 살기에 충분했고, 인구가 적어 재화도 여유가 있었던 까닭에 서로 다투지 않았다. 두터운 상을 내리거나 무거운 형벌을 가하지 않고도 저절로 다스려진 이유다.

그러나 지금은 사람들이 자식을 5명이나 두고도 많다고 여기지 않고, 자식 또한 5명의 자식을 둔다. 할아버지가 죽지 않으면 모두 25명의 손자가 있게 된다. 백성들이 많아져 재화가 부족한 탓에 힘껏 일해도 함께 생활하기에 충분치 않다. 백성들이 서로 다투는 이유다. 설령 상을 2배로 주고, 자주 벌을 내릴지라도 혼란을 피할 길이 없다.

🌱 양족養足은 먹고 입는 등의 의식주에서 나름 넉넉한 생활을 유지하는 것을 의미한다. 재유여財有餘의 재財를 우창은 재재로 새겼다. 『광아』「석고」는 화貨, 『예기』「예기禮器」의 소는 물物로 풀이해 놓았다. 굳이 재재로 새길 필요가 없다. 대부大父는 조부를 뜻한다. 『묵자』「절장 하」에 똑같은 용례가 나온다.

🌿49-3

堯之王天下也, 茅茨不翦, 采椽不斲. 糲粢之食, 藜藿之羹. 冬日麑裘, 夏日葛衣. 雖監門之服養, 不虧於此矣. 禹之王天下也, 身執耒臿以爲民先, 股無胈, 脛不生毛, 雖臣虜之勞, 不苦於此矣. 以是言之,

夫古之讓天子者, 是去監門之養, 而離臣虜之勞也, 古傳天下而不足
多也. 今之縣令, 一日身死, 子孫累世絜駕, 故人重之. 是以人之於讓
也, 輕辭古之天子, 難去今之縣令者, 薄厚之實異也. 夫山居而谷汲
者, 膢臘而相遺以水. 澤居苦水者, 買庸而決竇. 故飢歲之春, 幼弟
不饟. 穰歲之秋, 疏客必食. 非疏骨肉愛過客也, 多少之實異也. 是
以古之易財, 非仁也, 財多也. 今之爭奪, 非鄙也, 財寡也. 輕辭天子,
非高也, 勢薄也. 爭士橐, 非下也, 權重也. 故聖人議多少·論薄厚之
政. 故罰薄不爲慈, 誅嚴不爲戾, 稱俗而行也. 故事因於世, 而備適於
事.

요임금이 천하를 다스릴 당시 띠 풀을 엮어 만든 지붕은 다듬지도 않
았고, 상수리나무로 만든 서까래는 깎지도 않았고, 음식은 벼를 매통에
갈아서 왕겨만 벗기고 속겨는 벗기지 않은 매조미쌀 등으로 만든 떡 모
양의 밥에 채소와 콩잎으로 만든 국을 먹었다. 겨울에는 사슴의 가죽
옷을 입고, 여름에는 갈포 옷을 입었다. 비록 지금 문지기 생활을 하는
자일지라도 입고 먹는 것이 이보다 덜하지 않았다. 우왕이 천하를 다스
릴 때도 크게 다르지 않았다. 왕 자신이 직접 쟁기와 괭이를 들고 백성
에 앞서 일했다. 넓적다리에 비육肥肉이 없고, 정강이에 털이 나지 않았
다. 비록 노비들의 노동일지라도 이보다 고달프지는 않았다.

이로써 말하면 옛날 천자의 자리를 양보한 것은 문지기 같은 대우를
버리고, 노비 같은 노동에서 벗어나려고 한 것이다. 천하를 양보하는 것
이 결코 대단한 일이 아니었다. 그러나 지금은 상황이 다르다. 요즘의 고
을 현령은 어느 날 갑자기 죽어도 그 자손이 대대로 수레를 타고 다닐
만큼 부귀해지는 까닭에 그 자리를 크게 중시한다. 자리 양보의 의미가
달라진 탓이다. 고대에는 심지어 천자의 자리까지도 쉽게 양보했지만

지금은 일개 현령의 자리를 떠나는 것을 매우 어렵게 여긴다. 자리에 따른 혜택의 후하고 박한 실속이 크게 다르기 때문이다.

무릇 산간에 살면서 골짜기 물을 긷는 자는 2월의 누제縟祭와 12월의 납제臘祭 때 물을 서로 보내주지만, 연못과 늪에 살며 수해의 고통을 겪은 사람은 사람을 고용해 물길을 잡는다. 흉년이 든 이듬해 봄에는 어린 동생에게도 먹을 것을 주지 못하지만, 풍년이 든 해의 가을에는 지나가는 나그네에게도 음식을 대접한다. 이는 골육지간을 멀리하고 나그네를 아끼기 때문이 아니라 식량의 많고 적음에 따른 것이다. 옛날 사람이 재물을 가볍게 여긴 것은 어질었기 때문이 아니라 재물이 많았기 때문이고, 요즘 사람이 재물을 놓고 서로 다투는 것은 인색하기 때문이 아니라 재물이 적기 때문이다. 옛날 사람이 천자의 자리를 쉽게 버린 것은 인격이 고상하기 때문이 아니라 세력과 실속이 박했기 때문이고, 요즘 사람이 권귀에 의탁해 미관말직을 놓고 서로 다투는 것은 인격이 낮기 때문이 아니라 이권에 따른 실속이 많기 때문이다.

그래서 성인은 재화의 많고 적음과 이권의 크고 작음을 헤아려 다스렸다. 형벌이 가볍다고 하여 자비로운 것도 아니었고, 엄하고 무겁다고 하여 난폭한 것도 아니었다. 백성의 습속에 맞도록 모든 일을 행했을 뿐이다. 일은 시대의 변화에 따라야 하고, 대비책 역시 일에 맞춰야 한다.

◖◗ 모자부전茅茨不翦의 모자茅茨는 띠로 입힌 지붕을 지칭한다. 채연불착采椽不斲은 서까래를 다듬지 않고 통나무 그대로 쓴 것을 말한다. 채采를 진기유는 채彩로 풀이했으나 『사기』「진시황본기」에서는 상수리나무를 뜻하는 채梂와 같다고 했다. 여자지식糲粢之食의 자粢를 양계웅은 기장을 뜻하는 직稷, 『한비자교주』는 곡류穀類로 풀이했으나

이는 떡을 뜻하는 자餈와 통하는 것이다. 여곽지갱藜藿之羹은 채소와 콩잎으로 끓인 국으로 조악한 음식을 상징한다. 려藜는 여藜와 같다. 감문지복양監門之服養은 성문지기의 의복 및 급양給養을 말한다.『한비자금주금역』에는 복양服養이 양養으로 되어 있다. 뒤에 나오는 구절이 감문지양監門之養으로 된 점에 주목한 결과로 보인다. 신집뢰삽身執耒臿은 몸소 쟁기와 가래를 잡는다는 뜻이다.

고무발股無胈의 발胈을 양계웅은 넓적다리에 난 작은 털,『한비자교주』는 피부와 살인 기육肌肉으로 풀이했다. 왕환표는 정강이에 아예 완전한 피부가 없다는 뜻의 고무완부股無完膚로 고쳐 버렸다. 이는『사기』「이사열전」에 대한 배인의『사기집해』주가 피부의 가는 털로 해석한 것을 답습한 결과다.『장자』「재유」의 소와『사기』「사마상여열전」의『사기색인』주는 비육肥肉을 뜻하는 백육白肉으로 풀이해 놓았다. 문맥상 이게 맞다. 발胈 자체가 고기 육肉 변의 회의문자로 구성돼 있다. 넓적다리의 '잔털'을 뜻할 리가 없다.

혈가絜駕의 혈絜을 윤동양은 약約, 후토다는 묶을 계繫로 풀이했다. 말을 수레에 묶어 수레를 이끌게 한다는 뜻이다. 고대에는 경대부만이 수레를 타고 갈 수 있었다. '혈가'는 곧 부귀의 향유를 뜻한다. 혈絜은 헤아리거나 약속하거나 묶는다는 뜻으로 사용될 때는 '혈', 삼의 끝을 지칭하거나 고요하거나 조촐하다는 뜻으로 사용될 때는 '결'로 읽는다. 누랍腜臘의 루腜는『설문해자』에 따르면 초나라 풍습으로 해마다 2월이 되면 음식을 마련하고, 신에게 풍년을 비는 제사를 올리는 것을 말한다. 지방에 따라 제사 올리는 달이 달랐다. 랍臘은 동지 후 세 번째 술일戌日을 택해 여러 신에게 제사 지내는 것을 말한다. 매용이결두買庸而決竇의 '매용'은 삯일꾼을 고용한다는 뜻이고, '결두'는 도랑을 파 물을 빼는 일을 말한다. 유제불양幼弟不饟의 양饟은 먹을 것을 나눠 보낸다는 의미이다.

　쟁사탁爭土橐은 권귀에 의탁해 미관말직을 차지하기 위해 다툰다는 의미이다. 여기의 사土가 건도본의 원문에는 토土로 되어 있다. 왕선신은 사土로 바꿔야 한다고 했다. 사土는 사仕와 같다. 탁橐은 탁托과 통한다. 사탁仕托은 권귀權貴에게 몸을 의탁한다는 뜻이다.『외저설 좌상』에 이미 나온 바 있다.『한비자금주금역』에는 거듭 다툰다는 의미의 중쟁사탁重爭土橐으로 되어 있다.

49-4

　古者文王處豐·鎬之間, 地方百里, 行仁義而懷西戎, 遂王天下. 徐偃王處漢東, 地方五百里, 行仁義, 割地而朝者三十有六國. 荊文王恐其害己也, 擧兵伐徐, 遂滅之. 故文王行仁義而往天下, 偃王行仁義而喪其國, 是仁義用於古不用於今也. 故曰, "世異則事異." 當舜之時, 有苗不服, 禹將伐之. 舜曰, "不可. 上德不厚而行武, 非道也." 乃修敎三年, 執干戚舞, 有苗乃服. 共工之戰, 鐵銛矩者及乎敵, 鎧甲不堅者傷乎體. 是干戚用於古不用於今也. 故曰, '事異則備變.' 上古競於道德, 中世逐於智謀, 當今爭於氣力. 齊將攻魯, 魯使子貢說之. 齊人曰, "子言非不辯也, 吾所欲者土地也, 非斯言所謂也." 遂擧兵伐魯, 去門十里以爲界. 故偃王仁義而徐亡, 子貢辯智而魯削. 以是言之, 夫仁義辯智, 非所以持國也. 去偃王之仁, 息子貢之智, 循徐·魯之力使敵萬乘, 則齊·荊之欲不得行於二國矣.

　예날 주문왕은 풍읍豐邑에 살면서 사방 1백 리 땅으로 인의를 행한 덕분에 서융西戎을 감복시키고 마침내 천하의 왕이 되었다. 서언왕徐偃王은 한수 동쪽에 살면서 사방 5백 리 땅으로 인의를 행한 덕분에 땅을 베어주고 조공을 온 자가 36국이나 되었다. 초문왕은 서언왕의 덕행이 자신에게 해를 끼칠까 두려워한 나머지 군사를 일으켜 결국 서나라를 멸망시켰다. 주문왕은 인의를 행해 천하의 왕이 됐지만 서언왕은 인의를 행해 나라를 잃었다. 인의가 옛날에는 유용했지만 지금은 효용을 잃은 탓이다. 그래서 이런 말이 나왔다.

"시대가 다르면 일도 다르다."

순임금 때 묘족苗族이 복종하지 않았다. 우왕이 이들을 토벌하려고 하자 순임금이 반대했다.

"불가하다. 군주가 덕을 두터이 하지 않은 채 무력을 동원하는 것은 도리가 아니다."

이에 3년 동안 교화에 힘썼다. 창과 도끼 모양의 간척干戚으로 춤을 추기만 했는데도 묘족이 마침내 복종했다. 순임금이 공공共工과 싸울 때 쇠 작살이 긴 자는 능히 적을 쳐 죽일 수 있었으나 갑옷이 견고하지 못한 자는 큰 부상을 입었다. 간척이 옛날에는 쓸모가 있었지만 지금에 와서는 아무 쓸모가 없다. 그래서 이런 말이 나왔다.

"상황이 다르면 대비책도 바뀌어야 한다."

상고시대에는 도덕, 중고시대에는 지혜로 다퉜다. 그러나 지금은 기세와 힘으로 다툰다. 제나라가 노나라를 치려고 하자 공자가 자공을 보내 설득케 했다. 제나라 군주가 말했다.

"그대의 말이 틀린 것은 아니다. 그러나 우리가 원하는 것은 땅이지 이런 말이 아니다."

그러고는 군사를 일으켜 노나라를 치면서 도성의 성문과 10리 떨어진 곳에 경계를 정했다. 서언왕은 인의를 행했지만 서나라는 망했고, 자공은 언변과 지모가 있었지만 노나라는 영토가 깎이고 말았다.

이로써 말하면 무릇 인의, 언변, 지모는 나라를 지탱해주는 수단이

못 된다. 서나라와 노나라가 각각 서언왕의 인의와 자공의 지모를 버리고, 만승의 대국인 초나라와 제나라를 상대할 수 있을 정도로 힘을 길렀다면 두 대국의 야욕도 이내 펼칠 길이 없었을 것이다.

○❧ 문왕文王이 건도본에는 태왕大王으로 되어 있다. 풍호지간豐鎬之間은 서주 때의 도성인 풍읍豐邑과 호경鎬京을 말한다. 주문왕은 기산 아래에서 풍읍으로 도읍을 옮겼다. 이후 주무왕은 풍읍에서 지금의 섬서성 서안시 서남쪽에 있는 호경으로 재차 천도했다. 풍읍에서 약 25리가량 떨어져 있다. 여기의 '풍호지간'은 사실 풍읍을 말한 것이다. 호경은 단지 풍읍에 이어 뒤따라 언급한 것에 지나지 않는다.

철섬거자鐵銛矩者는 기다란 쇠 작살을 지닌 자를 의미한다. 거矩를 『문선』의 주는 거巨로 풀이했다. 진기유는 '거'를 병기의 일종인 거鉅와 같은 것으로 보았다. 여기의 '거'는 뒤에 나오는 '견갑불견자鎧甲不堅者' 구절의 불견不堅에 상응하는 형용사로 사용된 것이다. 사이즉비변事異則備變은 일이 다르면 그에 대비하는 방법도 바뀌어야 한다는 의미이다. 임기응변臨機應變과 같은 취지이다.

❧ 49-5

夫古今異俗, 新故異備. 如欲以寬緩之政治急世之民, 猶無轡策而御駻馬, 此不知之患也. 今儒·墨皆稱先王兼愛天下, 則視民如父母. 何以明其然也. 曰, "司寇行刑, 君爲之不擧樂. 聞死刑之報, 君爲流涕." 此所擧先王也. 夫以君臣爲如父子則必治, 推是言之, 是無亂父子也. 人之情性, 莫先於父母, 皆見愛而未必治也. 雖厚愛矣, 奚遽不亂. 今先王之愛民, 不過父母之愛子. 子未必不亂也, 則民奚遽治哉. 且夫以法行刑, 而君爲之流涕, 此以效仁, 非以爲治也. 夫垂泣不欲刑者, 仁也. 然而不可不刑者, 法也. 先王勝其法, 不聽其泣, 則仁之不可以爲治亦明矣.

옛날과 지금은 풍속이 다르고 새 시대와 옛 시대는 정책이 다르다. 만일 너그럽고 이완된 정책으로 급박한 세상의 백성을 다스려야 한다면 고삐와 채찍도 없이 사나운 말을 모는 것과 같다. 이는 현실을 몰라 생기는 우환이다.

지금 유가와 묵가는 모두 말하기를, '선왕은 천하를 두루 사랑해 마치 부모처럼 백성을 대했다'고 한다. 무엇으로 이를 알 수 있다는 것인가? 그들은 말하기를, '형벌을 관장하는 사구司寇가 형을 집행하면 군주가 음악을 듣지 않고, 처형보고를 들으면 군주가 눈물을 흘렸다'고 말한다. 이것이 그들이 얘기하는 논거이다.

군신 사이가 부자의 관계와 같으면 반드시 다스려진다고 말하는데, 이로 미뤄 말하면 혼란스런 부자 사이는 없어야 할 것이다. 사람의 정이란 부모보다 나은 것이 없지만, 사랑을 입었다고 반드시 다스려지는 것은 아니다. 비록 끔찍이 사랑할지라도 어찌 혼란이 없을 수 있겠는가? 지금 선왕이 백성을 사랑하는 것은 부모의 자식에 대한 사랑을 넘지 못한다. 부모의 지극한 사랑을 자식도 반드시 혼란스럽지 않다고 말할 수 없는데, 백성이 어떻게 갑자기 다스려질 수 있겠는가? 법에 따라 형을 집행하자 군주가 눈물을 흘렸다는 것은 그로써 어진 마음을 밝힌 것이지 그것이 곧 정치를 행한 것은 아니다. 눈물을 흘리며 형의 집행을 바라지 않는 마음은 인仁이지만, 형을 집행하지 않으면 안 되는 것은 법法이다. 선왕도 법을 중시하며 인에 따르지 않았다면 인만으로는 결코 다스릴 수 없다는 사실 또한 분명하다.

〰️ 비책轡策은 고삐와 채찍을 말한다. 한마駻馬는 사나운 말을 뜻한다. 사구司寇는 형을 관장하는 관원을 말한다. 『주례』「추관」은 대사구大司寇로 표현해 놓았다. 해거奚遽는 '어찌'의 뜻이다. 거遽는 의문부사 거詎와 통한다. 「난이」에 나온 바 있다.

🎏49-6

且民者固服於勢, 寡能懷於義. 仲尼, 天下聖人也, 修行明道以遊海內, 海內說其仁·美其義而爲服役者七十人. 皆貴仁者寡, 能義者難也. 故以天下之大, 而爲服役者七十人, 而仁義者一人. 魯哀公, 下主也, 南面君國, 境內之民莫敢不臣. 民者固服於勢, 勢誠易以服人, 故仲尼反爲臣而哀公顧爲君. 仲尼非懷其義, 服其勢也. 故以義, 則仲尼不服於哀公. 乘勢, 則哀公臣仲尼. 今學者之說人主也, 不乘必勝之勢, 而務行仁義則可以王, 是求人主之必及仲尼, 而以世之凡民皆如列徒, 此必不得之數也.

백성은 본래 권세에 복종하지만 의로움을 품고 따르는 사람은 적다. 공자는 천하의 성인으로 수행을 한 후 도를 밝히며 천하를 돌아다녔다. 천하 사람들은 그가 말한 인을 좋아하고, 그 의를 칭찬했지만 복종한 자는 70명에 지나지 않았다. 대개 인을 귀하게 여기는 자가 적고, 의를 실행하기가 어려웠던 탓이다. 천하는 매우 크지만 그의 제자는 70명뿐이었고, 인의를 실천한 사람은 공자 한 사람뿐이었다.

노애공은 보잘것없는 군주였지만 남면하여 군주로 즉위해 나라를 다스리자 백성들 가운에 감히 신하가 되지 않으려는 자가 없었다. 백성은 실로 권세에 복종하고, 권세는 실로 사람을 복종시킨다. 공자가 오히려 신하가 되고, 노애공이 도리어 군주가 된 이유다. 공자는 노애공의 의에 감복한 게 아니라 그의 권세에 복종한 것이다.

만일 의를 기준으로 했다면 공자는 노애공에게 복종하지 않았을 것이다. 권세에 의지했기에 노애공도 공자를 신하로 삼을 수 있었다. 지금학자들은 군주를 설득하면서 반드시 권세를 잘 운용하라는 말은 하지 않고, '인의를 힘써 행하면 능히 왕도를 펼 수 있다'고 주장한다. 이는 군주에게 반드시 공자 못지않은 인물이 되고, 백성들에게 모두 공자의 제자가 될 것을 요구한 것이다. 이는 결코 이뤄질 수 없는 도리이다.

애공고위군哀公顧爲君의 고顧는 '도리어' 의미의 부사어이다. 부득지수不得之數의 수數를 『관자』의 주는 도리의 리理로 풀이해 놓았다.

49-7

今有不才之子, 父母怒之弗爲改, 鄕人譙之弗爲動, 師長敎之弗爲變. 夫以父母之愛·鄕人之行. 師長之智三美加焉, 而終不動, 其脛毛不改. 州部之吏操官兵·推公法而求索姦人, 然後恐懼, 變其節, 易其行矣. 故父母之愛不足以敎子, 必待州部之嚴刑者, 民固驕於愛·聽於威矣. 故十仞之城, 樓季弗能逾者, 峭也. 千仞之山, 跛牂易牧者, 夷也. 故明王峭其法而嚴其刑也. 布帛尋常, 庸人不釋. 鑠金百溢, 盜跖不掇. 不必害, 則不釋尋常. 必害手, 則不掇百溢. 故明主必其誅也. 是以賞莫如厚而信, 使民利之. 罰莫如重而必, 使民畏之. 法莫如一而固, 使民知之. 故主施賞不遷, 行誅無赦, 譽輔其賞, 毁隨其罰, 則賢·不肖俱盡其力矣.

요즘 버릇이 좋지 않은 자식들은 부모가 나무라도 그 행동을 고치려 하지 않고, 마을 어른이 꾸짖어도 움직이려 하지 않고, 스승이 가르쳐

도 전혀 변함이 없다. 부모의 사랑, 마을 어른의 지도, 스승의 지혜라는 3가지 도움이 더해져도 끝내 움직이지 않고, 털끝만큼도 고치지 않는다. 그러나 고을의 관원이 병사를 이끌고 나라의 법령을 집행하며 간사한 짓 하는 자를 색출하러 다니면 이내 두려워하며 그 태도를 바꾸고 행동을 고친다. 부모의 사랑으로는 자식을 가르치기에 부족한 까닭에 반드시 고을 관원의 엄한 형벌에 기대야만 한다. 백성은 본래 사랑에게는 교만하지만, 권세에는 복종하기 때문이다.

높이가 얼마 안 되는 성곽을 발 빠른 누계樓季도 뛰어넘지 못하는 것은 그것이 깎아 세운 듯 험하기 때문이고, 1천 길의 높은 산에서 다리를 저는 양을 쉽게 사육할 수 있는 것은 그곳이 평평한 비탈이기 때문이다. 명군은 법을 깎아 세운 듯 날카롭게 하고, 형을 엄하게 한다. 하찮은 천 조각일지라도 사람들은 그냥 버려두지 않지만, 1백 일鎰이나 되는 황금은 도척 같은 큰 도적도 줍지 않는다. 반드시 해로운 것이 아니라면 적은 양일지라도 버리지 않지만, 해로운 것이라면 1백 일의 황금일지라도 훔치지 않는다. 명군이 반드시 형벌을 집행하는 이유다. 상은 후하고 확실하게 주어서 백성들로 하여금 이롭게 여기도록 만들고, 벌은 엄중하게 집행해 백성들로 하여금 두렵게 여기도록 만들어야 한다. 법을 늘 견고하게 하여 백성들이 이를 숙지토록 만드는 것이 가장 좋은 방법이다. 군주는 상을 내릴 때 멋대로 기준을 바꾸거나, 형벌을 집행할 때 함부로 용서해서는 안 된다. 명예로써 그 상을 빛나게 하고, 커다란 비난으로 그 벌을 부끄럽게 하면 현·불초를 막론하고 모두 그 힘을 다하게 된다.

🐚 향인초지鄕人譙之의 '향인'을 『예기』「향음주의」의 정현 주는 향대부鄕大夫로 풀이해 놓았다. 『주례』「지관」에 따르면 향대부는 각 마

을에서 정교政敎와 금령禁令을 관장하는 사람을 말한다. 조선조 때 지방의 자치기구인 향청鄕廳의 우두머리와 유사하다. 수령의 권한을 견제하는 기능을 담당하였다가 향원鄕員의 인사권과 행정 실무의 일부를 맡아보았다. 조선에서는 고종 32년(1895)에 향장鄕長으로 고치면서 유명무실한 존재가 되었다. 중국의 경우는 명대에 들어와 동생시童生試에 합격한 생원生員이 선진시대 이후 당송대까지 이어진 향대부와 유사한 향신鄕紳의 역할을 수행했다. 향신의 우두머리는 대개 진사進士가 되지 못해 지방의 관장을 역임한 거인擧人이 맡았다. 청대 말까지 이들 향신의 입김이 매우 강했다. 삼미가언三美加焉의 '3미'는 부모의 사랑, 마을 어른의 지도, 스승의 지혜 등 3가지 뛰어난 역량을 지칭한 것이다.

　주부지리州部之吏의 '주부'는 가장 말단의 관원을 말한다. 누계樓季를 두고 『사기』「이사열전」을 주석한 『사기집해』는 허신許愼의 말을 인용해 위문후의 동생으로 풀이했다. 파장역목跛牂易牧은 다리를 저는 양을 쉽게 사육할 수 있다는 뜻이다. 이야夷也는 평평한 비탈을 의미한다. 포백심상布帛尋常의 '포백'은 원래 삼베와 비단을 뜻하고, 심尋은 8척, 상常은 '심'의 곱절을 말한다. 여기서는 하찮은 천 조각을 의미한다. 삭금백일鑠金百溢의 '삭금'은 불에 녹여 만든 황금 덩어리를 말한다. 일溢은 20량兩의 무게를 뜻하는 일鎰과 통한다.

49-8

　今則不然. 以其有功也爵之, 而卑其士官也. 以其耕作也賞之, 而少其家業也. 以其不收也外之, 而高其輕世也. 以其犯禁也罪之, 而多其有勇也. 毁譽·賞罰之所加者相與悖繆也, 故法禁壞而民愈亂. 今兄弟被侵必攻者, 廉也. 知友被辱隨仇者, 貞也. 廉貞之行成, 而君上之法犯矣. 人主尊貞廉之行, 而忘犯禁之罪, 故民程於勇而吏不能勝也. 不事力而衣食, 則謂之能. 不戰功而尊, 則謂之賢. 賢能之行成, 而兵弱而地荒矣. 人主說賢能之行, 而忘兵弱地荒之禍, 則私行立而公利滅矣.

지금은 상벌을 내리는 기준이 무너졌다. 공을 세워 작위를 내렸는데도 벼슬살이를 비천하게 보고, 경작에 힘써 상을 주었는데도 그 가업家業인 농업을 가볍게 생각한다. 어떤 사람이 나라에서 주는 벼슬을 받아들이지 않으면 세속적인 것을 가벼이 여기는 그의 행동을 고결하다고 하고, 금령을 범해 벌을 받았어도 그의 행동을 용기 있다고 한다. 훼예毁譽와 상벌賞罰을 내리는 기준이 어그러져 있는 까닭에 법과 금령이 무너지고, 백성들은 더욱 혼란스럽게 된다.

형제가 남으로부터 침해를 입었을 때 반드시 상대를 공격하는 사람을 두고 세인들은 염직廉直하다고 하고, 친구가 남으로부터 모욕을 당했을 때 친구의 원수를 갚는 사람을 두고 정직貞直하다고 한다. 그러나 염직과 정직이 행해지는 것은 군주의 법이 침해되는 것이다. 군주는 염직과 정직을 숭상한 나머지 금령을 어긴 죄를 잊는다. 백성들이 멋대로 완력을 휘둘러도 관원은 이를 제지할 수 없게 된다.

아무 노력도 하지 않고 잘 먹고 입는 사람을 두고 세인들은 유능有能하다고 하고, 나라를 위해 전공을 세운 적도 없는데 존경받는 것을 두고 세인들은 현명賢明하다고 한다. 그러나 이런 유능함과 현명함이 통하는 것이 군사가 약해지고 땅이 황폐해지는 까닭이 되는데도 군주는 유능함과 현명함이 실행되는 것을 기뻐한 나머지 군사가 약해지고 땅이 황폐해지는 재앙을 잊는다. 사사로운 행동이 횡행하고, 공적인 이익이 사라지는 이유다.

◔❥ 사관士官의 사士는 종사한다는 뜻의 사事와 같다. 소기가업少其家業의 '가업'은 농업을 지칭한다. 법가 역시 유가와 마찬가지로 농업을 본업으로 여기고 상공업을 말업末業으로 여겼다. 불수不收는 군주의 부름을 받아들이지 않아 벼슬길에 나서지 않는다는 뜻이다. 수구隨仇를 진기유는 '친구를 좇아 그의 원수를 갚다'의 뜻으로 풀이했다. 뜻이 통하지 않는 것은 아니나 여기의 구仇는 수隨의 목적어로 사용된 것이다. 원수를 갚는다는 뜻의 보구報仇로 풀이한 진계천의 해석이 자연스럽다.

민정어용民程於勇의 정程에 대한 해석이 분분하다. 왕선신은 『예기』「유행」에 나오는 부정용不程勇에 대한 정현의 주석을 근거로 헤아린다는 뜻의 량量으로 풀이했다. 진계천과 진기유가 이를 좇아 교량較量으로 해석했다. 그러나 중장통仲長統의 『창언昌言』「이란理亂」에 '정용력여아경자웅程勇力與我竟雌雄' 표현이 나온다. 용력을 드러낸다는 의미이다. 『광아』「석고」도 '정程은 시示이다'라고 풀이했다. 백성들이 멋대로 완력을 휘두른다는 해석하는 게 낫다.

❧49-9

儒以文亂法, 俠以武犯禁, 而人主兼禮之, 此所以亂也. 夫離法者罪, 而諸先生以文學取. 犯禁者誅, 而群俠以私劍養. 故法之所非, 君之所取. 吏之所誅, 上之所養也. 法·趣·上·下, 四相反也, 而無所定, 雖有十黃帝不能治也. 故行仁義者非所譽, 譽之則害功. 文學者非所用, 用之則亂法. 楚之有直躬, 其父竊羊, 而謁之吏. 令尹曰, "殺之." 以爲直於君而曲於父, 報而罪之. 以是觀之, 夫君之直臣, 父之暴子也. 魯人從君戰, 三戰三北. 仲尼問其故, 對曰, "吾有老父, 身死莫之養也." 仲尼以爲孝, 舉而上之. 以是觀之, 夫父之孝子, 君之背臣也.

故令尹誅而楚姦不上聞, 仲尼賞而魯民易降北. 上下之利, 若是其異也, 而人主兼擧匹夫之行, 而求致社稷之福, 必不幾矣.

유자儒者는 학문으로 법을 어지럽히고, 협객俠客은 무예로 금령을 어긴다. 그런데도 군주는 이들을 모두 예우하고 있다. 나라가 혼란스런 이유다. 법을 어겨 죄지은 자는 마땅히 벌을 받아야 하는데도 여러 선비들이 옛날 학문에 밝다는 이유로 발탁되고 있다. 금령을 어긴 자는 주살해야 하는데도 여러 협객이 사사로이 뛰어난 검술을 지니고 있다는 이유로 자객으로 양성되고 있다. 법을 어겨 처벌을 받아야 하는데도 군주는 오히려 그들을 발탁하고, 관원이 벌을 내려야 하는데도 군주는 오히려 그들을 양성하는 셈이다.

위법과 임용, 양성, 징벌 등 4가지가 상반돼 확정된 기준이 없으면 설령 황제黃帝 같은 뛰어난 인물이 10명이나 있을지라도 나라를 다스릴 수 없게 된다. 인의를 실행하는 자는 칭찬받을 일이 없는데도 이를 칭찬하면 공적을 해치는 것이고, 문학을 익힌 자는 임용해서는 안 되는데 이들을 임용하면 법을 어지럽히는 것이다.

초나라 사람으로 직궁直躬이라는 자가 있었다. 그의 부친이 양을 훔치자 관원에게 고발했다. 영윤이 말했다.

"그를 죽여라."

군주에게는 정직한 것이나 부친에게는 패륜이라고 생각해 벌을 준 것이다. 이로써 보면 군주의 정직한 신하는 부친에게 난폭한 아들이 되는 셈이다.

노나라 사람이 군주를 좇아 전쟁터에 나갔지만 3차례나 도주했다. 공자가 그 까닭을 묻자 이같이 대답했다.

"저에게 늙은 부친이 있습니다. 제가 없으면 봉양할 사람이 없습니다."

공자는 효성스럽다고 생각해 그를 천거해 높은 자리에 앉게 했다. 이로써 보면 부친의 효성스런 자식은 군주에게 불충한 백성이 되는 셈이다.

초나라 영윤이 직궁을 사형시킨 뒤 간사한 일이 군주에게 들리지 않고, 공자가 효자를 포상해 벼슬을 얻게 한 뒤 노나라 백성은 전쟁에 나가 쉽게 항복하거나 달아나게 됐다. 위아래의 이해는 이처럼 서로 다를 수 있다. 군주가 백성의 덕행을 존중하며 나라의 복을 구하고자 하면 거의 이루지 못할 것이다.

๛ 유이문난법儒以文亂法의 유儒는 내용상 유가를 포함한 모든 학자를 총칭한 말이다. 협이무범금俠以武犯禁의 협俠은 의리를 내세우며 협기를 부리는 모든 사람을 지칭한다. 유儒와 협俠은 「오두」의 비판대상을 상징한다. 이법자離法者의 리離는 걸렸다는 뜻의 리罹와 통한다. 제선생諸先生은 여러 학자를 지칭한다. 건도본에는 생生이 왕王으로 돼 있다. 내용상 '선생'으로 바꿔야 한다. 문학文學은 옛날 학문에 밝은 유자를 지칭한다. 사검私劍은 사사로운 검술을 지닌 자로 곧 자객을 뜻한다. 「고분」에도 나온다. 법취상하法趣上下는 위법과 임용, 양성, 징벌을 말한다. 후토다는 취趣를 취取로 바꿔야 한다고 했다. 『한비자금주금역』은 그같이 되어 있다.

직궁直躬은 글자 그대로 해석하면 몸을 바르게 한다는 뜻이나 여기서는 허구 인물의 이름으로 사용된 것이다. 고대에는 이런 식의 작명이 많았다. 『논어』에 문지기를 하는 은자를 신문晨門, 나루터 부근에서 경작하며 몸집이 큰 은자를 장저長沮와 걸닉桀溺으로 표현한 것 등이 대표적인 사례이다. 보이죄지報而罪之의 보報는 죄에 대한 판결을 뜻한다.

삼배三北의 배北는 등을 돌린다는 뜻의 배背의 옛 글자이다.

49-10

古者蒼頡之作書也, 自環者謂之‘厶’, 背厶謂之‘公’. 公私之相背也, 乃蒼頡固以知之矣. 今以爲同利者, 不察之患也. 然則爲匹夫計者, 莫如修行義而習文學. 行義修則見信, 見信則受事. 文學習則爲明師, 爲明師則顯榮. 此匹夫之美也. 然則無功而受事, 無爵而顯榮, 爲有政如此, 則國必亂, 主必危矣. 故不相容之事, 不兩立也. 斬敵者受賞, 而高慈惠之行. 拔城者受爵祿, 而信廉愛之說. 堅甲厲兵以備難, 而美薦紳之飾. 富國以農, 距敵恃卒, 而貴文學之士. 廢敬上畏法之民, 而養遊俠私劍之屬. 擧行如此, 治强不可得也. 國平養儒俠, 難至用介士. 所利非所用, 所用非所利. 是故服事者簡其業, 而遊學者日衆, 是世之所以亂也.

옛날 창힐蒼頡이 글자를 만들 때 자신을 에워싸는 것을 사私, 사에 반대되는 것을 공公이라고 했다. 공과 사는 서로 상반된다. 창힐조차도 이미 이를 알고 있었다. 지금 공과 사의 이해가 일치하리라고 생각한다면 이는 사물을 깊이 살피지 못한 데서 나온 잘못이다.

백성들 개개인의 입장에서 보면 의를 실행하고 학문을 하는 것보다 나은 것이 없다. 의를 실행하고 몸을 닦으면 신임을 얻게 되고, 신임을 얻으면 벼슬자리를 받게 된다. 학문을 익히면 현명한 스승이 되고, 현명한 스승이 되면 영예가 빛나게 된다. 이는 일반 사람들이 좋아하는 것이다. 공로가 없는데도 벼슬을 맡게 되고, 작위가 없는데도 영예를 얻는 이유다. 정치가 이 지경에 이르면 나라는 반드시 어지러워지고, 군주는 반드시 위태로운 처지에 놓일 것이다.

서로 용납할 수 없는 일은 처음부터 양립할 수 없는 것이다. 그럼에도 적을 죽인 자에게 상을 주면서 자혜로운 행동을 고상하게 여기고, 성을 함락시킨 자에게 작록을 내리면서 묵자의 겸애설兼愛說을 신봉하고, 견고한 갑옷과 날카로운 무기로 난을 대비하면서 고급관원의 의복인 천신薦紳을 칭찬하고, 나라를 부유하게 하는 일은 농민에게 맡기고 적을 방비하는 일은 병사에게 의지하면서도 공허한 학문을 하는 자들을 귀하게 여기고, 군주를 공경하고 법을 두려워하는 백성을 버리고 협객이나 자객의 무리를 양성하는 모순된 행동을 한다. 행동하는 것이 이와 같으면 나라가 잘 다스려지고 군사가 강해지는 것은 불가능하다.

이는 나라가 안정됐을 때 유학자와 협객을 양성하고, 위난危難이 닥쳤을 때 병사를 동원한 결과이다. 군주로부터 늘 이익을 받는 자는 위급할 때 아무 쓸모가 없고, 정작 위난이 닥쳤을 때 필요한 자는 평소 아무 혜택을 받지 못한다. 실무에 종사하는 자들이 맡은 일에 소홀하고, 협객이나 학문에 종사하는 자들만 날로 늘어나는 이유다. 세상이 어지러운 것도 바로 이 때문이다.

🐚 창힐蒼頡은 황제黃帝 때의 사관으로 있으면서 문자를 처음 만들었다는 전설적인 인물이다. 위지사謂之厶의 사厶는 사私의 옛 글자이다. 사私는 원래 벼를 뜻하는 화禾의 명칭이었다. 배사위지공背厶謂之公의 공公은 원래 위배違背한다는 뜻의 팔八과 사사로울 사厶 자가 결합한 글자이다. '공'과 '사'의 글자풀이는 글자의 본래 뜻을 깊이 탐구하는 훈고학訓詁學의 대표적인 사례에 속한다. 견갑여병堅甲厲兵은 견고한 갑옷과 잘 다듬어진 병기를 뜻한다. 천신薦紳은 홀을 허리띠에 꽂은 것을 말한다. 진신搢紳 및 진신縉紳과 같다. 벼슬한 사대부를 상징한다. 신紳은 넓은 허리띠를 말한다. 명청대의 사대부인 신사紳士는 이들 '진

신'과 예비 관원인 사인士人을 총칭한 말이다. 개사介士는 병사를 뜻한다. 개介는 원래 갑옷의 의미이다.

49-11

且世之所謂賢者, 貞信之行也. 所謂智者, 微妙之言也. 微妙之言, 上智之所難知也. 今爲衆人法, 而以上智之所難知, 則民無從識之矣. 故糟糠不飽者不務粱肉, 短褐不完者不待文繡. 夫治世之事, 急者不得, 則緩者非所務也. 今所治之政, 民間之事·夫婦所明知者不用, 而慕上知之論, 則其於治反矣. 故微妙之言, 非民務也. 若夫賢良貞信之行者, 必將貴不欺之士. 貴不欺之士者, 亦無不欺之術也. 布衣相與交, 無富厚以相利, 無威勢以相懼也, 故求不欺之士. 今人主處制人之勢, 有一國之厚, 重賞嚴誅, 得操其柄, 以脩明術之所燭, 雖有田常·子罕之臣, 不敢欺也, 奚待於不欺之士. 今貞信之士不盈於十, 而境內之官以百數, 必任貞信之士, 則人不足官. 人不足官, 則治者寡而亂者衆矣. 故明主之道. 一法而不求智, 固術而不慕信. 故法不敗, 而群官無姦詐矣.

세상에서 흔히 말하는 현자賢者는 바르고 믿음직하게 행동하는 자를 지칭하고, 지자智者는 미묘하고 심오한 말을 하는 자를 뜻한다. 미묘하고 심오한 말은 최상의 지혜를 지닌 자도 알기 어렵다. 지금 백성들이 지킬 법을 만들면서 최상의 지혜를 지닌 자도 알기 어려울 정도로 애매하게 만들면 백성들은 도무지 알 길이 없다. 그리되면 술지게미조차 배불리 먹지 못하는 사람은 기름진 밥이나 맛있는 고기를 바라지 않고, 해진 옷도 제대로 갖추지 못하는 사람은 아름답게 수놓은 옷을 바라지 않게 된다.

무릇 세상을 다스리면서 급박한 일을 해내지 못하면 급박하지 않은 나머지 일은 애쓰지 않아도 된다. 지금 나라를 다스리면서 백성과 관련된 사안에서 이름 없는 일반 남녀라도 능히 알 수 있는 방법을 쓰지 않고, 뛰어난 지혜를 지닌 자에게나 환영받는 방법을 택한다. 이는 치리治理에 어긋나는 짓이다. 미묘하고 심오한 말은 백성에게 아무 쓸모가 없다.

또한 바르고 믿음직한 행동을 현명하다고 하면 반드시 남을 속이지 않는 선비를 귀하게 여길 것이다. 그러나 속이지 않는 선비를 귀하게 여기는 것은 속지 않을 도리가 없음을 뜻한다. 일반 백성끼리 사귈 경우는 이익을 주거나 편의를 제공할 부富도 없고, 서로 두려워할 권세도 없는 까닭에 서로 속이지 않는 선비를 찾는다. 그러나 지금 군주는 백성을 다스리는 보위에 앉아 나라 안의 모든 부를 쥐고 있다. 후한 상과 엄한 벌을 행사하는 막강한 권한을 쥐고 고명한 법술을 닦으면서 본인이 통찰한 사안들을 제대로 다스리면 비록 진항陳恒과 자한子罕 같은 권신이 나올지라도 감히 군주를 속이지 못할 것이다. 그러니 어찌 속이지 않는 선비를 기다릴 필요가 있겠는가?

지금 바르고 믿음직한 행동을 하는 선비는 한 나라에 채 10명도 되지 않으나 국내의 벼슬자리는 수백을 헤아릴 정도로 많다. 반드시 바르고 믿음직한 선비를 가려서 임용코자 하면 필요한 사람이 관직에 비해 턱없이 모자라게 된다. 마땅한 사람이 관직보다 적으면 다스려지는 일이 적어지고, 어지러운 일이 많아질 것이다. 명군의 치도는 법을 일정하게 할 뿐 미묘하고 심오한 말을 하는 지자를 구하지 않고, 법술을 공고히 할 뿐 바르고 믿음직한 행동을 하는 현자를 흠모하지 않는다. 법이 효력을 잃지 않고, 관원이 간사하고 속이는 짓을 하지 못하는 이유다.

◐◡ 정신지행貞信之行은 올곧고 믿음이 있는 행동으로 유가적인 덕행을 의미한다. 미묘지언微妙之言也은 오묘하고 심오한 말로 도가적인 언행을 뜻한다. 조강불포자불무양육糟糠不飽者不務粱肉은 술지게미조차 배불리 먹지 못하는 사람은 기름진 밥이나 맛있는 고기를 바라지 않는다는 뜻이다. 여기의 조糟는 거르지 않은 술, 강糠은 곡식을 찧은 겨를 의미한다. '조강'은 술지게미를 말한다. 지게미와 쌀겨를 뜻하는 '조강'은 통상 가난한 사람이 먹는 변변치 못한 음식을 지칭한다. 이와 대비되는 맛있는 음식을 뜻하는 양육粱肉이다. 양粱은 쌀밥, 육肉은 기름진 고기반찬을 뜻한다. 수갈불완자불대문繡短褐不完者不待文繡는 해진 옷도 제대로 갖추지 못한 사람은 아름답게 수놓은 옷을 바라지 않는다는 의미이다. 후토다는 수短를 수裋로 바꿀 것을 주장했으나 수短가 짧을 '단'이 아닌 해진 옷을 뜻하는 '수'의 의미로 사용된 것을 간과한 것이다.

이수명술지소촉以脩明術之所燭의 수脩는 수修와 통한다. 『한비자교주』는 『한시외전』에 '예의수명禮義脩明' 표현이 나오고 있는 점에 주목해 수명脩明을 한 글자로 간주해 '강구講求하여 잘 처리하다'의 뜻으로 풀이했다. 양계웅은 이수명술촉지以脩明術燭之로 바꿔야 한다고 했다. 왕환표는 아예 수脩 자를 제거해 버렸다. 수명술脩明術의 '명술'은 고명한 통치술을 뜻하는 말로 수脩의 목적어로 사용된 것이다. 고술이불모신固術而不慕信의 고固는 굳게 지킨다는 의미이고, 불모신不慕信은 충정한 현자를 믿지 않는다는 뜻이다.

49-12

今人主之於言也, 說其辯而不求其當焉. 其用於行也, 美其聲而不責其功. 是以天下之衆, 其談言者務爲辨而不周於用, 故擧先王言仁義者盈廷, 而政不免於亂. 行身者競於爲高而不合於功, 故智士退處巖穴, 歸祿不受, 而兵不免於弱. 兵不免於弱, 政不免於亂, 此其故何也. 民之所譽, 上之所禮, 亂國之術也. 今境內之民皆言治, 藏商·管之法者家有之, 而國愈貧, 言耕者衆·執耒者寡也. 境內皆言兵, 藏孫·吳之書者家有之, 而兵愈弱, 言戰者多·被甲者少也. 故明主用其力, 不聽其言. 賞其功, 必禁無用. 故民盡死力以從其上. 夫耕之用力也勞, 而民爲之者, 曰, '可得以富也.' 戰之爲事也危, 而民爲之者, 曰, '可得以貴也.' 今修文學, 習言談, 則無耕之勞而有富之實, 無戰之危而有貴之尊, 則人孰不爲也. 是以百人事智而一人用力. 事智者衆, 則法敗. 用力者寡, 則國貧. 此世之所以亂也.

지금 군주는 신하의 말을 들으면서 그 변설의 교묘함만 좋아할 뿐 그 타당성은 추구하지 않는다. 신하의 행동을 보면서 명성만 칭송할 뿐 그 공적은 추궁하지 않는다. 세상의 논객들이 변설의 교묘함에만 힘쓰고 실용을 등한시하는 이유다. 선왕을 들먹이며 인의를 말하는 자가 조정을 채우면 나라의 정사는 어지러움을 면치 못하게 된다.

수양하는 자는 고상한 명성을 얻는 데 애쓰는 까닭에 공을 세우는 일에 적합하지 않다. 지혜로운 자는 암굴로 물러나 살면서 군주가 주는 봉록을 받지 않는 까닭에 군사가 허약을 면치 못하게 된다. 나라의 정사가 혼란을 면치 못하게 된 것은 무슨 까닭인가? 백성들이 쓸모없는 자들을 칭송하고, 군주가 이들을 예우하기 때문이다. 이는 나라를 어지럽게 만드는 길이다. 지금 나라 안의 백성 모두 정치를 말하고, 상앙과 관중의 법령을 집집마다 소장하고 있지만 나라가 더욱 가난해지는 것은 무슨 까닭인가? 입으로 농사짓는 자만 많을 뿐 정작 손에 쟁기나 호미를 잡고 농사를 짓는 자는 적기 때문이다. 나라 안의 백성 모두 군사를 말하고, 손무와 오기의 병서를 집집마다 소장하고 있지만 군사가 더욱 약해지는 것은 무슨 까닭인가? 입으로 용병하는 자만 많을 뿐 정작 갑옷을 입고 전쟁터로 나가 싸우는 자는 적기 때문이다. 명군은 백성들의 힘을 사용할지라도 그들의 말을 듣지 않고, 그 공로에 상을 줄지라도 반드시 쓸모없는 행위는 금지한다. 그러면 백성들은 사력을 다해 군주를 따르게 된다.

무릇 힘을 다해 경작하는 것은 수고롭지만 백성들이 그것을 하는 것은 무슨 까닭인가? 백성들은 말하기를, '부자가 될 수 있기 때문이다'라고 한다. 전쟁을 하는 것은 위험하지만 백성들이 그것을 하는 것은 무슨 까닭인가? 백성들은 말하기를, '귀인이 될 수 있기 때문이다'라고 한다. 지금 문학을 연마하고 말재주를 익히기만 하면 수고롭게 경작하지 않아도 부유해지고, 위험한 전쟁을 하지 않아도 존귀해진다면 누가 이를 행하려 하지 않겠는가? 1백 명이 쓸모없는 지혜를 섬기고 단 1명이 일을 하는 꼴이다. 쓸모없는 지혜를 섬기는 백성이 많아지면 법이 무너지고, 일을 하는 자가 적어지면 나라는 가난해진다. 세상이 혼란스러워지는 까닭이다.

🐚 담언자談言者를 진기유는 종횡가로 풀이했다. 그러나 문맥상 유가를 포함해 유세에 나선 모든 제자백가를 지칭한 것으로 보는 게 옳다. 상관商管은 상앙과 관중을 말한다. 손오孫吳의 손孫은 손무와 손빈, 오吳는 오기를 말한다. 피갑자被甲者의 피被는 피披와 통한다.

🌿 **49-13**

故明主之國, 無書簡之文, 以法爲教. 無先王之語, 以吏爲師. 無私劍之捍, 以斬首爲勇. 是境內之民, 其言談者必軌於法, 動作者歸之於功, 爲勇者盡之於軍. 是故無事則國富, 有事則兵强, 此之謂王資. 旣畜王資而承敵國之釁, 超五帝侔三王者, 必此法也.

명군이 다스리는 나라는 서간書簡의 문서 대신 법으로 가르치고, 선왕의 말 대신 관원을 스승으로 삼고, 사적인 무예 대신 적의 머리를 베는 것을 용기로 삼는다. 나라 안의 백성들 가운데 논변에 뛰어난 정객은 반드시 법의 테두리 내에서 하고, 일을 하는 자는 실적을 세우는 것을 목표로 삼고, 용감한 자는 군에서 힘을 다했다. 전쟁이 없으면 나라가 부유해지고, 전쟁이 있으면 병력이 강해진다. 이를 일컬어 제왕의 자질인 이른바 '왕자王資'라고 한다. 군주가 왕자를 기른 뒤 적국의 틈을 노려 장차 오제五帝를 능가하고 삼왕三王과 어깨를 나란히 하는 대업을 이루고자 하면 반드시 이 방법을 좇아야 한다.

◦❦ 사검지한私劍之捍의 한捍은 사납다는 뜻으로 한悍 또는 한猂과 같다. 궤어법軌於法을 두고 후지사와는 궤軌 밑에 지之 자가 있어야 한다고 했다. 어於를 동사와 목적어를 잇는 조사로 보면 아무 문제가 없다. '기축왕자이승적국지흔旣畜王資而承敵國之釁'의 축畜을 양계웅은 축蓄과 통하는 것으로 보았다. 왕자王資는 왕천하王天下를 칭할 자산이라는 뜻이다. 승承을 후토다는 승乘과 통하는 것으로 해석했다. 『후한서』 「등우전」에 빈틈에 올라타고자 한다는 뜻의 욕승흔欲乘釁 표현이 나온다. 흔釁의 본래 글자는 간극 내지 파탄을 뜻하는 흔爨이다. 짐승피를 그릇에 칠해 제사지낸다는 뜻의 흔釁과 통한다.

❧**49-14**

今則不然. 士民縱恣於內, 言談者爲勢於外. 外內稱惡, 以待强敵,

不亦殆乎. 故群臣之言外事者, 非有分於從衡之黨, 則有仇讎之忠而
借力於國也. 從者, 合衆弱以攻一强也. 而衡者, 事一强以攻衆弱也.
皆非所以持國也. 今人臣之言衡者皆曰, "不事大, 則遇敵受禍矣." 事
大未必有實, 則擧圖而委·效璽而請兵矣. 獻圖則地削, 效璽則名卑.
地削則國削, 名卑則政亂矣. 事大爲衡, 未見其利也, 而亡地亂政矣.
人臣之言從者皆曰, "不救小而伐大, 則失天下. 失天下, 則國危. 國
危而主卑." 救小未必有實, 則起兵而敵大矣. 救小未必能存, 而交大
未必不有疏, 有疏, 則爲强國制矣. 出兵則軍敗, 退守則城拔. 救小
爲從, 未見其利, 而亡地敗軍矣. 是故事强, 則以外權士官於內. 救
小, 則以內重求利於外. 國利未立, 封土厚祿至矣. 主上雖卑, 人臣
尊矣. 國地雖削, 私家富矣. 事成, 則以權長重. 事敗, 則以富退處.
人主之聽說於其臣, 事未成則爵祿已尊矣. 事敗而弗誅, 則遊說之士
孰不爲用矰繳之說而徼幸其後. 故破國亡主, 以聽言談者之浮說. 此
其故何也. 是人君不明乎公私之利, 不察當否之言, 而誅伐不必其後
也. 皆曰, "外事, 大可以王, 小可以安." 夫王者, 能攻人者也. 而安,
則不可攻也. 强, 則能攻人者也. 治, 則不可攻也. 治强不可責於外,
內政之有也. 今不行法術於內, 而事智於外, 則不至於治强矣.

그러나 지금은 그렇지 못하다. 사민士民은 국내에서 일을 팽개친 채
멋대로 행동하고, 논변에 뛰어난 정객은 국외에서 세력을 만든다. 안팎
으로 간사한 일을 하며 강한 적을 상대코자 하니 이 또한 위태롭지 않
은가? 군신들 가운데 외교를 논하는 자들은 합종合從과 연횡連衡의 두
당파로 나뉘어 다투는 자가 아니면 사사로운 원수를 갚기 위해 나라의
힘을 빌리려는 자들 뿐이다.

합종은 여러 약소국이 힘을 합쳐 강대국인 진나라에 대항하는 것이

고, 연횡은 강대한 진나라를 섬겨 여러 약소국을 공격하는 것을 뜻한다. 모두 나라를 보존하는 방법이 아니다. 지금 신하들 가운데 연횡을 주장하는 자들은 입을 모아 이같이 말한다.

"강대국을 섬기지 않으면 이내 적을 만나 화를 입게 된다."

그러나 강대국을 섬길지라도 반드시 실리가 있는 게 아니다. 오히려 지도를 바치고 옥새를 바치며 군사지원을 청해야 하는 경우가 적지 않다. 지도를 바치면 영토가 깎이고, 옥새를 바치면 명예가 실추된다. 영토가 깎이면 나라가 약해지고, 명예가 실추되면 정사가 어지러워진다. 강대국을 섬겨 연횡을 할지라도 실리가 없으면 결국 영토를 잃고 정사만 어지러워질 뿐이다.

이와 정반대로 합종을 얘기하는 자들은 입을 모아 이같이 말한다.

"약소국을 구하기 위해 강대국을 쳐야 한다. 그리하지 않으면 천하의 제후들을 잃게 되고, 천하의 제후를 잃으면 나라가 위태롭게 되고, 나라가 위태롭게 되면 군주가 비천해진다."

약소국을 구원할지라도 반드시 실리가 있는 게 아니다. 오히려 군사를 총동원해 힘겹게 강대국과 싸워야 할 경우가 적지 않다. 약소국 구원에 나선다고 반드시 그 나라의 존속을 보장할 수도 없고, 강대국과 대적한 까닭에 자칫 사이만 틀어질 수 있다. 사이가 틀어지면 강대국에 제압당하게 된다. 밖으로 군사를 내보내면 군사는 이내 패할 것이고, 안으로 물러나 지키고자 하면 성은 이내 함락되고 말 것이다. 약소국을 구한다는 구실로 합종을 좇을 경우 실리가 없으면 이익을 보기도 전에 오히려 영토를 잃고 군대는 패하고 만다.

신하들은 연횡을 통해 강대국을 섬길 때면 외국의 권력을 빌려 국내에서 승진하려 하고, 합종을 통해 약소국을 구하면 자국의 권력을 내세워 약소국에서 이익을 취하려 한다. 그리되면 나라의 실리를 아직 얻기도 전에 신하들은 봉토封土와 후록厚祿을 얻게 된다. 군주의 위신이 땅에 떨어져도 신하는 오히려 존귀해지고, 나라의 영토는 줄어들어도 신하는 오히려 부유해진다. 일이 이뤄지면 권세를 잡고 오래도록 존경을 받게 되고, 실패할지라도 넉넉한 재력에 기대 편히 물러나 살게 된다. 진언을 받아들일 경우 일이 성사되기도 전에 높은 작록이 주어지거나, 실패로 끝났는데도 처벌하지 않으면 유세하는 선비 가운데 그 누구인들 날짐승을 놓칠지라도 주살은 잃는 법이 없는 소위 증격지설繒繳之說로 요행을 바라지 않겠는가?

나라가 깨지고 군주가 망하는 것은 논변에 뛰어난 정객의 헛된 말을 들었기 때문이다. 그 배경은 무엇인가? 군주가 공리公利와 사리私利를 명확히 구분하지 못하고, 타당한 말과 부당한 말을 자세히 살피지 못하고, 결과에 따른 형벌을 제대로 시행하지 않은 탓이다. 이들은 하나같이 이같이 변명한다.

"외교를 잘하면 크게는 왕이 될 수 있고, 작게는 나라를 안정되게 할 수 있다."

무릇 왕자王者는 능히 남의 나라를 칠 능력이 있지만 그 나라가 안정되어 있으면 공격하지 않는다. 강자強者 또한 다른 나라를 칠 능력이 있지만 그 나라가 잘 다스려지면 공격하지 않는다. 나라를 잘 다스려 강력하게 만드는 치강治強의 관건은 나라 밖의 외정에 있는 게 아니라, 나라 안의 내정에 있다. 국내에서 법술을 제대로 행하지 못하면서 국외에서 지모를 일삼는다면 결코 '치강'을 이룰 수 없다.

종자縱恣는 방자放恣와 같은 뜻이다. 외내칭악外內稱惡의 칭稱을 진기유는 상칭相稱으로 풀이했으나 가마사카는 거擧로 해석했다. 안팎으로 간악한 행위를 행한다는 뜻이다. 비유분어종횡지당非有分於

從衡之黨의 분分을 양계웅은 이異로 풀이했으나 여기서는 전체의 일부분을 언급한 것이다. 횡형衡은 저울을 뜻할 때는 '형'으로 읽으나 '종횡'의 의미로 사용될 때는 동서를 가로지르는 횡橫과 같다. '종횡지당'은 소진이 주장한 합종책合縱策과 장의가 주장한 연횡책連衡策을 좇는 소위 종횡가縱橫家를 말한다. 종從은 종縱과 통한다. 효새效璽는 옥새를 갖다 바친다는 뜻이다.

증격지설矰繳之說은 소위 '밑져야 본전' 식의 무책임한 언설을 지칭한 것이다. 주살을 이용한 사냥은 화살에 줄을 달아 쏘는 까닭에 설령 날짐승을 잡지 못할지라도 주살을 잃는 법이 없다. 종횡가들의 언설은 부귀공명을 노린 허황된 얘기에 지나지 않는다는 것을 '증격지설'로 비판한 것이다. 요행기후徼幸其後는 요행히 허황된 언설로 얻어낸 공명과 이록利祿을 의미한다.

〜49-15

鄙諺曰, "長袖善舞, 多錢善賈." 此言多資之易爲工也. 故治强易爲謀, 弱亂難爲計. 故用於秦者, 十變而謀希失. 用於燕者, 一變而計希得. 非用於秦者必智, 用於燕者必愚也, 蓋治亂之資異也. 故周去秦爲從, 期年而擧. 衛離魏爲衡, 半歲而亡. 是周滅於從, 衛亡於衡也. 使周·衛緩其從衡之計, 而嚴其境內之治. 明其法禁, 必其賞罰. 盡其地力以多其積, 致其民死以堅其城守. 天下得其地, 則其利少. 攻其國, 則其傷大. 萬乘之國莫敢自頓於堅城之下, 而使强敵裁其弊也. 此必不亡之術也. 舍必不亡之術而道必滅之事, 治國者之過也. 智困於外而政亂於內, 則亡不可振也.

속담에 이런 말이 있다.

"소맷자락이 길면 춤을 잘 추고, 돈이 많으면 장사를 잘한다."

이는 바탕이 튼튼하면 일하기가 쉽다는 뜻이다. 나라 일도 마찬가지다. '치강'의 상황이면 계책이 뜻대로 이뤄지지만, 정반대로 나라가 어지럽고 약한 '난약亂弱'의 상황이면 생각했던 계책이 뜻대로 이뤄지지 않는다. 진나라에서는 사람이 10번이나 바뀌어도 계책이 실패하는 경우가 드물지만, 연나라에서는 사람이 한 번만 바뀌어도 계책이 제대로 성사되는 경우가 드문 이유가 여기에 있다. 이는 진나라에서 일하는 사람은 지혜롭고, 연나라에서 일하는 사람은 어리석기 때문이 아니다. 나라가 잘 다스려지는지 여부의 차이에 따른 것이다. 주나라는 진나라를 버리고 합종을 택했다가 1년 만에 공격을 받아 함락됐고, 위衛나라는 중원의 위魏나라를 버리고 연횡을 했다가 반년 만에 패망하고 말았다. 주나라는 합종을 좇았다가 망하고, 위나라는 연횡을 좇았다가 망한 셈이다.

만일 주나라와 위나라가 합종과 연횡의 계책을 늦추고 내정을 엄하게 하고, 법을 분명히 하고, 반드시 상벌을 행하고, 농업증산을 독려하는 방식으로 힘을 비축해 백성들에게 사력을 다해 성을 굳게 지키도록 했으면 상황이 달랐을 것이다. 그리했으면 천하의 강대국이 그 땅을 차지할지라도 이익이 적었을 것이고, 그 나라의 성을 공격하면 손실이 클 것으로 생각했을 것이다. 만승의 대국일지라도 견고한 성 아래서 좌절하는 모습을 보이지 않기 위해 약소국의 약점을 잡아 함부로 공격하는 일은 없었을 것이다. 이것이 절대로 패망하지 않는 비술이다. 절대로 패망하지 않는 비술을 버리고 반드시 패망하는 정책을 행하는 것은 나라를 다스리는 사람의 잘못이다. 국외에서 합종과 연횡으로 지혜를 소모하고, 국내에서 정사를 어지럽게 펴면 나라를 패망에서 구할 길이 없다.

◑◐ 모희실모希失의 희希는 희稀와 통한다. 엄기경내지치嚴其境內之
治의 엄嚴은 건도본에 없어 조용현본을 좇아 보완했다. 엄嚴을 진기유
는 준엄한 감찰로 풀이했으나 『맹자』「공손추 하」의 주는 급할 급急으
로 해석했다. 문맥상 이게 맞다. 도필멸지사道必滅之事의 도道를 『순자』
「왕패」의 주는 행행行行으로 풀이했다. 불가진不可振의 진振은 구할 구救의
뜻이다.

〜49-16

民之政計, 皆就安利如辟危窮. 今爲之攻戰, 進則死於敵, 退則死
於誅, 則危矣. 棄私家之事而必汗馬之勞, 家困而上弗論, 則窮矣. 窮
危之所在也, 民安得勿避. 故事私門而完解舍, 解舍完則遠戰, 遠戰
則安. 行貨賂而襲當塗者, 則求得. 求得, 則私安. 私安, 則利之所在,
安得勿就. 是以公民少而私人衆矣.

백성들은 통상 너나할 것 없이 안전과 이익을 취하고, 위험과 궁핍을
피한다. 지금 이들을 전쟁터로 내보내 싸우게 하면, 앞으로 나아가도 적
에게 죽고, 물러나도 처벌로 죽게 되니 어차피 위태롭게 된다. 집안일을
버리고 전쟁터에서 땀 흘려 애쓰는데도 집안은 여전히 곤궁하고 군주
가 그 공을 인정해주지 않으면 더욱 곤궁해진다. 이처럼 궁핍과 위험이
뒤따르는데 백성들이 어찌 피하려 하지 않겠는가? 그래서 대신을 비롯
한 권귀權貴에 시봉侍奉하면서 그들의 관아官衙를 수선하는 일에 나서
는 것이다. 권귀의 관아를 잘 수선하면 곧 전쟁에 나가는 일을 면제받
고, 전쟁에 나가는 일을 면제받으면 일신의 안전을 보장받게 된다. 이어
뇌물을 써 요로에 잘 부탁하면 곧 바라는 것을 얻고, 바라는 것을 얻으
면 이익이 생겨 집안이 편안해진다. 편안함과 이익이 있는데 백성들이

어찌 그쪽으로 나아가려 하지 않겠는가? 나라를 위해 일하는 백성은 적어지고 권력자를 위해 일하는 백성이 많아지는 이유가 여기에 있다.

    🖎 민지정계民之政計의 정政을 윤동양은 정正으로 풀이했다. 『한비자금주금역』은 정政이 '본래'의 뜻을 지닌 고固와 통하는 고故로 되어 있다. 한마지로汗馬之勞는 전쟁터에서 싸우는 말이 땀을 흘리듯 열심히 적과 싸운다는 의미이다. 대략 견마지로犬馬之勞와 취지를 같이한다. 사사문이완해사事私門而完解舍의 해사解舍를 고광기는 관아官衙를 뜻하는 해사解舍로 풀이했다. 양계웅은 완해사完解舍를 병역을 완전히 면제받는 것으로 풀이했다. 완完은 '전부'를 뜻하는 전全과 달리 부사어로 사용되지 않고, 완전무결하게 한다는 뜻의 동태동사 내지 정태동사로 사용된다. 여기의 '해사'는 완完의 목적어로 사용된 것이다. 관사를 수선한다는 뜻으로 풀이해야 문의文意에 부합하게 된다. 행화뢰行貨賂는 뇌물을 쓴다는 의미이다. 『한비자금주금역』에는 화뢰貨賂가 회뢰賄賂로 되어 있다. 습당도襲當塗는 은밀히 요로에 잘 부탁한다는 의미로 여기의 습襲은 '은밀히'의 뜻으로 사용된 것이다.

🌿49-17

夫明王治國之政, 使其商工遊食之民少而名卑, 以寡趣本務而趨末作. 今世近習之請行, 則官爵可買. 官爵可買, 則商工不卑也矣. 姦財貨賈得用於市. 則商人不少矣. 聚斂倍農而致尊過耕戰之士, 則耿介之士寡而高价之民多矣.

무릇 명군의 치국 정책을 보면 상공인과 놀고먹는 유식지민遊食之民의 숫자를 줄이면서 그 신분을 낮춘다. 극히 적은 사람만이 본업인 농사에 종사하려 하고, 대다수가 말업인 상공업으로 나아가려 하기 때문이다. 지금 세상은 군주 측근의 청탁을 통해 관작을 돈으로 살 수 있다. 관작을 돈으로 살 수 있게 되면 상공인의 신분이 천하지 않게 된다. 악덕상인의 간사한 재화가 시장에서 통용되는 까닭에 상인의 수도 줄어들지 않는다. 수익이 농사의 몇 배가 되는 까닭에 농사를 짓고 전쟁터에 나가 공을 세우는 경전지사耕戰之士보다 더 존경을 받는다. 그리되면 '경전지사' 즉 바르고 곧은 경개지사耿介之士는 적어지고, 말업인 상공업에 종사하는 상고지민商賈之民만 많아지게 된다.

　　🕊 이과취본무이추말작以寡趣本務而趨末作의 이以를 양계웅은 원인을 듯하는 인因으로 보았다. 과취본무寡趣本務는 본업인 농사를 마다한다는 의미이다. 취趣를 진계천은 추趨로 풀이했다. 추말작趨末作은 말업末業인 상공업에 종사한다는 뜻이다. 『한비자금주금역』에는 과寡자를 생각한 '취본무이외말작趣本務而外末作'으로 되어 있다. 외外를 방기放棄로 해석하면 대략 뜻이 같아진다. 경개지사耿介之士는 법을 지키며 경전耕戰에서 대공을 세우는 광명정대한 사람을 지칭한다. 이와 반대되는 것이 고개지민高价之民이다. 윤동양은『문선』「광절교론」의 주를 근거로 고상지인賈商之人으로 풀이했다.『한비자금주금역』은 상고지민商賈之民으로 되어 있다. 장각은 고개高价와 같은 뜻의 고가高價가 상고商賈와 비슷한데서 오사誤寫가 거듭되면서 상고商賈로 와전됐을 가능성을 제기했다.

　🕊 **49-18**

　是故亂國之俗. 其學者, 則稱先王之道以籍仁義, 盛容服而飾辯說, 以疑當世之法, 而貳人主之心. 其言古者, 爲設詐稱, 借於外力,以成其私, 而遺社稷之利. 其帶劍者, 聚徒屬, 立節操, 以顯其名, 而犯五官之禁. 其患御者, 積於私門, 盡貨賂, 而用重人之謁, 退汗馬之勞. 其商工之民, 脩治苦窳之器, 聚弗靡之財, 蓄積待時, 而侔農夫之利. 此五者, 邦之蠹也. 人主不除此五蠹之民, 不養耿介之士, 則海內雖有破亡之國·削滅之朝, 亦勿怪矣.

　어지러운 나라의 풍속을 보면 첫째 학자들은 선왕의 도를 칭송하며 입만 열면 인의를 떠벌이고, 용모나 복장을 융성하게 하고는 입으로 변설을 꾸며대고, 당대의 법을 의심케 만들어 군주의 마음을 흔들어 놓는다. 둘째 합종과 연횡을 떠드는 유세객들은 거짓을 늘어놓고, 외국의 힘을 빌려 사적인 욕심을 채우며 나라의 이익 따위는 돌보지 않는다. 셋째 협객은 무리를 모아 절의를 내세우며 자신의 이름을 드러내고, 중앙 관청에서 금지하는 법령을 예사로 범한다. 넷째 권력 주변에 빌붙어 먹고사는 정객들은 권문에 줄을 대고는 뇌물을 바치며 요로에 있는 관원을 이용하므로 전쟁터로 나가 목숨 바쳐 애쓰는 일을 면하게 된다. 다섯째 상공인은 조악한 기물을 그럴듯하게 보이도록 만들고, 값이 쌀 때 물건을 쌓아 두었다가 값이 오를 때 팔아 폭리를 취함으로써 사실상 농부에게 돌아갈 이익을 탈취한다.

　이 5가지 부류의 존재는 나라의 기둥을 좀먹는 두충蠹蟲과 같은 존재이다. 이 5가지 '두충'과 같은 자들을 제거하지 않고 경전耕戰에 뛰어난 경개지사耿介之士를 양성하지 않으면, 패망하는 나라와 복멸覆滅하는 조정이 나타날지라도 하등 이상할 게 없다.

　🐌 이인주지심貳人主之心의 이貳는 군주로 하여금 의혹을 갖도록 만든다는 뜻이다. 기언고자其言古者의 고古를 고광기는 담談의 잘못으

로 보았다. 위설사칭爲設詐稱을 두고 진기유는 위설爲設은 설위設爲와 같다고 보았고, 쯔다는 위爲를 위僞로 바꿔야 한다고 했다. '위설'은 '사칭'과 상응한 것으로 위爲는 위僞의 가차이다. 곧 사실을 날조하는 등의 거짓된 행동을 지칭한다. 기환어자其患御者의 어御를 양계웅은 방어할 어禦로 풀이했다. 고유지기苦窳之器의 고苦는 조잡하다는 뜻의 고盬와 통한다. 고盬는 원래 소금밭을 뜻하는 말로 견고하지 못하다는 뜻으로 사용되기도 한다. 유窳 역시 그릇이 비뚤어지고 무르다는 의미로 사용되는 말이다. 비미지재弗靡之財의 비弗를 윤동양은 비費의 가차로 보았다. 비미費靡를 진계천은 아름답지 않거나 정치精緻하지 못한 것으로 풀이했으나 이는 낭비를 뜻한다. '비미지재'를 양계웅과 왕환표는 착취한 금전 내지 재부로 풀이했다. 이 또한 문의와 동떨어진 해석이다. 『순자』「군도」에 '천하제후天下諸侯, 무미비지용無靡費之用' 구절이 이를 뒷받침한다.

제50장 현학(顯學)

🌿 50-1

世之顯學, 儒·墨也. 儒之所至, 孔丘也. 墨之所至, 墨翟也. 自孔子之死也, 有子張之儒, 有子思之儒, 有顏氏之儒, 有孟氏之儒, 有漆雕氏之儒, 有仲良氏之儒, 有孫氏之儒, 有樂正氏之儒. 自墨子之死也, 有相里氏之墨, 有相夫氏之墨, 有鄧陵氏之墨. 故孔·墨之後, 儒分爲八, 墨離爲三, 取舍相反不同, 而皆自謂眞孔·墨, 孔·墨不可復生, 將誰使定世之學乎. 孔子·墨子俱道堯舜, 而取舍不同, 皆自謂眞堯舜, 堯舜不復生, 將誰使定儒·墨之誠乎. 殷周七百餘歲, 虞·夏二千餘歲, 而不能定儒·墨之眞. 今乃欲審堯舜之道於三千歲之前, 意者其不可必乎. 無參驗而必之者, 愚也. 弗能必而據之者, 誣也. 故明據先王, 必定堯舜者, 非愚則誣也. 愚誣之學, 雜反之行, 明主弗受也.

요즘 세상에 널리 알려진 학파는 유가와 묵가이다. 유가의 효시는 공자孔子이고, 묵가의 효시는 묵적墨翟이다. 공자 사후 유가 내에서 자장子張, 자사子思, 안연顏淵, 맹자孟子, 칠조개漆雕開, 중량회仲梁懷, 순자荀子, 악정자樂正子의 학파가 차례로 생겨났다. 묵자 사후 상리씨相里氏, 상부씨相夫氏, 등릉씨鄧陵氏 등의 학파가 생겨났다. 공자와 묵자 사후 유가는 8개 학파, 묵가는 3개 학파로 나뉜 셈이다. 이들 모두 공자와 묵자의 원래 학설에서 입맛에 맞게 취사선택해 각기 독립한 뒤 서로 대립하며 각자 정통을 주장했다. 자신들만이 진정으로 공자와 묵자의 사상을 이어받았다는 주장을 펼치고 있는 것이다.

공자와 묵자가 다시 나타날 수 없으니 과연 누가 그 정통인지 판정할 수 있겠는가? 설령 공자와 묵자가 살아 있을지라도 두 사람 모두 요순을 얘기하면서도 취사선택이 달라 서로 자신이 요순의 사상을 이어받은 정통이라고 주장할 것이다. 요순이 살아날 수 없으니 과연 누가 유가와 묵가 학문의 진위를 가려낼 수 있겠는가?

상나라와 주나라로부터 지금까지 7천여 년, 순임금의 우虞나라와 우왕의 하나라로부터 지금까지 2천여 년의 시간이 흘렀다. 지금 유가와 묵가 가운데 어느 쪽이 정통인지도 알 수 없는데 3천 년 전으로 거슬러 올라가 요순의 도를 살피고자 하면 이는 도저히 불가능한 일이다. 주장을 뒷받침할 아무런 증거도 없이 단정하는 것은 어리석은 일이고, 진위를 확인할 길이 없는 것을 토대로 단정하는 것은 남을 속이는 일이다. 확인할 길이 없는 전설적인 선왕의 사적을 근거로 요순의 치도를 단정하는 것은 어리석거나 남을 속이는 일이다. 어리석고 남을 속이는 학설과 잡스럽고 모순되는 행위는 명군이 받아들이지 않는 것이다.

⟜ 유지소지儒之所至의 소지所至는 원래 지극한 곳에 이른다는 뜻으로 여기서는 창시자를 뜻한다. 자장子張은 공자의 제자로 진陳나라 출신이다. 성은 전손顓孫, 이름은 사師이다. '자장'은 자이다. 자사子思는 공자의 손자로 이름은 급伋이다. 『한서』「예문지」에 『자사』 23편이 기록돼 있으나 당나라 때 망실됐다. 송나라 때 그의 일문을 모아놓은 『자사자子思子』가 나왔으나 믿을 게 못된다. 청나라 말기 위원魏源은

『예기』에 실려 있는 「중용」과 「방기坊記」, 「표기表記」, 「치의緇衣」가 그
의 작품이라고 주장하며 『자사장구子思章句』를 펴냈다. 안씨顔氏는 안
회顔回를 말한다. 자는 연淵이다. 『사기』 「중니제자열전」에 따르면 공자
의 제자 가운데 안씨 성을 가진 사람은 모두 8명이다. 이들 중 가장 유
명한 사람은 안회이다. 공자보다 30세 연하였다. 그는 생전에 공자로부
터 호학好學의 전형으로 칭송을 받았다. 맹씨孟氏는 맹자를 말한다. 이
름은 가軻이다. 기원전 372년에 지금의 산동성 추현鄒縣에서 태어나 자
사 계통의 유학을 전수받았다. 그의 사상과 언행은 그와 그의 제자들
이 만든 『맹자』에 자세히 실려 있다. 그의 정치사상은 왕도王道로 요약
할 수 있다. 왕도의 이론적 기초는 성선설性善說과 민본주의民本主義에
있다. 『맹자』가 각광을 받게 된 것은 남송의 주희가 『논어』와 『대학』
및 『중용』과 더불어 4서의 일환으로 간주한 뒤이다. 칠조씨漆雕氏는 채
蔡나라 출신 칠조개漆雕啓를 말한다. 사마천이 『사기』 「중니열전」을 편
제하면서 한경제의 이름이 유계劉啓인 것을 기휘忌諱해 칠조개漆雕開
로 고쳐 놓았다. 중량씨仲良氏는 노나라 사람으로 공자의 제자이다. 이
름은 『예기』 「단궁」에 나오나 사적은 자세하지 않다. 일설에 중량仲梁이
라고 한다. 손씨孫氏는 순자荀子를 말한다. 사서에는 손경孫卿으로 나
온다.

　악정씨樂正氏를 두고 증자의 제자인 악정자춘樂正子春 또는 맹자의
제자인 악정극樂正克으로 보는 견해가 대립한다. 양계초梁啓超는 증자
의 제자로 보았다. 곽말약郭沫若은 『십비판서』에서 유가 8파에 대한 비
판을 가했다. 쯔다는 『성현군보록聖賢群輔錄』에서 유가 8파에 대해 이
같이 평한 바 있다.

　"공자 사후 그의 제자들이 천하 각지에 퍼져 그의 사상을 전했다. 싸
리나 대로 엮어 만든 사립문과 벽을 뚫어서 낸 작은 출입문 속에서 근

검하게 살면서 도를 추구하는 전통은 자사子思에서 비롯됐다. 의관을 바로하고 행동을 공순하게 하는 것은 자장子張을 좇은 것이다. 안회는 『시경』을 위주로 삼았다. 풍간諷諫은 그를 추종한 것이다. 맹자는 『서경』을 중시했다. 널리 소통하는 것을 중시하는 학풍은 여기서 나왔다. 칠조씨는 『예기』를 중시했다. 공검장경恭儉莊敬을 위주로 했다. 중량씨는 『악경樂經』을 중시했다. 음양의 조화와 풍속의 순화를 추구하는 학풍이다. 악정씨는 『춘추』를 중시했다. 역사적인 사례를 중시했다. 공손씨는 『역경』을 중시했다. 이들은 정결하고 정미精微한 것을 추구했다."

상리씨相里氏를 두고 손이양孫詒讓은 『묵자한고墨子閒詁』에서 주나라 출신으로 이름은 근勤이고, 남쪽에서 유행한 묵자학파의 우두머리로 분석했다. 『장자』「천하」에는 상리근相里勤이라는 이름으로 나온다. 성현영成玄英의 『장자소』 등에 따르면 『상리자』 7편이 있었다고 한다. 그의 학파는 묵가의 3대 학파인 소위 삼묵三墨 중 하나이다. 상부씨相夫氏는 주나라 사람으로 '3묵' 중 하나인 백부씨伯夫氏를 말한다. 『한서』「예문지」에 『호비자胡非子』 3편이 기록돼 있다. 쯔다는 상부相夫와 호비胡非의 글자가 서로 유사한 점에 주목했다. 등릉씨鄧陵氏는 『장자』「천하」에 나오는 등릉자鄧陵子를 말한다.

묵리위삼墨離爲三을 두고 양계초는 학파가 하나 더 있다며 크게 4개 학파로 나눴다. 첫째, 상근리와 오후五侯를 추종하는 학파이다. 이들은 근검한 행동을 중시했다. 둘째, 고획苦獲과 이치已齒, 등릉자를 추종하는 학파이다. 이들은 논리학에 뛰어났다. 셋째, 상부씨를 추종하는 학파이다. 이들의 학풍은 자세히 알 길이 없다. 넷째, 송견宋鈃과 윤문尹文 등을 추종하는 학파이다. 비공非攻 등 반전론을 주장한 게 특징이다. 의자意者는 그러하다고 생각한다는 의미이다. 잡반지행雜反之行은 잡되고 모순된 행위를 말한다.

🌿 **50-2**

墨者之葬也, 冬日冬服, 夏日夏服, 桐棺三寸, 服喪三月, 世主以爲
儉而禮之. 儒者破家而葬. 服喪三年, 大毁扶杖, 世主以爲孝而禮之.
夫是墨子之儉, 將非孔子之侈也. 是孔子之孝, 將非墨子之戾也. 今
孝·戾·侈·儉俱在儒·墨, 而上兼禮之. 漆雕之議, 不色撓, 不目逃, 行
曲則違於臧獲, 行直則怒於諸侯, 世主以爲廉而禮之. 宋榮子之議,
設不鬪爭, 取不隨仇, 不羞囹圄, 見侮不辱, 世主以爲寬而禮之. 夫
是漆雕之廉, 將非宋榮之恕也. 是宋榮之寬, 將非漆雕之暴也. 今寬·
廉·恕·暴俱在二子, 人主兼而禮之. 自愚誣之學·雜反之辭爭, 而人主
俱聽之, 故海內之士, 言無定術, 行無常議. 夫冰炭不同器而久, 寒
暑不兼時而至, 雜反之學不兩立而治. 今兼聽雜學·繆行·同異之辭,
安得無亂乎. 聽行如此, 其於治人又必然矣.

묵가는 장례를 지낼 때 사자에게 겨울에는 겨울용, 여름에는 여름용
수의를 입힌다. 또 오동나무로 만든 두께 3촌의 관을 쓰고 상복은 3달
만 입는다. 세상의 군주들은 이런 검소한 박장薄葬을 칭송하며 이들을
예우한다. 유가는 이와 달리 가산을 탕진하며 성대한 후장厚葬을 치른
다. 3년 동안 상복을 입는 탓에 몸이 수척해져 지팡이에 의지해야만 한
다. 세상의 군주들은 효성이 지극하다며 이들을 예우한다. 무릇 묵가의
검소한 행보가 옳다면 유가의 사치를 반대해야 하고, 유가의 효성이 옳
다면 묵가의 박정薄情을 반대해야 한다. 효성과 박정, 사치와 검소의 상
반된 애기가 모두 유가와 묵가의 주장 속에 있다. 그런데도 군주는 이들
을 모두 예우하고 있다.

유가인 칠조개의 주장에 따르면 어떤 위협이 있을지라도 얼굴에 굴복
하는 표정을 짓거나, 눈에 도망가는 신색神色을 드러내서는 안 된다. 자

신의 행동에 잘못이 있으면 노비에게도 몸을 굽혀 사양하고, 떳떳하면
제후 앞에서도 화를 낸다. 세상의 군주들은 이들을 강정剛正하다며 예
우한다. 묵가인 송영자宋榮子의 주장에 따르면 남과 싸우고 다투지 말
아야 하고, 원수에게 보복을 하지 말아야 한다. 감옥에 갇히는 것도 부
끄러워하지 않고, 남에게 모욕을 당해도 치욕으로 여기지 않는다. 세상
의 군주들은 이들을 관서寬恕하다며 예우한다. 칠조개의 강정이 옳다
면 송영자의 관서를 부인해야 하고, 송영자의 관서가 옳다면 칠조개의
난폭을 반대해야 한다. 지금 관용과 강직, 용서와 난폭의 상반된 얘기
가 모두 두 사람의 주장 속에 있다. 그런데도 군주는 이들을 모두 예우
하고 있다.

　어리석고 남을 속이는 학설과 잡스럽고 모순되는 이론이 서로 다투
기 시작한 이래 군주는 양쪽 얘기를 모두 들어주고 있다. 천하의 선비
들이 말을 하면 확고한 방침이 없고, 행동하면 일정한 원칙이 없는 이
유다. 무릇 얼음과 숯불은 같은 그릇 안에서 오랫동안 함께 존재할 수
없고, 추위와 더위는 같은 계절에 동시에 존재할 수 없다. 잡스럽고 모순
되는 학설이 병존하는 상황에서 나라 또한 잘 다스려질 리 없다. 지금
세상의 군주들은 잡된 학설과 황당한 행동, 모순된 주장 등을 모두 받
아들이고 있다. 나라가 어찌 어지럽지 않을 수 있겠는가? 군주가 받아
들이고 실행하는 것이 이와 같으면 백성을 다스리는 것 또한 반드시 이
처럼 어지러운 모습으로 나타날 것이다.

　🐚 묵자지장墨者之葬은 검소하게 장례를 치르는 절장節葬을 말한
다. 자세한 내용은 『묵자』 「절장」에 소개돼 있다. 대훼부장大毀扶杖은 몸
이 수척해져 지팡이에 의지한다는 뜻이다. 불색요不色撓는 얼굴에 전
혀 동요하는 모습을 드러내지 않는다는 의미이다. 송영자宋榮子는 비폭

력과 반전론을 전개한 묵자의 제자 송견宋鈃을 말한다.『맹자』「고자 하」과『순자』「비십이자」에는 '송견',『장자』「천하」과 「소요유」에는 '송영자'로 나온다. 유행繆行은 그릇된 행위로 여기의 류繆는 류謬와 통한다.

50-3

今世之學士語治者多曰, "與貧窮地以實無資." 今夫與人相若也, 無豐年旁入之利而獨以完給者, 非力則儉也. 與人相若也, 無饑饉·疾疢·禍罪之殃獨以貧窮者, 非侈則惰也. 侈而惰者貧, 而力而儉者富. 今上徵斂於富人以布施於貧家, 是奪力儉而與侈惰也, 而欲索民之疾作而節用, 不可得也.

요즘 정치에 관해 논하는 학자들 대부분이 '빈궁한 자에게 토지를 나눠주어 이들 무산자를 부유하게 만들어야 한다.'고 말한다. 지금 다른 사람과 비슷한 처지에 있으면서 풍년이 들었거나 따로 부수입이 있는 것도 아닌데 먹고 입는 것이 넉넉하다면 이는 그 사람이 열심히 노력하지 않았으면 근검절약한 덕분이다. 반대로 다른 사람과 비슷한 처지에 있으면서 흉년이 들었거나 질병과 재난 및 형벌 등의 불행을 겪은 것도 아닌데 빈궁하다면 이는 그 사람이 사치해 낭비하지 않았으면 일을 게을리 한 탓이다. 사치하고 게으른 자는 가난하기 마련이고, 부지런하고 검소한 사람은 부유해지기 마련이다. 그런데도 요즘 군주들은 부자로부터 거둬들여 가난한 백성에게 나눠주어 베풀고 있다. 이는 열심히 노력하며 근검절약하는 자의 것을 빼앗아 사치하고 게으른 자를 돕는 짓이다. 군주가 이같이 하면서 백성들이 열심히 일하고 근검절약하기를 바랄지라도 이는 결코 이뤄질 수 없는 일이다.

⟡ 여빈궁지與貧窮地는 빈궁한 자에게 토지를 나눠준다는 뜻이다. 진기유는 문맥상 지地를 연자로 보아야 한다고 주장했으나 근거가 없다. 방입지리旁入之利는 본업인 농업 이외의 부수입을 말한다. 기근饑饉을 두고 왕환표는 곡식이 익지 않은 것을 기饑, 소채가 익지 않은 것을 근饉이라고 했다. 화죄禍罪의 죄罪를 양계웅은 재災로 바꿔야 한다고 했으나 원문 그대로 해석하는 게 한비의 취지에 부합한다. 치타侈惰의 타惰는 게으를 타惰와 통한다.

〰50-4

今有人於此, 義不入危城·不處軍旅·不以天下大利易其脛一毛, 世主必從而禮之, 貴其智而高其行, 以爲輕物重生之士也. 夫上所以陳良田大宅·設爵祿, 所以易民死命也. 今上尊貴輕物重生之士, 而索民之出死而重殉上事, 不可得也. 藏書策, 習談論, 聚徒役, 服文學而議說, 世主必從而禮之, 曰, "敬賢士, 先王之道也." 夫吏之所稅, 耕者也. 而上之所養, 學士也. 耕者則重稅, 學士則多賞, 而索民之疾作而少言談, 不可得也. 立節參民, 執操不侵, 怨言過於耳, 必隨之以劍, 世主必從而禮之, 以爲自好之士. 夫斬首之魯不賞, 而家鬪之勇尊顯, 而索民之疾戰·距敵而無私鬪, 不可得也. 國平則養儒俠, 難至則用介士. 所養者非所用, 所用者非所養, 此所以亂也. 且夫人主於聽學也, 若是其言, 宜布之官而用其身. 若非其言, 宜去其身而息其端. 今以爲是也, 而弗布於官. 以爲非也, 而不息其端. 是而不用, 非而不息, 亂亡之道也.

지금 양주楊朱의 무리는 위험한 곳에 들어가 일하지 않고, 군대에 복무하지 않고, 온 세상을 이롭게 할지라도 자신의 정강이 털 하나와 바꾸지 않겠다는 주장을 펴고 있다. 요즘의 군주는 반드시 이들을 좇으면서 예우하고 있다. 그들의 지혜를 존중해 그 행동을 받들면서, '재물을 가벼이 여기며 삶을 중히 여기는 선비'라고 생각한다. 무릇 군주가 비옥한 전답과 큰 저택을 마련해 놓고 작록을 베푸는 것은 백성에게 군주와 나라를 위해 공을 세울 것을 권하기 위한 것이다. 그런데도 요즘 군주들은 재물을 가벼이 여기며 삶을 중히 여기는 자들을 존경하며 크게 예우한다. 군주가 이같이 하면서 백성들이 전쟁터로 나가 군주를 위해 목숨 바쳐 싸울 것을 바랄지라도 이는 결코 이뤄질 수 없는 일이다.

지금 유가의 무리는 많은 책을 쌓아놓고는 변설을 학습하고, 제자들을 모으고, 문헌을 깊이 연구하며 고담준론을 펴고 있다. 요즘의 군주는 반드시 이들을 좇으면서 예우하고 있다. 그러면서 말하기를, '현사賢士를 존경하는 것이 바로 선왕의 도이다'라고 한다. 무릇 관원이 세금을 거두는 대상은 경작하는 농민이고, 군주가 공양하는 대상은 학문을 하는 선비들이다. 농민은 열심히 일해 무거운 세금을 바치고, 선비는 아무 일도 하지 않은 채 많은 보상을 받는 셈이다. 군주가 이같이 하면서 대다수 백성은 묵묵히 농사만 짓고 소수만 변설에 종사할 것을 바랄지라도 이는 결코 이뤄질 수 없는 일이다.

지금 협객의 무리는 절의를 내세워 백성을 모으고, 지조를 굳게 지키며 외부의 침해를 받지 않으려 하고, 자신을 원망하는 소리가 들리면 반드시 칼을 휘둘러 보복한다. 그런데도 요즘 군주들은 이들을 좇으면서 예우하고 있다. 그러면서 이들을 '명예를 중시하는 선비'로 생각한다. 전쟁터에서 적의 머리를 자르는 공로를 포상하지 않으면서 사사로운 싸움에 용감한 자들을 크게 예우하며 기리는 셈이다. 군주가 이같이 하면서 백성들이 전쟁터에 나가 용감히 싸우며 적의 침공을 막고, 사사로운 싸움을 하지 않을 것을 바랄지라도 이는 결코 이뤄질 수 없는 일이다.

나라가 평안할 때 선비와 협객을 기르고, 어지러워질 때 비로소 갑옷 입은 무사를 기르는 셈이다. 그러나 이는 막상 나라가 위기에 처했을 때 평소 길러낸 자들은 쓸모가 없고, 정작 필요한 자는 전혀 길러내지 못하는 것이나 다름없다. 나라가 어지러워지는 이유다. 무릇 군주는 학자들의 의견을 들을 때 그 말이 옳으면 응당 받아들여 널리 선포하고 그를 등용해야 한다. 만일 그르다고 판단되면 응당 물리치고 삿된 의견의 뿌리를 뽑아야 한다. 그런데도 요즘 군주들은 옳다고 생각하면서도 이를 받아들여 널리 선포하지 않고, 그르다고 생각하면서도 삿된 의견의 뿌리를 뽑으려 하지 않는다. 옳은데도 채택하지 않고, 그른데도 없애지 않으면 나라는 이내 어지러워져 마침내 망하고 만다.

◌◟◝ 의불입위성義不入危城의 의義는 주의 내지 주장을 뜻하는 의議와 통한다. 상소이진량전대택上所以陳良田大宅은 군주가 비옥한 전답과 큰 저택을 포상으로 제시하는 이유라는 뜻이다. 『한비자금주금역』에는 소이所以가 없다. 취도역聚徒役의 '도역'은 제자를 뜻한다. 고대에는 제자들이 스승을 시봉하는 것을 복역服役이라고 칭했다. 복문학服文學의 복服을 『예기』「공자한거」의 주는 배울 습習으로 풀이했다. 입절참민立節參民의 민民을 진계천은 절의를 뜻하는 명名으로 바꿔야 한다고 했다. 『한비자금주금역』은 그리 되어 있다. 명名과 절節을 붙여서 해석하는 후대의 유풍이다. 참민參民을 진기유는 무리를 모은다는 뜻으로 풀이했다. 참參은 본래 수많은 별이 모여 있는 모습을 형상한 글자이다. 『운회韻會』에서 무더기로 나 있는 총립叢立으로 해석한 이유다. '참민'은 취민聚民과 같다. 질전疾戰은 분전奮戰과 같은 뜻이다.

🌿50-5

澹臺子羽, 君子之容也, 仲尼幾而取之, 與處久而行不稱其貌. 宰予之辭, 雅而文也, 仲尼幾而取之, 與處久而智不充其辯. 故孔子曰, "以容取人乎, 失之子羽. 以言取人乎, 失之宰予." 故以仲尼之智而有失實之聲. 今之新辯濫乎宰予, 而世主之聽眩乎仲尼, 爲悅其言, 因任其身, 則焉得無失乎. 是以魏任孟卯之辯, 而有華下之患. 趙任馬服之辯, 而有長平之禍. 此二者, 任辯之失也. 夫視鍛錫而察靑黃, 區治不能以必劍. 水擊鵠雁, 陸斷狗馬, 則臧獲不疑鈍利. 發齒吻形容, 伯樂不能以必馬. 授車就駕, 而觀其末塗, 則臧獲不疑駑良. 觀容服, 聽辭言, 仲尼不能以必士. 試之官職, 課其功伐, 則庸人不疑於愚智. 故明主之吏, 宰相必起於州部, 猛將必發於卒伍. 夫有功者必賞, 則爵祿厚而愈勸. 遷官襲級, 則官職大而愈治. 夫爵祿大而官職治, 王之道也.

담대자우澹臺子羽는 군자의 용모를 지녔다. 공자가 잘 관찰한 뒤 제자로 삼았으나 오랫동안 함께 지내고 보니 그 품행이 용모와 맞지 않았다. 재여宰予는 언사가 우아하고 문장이 아름다운 까닭에 공자가 기대를 걸고 제자로 삼았으나 오랫동안 함께 지내고 보니 그 지혜가 변설에 미치지 못했다. 이에 공자는 이같이 탄식했다.

"용모를 보고 사람을 취해야 하는가? 나는 자우를 잘못 보았다. 언사를 보고 사람을 취해야 하는가? 나는 재여를 잘못 보았다."

공자처럼 지혜로운 사람도 실상을 잘못 보았다고 탄식했다. 지금 새로운 변설은 재여보다 훨씬 현란하다. 요즘 군주들이 이 말을 들으면 공자보다 더 현혹될 것이다. 이들의 말에 크게 기뻐하며 임용하면 어찌 실수가 없을 리 있겠는가? 이로 인해 위나라는 맹묘孟卯의 변설을 믿고 군사를 맡겼다가 화양華陽에서 대패해 15만 명이 몰사하는 재난을 당했고, 조나라는 마복군馬服君 조괄趙括의 변설을 믿고 군사를 맡겼다가 장평長平에서 대패해 40여만 명이 몰사하는 참화를 입었다. 두 사건 모두 변설만 믿고 임명했다가 낭패를 당한 경우다.

무릇 칼을 제련할 때 주석을 섞는 비율만 살펴보거나 불의 색깔이 황색인지 청색인지 여부만 살펴봐서는 구야區冶와 같은 명장名匠도 그 칼의 날카로움을 알아낼 수 없다. 물 위에서 따오기나 기러기를 내리쳐 보고 땅 위에서 망아지나 말을 베어 봐야 무지한 노비라도 그 칼이 날카로운지, 아니면 무딘지 여부를 분명히 알 수 있다. 말의 입을 벌려 이빨과 입술 모양만 살펴봐서는 말의 관상을 잘 보는 백락伯樂조차도 말의 우열을 알아낼 수 없다. 말을 수레에 맨 뒤 내달려 가는 데까지 가봐야 무지한 노비일지라도 그 말이 노마駑馬 또는 양마良馬인지 여부를 분명히 알 수 있다. 용모와 복색만 보거나 언사만 들어서는 공자조차도 그 사람의 현우賢愚를 알아낼 수 없다. 관직에 임명해 시험해보고, 그 공적을 검토해 봐야 일반인인 용인庸人일지라도 그 사람이 어리석은지, 아니면 현명한지 여부를 분명히 알 수 있다.

명군은 관원을 임용할 때 재상은 반드시 주부州部 단위의 지방관청 말단직에서 승진한 자를 기용하고, 맹장은 반드시 졸오卒伍 단위의 일선부대 말단 병사에서 진급한 자를 발탁한다. 무릇 공을 세운 자를 반드시 포상하면, 작록이 두터워지면 두터워질수록 관원은 더욱 고무된다. 또 관계등급에 따라 승진시키면, 관직이 높아지면 높아질수록 관원은 더욱 열심히 직무에 충실해진다. 두터운 작록의 고관직을 활용해 관원들로 하여금 직무에 충실토록 만드는 것이 바로 제왕의 치도이다.

☙ 담대자우澹臺子羽는 노나라 출신 제자로 지금의 산동 비현費縣

서남쪽 무성武城 출신이다. 성은 담대澹臺, 이름은 멸명滅明이다. 자우子羽는 자이다. 『사기』「중니제자열전」에는 용모는 크게 미흡했으나 행동은 뛰어난 것으로 나온다. 기이취지幾而取之의 기幾를 두고 진계천과 양계웅은 '거의'의 뜻을 지닌 근近으로 풀이했으나 이는 세밀히 관찰한다는 뜻의 기譏와 통하는 말이다. 『예기』「왕제」에 기譏가 「옥조」의 기幾와 같은 뜻으로 사용된 게 그 증거다. 재여宰予는 「중니제자열전」의 정현 주에 따르면 노나라 출신으로 자는 자아子我이다. 「중니제자열전」에는 구변이 뛰어난 인물로 나온다. 신변람호재여新辯濫乎宰予의 람濫을 왕환표와 『한비자교주』는 초과超過로 풀이했다. 양계초는 비교구문으로 파악했다. '요즘 새로 나온 변설은 재여보다 과장이 훨씬 심하다'는 뜻으로 풀이해야 한다는 것이다. 세주지청현호중니世主之聽眩乎仲尼 구절 역시 비교구문으로 보는 게 옳다.

맹묘孟卯는 제나라 출신 장수로 「난삼」의 망묘芒卯, 「외저설 좌하」의 소묘昭卯와 같다. 화하지환華下之患은 기원전 273년 조나라와 제나라 동맹군이 서쪽 진나라 장수 백기에게 화양華陽에서 패해 13만 명이 몰사한 사건을 말한다. 『사기』「진본기」와 「위세가」에 자세한 내용이 나온다. 장평지화長平之禍는 기원전 260년 서쪽 진나라 장수 백기가 대승을 거둔 뒤 투항한 조나라 군사 40여만 명을 산 채로 땅에 묻은 사건을 말한다.

부시단석이찰청황夫視鍛錫察青黃의 단석鍛錫은 구리와 주석을 섞어 칼을 만드는 과정을 말한다. 철기가 나오기 전까지만 해도 농기구는 말할 것도 없고 무기 역시 청동으로 만들어졌다. 『주례』「고공기」에 따르면 청동제품은 제품의 내용에 따라 구리와 주석의 배합비율을 달리했다. 종鐘과 정鼎은 구리 6 대 주석 1, 도끼인 부근斧斤은 구리 5 대 주석 1, 길고 짧은 창인 과극戈戟은 구리 4 대 주석 1, 큰 칼인 대인大刃은 구리

3대 주석 1, 살촉을 뜻하는 삭살시削殺矢는 구리 2대 주석 1, 청동거울과 횃불통인 감수鑑燧는 구리 1대 주석 1의 비율로 배합했다. 구리와 주석이 융해되는 과정을 보면 먼저 검고 탁한 색이 나타났다가 이어 황백색으로 바뀌고, 황백색이 다하면 청백색이 나타났다가 마지막 단계에 청색을 띠게 된다. 여기의 청황青黃은 바로 이를 언급한 것이다.

구야區冶는 『회남자』「남명훈」의 주에 따르면 춘추시대 명검의 장인으로 월나라 출신이다. 구야歐冶로도 쓴다. 발치문형용發齒吻形容을 두고 가마사카는 형形 위에 상相, 쯔다는 찰察 자가 빠진 것으로 보았다. 관기말도觀其末塗의 '말도'는 종착점을 말한다. 도塗는 도途와 같다. 과기공벌課其功伐은 그 공적을 평가 검토한다는 의미이다. 공벌功伐은 공훈功勳과 같다.

50-6

磐石千里, 不可謂富. 象人百萬, 不可謂強. 石非不大, 數非不衆也, 而不可謂富強者, 磐不生粟, 象人不可使距敵也. 今商官·技藝之士亦不墾而食, 是地不墾與磐石一貫也. 儒俠毋軍勞, 顯而榮者, 則民不使與象人同事也. 夫禍知磐石象人, 而不知禍商官儒俠爲不墾之地·不使之民, 不知事類者也.

1천 리에 달하는 너럭바위를 소유하고 있을지라도 부유하다고 말할 수 없고, 1백만 개에 달하는 인형을 보유하고 있을지라도 강하다고 말할 수 없다. 바위가 크지 않은 것도 아니고 인형이 많지 않은 것도 아닌데, 부유하거나 강하다고 말하지 않는 이유는 무엇인가? 아무리 클지라도 바위는 곡물을 생산할 수 없고, 아무리 많을지라도 인형은 적을 막을 수 없기 때문이다.

지금 돈으로 관직을 산 상인인 상관商官과 기예를 지닌 장인匠人들
모두 농사를 짓지도 않는데 편히 먹고 산다. 이래서는 땅이 개간될 리
없다. 이는 커다란 너럭바위를 소유하고 있는 것과 같다. 또 지금 유생
과 협객들 모두 전쟁터에서 공을 세우지도 않았는데 높은 자리에 올라
영화를 누리고 있다. 이래서는 백성을 부릴 수 없다. 이는 수많은 인형
을 보유하고 있는 것과 같다. 너럭바위와 인형이 유해하고 무익하다는
것을 알면서도 상관과 유생 및 협객이 바로 개간할 수 없는 땅이고 부
릴 수 없는 백성이라는 사실을 모른다면, 이는 사물을 분간하지 못하
는 자와 같다.

🐌 상인象人을 왕선겸은 용인俑人으로 보았다. 장례나 제사 때 부
장품으로 삼기 위해 만든 목제 및 도제陶製 인형을 말한다. 상관商官을
모노부타는 재물을 나라에 바치고 벼슬을 산 상인으로 풀이했다. 윤동
양은 『상군서』「거강去彊」에서 농, 상, 관을 삼관三官으로 칭한 점에 주
목해 상인의 별칭으로 보았다. 나름 일리가 있으나 여기서는 모노부타
의 해석이 문의에 부합한다. 상인동사象人同事의 사事를 『국어』「노어」
의 주는 사使로 풀이했다. 인형과 마찬가지로 적과 싸우게 할 수는 없
다는 뜻이다. 화지반석상인禍知磐石象人의 화지禍知를 고광기는 지화知
禍로 바꿔야 한다고 했다. 여기의 화禍는 '화가 된다는 것'의 뜻으로 일
종의 동명사로 사용된 것이다. 상관유협위불간지지商官儒俠爲不墾之地
의 위爲를 진기유와 양계웅 등은 계사繫辭에 해당하는 시是로 풀이했
으나 여기서는 만든다는 뜻의 타동사 주做의 의미로 사용된 것이다.

🐌50-7

故敵國之君王, 雖說吾義, 吾弗入貢而臣. 關內之侯, 雖非吾行, 吾

必使執禽而朝. 是故力多, 則入朝. 力寡, 則朝於人. 故明君務力. 夫
嚴家無悍虜, 而慈母有敗子. 吾以此知威勢之可以禁暴, 而德厚之不
足以止亂也.

대등한 세력을 지닌 적국의 군주가 설령 이쪽의 도의를 찬양할지라
도 공물貢物을 바치며 신하를 칭하게 만들 수는 없다. 그러나 봉지封地
와 군호君號를 지닌 국내의 관내후關內侯라면 설령 이쪽의 덕행을 비난
할지라도 반드시 예물을 들고 와 머리를 조아리며 조현朝見하게 만들
수 있다. 힘이 강하면 조현하게 만들 수 있고, 약하면 오히려 조현을 가
야 한다. 명군이 힘을 기르는 데 애쓰는 이유다. 무릇 엄한 가정에 사나
운 노비가 없고, 인자한 어머니 밑에 못된 자식이 있는 법이다. 이로써
위엄 있는 권세만이 난폭한 짓을 금할 수 있고, 두터운 덕행은 화란을
막기에 부족하다는 것을 알 수 있다.

　🌿 적국敵國은 여기서 필적할 만한 나라를 뜻한다. 관내지후關內之
侯를 두고 진기유와 『한비자교주』는 전국시대의 작위로 간주하면서 한
제국 때에 들어와 20등의 작위 중 제2위인 관내후關內侯로 바뀌었다고
했다. 봉호封號만 있고 봉지封地가 없는 제후로 풀이한 것이다. 원래 '관
내후'는 전국시대부터 사용된 것으로 봉지의 유무를 막론하고 국내에
있는 모든 봉후封侯를 통칭하는 명칭이었다. 『사기』「춘신군열전」에 나
오듯이 원래부터 '관내지후'와 같은 의미로 사용됐다. 『전국책』「위책」
의 주에서 포표鮑彪는 '관내후'가 당시에는 아직 작위로 인정받지 못했
다고 했고, 오사도吳師道는 오직 진秦나라에서만 사용된 명칭이 아니라
고 했다. 이에 대해 유정섭兪正燮은 「관내후설」 논문을 통해 전국시대
당시 봉지를 지닌 대신들은 맹상군孟嘗君, 창국군昌國君, 용양군龍陽君,

신릉군信陵君, 평원군平原君 등처럼 군호君號를 가졌고 이들을 통상 '관내후'로 불렀다는 주장을 폈다. 실제의 봉지인 실봉實封을 가진 사람만이 '관내후'로 불렸고, 관關은 곧 국경을 뜻하는 봉강封疆의 의미라는 게 그의 주장이다. 유정섭의 주장을 좇았다. 집금執禽은 공물貢物을 뜻한다. 관내후가 군주를 배알하거나 속국의 제후들이 종주국의 군주를 조현할 때 날짐승을 잡아 공물로 바쳤다. 이를 폐백이라고 한다. 지贄라고도 했다. 한로悍虜는 사나운 노비의 뜻이다.

50-8

夫聖人之治國, 不恃人之爲吾善也, 而用其不得爲非也. 恃人之爲吾善也, 境內不什數. 用人不得爲非, 一國可使齊. 爲治者用衆而舍寡, 故不務德而務法. 夫必恃自直之箭, 百世無矢. 恃自圜之木, 千世無輪矣. 自直之箭, 自圜之木, 百世無有一, 然而世皆乘車射禽者何也. 隱栝之道用也. 雖有不恃隱栝而有自直之箭·自圜之木, 良工弗貴也. 何則. 乘者非一人, 射者非一發也. 不恃賞罰而恃自善之民, 明主弗貴也. 何則. 國法不可失, 而所治非一人也. 故有術之君, 不隨適然之善, 而行必然之道.

무릇 성인은 나라를 다스리면서 백성들이 자발적으로 군주를 위해 일하는 것을 바라지 않고, 백성이 잘못을 저지르지 않도록 하는 데 힘쓴다. 백성이 군주를 위해 일하는 것을 바랄지라도 나라 안에 그런 사람은 채 10명도 안 될 것이다. 그러나 백성이 잘못을 저지르지 않도록 하면 나라가 가지런해질 수 있다. 위정자는 다수에게 유효한 수단을 쓰고, 소수에게 유효한 수단은 쓰지 않는다. 덕치 대신 법치에 애쓰는 이유다.

무릇 화살을 만들면서 저절로 곧은 화살대를 찾으면 백 년이 지나도 만들지 못하고, 수레바퀴를 만들면서 원래부터 둥근 나무를 찾으면 천 년이 지나도 만들지 못할 것이다. 저절로 곧은 화살대와 저절로 둥근 나무는 천 년이 지나도 찾을 수 없다. 그럼에도 세인들은 모두 수레를 타고 화살로 새를 잡는다. 그 이유는 무엇인가? 바로 나무를 굽히거나 바르게 다듬는 도지개를 활용하기 때문이다.

뛰어난 장인은 도지개를 쓰지 않아도 좋을 정도로 곧은 화살대와 둥근 나무가 있을지라도 이를 귀하게 여기지 않는다. 그 이유는 무엇인가? 수레를 타는 사람은 한 사람이 아니고, 활을 쏘는 사람은 화살은 한 대만 쏘지 않기 때문이다. 마찬가지로 명군은 상벌의 시행이 불필요할 정도로 선한 백성을 원하지 않는다. 그 이유는 무엇인가. 나라를 다스리면서 법령은 폐할 수 없고, 다스려야 할 백성은 한 명이 아니기 때문이다. 그래서 통치의 법술을 터득한 군주는 일부 백성만 혜택을 받는 우연한 선행을 추구하지 않고, 모든 백성에게 반드시 효험이 있는 법술을 사용한다.

　　❧ 경내불십수境內不什數의 십什은 10개를 하나의 단위로 표현한 것이다. 불십수不什數는 곧 채 10개가 되지도 않는 극히 적은 숫자를 말한다. 은괄지도隱栝之道의 '은괄'은 도지개로 여기서는 법에 의한 상벌을 의미한다. 『순자』「비상」과 「성악」에 유사한 용례가 나온다. 적연지선適然之善의 적연適然을 건도본 주는 우연偶然으로 풀이했다. 이는 군주를 위해 일하는 채 10명도 안 되는 백성에게만 혜택이 돌아가는 조치를 지칭한 것이다.

🌿50-9

今或謂人曰, "使子必智而壽." 則世必以爲狂. 夫智, 性也. 壽, 命
也. 性命者, 非所學於人也. 而以人之所不能爲說人, 此世之所以謂
之爲狂也. 謂之不能, 然則是諭也. 夫諭, 性也. 以仁義教人, 是以
'智與壽'說也, 有度之主弗受也. 故善毛嬙·西施之美, 無益吾面. 用
脂澤粉黛, 則倍其初. 言先王之仁義, 無益於治. 明吾法度, 必吾賞罰
者, 亦國之脂澤粉黛也. 故明主急其助而緩其頌, 故不道仁義.

지금 어떤 사람이 사람들에게 말하기를, '내가 반드시 당신을 지혜롭
고 오래 살도록 해 주겠다'고 하면 세인들은 틀림없이 미치광이로 여길
것이다. 무릇 지혜는 일종의 천성이고, 수명은 일종의 명운이다. 천성과
명운은 사람으로부터 배울 수 있는 게 아니다. 불가능한 것을 가능한
것처럼 속여 사람을 홀리려 드는 까닭에 사람들이 미치광이라고 말하
는 것이다. 다른 사람을 지혜롭고 오래 살도록 만드는 것이 불가능하다
는 사실은 명백하다. 이처럼 명백한 것은 지혜와 장수가 천성과 명운이
라는 것을 알기 때문이다.

유자들이 인의를 내세워 사람들을 가르치는 것은 마치 지혜와 장수
를 내세워 사람들을 속이는 것과 같다. 법도를 아는 군주는 이런 얘기
를 받아들이지 않는다. 모장毛嬙과 서시西施의 아름다움을 아무리 찬
미할지라도 본인의 용모에는 아무 도움이 되지 않는다. 오히려 연지나
화장기름, 백분, 눈썹먹 등을 이용하면 처음 얼굴보다 배나 아름답게 만
들 수 있다. 마찬가지로 공허하기 짝이 없는 선왕의 인의를 아무리 칭
송할지라도 치국에는 아무 도움이 되지 않는다. 나라의 법도를 밝히고,
상벌을 확실히 시행하는 것이 바로 나라의 연지나 화장기름, 백분, 눈썹
먹이 된다. 명군은 치국에 도움이 되는 법도와 상벌을 서둘러 행하고,

선왕에 대한 칭송은 뒤로 미룬다. 인의 따위의 공허한 얘기를 들먹이지 않는 이유다.

〰 지성智性과 수명壽命에 대해『순자』「성악」은 하늘이 정한 것으로 배울 수 있는 대상이 아니고, 어찌할 수도 없는 것이라고 했다.『논어』「안연」도 생사와 수요壽妖를 천명으로 보았다. 모장毛嗇과 서시西施는 전설적인 미인으로 '모장'이『장자』「제물」에는 모장毛嬙으로 나온다. 지택분대脂澤粉黛의 '지택'은 입술을 빛나게 하는 연지, '분대'는 얼굴에 바르는 분가루와 눈썹을 그리는 먹을 말한다. 급기조急其助는 치국에 도움이 되는 법도와 상벌을 서둘러 시행한다는 뜻이다. 가마사카는 조助를 공功으로 바꿔야 한다고 했으나 그대로 두고 해석하는 게 더 낫다.

🎕50-10

今巫祝之祝人曰, "使若千秋萬歲." 千秋萬歲之聲括耳, 而一日之壽無徵於人, 此人所以簡巫祝也. 今世儒者之說人主, 不善今之所以爲治, 而語已治之功. 不審官法之事, 不察姦邪之情, 而皆道上古之傳譽·先王之成功. 儒者飾辭曰, "聽吾言, 則可以霸王." 此說者之巫祝, 有度之主不受也. 故明主擧實事, 去無用, 不道仁義者故, 不聽學者之言.

지금 무축巫祝은 사람들에게 말하기를, '당신이 천년만년 오래 살도록 축원합니다.'라고 한다. 천년만년의 축언이 귀에 쟁쟁하지만 이것이 사람의 수명을 단 하루라도 더 연장한 효험이 있는지 여부는 확인할 길이 없다. 사람들이 무축을 대수롭지 않게 여기는 이유다. 지금 세상의 유생들은 군주에게 유세하면서 곧바로 적용할 수 있는 치국방략은 얘기하지 않고, 온통 옛 선왕의 치적만 얘기한다. 관청이 시행하는 법령에 대해 잘 알지도 못하고, 관원들의 간사한 정황을 잘 살피지도 못하면서 입만 열면 예로부터 전해오는 미담과 옛 선왕의 공적만 얘기할 뿐이다. 그러면서 이들은 이처럼 교묘히 둘러댄다.

"나의 말을 잘 듣고 따르면 천하의 패왕이 될 것이다."

이런 자들은 유세객 가운데 무축과 같은 자들이다. 법도를 아는 군주는 이런 얘기를 받아들이지 않는다. 명군은 실제 효과를 거둘 수 있는 것만 받아들이고, 쓸모없는 공론은 버린다. 인의에 관한 언급을 하지 않고, 학자들의 말을 귀담아 듣지 않는 이유다.

　　 패왕霸王은 천자에 준하는 패자라는 의미이다. 이는 오월시대 당시 월왕 구천이 처음으로 사용한 칭호이다. 부도인의자고不道仁義者故의 자者를 유월은 제諸로 바꿔야 한다고 했다. 『광아』「석언」은 제諸를 지之로 풀이했다. 후토다는 고故를 사事로 해석했다.

50-11

今不知治者必曰, "得民之心." 欲得民之心而可以爲治, 則是伊尹·管仲無所用也, 將聽民而已矣. 民智之不可用, 猶嬰兒之心也. 夫嬰兒不剔首則腹痛, 不揊痤則寖益. 剔首·揊痤, 必一人抱之, 慈母治之, 然猶啼呼不止, 嬰兒子不知犯其所小苦致其所大利也. 今上急耕田墾草以厚民産也, 而以上爲酷. 修刑重罰以爲禁邪也, 而以上爲嚴. 徵賦錢粟以實倉庫, 且以救饑饉·備軍旅也, 而以上爲貪. 境內必知介而無私解, 幷力疾鬪, 所以禽虜也, 而以上爲暴. 此4者, 所以治安也, 而民不知悅也. 夫求聖通之士者, 爲民知之不足師用. 昔禹決江浚河,

而民聚瓦石. 子產開畝樹桑, 鄭人謗訾. 禹利天下, 子產存鄭人, 皆以
受謗, 夫民智之不足用亦明矣. 故擧士而求賢智, 爲政而期適民, 皆
亂之端, 未可與爲治也.

지금 치국방략을 모르는 자들은 반드시 말하기를, '민심을 얻어야 잘
다스릴 수 있다'고 한다. 이들의 주장처럼 민심을 얻어야 비로소 잘 다
스릴 수 있다면 이윤伊尹과 관중管仲 같은 뛰어난 재상도 필요 없고, 오
직 백성들의 얘기를 잘 듣고 따라 하기만 하면 될 것이다. 그러나 백성
의 견해는 그대로 따를 수 없는 것이다. 마치 어린아이의 생각을 그대
로 좇을 수 없는 것과 같다.

무릇 침과 뜸을 이용해 어린아이 머리의 혈 자리를 치료하지 않으면
복통을 막을 길이 없고, 곪은 종기를 짜주지 않으면 병을 가중시키게
된다. 머리의 혈 자리를 치료하고 종기를 쩔 때는 반드시 한 사람이 어
린아이를 안고, 인자한 어머니가 직접 치료해야 한다. 그런데도 어린아
이는 오히려 더욱 시끄럽게 울며 울음을 그치지 않는다. 이는 작은 고
통을 견뎌야 큰 이익을 얻을 수 있다는 사실을 어린 아이가 모르기 때
문이다.

지금 군주가 논밭을 갈고 김매는 것을 독려하는 것은 백성의 가산을
늘려주기 위한 것이다. 그런데도 백성은 오히려 군주를 가혹하다고 생
각한다. 군주가 형법을 정비하며 처벌을 엄히 하는 것은 백성이 사악한
행위에 빠지는 것을 막기 위한 것이다. 그런데도 백성은 군주를 준엄하
다고 생각한다. 군주가 돈과 곡식을 부세賦稅로 거둬들이는 것은 창고
를 충실히 하여 장차 기근을 구하고 전쟁에 대비하려는 것이다. 그런데
도 백성은 군주가 탐욕스럽다고 생각한다. 군주가 국내의 장정들에게
반드시 스스로 무장할 줄 알고, 세도가에 기대 병역을 피하려 해서는

안 되고, 힘을 합쳐 싸우도록 하는 것은 적을 포로로 잡으려는 것이다. 그런데도 백성은 군주를 난폭하다고 생각한다.

이들 4가지 조치는 나라를 잘 다스려 백성을 편안하게 하려는 것인데도 백성은 그 고마움을 모른다. 군주가 사물의 이치에 통달한 뛰어난 선비를 찾는 것은 백성의 견해는 그대로 좇아 시행하기에 부족하기 때문이다. 옛날 우왕이 강과 하천을 준설하며 홍수를 다스릴 때 백성은 기왓장과 돌을 쌓아 놓고 그에게 내던졌다. 정나라 자산子産이 논밭을 개간하고 뽕나무를 심어 양잠을 제창했을 때 백성은 그에게 온갖 욕설과 험담을 퍼부었다. 우왕는 천하를 이롭게 하고, 자산은 정나라를 보전했는데도 예외 없이 비방을 들었다. 백성의 견해는 그대로 좇아 시행하기에 부족하다는 것 또한 분명하다. 지금 군주는 인재선발 과정에서 현능하고 지혜로운 선비를 구하고, 또 정사를 펼칠 때는 백성에 영합코자 한다. 이들 양자 모두 화란의 근원이다. 이같이 해서는 결코 나라를 잘 다스릴 수 없다.

복좌㨌座의 복㨌은 쨴다는 뜻의 복㪍의 속자이다. 복㪍은 쪼갠다는 뜻일 때는 '복', 순산한다는 의미일 때는 '벽', 버금하거나 들어맞는다는 뜻일 때는 '부'로 읽는다. 바로 뒤에 나오는 복㨌은 복㨌의 이체자異體字이다. 영아자부지嬰兒子不知의 자子는 지之의 오자이다. 필지개이무사해必知介而無私解의 개介는 갑옷을 뜻하는 개주介冑의 의미이다. 전진戰陣을 뜻한다. 사해私解는 사사로이 병역을 면제받는다는 의미로 당시에는 권문귀족에게 청탁해 병역을 면제받는 일이 흔했다. 개무수상開畝樹桑은 논밭을 일궈 뽕나무를 심는다는 의미이다.

🏵️ 권20
제51장 충효(忠孝)

🌿 51-1

天下皆以孝悌忠順之道爲是也, 而莫知察孝悌忠順之道而審行之, 是以天下亂. 皆以堯舜之道爲是而法之, 是以有弑君, 有曲於父. 堯·舜·湯·武, 或反君臣之義·亂後世之敎者也. 堯爲人君而君其臣, 舜爲人臣而臣其君, 湯武爲人臣而弑其主·刑其尸, 而天下譽之, 此天下所以至今不治者也. 夫所謂明君者, 能畜其臣者也. 所謂賢臣者, 能明法辟·治官職以戴其君者也. 今堯自以爲明而不能以畜舜, 舜自以爲賢而不能以戴堯, 湯武自以爲義而弑其君長, 此明君且常與而賢臣且常取也. 故至今爲人子者有取其父之家·爲人臣者有取其君之國者矣. 父而讓子, 君而讓臣, 此非所以定位一敎之道也.

천하 사람들 모두 부모에게 효도하고, 형과 어른을 공경하고, 군주에게 충성하고, 남편에게 복종하는 것이 옳다고 여긴다. 그럼에도 이들 4가지 효제충순孝悌忠順의 도리를 자세히 살펴 바르게 행할 줄 모른다. 천하가 어지러운 이유다. 사람들 모두 요堯와 순舜의 도가 옳다고 여겨 맹목적으로 이를 본받고 있으나 사실 요는 군주를 시해하고, 순은 부모를 배신한 자이다. 유가와 묵가에서 성인으로 추앙하는 요·순·탕湯·

무武 등 4명의 창업주 모두 군신의 의리를 배반하고 후세의 가르침을 어지럽힌 자에 지나지 않는다. 요는 군주의 몸으로 보위를 신하인 순에게 물려준 뒤 신하를 군주로 모셨고, 순은 신하의 몸으로 보위를 물려받은 뒤 군주인 요를 신하로 삼았다. 탕과 무는 신하로서 군주인 하나라 걸桀과 상나라 주紂를 죽이고, 그것도 모자라 시신까지 형벌에 처했다. 그런데도 세상 사람들은 그들을 칭송하고 있다. 천하가 지금까지 제대로 다스려지지 않는 이유가 바로 여기에 있다.

이른바 명군은 자신의 신하를 잘 길들여 복종케 만들고, 이른바 현신은 법도를 명확히 밝히며 맡은 직무를 잘 수행해 군주를 높이 받든다. 그런데도 요는 스스로 영명하다고 생각하면서 신하인 순을 제대로 길들여 복종케 만들지 못하고, 순은 스스로 현능하다고 생각하면서 군주인 요를 제대로 받들지 못했다. 탕과 무는 스스로 도의가 있다고 생각하면서 군주인 걸과 주를 시해했다. 스스로 영명하다고 생각한 군주가 늘 보위를 신하에게 물려주고, 스스로 현능하다고 생각한 신하가 늘 보위를 군주로부터 탈취한 실제 정황이 이러했다. 지금에 이르기까지 자식이 부모의 가업을 빼앗고, 신하가 군주의 대권을 빼앗는 이유가 바로 여기에 있다. 부친이 가업을 자식에게 양도하고, 군주가 대권을 신하에게 넘기는 것은 결코 보위를 확고히 하고, 군주의 가르침을 일관되게 하는 방법이 아니다.

🌿 '유시군有弑君, 곡어부曲於父'의 시군弑君을 두고 진기유는 곡어부曲於父가 순舜을 지칭하는 만큼 요堯를 지칭한 것으로 보아야 한다고 주장했다. 『사기』「오제본기」에 따르면 제곡帝嚳이 죽은 뒤 제지帝摯가 즉위했으나 무도한 까닭에 이내 이복동생 방훈方勛이 보위에 올랐고, 그가 바로 제요帝堯라고 했다. 이는 신하들이 '제지'를 시해하고 '제

요'를 옹립했을 가능성을 시사한다. 한비가 말하고자 한 취지와 부합한다. 여기의 곡曲은 패역부도하다는 뜻의 사곡邪曲과 같다.『한비자금주금역』에는 어於가 없다.

요위인군이군기신堯爲人君而君其臣과 관련해 진기유는『사기』「오제본기」의 해당기록을 근거로 내세웠다. 이에 따르면 요는 재위 70년 되던 해에 순을 얻게 됐다. 연로한 까닭에 이후 20년 동안 순에게 섭정케 했다. 결국 28년 동안 보위에서 물러나 있다가 세상을 떠났다. 황보밀皇甫謐은 요가 98년 동안 재위하다가 117세에 세상을 떠난 것으로 보았고, 공안국孔安國은 116세까지 장수한 것으로 풀이했다. 이에 대해 진기유는 요가 28년 동안 보위에서 물러나 있었던 기간이 바로 신하인 순에게 보위를 물려준 뒤 순의 신하로 있었던 셈이라고 풀이했다. 문의와 부합한다. 법벽法辟은 법도法度와 같은 뜻이다.「칙사」에 위나라 형법의명칭이 '입벽立辟'으로 나온 바 있다.

❧51-2

臣之所聞曰, "臣事君, 子事父, 妻事夫. 三者順, 則天下治. 三者逆, 則天下亂." 此天下之常道也, 明王賢臣而弗易也. 則人主雖不肖, 臣不敢侵也. 今夫上賢·任智·無常, 逆道也, 而天下常以爲治. 是故田氏奪呂氏於齊, 戴氏奪子氏於宋. 此皆賢且智也, 豈愚且不肖乎. 是廢常上賢則亂, 舍法任智則危. 故曰, '上法而不上賢.'

내가 듣건대 사람들이 흔히 말하기를, '신하는 군주, 자식은 부모, 아내는 남편을 섬긴다. 이들 3가지 질서를 따르면 천하가 다스려지고, 거스르면 천하가 어지러워진다.'고 했다. 이야말로 천하의 변하지 않는 상도常道이다. 영명한 군주와 현능한 신하일지라도 이를 고칠 수 없다. 아무리 불초한 군주일지라도 신하가 감히 군주를 침해해서는 안 되는 이유가 여기에 있다.

그런데도 지금 군주들은 현능한 신하를 존숭하고, 지혜로운 자를 임용하고, 불변의 상도를 지키지 않고 있다. 이는 상도에 역행하는 것인데도 천하의 군주들이 늘 이런 식으로 나라를 다스리고 있다. 제나라의 권신 전성자가 태공망 여상의 후손인 강씨의 나라를 찬탈하고, 대환戴驩이 상나라 자씨子氏의 후손이 다스린 송나라의 대권을 탈취한 이유가 여기에 있다. 이들 권신 모두 현능하고 지혜로운 자들이었지, 어찌 어리석고 불초한 자들이었겠는가? 상도를 버리고 현능한 자들을 숭상하면 나라는 이내 어지러워지고, 법도를 버리고 지혜로운 자들을 임용하면 군주는 위태로워진다. '법을 존중할 뿐 현능을 숭상하지 않는다.'는 얘기가 나온 이유다.

◐❧ 신지소문臣之所聞의 신臣은 한비 자신을 지칭하는 자칭自稱으로 사용된 말이다. 금부상현今夫上賢의 상上을 후토다는 숭상할 상尙으로 풀이했다. 대씨탈자씨어송戴氏奪子氏於宋의 대씨는 권신 황희皇喜를 말한다. 성은 대戴, 씨는 황皇, 이름은 희喜, 자는 자한子罕이다. 『사기』「송미자세가」는 그의 이름을 척성군剔成君으로 기록해 놓았으나 이는 사공司空의 송나라 관직명인 '사성司城'을 '척성'으로 오독한 데 따른 것이다.

⁀⧚51-3

記曰, "舜見瞽瞍, 其容造焉. 孔子曰, '當是時也, 危哉, 天下岌岌. 有道者, 父固不得而子, 君固不得而臣也.'" 臣曰, '孔子本未知孝悌忠順之道也.' 然則有道者, 進不爲臣主·退不爲父子耶. 父之所以欲有

賢子者, 家貧則富之, 父苦則樂之. 君之所以欲有賢臣者, 國亂則治
之, 主卑則尊之. 今有賢子而不爲父, 則父之處家也苦. 有賢臣而不
爲君, 則君之處位也危. 然則父有賢子, 君有賢臣, 適足以爲害耳, 豈
得利焉哉. 所謂忠臣, 不危其君. 孝子, 不非其親. 今舜以賢取君之
國, 而湯武以義放弑其君, 此皆以賢而危主者也, 而天下賢之.

옛 문헌에 이같이 기록돼 있다.

"순이 보위에 올라 부친 고수瞽瞍를 만났을 때 두렵고 불안해하는 모
습을 보였다. 공자가 이를 두고 말하기를, '당시 천하가 크게 흔들려 매
우 위태로웠다. 도를 터득한 사람에 대해서는 부친일지라도 그를 자식
으로 대할 수 없고, 군주일지라도 그를 신하로 대할 수 없다'고 했다."

이를 두고 내가 말하기를, '공자는 기본적으로 효제충순孝悌忠順의
도를 모른다.'고 했다. 공자의 말대로라면 도를 터득한 자는 조정으로
나아가서는 군주의 신하가 될 수 없고, 집으로 돌아와서는 부모의 자식
이 될 수 없다는 말인가? 부모가 현능한 자식을 바라는 것은 집이 가난
하면 자식이 집을 부유하게 만들어주고, 부모가 고통스러우면 자식이
부모를 편안하고 즐겁게 만들어줄 수 있기 때문이다. 군주가 현능한 신
하를 바라는 것 역시 나라가 어지러우면 바로잡아 주고, 군주를 존귀하
게 만들어 줄 수 있기 때문이다.

지금 현능한 자식이 부모를 위하지 않으면 부모는 집에 거처해도 괴
로울 뿐이고, 현능한 신하가 군주를 위하지 않으면 군주는 보위에 앉아
있어도 위태로울 뿐이다. 그리되면 현능한 자식과 현능한 신하가 있을
지라도 부모와 군주에게 오직 해만 끼칠 뿐이니 어찌 이로움을 바랄 수
있겠는가? 이른바 충신은 군주에게 해를 끼치지 않아야 하고, 효자는
부모를 배반해서는 안 된다. 지금 순은 자신의 현능함을 기화로 군주의

나라를 빼앗았고, 탕과 무는 도의를 기치로 내걸고 군주를 시해했다. 모두 현능함을 배경으로 군주에게 위해를 가한 자들이다. 그런데도 천하 사람들은 이들을 현능하다고 칭송하고 있다.

꧁ 순견고수舜見瞽瞍의 '고수'는 순임금의 부친으로 고瞽와 수瞍 모두 소경을 뜻한다. 순임금의 효성에 관한 일화는 『서경』「요전」과 『맹자』「만장」, 『중용』 등에 두루 나온다. 조언造焉은 두렵고 불안해하는 모습을 말한다. 「난이」에 나오는 조연변색造然變色의 '조연'과 같다. 적족이위해이適足以爲害耳의 적適을 『한비자교주』는 부합한다는 의미로 풀이했으나 이는 이耳에 호응하는 부사어로 '다만' 내지 '오직'의 뜻으로 새기는 게 옳다.

꧁ **51-4**

古之'烈士', 進不臣君, 退不爲家, 是進則非其君·退則非其親者也. 且夫進不臣君, 退不爲家, 亂世絶嗣之道也. 是故賢堯·舜·湯·武而是烈士, 天下之亂術也. 瞽瞍爲舜父而舜放之, 象爲舜弟而殺之. 放父殺弟, 不可謂仁. 妻帝二女而取天下, 不可謂義. 仁義無有, 不可謂明. 『詩』云, "普天之下, 莫非王土. 率土之濱, 莫非王臣." 信若『詩』之言也, 是舜出則臣其君, 入則臣其父·妾其母·妻其主女也. 故烈士內不爲家, 亂世絶嗣. 而外矯於君, 朽骨爛肉施於土地·流於川谷, 不避蹈水火. 使天下從而效之, 是天下遍死而愿夭也. 此皆釋世而不治是也.

옛날 열사烈士는 조정으로 나아가서는 군주의 신하 노릇을 하지 않고, 집으로 돌아와서는 집안을 돌보지 않는다고 했다. 이는 조정에서 군주를 배반하고, 집에서는 부모를 배반하는 사람이 되라는 얘기이다. 무릇 조정으로 나아가 군주의 신하 노릇을 하지 않고 집으로 돌아와 집안을 돌보지 않으면 세상이 어지러워지고, 후사가 끊어지게 된다. 요·순·탕·무를 '열사'로 칭송하는 것은 곧 천하를 어지럽히는 술책이다.

고수瞽瞍는 순의 부친인데도 순은 그를 추방했고, 상象은 순의 동생인데도 순은 그를 죽여 버렸다. 부친을 추방하고 동생을 죽였으니 어질다고 할 수 없고, 요의 두 딸을 아내로 삼고 천하를 차지했으니 의롭다고 할 수 없다. 인의를 갖추지 못했으니 결국 현명하다고 할 수 없다. 『시경』「소아·북산」에 이런 구절이 나온다.

"넓은 하늘 아래 왕의 땅이 아닌 곳이 없고, 모든 땅 위에 왕의 신하가 아닌 자가 없다."

순은 『시경』의 이 구절처럼 밖으로 나가서는 자신의 군주를 신하로 삼고, 안으로 들어와서는 부친을 신하로 삼고, 모친을 노비로 삼고, 군주의 딸을 아내로 삼은 것이다. 이들 '열사'는 안으로 집안을 돌보지 않아 세상의 질서를 어지럽히면서 후사를 끊고, 밖으로 군주를 거역한다. 또한 끓는 물에 뛰어들고 불을 밟는 부탕도화赴湯蹈火의 위험을 마다하지 않고, 자신의 시체가 썩어 문드러져 들판에 널리고 하천과 계곡을 따라 떠내려가는 것도 두려워하지 않는다. 그러면서 세인들로 하여금 '열사'를 좇아 이런 행보를 흉내 내도록 한다. 이는 곧 천하를 시체로 가득 채울 생각으로 천하 사람들의 목숨이 일찍 끊어지기를 바라는 짓이다. 이들 모두 세상을 등진 채 치국에 힘쓰지 않는 자들이다.

✿ 열사烈士는 기개가 굳고 절개를 지키는 선비를 말한다. 「궤사」에서는 명절을 숭상하며 벼슬길에 나서 군주를 섬기려 하지 않는 자를

지칭했다. 상위순제이살지象爲舜弟而殺之의 상상은 순의 이복동생으로 『맹자』「만장 상」과 『사기』「오제본기」에 따르면 부친 고수와 함께 이복형인 순을 죽이려 했다. 순이 부친 고수를 내쫓고 이복동생 상을 죽였다는 얘기는 『한비자』「충효」에만 나온다. 『한비자』를 편제할 당시 「오제본기」 등과 다른 내용의 전설이 전해진 것으로 추정된다. 처제이녀妻帝二女의 제帝는 요임금을 지칭한다. 2녀는 요의 딸인 아황娥皇과 여영女英을 말한다. 첩기모妾其母의 첩妾은 노비로 삼았다는 동사로 사용됐다. 외교어군外矯於君의 교矯는 위배한다는 의미이다. '후골난육朽骨爛肉' 구절을 두고 장각은 그 뒤에 나오는 '불피도수화不避蹈水火' 구절이 오히려 앞에 나와야만 한비가 점층법을 사용한 취지가 명백히 드러난다고 했다.

51-5

世之所謂'烈士'者, 雖衆獨行, 取異於人, 爲恬淡之學而理恍惚之言. 臣以爲. 恬淡, 無用之敎也. 恍惚, 無法之言也. 言出於無法·敎出於無用者, 天下謂之察. 臣以爲. 人生必事君·養親, 事君·養親不可以恬淡. 之人必以言論忠信法術, 言論忠信法術不可以恍惚. 恍惚之言, 恬淡之學, 天下之惑術也. 孝子之事父也, 非競取父之家也. 忠臣之事君也, 非競取君之國也. 夫爲人者而賞譽他人之親, 曰, "某子之親, 夜寢早起, 强力生財以養子孫臣妾." 是誹謗其親者也. 爲人臣賞譽先王之德厚而願之, 是誹謗其君者也. 非其親者, 知謂之不孝. 而非其君者, 天下賢之. 此所以亂也. 故人臣毋稱堯舜之賢·毋譽湯武之伐·毋言烈士之高·盡力守法·專心於事主者爲忠臣.

세상에서 말하는 '열사'는 백성을 떠나 홀로 행동하고, 색다른 기준을 세워 남과 다르게 처신한다. 또 세속의 명리와 무관한 맑고 담박한 염담지학恬淡之學을 배우고, 뜻이 모호해 이해하기 힘든 언론인 황홀지언恍惚之言을 익힌다. 내가 보건대 '염담지학'은 실용성이 없는 쓸모없는 가르침이고, '황홀지언'은 법도가 없는 언론이다. 언론이 법도가 없는 데서 나오고, 가르침이 쓸모없는 데서 나오는데도 세인들은 이들을 명찰하다고 한다.

내가 생각건대 사람이 일생을 살아나가려면 반드시 군주를 섬기고, 부모를 봉양해야 한다. 군주를 섬기고 부모를 봉양하는 일은 '염담지학'으로는 불가능하다. 신민을 다스리는 치인治人은 반드시 법술에 충실한 언론에 기대야 한다. 법술에 충실한 언론은 모호한 '황홀지언'과는 완전히 다른 것이다. '황홀지언'과 '염담지학'은 천하 사람들을 혹하게 만드는 술책에 지나지 않는다.

효자가 부모를 섬기는 것은 부모의 재산을 빼앗자는 것이 아니고, 충신이 군주를 섬기는 것은 군주의 나라를 빼앗기 위한 것이 아니다. 자식이 늘 남의 부모를 찬미해 말하기를, '아무개의 부모는 늦게 잠들고 일찍 일어나는 식으로 부지런히 일하며 재산을 모아 자손과 노비를 먹여 살렸다'고 하면 이는 자신의 부모를 비방하는 것이다. 또 신하가 늘 선왕의 두터운 덕행을 칭송하며 앙모하면 이는 자신의 군주를 비방하는 것이다.

자신의 부모를 비방하는 것은 불효인 줄 알면서 자신의 군주를 비방하는 것을 두고 세인들은 현명하다고 말한다. 세상이 어지러워지는 이유다. 신하로서 요순을 현명하다고 칭송하지 않고, 탕무가 폭군을 토벌했다며 기리지 않고, 열사의 높은 절개를 말하지 않고, 힘을 다해 법을 지키고, 마음을 다해 군주를 섬기는 것이 바로 충신이다.

🔖 수중독행雖衆獨行의 수雖를 장각은 백성들로부터 유리되었다는 뜻을 지닌 리離의 잘못으로 보았다. 지인필이언론之人必以言論의 지인之人을 진기유는 사람을 다스린다는 뜻의 치인治人으로 바꿔 해석했다.

🌿 51-6

古者黔首悗密蠢愚, 故可以虛名取也, 今民儇詗智慧, 欲自用, 不聽上. 上必且勸之以賞, 然後可進. 又且畏之以罰, 然後不敢退. 而世皆曰, "許由讓天下, 賞不足以勸. 盜跖犯刑赴難, 罰不足以禁." 臣曰, '未有天下而無以天下爲者, 許由是也. 已有天下而無以天下爲者, 堯舜是也.' 毀廉求財, 犯刑趨利, 忘身之死者, 盜跖是也. 此二者, 殆物也. 治國用民之道也, 不以此二者爲量. 治也者, 治常者也. 道也者, 道常者也. 殆物妙言, 治之害也. 天下太上之士, 不可以賞勸也. 天下太下之士, 不可以刑禁也. 然爲太上士不設賞, 爲太下士不設刑, 則治國用民之道失矣.

옛날 백성들은 고생스럽게 일하며 온건하고 우매했던 까닭에 인의처럼 쓸모없는 명분을 내세워도 가히 그들을 사로잡을 수 있었다. 그러나 요즘 백성들은 교활하고 눈치가 빠른 데다 지혜까지 있어 무엇이든 제멋대로 하고자 하고, 위에서 하는 말을 들으려 하지 않는다. 군주가 반드시 포상으로 선행을 권해야 앞으로 나아가고, 형벌로 두렵게 만들어야 감히 뒤로 물러나지 않는다. 그런데도 세인들은 입을 모아 이같이 말한다.

"허유는 천하도 사양했으니 상은 사람들을 권하기에 부족하고, 도척은 법을 어기며 위난을 피하지 않았으니 형벌은 사람들을 금지시키기에 부족하다."

이를 두고 내가 말하기를, '아직 천하를 지배하지 못하면서 지배하려 하지 않은 자가 허유이고, 이미 천하를 지배하면서 지배하려 하지 않은 자가 바로 요순이다'라고 했다. 청렴의 도덕윤리를 버리면서 재물을 구하고, 법을 어기며 이익을 추구하고, 주살되는 것조차 아랑곳하지 않은 자가 바로 도척이다. 허유와 도척 두 사람의 행보는 매우 위험한 것이다. 나라를 다스리고 백성을 부리면서 이들 2가지 극단적인 경우를 기준으로 삼아서는 안 된다.

이른바 치국은 통상적인 백성에 대한 것을 말하고, 치국의 방법 역시 통상적인 정황을 상정한 것이다. 극단적으로 위험한 정황이나 이해하기 어려운 현묘한 언론은 오히려 치국에 해가 된다. 천하에 가장 뛰어난 자는 포상으로 장려할 수 없고, 천하에 가장 탐람貪婪한 자 또한 형벌로 금압할 수 없다. 그러나 가장 뛰어난 자가 있다는 이유로 포상 제도를 두지 않을 수 없고, 가장 탐람한 자가 있다는 이유로 형벌 제도를 두지 않을 수 없다. 그리하면 나라를 다스리고 백성을 부리는 방법은 이내 상실되고 만다.

검수黔首는 일반 서민이 관 대신 검은 수건을 두른 데서 나온 말이다. 『예기』「제의」의 주는 민民으로 풀이했다. 쯔다와 후토다 등은 한비가 진시황 14년(기원전 233)에 옥사했고, '검수'라는 명칭은 진시황 26년(기원전 221)에 처음으로 사용하기 시작했다는 『사기』「진본기」의 기록을 근거로 「충효」를 후대인이 편제한 것으로 보았다. 그러나 전국시대에 이미 '검수'라는 용어가 널리 사용되고 있었다. 진시황은 단지 천하통일 후 '검수'라는 보통명사를 일반서민을 지칭하는 고유명사로 고정시켰을 뿐이다. 이는 마치 흔히 사용된 1인칭 대명사 짐朕을 황제만이 사용할 수 있는 대명사로 고정시킨 것과 같다. 「진본기」의 기록이 진시황 때 '검수'라는 용어를 처음으로 만들어 사용했다는 취지가 아닌데도 이를 근거로 「충효」가 후대인의 작품으로 간주한 것은 잘못이다. 만밀悗密은 편안하고 조용히 지낸다는 뜻이다. 준우蠢愚는 어리석다는 뜻의 우준愚蠢과 같다. 현형儇詗의 현儇은 『방언』에 따르면 총명하다는 뜻의 혜慧와 같고, 형詗은 어둠 속에서 자세히 살핀다는 뜻이다. 후대에 교활하고 영특하다는 뜻으로 바뀌었다. 태물殆物을 모노부타는 위사危事로 풀이했다.

51-7

故世人多不言國法而言從橫. 諸侯言從者曰, "從成必霸." 而言橫者曰, "橫成必王." 山東之言從橫未嘗一日而止也, 然而功名不成, 霸王不立者, 虛言非所以成治也. 王者, 獨行謂之'王'. 是以三王不務離合而正, 五霸不待從橫而察, 治內以裁外而已矣.

지금 세인들은 흔히 치국의 법술인 법치에 관해서는 언급하지 않고, 종횡가들이 떠드는 합종연횡合縱連橫에 관해서만 떠든다. 함곡관 이동인 산동山東 6국의 제후국 가운데 합종을 좇는 자들은 '합종이 성사되면 반드시 패업을 이룰 수 있다'고 말하고, 연횡을 좇는 자들은 '연횡이 성사되면 반드시 왕업을 이룰 수 있다'고 말한다. 이들 6국은 합종연횡을 하루도 쉬지 않고 말하지만 공명을 이루지 못했고, 패업이나 왕업도 이루지 못했다. 헛된 말로는 치국평천하를 이룰 수 없기 때문이다. 왕업을 이루는 사람은 혼자 힘으로 실행할 수 있어야 비로소 '왕'이라는 소리를 들을 수 있다. 3왕은 이합집산에 의하지 않고도 천하를 바로잡았고, 5패는 합종연회에 의하지 않고도 천하의 정사를 맑게 했다. 나라 안을 다스리는 방법으로 나라 밖의 천하를 제재했을 뿐이다.

　　🕮 고세인다불언故世人多不言의 고故를 『이아』「석고」는 금今, 진계천은 '무릇'의 부夫로 풀이했다. 어느 쪽으로 해석해도 통한다. 제후언종자왈諸侯言從者曰의 후侯를 고광기는 연자로 보았다. 진기유와 양계웅 등이 이를 좇았다. 여기의 '제후'는 함곡관 이동의 6국을 뜻하는 산동山東을 지칭한 것이다.

제52장 인주(人主)

52-1

人主之所以身危國亡者, 大臣太貴·左右太威也. 所謂貴者, 無法而
擅行, 操國柄而便私者也. 所謂威者, 擅權勢而輕重者也. 此二者,
不可不察也. 夫馬之所以能任重引車致遠道者, 以筋力也. 萬乘之
主·千乘之君所以制天下而征諸侯者, 以其威勢也. 威勢者, 人主之
筋力也. 今大臣得威, 左右擅勢, 是人主失力. 人主失力而能有國者,
千無一人. 虎豹之所以能勝人·執百獸者, 以其爪牙也. 當使虎豹失其
爪牙, 則人必制之矣. 今勢重者, 人主之爪牙也, 君人而失其爪牙, 虎
豹之類也. 宋君失其爪牙於子罕, 簡公失其爪牙於田常, 而不蚤奪
之, 故身死國亡. 今無術之主皆明知宋·簡之過也, 而不悟其失, 不察
其事類者也.

군주가 몸이 위태로워지고 나라까지 망하는 참화를 입는 것은 대신
이 너무 존귀해지고 좌우 측근이 너무 권세를 떨치기 때문이다. 여기서
말하는 '존귀'는 법령을 좇지 않고 멋대로 행동하며, 나라의 대권을 장
악해 사적인 이익을 취하는 것을 말한다. 내가 여기서 말하는 '위세'는
홀로 권세를 휘두르며 사안을 멋대로 처리하는 것을 말한다. 군주는 이

들 2가지 정황을 잘 살피지 않으면 안 된다.

무릇 말이 무거운 짐을 실어 나르고, 수레를 끌면서 먼 길을 갈 수 있는 것은 근력筋力 덕분이다. 만승 대국의 군주와 천승 소국의 군주가 천하를 제복制服하고 명을 좇지 않는 제후를 토벌할 수 있는 것은 위세 덕분이다. 위세는 군주의 '근력'이다. 지금 대신이 위엄을 떨치고, 좌우 측근이 권세를 멋대로 휘두르는 것은 군주가 힘을 잃었기 때문이다. 힘을 잃고도 나라를 유지한 군주는 1천 명 가운데 단 한 사람도 없다. 범과 표범이 능히 사람을 이기고 백수의 왕으로 군림하는 것은 이빨과 어금니인 조아爪牙가 있기 때문이다. 범과 표범이 '조아'를 잃으면 사람에게 제압당한다.

위세는 군주의 '조아'이다. 군주가 '조아'를 잃으면 '조아'를 잃은 범과 표범의 처지가 되고 만다. 송환후와 제간공은 각각 '조아'를 권신인 자한子罕과 진항陳恒에게 빼앗겼다. 빼앗긴 '조아'를 재빨리 되찾지 못한 까닭에 일신은 죽임을 당하고 나라는 패망하고 말았다. 지금 법술을 터득하지 못한 군주는 하나같이 송나라 군주나 제간공의 잘못을 잘 알면서도 자신의 잘못은 깨닫지 못하고 있다. 자신의 정사가 송환후 및 제간공과 서로 닮아 있다는 사실을 전혀 눈치 채지 못한 게 그것이다.

🌀 편사便私는 사적인 이득을 취하는 이사利私와 같다. 경중輕重은 사안을 멋대로 처리하는 것을 말한다. 불오기실不悟其失의 기其는 통치의 법술을 깨닫지 못한 군주를 지칭한다. 진기유는 실失을 조아爪牙를 잃은 것으로 풀이했다. 이는 앞에 나오는 송간지과宋簡之過의 과過를 화禍로 풀이한 도홍경의 해석을 맹목적으로 좇은 결과이다. 여기의 실失은 말 그대로 과실過失을 뜻한다. 앞에 나온 '송간지과' 구절과 하등 다를 바가 없는 것이다. 자신의 정사가 송환후 및 제간공과 서로

닮아 있다는 사실을 전혀 눈치 채지 못하고 있다는 취지로 불찰기사류
자不察其事類者를 언급한 게 이를 뒷받침한다.

🌿 52-2

且法術之士與當途之臣, 不相容也. 何以明之. 主有術士, 則大臣
不得制斷, 近習不敢賣重. 大臣·左右權勢息, 則人主之道明矣. 今則
不然, 其當途之臣得勢擅事以環其私, 左右近習朋黨比周以制疏遠,
則法術之士奚時得進用. 人主奚時得論裁. 故有術不必用, 而勢不兩
立, 法術之士焉得無危. 故君人者非能退大臣之議·而背左右之訟·獨
合乎道言也, 則法術之士安能蒙死亡之危而進說乎. 此世之所以不
治也.

법술을 터득한 법술지사法術之士와 요로要路에 앉아 있는 권신은 서
로 용납되지 않는다. 무엇으로 이를 알 수 있는가? 군주 곁에 '법술지사'
가 있으면 권신은 멋대로 일을 처리할 수 없고, 좌우 측근도 감히 권세
를 팔아 사적인 이익을 챙기지 못한다. 권신과 측근의 세도가 그치면
군주의 치도가 밝아진다.

그러나 지금은 그렇지 못하다. 요로에 앉아 있는 권신이 권세를 얻어
일을 멋대로 처리해 사적인 이익을 꾀하고, 군주를 곁에서 모시는 자들
이 붕당을 만들어 결속한 뒤 군주와 관계가 소원한 '법술지사'를 소외
시킨다. 그러니 '법술지사'가 언제 임용되고, 군주가 언제 능히 스스로
논단論斷하며 결재할 수 있겠는가? '법술지사'는 법술이 있어도 반드시
임용되는 것도 아니고, 더구나 요로에 있는 권신과 양립할 수도 없으니
어찌 위험하지 않을 수 있겠는가? 군주가 권신의 의론을 물리치고, 좌
우 측근의 얘기를 듣지 않고, 홀로 '법술지사'와 취지를 같이하지 않고

서야 '법술지사'가 어찌 죽음의 위험을 무릅쓰고 진언할 수 있겠는가?
세상이 다스려지지 않는 이유다.

環其私의 환環은 도모하거나 영위營爲한다는 의미이다.
「오두」에 나오는 '자환자自環者를 사私라고 한다.'는 구절이 이를 뒷받침
한다. 인주해시득론재人主奚時得論裁의 논재論裁를 두고 진기유는 그
뜻을 헤아리기 어렵다는 이유로 「인주」가 한비의 작품이 아닐 가능성
을 언급했다. 그러나 『한비자』에는 논論과 재裁가 혼용된 사례가 매우
많다. 억견臆見에 지나지 않는다.

52-3

　明主者, 推功而爵祿, 稱能而官事, 所擧者必有賢, 所用者必有能.
賢能之士進, 則私門之請止矣. 夫有功者受重祿, 有能者處大官, 則
私劍之士安得無離於私勇而疾距敵. 遊宦之士焉得無撓於私門而務
於淸潔矣. 此所以聚賢能之士而散私門之屬也. 今近習者不必智, 人
主之於人也或有所知而聽之, 入因與近習論其言, 聽近習而不計其
智, 是與愚論智也. 其當途者不必賢, 人主之於人或有所賢而禮之,
入因與當途者論其行, 聽其言而不用賢, 是與不肖論賢也. 故智者決
策於愚人, 賢士程行於不肖, 則賢智之士奚時得用. 而人主之明塞矣.
昔關龍逢說桀而傷其四肢, 王子比干諫紂而剖其心, 子胥忠直夫差
而誅於屬鏤. 此三子者, 爲人臣非不忠, 而說非不當也, 然不免於死
亡之患者, 主不察賢智之言而蔽於愚不肖之患也. 今人主非肯用法術
之士, 聽愚不肖之臣, 則賢智之士孰敢當三子之危而進其智能者乎.
此世之所以亂也.

명군은 신하의 공적에 따라 작록을 주고, 능력을 헤아려 관직을 맡긴다. 천거된 자는 반드시 현명하고, 임용된 자는 반드시 유능하다. 현명하고 유능한 현능지사賢能之士가 진출하면 세도가에 기대 벼슬을 얻고자 하는 청탁이 그치게 된다. 무릇 공로가 있는 자가 많은 봉록을 받고, '현능지사'가 높은 자리에 앉게 되면 세도가를 위해 사사롭게 칼을 휘두르는 사검지사私劍之士가 어찌 사투私鬪의 용맹을 내던지고 힘껏 적과 싸우지 않겠는가? 또 유세로 벼슬을 얻고자 하는 유환지사遊宦之士 역시 세도가에게 몸을 굽히는 일을 그만 두고 청렴한 자세로 봉공奉公하는 데 애쓰지 않겠는가? 이것이 '현능지사'를 불러 모아 세도가의 무리를 해산시키는 방법이다.

지금 군주를 곁에서 모시는 좌우 측근이 반드시 지혜롭다고 할 수는 없다. 군주가 사람을 대할 때 혹여 지혜롭다고 생각해 그 의견을 들은 뒤 다시 측근들과 이를 논의하면 이는 측근의 말을 듣는 것이지 그 사람의 지혜로운 건의를 들으려는 게 아니다. 마치 어리석은 자와 함께 지혜로운 자를 평하는 것과 같다. 또 요로에 앉아 있는 권신이 반드시 현명하다고 할 수는 없다. 군주가 사람을 대할 때 혹여 현명하다고 생각해 그를 예우한 뒤 다시 권신과 이를 논의하면 이는 권신의 말을 듣는 것이지 현명한 자를 임용하려는 게 아니다. 마치 불초한 자와 함께 현명한 자를 평하는 것과 같다. 지혜로운 선비가 어리석은 자의 결재를 받아 계책을 내고, 현명한 선비가 불초한 자에 의해 그 품행이 평가를 받게 되면 현명하고 지혜로운 현지지사賢智之士가 언제 쓰일 수 있겠는가? 군주의 총명이 막혀 버리는 이유다.

옛날 관용방關龍逢은 하나라 걸桀에게 바른 말을 했다가 사지가 잘렸고, 왕자 비간比干은 상나라 주紂에게 간했다가 심장을 도려내는 형벌을 당했고, 오자서伍子胥는 오나라 왕 부차에게 직간을 했다가 부차로부터 촉루검屬鏤劍을 건네받아 자진했다. 이들 3인은 신하로서 불충한 것도 아니고, 부당한 간언을 한 것도 아니었다. 그럼에도 화를 면하지 못했다. 이는 군주가 '현지지사'의 말을 제대로 살피지 못하고, 어리석고 불초한 자들에 의해 총명이 가려진 데 따른 재앙이다. 요즘 군주들은 '법술지사'를 임용할 생각도 하지 않은 채 어리석고 불초한 자들의 얘기만 듣고 있다. '현지지사' 가운데 누가 감히 관용방과 비간 및 오자서 등 3인과 같은 위험을 무릅쓰고 자신의 지혜와 능력을 바치려고 하겠는가? 세상이 어지러운 이유다.

　　⟨⟨⟨ 추공이작록推功而爵祿은 공을 헤아려 작록을 내린다는 뜻이다. 추推를 『관자』「해왕」의 주는 헤아릴 탁度으로 풀이했다. 여기서 '작록'은 동사로 사용됐다. 칭능이관사稱能而官事의 칭稱 역시 『광아』「석고」는 탁度으로 해석했다. '관사'도 동사로 사용된 것이다. 사문私門은 대신을 포함해 좌우의 요로에 앉아 있는 권신과 군주를 측근에서 모시는 근습近習 등 권문세가를 총칭한 말이다. 질거적疾距敵을 두고 왕선신은 질疾 밑에 어於 자가 빠진 것으로 보았다. 진기유와 양계웅 등이 모두 이를 좇았다. 『한비자』에 나오는 질疾은 모두 부사어로 사용된 것이다. 「현학」에 나오는 질전疾戰이 그 실례이다. 거距는 항거할 거拒의 뜻이다. 무요어사문無撓於私門의 요撓를 『여씨춘추』「지도」의 주는 몸을 굽힌다는 뜻의 곡曲으로 풀이했다.

제53장 칙령(飭令)

53-1

　飭令, 則法不遷. 法平, 則吏無姦. 法已定矣, 不以善言售法. 任功,
則民少言. 任善, 則民多言. 行法曲斷, 以五里斷者王, 以九里斷者
强, 宿治者削.

　군주는 자신의 명령을 공정하고 불편부당하게 시행하여 법제에 부합
토록 해야 한다. 그리하면 법제가 임의로 바뀌지 않는다. 법제가 공평하
면 관원이 간사한 짓을 못하게 된다. 법제가 이미 확립돼 있으면 인의도
덕과 같은 공허한 얘기가 법제와 양립하는 일이 없게 된다. 공적에 따
라 인재를 임용하면 백성들의 말이 적고, 공허한 인의도덕을 떠벌이는
자를 임용하면 백성들의 말이 많아진다. 법치는 향촌에서부터 엄히 시
행될 필요가 있다. 곧바로 5리 범위 안에서 엄히 시행할 수 있으면 왕자
王者의 칭송을 들을 수 있고, 9리 범위 내에서 엄히 시행할 수 있으면
강자强者가 될 수 있다. 지적대며 시행을 늦추는 나라는 영토가 깎이고
쇠약해진다.

　　칙령飭令의 칙飭을 양계웅은 경계하여 대비하는 계비誡備,『한

비자교주』는 정돈整頓으로 해석했으나 『여씨춘추』「음률」의 주는 바르게 할 정正으로 풀이해 놓았다. 양계웅과 『한비자교주』 모두 령令을 법령으로 해석해 놓았으나 이는 군주가 내리는 명령을 뜻한다. 여기의 '칙령'은 군주가 명을 내릴때 공정해야 하고, 법제에 부합해야 한다는 취지에서 나온 것이다. 법불천法不遷을 가마사카는 『상군서』「근령靳令」에 의거해 치불천治不遷으로 바꿨다. 『한비자금주금역』은 그같이 되어 있다. 원래 「근령」에는 '근령靳令, 즉치불류則治不留'로 되어 있다. 여기의 류留는 지체한다는 의미의 천연遷延의 뜻을 내포하고 있다. 「칙령」에 나오는 '법불천'의 의미와 약간 다르다. 그대로 두고 해석하는 게 낫다. 선언수법善言售法은 인의 등의 도덕론이 법도와 양립한다는 뜻이다. 수售를 양계웅은 상대한다는 뜻을 지닌 수讎의 약자로 보았다.

행법곡단行法曲斷의 곡曲을 고광기와 진기유 등은 유曲의 잘못으로 보았다. 『장자』「추수」에 향곡鄕曲의 편벽된 선비를 뜻하는 곡사曲士 표현이 나온다. 『한비자교주』는 '곡'을 '향곡'으로 풀이했다. 문의에 부합한다. 『상군서』「설민說民」에 다스려질 때는 백성들 스스로 판단하는 가단家斷에 맡기고, 어지러울 때는 군주가 결단하는 군단君斷을 좇아야 한다고 했다. 곡단曲斷은 '가단'보다 약간 높은 단계로 『상군서』에서 말하는 하단下斷의 일종에 속한다.

이오리단자왕以五里斷者王은 좁고 가까운 5리 범위 내에서 속히 사안을 처결할 수 있으면 왕자王者가 될 수 있다는 뜻이다. 이구리단자강以九里斷者强의 강强은 『순자』「왕제」에서 말하는 패자霸者 밑의 강자强者를 의미한다. 「설민」에는 "군주는 하단下斷을 귀하게 여긴다. 10리 이내의 곡단曲斷이 이뤄지는 나라는 약해지고, 5리 이내에서 곡단이 이뤄지는 나라는 강해진다."고 되어 있다. 「칙령」에서 '9리'의 곡단이 이뤄지면 강자가 된다고 했으나 『상군서』에서는 '10리'의 곡단이 이뤄지면

나라의 영토가 깎이는 위자危者가 된다고 한 점에 비춰 9리와 10리의
차이는 매우 크다고 할 수 있다.

숙치자삭宿治者削의 숙宿은 결단을 미루며 머뭇거린다는 의미이다.
『한서』「한안국전」에 나오는 병지불가숙兵之不可宿 구절의 '숙'에 대한
주는 구류久留로 풀이해 놓았다. 법치가 확립돼 있지 못하면 백성들은
시비판단의 근거가 없어 사안을 속히 처리할 수 없다. 쟁송이 많아질
수밖에 없다. 그러면 나라가 이내 어지러워진다. 숙치宿治 탓이다. '숙치
자삭'은 법치가 확립되면 향촌 단위에서 조속히 시비를 결단해 문제를
미연에 방지한다는 취지를 담고 있다. 『상군서』에 따르면 '군단'과 '하
단'의 중간 단계에 관단官斷이 있다. 「설민」은 "가단家斷은 다스리는
데 여유가 있는 상황이다. 낮에 결단해 사안을 처리하는 일치日治는 왕
자가 된다고 말하는 이유다. 관단官斷은 다스리는 데 다소 부족한 상황
이다. 밤에 결단해 사안을 처리하는 야치夜治는 강자가 된다고 말하는
이유다. 군단君斷은 다스리는 데 어려움을 겪을 정도로 매우 어지러운
상황이다. 머뭇거리며 결단을 미루는 숙치宿治는 나라의 영토가 깎인다
고 말하는 이유다."라고 했다. '숙치자삭'은 곧 군단君斷이 이뤄지게 되
는 극히 어지러운 상황을 지적한 것으로 군주의 조속한 결단을 촉구한
것이기도 하다.

53-2

以刑治, 以賞戰, 厚祿以用術. 行都之過, 則都無姦市. 物多末衆,
農弛姦勝, 則國必削. 民有餘食. 使以粟出爵, 必以其力, 則農不怠.
三寸之管毋當, 不可滿也. 授官爵出利祿不以功. 是無當也. 國以功
授官與爵, 此謂以成智謀, 以威勇戰, 其國無敵. 國以功授官與爵,
則治見者省, 言有塞, 此謂以治去治·以言去言. 以功與爵者也, 故國

多力, 而天下莫之能侵也. 兵出, 必取. 取, 必能有之, 案兵不攻, 必
富. 朝廷之吏, 小者不毁, 效功取官爵, 廷雖有辟言, 不得以相干也,
是謂以數治. 以力攻者, 出一取十. 以言攻者, 出十喪百. 國好力, 此
謂以難攻. 國好言, 此謂以易攻.

군주는 형벌로 나라를 다스리고, 포상으로 병사를 고취하고, 두터운
녹봉과 후대로 치술治術을 구사한다. 순찰하며 도시 안의 위법행위를
적발해내면 탈법적인 간사한 매매행위가 사라진다. 사치품이 늘어나면
말업末業인 상공업에 종사하는 사람이 많아지고, 본업인 농업에 종사
하는 농민이 게을러져 통토가 황폐해진다. 그러면 나라는 반드시 영토
가 깎이고 쇠약해진다. 군주는 양식이 풍족한 백성에게 남아도는 식량
을 헌납해 관작을 얻도록 해야 한다. 자신들의 노력으로 관작을 얻게
되면 농민이 게으름을 피우지 않게 된다. 3촌에 불과한 짧은 대롱일지
라도 밑이 없으면 아무리 물을 부어도 차지 않는다. 군주가 백성에게
관작을 수여하여 녹봉으로 이롭게 하면서 공적을 기준으로 하지 않으
면 밑 빠진 관에 물을 붓는 것과 같다.

나라에서 공적에 따라 관작을 내리면 그야말로 관작의 수여를 통해
뛰어난 계책을 얻고, 백성들로 하여금 적과 싸울 때 열심히 싸워 존중
을 받게 하고, 나라 또한 대적할 나라가 없는 무적의 강국으로 만들 수
있다. 또 공적에 따라 관작을 내리면 관원 등용에 따른 복잡한 절차가
대거 생략되고, 아무 쓸모도 없는 공허한 얘기 또한 그치게 된다. 그야
말로 마땅한 다스림으로 공허한 다스림을 제거하는 '이치거치以治去治'
와 마땅한 언론으로 공허한 언론을 제거하는 '이언거언以言去言'을 이
루는 셈이다.

나아가 공적에 따라 관작을 내리면 국력이 강화되고, 천하의 그 어떤

나라도 감히 침범할 엄두를 내지 못하게 된다. 군사를 일으키면 반드시 승리해 적국의 땅을 취할 수 있고, 취하면 반드시 영유할 수 있다. 설령 군사를 정비만 하고 공격을 가하지 않을지라도 나라는 반드시 부유해 진다. 조정의 소관小官은 비록 존중받지 못할지라도 얕보이는 일이 없고, 공을 세우면 높은 관작을 얻을 수 있다. 이를 두고 조정에서 뒷공론이 일어날지라도 공적에 따라 관작을 내리는 것 자체에 시비를 걸지는 못한다. 이를 일컬어 '법도로 나라를 다스린다.'고 한다.

만일 탄탄한 실력에 기초해 적국을 공격하면 단 1번의 공격에 10개의 성을 얻는 '출일취십出一取十'의 공을 세울 수 있다. 그러나 공허한 변설에 기초해 적국을 공격하면 오히려 10번 공격해 1백 개의 성을 잃는 '출십상백出十喪百'의 재난을 당하게 된다. 국력이 뛰어난 나라를 두고 침공하기 어려운 '난공難攻'이라고 하고, 공허한 변설인 국언國言이 횡행하는 나라를 두고 침공하기 쉬운 '이공易攻'이라고 한다.

⟡ 후록이용술厚祿以用術의 용用이 건도본에는 주周로 되어 있으나 도장본에는 '용'으로 되어 있다. 용술用術은 통치술의 구사를 의미한다. 삼촌지관무당三寸之管毋當은 3촌에 불과한 짧은 대롱조차 밑이 없다는 의미이다. 『한비자금주금역』은 무毋가 무無로 되어 있다. 안병불공案兵不攻의 '안병'은 군사동원을 자제한다는 뜻이다. 『한비자금주금역』에는 안안이 안按으로 되어 있다. 필부必富의 부富가 건도본에 당當으로 되어 있는 것을 고광기는 『상군서』「근령」을 근거로 부富로 바꿔 해석했다. 조정지리朝廷之吏의 리吏가 건도본에 사事로 되어 있어 「근령」을 좇아 리吏로 바꿨다. 정수유벽언廷雖有辟言의 벽언辟言은 편벽된 언론을 말한다. 「근령」에는 정廷 자가 없다. '벽언'도 교묘한 언설을 뜻하는 변언辯言으로 되어 있다. 문맥상 그대로 두고 해석하는 게 낫다.

수치數治는 술치術治의 뜻으로 수數는 술수術數의 의미이다.

53-3

其能, 勝其害, 輕其任, 而道壞餘力於心, 莫負乘官之責於君. 內無
伏怨. 使明者不相干, 故莫訟. 使士不兼官, 故技長. 使人不同功, 故
莫爭. 言此謂易攻.

　신하들이 모두 적재적소에 배치돼 자신의 능력을 충분히 발휘하면
해당 직책을 능히 감당하며 직무를 가뿐히 처리하고, 쓰고 남은 능력을
어디에 쓸 것인지 걱정하는 자가 없게 되고, 겸직에 따른 책임을 군주에
게 떠넘기는 자가 없게 된다. 나라 안에 군주에게 원망을 품은 자가 없
는 이유다.

　명군은 신하들의 직무가 서로 침범하지 못하게 하는 까닭에 직무를
둘러싼 분쟁이 없다. 또 신하들로 하여금 다른 직무를 겸하지 못하게
하는 까닭에 각자 자신의 영역에서 최고의 기량을 발휘한다. 나아가 사
람마다 똑같은 업적을 세우지 못하도록 업무를 분장시키는 까닭에 공
을 둘러싸고 서로 다툴 일이 없다.

　🌀 사명자불상간使明者不相干의 간干은 간여干與의 뜻이다. 『한비
자금주금역』에는 사사불상간使事不相干으로 되어 있다. 언차위이공言
此謂易攻은 앞에 나온 바 있다. 고광기는 연문으로 보았다.

53-4

重刑少賞, 上愛民, 民死賞. 多賞輕刑, 上不愛民, 民不死賞. 利出
一空者, 其國無敵. 利出二空者, 其兵半用. 利出十空者, 民不守. 重

刑明民, 大制使人, 則上利. 行刑, 重其輕者, 輕者不至, 重者不來, 此謂以刑去刑. 罪重而刑輕, 刑輕則事生, 此謂以刑致刑, 其國必削.

형벌을 무겁게 하고 포상을 남발하지 않는 것이 백성을 사랑하는 길이다. 그러면 백성은 상을 받기 위해 목숨마저 바친다. 정반대로 포상을 남발하고 형벌을 가볍게 하는 것은 백성을 사랑하지 않는 길이다. 그리되면 백성은 목숨을 내걸고 상을 받을 필요를 전혀 느끼지 못하게 된다. 포상의 이익이 군주 1인에게서 나오면 무적의 나라가 된다. 그 이익이 군주와 권신 2인에게서 나오면 군령이 둘로 쪼개져 군사를 반밖에 쓸 수 없다. 그 이익이 10인에게서 나오면 군령이 서지 않아 백성들이 나라를 지킬 길이 없게 된다.

중형을 시행할 때는 백성에게 응당 해서는 안 될 일을 명확히 알리고, 중대한 법제를 시행할 때는 백성에게 응당 해야만 하는 일을 주지시켜야 한다. 그래야만 군주에게 이롭다. 형벌을 시행하면서 가벼운 죄를 무겁게 처벌하면 가벼운 죄를 범하는 자도 없게 될 뿐만 아니라 중범죄를 범하는 경우 또한 없게 된다. 이를 일컬어 형벌을 무겁게 하여 형벌 자체를 제거하는 '이형거형以刑去刑'이라고 한다. 정반대로 죄가 무거운데도 형벌을 가볍게 하면 형벌이 가벼운 까닭에 범죄가 꼬리를 물고 일어나게 된다. 이를 일컬어 형벌을 가볍게 하여 형벌 자체를 더욱 극성케 만드는 '이형치형以刑致刑'이라고 한다. 이런 나라는 반드시 영토가 깎이고 쇠약해진다.

🐚 일공자一空者는 한 구멍으로 곧 군주를 뜻하고, 이공자二空者는 군주와 권신을 병칭한 것이다.

제54장 심도(心度)

🌿54-1

聖人之治民, 度於本, 不從其欲, 期於利民而已. 故其與之刑, 非
所以惡民, 愛之本也. 刑勝而民靜, 賞繁而姦生. 故治民者, 刑勝, 治
之首也. 賞繁, 亂之本也. 夫民之性, 喜其亂而不親其法. 故明主之
治國也, 明賞, 則民勸功. 嚴刑, 則民親法. 勸功, 則公事不犯. 親法,
則姦無所萌. 故治民者, 禁姦於未萌. 而用兵者, 服戰於民心. 禁, 先
其本者治. 兵, 戰其心者勝. 聖人之治民也, 先治者强, 先戰者勝. 夫
國事, 務先而一民心, 專擧公而私不從, 賞告而姦不生, 明法而治不
煩. 能用四者强, 不能用四者弱. 夫國之所以强者, 政也. 主之所以
尊者, 權也. 故明君有權有政, 亂君亦有權有政, 積而不同, 其所以
立異也. 故明君操權而上重, 一政而國治. 故法者, 王之本也. 刑者,
愛之自也.

성인은 백성을 다스리면서 백성의 근본이익을 고려하는 까닭에 백성
의 욕망에 따르지 않고, 백성의 이익을 앞세울 뿐이다. 백성에게 형벌을
가하는 것은 백성을 미워하기 때문이 아니라 그것이 백성을 사랑하는
근본이기 때문이다. 형벌이 우위를 점하면 백성의 삶이 안정되고, 포상

이 빈번하면 간사한 일이 빚어진다. 백성을 다스릴 때 형벌이 우위를 점하도록 해야만 비로소 나라의 안정을 기할 수 있다. 포상을 남발하는 것은 나라를 혼란에 빠뜨리는 화근이다.

무릇 민성民性은 혼란을 좋아하고 형법을 싫어하기 마련이다. 명군이 나라를 다스릴 때 포상을 명확히 밝혀 백성이 공을 세우도록 장려하고, 형벌을 엄하게 시행해 백성이 국법을 따르도록 만드는 이유다. 백성이 공을 세우기 위해 애쓰면 공사公事가 방해받지 않고, 국법을 충실히 따르게 되면 간사한 짓이 싹을 틔우지 못한다.

백성을 다스릴 때는 간사한 짓이 싹을 틔우기 전에 근절시켜야 하고, 군사를 동원할 때는 백성이 내심 전의를 불태우도록 만들어야 한다. 간사한 짓을 미연에 금하기 위해서는 간사한 짓이 뿌리를 내리기 전에 제거해야 하고, 군사를 동원할 때는 먼저 백성들이 전의를 불태워야 승리를 기할 수 있다. 성인은 백성을 다스릴 때 먼저 간사한 짓을 일으키고자 하는 백성들의 마음부터 제거했다. 그래야 능히 강대해질 수 있다. 적과 접전하기에 앞서 먼저 전의를 북돋워 승리를 거둔 이유다.

국가대사를 다루면서 첫째 앞서 해야 할 일부터 관철해 민심을 하나로 모으고, 둘째 전적으로 공리公利를 숭상하며 사리私利를 좇지 않고, 셋째 고발하는 자를 크게 포상해 간사한 짓이 일어나지 않게 하고, 넷째 법령을 명확히 밝혀 치국의 과정에 번잡한 일이 일어나지 않도록 해야 한다. 이들 4가지 방법을 능히 구사할 수 있으면 나라는 강해지고, 그렇지 못하면 쇠약해진다.

나라가 강한 것은 정책 덕분이고, 군주가 존귀한 것은 권력 덕분이다. 명군明君도 권력과 정책을 갖고 있고, 난군亂君도 권력과 정책을 갖고 있다. 그런데도 공적功績이 같지 않은 것은 채택한 기본원칙이 다르기 때문이다. 명군은 권력을 확고히 장악해 신민의 존중을 받고, 정책을 일

관되게 펼쳐 나라를 태평하게 만든다. '법치는 왕업의 근본이고, 형벌
의 시행은 백성 애호의 시작이다'라고 말하는 이유다.

 ᘒᔐ 탁어본度於本은 백성의 근본 이익을 헤아린다는 뜻이다. 적이부
동積而不同의 적積을 진기유는 모을 취聚로 해석했으나『순자』「예론」
의 주는 실적을 뜻하는 적績으로 풀이해 놓았다. 애지자愛之自의 자自
를 두고 후토다는 시작을 뜻하는 비鼻의 옛 글자로 보았다.『방언』은
시始로 풀이했다.

ᘒᔐ54-2

夫民之性, 惡勞而樂佚. 佚則荒, 荒則不治, 不治則亂, 而賞刑不行
於天下者必塞. 故欲擧大功而難致而力者, 大功不可幾而擧也. 欲治
其法而難變其故者, 民亂不可幾而治也. 故治民無常, 唯治爲法. 法
與時轉則治, 治與世宜則有功. 故民樸, 而禁之以名, 則治. 世知, 維
之以刑, 則從. 時移而治不易者亂, 能治衆而禁不變者削. 故聖人之
治民也, 法與時移而禁與能變.

무릇 민성民性은 노고를 싫어하고 편안함을 좋아하기 마련이다. 편안
하면 사업이 황폐해지고, 사업이 황폐해지면 다스려지지 않고, 다스려
지지 않으면 나라가 어지러워진다. 나라가 어지러워져 상벌을 전국에
걸쳐 시행하지 못하면 군주는 반드시 신하들에 의해 가려지게 된다. 대
공을 세우고자 하면서 민력을 결집시키지 못하면 대공을 세우는 일은
기대하기 어렵다. 법치를 널리 펴고자 하면서 낡은 법규를 바꿀 수 없으
면 백성들이 크게 혼란스러워져 백성을 제대로 다스리는 일은 기대하
기 어렵다.

백성을 다스리는 데 특별한 계책이 항구적으로 존재하는 게 아닌 까닭에 오직 상황에 따른 적절한 법제에 의존할 수밖에 없다. 법이 시대의 변화에 따라 적의하게 바뀌면 나라가 잘 다스려지고, 다스림이 당시의 실정과 부합하면 실질적인 효과를 볼 수 있다. 그런 까닭에 상고시대에는 백성이 소박했던 까닭에 도덕적인 명예만으로도 능히 금령을 시행하며 잘 다스릴 수 있었다. 그러나 시대가 바뀌어 지혜가 간교해지면서 형벌을 통해서만 겨우 다스릴 수 있는 지경에 이르게 됐다.

시대가 바뀌었는데도 일련의 개혁조치로 나라를 바꾸지 못하면 이내 혼란스러워지고, 간교한 자가 늘어나는데도 일련의 금령을 통해 개혁하지 못하면 그 나라 역시 이내 영토가 깎이고 쇠약해진다. 성인이 백성을 다스릴 때 법제가 시대의 발전에 따라 변혁되고, 금령이 간교한 재간의 발전에 따라 새롭게 바뀐 이유가 여기에 있다.

　　 필색必塞의 색塞을 『예기』「교특생」의 주는 덮을 폐蔽로 풀이했다. 능치중能治衆의 치治를 왕선겸은 연자로 보았다.

54-3

能越力於地者富, 能起力於敵者强, 强不塞者王. 故王道, 在所開, 在所塞, 塞其姦者必王. 故王術, 不恃外之不亂也, 恃其不可亂也. 恃外不亂而治立者削, 恃其不可亂而行法者興. 故賢君之治國也, 適於不亂之術. 貴爵, 則上重, 故賞功爵任而邪無所關. 好力者, 其爵貴. 爵貴, 則上尊. 上尊, 則必王. 國不事力而恃私學者, 其爵賤. 爵賤, 則上卑. 上卑者必削. 故立國用民之道也, 能閉外塞私而上自恃者, 王可致也.

민력을 능히 본업인 농업에서 떨칠 수 있는 나라는 부유해지고, 능히 전쟁에 동원할 수 있는 나라는 강대해진다. 부강한 흐름이 도중에 막히지 않으면 천하를 호령하는 제왕의 대업을 이룰 수 있다. 제왕이 되는 요체는 언로를 개방해 신하들의 간사한 짓을 미리 막는 데 있다. 신하들의 간사한 짓을 막을 수 있는 자는 반드시 제왕이 된다. 제왕은 외국에 의존해 내부의 난을 틀어막는 책략을 쓰지 않고, 스스로 힘을 길러 내부의 난을 방지하는 책략을 쓴다. 외국에 의존해 내부의 난을 틀어막는 자는 이내 쇠약해지나, 스스로 힘을 길러 내부의 난을 방지하며 확고히 법치를 시행하는 자는 크게 흥한다. 명군이 나라를 다스릴 때 법치를 시행하며 나라가 혼란에 빠지지 않도록 미리 단단히 조치하는 이유가 여기에 있다.

사람들이 작위를 소중히 여기면 군주 또한 존중을 받는다. 공을 세운 자에게 상을 내리고 임무를 능히 수행할 만한 유능한 자에게 작위를 내리면 간사한 자가 발붙일 곳이 없게 된다. 민력을 제대로 사용할 줄 아는 나라에서는 사람들이 작위를 소중히 여긴다. 작위가 소중히 여겨지면 군주 또한 백성의 존경을 받게 된다. 군주가 백성의 존경을 받게 되면 이내 제왕의 대업을 이룰 수 있다. 정반대로 군주가 일하며 싸우는 경전耕戰에 민력을 동원하지 않고, 공허한 이론에 기초한 사사로운 학문을 익힌 자들을 우대하면 작위가 천시된다. 작위가 천시되면 군주 또한 비천해진다. 군주가 비천해지면 반드시 영토가 깎이고 쇠약해진다. 나라를 보전하고 민력을 올바로 동원하는 길은 외세 개입의 통로를 막고, 사사로운 학문을 금지하고, 군주 스스로 힘을 기르는 데 있다. 이같이 하면 능히 제왕의 대업을 이룰 수 있다.

🌊 능월력能越力의 월越을 『회남자』「숙진훈」의 주는 떨칠 양揚으

로 풀이했다. 『한비자금주금역』에는 한쪽으로 쏠려 달려간다는 뜻의
추趨로 되어 있다. 강불색자왕強不塞者王의 색塞을 『여씨춘추』「논인」
의 주는 막힐 알遏로 해석했다. 치립자삭治立者削의 치립治立을 후지사
와는 입치立治로 바꿔야 한다고 했다. 상공작임賞功爵任의 작임爵任을
진기유는 임작任爵으로 바꿔야 한다고 했으나 여기의 작爵은 동사로
사용된 것이다. 임무를 수행할 만한 유능한 자에게 작위를 내린다는 뜻
이다.

제55장 제분(制分)

※55-1

夫凡國博君尊者, 未嘗非法重而可以至乎令行禁止於天下者也. 是以君人者分爵制祿, 則法必嚴以重之. 夫國治則民安, 事亂則邦危. 法重者得人情, 禁輕者失事實. 且夫死力者, 民之所有者也, 情莫不出其死力以致其所欲. 而好惡者, 上之所制也. 民者好利祿而惡刑罰, 上掌好惡以御民力, 事實不宜失矣. 然而禁輕事失者, 刑賞失也. 其治民不秉法·爲善也如是, 則是無法也.

무릇 나라가 넓고 군주가 존중받는 나라치고 일찍이 엄격한 법치를 시행하면서 천하에 명령이 집행되지 않거나 금령이 지켜지지 않은 적이 없다. 군주가 작록의 등급과 기준을 정하면서 반드시 해당 법제와 시행령을 매우 엄하고도 무겁게 정한 덕분이다. 무릇 나라가 잘 다스려지면 백성은 안정되지만 정사가 어지러우면 나라가 위기에 처하게 된다. 법제가 엄중해야 비로소 인지상정에 부합할 수 있고, 금령이 가벼우면 실적을 기대할 수 없다.

원래 사력을 다해 일하는 것은 모든 백성의 공통된 모습이다. 인지상정 상 자신이 원하는 것을 얻기 위해 사력을 다하지 않으려는 백성은 없다. 백성의 호오好惡는 군주가 능히 조종할 수 있는 것이다. 이록利祿을 좋아하고, 형벌을 싫어하는 게 바로 백성의 호오이다. 군주가 백성의 이런 호오를 장악해 민력을 동원하면 정사를 베풀면서 실적을 거두지 못하는 일이 없다. 그러나 백성의 호오를 활용할지라도 금령이 가벼우면 실적을 기대할 수 없다. 상과 벌의 균형이 타당성을 잃었기 때문이다. 이처럼 백성을 다스리면서 법제를 확고히 세우지도 않은 채 시혜부터 베풀면 아예 법제가 없는 것이나 다름없다.

⚭➤ 실사실失事實은 공효를 기대할 수 없다는 뜻이다. 실實을 『맹자』「고자 하」의 주는 나라를 잘 다스리고 백성에게 은혜를 베푸는 공으로 풀이했다.

ㆍ✱**55-2**

故治亂之理, 宜務分刑賞爲急. 治國者莫不有法, 然而有存有亡. 亡者, 其制刑賞不分也. 治國者, 其刑賞莫不有分. 有持以異爲分, 不可謂分. 至於察君之分, 獨分也, 是以其民重法而畏禁, 願毋抵罪而不敢胥賞. 故曰, '不待刑賞而民從事矣.'

나라를 제대로 다스리는 도리는 먼저 형벌과 포상의 한계를 명확히 하는 것을 급선무로 삼는 데 있다. 나라를 다스리는 군주치고 법률을 제정하지 않는 자는 없다. 그럼에도 존속하는 나라가 있는가 하면 망하는 나라도 있다. 망하는 나라는 바로 군주가 상벌을 행하면서 그 한계를 정확히 하지 않았기 때문이다. 나라를 다스리는 군주치고 형벌과 포상에 일정한 한계를 두지 않는 자는 없다. 그러나 일부 군주는 한계를 정하면서 상이한 잣대를 쓰고 있다. 이는 한계를 제대로 정한 것으로 볼 수 없다.

명찰한 군주가 확정한 법제를 보면 단일한 잣대로 형벌과 포상의 한계를 명확히 정해 놓았다. 백성들이 법도를 존중하고, 크게 두려운 나머지 감히 금령을 어길 엄두를 내지 못하고, 법에 저촉되지 않기를 기원하며 감히 과분한 포상을 기대하지 않는 이유다. '군이 상벌을 시행하지 않아도 백성들이 열심히 일한다.'고 말하는 것은 바로 이 경우를 지칭한다.

◯◠ 치란지리治亂之理의 란亂은 치治와 같다. 동어반복에 해당한다. 분형상위급分刑賞爲急의 분分을 진기유는 형벌과 포상의 분별로 해석했다. 『한비자』에 나오는 분分은 크게 2가지 용법으로 사용되고 있다. 첫째, 사물을 분별하거나 한계를 확정한다는 뜻으로 사용된 동태동사와 정태동사이다. 둘째, 확정된 한계를 뜻하는 명사의 경우이다. 여기서는 동태동사로 사용됐다. 찰군지분察君之分은 명찰한 군주가 확정한 한계를 뜻한다. 불감서상不敢胥賞의 서胥를 왕선신은 기다릴 수須의 옛 글자로 보았다.

꽃 **55-3**

是故夫至治之國, 善以止姦爲務. 是何也. 其法通乎人情, 關乎治理也. 然則去微姦之道奈何. 其務令之相規其情者也. 則使相窺奈何. 曰, 蓋里相坐而已. 禁尙有連於己者, 理不得相窺, 惟恐不得免. 有姦心者不令得忘, 窺者多也. 如此, 則愼己而窺彼, 發姦之密. 告過者免罪受賞, 失姦者必誅連刑. 如此, 則姦類發矣. 姦不容細, 私告任坐使然也.

지극히 잘 다스려지는 나라는 간사한 짓의 방지를 최우선의 과제로 삼는다. 그 이유는 무엇일까? 간사한 짓의 방지가 바로 인지상정과 상통하고, 치국의 도리에 닿기 때문이다. 그렇다면 은밀하게 행해지는 간사한 짓은 어떻게 제거할 수 있을까? 백성들로 하여금 서로 은밀한 사정을 살피도록 독려하면 된다. 그렇다면 어떻게 서로 은밀한 사정을 살피도록 할 수 있을까? 답은 마을 단위로 묶어 함께 책임지도록 하고, 고발 등을 곧바로 행하지 않으면 연좌連坐시켜 처벌하는 도리밖에 없다. 금령 위반에 따른 연좌가 자신에게 미칠 경우 사람들은 혹여 법규 위반이 없는지 서로 감시할 수밖에 없다. 다른 사람의 범죄가 엉뚱하게도 자신에게까지 미치지나 않을까 두려워하기 때문이다. 간사한 음모를 꾸미는 자들로 하여금 함부로 망동하지 못하게 만드는 것은 바로 감시하는 눈이 많기 때문이다.

이같이 되면 사람들 모두 스스로 삼가면서 남을 세심히 살피고, 은밀히 감춰진 간사한 짓을 눈에 불을 켜고 찾아내게 된다. 고발한 자는 연좌된 죄를 면해주는 동시에 포상하고, 제대로 고발하지 못한 자들은 반드시 연좌의 죄를 물어 엄히 처벌한다. 그러면 죄에 연루된 자들 모두 빠짐없이 그 실체가 드러나게 될 것이다. 간악한 일은 아무리 작은 것일지라도 결코 용납해서는 안 된다. 밀고密告와 연좌가 이를 가능케 할 수 있다.

규기정규其情의 규規를 고광기는 규규窺로 해석했다. 불령득망不令得忘의 망忘을 우창은 지志의 오자로 보았다. 발간지밀發姦之密은 은밀히 감춰진 간사한 짓을 적발한다는 뜻이다.

55-4

夫治法之至明者, 任數不任人. 是以有術之國, 不用譽, 則毋適, 境內必治, 任數也. 亡國, 使兵公行乎其地, 而弗能圉禁者, 任人而無數也. 自攻者人也, 攻人者數也. 故有術之國, 去言而任法.

가장 고명한 치국 방법은 오로지 법술에 기대고, 공허한 학문을 배운 자들의 지혜에 기대지 않는 것이다. 법술을 아는 나라는 명성이 높은 자를 임용하지 않는 까닭에 천하무적이다. 나라 안의 정사 역시 반드시 잘 행해진다. 법술에 기댄 덕분이다. 정반대로 멸망하는 나라는 적군이 안으로 쳐들어와 횡행하는 지경이 돼도 이를 미연에 막거나 금지시키지 못한다. 사람의 지혜에 기대고 법술에 기대지 않은 탓이다. 나라가 스스로 패망의 길을 걷는 것은 사람의 지혜에 기댄 탓이고, 능히 다른 나라에 권세를 떨치며 유사시 공격을 가할 수 있는 것은 법술을 이용한 덕분이다. 법술이 있는 나라는 허황된 언론을 물리치고 오직 법도에 맡긴다.

☜ 임수任數는 법술에 기댄다는 의미이다. 여기의 수數는 법과 술을 모두 가리킨다. 즉무적則毋適의 적適을 고광기는 적敵으로 해석했다. 불능어금자弗能圉禁者의 어圉를 쓰다는 어御와 통하는 것으로 보았다.

55-5

凡畸功之循約者難知, 過刑之於言者難見也, 是以刑賞惑乎貳. 所謂循約難知者, 姦功也. 臣過之難見者, 失根也. 循理不見虛功, 度情詭乎姦根, 則二者安得無兩失也. 是以虛士立名於內, 而談者爲略於外. 故愚·怯·勇·慧相連而以虛道屬俗而容乎世. 故其法不用, 而刑罰不加乎僇人. 如此, 則刑賞安得不容其二. 實故有所至, 而理失其量, 量之失, 非法使然也, 法定而任慧也. 釋法而任慧者, 則受事者安得其務. 務不與事相得, 則法安得無失, 而刑安得無煩. 是以賞罰擾亂, 邦道差誤, 刑賞之不分白也.

　무릇 관련규정에 부합하는 부정한 공적인 기공畸功은 식별해내기가 어렵고, 언론 속에 감춰져 있는 죄과 또한 찾아내기가 쉽지 않다. 상벌을 시행할 때 종종 표리가 일치하지 않아 혼란스런 모습을 보이는 이유다. 외양상 관련 규정에 부합하나 진위를 식별키 어려운 간사한 공적을 이른바 간공姦功이라고 한다. 신하의 허물을 제대로 발견하지 못하면 상벌이 타당성을 잃는 화근이 된다. 통상적인 사리事理로 거짓 공적인 허공虛功을 분간하지 못하고, 통상적인 정리情理로 헤아려도 '간공'의 속임수를 벗어날 수 없다면 어찌 포상과 형벌의 두 측면에서 공히 착오가 없기를 바랄 수 있겠는가? 거짓 공적을 내세운 허사虛士가 국내에서 '허공'으로 명성을 얻고, 모사꾼이 국외에서 책략을 꾸미는 이유가 여기에 있다. 정치를 모르는 얼간이와 전쟁을 회피하는 겁쟁이, 사적인 폭력을 휘두르는 협객, 언변에 능한 모사꾼이 서로 결탁해 공허한 도로 세속에 영합하며 행세하는 것도 바로 이 때문이다.

　그리되면 법제가 무용지물이 되어 이내 형벌을 죄인에게 가할 수 없게 된다. 상황이 이럴진대 형벌과 포상의 시행과정에서 어찌 '간공'과 '허공'이 끼어들어 표리가 일치하지 않는 현상을 면할 수 있겠는가? 상벌의 공효功效는 응당 해당 사안에 부합하는 모습으로 실현돼야 한다. 통상적인 이치에 비춰 상벌이 실제 내용과 부합하지 않으면 법도는 시비是非 및 공죄功罪를 판단하는 효능을 잃게 된다. 이는 법제 때문이 아니라 법제가 존재하는데도 공허한 학문을 배운 자들의 지혜를 이용한 탓이다. 법치를 버리고 공허한 학문을 배운 자들의 지혜를 좇으면 해당 관원이 어찌 일을 제대로 처리할 수 있겠는가? 일처리가 직무와 부합치 못할진대 법치가 어찌 제대로 실행될 리 있고, 형벌이 어찌 번거롭지 않을 리 있겠는가? 상벌의 시행이 혼란스러우면 나라를 다스리는 방법에 착오가 생기기 마련이다. 모두 상벌의 시행과정에서 그 한계가 명확하지 않은 탓이다.

　　기공畸功은 부정한 공적을 말한다. 과형過刑의 형刑을 가마사카와 진기유 등은 형形과 통하는 것으로 보았으나 이는 앞에 나온 공功과 호응한 것으로 죄罪의 뜻이다. 과실과 죄를 뜻하는 과죄過罪와 같은 의미이다. 혹호이惑乎貳는 표리가 일치하지 않아 미혹된다는 뜻이다. 허사虛士는 거짓된 공적으로 명성을 떨치는 선비를 말한다. 담자위략談者爲略은 유세하는 논객이 책략을 낸다는 의미이다. 실고유소지實故有所至의 실고實故를 진기유는 고실故實로 바꿨다.『한비자금주금역』이 이를 좇았다. 이는 고故를 명사인 교지巧智, 실實을 부사인 성誠으로 간주한 결과다. 여기의 실實은 상벌의 실제 공효功效를 뜻하고, 고故는 '응당'의 뜻을 지닌 고固와 똑같은 의미의 부사어로 사용된 것이다. 지至는 성취를 뜻하는 성成의 뜻이다. 형상지불분백야刑賞之不分白也를 두고 왕선신은 백白 뒤에 흑黑이 빠진 것으로 보았다. 진기유는 이를 받아들여 '상벌의 흑백이 분명치 않다'고 해석했다. 여기의 분백分白은 분변명백分辨明白의 줄임말로 한계를 명확히 한다는 뜻이다.

부록_1

왕충王充의 『논형論衡』「비한非韓」

왕충은 후한後漢 말기 절강성 회계會稽 출신으로 자는 중임仲任이다. 『후한서』「왕충전」에 따르면 젊었을 때 가난하여 늘 책방에서 책을 훔쳐 읽고 읽은 내용을 모두 기억했다고 한다. 평생 불우하여 지방의 한 속리로 머물렀으나 낙양으로 유학을 가『한서』의 저자 반고班固의 부친 반표班彪에게 사사했다. 청류淸流를 자부한 그는 한대漢代의 형식적인 유가를 비판하며 독창적인 언론을 전개했다. 이로 인해 위진魏晉시대 사조의 선구 역할을 했다는 칭송을 받고 있다. 말년에 다시 관직에 나가 황제인 한장제漢章帝의 부름을 받았으나 이내 병사하고 말았다. 대표적인 저서가 전래의 사상과 학문을 비판한 『논형』이다. 총 85편 가운데 가장 유명한 것이 제29편에 나오는 「비한」이다. 이는 유가의 덕치 및 왕도의 입장에서 한비의 법치 및 패도 주장을 비판한 것이다.

(1) 논예의論禮義

韓子之術, 明法尙功. 賢無益於國不加賞. 不肖無害於治不施罰. 責功重賞, 任刑用誅. 故其論儒也, 謂之不耕而食, 比之於一蠹. 論有益與無益也, 比之於鹿馬. 馬之似鹿者千金, 天下有千金之馬, 無千金之鹿, 鹿無益, 馬有用也. 儒者猶鹿, 有用之吏猶馬也. 夫韓子知以鹿馬喩, 不知以冠履譬. 使韓子不冠, 徒履而朝, 吾將聽其言也. 加冠於首而立於朝, 受無益之服, 增無益之仕, 言與服相違, 行與術相反, 吾是以非其言而不用其法也. 煩勞人體, 無益於人身, 莫過跪拜. 使韓子逢人不拜, 見君父不謁, 未必有賊於身體也. 然須拜謁以尊親者, 禮義至重, 不可失也. 故禮義在身, 身未必肥. 而禮義去身, 身未必瘠而化衰. 以謂有益, 禮義不如飮食. 使韓子賜食君父之前, 不拜而用, 肯爲之乎. 夫拜謁, 禮義之效, 非益身之實也, 然而韓子終不失者, 不廢禮義以苟益也. 夫儒生, 禮義也. 耕戰, 飮食也. 貴耕戰而賤儒生, 是棄禮義求飮食也. 使禮義廢, 綱紀敗, 上下亂而陰陽繆, 水旱失時, 五穀不登, 萬民饑死, 農不得耕, 士不得戰也. 子貢去告朔之餼羊, 孔子曰, "賜也, 爾愛其羊, 我愛其禮." 子貢惡費羊, 孔子重廢禮也. 故以舊防爲無益而去之, 必有水災. 以舊禮爲無補而去之, 必有亂患. 儒者之在世, 禮義之舊防也, 有之無益, 無之有損. 庠序之設, 自古有之, 重本尊始, 故立官置吏. 官不可廢, 道不可棄. 儒生, 道官之吏也, 以爲無益而廢之, 是棄道也. 夫道無成效於人, 成效者須道而成. 然足蹈路而行, 所蹈之路, 須不蹈者. 身須手足而動, 待不動者. 故事或無益, 而益者須之. 無效, 而效者待之. 儒生, 耕戰所須待也, 棄而不存, 如何. 韓子非儒, 謂之無益有損, 蓋謂俗儒無行操, 擧措不重禮, 以儒名而俗行, 以實學而僞說, 貪官尊榮, 故不足貴. 夫志潔行顯, 不徇爵祿, 去卿相之位若脫躧者, 居位治職, 功雖不立, 此禮義爲業者也. 國之所以存者, 禮義也. 民無禮義, 傾國危主. 今儒者之操, 重禮愛義, 率無禮之士, 激無義之人, 人民爲善, 愛其主上, 此亦有益也. 聞伯夷風者, 貪夫廉, 懦夫有立志. 聞柳下

惠風者, 薄夫敦, 鄙夫寬. 此上化也, 非人所見. 曰, '段干木闔門不
出, 魏文敬之, 表式其閭, 秦軍聞之, 卒不攻魏.' 使魏無干木, 秦兵
入境, 境土危亡. 秦, 彊國也, 兵無不勝. 兵加於魏, 魏國必破, 三軍
兵頓, 流血千里. 今魏文式閭門之士, 卻彊秦之兵, 全魏國之境, 濟
三軍之衆, 功莫大焉, 賞莫先焉. 齊有高節之士, 曰狂譎·華士. 二人,
昆弟也, 義不降志, 不仕非其主. 太公封於齊, 以此二子解沮齊衆,
開不爲上用之路, 同時誅之. 韓子善之, 以爲二子無益而有損也. 夫
狂譎·華士, 段干木之類也, 太公誅之, 無所卻到. 魏文侯式之, 卻彊
秦而全魏, 功孰大者. 使韓子善干木闔門高節, 魏文式之, 是也. 狂
譎·華士之操, 干木之節也, 善太公誅之, 非也. 使韓子非干木之行,
下魏文之式, 則干木以此行而有益, 魏文用式之道爲有功, 是韓子不
賞功尊有益也. 論者或曰, "魏文式段干木之閭, 秦兵爲之不至, 非法
度之功. 一功特然, 不可常行, 雖全國有益, 非所貴也." 夫法度之功
者, 謂何等也. 養三軍之士, 明賞罰之命, 嚴刑峻法, 富國彊兵, 此法
度也. 案秦之彊, 肯爲此乎. 六國之亡, 皆滅於秦兵. 六國之兵非不
銳, 士衆之力非不勁也, 然而不勝, 至於破亡者, 彊弱不敵, 衆寡不
同, 雖明法度, 其何益哉. 使童子變孟賁之意, 孟賁怒之, 童子操刃,
與孟賁戰, 童子必不勝, 力不如也. 孟賁怒, 而童子脩禮盡敬, 孟賁
不忍犯也. 秦之與魏, 孟賁之與童子也. 魏有法度, 秦必不畏, 猶童
子操刃, 孟賁不避也. 其尊士式賢者之閭, 非徒童子脩禮盡敬也. 夫
力少則脩德, 兵彊則奮威. 秦以兵彊, 威無不勝. 卻軍還衆, 不犯魏
境者, 賢干木之操, 高魏文之禮也. 夫敬賢, 弱國之法度, 力少之彊
助也. 謂之非法度之功, 如何. 高皇帝議欲廢太子, 呂后患之, 卽召張
子房而取策. 子房敎以敬迎四皓而厚禮之. 高祖見之, 心消意沮, 太
子遂安. 使韓子爲呂后議, 進不過彊諫, 退不過勁力, 以此自安, 取誅

之道也, 豈徒易哉. 夫太子敬厚四皓, 以消高帝之議, 猶魏文式段干木之閭, 卻彊秦之兵也. 治國之道, 所養有二. 一曰養德, 二曰養力. 養德者, 養名高之人, 以示能敬賢. 養力者, 養氣力之士, 以明能用兵. 此所謂文武張設, 德力具足者也. 事或可以德懷, 或可以力摧. 外以德自立, 內以力自備, 慕德者不戰而服, 犯德者畏兵而卻. 徐偃王脩行仁義, 陸地朝者三十二國, 彊楚聞之, 擧兵而滅之. 此有德守, 無力備者也. 夫德不可獨任以治國, 力不可直任以御敵也. 韓子之術不養德, 偃王之操不任力, 二者偏駁, 各有不足. 偃王有無力之禍, 知韓子必有無德之患.

한비의 통치술은 법을 밝히고 공을 숭상하는 소위 명법상공明法尙功이 요체이다. 현명하지만 나라에 이익이 없으면 포상하지 말고, 현명하지 못할지라도 다스림에 해를 끼치지 않으면 처벌하지 말아야 한다는 것이다. 공을 따져서 상을 후하게 주고 형벌을 사용하는 것이 매우 엄격하다. 그가 「오두」에서 유자儒者를 두고 '농사를 짓지는 않고 먹기만 한다.'며 좀 벌레에 비유한 것은 이 때문이다. 그는 또 「외저설 우상」에서 유익함과 무익함을 논하면서 이를 사슴과 말에 비유했다.

"사슴을 닮은 말이 있다면 아마 1천 금의 가치가 있을 것이다. 그러나 1백 금의 가치가 있는 말은 있어도 사슴은 그런 경우가 전혀 없다. 말은 사람을 위해 쓰이지만 사슴은 그런 일이 없기 때문이다."

유자를 사슴, 유용한 관원을 말에 비유한 셈이다. 무릇 한비는 유익함과 무익함을 사슴과 말로 비유할 줄만 알았지 머리에 쓰는 관과 발에 신는 신으로 비유할 줄 몰랐다. 만일 한비가 관을 쓰지 않은 채 신발만 신고 조회에 나간다면 나는 그의 유자에 대한 비판을 수용하겠다. 그러나 그는 정식으로 머리에 관을 쓰고 조회에 출석하고도 쓸데없는 옷차림도 모자라 쓸데없는 말만 하는 모습을 보이고 있다. 본인의 말과 옷차림이 어긋나고, 행동과 통치술 이론이 서로 다른 것이다. 내가 그의 주장을 비판하고, 그의 법술을 쓰지 않는 이유다.

원래 무릎을 꿇고 절하는 것은 매우 번거로운 예절로 몸에 아무런 도움을 주지 못한다. 가령 한비가 사람을 만날 때 절을 하지 않고 군주와 부친을 만날 때 배알하지 않는다 해도 반드시 몸에 해로운 것은 아니다. 그러나 부모에게 절하고 공경하는 것은 매우 중요한 예의인 까닭에 어길 수 없다. 예의를 갖췄다고 해서 반드시 몸이 살찌는 것은 아니고, 예의를 없앤다고 해서 꼭 몸이 마르고 쇠약해지는 것은 아니다. 몸에 도움을 주는 측면에서 말하면 예의는 식사만도 못하다. 그렇다고 한비에게 군주와 부모 면전에서 예를 올리지도 않은 채 식사를 하게 하면 그것이 과연 가능하겠는가? 무릇 절을 올리는 것은 예의의 표현일 뿐 실제로 몸에 도움이 되는 것은 아니다. 그런데도 한비가 끝내 예의를 잃지 않으려고 하는 것은 예의를 버리면서까지 구차하게 몸의 이익을 구하려 하지 않기 때문이다.

무릇 유생은 예의이고, 농사와 전쟁은 음식이다. 농사와 전쟁을 귀하게 여기고 유생을 천시하는 것은 예의를 버리고 음식을 구하는 것과 같다. 예의를 폐하면 기강이 무너지고, 위아래가 어지러워지고, 음양이 어긋나고, 장마와 가뭄이 때를 잃게 되고, 오곡을 수확하지 못하게 되어 백성들이 굶어죽는다. 농부는 농사지을 수 없고, 병사들도 적과 싸울 수 없다.

자공이 매월 정사가 시작되기 전에 행하는 제사인 고삭告朔에 쓰는 희생양을 없애자 공자가 말하기를, '사賜야, 너는 양을 아끼지만 나는 예의를 아낀다.'고 했다. 자공은 양을 낭비하는 것을 싫어했고, 공자는 예의의 폐기를 원치 않았던 것이다. 그래서 원래 있던 제방을 쓸모없다고 제거하면 반드시 물난리가 나고, 원래 있던 예의를 쓸모없다고 버리면 반드시 환란이 일어난다. 유자는 세상에 존재하면서 예부터 있던 예의를 지킨다. 그들이 있다고 해서 별 도움도 안 되지만 없으면 해가 생긴다. 예로부터 학생들을 가르치는 학교인 상서庠序를 두고 예의를 중시하고 전통을 존중했다. 관원을 두고 관리한 이유다. 관직은 폐기할 수 없고 도리는 버릴 수 없는 것이다. 유생은 도리를 관장하는 관리에 해당한다. 도움이 안 된다고 폐기하는 것은 도리를 버리는 짓이다. 도리는 사람에 대해 구체적인 효과를 나타내지는 못하지만 도리에 의거해야만 공을 이룰 수 있다. 이는 마치 발은 길을 밟고 다니지만 밟고 다니는 길은 밟지 않은 곳이 있어야 존재할 수 있고, 몸은 손과 발이 있어야 움직이지만 움직이려면 움직이지 않는 몸이 있어야 하는 것과 같다. 무익한 일 같지만 유익하려면 무익한 것이 있어야 하고, 효력이 없는 것 같지만 유효하려면 무효한 것이 있어야만 하는 것도 같은 이치이다. 유생은 농사와 전쟁의 근본이다. 이를 버리고 보존하지 않으면 장차 나라를 어찌 다스릴 수 있겠는가?

한비는 유자를 비판하며 무익하고 해만 끼친다고 말했다. 속유俗儒는 행실에 절조가 없고, 행동할 때 예의를 중시하지 않고, 유자로 불리면서도 속되게 행동하고, 실제적인 학문을 한다면서 거짓 주장을 펴고, 오직 관직을 탐내며 영화만 누리려 한다는 것이다. 그가 유자를 귀하게 여길만한 게 없다고 비판한 이유다.

무릇 뜻이 고결하고 행동이 분명하며, 작록에 구애받지 않고, 경상卿相의 높은 지위를 버리는 것이 마치 짚신짝 벗어버리듯 하는 사람이 있다. 자신의 직책 위에서 직무를 처리하고, 비록 공을 세우지 못할지라도 이런 예의를 지키는 것을 직무로 여긴다. 나라를 다스리기 위해 반드시 보존해야 하는 것이 바로 예의이다. 백성에게 예의가 없다면 나라는 이내 기울고, 군주 또한 위태로워진다. 지금 유자의 절조를 보면 예를 중시하고 의리를 사랑한다. 무례한 선비를 바른 길로 인도하고, 의리 없는 사람을 격려하고, 백성들로 하여금 선행을 하며 군주를 사랑하게 만드는데도 예의가 유익하다.

백이伯夷의 풍격을 듣게 되면 탐욕스런 사람은 청렴해지고, 연약한 사람은 뜻을 세운다. 유하혜柳下惠의 풍격을 듣게 되면 경박한 사람은 독실해지고, 편협한 사람은 관대해진다. 이는 최고의 교화로 일반 사람이 알 수 있는 바가 아니다. 단간목段干木이 은거하며 벼슬을 하러 나오지 않자 위문후가 그를 공경한 나머지 그가 사는 마을에 충신과 효자 등을 기리기 위한 정문旌門을 세우고 그곳을 지날 때마다 경의를 표시했다고 한다. 진秦나라 군사도 이 소식을 듣고는 위魏나라를 공격하지 않았다고 한다.

만일 위나라에 단간목이 없었다면 진나라 군사가 경계를 넘어와 영토가 크게 위태로웠을 것이다. 진나라는 강한 나라로 싸울 때마다 승리했다. 그런 군사가 위나라로 쳐들어갔다면 위나라는 틀림없이 패망했을 것이다. 또한 3군三軍은 칼날이 무디도록 싸우고 1천 리에 걸쳐 피가 흘렀을 것이다. 지금 위문후가 은거한 선비에게 존경을 표하여 강한 진나라 군사를 물리치고, 영토를 보존했고, 모든 군사를 구제했다. 이보다 더 큰 공은 없다. 상을 주자면 그를 앞설 사람이 없을 것이다.

당초 제나라 땅에 광휼狂譎과 화사華士라는 높은 절개를 지닌 선비가 있었다. 형제인 두 사람은 의리를 지켜 뜻을 꺾지 않았고, 섬길 만한 군주가 아니면 벼슬하지 않았다. 태공망太公望 여상呂尙은 주무왕에 의해 제나라에 봉해진 뒤 두 사람이 제나라 백성들의 사기를 떨어뜨리고 군주를 위해 일하지 않는 선례를 만든다는 이유를 들어 이들을 일거에 죽여 버렸다. 한비는 이를 칭찬하며 두 사람은 쓸모가 없고 해만 끼친 것으로 여겼다. 광휼과 화사는 단간목과 같은 부류다. 여상은 그들을 죽여서 아무 것도 없앤 것이 없고, 얻은 것 또한 없다. 그러나 위문후는 단간목에게 경의를 표시함으로써 진나라를 물리치고 위나라를 보전했다. 그렇다면 과연 누구의 공이 더 큰 것인가?

한비자가 만일 단간목이 문을 닫고 은거하는 식의 높은 절개를 보인 점을 칭찬하고, 위문후가 단간목을 존중해 경의를 표한 점을 칭찬했다고 가정해 보자. 그렇다면 광휼과 화사의 행실은 단간목과 같기 때문에 여상이 그들을 죽인 것을 칭찬한 것은 옳지 않은 셈이 된다. 만일 단간목의 행실을 비난하고 위문후가 존경을 표한 것을 경시했다고 가정해 보자. 단간목은 이 일로 나라에 이익을 주었고, 위문후는 존경을 표하는 방법으로 효과를 거둔 게 된다. 그렇다면 한비는 공을 표창하지 않고, 유익한 사람을 존중하지 않은 셈이 된다.

혹자는 한비를 두둔하며 말하기를, '위문후가 단간목의 마을에 경의를 표하자 진나라 군사가 이르지 않은 것은 법도의 공이 아니다. 이 경우만 유독 그러했을 뿐 항상 그리 행한 것은 아니다. 비록 위나라를 보전했다는 점에서는 도움이 되었으나 존중할 점은 못된다.'고 말할 수 있을 것이다. 그렇다면 법도의 공은 구체적으로 무엇을 말하는가? 3군을 양성하고, 상벌의 명을 분명히 하고, 형과 법을 준엄하게 하고, 부국강병을 이룬다면 이것이 곧 한비가 말하는 법도일 것이다.

그러나 당시 막강한 무력을 보유한 진나라의 사정을 감안할 때 과연 위나라가 이런 법도를 아무 탈 없이 시행할 수 있었겠는가? 주지하듯이 산동의 6국 모두 진나라 군사에게 패망했다. 당시 6국의 병기가 예리하지 않은 것도 아니었다. 그런데도 진나라 군사에게 이기지 못하고 멸망했다. 이는 무력이 약해 대적할 수 없었고, 군사의 숫자가 따르지 못했기 때문이다. 그러니 아무리 법도를 분명히 한들 무슨 도움이 되겠는가?

　가령 어린아이가 맹분孟賁의 뜻을 거슬러 맹분을 화나게 했다면 어린아이는 칼을 쥐고 맹분과 싸우기는 했겠지만 결코 맹분을 이기지는 못했을 것이다. 힘이 그만 못하기 때문이다. 그러나 맹분이 화를 낼 때 어린아이가 예의를 갖추고 지극히 공경한다면 맹분은 차마 그를 공격하지는 못할 것이다. 진나라와 위나라는 바로 맹분과 어린아이의 관계와 같았다. 위나라에 법도가 있었음에도 진나라가 결코 겁내지 않은 것은 어린아이가 칼을 쥐고 있어도 맹분이 피하지 않는 것과 같다. 선비를 높이고 현자가 사는 마을에 경의를 표하는 것은 어린아이가 예의를 갖추고 공경을 다하는 차원을 넘는다. 힘이 약하면 덕을 닦고 군사가 강하면 위세를 떨친다. 진나라는 군사가 강해 그들의 위세로 이기지 못할 리 없었는데도 군사를 돌려 위나라 영토를 침범하지 않은 것은 단간목의 행실을 현명하게 여기고 위문후가 예의를 표한 것을 높이 평가했기 때문이다. 공경과 현명함은 힘이 약한 나라의 법도에 해당한다. 힘이 약한 나라에게는 오히려 이게 큰 도움이 되는 것이다. 이것이 법도의 공이 아니면 과연 무엇인가?

　고황제高皇帝가 태자 폐위를 공론화하려고 하자 여후呂后가 크게 걱정이 되어 바로 장량을 불러 계책을 구했다. 장량은 사호四皓로 불리는 4명의 도인을 공손히 맞아들인 뒤 예의를 다해 모실 것을 일러 주었다. 고황제가 이를 보고 마음이 풀려 마침내 태자의 자리가 안정됐다. 만일 한비가 여후를 위해 계책을 냈다면 좋은 계책이래야 강력히 간하는 데 지나지 않았을 것이고, 그렇지 않으면 무력을 사용하는 계책 정도에 불과했을 것이다. 이런 식으로 자신의 지위를 안정시키는 것은 자멸의 길이다. 어찌 태자를 바꾸는 선에 그쳤겠는가? 태자가 4명의 도인에게 공경하게 예의로 대함으로써 고황제의 태자 폐위 논의를 없앤 것은 마치 위문후가 단간목의 마을에 경의를 표시해 강한 진나라 군사를 퇴각시킨 것과 같다.

나라를 다스리는 방법으로 힘써 길러야 할 것이 2가지 있다. 하나는 덕을 기르는 것이고, 다른 하나는 힘을 기르는 것이다. 덕을 기르는 것은 명망 높은 사람을 길러 현인을 공경할 수 있다는 것을 보여주는 것이다. 힘을 기르는 것은 힘센 장사를 길러 군대를 부리는 능력을 보여주는 것이다. 이것이 문무를 모두 확충하고, 덕과 힘을 구비하는 것이다. 일을 할 때는 덕으로 감화할 수도 있고, 힘으로 꺾을 수도 있다. 밖으로는 덕으로 자신을 세우고 안으로는 힘으로 자신을 갖춘다면 덕을 앙모하는 자는 싸우지 않고 복종할 것이고, 덕을 무시하는 자 또한 병력을 두려워하여 물러날 것이다. 옛날 서언왕徐偃王은 인의를 실천해 각지에서 조현朝見하기 위해 찾아온 나라가 32개국이나 되었다. 주목왕이 이 소식을 듣고는 초나라로 하여금 군사를 일으켜 서나라를 멸망케 했다. 이는 덕은 갖췄으나 힘을 갖추지 못했기 때문이다. 오직 덕에만 의지해서는 나라를 다스릴 수 없고, 힘에만 의지해도 적을 이길 수 없다. 한비의 주장은 덕을 기르지 않는 것이고, 서언왕의 행위는 힘에 의지하지 않는 것이다. 두 사람 모두 한쪽에 치우쳐 각기 부족한 면이 있다. 서언왕은 힘을 무시해 화를 당했다. 이로써 한비가 반드시 덕을 무시한 데 따른 화가 뒤따를 수밖에 없었음을 알 수 있다.

(2) 논덕치論德治

凡人稟性也, 淸濁貪廉, 各有操行, 猶草木異質, 不可復變易也. 狂譎·華士不仕於齊, 猶段干木不仕於魏矣. 性行淸廉, 不貪富貴, 非時疾世, 義不苟仕, 雖不誅此人, 此人行不可隨也. 太公誅之, 韓子是

之, 是謂人無性行, 草木無質也. 太公誅二子, 使齊有二子之類, 必不
爲二子見誅之故, 不淸其身. 使無二子之類, 雖養之, 終無其化. 堯不
誅許由, 唐民不皆樔處. 武王不誅伯夷, 周民不皆隱餓. 魏文侯式段
干木之閭, 魏國不皆閉門. 由此言之, 太公不誅二子, 齊國亦不皆不
仕. 何則. 淸廉之行, 人所不能爲也. 夫人所不能爲, 養使爲之, 不能
使勸. 人所能爲, 誅以禁之, 不能使止. 然則太公誅二子, 無益於化,
空殺無辜之民. 賞無功, 殺無辜, 韓子所非也. 太公殺無辜, 韓子是
之, 以韓子之術殺無辜也. 夫執不仕者, 未必有正罪也, 太公誅之.
如出仕未有功, 太公肯賞之乎. 賞須功而加, 罰待罪而施. 使太公不
賞出仕未有功之人, 則其誅不仕未有罪之民, 非也. 而韓子是之, 失
誤之言也. 且不仕之民, 性廉寡欲. 好仕之民, 性貪多利. 利欲不存
於心, 則視爵祿猶糞土矣. 廉則約省無極, 貪則奢泰不止. 奢泰不止,
則其所欲, 不避其主. 案古簒畔之臣, 希淸白廉潔之人. 貪, 故能立
功. 憍, 故能輕生. 積功以取大賞, 奢泰以貪主位. 太公遺此法而去,
故齊有陳氏劫殺之患. 太公之術, 致劫殺之法也. 韓子善之, 是韓子
之術亦危亡也. 周公聞太公誅二子, 非而不是, 然而身執贄以下白屋
之士. 白屋之士, 二子之類也. 周公禮之, 太公誅之, 二子之操, 孰爲
是者. 宋人有御馬者, 不進, 拔劍剄而棄之於溝中. 又駕一馬, 馬又不
進, 又剄而棄之於溝. 若是者三. 以此威馬, 至矣, 然非王良之法也.
王良登車, 馬無罷駑. 堯・舜治世, 民無狂悖. 王良馴馬之心, 堯・舜順
民之意. 人同性, 馬殊類也. 王良能調殊類之馬, 太公不能率同性之
士. 然則周公之所下白屋, 王良之馴馬也. 太公之誅二子, 宋人之剄
馬也. 擧王良之法與宋人之操, 使韓子平之, 韓子必是王良而非宋人
矣. 王良全馬, 宋人賊馬也. 馬之賊, 則不若其全. 然則, 民之死, 不
若其生. 使韓子非王良, 自同於宋人, 賊善人矣. 如非宋人, 宋人之

術與太公同, 非宋人, 是太公, 韓子好惡無定矣. 治國猶治身也. 治一身, 省恩德之行, 多傷害之操, 則交黨疎絶, 耻辱至身. 推治身以況治國, 治國之道, 當任德也. 韓子任刑, 獨以治世, 是則治身之人, 任傷害也. 韓子豈不知任德之爲善哉. 以爲世衰事變, 民心靡薄, 故作法術, 專意於刑也. 夫世不乏於德, 猶歲不絶於春也. 謂世衰難以德治, 可謂歲亂不可以春生乎. 人君治一國, 猶天地生萬物. 天地不爲亂歲去春, 人君不以衰世屛德. 孔子曰, "斯民也, 三代所以直道而行也."

　무릇 사람의 품성에는 청탁淸濁과 탐렴貪廉의 차이가 있고, 이에 따르는 행실의 차이가 있다. 이는 마치 초목의 바탕이 제각기 달라 더 이상 바뀔 수 없는 것과 같다. 광휼과 화사가 제나라에서 벼슬하지 않은 것은 단간목이 위나라에서 벼슬하지 않은 것과 같다. 성품과 행실이 청렴해 부귀를 탐하지 않았고, 당시의 세상을 비난하고 싫어해 의리를 지키면서 구차하게 벼슬을 구하지 않았다. 설령 이들을 죽이지 않았을지라도 이들의 행동을 함께 따라할 수는 없는 일이다. 여상이 이들을 죽인 것을 두고 한비가 찬성한 것은 사람에게 타고난 성품이 없고 초목에도 타고난 바탕이 없다고 생각한 결과다. 여상은 두 사람을 죽였으나 만일 제나라에 그런 부류를 그대로 놓아두었다면 두 사람을 죽여 경계하지 않았을지라도 결코 사람들이 두 사람처럼 청고하게 사는 방식을 택하지는 않았을 것이다. 정반대로 제나라에 두 사람과 같은 부류가 없었다고 가정해도 결과는 마찬가지다. 여상이 아무리 백성들을 교화시키고자 애쓸지라도 끝내 그들을 모두 교화시킬 수는 없는 일이다. 요임금은 허유許由를 죽이지 않았는데도 요임금의 백성은 모두 은거하지 않았고, 주무왕이 백이를 죽이지 않았는데도 주나라 백성들은 모두 은거해 굶어죽는 길을 택하지는 않았다. 위문후가 단간목 마을에 경의를 표했는데도 위나라 백성들은 모두 그를 좇아 은거하는 모습을 보이지 는 않았다.

이로써 말하면 여상이 두 사람을 죽이지 않았어도 제나라 사람들은 두 사람을 좇아 은거하는 길을 택하지는 않았을 것이다. 이는 무엇 때 문인가? 청렴한 행위는 사람이 하기 힘든 일이다. 사람이 할 수 없는 것 이라면 아무리 백성을 교육시킬지라도 청렴한 행위를 하도록 권할 수 없고, 사람이 할 수 있는 일이라면 아무리 처형의 위협을 가하며 금할 지라도 그만 두게 할 수 없다. 그렇다면 여상이 두 사람을 죽인 것은 교 화에 도움도 안 되고 공연히 무고한 백성을 죽인 셈이다. 공을 세우지 못한 자에게 상을 내리고, 무고한 사람을 죽이는 것을 한비는 크게 비 난했다. 그런데 여상은 무고한 사람을 죽였고, 한비는 이를 수용했다. 그 렇다면 한비자의 통치술은 곧 무고한 사람을 죽이는 것이나 다름없다.

벼슬하지 않겠다고 고집하는 사람에게 반드시 적용해야 될 죄가 있 는 것도 아닌데 여상은 그를 죽였다. 그렇다면 벼슬에 나가 공을 세우 지 못했는데도 여상은 상을 줄 수 있겠는가? 포상은 공에 따라 시행하 고, 처벌은 죄에 따라 내려야 한다. 만일 여상이 벼슬길에 나섰을지라도 공을 세우지 못한 자에게는 상을 내리지 않았다면, 벼슬하지 않은 채 죄를 범하지 않은 자를 주살한 것은 잘못이다. 그런데도 한비는 그를 옳다고 했으니 이 또한 잘못된 말이다. 벼슬하지 않으려는 백성은 성품 이 청렴하고 욕심이 적은 자이고, 기어코 벼슬하려는 백성은 성품이 탐 욕스럽고 많은 이익을 구하는 자이다. 이익과 욕심을 마음에 두지 않는 것은 작록을 흙처럼 여기기 때문이다. 청렴하면 검약한 행실이 끝이 없 고, 탐욕스러우면 사치와 안일이 그치지 않는다. 사치와 안일이 그치지 않으면 군주의 자리까지 넘본다. 옛 일을 살펴보면 보위를 찬탈하거나 반기를 든 신하 가운데 청렴결백한 자는 매우 드물었다. 탐욕스러운 까

닭에 공을 세울 수 있고, 교만한 까닭에 목숨을 가볍게 다룬다. 공을
쌓아 큰 상을 받게 되면, 사치하고 안일하여 이내 보위까지 탐하는 것
이다. 여상이 이런 법술을 남기고 죽은 까닭에 제나라는 마침내 권신
진씨陳氏가 군주를 시해하고 나라를 빼앗는 환란이 일어났다. 여상의
법술은 시해를 부추기는 것이다. 그런데도 한비는 이를 칭송했으니 한
비의 법술 또한 나라를 패망케 만드는 것일 뿐이다.

주공周公은 여상이 두 사람을 죽인 일을 듣고는 그를 비난하며 옳다
고 여기지 않았다. 그래서 몸소 예물을 갖고 가 누추하게 사는 선비인
백옥지사白屋之士에게 몸을 낮췄다. '백옥지사'는 광휼 및 화사와 같은
부류다. 주공은 그들을 예우했으나 여상은 그들을 죽였다. 두 사람 중
누가 옳은가?

『여씨춘추』「용민用民」에 따르면 송나라의 어떤 마부는 말이 앞으로
나아가지 않자 칼을 빼 목을 벤 뒤 도랑에 버렸다. 다시 말을 탔으나 여
전히 앞으로 나아가지 않자 다시 목을 벤 뒤 도랑에 버렸다. 이런 일이
3번 거듭됐다. 말을 다루는 방법으로 이보다 더한 것은 없다. 이는 전설
적인 마부인 왕량王良이 말을 다루는 법이 아니다. 왕량이 수레에 오르
면 못나고 둔한 말이 없었다. 요순이 천하를 다스릴 때 역시 함부로 행
동하는 백성이 없었다. 왕량이 말의 마음을 순하게 다스리는 것은 요순
이 백성의 뜻을 순하게 만드는 것과 같다. 사람은 본성이 같지만 말은
그렇지 않다. 왕량은 본성이 같지 않은 말도 순하게 다스렸는데, 여상은
본성이 똑같은 선비조차 제대로 이끌지 못했다. 주공이 '백옥지사'에게
몸을 낮춘 것은 왕량이 말을 길들인 것과 같고, 여상이 두 사람을 죽인
것은 송나라 사람이 말의 목을 베어 죽인 것과 같다고 하는 이유다.

왕량이 말을 절묘하게 다룬 방법과 송나라 사람이 거칠게 다룬 방법
을 놓고 한비에게 평을 구하면 한비는 반드시 왕량이 옳고, 송나라 사

람이 그르다고 할 것이다. 왕량은 말을 온전히 다뤘으나 송나라 사람은 말을 해쳤기 때문이다. 말을 해치는 것은 온전히 두는 것만 못하다. 백성을 죽이는 것은 살려 두느니만 못하다. 만일 한비가 왕량을 비난하고 송나라 사람을 두둔하면 이는 선한 사람을 해치는 게 된다. 만일 한비가 송나라 사람을 비난하면 송나라 사람의 방법이 여상과 같은데도 송나라 사람만 비난하고 여상은 옳다고 하는 모순을 범하게 된다. 한비는 좋아하고 싫어하는 기준이 없는 셈이다.

나라를 다스리는 것은 자신을 다스리는 것과 같다. 자신을 다스리면서 은덕을 베푸는 일을 적게 하고, 남을 해치는 행동을 많이 하면 이내 친구 및 친척과 소원해지고 치욕이 몸에 닥치게 된다. 자신을 다스리는 이치를 토대로 나라를 다스리는 이치도 추론할 수 있다. 나라를 다스리는 요체는 응당 덕치를 행하는 데서 찾아야 한다. 한비는 형벌만을 사용해 천하를 다스리고자 했다. 이는 남을 해치는 방법을 써서 자신을 다스리는 것이다. 한비가 어찌 덕치가 좋은 통치술이라는 사실을 몰랐을 리 있겠는가? 세상이 쇠락해 일이 크게 변하고 민심 또한 한쪽으로 쏠려 경박해졌다고 생각한 까닭에 법술을 언급하고, 형벌을 중시했을 것이다. 세상에 덕치를 베풀어야 하는 것은 해마다 봄이 끊이지 않고 찾아와야 하는 것과 같다. 그런데도 한비는 세상이 쇠락한 까닭에 덕치로 다스릴 수 없다고 했다. 그렇다면 세월이 어지럽다는 이유로 봄이 만물을 생육시키지 못한다고 말할 수 있는 것인가? 군주가 한 나라를 다스리는 것은 마치 천지가 만물을 길러주는 것과 같다. 천지가 세월이 어지럽다는 이유로 봄을 없애지 않는 것처럼 군주 또한 세상이 쇠락했다는 이유로 덕치를 버리지 않아야 한다. 공자가 『논어』 「위령공」에서 '이 백성들은 이미 하·은·주 3대에 바른 도를 행하여 온 사람들이다'라고 한 이유다.

(3) 논법술論法術

周穆王之世, 可謂衰矣, 任刑治政, 亂而無功. 甫侯諫之, 穆王存德, 享國久長, 功傳於世. 夫穆王之治, 初亂終治, 非知昏於前, 才妙於後也, 前任蚩尤之刑, 後用甫侯之言也. 夫治人不能捨恩, 治國不能廢德, 治物不能去春, 韓子欲獨任刑用誅, 如何. 魯繆公問於子思曰, "吾聞龐㨉是子不孝. 不孝, 其行奚如." 子思對曰, "君子尊賢以崇德, 擧善以勸民. 若夫過行, 是細人之所識也, 臣不知也." 子思出, 子服厲伯見. 君問龐㨉是子. 子服厲伯對以其過, 皆君子所未曾聞. 自是之後, 君貴子思而賤子服厲伯. 韓子聞之, 以非繆公, 以爲明君求姦而誅之, 子思不以姦聞, 而厲伯以姦對, 厲伯宜貴, 子思宜賤. 今繆公貴子思, 賤厲伯, 失貴賤之宜, 故非之也. 夫韓子所尙者, 法度也. 人爲善, 法度賞之. 惡, 法度罰之. 雖不聞善惡於外, 善惡有所制矣. 夫聞惡不可以行罰, 猶聞善不可以行賞也. 非人不擧姦者, 非韓子之術也. 使韓子聞善, 必將試之, 試之有功, 乃肯賞之. 夫聞善不輒加賞, 虛言未必可信也. 若此, 聞善與不聞, 無以異也. 夫聞善不輒賞, 則聞惡不輒罰矣. 聞善必試之, 聞惡必考之, 試有功乃加賞, 考有驗乃加罰. 虛聞空見, 實試未立, 賞罰未加. 賞罰未加, 善惡未定. 未定之事, 須術乃立, 則欲耳聞之, 非也. 鄭子産晨出, 過東匠之宮, 聞婦人之哭也, 撫其僕之手而聽之. 有間, 使吏執而問之, 手殺其夫者也. 翼日, 其僕問曰, "夫子何以知之." 子産曰, "其聲不慟. 凡人於其所親愛也, 知病而憂, 臨死而懼, 已死而哀. 今哭夫已死, 不哀而懼, 是以知其有姦也." 韓子聞而非之曰, "子産不亦多事乎. 姦必待耳目之所及而後知之, 則鄭國之得姦寡矣. 不任典城之吏, 察參伍之正, 不明度量, 待盡聰明·勞知慮而以知姦, 不亦無術乎." 韓子之非

子産, 是也. 其非繆公, 非也. 夫婦人之不哀, 猶龐捫之不孝也. 非子
産持耳目以知姦, 獨欲繆公須問以定邪. 子産不任典城之吏, 而以耳
聞定實. 繆公亦不任吏, 而以口問立誠. 夫耳聞口問, 一實也, 俱不任
吏, 皆不參伍. 龐伯之對不可以立實, 猶婦人之哭不可以定誠矣. 不
可「以」定誠, 使吏執而問之. 不可以立實, 不使吏考, 獨信龐伯口,
以罪不考之姦, 如何. 韓子曰, "子思不以過聞, 繆公貴之. 子服龐伯
以姦聞, 繆公賤之, 人情皆喜貴而惡賤, 故季氏之亂成而不上聞, 此
魯君之所以劫也." 夫魯君所以劫者, 以不明法度邪. 以不早聞姦也.
夫法度明, 雖不聞姦, 姦無由生. 法度不明, 雖曰求姦, 決其源, 鄣之
以掌也. 御者無銜, 見馬且犇, 無以制也. 使王良持轡, 馬無欲犇之
心, 御之有數也. 今不言魯君無術, 而曰不聞姦. 不言審法度, 而曰不
通下情, 韓子之非繆公也, 與術意而相違矣. 龐捫是子不孝, 子思不
言, 繆公貴之. 韓子非之, 以爲"明君求善而賞之, 求姦而誅之." 夫不
孝之人, 下愚之才也. 下愚無禮, 順情從欲, 與鳥獸同. 謂之惡, 可也.
謂姦, 非也. 姦人外善内惡, 色厲内荏, 作爲操止, 像類賢行, 以取升
進, 容媚於上, 安肯作不孝, 著身爲惡, 以取棄殉之咎乎. 龐捫是子
可謂不孝, 不可謂姦. 韓子謂之姦, 失姦之實矣. 韓子曰, "布帛尋常,
庸人不擇. 爍金百鎰, 盜跖不搏." 以此言之, 法明, 民不敢犯也. 設
明法於邦, 有盜賊之心, 不敢犯矣. 不測之者, 不敢發矣. 姦心藏於
胸中, 不敢以犯罪法, 罪法恐之也. 明法恐之, 則不須考姦求邪於下
矣. 使法峻, 民無姦者. 使法不峻, 民多爲姦. 而不言明王之嚴刑峻
法, 而云求姦而誅之. 言求姦, 是法不峻, 民或犯之也. 世不專意於
明法, 而專心求姦, 韓子之言, 與法相違. 人之釋溝渠也, 知者必溺
身. 不塞溝渠而繕船檝者, 知水之性不可關, 其勢必溺人也. 臣子之
性欲姦君父, 猶水之性溺人也, 不敎所以防姦, 而非其不聞知, 是猶

不備水之具, 而徒欲早知水之溺人也. 溺於水, 不責水而咎己者, 己失防備也. 然則人君劫於臣, 己失法也. 備溺不關水源, 防劫不求臣姦, 韓子所宜用敎己也. 水之性勝火, 如裹之以釜, 水煎而不得勝, 必矣. 夫君猶火也, 臣猶水也, 法度釜也, 火不求水之姦, 君亦不宜求臣之罪也.

주목왕周穆王이 처음 다스릴 때는 가히 쇠락했다고 말할 수 있다. 형벌을 남발해 정치를 한 까닭에 어지러운데다 아무런 공도 이루지 못한 게 그렇다. 이후 재상 보후甫侯가 이를 간하자 주목왕이 받아들여 덕치를 행했다. 오랫동안 나라가 잘 다스려지고, 큰 공도 세워 후세까지 전해지게 됐다. 무릇 주목왕이 나라를 다스리면서 처음에는 어지러웠으나 후에 덕치를 베푼 것은 처음에는 지혜가 없다가 나중에 재질이 높아졌기 때문이 아니다. 처음에는 힘을 숭상하는 치우蚩尤의 형벌 위주 정책을 폈다가 이후 재상 보후의 간언을 받아들여 덕치를 베풀었기 때문이다. 무릇 사람을 다스릴 때는 사랑하는 마음을 버릴 수 없고, 나라를 다스릴 때는 덕치를 버릴 수 없고, 만물을 다스릴 때는 봄을 없앨 수 없는 법이다. 한비만 유독 형벌에 의지해 혹형을 사용코자 했으니 이는 무슨 까닭인가?

『한비자』「난삼」에 따르면 전국시대 초기 노목공魯穆公이 자사子思에게 묻기를, '과인은 형벌을 남발한 방한씨龐䦱氏의 자식이 효성스럽지 못하다고 들었는데 과연 그의 행실이 어떠한가?'라고 했다. 자사가 이같이 대답했다.

"군자는 어진 사람을 존중해 덕을 숭상하고, 선한 일을 예로 들어 백성들에게 권합니다. 잘못된 행실 같은 것은 소인들이나 기억하는 것입니다. 신은 아는 바가 없습니다."

자사가 나가자 대부 자복려백子服厲伯이 알현했다. 노목공이 똑같이 물어보자 그가 방한씨 자식들의 행실을 낱낱이 고했다. 모두 군자가 처음 들어보는 것들이었다. 이후 노목공은 자사를 존중하고, 자복려백을 천시했다. 한비가 이 얘기를 들었으면 아마 노목공을 비난했을 것이다. 그는 명군이라면 반드시 간신을 찾아내 주살해야 한다고 주장했다. 그런데 자사는 간사한 일을 듣지 못했다고 했고, 자복려백은 이를 세세히 고했다. 한비의 주장에 따르면 자복려백은 응당 존중되고, 자사는 천시돼야만 한다. 한비가 볼 때 노목공이 자사를 존중하고 자복려백을 천시한 것은 귀천의 잣대를 잃은 것이다. 한비의 비난을 면키 어렵다.

무릇 한비가 숭상한 것은 법도이다. 선행을 하면 법도에 따라 상을 주고, 악행을 하면 법도에 따라 벌을 주어야만 한다. 비록 군주가 궁 밖의 선행과 악행에 관해 듣지 못했을지라도 선행과 악행은 법제에 의거해 엄히 구분돼야만 한다. 악행에 관해 들었을지라도 벌할 수 없는 것은 선행을 들었다고 상을 줄 수 없는 것과 같다. 악행을 들춰내지 않은 사람을 비난하는 것은 한비가 얘기하는 통치술이 아니다.

만일 한비가 선행에 관해 들었다면 반드시 조사하고, 공이 있다면 이내 상을 주려고 했을 것이다. 무릇 선행을 듣고도 곧바로 상을 내리지 않으면 곧 허언이 되어 백성들의 불신을 살 수 있기 때문이다. 그렇다면 선행을 듣는 것과 듣지 못하는 것은 별반 다를 게 없게 된다. 무릇 선행을 듣고도 곧바로 상을 내리지 않는 것은 악행을 듣고도 곧바로 벌을 내리지 않는 것과 같다. 따라서 한비는 선행을 들었으면 반드시 조사하고, 악행을 들었으면 반드시 살펴볼 것이다. 조사해서 공이 있으면 상을 주고, 심사해서 증거가 있으면 벌을 내릴 것이다. 만일 조사하고 심사한 결과 증거가 확실하지 않으면 상과 벌을 내릴 수 없게 된다. 상과 벌을 내리지 못하면 선행과 악행의 기준이 제대로 정립되지 못한 탓이다. 선악의 구분이 이뤄지지 않은 일은 구체적인 기준이 마련돼야 확정될 수 있다. 귀로 듣는 것을 토대로 선악을 구분해 상벌을 내리고자 하는 것은 잘못이다.

『한비자』「난삼」에 따르면 정나라 자산子産이 새벽에 집을 나와 동장東匠이라는 마을을 지날 때 어떤 부인이 크게 곡하는 소리가 들렸다. 마부의 손을 눌러 수레를 멈추게 하고 가만히 들어본 자산이 이내 관원을 보내 그녀를 잡아오게 한 뒤 다그쳐 물어보았다. 그녀는 제 손으로 남편을 목 졸라 죽인 자였다. 다른 날 마부가 물었다.

"대인은 어떻게 그것을 알았습니까?"

자산이 대답했다.

"그 울음소리는 겁에 질려 있었다. 무릇 사람은 인정상 친애하는 사람이 병들면 걱정하고, 죽을 지경에 이르면 두려워하고, 마침내 죽으면 슬퍼하는 법이다. 그러나 그 부인의 곡소리에는 남편이 죽었는데도 슬픈 기색이 전혀 없고, 오직 두려워하는 기색뿐이었다. 그래서 그녀가 간사한 짓을 저질렀다는 것을 알게 된 것이다."

훗날 한비는 이 얘기를 듣고는 이같이 비판했다.

"자산의 다스림이 번잡하지 않은가? 간사한 일에 대해 반드시 자신의 귀로 듣고 눈으로 직접 보는 것을 기다려 비로소 알게 된다면 정나라에서 붙잡히는 간사한 자는 극히 적을 것이다. 소송을 관장하는 관원에게 맡기지 않고, 증거를 찾는 일을 살피지 않고, 법도의 테두리를 명확히 하지 않고, 자신의 총명만 믿고 지려智慮를 다해 간사함을 알아내려 하면 이 또한 법술이 없는 게 아니겠는가?"

한비가 자산을 비판한 것은 옳다. 그러나 노목공을 비판한 것은 잘못이다. 아낙네가 남편의 죽음에 슬퍼하지 않은 것은 방한씨의 자식이 효성스럽지 못한 것과 같다. 자산이 자신의 눈과 귀로 간사함을 알아채는

것은 비난하면서도 유독 노목공에게만 방한씨 자식의 악행에 대한 조
치를 바라는 모습을 보였기 때문이다. 자산은 나라를 실질적으로 다스
리는 관원을 활용하지 않은 채 자신의 귀로 듣기만 하여 사실을 판단
했고, 노목공 또한 관원을 활용하지 않고 입으로 묻기만 하여 악행의
진상을 알아냈다. 귀로 들어 알거나 입으로 물어 아는 것이나 결국 같
은 것이다. 또한 두 사람 모두 관원을 활용하지 않았으니 진상을 조사
해 증거를 찾아내는 절차를 밟지 않은 셈이다. 나아가 자복려백의 대답
만 듣고 사실을 판단할 수 없는 것은 아낙네의 곡을 듣고 진실을 파악
할 수 없는 것과 같다. 선행과 악행을 확정할 수 없으면 관원을 시켜 사
실을 확인해야만 한다. 노목공의 경우 사실을 확정지을 수 없는데도 관
원을 시켜 살펴보지 않은 채 자복려백의 말만 믿고 방한씨의 자식이 불
효하다고 단정해 버렸다. 이는 어떻게 해석해야 하는가? 한비는 이같이
말했다.

"지금 자사가 남의 허물을 알면서도 보고하지 않았는데 노목공은 오
히려 이를 존중했다. 자복려백은 간사한 일을 보고했는데도 오히려 천
시했다. 사람의 상정常情은 존중받기를 좋아하고, 천시당하는 것을 싫
어하는 법이다. 권신인 계씨季氏의 반란준비가 착실히 진행되고 있는데
도 아무도 이를 보고하지 않았다. 노나라 군주가 겁박을 당한 이유다."

무릇 노목공이 겁박을 당한 것은 법도를 제대로 밝히지 않은 데 따
른 것인가, 아니면 악행에 관해 빨리 듣지 못해서인가? 법도가 분명했
다면 아무리 악행에 관해 듣지 못했을지라도 악행이 빚어질 리 없다. 법
도가 분명하지 못하면 아무리 날마다 악행에 관해 들을지라도 소용이
없다. 이는 홍수가 빚어지는 근원을 터놓은 채 손바닥으로 막으려 드는
것과 같다. 통상 마부가 재갈을 물리지 않으면 말이 달아나려는 것을
보아도 제어할 길이 없다. 그러나 왕량이 고삐를 쥐었다면 말이 아예 달

아나려고 하지도 않을 것이다. 말을 모는 술수가 있기 때문이다.

지금 한비가 노목공에 대해 나라를 다스리는 방법이 없었다고 말하지 않고 '악행에 관해 듣지 못했다'고 비난하고, 법도를 살피지 못했다고 말하지 않고 '아래의 실정에 통하지 못했다'고 비난했다. 한비가 노목공을 비난한 것은 자신이 말한 통치술과 서로 어긋나는 것이다. 노목공은 자사는 방한씨의 자식이 불효한 것에 대해 말하지 않은 까닭에 그를 존중했다. 한비가 이를 비난한 것은 '명군은 선행을 한 사람을 찾아내 포상하고, 악행을 저지른 자를 찾아내 주살해야 한다.'고 생각했기 때문이다. 무릇 불효한 자는 매우 어리석은 자질을 타고나서 지극히 어리석은 까닭에 예의가 없고 오직 정욕을 좇아 행동한다. 마치 새나 짐승과 같다. 이를 두고 악하다고 말하는 것은 가하나 간사하다고 말하는 것은 옳지 않다. 간사한 자는 겉으로는 선하지만 속으로는 악하고, 얼굴은 엄격한 모습을 보이나 마음은 나약하다. 행동거지를 보면 성현을 흉내 내면서 속으로는 관직에 올라 출세하기를 꾀하고, 아첨하는 얼굴로 윗사람의 비위를 맞춘다. 어찌 불효한 짓으로 자신의 악행을 겉으로 드러냄으로써 사람들로부터 버림을 받아 죽임을 당하는 화를 자초할 리 있겠는가? 방한의 자식을 두고 악하다고 말할 수는 있어도 간사하다고 말할 수는 없다. 한비는 이들을 두고 간사하다고 했으나 이는 간사함의 실체를 파악치 못한 탓이다.

한비는 말하기를, '베나 비단이 조금이면 보통 사람들도 버려두지 않지만 정련된 금 2천 냥이면 도척도 훔치지 않는다.'고 했다. 이는 법제가 분명하면 백성들이 감히 법을 어기지 않는 것을 뜻한다. 나라에서 법제를 분명히 하면 도적의 마음이 있어도 감히 법을 어기지 못하고, 불량한 마음을 지닌 사람일지라도 감히 훔치려 하지 않는다. 간사한 마음을 품어도 감히 법을 어기지 못하는 것은 법령이 분명해 그들을 두렵게 만들기 때문이다. 법령이 분명해 사람을 두렵게 만들면 아래로 간사함을 살피고 사악함을 찾을 필요가 없다. 법을 준엄히 하면 간사한 짓을 하는 백성들이 없고, 법을 준엄하게 하지 않으면 간사한 짓을 하는 백성들이 많아진다. 그런데도 군주가 형벌을 엄히 하고 법을 준엄히 밝혀야 한다고 말하지 않고, 간사한 자를 찾아내 주살해야 한다고 말한다. 간사한 자를 찾아야 한다고 떠벌이면서 법이 준엄하지 않으면 백성들은 이내 법을 어길지 모른다. 법을 분명히 하는 데 전념하지 않고 간사한 자를 적발하는 데 전념하는 것은 법을 엄중히 해야 한다는 자신의 주장과도 어긋나는 것이다.

　사람이 도랑을 트는 것은 도랑이 막히면 사람을 빠뜨려 죽게 만들 것을 알기 때문이다. 도랑을 막지 않고 배의 노를 수선하는 것은 물의 성질상 마구 흘러내리는 홍수를 막을 수 없어, 그 기세가 반드시 사람을 빠뜨려 죽일 것을 알기 때문이다. 신하와 자식이 군주와 아비를 범하려고 하는 것은 마구 흘러내리며 사람을 익사케 만드는 홍수의 경우와 같다. 군주에게 간사함을 막는 방법을 가르치지 않은 채 세상 물정을 듣지 않아 모른다고 비난하는 것은 익사를 막는 도구를 준비하지 않고 한낱 물에 빠지는 위험만을 생각하는 것과 같다. 물에 빠졌을 때 물을 탓하지 못하고 스스로를 탓하는 것은 자신이 미리 방비하지 않은 탓이다. 군주가 신하에게 겁박을 당하는 것도 스스로 법도를 잃었기 때문이다. 물에 빠지는 것을 방비할 요량으로 수원水源을 막는 짓을 하지 않고, 찬탈을 막을 요량으로 신하의 간사한 행보를 찾아내기 위해 눈에 불을 켜는 짓을 하지 않는다. 한비는 응당 이런 이치를 자신에게 일러줘야 했다. 물은 성질상 불을 이긴다. 그러나 솥에 넣으면 물은 반드시 끓기만 할 뿐 불을 이길 길이 없다. 군주는 불, 신하는 물, 법도는 솥과 같은 것이다. 불은 자연의 이치상 물이 자신을 이기는 것을 아는 까닭에 이를 추궁하지 않는다. 마찬가지로 군주 또한 전력을 다해 신하들의 죄를 찾아내기 위해 애쓰는 짓을 해서는 안 된다.

부록_2

한비 연표

B.C.	사건
770	주나라가 낙읍으로 동천함.
651	재환공이 규구葵丘에서 회맹해 패자가 됨.
645	관중이 병사함.
631	진문공이 천토踐土에서 회맹해 패자가 됨.
552	공자가 태어남.
536	정나라 자산이 형정刑鼎을 주조함.
522	자산이 병사함.
479	공자가 죽고, 묵자가 태어남.
450	최초의 법가인 이회李悝가 위衛에서 태어남.
403	주나라 왕실이 3진三晉을 제후로 공식 승인함.
390	상앙商鞅이 위衛, 신도慎到가 조趙에서 태어남
385	신불해申不害가 정鄭에서 태어남
381	오기 사망함.
356	상앙의 1차 변법 시행됨.
350	상앙의 2차 변법으로 진나라가 함양으로 천도함.
338	상앙이 사망함.
337	신불해가 사망함.

333	소진이 합종책의 성공으로 6국의 재상을 겸함.
315	신도가 사망함.
313	순자가 태어남.
280	한비가 태어남.
259	진시황이 태어남.
238	순자가 사망함.
232	한비가 요가의 탄핵으로 옥사함.
230	한비의 조국 한나라가 패망함.
221	진시황이 제나라를 멸하고 천하를 통일함.

참고문헌

1. 기본서

『논어』, 『맹자』, 『관자』, 『순자』, 『열자』, 『한비자』, 『윤문자』, 『도덕경』, 『장자』, 『묵자』, 『양자』, 『상군서』, 『안자춘추』, 『춘추좌전』, 『춘추공양전』, 『춘추곡량전』, 『여씨춘추』, 『회남자』, 『춘추번로』, 『오월춘추』, 『신어』, 『세설신어』, 『잠부론』, 『염철론』, 『국어』, 『설원』, 『전국책』, 『논형』, 『공자가어』, 『정관정요』, 『자치통감』, 『독통감론』, 『일지록』, 『명이대방록』, 『근사록』, 『송명신언행록』, 『설문해자』, 『사기』, 『한서』, 『후한서』, 『삼국지』.

2. 저서 및 논문

1) 한국

가나야 사다무 외, 『중국사상사』(조성을 역, 이론과 실천, 1988).
가리노 나오끼, 『중국철학사』(오이환 역, 을유문화사, 1995).
가이쯔까 시게끼, 『제자백가』(김석근 외 역, 까치, 1989).
강신주, 『노자, 국가의 발견과 제국의 형이상학』(태학사, 2004).
고성중 편, 『도가의 명언』(한국문화사, 2000).
곽말약, 『중국고대사상사』(조성을 역, 도서출판 까치, 1991).
김덕삼, 『중국도가사 서설』(경인문화사, 2004).
김승혜, 『원시유교』(민음사, 1990).
김예호, 『한비자, 법치로 세상을 바로 세운다』(한길사, 2010).

김원중, 『한비자, 제왕학의 영원한 성전』(글항아리, 2010).

김충열, 『노장철학 강의』(예문서원, 1995).

김학주, 『장자』(연암서가, 2010).

나카지마 다카시, 『한비자의 제왕학』(오상현 역, 동방미디어, 2004).

니담, 『중국의 과학과 문명』(이석호 역, 을유문화사, 1988).

니시지마 사다이끼, 『중국고대사회경제사』(변인석 편역, 한울아카데미, 1996).

동광벽, 『도가를 찾아가는 과학자들』(이석명 역, 예문서원, 1994).

류예, 『헬로우 한비자』(차혜정 역, 미래사, 2008).

마쓰시마 다까히로 외, 『동아시아사상사』(조성을 역, 한울아카데미, 1991).

모리모토 준이치로, 『동양정치사상사 연구』(김수길 역, 동녘, 1985).

모리야 히로시, 『한비자, 관계의 지략』(고정아 역, 이끌리오, 2008).

미조구치 유조, 『중국 사상문화 사전』(김석근 외 역, 책과 함께, 2011).

민경서, 『한비자 인간경영』(일송미디어, 2001).

북경대중국철학사연구실 편, 『중국철학사』(박원재 역, 자작아카데미, 1994).

샤오꿍취엔, 『중국정치사상사』(최 명 역, 서울대출판부, 2004).

서복관, 『중국예술정신』(이건환 역, 이화문화사, 2001).

서울대동양사학연구실 편, 『강좌 중국사』1-7(지식산업사, 1989).

소공권, 『중국정치사상사』(최 명 역, 서울대출판부, 2004).

송영배, 『제자백가의 사상』(현암사, 1994).

송원옥, 『한비자, 전국책의 지혜』(큰산, 2008).

슈월츠, 『중국고대사상의 세계』(나성 역, 살림출판사, 1996)

신동준, 『노자론』(인간사랑, 2007).

_____, 『후흑학』(인간사랑, 2010).

오강남, 『도덕경』(현암사, 2002).

오오하마 아끼라, 『노자의 철학』(임헌규 역, 인간사랑, 1993).

오카모토 류조, 『한비자 제왕학』(배효용 역, 예맥, 1985).

요감명, 『노자강의』(손성하 역, 김영사, 2010).

유소감, 『노자철학』(김용섭 역, 청계, 2000).

유필화, 『역사에서 리더를 만나다』(흐름출판, 2010).

윤재근, 『학의 다리가 길다고 자르지 마라』(둥지, 1990).

윤천근,『노자도덕경』(법인문화사, 1996).

이상수,『한비자, 권력의 기술』(웅진지식하우스, 2007).

이성규 외,『동아사상의 왕권』(한울아카데미, 1993).

이철,『가슴에는 논어를, 머리에는 한비자를 담아라』(원앤원북스, 2011).

이치카와 히로시,『영웅의 역사, 제자백가』(이재정 역, 솔, 2000).

이택후 외,『중국미학사』(권덕주 역, 대한교과서 주식회사, 1992).

전목,『중국사의 새로운 이해』(권중달 역, 집문당, 1990).

전일환,『난세를 다스리는 정치철학』(자유문고, 1990).

전해종 외,『중국의 천하사상』(민음사, 1988).

진고응,『노장신론』(최진석 역, 소나무, 1997).

초굉익후,『노자익』(이현주 역, 두레, 2000).

최명,『춘추전국의 정치사상』(박영사, 2004).

최웅빈,『소설 한비자』(선비, 1992).

최윤재,『한비자가 나라를 살린다』(청년사, 2000).

최태응,『한비자, 옛 선인들에게서 배우는 지혜로운 이야기』(새벽이슬, 2011).

풍우란,『중국철학사』(정인재 역, 형설출판사, 1995).

한국도교문화학회,『도교와 생명사상』(국학자료원, 1998).

한국동양철학회 편,『동양철학의 본체론과 인성론』(연세대출판부, 1990).

한무희 외 편,『선진제자문선』(성신여대출판부, 1991).

한비자,『한비자』(김동휘 역, 신원문화사, 2007).

_____,『한비자』(노재욱 역, 자유문고, 1994).

_____,『한비자』(이운구 역, 한길사, 2002).

_____,『한비자』(허문순 역, 일신서적출판사, 1991).

_____,『한비자의 처세학』(김영진 역, 힐하우스, 2008).

황원구,『중국사상의 원류』(연세대출판부, 1988).

후쿠나가 미쓰지,『장자, 고대중국의 실존주의』(이동철 외 역, 청계, 1999).

2) 중국

高明,『帛書老子校注』(中華書局, 1996).

高亨, 『老子正詁』(中華書店, 1988).

高懷民, 『中國先秦道德哲學之發展』『華岡文科學報』14(1982).

顧頡剛 外, 『古史辨』1926-1941(上海古籍出版社).

郭沂, 『郭店竹簡與先秦學術思想』(上海教育出版社, 2001)

郭末若, 『十批判書』(古楓出版社, 1986).

金德建, 『先秦諸子雜考』(中州書畫社, 1982).

冀昀, 『韓非子』(線裝書局, 2008).

羅世烈, 『先秦諸子的義利觀』『四川大學學報(哲學社會科學)』1988-1(1988).

譚宇權, 『老子哲學評論』(文津出版社, 1992).

戴維, 『帛書老子校釋』(岳麓書社, 1998).

童書業, 『先秦七子思想硏究』(齊魯書社, 1982).

樓宇烈, 『王弼集校釋』(中華書局, 1999).

牟宗三, 『中國哲學的特質』(臺灣學生書局, 1980).

方立天, 『中國古代哲學問題發展史(上,下)』(中華書局, 1990).

傅樂成, 『漢法與漢儒』『食貨月刊』復刊5-10(1976).

徐復觀, 『中國思想史論集』(臺中印刷社, 1951).

蕭公權, 『中國政治思想史』(蕭公權先生全集4)(臺北聯經出版事業公司, 1980).

蘇誠鑑, 『漢武帝"獨尊儒術"考實』『中國哲學史硏究』1(1985).

蘇俊良, 『論戰國時期儒家理想君王構想的産生』『首都師範大學學報』2(1993).

孫謙, 『儒法法理學異同論』『人文雜誌』6(1989).

宋洪兵, 『新韓非子解讀』(人民大學出版社, 2010).

梁啓超, 『先秦政治思想史』(商務印書館, 1926).

楊寬, 『戰國史』(上海人民出版社, 1973).

楊榮國 編, 『中國古代思想史』(三聯書店, 1954).

楊幼炯, 『中國政治思想史』(商務印書館, 1937).

楊義, 『韓非子還原』(中華書局, 2011).

楊鴻烈, 『中國法律思想史』上,下(商務印書館, 1937).

余培林, 『老子讀本』(三民書局, 1985).

呂思勉,『秦學術槪論』(中國大百科全書, 1985).

吳光,『黃老之學通論』(浙江人民出版社, 1985).

吳辰佰,『皇權與紳權』(儲安平, 1997).

王德有,『老子演義』(齊魯書社, 1990).

王明,『道家和道敎思想硏究』(中國社會科學出版社, 1990).

王文亮,『中國聖人論』(中國社會科學院出版社, 1993).

王先愼,『新韓非子集解』(中華書局, 2011).

王卡,『老子道德經河上公章句』(中華書局, 1993).

饒宗頤,『老子想爾注校證』(上海古籍出版社, 1991).

于霞,『千古帝王術, 韓非子』(江西敎育, 2007).

熊十力,『新唯識論－ 原儒』(山東友誼書社, 1989).

劉澤華,『先秦政治思想史』(南開大學出版社, 1984).

游喚民,『先秦民本思想』(湖南師範大學出版社, 1991).

尹振環,『帛書老子釋析』(貴州人民出版社, 1998).

李錦全 外,『春秋戰國時期的儒法鬪爭』(人民出版社, 1974).

李申,『老子衍今譯』(巴蜀書社, 1989).

李宗吾,『厚黑學』(求實出版社, 1990).

李澤厚,『中國古代思想史論』(人民出版社, 1985).

人民出版社編輯部 編,『論法家和儒法鬪爭』(人民出版社, 1974).

任繼愈,『老子新譯』(中華書局, 1987).

林聿時·關 峰,『春秋哲學史論集』(人民出版社, 1963).

張寬,『韓非子譯注』(上海古籍出版社, 2007).

張君勱,『中國專制君主政制之評議』(弘文館出版社, 1984).

張岱年,『中國倫理思想硏究』(上海人民出版社, 1989).

張松如,『老子校讀』(吉林人民出版社, 1981).

蔣重躍,『韓非子的政治思想』(北京師範大出版社, 2010)

錢穆,『先秦諸子繫年』(中華書局, 1985).

趙沛,『韓非子』(河南大學, 2008).

鍾肇鵬,『董仲舒的儒法合流的政治思想』『歷史硏究』3(1977).

周立升 編,『春秋哲學』(山東大學出版社, 1988).

周燕謀 編,『治學通鑑』(精益書局, 1976).

陳鼓應,『老子注譯及評價』(中華書局, 1984).

陳奇猷,『韓非子新校注』(上海古籍出版社, 2009).

陳秉才,『韓非子』(中華書局, 2007).

馮友蘭,『中國哲學史』(商務印書館, 1926).

許抗生,『帛書老子注譯與硏究』(浙江人民出版社, 1985).

胡適,『中國古代哲學史』(商務印書館, 1974).

侯外廬,『中國思想通史』(人民出版社, 1974).

侯才,『郭店楚墓竹簡校讀』(大連出版社,1999).

3) 일본

加藤常賢,『中國古代倫理學の發達』(二松學舍大學出版部, 1992).

角田幸吉,「儒家と法家」『東洋法學』12-1(1968).

岡田武彦,『中國思想における理想と現實』(木耳社, 1983).

鎌田 正,『左傳の成立と其の展開』(大修館書店, 1972).

高文堂出版社 編,『中國思想史(上,下)』(高文堂出版社, 1986).

高須芳次郎,『東洋思想十六講』(新潮社, 1924).

顧頡剛,『中國古代の學術と政治』(小倉芳彦 等 譯, 大修館書店, 1978).

館野正美,『中國古代思想管見』(汲古書院, 1993).

溝口雄三,『中國の公と私』(硏文出版, 1995).

宮崎市定,『アジア史硏究(1-V)』(同朋社, 1984).

金谷治,『秦漢思想史硏究』(平樂寺書店, 1981).

大久保隆郎也,『中國思想史(上)-古代.中世-』(高文堂出版社, 1985).

大濱晧,『中國古代思想論』(勁草書房, 1977).

渡邊信一郎,『中國古代國家の思想構造』(校倉書房, 1994).

服部武,『論語の人間學』(富山房, 1986).

富谷至,『非子 不信と打算の現實主義』(中央公論新社, 2003).

上野直明,『中國古代思想史論』(成文堂, 1980).

西野廣祥,『中國の思想 韓非子』(德間文庫, 2008).

西川靖二,『韓非子 中國の古典』(角川文庫, 2005).

小倉芳彦,『中國古代政治思想硏究』(靑木書店, 1975).

守本順一郎,『東洋政治思想史硏究』(未來社, 1967).

守屋洋,『右手に論語 左手に韓非子』(角川マガジンズ, 2008).

_____,『韓非子, 强者の人間學』(PHP硏究所, 2009).

安岡正篤,『東洋學發掘』(明德出版社, 1986).

安居香山 編,『讖緯思想の綜合的硏究』(國書刊行會, 1993).

宇野茂彦,『韓非子のことば』(斯文會, 2003).

宇野精一 外,『講座東洋思想』(東京大出版會, 1980).

栗田直躬,『中國古代思想の硏究』(岩波書店, 1986).

伊藤道治,『中國古代王朝の形成』(創文社, 1985).

日原利國,『中國思想史(上,下)』(ペリカン社, 1987).

竹內照夫,『韓非子』(明治書院, 2002).

中島孝志,『人を動かす「韓非子」の帝王學』(太陽企畫出版, 2003).

中村哲,『韓非子の專制君主論』『法學志林』74-4(1977).

中村俊也,「孟荀二者の思想と'公羊傳'の思想」『國文學漢文學論叢』20(1975).

紙屋敦之,『大君外交と東アジア』(吉川弘文館, 1997).

貝塚茂樹 編,『諸子百家』(筑摩書房, 1982).

戶山芳郎,『古代中國の思想』(放送大敎育振興會, 1994).

丸山松幸,『異端と正統』(每日新聞社, 1975).

丸山眞男,『日本政治思想史硏究』(東京大出版會, 1993).

荒木見悟,『中國思想史の諸相』(中國書店, 1989).

4) 서양

Ahern, E. M., *Chinese Ritual and Politics* (London-Cambridge Univ. Press, 1981).

Allinson, R.(ed.), *Understanding the Chinese Mind-The Philosophical Roots* (Hong Kong-Oxford Univ. Press, 1989).

Aristotle, *The Politics* (London-Oxford Univ. Press, 1969).

Barker, E., *The Political Thought of Plato and Aristotle* (New York—Dover Publications, 1959).

Bell, D. A., 『Democracy in Confucian Societies—The Challenge of Justification』 in Daniel Bell et. al., *Towards Illiberal Democracy in Pacific Asia* (Oxford— St. Martin's Press, 1995).

Carr, E. H., *What is History* (London—Macmillan Co., 1961).

Cohen, P. A., *Between Tradition and Modernity- Wang T'ao and Reform in Late Ch'ing China* (Cambridge—Harvard Univ. Press, 1974).

Creel, H. G., *Shen Pu-hai. A Chinese Political Philosopher of The Fourth Century B.C.* (Chicago—Univ. of Chicago Press, 1975).

Cua, A. S., *Ethical Argumentation- A study in Hsün Tzu's Moral Epistemology* (Honolulu—Univ. Press of Hawaii, 1985).

De Bary, W. T., *The Trouble with Confucianism* (Cambridge, Mass./London— Harvard Univ. Press, 1991).

Fukuyama, F., *The End of History and the Last Man* (London—Hamish Hamilton, 1993).

Hsü, L. S., *Political Philosophy of Confucianism* (London—George Routledge & Sons, 1932).

Moritz, R., *Die Philosophie im alten China* (Berlin—Deutscher Verl. der Wissenschaften, 1990).

Munro, D. J., *The Concept of Man in Early China* (Stanford—Stanford Univ. Press, 1969).

Peerenboom, R. P., *Law and Morality in Ancient China-The Silk Manuscripts of Huang-Lao* (Albany, New York—State Univ. of New York Press, 1993).

Plato, *The Republic* (London— Oxford Univ. Press, 1964).

Pott, W. S., *A Chinese Political Philosophy* (New York—Alfred. A. Knopf, 1925).

Rubin, V. A., *Individual and State in Ancient China-Essays on Four Chinese Philosophers* (New York— Columbia Univ. Press, 1976).

Schwartz, B. I., *The World of Thought in Ancient China* (Cambridge—Harvard Univ. Press, 1985).

Taylor, R. L., *The Religious Dimensions of Confucianism* (Albany, New York—State Univ. of New York Press, 1990).

Tomas, E. D., *Chinese Political Thought* (New York—Prentice—Hall, 1927).

Tu, Wei—ming, *Way, Learning and Politics-Essays on the Confucian Intellectual* (Albany, New York—State Univ. of New York Press, 1993).

Waley, A., *Three Ways of Thought in Ancient China* (New York—doubleday & company, 1956).

Wu, Geng, *Die Staatslehre des Han Fei-Ein Beitrag zur chinesischen Idee der Staatsräson* (Wien & New York— Springer—Verl., 1978).

신동준(申東埈)

고전을 통해 세상을 보는 눈과 사람의 길을 찾는 고전 연구가이자 평론가다. 고전에 대한 해박한 지식과 탁월한 안목에 열정이 더해져 고전을 현대화하는 새롭고 의미 있는 작업을 계속 진행하고 있으며, 이러한 작업의 일부를 정리해 책으로 펴내고 있다. 100여 권에 달하는 그의 책은 출간 때마다 화제를 불러일으키며 많은 독자에게 고전에 대한 새로운 인식을 심어주고 있다.
2019년 4월 25일 64세를 일기로 영면했다.

저서 및 역서

『삼국지 통치학』, 『조엽의 오월춘추』, 『전국책』, 『조조통치론』, 『중국 문명의 기원』, 『공자의 군자학』, 『맹자론』, 『순자론』, 『노자론』, 『주역론』, 『대학·중용론』, 『인식과 재인식을 넘어서』, 『열자론』, 『후흑학』, 『인물로 읽는 중국 현대사』, 『장자』, 『한비자』, 『조조의 병법경영』, 『귀곡자』, 『상군서』, 『채근담』, 『명심보감』, 『G2시대 리더십으로 본 조선왕 성적표』, 『욱리자』, 『왜 지금 한비자인가』, 『묵자』, 『고전으로 분석한 춘추전국의 제자백가』, 『마키아벨리 군주론』, 『관자』, 『유몽영』, 『동양고전 잠언 500선』, 『관자 경제학』, 『동서 인문학의 뿌리를 찾아서』, 『시경』, 『서경』, 『당시삼백수』, 『제갈량 문집』, 『국어』, 『춘추좌전』, 『인물로 읽는 중국 근대사』, 『풍몽룡의 동주열국지』, 『십팔사략』 등이 있다.

한비자(韓非子) 下

발행일 1쇄 2020년 3월 30일
　　　　　2쇄 2025년 1월 30일
지은이 한비자
옮긴이 신동준
펴낸이 여국동
펴낸곳 도서출판 인간사랑
출판등록 1983. 1. 26. 제일 - 3호
주소 경기도 고양시 일산동구 백석로 108번길 60 - 5 2층
물류센타 경기도 고양시 일산동구 문원길 13 - 34(문봉동)
전화 031)901 - 8144(대표) | 031)907 - 2003(영업부)
팩스 031)905 - 5815
전자우편 igsr@naver.com
페이스북 http://www.facebook.com/igsrpub
블로그 http://blog.naver.com/igsr
인쇄 하정인쇄 **출력** 현대미디어 **종이** 세원지업사
ISBN 978 - 89 - 7418 - 787 - 3 04100
ISBN 978 - 89 - 7418 - 788 - 0 04100(세트)

이 도서의 국립중앙도서관 출판시도서목록(CIP)은 서지정보유통지원시스템 홈페이지(http://seoji.nl.go.kr)와 국가자료공동목록시스템(http://www.nl.go.kr/kolisnet)에서 이용하실 수 있습니다.(CIP제어번호: CIP2020009596)